BECK'SCHE TEXTAUSGABEN
Bayerische Bauordnung

KINDERSPIELPLÄTZE § 1 ART. 8 (S. 9)
EINFRIEDUNG ART. 9 (S. 9)
HÖHENLAGE V. GEBÄUDEN ART. 10 + 11
GESTALTG. V. BAUL. ANLAGEN ART. 12
"BAUSTELLE" ART. 14
SCHUTZ GEGEN EINWIRKUNG ART. 16
BRANDSCHUTZ ART. 17.
→ BAUTEILE: FEUERHEMMEND (F30, T30, G30)
  FEUERBESTÄNDIG (F90, T90, G90)
→ ZU- UND DURCHGÄNGE VON RETTUNGSWEGEN
  - BREITE ≥ 1,25 m
  - TÜRBREITE ≥ 1,00 m
  - DURCHGANGSHÖHE ≥ 2,00 m
→ ZU- UND DURCHFAHRT
  - BREITE ≥ 3,0 m
  - HÖHE ≥ 3,50 m
→ "WÄRME-, SCHALL- + ERSCHÜTTERGSSCHUTZ" ART 18
→ VERKEHRSSICHERHEIT ART 19
→ BEHEIZUNG, BELICHTUNG, BELÜFTUNG ART 20
→ GENEHMIGUNG V. NEUEN BAUSTOFFEN ART. 21-25

ABSCHNITT IV: WÄNDE, DECKEN, DÄCHER

SEITE 18 → ART 29
SEITE 74 → § 7 DVO

DÄCHER ART 31
TREPPEN ART 33 → TR...
  → LAUFLINIE   } S. 24
  → DURCHGANGSHÖHE   } S. 24
  → TREPPENABSÄTZE   S. 76
  → STEIGUNGSVERH.   S. 76
FLURE ART 35 → FLURLÄNGE / BREITE S. 26

ART 36 FENSTER
- → BRÜSTUNGSHÖHEN → S. 27
- → DVO §10

ART 45 AUFENTHALTSRÄUME
- → Grundfläche
- → Mindestbreite
- → Fensteröffnung → DVO §14/2
- → MINDESTHÖHE §14

ART 46 WOHNUNGEN
- → Aufenthaltsräume
- → Küchen
- → Abstellraum → DVO 14

ART 49 WC

ART 50 BÄDER

ART 47 WOHNUNGEN IM KELLER

ART 48   "   IM DACHRAUM

$F \geq 2,40$

1,50 / 2,40

F Aufenthaltsraum

$F \geq 2,40 \geq \frac{1}{2} F$ AUFENTHALTSRAUM

- → NOTWENDIGES FENSTER ALS RETTUNGSWEG VOR FLUR
- → GIEBELFENSTER 60/100 cm
- → DACHFENSTER MIT MITTL. DREHPUNKT 120/100 cm

Bayerische Bauordnung
und ergänzende Bestimmungen

TEXTAUSGABE
mit Verweisungen und Sachverzeichnis

29., überarbeitete Auflage
Stand: 15. Mai 1989

Handschriftliche Notizen:

ART 51 → DVO §15 BEHINDERTE
ART 55 GARAGEN + STELLPLÄTZE
ART 77 TYPENGENEHMIGUNG (z.B. Fertighäuser)
DVO §4 UMWEHRUNGEN
DVO §14 FENSTER
BAUVERF. §1 BEMASSUNG IM EINGABEPLAN
§2 LAGEPLAN
SEITE 91-93 ZEICHEN F. BAUVORLAGEN

GAV Garagenverordng. ab S.127
§2 Ab- zu Zufahrten
§3 RAMPEN
§4 STELLPLATZ
§5 LICHTE HÖHE

C. H. BECK'SCHE VERLAGSBUCHHANDLUNG
MÜNCHEN 1989

§8 BRANDABSCHNITTE
§10 VERBINDG. GARAGE - andere Räume
§11 RETTUNGSWEGE Abs.5

__FEUV__ ab S.146
　　　HEIZSTÄTTENVERORDNUNG

§ 5 RAUCHKAMINE
　→ wirksame Kaminhöhe 4,5m
__KAMINHÖHE__
　　über 20°: 40 cm über First
　　unter 20°: 1m über Dachfläche

__WAV__ ab S.186
　　　WARENHAUSVERORDNUNG

__VStättV__ ab S.200
　　　VERSAMMLUNGSSTÄTTENVERORD.

__GastBauV__ ab S.252
　　　GASTSTÄTTENVERORDNG.

Inhaltsverzeichnis

A. Bauordnung und Vollzugsvorschriften

1. Bayerische Bauordnung (BayBO) in der Fassung der Bekanntmachung vom 2. Juli 1982 1
2. Verordnung zur Durchführung der Bayerischen Bauordnung (DVBayBO) vom 2. Juli 1982 70
3. Verordnung über das bauaufsichtliche Verfahren – Bauaufsichtliche Verfahrensverordnung – BauVerfV in der Fassung der Bekanntmachung vom 22. August 1988 81
4. Bekanntmachung über den Vollzug der Bayerischen Bauordnung (VollzBek BayBO) vom 6. August 1982 94
5. Bekanntmachung über die Beschleunigung des Baugenehmigungsverfahrens vom 7. August 1982 115
6. Garagenverordnung (GaV) vom 12. Oktober 1973 127
7. Verordnung über Feuerungsanlagen und Heizräume (FeuV) vom 20. März 1985 146
8. Verordnung über die Gebiete ohne Genehmigungspflicht nach Art. 11 der Bayerischen Bauordnung für Grundstücksteilungen vom 21. Dezember 1982 158
9. Verordnung über die bautechnische Prüfung baulicher Anlagen (Bautechnische Prüfungsverordnung – BauPrüfV) vom 11. November 1986 159
10. Verordnung über prüfzeichenpflichtige Baustoffe, Bauteile und Einrichtungen (Prüfzeichenverordnung – PrüfzV) vom 2. Juli 1982 167
11. Verordnung über die Überwachung von Baustoffen und Bauteilen sowie von Fachbetrieben nach § 19 l des Wasserhaushaltsgesetzes (WHG) (Überwachungsverordnung – ÜberwV) vom 2. Juli 1982 175
12. Verordnung über den Bau von Betriebsräumen für elektrische Anlagen (EltBauV) vom 13. April 1977 177
13. Bekanntmachung zum Vollzug des Baugesetzbuchs und der Bayerischen Bauordnung; Träger öffentlicher Belange vom 26. Juni 1987 182
14. Verordnung über Waren- und Geschäftshäuser (Warenhausverordnung – WaV) vom 20. März 1985 186
15. Landesverordnung über den Bau und Betrieb von Versammlungsstätten (Versammlungsstättenverordnung – VStättV) vom 7. August 1969 200

Inhaltsverzeichnis

16. Verordnung über den Bau von Gast- und Beherbergungsstätten (Gaststättenbauverordnung – GastBauV) vom 13. August 1986. 258
17. Verordnung über die Gebühren der Prüfämter und Prüfingenieure für Baustatik (Gebührenordnung für Prüfämter und Prüfingenieure – GebOP) vom 11. November 1986 274
18. Verordnung über Zeltlagerplätze und Lagerplätze für Wohnwagen (Campingplatzverordnung – CPlV) vom 21. Juli 1975. 284
19. Verordnung über die erweiterte Anwendung der Dampfkesselverordnung, der Druckbehälterverordnung und der Aufzugsverordnung vom 18. November 1982 292
20. Zuständigkeitsverordnung zum Baugesetzbuch (ZustV-BauGB) vom 7. Juli 1987 294
21.-24. *(nicht belegt)*

B. Strafrecht

25. Strafgesetzbuch (StGB) in der Fassung der Bekanntmachung vom 10. März 1987 (Auszug). 299
26. Gesetz über das Landesstrafrecht und das Verordnungsrecht auf dem Gebiet der öffentlichen Sicherheit und Ordnung (Landesstraf- und Verordnungsgesetz – LStVG) in der Fassung der Bekanntmachung vom 13. Dezember 1982 (Auszug). 300

C. Bürgerliches Recht

27. Bürgerliches Gesetzbuch vom 18. August 1896 (Auszug) . . . 305
28. Einführungsgesetz zum Bürgerlichen Gesetzbuche vom 18. August 1896 (Auszug). 313
29. Gesetz zur Ausführung des Bürgerlichen Gesetzbuchs und anderer Gesetze (AGBGB) vom 20. September 1982 (Auszug). 315

D. Straßen- und Wegerecht; Luftrecht

30. Bundesfernstraßengesetz (FStrG) in der Fassung der Bekanntmachung vom 1. Oktober 1974 (Auszug) 320
31. Verordnung zur Übertragung der Befugnisse der obersten Landesstraßenbaubehörde nach dem Bundesfernstraßengesetz vom 18. November 1974. 323

Inhaltsverzeichnis

32. Bayerisches Straßen- und Wegegesetz (BayStrWG) in der Fassung der Bekanntmachung vom 5. Oktober 1981 (Auszug).................................... 325
33. Luftverkehrsgesetz (LuftVG) in der Fassung der Bekanntmachung vom 14. Januar 1981 (Auszug)................ 329

E. Wasserrecht

34. Gesetz zur Ordnung des Wasserhaushalts (Wasserhaushaltsgesetz – WHG) in der Fassung der Bekanntmachung vom 23. September 1986 (Auszug)..................... 339
35. Bayerisches Wassergesetz (BayWG) in der Fassung der Bekanntmachung vom 3. Februar 1988 (Auszug).......... 340
36. Verordnung über Anlagen zum Lagern, Abfüllen und Umschlagen wassergefährdender Stoffe und die Zulassung von Fachbetrieben (Anlagen- und Fachbetriebsverordnung – VAwSF) vom 13. Februar 1984 344

F. Behördliche Organisation des Bauwesens; Kostenrecht

37. Gesetz Nr. 112 über die behördliche Organisation des Bauwesens und des Wohnungswesens vom 9. April 1948 364
38. Verordnung über den Erlaß des Kostenverzeichnisses zum Kostengesetz (Kostenverzeichnis – KVz) vom 18. Mai 1983 (Auszug)....................................... 367
39. Bekanntmachung zum Vollzug des Kostengesetzes (KG); Kosten (Gebühren und Auslagen) in Bausachen vom 14. Oktober 1985 380

G. Berufsrecht

40. Bayerisches Architektengesetz (BayArchG) in der Fassung der Bekanntmachung vom 26. Februar 1982 393

H. Anhang

41. Bekanntmachung über technische Baubestimmungen; Verzeichnis der nach Art. 3 Abs. 3 BayBO eingeführten technischen Baubestimmungen, Stand Dezember 1987, vom 7. Januar 1988 410

Sachverzeichnis............................... 419

Abkürzungsverzeichnis

AG	Ausführungsgesetz
AllMBl.	Allgemeines Ministerialblatt
AMBl.	Amtsblatt des Bayer. Staatsministeriums für Arbeit und Sozialordnung
Art.	Artikel
BayBO	Bayerische Bauordnung
BayBSVA	Bereinigte Sammlung der Verwaltungsvorschriften des Bayer. Staatsministeriums für Arbeit und soziale Fürsorge
BayBSVFin	Bereinigte Sammlung der bayerischen Finanzverwaltungsvorschriften
BayBSVI	Bereinigte Sammlung der Verwaltungsvorschriften des Bayer. Staatsministeriums des Innern
BayBSVJu	Bereinigte Sammlung der bayerischen Justizverwaltungsvorschriften
BayBSVK	Bereinigte Sammlung der Verwaltungsvorschriften des Bayer. Staatsministeriums für Unterricht und Kultus
BayBSVWV	Bereinigte Sammlung der Verwaltungsvorschriften des Bayer. Staatsministeriums für Wirtschaft und Verkehr
BayRS	Bayerische Rechtssammlung, Gliederungsnummer
Bek.	Bekanntmachung
BGB	Bürgerliches Gesetzbuch
BGBl. I, II	Bundesgesetzblatt Teil I bzw. Teil II
BGHZ	Entscheidungen des Bundesgerichtshofes in Zivilsachen
BVwGE	Amtliche Sammlung der Entscheidungen des Bundesverwaltungsgerichts
EG	Einführungsgesetz
FMBl.	Amtsblatt des Bayer. Staatsministeriums der Finanzen
GewO	Gewerbeordnung
GG	Grundgesetz für die Bundesrepublik Deutschland

Abkürzungsverzeichnis

GMBl. . . . . Gemeinsames Bundesministerialblatt
GVBl. . . . . Bayerisches Gesetz- und Verordnungsblatt

i. d. F. . . . . in der Fassung

JMBl. . . . . Bayerisches Justizministerialblatt

LMBl. . . . . Amtsblatt des Bayer. Staatsministeriums für Ernährung, Landwirtschaft und Forsten
LStVG . . . . Landesstraf- und Verordnungsgesetz
LUMBl. . . . . Amtsblatt des Bayer. Staatsministeriums für Landesentwicklung und Umweltfragen

MABl. . . . . Ministerialamtsblatt der Bayerischen Inneren Verwaltung
MB . . . . Ministerialbekanntmachung
ME . . . . Ministerialentschließung

Nr. . . . . Nummer

RGBl. I . . . . Reichsgesetzblatt Teil I

S. . . . . Seite
StAnz. . . . . Bayerischer Staatsanzeiger

VGH n. F. Bd. . . . Amtliche Sammlung der Entscheidungen des Bayerischen Verwaltungsgerichtshofes, neue Folge
VO . . . . Verordnung

WVMBl. . . . . . . Amtsblatt des Bayer. Staatsministeriums für Wirtschaft und Verkehr

A. Bauordnung und Vollzugsvorschriften

1. Bayerische Bauordnung (BayBO)

In der Fassung der Bekanntmachung vom 2. Juli 1982

(BayRS 2132 – 1 – I)

Geändert durch § 5 Gesetz zur Anpassung des Landesrechts an die Staatszielbestimmung Umweltschutz in der Verfassung vom 16. 7. 1986 (GVBl. S. 135) und Gesetz vom 6. 8. 1986 (GVBl. S. 214)

Bek. über den Vollzug der Bayerischen Bauordnung vom 6. 8. 1982 (MABl. S. 474, ber. S. 562); abgedruckt unter Nr. 4.

Bek. über den Vollzug des Bayerischen Naturschutzgesetzes und des Bundesbaugesetzes; Landschaftsplanung und Bauleitplanung vom 18. 12. 1985 (MABl. 1986 S. 49, ber. S. 197, LUMBl. 1986 S. 1). Gem. Bek. über den Vollzug des Denkmalschutzgesetzes und baurechtlicher Vorschriften vom 27. 7. 1984 (MABl. S. 421).

Inhaltsübersicht

Erster Teil. Allgemeine Vorschriften Art. 1–3

- Art. 1 Anwendungsbereich
- Art. 2 Begriffe
- Art. 3 Allgemeine Anforderungen

Zweiter Teil. Das Grundstück und seine Bebauung Art. 4–11

- Art. 4 Bebauung der Grundstücke mit Gebäuden
- Art. 5 Nicht überbaute Flächen der bebauten Grundstücke
- Art. 6 Abstandsflächen
- Art. 7 Abweichungen von den Abstandsflächen
- Art. 8 Kinderspielplätze
- Art. 9 Einfriedung der Baugrundstücke
- Art. 10 Höhenlage des Grundstücks und der baulichen Anlagen
- Art. 11 Teilung von Grundstücken

Dritter Teil. Bauliche Anlagen Art. 12–57

Abschnitt I. Baugestaltung, Anlagen der Außenwerbung Art. 12, 13

- Art. 12 Baugestaltung
- Art. 13 Anlagen der Außenwerbung

Abschnitt II. Allgemeine Anforderungen an die Bauausführung Art. 14–20

- Art. 14 Baustelle
- Art. 15 Standsicherheit und Dauerhaftigkeit
- Art. 16 Schutz gegen Einwirkungen
- Art. 17 Brandschutz
- Art. 18 Wärme-, Schall- und Erschütterungsschutz
- Art. 19 Verkehrssicherheit
- Art. 20 Beheizung, Beleuchtung und Lüftung

Abschnitt III. Baustoffe, Bauteile und Bauarten Art. 21–25

- Art. 21 Baustoffe, Bauteile und Bauarten
- Art. 22 Neue Baustoffe, Bauteile und Bauarten
- Art. 23 Allgemeine bauaufsichtliche Zulassung neuer Baustoffe, Bauteile und Bauarten

1 BayBO

Erster Teil

Art. 24 Prüfzeichen
Art. 25 Überwachung

Abschnitt IV. Wände, Decken, Dächer und Rettungswege Art. 26–36

Art. 26 Wände, Pfeiler und Stützen
Art. 27 Außenwände
Art. 28 Trennwände
Art. 29 Brandwände
Art. 30 Decken und Böden
Art. 31 Dächer
Art. 32 Vorbauten
Art. 33 Treppen
Art. 34 Treppenräume und Ausgänge
Art. 35 Allgemein zugängliche Flure
Art. 36 Fenster, Türen und Kellerlichtschächte

Abschnitt V. Haustechnische Anlagen, Feuerungsanlagen und andere Anlagen Art. 37–44

Art. 37 Aufzüge
Art. 38 Lüftungsanlagen, Installationsschächte und -kanäle
Art. 39 Feuerungsanlagen, Wärme- und Brennstoffversorgungsanlagen
Art. 40 Wasserversorgungsanlagen
Art. 41 Anlagen für Abwässer, Niederschlagswasser und feste Abfallstoffe
Art. 42 Einleitung der Abwässer in Kleinkläranlagen, Gruben oder Sickeranlagen
Art. 43 Abfallschächte
Art. 44 Abfallbehälter

Abschnitt VI. Aufenthaltsräume und Wohnungen Art. 45–50

Art. 45 Aufenthaltsräume
Art. 46 Wohnungen
Art. 47 Aufenthaltsräume und Wohnungen im Kellergeschoß
Art. 48 Aufenthaltsräume und Wohnungen im Dachraum
Art. 49 Aborträume
Art. 50 Bäder

Abschnitt VII. Besondere bauliche Anlagen Art. 51–57

Art. 51 Bauliche Maßnahmen für besondere Personengruppen
Art. 52 Bauliche Anlagen und Räume besonderer Art oder Nutzung
Art. 53 Gemeinschaftsanlagen
Art. 54 Herstellung von Gemeinschaftsanlagen durch die Gemeinde
Art. 55 Garagen und Stellplätze für Kraftfahrzeuge
Art. 56 Ablösung der Stellplatz- und Garagenbaupflicht
Art. 57 Ställe

Vierter Teil. Die am Bau Beteiligten Art. 58–61

Art. 58 Grundsatz
Art. 59 Bauherr
Art. 60 Entwurfsverfasser
Art. 61 Unternehmer

Fünfter Teil. Bauaufsichtsbehörden Art. 62–64

Art. 62 Bauaufsichtsbehörden
Art. 63 Aufgaben und Befugnisse der Bauaufsichtsbehörden
Art. 64 Sachliche Zuständigkeit

Sechster Teil. Verfahren Art. 65–88

Abschnitt I. Genehmigungspflichtige und genehmigungsfreie Vorhaben Art. 65–68

Art. 65 Genehmigungspflichtige Vorhaben
Art. 66 Ausnahmen von der Genehmigungspflicht für Errichtung und Änderung

Allgemeine Vorschriften   Art. 1 **BayBO 1**

Art. 67 Ausnahmen von der Genehmigungspflicht für Abbruch und Beseitigung
Art. 68 Verfahren bei Werbeanlagen
Abschnitt II. Bauaufsichtliches Verfahren Art. 69–88
Art. 69 Bauantrag und Bauvorlagen
Art. 70 Bauvorlageberechtigung
Art. 71 Behandlung des Bauantrags
Art. 72 Abweichungen, Ausnahmen und Befreiungen
Art. 73 Beteiligung der Nachbarn
Art. 74 Baugenehmigung und Baubeginn
Art. 75 Vorbescheid
Art. 76 Teilbaugenehmigung
Art. 77 Typengenehmigung
Art. 78 Geltungsdauer der Baugenehmigung und der Teilbaugenehmigung
Art. 79 Bauüberwachung
Art. 80 Fortführung der Bauarbeiten und Benutzung der baulichen Anlage
Art. 81 Baueinstellung
Art. 82 Baubeseitigung
Art. 83 Betreten der Grundstücke und der baulichen Anlagen
Art. 84 Bekanntgabe von Bauvorhaben
Art. 85 Genehmigung fliegender Bauten
Art. 86 Bauvorhaben des Bundes, der Länder und der kommunalen Gebietskörperschaften
Art. 87 Öffentliche Versorgungs- und Abwasserbeseitigungsanlagen, Wasserbauten, Sprengstofflager
Art. 88 Grundrechtseinschränkung

Siebter Teil. Ordnungswidrigkeiten, Rechtsvorschriften Art. 89–92

Art. 89 Ordnungswidrigkeiten
Art. 90 Rechtsverordnungen
Art. 91 Örtliche Bauvorschriften
Art. 92 Zuständigkeiten nach dem Bundesbaugesetz und dem Städtebauförderungsgesetz

Achter Teil. Übergangs- und Schlußvorschriften Art. 93–95

Art. 93 *(gegenstandslos)*
Art. 94 Aufhebung bestehender Vorschriften
Art. 95 Inkrafttreten

Erster Teil. Allgemeine Vorschriften

Art. 1 Anwendungsbereich

(1) [1] Dieses Gesetz gilt für alle baulichen Anlagen. [2] Es gilt auch für Grundstücke sowie für andere Anlagen und Einrichtungen, an die nach diesem Gesetz oder in Vorschriften auf Grund dieses Gesetzes Anforderungen gestellt werden.

(2) Dieses Gesetz gilt nicht für

1. Anlagen des öffentlichen Verkehrs und ihre Nebenanlagen mit Ausnahme von Gebäuden,

2. Anlagen, die der Bergaufsicht unterliegen, mit Ausnahme von Gebäuden an der Erdoberfläche,

3. Leitungen aller Art, ausgenommen in Gebäuden,
4. Kräne und Krananlagen,
5. Gerüste.

Art. 2 Begriffe

(1) ¹Bauliche Anlagen sind mit dem Erdboden verbundene, aus Baustoffen und Bauteilen hergestellte Anlagen. ²Als bauliche Anlagen gelten Anlagen, die nach ihrem Verwendungszweck dazu bestimmt sind, überwiegend ortsfest benutzt zu werden sowie

1. Aufschüttungen und Abgrabungen einschließlich der Anlagen zur Gewinnung von Steinen, Erden und anderen Bodenschätzen,
2. Lagerplätze, Abstellplätze und Ausstellungsplätze,
3. Campingplätze und Wochenendplätze,
4. Stellplätze für Kraftfahrzeuge.

(2) Gebäude sind selbständig benutzbare, überdeckte bauliche Anlagen, die von Menschen betreten werden können.

(3)* Hochhäuser sind Gebäude, in denen der Fußboden mindestens eines Aufenthaltsraums mehr als 22 m über der natürlichen oder festgelegten Geländeoberfläche liegt.

(4) ¹Vollgeschosse sind Geschosse, die vollständig über der natürlichen oder festgelegten Geländeoberfläche liegen und über mindestens zwei Drittel ihrer Grundfläche eine Höhe von mindestens 2,3 m haben. ²Als Vollgeschosse gelten Kellergeschosse, deren Deckenunterkante im Mittel mindestens 1,2 m höher liegt als die natürliche oder festgelegte Geländeoberfläche.

Art. 3** Allgemeine Anforderungen

(1) ¹Bauliche Anlagen sind so anzuordnen, zu errichten, zu ändern und zu unterhalten, daß die öffentliche Sicherheit und Ordnung, insbesondere Leben oder Gesundheit, und die natürlichen Lebensgrundlagen nicht gefährdet werden. ²Sie sind einwandfrei zu gestalten, dürfen das Gesamtbild ihrer Umgebung nicht verunstalten und müssen ihrem Zweck entsprechend ohne Mißstände benutzbar sein. ³Die allgemein anerkannten Regeln der Baukunst und Technik sind zu beachten.

(2) Für den Abbruch baulicher Anlagen, für die Änderung ihrer Benutzung, für Baustellen und Baugrundstücke gilt Absatz 1 sinngemäß.

---

* Bek. über die bauaufsichtliche Behandlung von Hochhäusern vom 25. 5. 1983 (MABl. S. 495, ber. S. 893).
** Art. 3 Abs. 1 Satz 1 neu gefaßt durch Gesetz vom 16. 7. 1986 (GVBl. S. 135).

Das Grundstück und seine Bebauung Art. 4 **BayBO 1**

(3) ¹ Als allgemein anerkannte Regeln der Technik gelten auch die vom Staatsministerium des Innern oder von der von ihm bestimmten Stelle durch öffentliche Bekanntmachung eingeführten technischen Baubestimmungen.* ² Bei der Bekanntmachung kann hinsichtlich des Inhalts der Baubestimmungen auf die Fundstelle verwiesen werden.

Zweiter Teil. Das Grundstück und seine Bebauung

Art. 4 Bebauung der Grundstücke mit Gebäuden

(1) Gebäude dürfen nur unter folgenden Voraussetzungen errichtet werden:
1. Das Grundstück muß nach Lage, Form, Größe und Beschaffenheit für die beabsichtigte Bebauung geeignet sein.
2.** Das Grundstück muß in einer angemessenen Breite an einer befahrbaren öffentlichen Verkehrsfläche liegen.
3. Bis zum Beginn der Benutzung des Gebäudes müssen Zufahrtswege, Wasserversorgungs- und Abwasserbeseitigungsanlagen in dem erforderlichen Umfang benutzbar sein.

(2) Innerhalb des räumlichen Geltungsbereichs eines Bebauungsplans und innerhalb eines im Zusammenhang bebauten Ortsteils können folgende Ausnahmen von Absatz 1 gestattet werden:
1. Bei Wohnwegen von begrenzter Länge kann auf die Befahrbarkeit verzichtet werden, wenn keine Bedenken wegen des Brandschutzes oder des Rettungsdienstes bestehen.
2.*** Bei Wohnwegen von begrenzter Länge kann auf die Widmung verzichtet werden, wenn von dem Wohnweg nur Wohngebäude mit bis zu zwei Wohnungen erschlossen werden und rechtlich gesichert ist, daß der Wohnweg sachgerecht unterhalten wird und allgemein benutzt werden kann.

(3) ¹ Außerhalb des räumlichen Geltungsbereichs eines Bebauungsplans und außerhalb eines im Zusammenhang bebauten Ortsteils können Ausnahmen von Absatz 1 Nr. 2 gestattet werden, wenn das Grundstück eine befahrbare, rechtlich gesicherte Zufahrt zu einem be-

---

* Bek. über Technische Baubestimmungen; Verzeichnis der nach Art. 3 Abs. 3 BayBO eingeführten technischen Baubestimmungen, Stand Dezember 1984, vom 29. 1. 1985 (MABl. S. 17); abgedruckt unter Nr. **42.**
** ME über die Bestellung von beschränkten persönlichen Dienstbarkeiten zur rechtlichen Sicherung, insbesondere im Vollzug der Art. 4 Abs. 2 Nr. 2, 7 Abs. 4 und 62 Abs. 6 [jetzt: Art. 4 Abs. 1 Nr. 2, Art. 7 Abs. 4 und Art. 55 Abs. 6] BayBO; Vertretung des Freistaates Bayern vom 16. 8. 1966 (MABl. S. 436).
*** ME über die Behandlung der sog. Wohnwege (Siedlungsstichstraßen u. ä.) in Bebauungsplänen und bei der straßenrechtlichen Einstufung vom 21. 8. 1969 (MABl. S. 454).

fahrbaren öffentlichen Weg hat. ²Solche Ausnahmen sollen gewährt werden für land- und forstwirtschaftliche oder gärtnerische Betriebsgebäude und Bienenhäuser, wenn öffentliche Interessen nicht entgegenstehen; das gleiche gilt für Gebäude, die dem zivilen Bevölkerungsschutz, dem Fernmeldewesen, der öffentlichen Versorgung mit Elektrizität, Gas, Wärme und Wasser oder der Abwasserwirtschaft dienen.

Art. 5 Nicht überbaute Flächen der bebauten Grundstücke

(1) ¹Die nicht überbauten Flächen der bebauten Grundstücke sollen als Grünflächen oder gärtnerisch angelegt und unterhalten werden, soweit diese Flächen nicht für eine andere zulässige Nutzung, wie Stellplätze und Arbeits- oder Lagerflächen, benötigt werden. ²Ausreichend große Flächen sollen mit Bäumen und Sträuchern bepflanzt werden, insbesondere wenn Lärmschutz und Luftreinhaltung das erfordern.

(2) ¹Die Bauaufsichtsbehörde kann verlangen, daß auf diesen Flächen Bäume nicht beseitigt werden, die für das Straßen-, Orts- oder Landschaftsbild oder für den Lärmschutz oder die Luftreinhaltung bedeutsam oder erforderlich sind. ²Unter diesen Voraussetzungen kann sie auch verlangen, daß diese Flächen ganz oder teilweise nicht unterbaut werden.

(3) Für die Erfüllung der Verpflichtung zur Neuanpflanzung nach Absatz 1 kann die Bauaufsichtsbehörde Sicherheitsleistung in angemessener Höhe verlangen.

Art. 6 Abstandsflächen

(1) ¹Vor den Außenwänden von Gebäuden sind Abstandsflächen von oberirdischen baulichen Anlagen freizuhalten. ²Eine Abstandsfläche ist nicht erforderlich vor Außenwänden, die an den Grundstücksgrenzen errichtet werden, wenn nach planungsrechtlichen Vorschriften das Gebäude an die Grenze gebaut werden muß oder gebaut werden darf. ³Darf nach planungsrechtlichen Vorschriften nicht an die Grenze eines Nachbargrundstücks gebaut werden, ist aber auf diesem Grundstück ein Gebäude an der Grenze vorhanden, so kann gestattet oder verlangt werden, daß angebaut wird. ⁴Muß nach planungsrechtlichen Vorschriften an die Grenze eines Nachbargrundstücks gebaut werden, ist aber auf diesem Grundstück ein Gebäude mit Abstand zu dieser Grenze vorhanden, so kann gestattet oder verlangt werden, daß eine Abstandsfläche eingehalten wird.

(2) ¹Die Abstandsflächen müssen, soweit sie sich nicht auf Nachbargrundstücke erstrecken dürfen, auf dem Grundstück selbst liegen. ²Die Abstandsflächen dürfen sich nicht überdecken; das gilt nicht für Außenwände, die in einem Winkel von mehr als 75 Grad zueinander stehen.

Das Grundstück und seine Bebauung   Art. 6 **BayBO 1**

(3) ¹ Die Tiefe der Abstandsfläche bemißt sich nach der Wandhöhe; sie wird senkrecht zur Wand gemessen. ² Als Wandhöhe gilt das Maß von der natürlichen oder festgelegten Geländeoberfläche bis zum Schnittpunkt der Wand mit der Dachhaut oder bis zum oberen Abschluß der Wand. ³ Für Gebäude oder Gebäudeteile mit versetzten Außenwandteilen ist die Wandhöhe für jeden Wandteil entsprechend zu ermitteln. ⁴ Die Höhe von Dächern mit einer Neigung von mehr als 45 Grad wird zu einem Drittel hinzugerechnet. ⁵ Die Höhe von Giebelflächen im Bereich des Dachs ist nur bis zu einem Drittel anzurechnen. ⁶ Das sich so ergebende Maß ist H. ⁷ Vor die Außenwand vortretende Bauteile, wie Pfeiler, Gesimse, Dachvorsprünge, Blumenfenster, Hauseingangstreppen und deren Überdachungen, und untergeordnete Vorbauten, wie Erker und Balkone, bleiben außer Betracht, wenn sie nicht mehr als 1,5 m vortreten und von den Grundstücksgrenzen mindestens 2 m entfernt bleiben.

(4) ¹ Die Tiefe der Abstandsflächen beträgt 1 H, mindestens 3 m. ² In Kerngebieten genügt eine Tiefe von 0,5 H, mindestens 3 m, in Gewerbe- und Industriegebieten eine Tiefe von 0,25 H, mindestens 3 m. ³ In Sondergebieten, die nicht der Erholung dienen, können geringere Tiefen als nach Satz 1, jedoch nicht weniger als 3 m, gestattet werden, wenn die Nutzung des Sondergebiets dies rechtfertigt.

(5) ¹ Vor zwei Außenwänden von nicht mehr als je 16 m Länge genügt als Tiefe der Abstandsfläche die Hälfte der nach Absatz 4 erforderlichen Tiefe, mindestens jedoch 3 m; das gilt nicht in Kerngebieten und Gewerbe- und Industriegebieten. ² Wird ein Gebäude mit einer Außenwand an eine Grundstücksgrenze gebaut, gilt Satz 1 nur noch für eine Außenwand; wird ein Gebäude mit zwei Außenwänden an Grundstücksgrenzen gebaut, so ist Satz 1 nicht anzuwenden; Grundstücksgrenzen zu öffentlichen Verkehrsflächen, öffentlichen Grünflächen und öffentlichen Wasserflächen bleiben hierbei unberücksichtigt. ³ Aneinandergebaute Gebäude sind wie ein Gebäude zu behandeln.

(6) ¹ Unbeschadet der Absätze 4 und 5 darf bei Wänden, die nicht mindestens feuerhemmend sind und die aus brennbaren Baustoffen bestehen, die Tiefe der Abstandsfläche 5 m nicht unterschreiten. ² Absatz 2 Satz 2 Halbsatz 2 gilt nicht gegenüber anderen Gebäuden.

(7) Liegen sich in Gewerbe- und Industriegebieten auf einem Grundstück Gebäude oder Gebäudeteile mit feuerbeständigen Wänden ohne Öffnungen gegenüber, so ist abweichend von Absatz 4 ein Abstand zwischen diesen Wänden von 3 m zulässig.

(8) In die Abstandsflächen werden abweichend von Absatz 2 Satz 1 öffentliche Verkehrsflächen, öffentliche Grünflächen und öffentliche Wasserflächen zur Hälfte eingerechnet.

7

1 BayBO Art. 7   Zweiter Teil

(9) In den Abstandsflächen sind abweichend von Absatz 1 untergeordnete oder unbedeutende bauliche Anlagen zulässig.

(10) Die Absätze 1 bis 9 gelten für andere bauliche Anlagen sowie andere Anlagen und Einrichtungen sinngemäß, wenn von diesen Wirkungen wie von Gebäuden ausgehen.

Art. 7 Abweichungen von den Abstandsflächen

(1) ^{1}In Bebauungsplänen oder auf Grund von örtlichen Bauvorschriften nach Art. 91 Abs. 1 Nrn. 5 und 6 können andere Abstandsflächen festgelegt werden als sich nach Art. 6 ergeben. ^{2}Ein ausreichender Brandschutz und eine ausreichende Belichtung und Lüftung müssen gewährleistet sein. ^{3}Die Flächen für notwendige Nebenanlagen, insbesondere für Kinderspielplätze, Garagen und Stellplätze, dürfen nicht eingeschränkt werden.

(2) ^{1}Ausnahmen von Art. 6 Abs. 4 und 5 können gestattet werden, wenn die geforderten Abstandsflächen

1. wegen einer bereits vorhandenen Bebauung oder aus anderen Gründen ohne unbillige Härte,
2. aus städtebaulichen Gründen oder
3. bei Gebäuden für industrielle Zwecke, weil sie eine technische Einheit bilden,

nicht eingehalten werden können. ^{2}Absatz 1 Sätze 2 und 3 gelten entsprechend.

(3) ^{1}Gebäude mit einer Traufhöhe von nicht mehr als 5 m für die örtliche Versorgung mit Elektrizität, Wärme, Gas und Wasser, Gewächshäuser für den Erwerbsgartenbau und Gärfutterbehälter für die Landwirtschaft sind in den Abstandsflächen und ohne eigene Abstandsflächen zulässig. ^{2}Dies gilt nicht für Gärfutterbehälter bezüglich der Abstandsflächen zu Nachbargrundstücken.

(4) Liegen sich Gebäude oder Gebäudeteile gegenüber, von denen mindestens eines nicht mehr als ein Vollgeschoß aufweist und nicht dem Wohnen dient, so kann gestattet werden, daß die nach Art. 6 Abs. 4 und 5 erforderlichen Abstandsflächen in ihrer Tiefe bis auf eine halbe Wandhöhe dieses Gebäudes vermindert werden, soweit nicht dadurch Brandschutz, Belichtung und Lüftung beeinträchtigt werden.

(5) ^{1}Garagen einschließlich deren Nebenräumen mit einer Gesamtnutzfläche bis zu 50 m^2 und Nebengebäude ohne Feuerstätte mit einer Nutzfläche bis zu 20 m^2 brauchen zur Grundstücksgrenze keine Abstandsflächen einzuhalten, wenn an der Grenze eine Traufhöhe von 2,75 m im Mittel nicht überschritten wird. ^{2}Insgesamt darf diese Grenzbebauung auf dem Grundstück 50 m^2 Gesamtnutzfläche nicht überschreiten. ^{3}Die bauliche Verbindung dieser Grenzbebauung mit einem Hauptgebäude oder einem weiteren Nebengebäude ist zulässig,

Das Grundstück und seine Bebauung   Art. 8, 9   **BayBO 1**

soweit diese Gebäude für sich betrachtet die auf sie treffenden Abstandsflächen einhalten.

(6) [1] Die Abstandsflächen nach Art. 6 Abs. 4 und 5 oder die Abstandsflächen auf Grund von örtlichen Bauvorschriften nach Art. 91 können sich ganz oder teilweise auf das Nachbargrundstück erstrecken, wenn rechtlich gesichert ist, daß sie nicht überbaut werden.* [2] Sie müssen zusätzlich zu den für die Bebauung des Nachbargrundstücks vorgeschriebenen Abstandsflächen von der Bebauung freigehalten werden. [3] Art. 6 Abs. 1 Sätze 3 und 4 bleiben unberührt.

Art. 8** Kinderspielplätze   SIEHE SEITE 70

(1) Werden Gebäude mit insgesamt mehr als drei Wohnungen errichtet, so ist auf dem Baugrundstück ein Kinderspielplatz in geeigneter Lage anzulegen und zu unterhalten; die Art, Größe und Ausstattung des Kinderspielplatzes richten sich nach Zahl, Art und Größe der Wohnungen auf dem Grundstück.

(2) [1] Dem Bauherrn kann gestattet werden, den Kinderspielplatz in der unmittelbaren Nähe des Baugrundstücks herzustellen, wenn ein geeignetes Grundstück zur Verfügung steht und seine Benutzung für diesen Zweck gesichert ist. [2] Kann der Bauherr den Kinderspielplatz nicht auf seinem Grundstück oder auf einem geeigneten Grundstück in der unmittelbaren Nähe herstellen, so kann er seine Verpflichtung nach Absatz 1 auch dadurch erfüllen, daß er sich der Gemeinde gegenüber verpflichtet, die Kosten für die Anlage und Unterhaltung eines Kinderspielplatzes in angemessener Höhe zu tragen. [3] Das gilt nur, wenn die Gemeinde in der Nähe des Baugrundstücks an Stelle des Bauherrn den vorgeschriebenen Kinderspielplatz oder einen der Allgemeinheit zugänglichen Kinderspielplatz herstellt oder herstellen läßt. [4] Die Gemeinde kann Sicherheitsleistung in angemessener Höhe verlangen.

(3) [1] Für bestehende Gebäude mit insgesamt mehr als drei Wohnungen auf einem Grundstück kann die Bauaufsichtsbehörde die Anlage oder Erweiterung und Unterhaltung eines Kinderspielplatzes verlangen. [2] Die Absätze 1 und 2 sind entsprechend anzuwenden.

(4) Die Absätze 1 bis 3 gelten nicht, wenn die Art der Wohnungen oder ihre Umgebung die Anlage eines Kinderspielplatzes nicht erfordern.

Art. 9 Einfriedung der Baugrundstücke

(1) Die Bauaufsichtsbehörde kann verlangen, daß Baugrundstücke entlang öffentlicher Wege, Straßen oder Plätze sowie Sport- und Spielplätze, Campingplätze und Wochenendplätze, Lager- und Abstellplät-

---

* Siehe Anm. zu Art. 4 Abs. 2 BayBO.
** Vgl. hierzu § 1 DVBayBO (abgedruckt unter Nr. 2).

1 BayBO Art. 10, 11   Dritter Teil

ze, Aufschüttungen und Abgrabungen eingefriedet oder abgegrenzt werden, wenn die öffentliche Sicherheit und Ordnung es erfordern.

(2) Bei Vorgärten kann die Bauaufsichtsbehörde die Errichtung von Einfriedungen untersagen, wenn die Sicherheit des Verkehrs oder die einheitliche Gestaltung des Straßenbilds dies erfordert.

(3) Für Einfriedungen oder Abgrenzungen, die keine baulichen Anlagen sind, gelten die Art. 12 und 19 sinngemäß.

< 1,50 m nicht genehmigungspflichtig

Art. 10 Höhenlage des Grundstücks und der baulichen Anlagen

(1) Werden bauliche Anlagen errichtet oder geändert, so kann verlangt werden, daß die Oberfläche des Grundstücks erhalten oder in ihrer Höhenlage verändert wird, um eine Störung des Straßen-, Orts- oder Landschaftsbilds zu vermeiden oder zu beseitigen oder um die Oberfläche der Höhe der Verkehrsfläche oder der Nachbargrundstücke anzugleichen.

(2) [1] Die Höhenlage der baulichen Anlagen ist, soweit erforderlich, von der Bauaufsichtsbehörde im Einvernehmen mit der Gemeinde festzulegen. [2] Die Höhenlage der Verkehrsflächen und die Anforderungen an die Abwasserbeseitigung sind dabei zu beachten.

Art. 11 Teilung von Grundstücken

(1) [1] Die Teilung eines Grundstücks, das mit einem Gebäude bebaut oder auf dem eine solche Bebauung genehmigt ist, bedarf zu ihrer Wirksamkeit der Genehmigung der Bauaufsichtsbehörde.* [2] § 19 Abs. 2, 3 Sätze 3 bis 6 und Abs. 4 und 5 des Bundesbaugesetzes (BBauG) gelten entsprechend. [3] Die Genehmigung darf nur versagt werden, wenn durch die Teilung des Grundstücks Verhältnisse geschaffen werden, die Vorschriften dieses Gesetzes oder auf Grund dieses Gesetzes erlassenen Vorschriften zuwiderlaufen.

(2) [1] Die Teilung darf in das Liegenschaftskataster und das Grundbuch erst übernommen werden, wenn der Genehmigungsbescheid vorgelegt ist. [2] Im übrigen gilt § 23 BBauG entsprechend.

(3) Werden durch rechtsgeschäftliche Veränderungen der Grenzen oder durch Teilung bebauter Grundstücke Verhältnisse geschaffen, die den Vorschriften dieses Gesetzes oder Vorschriften auf Grund dieses Gesetzes zuwiderlaufen, so kann die Bauaufsichtsbehörde zur Abwendung erheblicher Gefahren oder Nachteile verlangen, daß ein baurechtmäßiger Zustand der Gebäude oder Gebäudeteile hergestellt wird.

---

* Vgl. Verordnung über die Gebiete ohne Genehmigungspflicht nach Art. 11 der BayBO für Grundstücksteilungen vom 21. 12. 1982 (BayRS 2132-1-18-I); abgedruckt unter Nr. **8**.

Dritter Teil. Bauliche Anlagen

Abschnitt I. Baugestaltung, Anlagen der Außenwerbung

Art. 12 Baugestaltung

(1) Bauliche Anlagen sind nach den anerkannten Regeln der Baukunst durchzubilden und so zu gestalten, daß sie nach Form, Maßstab, Verhältnis der Baumassen und Bauteile zueinander, Werkstoff und Farbe nicht verunstaltend wirken.

(2) Bauliche Anlagen sind mit ihrer Umgebung derart in Einklang zu bringen, daß sie das Straßen-, Orts- oder Landschaftsbild oder deren beabsichtigte Gestaltung nicht verunstalten.

(3) Soweit kein Bebauungsplan oder keine örtliche Bauvorschrift über die Gestaltung besteht, sollen sich bauliche Anlagen in die Bebauung der näheren Umgebung einfügen.

Art. 13* Anlagen der Außenwerbung

(1) [1] Anlagen der Außenwerbung (Werbeanlagen) sind alle ortsfesten Einrichtungen, die der gewerblichen oder beruflichen Ankündigung oder Anpreisung oder als Hinweis auf Gewerbe oder Beruf dienen und vom öffentlichen Verkehrsraum aus sichtbar sind. [2] Hierzu zählen vor allem Schilder, Beschriftungen, Bemalungen, Lichtwerbungen, Schaukästen, Automaten und die für Zettel- und Bogenanschläge oder Lichtwerbung bestimmten Säulen, Tafeln und Flächen. [3] Ausgenommen sind Einrichtungen, die nach ihrem erkennbaren Zweck nur vorübergehend für höchstens zwei Monate innerhalb bebauter Ortsteile angebracht werden.

(2) [1] Für Werbeanlagen, die bauliche Anlagen sind, gelten die an bauliche Anlagen zu stellenden Anforderungen. [2] Werbeanlagen, die keine baulichen Anlagen sind, dürfen weder bauliche Anlagen noch das Straßen-, Orts- oder Landschaftsbild verunstalten oder die Sicherheit und Leichtigkeit des Verkehrs gefährden. [3] Die störende Häufung von Werbeanlagen ist unzulässig.

(3) [1] Innerhalb bebauter Ortsteile sind Zeichen, die auf abseits liegende gewerbliche Betriebe oder versteckt gelegene Stätten hinweisen,

---

* ME über Lichtreklame und akustische Werbung in der Nähe von Eisenbahnanlagen vom 7. 3. 1951 (BayBSVI I S. 170, BayBSVWV S. 178). § 33 Straßenverkehrs-Ordnung (StVO) vom 16. 11. 1970 (BGBl. I S. 1565, geändert durch Gesetz vom 22. 3. 1988 (BGBl. I S. 405). Bayerisches Straßen- und Wegegesetz i. d. F. der Bek. vom 5. 10. 1981 (BayRS 91-1-I); auszugsweise abgedruckt unter Nr. 32.

1 BayBO Art. 14 Dritter Teil

zulässig (Hinweiszeichen). ²Die Vorschriften des Absatzes 2 sind zu beachten.

(4) ¹Außerhalb der im Zusammenhang bebauten Ortsteile sind Werbeanlagen unzulässig. ²Gleiches gilt für Werbeanlagen an Ortsrändern, soweit sie in die freie Landschaft hineinwirken. ³Ausgenommen sind, soweit nichts anderes vorgeschrieben ist,

1. Werbeanlagen an der Stätte der Leistung,
2. Schilder, die Inhaber und Art gewerblicher Betriebe kennzeichnen (Hinweisschilder), wenn sie vor Ortsdurchfahrten auf einer einzigen Tafel zusammengefaßt sind,
3. einzelne Hinweiszeichen an Wegabzweigungen, die auf außerhalb bebauter Ortsteile liegende gewerbliche Betriebe oder versteckt gelegene Stätten aufmerksam machen,
4. Werbeanlagen an und auf Flugplätzen, Sportanlagen und auf abgegrenzten Versammlungsstätten, soweit sie nicht in die freie Landschaft wirken,
5. Werbeanlagen auf Ausstellungs- und Messegeländen.

(5) Auf Werbemittel, die an dafür genehmigten Säulen, Tafeln oder Flächen angebracht sind, und auf Auslagen und Dekorationen in Schaufenstern und Schaukästen sind die Vorschriften dieses Gesetzes nicht anzuwenden; sie gelten auch nicht für die Werbung für Zeitungen und Zeitschriften an deren Verkaufsstellen (Kioske).

Abschnitt II. Allgemeine Anforderungen an die Bauausführung

Art. 14* Baustelle

(1) Baustellen sind so einzurichten, daß bauliche Anlagen ordnungsgemäß errichtet, geändert, abgebrochen oder unterhalten werden können und daß keine Gefahren, vermeidbaren Nachteile oder vermeidbaren Belästigungen entstehen.

(2) Öffentliche Verkehrsflächen, Versorgungs-, Abwasserbeseitigungs- und Meldeanlagen, Grundwassermeßstellen, Vermessungszeichen, Abmarkungszeichen und Grenzzeichen sind für die Dauer der Bauausführung zu schützen und, soweit erforderlich, unter den notwendigen Sicherheitsvorkehrungen zugänglich zu halten.

(3) Während der Ausführung genehmigungspflichtiger Vorhaben hat der Bauherr an der Baustelle eine Tafel, die die Bezeichnung des Vorhabens und die Namen und Anschriften des Bauherrn und des Entwurfsverfassers enthalten muß, dauerhaft und von der öffentlichen Verkehrsfläche aus sichtbar anzubringen.

---

* Vgl. hierzu § 2 DVBayBO (abgedruckt unter Nr. **2**).

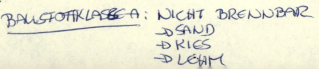

Bauliche Anlagen Art. 15–17 **BayBO 1**

Art. 15 Standsicherheit und Dauerhaftigkeit

¹ Jede bauliche Anlage muß im ganzen, in ihren einzelnen Teilen und für sich allein standsicher und dem Zweck entsprechend dauerhaft sein. ² Die Standsicherheit muß auch während der Errichtung und bei der Änderung und dem Abbruch gewährleistet sein. ³ Die Standsicherheit anderer baulicher Anlagen und die Tragfähigkeit des Baugrundes des Nachbargrundstücks dürfen nicht gefährdet werden.

Art. 16 Schutz gegen Einwirkungen *SCHUTZ VOR SCHÄDLINGEN*

(1) Bauliche Anlagen sind so anzuordnen, zu errichten, zu ändern und zu unterhalten, daß durch chemische, physikalische, pflanzliche oder tierische Einwirkungen keine Gefahren, vermeidbaren Nachteile oder vermeidbaren Belästigungen entstehen.

(2) Baustoffe sind so zu wählen und zusammenzufügen, daß sie sich gegenseitig nicht chemisch oder physikalisch schädlich beeinflussen können.

(3) Werden in Gebäuden Bauteile aus Holz oder anderen organischen Stoffen vom Hausbock, vom echten Hausschwamm oder von Termiten befallen, so haben die Eigentümer oder Besitzer das der Bauaufsichtsbehörde unverzüglich anzuzeigen.

MELDEPFLICHT DES ARCHITEKTEN BEIM FESTSTELLEN VON SCHÄDLINGEN

Art. 17* Brandschutz

(1)** Bauliche Anlagen sind so anzuordnen, zu errichten, zu ändern und zu unterhalten, daß der Entstehung und der Ausbreitung von Feuer und Rauch vorgebeugt wird und bei einem Brand wirksame Löscharbeiten und die Rettung von Menschen und Tieren möglich sind.

(2) Leicht entflammbare Baustoffe dürfen nicht verwendet werden.

(3) Für Hochhäuser müssen die für die Brandbekämpfung und für die Rettungsmaßnahmen erforderlichen besonderen Feuerlösch- und Rettungsgeräte vorhanden sein.

(4) Feuerbeständige Wände und Decken müssen mindestens in den wesentlichen Teilen aus nichtbrennbaren Baustoffen bestehen.

(5) Bauliche Anlagen, bei denen nach Lage, Bauart oder Nutzung Blitzeinschlag leicht eintreten oder zu schweren Folgen führen kann, sind mit dauernd wirksamen Blitzschutzanlagen zu versehen.

---

* Siehe Verordnung über die Verhütung von Bränden (VVB) vom 29. 4. 1981 (BayRS 215-2-1-I). Bek. über Bauführungen in der Nähe von Starkstrom-Freileitungen über 1 kV vom 6. 2. 1981 (MABl. S. 90).
** Vgl. hierzu § 3 DVBayBO (abgedruckt unter Nr. 2).

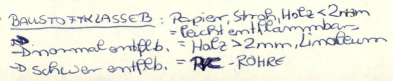

BAUSTOFFKLASSE B: Papier, Stroh, Holz < 2mm = leicht entflammbar
→ normal entflb. = Holz > 2mm, Linoleum
→ schwer entflb. = PVC-Rohre

Art. 18* Wärme-, Schall- und Erschütterungsschutz

(1) ¹ Bei der Errichtung oder Änderung baulicher Anlagen oder bei einer Nutzungsänderung ist ein den klimatischen Verhältnissen, dem Standplatz und der vorgesehenen Nutzung entsprechender Wärmeschutz vorzusehen. ² Der Wärmeverlust soll niedrig gehalten werden.

(2) ¹ Bei der Errichtung oder Änderung baulicher Anlagen oder bei einer Nutzungsänderung ist ein ausreichender Schallschutz vorzusehen. ² Lärmschutzmauern, bepflanzte Lärmschutzwälle oder ähnliche Anlagen können verlangt werden, wenn Lage und Nutzung von Gebäuden mit Aufenthaltsräumen das erfordern.

(3) Erschütterungen, Schwingungen oder Geräusche, die von ortsfesten Einrichtungen (Anlagen und Geräten) in baulichen Anlagen oder auf Baugrundstücken ausgehen, sind so zu dämmen, daß keine Gefahren, vermeidbaren Nachteile oder vermeidbaren Belästigungen entstehen.

[handschriftliche Notiz: Bei weniger als/oder 2 Wohnungen ist der Schutz nur nachzuweisen, wenn Bauherr darauf besteht.]

Art. 19** Verkehrssicherheit

(1) Bauliche Anlagen und die dem Verkehr dienenden nicht überbauten Flächen bebauter Grundstücke müssen ihrem Zweck entsprechend verkehrssicher sein.

(2) Bauliche Anlagen und ihre Benutzung dürfen die Sicherheit oder Leichtigkeit des Verkehrs nicht gefährden.

Art. 20*** Beheizung, Beleuchtung und Lüftung

Räume müssen beheizt, belüftet und mit Tageslicht belichtet werden können, soweit das nach der Nutzung erforderlich ist.

Abschnitt III. Baustoffe, Bauteile und Bauarten

Art. 21 Baustoffe, Bauteile und Bauarten

(1) Bei der Errichtung und bei der Änderung baulicher Anlagen sind nur Baustoffe und Bauteile zu verwenden und nur Bauarten anzuwenden, die den Anforderungen dieses Gesetzes und den Vorschriften auf Grund dieses Gesetzes genügen.

---

* Verordnung über einen energiesparenden Wärmeschutz bei Gebäuden (Wärmeschutzverordnung – WärmeschutzV) vom 24. 2. 1982 (BGBl. I S. 209). Gem. Bek. über den Vollzug der Wärmeschutzverordnung zum Energieeinsparungsgesetz im bauaufsichtlichen Verfahren vom 20. 3. 1984 (MABl. S. 127; WVMBl. S. 46).
** Vgl. hierzu § 4 DVBayBO (abgedruckt unter Nr. 2).
*** Vgl. hierzu § 14 DVBayBO (abgedruckt unter Nr. 2).

Bauliche Anlagen   Art. 22, 23 **BayBO 1**

(2) Erfordert die Herstellung bestimmter Baustoffe und Bauteile in außergewöhnlichem Maß Sachkunde und Erfahrung* oder besondere Einrichtungen, so kann das Staatsministerium des Innern oder die von ihm bestimmte Stelle vom Hersteller den Nachweis verlangen, daß er über die geeigneten Fachkräfte und Einrichtungen verfügt.

Art. 22 Neue Baustoffe, Bauteile und Bauarten

(1) Baustoffe, Bauteile und Bauarten, die noch nicht allgemein gebräuchlich und bewährt sind (neue Baustoffe, Bauteile und Bauarten), dürfen nur verwendet oder angewendet werden, wenn ihre Brauchbarkeit im Sinn des Art. 3 Abs. 1 Satz 1 für den Verwendungszweck nachgewiesen ist.

(2) [1] Der Nachweis nach Absatz 1 kann durch eine allgemeine bauaufsichtliche Zulassung (Art. 23) oder ein Prüfzeichen (Art. 24) geführt werden. [2] Wird er auf andere Weise geführt, so bedarf die Verwendung oder Anwendung der neuen Baustoffe, Bauteile und Bauarten der Zustimmung des Staatsministeriums des Innern oder der von ihm bestimmten Stelle; das Staatsministerium des Innern kann für genau begrenzte Fälle allgemein festlegen, daß seine Zustimmung nicht erforderlich ist.

(3) Der Nachweis nach Absatz 1 ist nicht erforderlich, wenn die neuen Baustoffe, Bauteile und Bauarten den vom Staatsministerium des Innern durch Bekanntmachung eingeführten technischen Baubestimmungen entsprechen, es sei denn, daß das Staatsministerium des Innern diesen Nachweis eigens verlangt.

Art. 23 Allgemeine bauaufsichtliche Zulassung neuer Baustoffe, Bauteile und Bauarten

(1) Für die Erteilung allgemeiner bauaufsichtlicher Zulassungen für neue Baustoffe, Bauteile und Bauarten ist das Staatsministerium des Innern oder die von ihm bestimmte Stelle zuständig.

(2) [1] Die Zulassung ist beim Staatsministerium des Innern oder bei der von ihm bestimmten Stelle schriftlich zu beantragen. [2] Die zur Begründung des Antrags erforderlichen Unterlagen sind beizufügen. [3] Art. 71 Abs. 2 gilt sinngemäß.

(3) [1] Probestücke und Probeausführungen, die zur Prüfung der Brauchbarkeit der Baustoffe, Bauteile und Bauarten erforderlich sind, sind vom Antragsteller zur Verfügung zu stellen und durch Sachverständige zu entnehmen oder unter ihrer Aufsicht herzustellen. [2] Die Sachverständigen werden vom Staatsministerium des Innern oder einer von ihm ermächtigten Stelle bestellt.

---

* Bek. über die Stahlbaufirmen, die den Nachweis zum Schweißen von Stahlbauten erbracht haben, vom 27. 11. 1985 (MABl. 1986 S. 1).

1 BayBO Art. 24

(4) Das Staatsministerium des Innern oder die von ihm bestimmte Stelle ist berechtigt, für die Durchführung der Prüfung eine bestimmte technische Prüfstelle oder technische Sachverständige und für die Probeausführungen eine bestimmte Ausführungsstelle und Ausführungszeit vorzuschreiben.

(5) [1] Die Zulassung wird auf der Grundlage des Gutachtens eines Sachverständigenausschusses widerruflich für eine bestimmte Frist erteilt, die fünf Jahre nicht überschreiten soll. [2] Bei offensichtlich unbegründeten Anträgen braucht ein Gutachten nicht eingeholt zu werden. [3] Die Zulassung kann auf Antrag um jeweils höchstens fünf Jahre verlängert werden. [4] Sie ist zu widerrufen, wenn sich die neuen Baustoffe, Bauteile oder Bauarten nicht bewähren.

(6) Zulassungen anderer Länder der Bundesrepublik Deutschland gelten auch im Freistaat Bayern.

(7) Rechte Dritter werden durch die Zulassung nicht berührt.

Art. 24 Prüfzeichen

(1) [1] Das Staatsministerium des Innern kann durch Rechtsverordnung* vorschreiben, daß bestimmte werkmäßig hergestellte Baustoffe, Bauteile und Einrichtungen, bei denen wegen ihrer Eigenart und Zweckbestimmung die Erfüllung der Anforderungen nach Art. 3 Abs. 1 Satz 1 in besonderem Maß von ihrer einwandfreien Beschaffenheit abhängt, nur verwendet oder eingebaut werden dürfen, wenn sie ein Prüfzeichen haben. [2] Sind für die Verwendung der Baustoffe, Bauteile oder Einrichtungen besondere technische Bestimmungen getroffen, so ist das im Prüfzeichen kenntlich zu machen.

(2) Das zugeteilte Prüfzeichen ist auf den Baustoffen oder Bauteilen oder, wenn das nicht möglich ist, auf ihrer Verpackung oder, wenn auch das nicht möglich ist, auf dem Lieferschein in leicht erkennbarer und dauerhafter Weise anzubringen.

(3) Werden Baustoffe und Bauteile, die bei werkmäßiger Herstellung eines Prüfzeichens bedürfen, an Ort und Stelle nach Richtlinien des Staatsministeriums des Innern oder der von ihm ermächtigten Stelle hergestellt, so ist eine Zustimmung nach Art. 22 Abs. 2 Satz 2 nicht erforderlich.

(4) [1] Für die Erteilung des Prüfzeichens ist das Staatsministerium des Innern oder die von ihm bestimmte Stelle zuständig.* [2] Für den Antrag, seine Prüfung und für die Erteilung des Prüfzeichens gelten Art. 23 Abs. 2 bis 7 sinngemäß.

---

* Verordnung über prüfzeichenpflichtige Baustoffe, Bauteile und Einrichtungen (Prüfzeichenverordnung – PrüfzV) vom 2. 7. 1982 (BayRS 2132-1-9-I); abgedruckt unter Nr. **10**. Verordnung zur Einschränkung der Verwendung asbesthaltiger Baustoffe und Bauteile und zur Änderung der Prüfzeichenverordnung vom 27. 7. 1987 (GVBl. S. 275, BayRS 2132–1–20–I), geändert durch Verordnung vom 26. 2. 1988 (GVBl. S. 88).

Bauliche Anlagen Art. 25 **BayBO 1**

Art. 25 Überwachung

(1) [1] Ist im Hinblick auf Art. 3 Abs. 1 Satz 1 für Baustoffe, Bauteile, Bauarten und Einrichtungen nach den Art. 23 und 24 ein Nachweis ihrer ständigen ordnungsgemäßen Herstellung erforderlich, so kann das Staatsministerium des Innern oder die von ihm bestimmte Stelle in der Zulassung oder bei der Erteilung des Prüfzeichens festlegen, daß nur Erzeugnisse verwendet werden dürfen, die einer Überwachung (Eigen- und Fremdüberwachung) unterliegen. [2] Für gebräuchliche Baustoffe, Bauteile und Einrichtungen kann das Staatsministerium des Innern das unter den gleichen Voraussetzungen durch Rechtsverordnung* bestimmen.

(2) [1] Die Überwachung ist nach den in der Zulassung oder in dem Prüfzeichen enthaltenen Auflagen oder nach einheitlichen Richtlinien durchzuführen.** [2] Die Fremdüberwachung wird durch Überwachungsgemeinschaften oder auf Grund von Überwachungsverträgen durch Prüfstellen oder technische Sachverständige vorgenommen. [3] Die Überwachungsgemeinschaften, die Prüfstellen und die technischen Sachverständigen müssen vom Staatsministerium des Innern oder der von ihm bestimmten Stelle anerkannt sein. [4] Anerkennungen anderer Länder der Bundesrepublik Deutschland gelten auch im Freistaat Bayern. [5] Überwachungsverträge bedürfen der Zustimmung des Staatsministeriums des Innern oder der von ihm bestimmten Stelle, wenn technische Überwachungsrichtlinien nach Satz 1 nicht bestehen oder im Überwachungsvertrag von ihnen oder von dem vom Staatsministerium des Innern oder der von ihm bestimmten Stelle festgelegten Muster eines Überwachungsvertrags abgewichen wird.

(3) Werden Baustoffe, Bauteile und Einrichtungen in einem anderen Land der Bundesrepublik Deutschland hergestellt, so genügt es zum Nachweis der Überwachung, wenn der Hersteller berechtigt ist, das Überwachungszeichen der dortigen Überwachungsgemeinschaft zu führen, oder wenn er einen Überwachungsvertrag mit einer Prüfstelle oder einem technischen Sachverständigen abgeschlossen hat; das Staatsministerium des Innern kann im Einzelfall eine andere Überwachung vorschreiben.

(4) [1] Werden Baustoffe, Bauteile und Einrichtungen nach Absatz 1 verwendet, so ist nachzuweisen, daß der Herstellungsbetrieb der

---

* Verordnung über die Überwachung von Baustoffen und Bauteilen sowie von Fachbetrieben nach § 19 l des Wasserhaushaltsgesetzes (WHG) (Überwachungsverordnung – ÜberwV) vom 2. 7. 1982 (BayRS 2132-1-10-I); abgedruckt unter Nr. **11**. Bek. über die bauaufsichtliche Behandlung von Baustoff- und Bauteilnormen für die Güteüberwachung vom 8. 8. 1979 (MABl. S. 509), geändert durch Bek. vom 12. 1. 1987 (MABl. S. 28) und vom 7. 1. 1988 (AllMBl. S. 172).
** Bek. über die Überwachung der Herstellung von Baustoffen, Bauteilen, Bauarten und Einrichtungen vom 22. 2. 1983 (MABl. S. 162). Bek. über die Überwachung der Herstellung von Baustoffen und Bauteilen; einheitliches Überwachungszeichen vom 2. 1. 1981 (MABl. S. 49).

1 BayBO Art. 26

Überwachung unterliegt. ²Als Nachweis genügt es, wenn die Baustoffe, Bauteile und Einrichtungen oder, wenn das nicht möglich ist, ihre Verpackung oder, wenn auch das nicht möglich ist, der Lieferschein durch Überwachungszeichen gekennzeichnet sind.

(5) Dem Beauftragten der fremdüberwachenden Stelle ist Zutritt zur Produktionsstätte, zum Händlerlager oder auf die Baustelle zu gewähren.

Abschnitt IV. Wände, Decken, Dächer und Rettungswege

Art. 26 Wände, Pfeiler und Stützen

(1) ¹Tragende und aussteifende Wände sind in Wohngebäuden mit mehr als drei Vollgeschossen und in Wohngebäuden mit drei Vollgeschossen, soweit sie über dem obersten Vollgeschoß Aufenthaltsräume haben oder entsprechend ausgebaut werden können, feuerbeständig herzustellen. ²In anderen Wohngebäuden sind diese Wände mindestens feuerhemmend herzustellen. ³In Wohngebäuden mit bis zu zwei Wohnungen, soweit sie nicht über einem zweiten Vollgeschoß Aufenthaltsräume haben oder entsprechend ausgebaut werden können, sind auch tragende und aussteifende Wände zulässig, die nicht feuerhemmend sind. ⁴Tragende und aussteifende Wände und Trennwände von Kellergeschossen müssen in Gebäuden nach Satz 1 feuerbeständig, in Gebäuden nach den Sätzen 2 und 3 mindestens feuerhemmend sein.

(2) Tragende und aussteifende Wände sind in anderen Gebäuden mit mehr als zwei Vollgeschossen feuerbeständig herzustellen.

(3) ¹Tragende und aussteifende Wände von anderen Gebäuden mit bis zu zwei Vollgeschossen sind mindestens feuerhemmend herzustellen; in land- und forstwirtschaftlichen oder gärtnerischen Betriebsgebäuden sind auch Wände zulässig, die nicht feuerhemmend sind. ²Für andere Gebäude können Ausnahmen gestattet werden, wenn keine Bedenken wegen des Brandschutzes bestehen.

(4) Tragende und aussteifende Wände und Trennwände von Kellergeschossen müssen in Gebäuden nach Absatz 2 feuerbeständig, in Gebäuden nach Absatz 3 mindestens feuerhemmend sein.

(5) Für tragende Pfeiler und Stützen und die Unterstützungen tragender und aussteifender Wände gelten die Absätze 1 bis 4 entsprechend.

(6) Verkleidungen, Dämmschichten und Wandoberflächen sind aus brennbaren Baustoffen zulässig, wenn dieses Gesetz oder Vorschriften auf Grund dieses Gesetzes nichts anderes bestimmen.★

★ Vgl. hierzu § 5 DVBayBO (abgedruckt unter Nr. 2).

Bauliche Anlagen **Art. 27, 28 BayBO 1**

Art. 27 Außenwände

(1) ¹Außenwände von Gebäuden mit Aufenthaltsräumen müssen wärmedämmend sein. ²Das gilt nicht für Außenwände solcher Arbeitsräume, für die ein Wärmeschutz unmöglich oder unnötig ist.

(2) Für Außenwände von Aufenthaltsräumen können Schallschutzmaßnahmen verlangt werden, wenn Lage und Nutzung der Räume das erfordern.

(3) ¹Nichttragende Außenwände oder nichttragende Teile tragender Außenwände von Gebäuden mit mehr als zwei Vollgeschossen sind aus nichtbrennbaren Baustoffen herzustellen. ²Sie sind auch mit einer Feuerwiderstandsdauer entsprechend einer feuerhemmenden Bauart zulässig. ³Das gilt nicht, wenn eine Brandübertragung nicht zu befürchten ist oder durch geeignete Vorkehrungen, wie vorkragende feuerbeständige Bauteile, verhindert wird. ⁴Art. 26 Abs. 6 gilt entsprechend.*

Art. 28 Trennwände

(1) ¹Feuerbeständige Trennwände sind zu errichten

1. in Gebäuden mit mehr als drei Vollgeschossen zwischen Wohnungen sowie zwischen Wohnungen und fremden Aufenthaltsräumen,
2. zwischen Räumen, von denen mindestens einer so genutzt wird, daß eine erhöhte Brand- oder Explosionsgefahr besteht; das gilt nicht für Trennwände zwischen Ställen und Scheunen,
3. zwischen Wohnungen oder Wohn- und Schlafräumen und land- und forstwirtschaftlichen oder gärtnerischen Betriebsgebäuden oder Betriebsräumen; die Trennwand ist bis unter die Dachhaut oder zu einer den Wohnteil oder Wohnraum abschließenden feuerbeständigen Decke zu führen.

²Öffnungen sind zulässig, wenn sie zur Nutzung des Gebäudes erforderlich sind. ³Sie sind mit mindestens feuerhemmenden, selbstschließenden Abschlüssen zu versehen, wenn der Brandschutz nicht auf andere Weise gewährleistet ist. ⁴Leitungen dürfen hindurchgeführt werden, wenn Vorkehrungen gegen Brand- und Rauchübertragung getroffen sind.**

(2) Im übrigen müssen in Gebäuden mit bis zu drei Vollgeschossen Trennwände zwischen Wohnungen sowie zwischen Wohnungen und fremden Aufenthaltsräumen mindestens dieselbe Feuerwiderstandsdauer wie die tragenden Wände haben.

(3) Trennwände müssen wärmedämmend sein

1. zwischen Wohnungen sowie zwischen Wohnungen und fremden Aufenthaltsräumen,

---

* Vgl. hierzu § 5 DVBayBO (abgedruckt unter Nr. 2).
** Vgl. hierzu § 6 DVBayBO (abgedruckt unter Nr. 2).

1 BayBO Art. 29   Dritter Teil

2. zwischen Aufenthaltsräumen und im allgemeinen unbeheizten Räumen, soweit die unbeheizten Räume nicht innerhalb der Wohnung liegen oder zu den Aufenthaltsräumen gehören,
3. zwischen Aufenthalts- und Treppenräumen oder Durchfahrten.

(4) [1] Trennwände müssen schalldämmend sein

1. zwischen Wohnungen sowie zwischen Wohnungen und fremden Aufenthaltsräumen,
2. zwischen Aufenthalts- und Treppenräumen, Aufzugsschächten oder Durchfahrten.

[2] Für andere Trennwände von Aufenthaltsräumen können Schallschutzmaßnahmen verlangt werden, wenn Lage und Nutzung der Räume das erfordern.

(5) [1] Trennwände zwischen Aufenthalts- und Treppenräumen in Wohngebäuden mit bis zu zwei Wohnungen brauchen nicht schall- und wärmedämmend zu sein. [2] Das gleiche gilt für Trennwände von fremden Arbeitsräumen, die nicht an Wohnräume grenzen, wenn wegen der Art der Benutzung der Arbeitsräume ein Wärme- oder Schallschutz unmöglich oder unnötig ist.

Art. 29* Brandwände

(1) [1] Brandwände müssen feuerbeständig und so beschaffen sein, daß sie bei einem Brand ihre Standsicherheit nicht verlieren und die Ausbreitung von Feuer auf andere Gebäude oder Gebäudeabschnitte verhindern. [2] Sie müssen aus nichtbrennbaren Baustoffen bestehen.

(2) Brandwände sind zu errichten

1. als Abschlußwand von Gebäuden, die in einem Abstand bis zu 2,5 m gegenüber der Nachbargrenze errichtet wird, es sei denn, daß ein Abstand von mindestens 5 m zu bestehenden oder nach den baurechtlichen Vorschriften zulässigen künftigen Gebäuden gesichert ist, wenn dieses Gesetz oder Vorschriften auf Grund dieses Gesetzes nichts anderes bestimmen,
2. in aneinandergereihten Gebäuden zwischen den Gebäuden, wenn dieses Gesetz oder Vorschriften auf Grund dieses Gesetzes nichts anderes bestimmen,
3. innerhalb von Gebäuden in Abständen von höchstens 40 m; größere Abstände können gestattet werden, wenn die Nutzung des Gebäudes es erfordert und keine Bedenken wegen des Brandschutzes bestehen; bei außergewöhnlichen Gebäudetiefen können besondere Anforderungen gestellt werden,
4. zwischen Wohngebäuden und angebauten land- und forstwirtschaftlichen oder gärtnerischen Betriebsgebäuden sowie zwischen

---

* Vgl. hierzu § 7 DVBayBO (abgedruckt unter Nr. **2**).

Bauliche Anlagen Art. 30 **BayBO 1**

dem Wohnteil und dem land- und forstwirtschaftlichen oder gärtnerischen Betriebsteil eines Gebäudes, wenn der umbaute Raum des Betriebsteils größer als 2000 m^3 ist,
5. zur Unterteilung land- und forstwirtschaftlicher oder gärtnerischer Betriebsgebäude in Brandabschnitte von höchstens 10 000 m^3 umbauten Raums.

(3) ^{1} Statt innerer Brandwände können zur Bildung von Brandabschnitten Wände in Verbindung mit öffnungslosen Decken gestattet werden, wenn die Nutzung des Gebäudes das erfordert. ^{2} Die Wände, Decken und ihre Unterstützungen, sowie die Abschlüsse der Treppenräume müssen feuerbeständig sein und aus nichtbrennbaren Baustoffen bestehen. ^{3} Die Absätze 5 bis 7 gelten entsprechend.

(4) Müssen auf einem Grundstück Gebäude oder Gebäudeteile, die über Eck zusammenstoßen, durch eine Brandwand getrennt werden, so muß der Abstand der Brandwand von der inneren Ecke mindestens 5 m betragen.

(5) ^{1} Öffnungen in Brandwänden sind unzulässig. ^{2} Sie können in inneren Brandwänden verlangt oder gestattet werden, wenn die Nutzung des Gebäudes oder notwendige Rettungsmaßnahmen es erfordern. ^{3} Die Öffnungen müssen mit selbstschließenden, feuerbeständigen Abschlüssen versehen, die Wände und Decken anschließender Räume aus nichtbrennbaren Baustoffen hergestellt werden. ^{4} Ausnahmen können gestattet werden, wenn der Brandschutz oder notwendige Rettungsmaßnahmen auf andere Weise gesichert sind.

(6) In Brandwänden können kleine Teilflächen aus lichtdurchlässigen, nichtbrennbaren Baustoffen gestattet werden, wenn diese Einbauten widerstandsfähig gegen Feuer sind, der Brandschutz gesichert ist und Rettungswege nicht gefährdet werden.

(7) ^{1} Leitungen dürfen durch Brandwände hindurchgeführt werden, wenn Vorkehrungen gegen Brand- und Rauchübertragung getroffen sind. ^{2} Rohrleitungen müssen außerdem aus nichtbrennbaren Baustoffen bestehen.

Art. 30 Decken und Böden

(1) Feuerbeständige Decken sind herzustellen
1. in Gebäuden mit mehr als zwei Vollgeschossen,
2. über und unter Räumen mit erhöhter Brandgefahr; das gilt nicht für Decken zwischen Ställen und Scheunen,
3. zwischen Wohnungen oder Wohn- und Schlafräumen und land- und forstwirtschaftlichen oder gärtnerischen Betriebsräumen.

(2) ^{1} Im übrigen sind Decken in Gebäuden mit bis zu zwei Vollgeschossen mindestens feuerhemmend herzustellen; in land- und forst-

1 BayBO Art. 30 — Dritter Teil

wirtschaftlichen oder gärtnerischen Betriebsgebäuden sind auch Decken zulässig, die nicht feuerhemmend sind. ² Für andere Gebäude können Ausnahmen gestattet werden, wenn keine Bedenken wegen des Brandschutzes bestehen. ³ Decken über Kellergeschossen müssen mindestens feuerhemmend sein.

(3) ¹ Decken sind in Wohngebäuden mit mehr als drei Vollgeschossen und in Wohngebäuden mit drei Vollgeschossen, soweit sie über dem obersten Vollgeschoß Aufenthaltsräume haben oder entsprechend ausgebaut werden können, feuerbeständig herzustellen. ² In anderen Wohngebäuden sind Decken mindestens feuerhemmend herzustellen. ³ In Wohngebäuden mit bis zu zwei Wohnungen, soweit sie nicht über einem zweiten Vollgeschoß Aufenthaltsräume haben oder entsprechend ausgebaut werden können, sind auch Decken zulässig, die nicht feuerhemmend sind. ⁴ Decken von Kellergeschossen müssen in Gebäuden nach Satz 1 feuerbeständig, in Gebäuden nach den Sätzen 2 und 3 mindestens feuerhemmend sein.

(4) Deckenverkleidungen, Dämmschichten und Deckenbeläge aus brennbaren Baustoffen sind zulässig, wenn dieses Gesetz oder Vorschriften auf Grund dieses Gesetzes nichts anderes bestimmen.*

(5) ¹ Decken über und unter Wohnungen und Aufenthaltsräumen und Böden nicht unterkellerter Aufenthaltsräume müssen wärmedämmend sein. ² Deckenbeläge (Fußböden) in Aufenthaltsräumen sollen Schutz gegen Wärmeableitung bieten.

(6) ¹ Decken über und unter Wohnungen, Aufenthaltsräumen und Nebenräumen müssen schalldämmend sein; ausgenommen sind Decken zwischen Räumen derselben Wohnung und Decken gegen nichtnutzbare Dachräume. ² Für Decken gegen nichtnutzbare Dachräume oder gegen das Freie können Schallschutzmaßnahmen verlangt werden, wenn Lage und Nutzung der Räume das erfordern.

(7) Die Absätze 5 und 6 gelten nicht für Decken über und unter fremden Arbeitsräumen, die nicht an Wohnräume grenzen, wenn wegen der Art der Benutzung der Arbeitsräume ein Wärme- oder Schallschutz unmöglich oder unnötig ist.

(8)** Öffnungen in begehbaren Decken sind sicher abzudecken oder zu umwehren.

(9) ¹ Öffnungen in Decken, für die eine feuerhemmende oder feuerbeständige Bauart vorgeschrieben ist, können verlangt oder gestattet werden, wenn die Nutzung des Gebäudes oder notwendige Rettungsmaßnahmen es erfordern. ² Sie müssen nach der Bauart der Decken mit feuerhemmenden oder feuerbeständigen, selbstschließenden Abschlüssen versehen werden; Ausnahmen können gestattet werden,

---

* Vgl. hierzu § 5 DVBayBO (abgedruckt unter Nr. 2).
** Vgl. hierzu § 6 DVBayBO (abgedruckt unter Nr. 2).

Bauliche Anlagen   Art. 31 **BayBO 1**

wenn der Brandschutz oder notwendige Rettungsmaßnahmen auf andere Weise gesichert sind. ³ Öffnungen für Einschubleitern und Leitern in Wohngebäuden mit bis zu zwei Wohnungen sind zulässig; für sie gilt Satz 2 nicht.

(10) Leitungen dürfen durch Decken, für die eine feuerhemmende oder feuerbeständige Bauart vorgeschrieben ist, nur hindurchgeführt werden, wenn Vorkehrungen gegen Brand- und Rauchübertragung getroffen sind.*

> *[handschriftliche Notiz:]* DACHAUFBAUTEN AUS BRENNBAREN BAUSTOFFEN SIND 1,25m VON DEN BRANDWÄNDEN ENTFERNT.

Art. 31** Dächer

(1) Die Dachhaut muß gegen Flugfeuer und strahlende Wärme widerstandsfähig sein (harte Bedachung), soweit dieses Gesetz oder auf Grund dieses Gesetzes erlassene Vorschriften nichts anderes bestimmen.

(2) Verkleidungen und Dämmschichten aus brennbaren Baustoffen sind zulässig, wenn dieses Gesetz oder Vorschriften auf Grund dieses Gesetzes nichts anderes bestimmen.

(3) An Dächer, die begehbare Räume abschließen, und an begehbare Dachflächen können besondere Anforderungen wegen des Brandschutzes gestellt werden.

(4) Dachaufbauten, Oberlichte und lichtdurchlässige Dachflächen sind so anzuordnen und herzustellen, daß Feuer nicht auf andere Gebäudeteile oder Nachbargebäude übertragen werden kann.

(5)*** ¹ Dächer, die zum Aufenthalt von Menschen bestimmt sind, müssen umwehrt werden. ² Öffnungen und nichtbegehbare Flächen dieser Dächer sind gegen Betreten zu sichern.

(6) Für Dächer an allgemein zugänglichen Wegen und über Eingängen können Vorrichtungen zum Schutz gegen das Herabfallen von Schnee, Eis und Dachteilen gefordert werden.

(7) Für die vom Dach aus vorzunehmenden Arbeiten sind sicher benutzbare Vorrichtungen anzubringen.

(8) ¹ Dächer müssen wärmedämmend sein, wenn sie Aufenthaltsräume abschließen. ² Dächer über Arbeitsräumen brauchen nicht wärmedämmend zu sein, wenn das wegen der Art der Benutzung der Räume unmöglich oder unnötig ist. ³ Für Dächer, die Aufenthaltsräume abschließen, können Schallschutzmaßnahmen verlangt werden, wenn Lage und Nutzung der Räume das erfordern.

---

* Vgl. hierzu § 6 DVBayBO (abgedruckt unter Nr. 2).
** Vgl. hierzu § 8 DVBayBO (abgedruckt unter Nr. 2). Bek. über die bauaufsichtliche Behandlung von Anlagen zur Nutzung der Sonnenenergie vom 30. 11. 1978 (MABl. S. 922).
*** Vgl. hierzu § 4 DVBayBO (abgedruckt unter Nr. 2).

1 BayBO Art. 32, 33   Dritter Teil

(9) [1] Der Dachraum muß zu lüften und vom Treppenraum aus zugänglich sein. [2] In Wohngebäuden mit bis zu zwei Wohnungen ist der Zugang auch von anderen Räumen aus zulässig.

Art. 32 Vorbauten

[1] Für Balkone, Erker und andere Vorbauten sowie für Loggien gelten die Vorschriften für Wände, Decken und Dächer sinngemäß. [2] Die Verwendung brennbarer Baustoffe ist zulässig, wenn keine Bedenken wegen des Brandschutzes bestehen.

Art. 33* Treppen — MIND. 3 STUFEN

(1) [1] Jedes nicht zu ebener Erde liegende Geschoß und der benutzbare Dachraum eines Gebäudes müssen über mindestens eine Treppe zugänglich sein (notwendige Treppe); weitere Treppen oder ein Sicherheitstreppenraum können verlangt werden, wenn die Rettung von Menschen im Brandfall nicht auf andere Weise möglich ist. [2] Statt Treppen können Rampen mit flacher Neigung gestattet werden. [3] Für gewerblich genutzte Räume und für Wohnräume im selben Gebäude können eigene Treppen verlangt werden.

(2) [1] Einschiebbare Treppen und Rolltreppen sind als notwendige Treppen unzulässig. [2] Einschiebbare Treppen und Leitern sind in Wohngebäuden mit bis zu zwei Wohnungen als Zugang zum nichtausgebauten Dachraum zulässig. [3] Sie sind als Zugang zu einem Geschoß ohne Aufenthaltsräume zulässig, wenn sie für die Benutzung des Geschosses genügen.

(3) [1] In Gebäuden mit mehr als zwei Vollgeschossen sind die notwendigen Treppen in einem Zug zu allen angeschlossenen Geschossen zu führen. [2] Sie müssen mit den Treppen zum Dachraum in unmittelbarer Verbindung stehen.

(4) [1] Treppen in Gebäuden mit mehr als zwei Vollgeschossen müssen in feuerhemmender, in Gebäuden mit mehr als fünf Vollgeschossen in feuerbeständiger Bauart hergestellt sein. [2] Das gilt nicht für Wohngebäude mit bis zu zwei Wohnungen.

(5) [1] Die nutzbare Breite der Treppenläufe und Treppenabsätze notwendiger Treppen muß für den größten zu erwartenden Verkehr ausreichen. [2] In langen Treppenläufen können Treppenabsätze verlangt werden.

(6) [1] Treppen müssen einen festen und griffsicheren Handlauf haben. [2] Für Treppen mit großer nutzbarer Breite können Handläufe auf beiden Seiten und Zwischenhandläufe gefordert werden.

(7)** [1] Die freien Seiten der Treppenläufe, Treppenabsätze und

---

* Vgl. hierzu § 9 DVBayBO (abgedruckt unter Nr. **2**).
** Vgl. hierzu § 4 DVBayBO (abgedruckt unter Nr. **2**).

Bauliche Anlagen **Art. 34 BayBO 1**

Treppenöffnungen (Treppenaugen) müssen durch Umwehrungen, wie Geländer oder Brüstungen, gesichert werden. [2] Fenster, die unmittelbar an Treppen liegen und deren Brüstungen unter der notwendigen Geländerhöhe liegen, sind zu sichern.

Art. 34* Treppenräume und Ausgänge

(1) [1] Jede notwendige Treppe muß in einem eigenen, durchgehenden Treppenraum liegen, der einschließlich seiner Zugänge und des Ausgangs ins Freie so angeordnet und ausgebildet ist, daß er gefahrlos als Rettungsweg benutzt werden kann. [2] Treppen ohne eigenen Treppenraum sind in Gebäuden mit bis zu zwei Vollgeschossen oder für die innere Verbindung von Geschossen derselben Wohnung zulässig, wenn die Rettung von Personen aus den an ihnen liegenden Räumen im Brandfall noch auf andere Weise gesichert ist.

(2) [1] Von jeder Stelle eines Aufenthaltsraums sowie eines Kellergeschosses muß der Treppenraum mindestens einer notwendigen Treppe oder ein Ausgang ins Freie in höchstens 35 m Entfernung erreichbar sein. [2] Sind mehrere Treppen erforderlich, so sind sie so zu verteilen, daß Rettungswege möglichst kurz sind.

(3) [1] Jeder Treppenraum nach Absatz 1 muß auf möglichst kurzem Weg einen sicheren Ausgang ins Freie haben. [2] Der Ausgang muß mindestens so breit sein wie die zugehörigen notwendigen Treppen und darf nicht eingeengt werden. [3] Verschläge und Einbauten aus brennbaren Baustoffen sind in Treppenräumen und in ihren Ausgängen ins Freie unzulässig.

(4) [1] Die Wände von Treppenräumen nach Absatz 1 mit ihren Ausgängen ins Freie müssen feuerbeständig und in Gebäuden mit mehr als zwei Vollgeschossen in der Bauart von Brandwänden hergestellt sein.
[2] Für Außenwände von Treppenräumen, die im Brandfall vom Feuer nicht beansprucht werden können, gilt Art. 27 Abs. 3 entsprechend.
[3] Leitungen dürfen durch Treppenraumwände nur hindurchgeführt werden, wenn Vorkehrungen gegen Brandübertragung getroffen sind. [4] In Gebäuden, in denen die tragenden Wände nicht feuerbeständig herzustellen sind, ist deren Bauart auch für Treppenraumwände zulässig. [5] Art. 26 Abs. 6 und Art. 30 Abs. 4 gelten entsprechend.

(5) [1] Der obere Abschluß der Treppenräume muß den Anforderungen des Brandschutzes genügen, die an die Decke über dem obersten Vollgeschoß des Gebäudes gestellt werden. [2] Der Treppenraum kann mit einem Glasdach überdeckt werden.

(6) [1] In Treppenräumen müssen Öffnungen zum Kellergeschoß und zu nichtausgebauten Dachräumen, Werkstätten, Läden, Lagerräumen und ähnlichen Räumen selbstschließende und mindestens feuerhem-

---
* Vgl. hierzu § 9 DVBayBO (abgedruckt unter Nr. 2).

mende Türen erhalten. ²Alle anderen Öffnungen, die nicht ins Freie führen, müssen in Gebäuden mit mehr als zwei Vollgeschossen dichte und vollwandige Türen erhalten. ³Für kleine Läden oder kleine Werkstätten in Wohngebäuden können Ausnahmen von Satz 1 gestattet werden.

(7) ¹In Gebäuden mit mehr als fünf Vollgeschossen und in innenliegenden Treppenräumen ist an der obersten Stelle des Treppenraums eine Rauchabzugsvorrichtung anzubringen. ²Treppenräume müssen lüftbar und beleuchtbar sein. ³Treppenräume, die an einer Außenwand liegen, müssen Fenster erhalten, die geöffnet werden können. ⁴Innenliegende Treppenräume müssen in Gebäuden mit mehr als fünf Vollgeschossen eine von der allgemeinen Beleuchtung unabhängige Beleuchtung haben.

(8) Der Sicherheitstreppenraum (Art. 33 Abs. 1) muß durch die Anordnung von Vorräumen, Galerien, Schächten und Lüftungseinrichtungen oder auf andere Weise auch bei geöffneten Zugängen aus den Geschossen gegen das Eindringen von Feuer und Rauch aus den Geschossen gesichert sein.

(9) ¹Übereinanderliegende Kellergeschosse müssen mindestens zwei getrennte Ausgänge haben. ²Von je zwei Ausgängen jedes Kellergeschosses muß einer unmittelbar oder durch einen eigenen, an der Außenwand liegenden Treppenraum ins Freie führen. ³Auf eigene Treppenräume für jedes Kellergeschoß kann verzichtet werden, wenn keine Bedenken wegen des Brandschutzes bestehen.

(10) Die Absätze 1 bis 9 gelten nicht für Wohngebäude mit bis zu zwei Wohnungen und für land- und forstwirtschaftliche oder gärtnerische Betriebsgebäude.

Art. 35 Allgemein zugängliche Flure

(1) ¹Die nutzbare Breite allgemein zugänglicher Flure muß für den größten zu erwartenden Verkehr ausreichen. ²Flure von mehr als 30 m Länge sollen durch nichtabschließbare, selbstschließende Türen unterteilt werden. ³Eine Folge von weniger als drei Stufen ist unzulässig.

(2) ¹Allgemein zugängliche Flure sind in Gebäuden mit mehr als zwei Vollgeschossen durch mindestens feuerhemmende Bauteile, in Gebäuden mit mehr als fünf Vollgeschossen durch feuerbeständige Bauteile von anderen Räumen zu trennen. ²Abweichungen davon, insbesondere für Türen und Lichtöffnungen, sind zulässig, wenn keine Bedenken wegen des Brandschutzes bestehen.

(3) Art. 26 Abs. 6, Art. 30 Abs. 4 und Art. 34 Abs. 10 gelten entsprechend.

FLURLÄNGE	FLURBREITE
10 m	1,25 m
15 m	1,40 m
20 m	1,60 m
max. 30 m	2,00 m

Bauliche Anlagen **Art. 36, 37 BayBO**

Art. 36* Fenster, Türen und Kellerlichtschächte

(1) ¹ Fenster und Türen, die von Aufenthaltsräumen unmittelbar ins Freie führen, müssen ausreichend wärmedämmend sein. ² Das gilt nicht für Fenster und Türen solcher Arbeitsräume, für die ein Wärmeschutz unmöglich oder unnötig ist. ³ Schallschutzmaßnahmen können verlangt werden, wenn Lage und Nutzung der Aufenthaltsräume dies erfordern.

(2) ¹ Fenster und Fenstertüren müssen gefahrlos gereinigt werden können. ² Schutzmaßnahmen zur Sicherung des Verkehrs können verlangt werden.

(3) Die Bauaufsichtsbehörde kann den Einbau von Fenstern und Türen verlangen oder an Fenster oder Türen besondere Anforderungen stellen, wenn es die Rettung von Menschen oder die Brandbekämpfung erfordert.

(4) Gemeinsame Kellerlichtschächte für übereinanderliegende Kellergeschosse sind unzulässig, es sei denn, daß Bedenken wegen des Brandschutzes nicht bestehen.

[handschriftliche Notiz: FENSTER BIS 12m HÖHE → 90 cm BH / " ÜBER " " → 1,10 cm BH]

Abschnitt V. Haustechnische Anlagen, Feuerungsanlagen und andere Anlagen

Art. 37** Aufzüge

(1) ¹ Aufzüge im Innern von Gebäuden müssen eigene Schächte in feuerbeständiger Bauart haben. ² In einem Aufzugsschacht dürfen bis zu drei Aufzüge liegen. ³ In Gebäuden mit bis zu fünf Vollgeschossen dürfen Aufzüge ohne eigene Schächte innerhalb der Umfassungswände des Treppenraums liegen; sie müssen sicher umkleidet sein, ausgenommen Treppenaufzüge für Behinderte in Wohngebäuden mit bis zu zwei Wohnungen.

(2) ¹ Der Fahrschacht darf nur für Aufzugseinrichtungen benutzt werden. ² Er muß zu lüften und mit Rauchabzugsvorrichtungen versehen sein.

(3) Fahrschachttüren und andere Öffnungen in feuerbeständigen Fahrschachtwänden sind so herzustellen, daß Feuer und Rauch nicht in andere Geschosse übertragen werden können.

(4) Der Triebwerksraum muß von benachbarten Räumen feuerbeständig abgetrennt sein; Türen müssen mindestens feuerhemmend sein.

---
* Vgl. hierzu § 10 DVBayBO (abgedruckt unter Nr. 2).
** Vgl. hierzu § 11 DVBayBO (abgedruckt unter Nr. 2).

(5) Für Aufzüge, die außerhalb von Gebäuden liegen oder die nicht mehr als drei unmittelbar übereinanderliegende Geschosse verbinden und für vereinfachte Güteraufzüge, Kleingüteraufzüge, Mühlenaufzüge, Lagerhausaufzüge und Behindertenaufzüge können Ausnahmen von den Absätzen 1 und 2 gestattet werden, wenn wegen der Betriebssicherheit und des Brandschutzes Bedenken nicht bestehen.

(6) [1] In Gebäuden mit mehr als fünf Vollgeschossen müssen Aufzüge in ausreichender Zahl und Größe eingebaut und betrieben werden. [2] Mindestens einer von ihnen muß auch zur Aufnahme von Rollstühlen und Lasten geeignet sein. [3] Dieser Aufzug ist so einzubauen, daß er von der öffentlichen Verkehrsfläche und möglichst von allen Wohnungen im Gebäude aus stufenlos zu erreichen ist. [4] Die Sätze 1 bis 3 gelten nicht beim nachträglichen Ausbau von Dachgeschossen in bestehenden Gebäuden.

(7) Aufzugsanlagen müssen gegenüber Aufenthaltsräumen ausreichend schallgedämmt sein.

Art. 38 Lüftungsanlagen, Installationsschächte und -kanäle

(1) Lüftungsanlagen müssen betriebssicher sein; sie dürfen den ordnungsgemäßen Betrieb von Feuerstätten nicht beeinträchtigen.

(2)* [1] Lüftungsrohre, -schächte und -kanäle (Lüftungsleitungen) müssen eine glatte Oberfläche haben. [2] Lüftungsleitungen in Gebäuden mit mehr als zwei Vollgeschossen und Lüftungsleitungen, die Brandabschnitte überbrücken, sind so herzustellen, daß Feuer und Rauch nicht in andere Geschosse oder Brandabschnitte übertragen werden können.

(3) [1] Lüftungsleitungen sind so anzuordnen und herzustellen, daß sie Gerüche und Staub nicht in andere Räume übertragen. [2] Die Weiterleitung von Schall in fremde Räume muß gedämmt sein.

(4) [1] Lüftungsleitungen dürfen nicht in Kamine eingeführt werden; die gemeinsame Benutzung zur Lüftung und zur Ableitung von Abgasen kann gestattet werden, die Lüftungsleitungen müssen dann den Anforderungen an Abgaskamine entsprechen. [2] Die Abluft ist ins Freie zu führen. [3] Nicht zur Lüftungsanlage gehörende Einrichtungen sind in Lüftungsleitungen unzulässig.

(5) Lüftungsschächte, die aus Mauersteinen oder aus Formstücken für Rauchkamine hergestellt sind, müssen den Anforderungen an Rauchkamine entsprechen und gekennzeichnet werden.

(6) Für raumlufttechnische Anlagen und Warmluftheizungen gelten die Absätze 1 bis 5 sinngemäß.

(7) [1] Installationsschächte und -kanäle sind aus nichtbrennbaren

---

* Vgl. hierzu § 12 DVBayBO (abgedruckt unter Nr. 2).

Bauliche Anlagen   Art. 39, 40   **BayBO 1**

Baustoffen herzustellen. ² Absatz 2 gilt sinngemäß. ³ Die Weiterleitung von Schall in fremde Räume muß gedämmt sein.

(8) Wenn dieses Gesetz oder Vorschriften auf Grund dieses Gesetzes nichts anderes bestimmen, ist die Verwendung von Dämmstoffen und Verkleidungen aus brennbaren Baustoffen zulässig.

Art. 39* Feuerungsanlagen, Wärme- und Brennstoffversorgungsanlagen

(1) ¹ Feuerstätten, Verbindungsstücke und Kamine (Feuerungsanlagen) sowie Behälter und Rohrleitungen für brennbare Gase und Flüssigkeiten müssen betriebssicher und brandsicher sein. ² Die Weiterleitung von Schall in fremde Räume muß ausreichend gedämmt sein. ³ Verbindungsstücke sowie Rauchkamine und Abgaskamine (Kamine) müssen leicht und sicher zu reinigen sein. ⁴ Abgaskamine müssen gekennzeichnet sein.

(2) Für die Anlagen zur Verteilung von Wärme und zur Warmwasserversorgung gelten Absatz 1 Sätze 1 und 2 sinngemäß.

(3) Feuerstätten, ortsfeste Verbrennungsmotoren und Verdichter sowie Behälter für brennbare Gase und Flüssigkeiten dürfen in Räumen aufgestellt werden, bei denen nach Lage, Größe, baulicher Beschaffenheit und Benutzungsart Gefahren nicht entstehen.

(4) Die Verbrennungsgase der Feuerstätten und die Abgase von Verbrennungsmotoren sind durch Verbindungsstücke oder dichte Leitungen so ins Freie zu führen, daß Gefahren oder unzumutbare Belästigungen nicht entstehen.

(5) In Wohnungen ohne Einzelfeuerstätten muß der Anschluß mindestens einer Feuerstätte an einen Rauchkamin möglich sein, der nicht zugleich einer zentralen Heizungsanlage dient; das gilt nicht für Hochhäuser.

(6) Brennstoffe sind so zu lagern, daß Gefahren oder unzumutbare Belästigungen nicht entstehen.

Art. 40 Wasserversorgungsanlagen

Gebäude mit Aufenthaltsräumen dürfen nur errichtet werden, wenn eine ausreichende Versorgung mit einwandfreiem Wasser gesichert ist.

---

* Vgl. auch Verordnung über Feuerungsanlagen und Heizräume (FeuV) vom 20. 3.1985 (GVBl. S. 62, BayRS 2132-1-3-I); abgedruckt unter Nr. 7. Bek. über den Vollzug der §§ 1 und 6 FeuV; Aufstellung von Feuerstätten vom 16. 6. 1983 (MABl. S. 475). Bek. über den Vollzug des § 7 FeuV; Lüftung von Heizräumen vom 4. 4. 1975 (MABl. S. 395, AMBl. S. A 197). Bek. über den Vollzug des § 7 FeuV; Aufstellung von Feuerstätten mit einer Gesamtnennwärmeleistung von mehr als 50 kW in anderen Räumen als Heizräumen vom 3. 12. 1975 (MABl. S. 1145). Gem. Bek. über den Vollzug der Heizungsanlagen-Verordnung vom 16. 6. 1983 (MABl. S. 777, WVMBl. S. 62, StAnz. Nr. 32).

Art. 41* Anlagen für Abwässer, Niederschlagswasser und feste Abfallstoffe

Bauliche Anlagen dürfen nur errichtet werden, wenn die einwandfreie Beseitigung der Abwässer, des Niederschlagswassers und der festen Abfallstoffe gesichert ist.

Art. 42 Einleitung der Abwässer in Kleinkläranlagen, Gruben oder Sickeranlagen

(1) Kleinkläranlagen, Gruben oder Sickeranlagen dürfen nur hergestellt werden, wenn die Abwässer nicht in eine Sammelkanalisation eingeleitet werden können.

(2) [1] Abwässer dürfen nur dann in Kleinkläranlagen oder in Gruben geleitet werden, wenn die einwandfreie Beseitigung innerhalb und außerhalb des Grundstücks gesichert ist. [2] Niederschlagswasser darf nicht in dieselbe Grube wie die übrigen Abwässer und nicht in Kleinkläranlagen geleitet werden. [3] Hausabwässer aus landwirtschaftlichen Anwesen in Einöden oder Weilern dürfen in Jauche- oder Güllegruben geleitet werden, soweit Güllewirtschaft betrieben wird.

(3) [1] Für Stalldung sind Dungstätten mit dichten Böden anzulegen. [2] Die Wände müssen in ausreichender Höhe dicht sein. [3] Die Abflüsse aus Ställen und Dungstätten sind in Gruben zu leiten, die keine Verbindung zu anderen Abwasserbeseitigungsanlagen haben dürfen.

(4)** [1] Gruben, Kleinkläranlagen, Sickeranlagen und Dungstätten dürfen nicht unter Aufenthaltsräumen angelegt werden. [2] Sie sind in solchem Abstand von öffentlichen Verkehrsanlagen, Nachbargrenzen, Fenstern und Türen der Aufenthaltsräume, von öffentlichen Wasserversorgungsanlagen und von Brunnen und Gewässern anzulegen, daß keine Gefahren oder erheblichen Nachteile entstehen.

(5) [1] Gruben und Kleinkläranlagen müssen dicht und ausreichend groß sein. [2] Sie müssen eine dichte und sichere Abdeckung und Reinigungs- und Entleerungsöffnungen haben. [3] Diese Öffnungen dürfen nur vom Freien aus zugänglich sein. [4] Die Anlagen sind so zu entlüften, daß keine erheblichen Gefahren oder Nachteile entstehen. [5] Die Zuleitungen zu Abwasserbeseitigungsanlagen müssen geschlossen, dicht und, soweit erforderlich, zum Reinigen eingerichtet sein. [6] Abweichungen von den Sätzen 2 bis 4 sind zulässig, wenn Leben oder Gesundheit von Menschen oder Tieren nicht gefährdet werden.

---

* Vgl. ME über den Vollzug des Wasserhaushaltsgesetzes; Folgerungen für die Wohnsiedlungstätigkeit, vom 24. 7. 1961 (MABl. S. 516, StAnz. Nr. 32), geändert durch ME vom 4. 10. 1966 (MABl. S. 537).
** Vgl. hierzu § 13 DVBayBO (abgedruckt unter Nr. 2).

Bauliche Anlagen Art. 43–45 **BayBO 1**

Art. 43 Abfallschächte

(1) ¹ Abfallschächte, ihre Einfüllöffnungen und die zugehörigen Sammelräume sind außerhalb von Aufenthaltsräumen anzulegen. ² Abfallschächte und Sammelräume müssen aus feuerbeständigen Bauteilen bestehen. ³ Einrichtungen innerhalb des Schachts und des Sammelraums müssen aus nichtbrennbaren Baustoffen bestehen.

(2) ¹ Abfallschächte sind bis zur obersten Einfüllöffnung ohne Querschnittsänderungen senkrecht zu führen. ² Eine ständig wirkende Lüftung muß gesichert sein. ³ Abfallschächte sind so herzustellen, daß sie Abfälle sicher abführen, daß Feuer, Rauch, Geruch und Staub nicht nach außen dringen und daß die Weiterleitung von Schall gedämmt wird.

(3) ¹ Die Einfüllöffnungen sind so einzurichten, daß Staubbelästigungen nicht auftreten und sperrige Abfälle nicht eingebracht werden können. ² Am oberen Ende des Abfallschachts ist eine Reinigungsöffnung vorzusehen. ³ Alle Öffnungen sind mit Verschlüssen aus nichtbrennbaren Baustoffen zu versehen.

(4) ¹ Der Abfallschacht muß in einen ausreichend großen Sammelraum münden. ² Die Zugänge des Sammelraums sind mit selbstschließenden, feuerbeständigen Türen zu versehen, soweit sie nicht unmittelbar ins Freie führen. ³ Der Sammelraum muß von außen zugänglich und entleerbar sein. ⁴ Die Abfallstoffe sind in beweglichen Abfallbehältern zu sammeln.

Art. 44* Abfallbehälter

(1) ¹ Für die vorübergehende Aufnahme fester Abfallstoffe müssen dichte Abfallbehälter außerhalb der Gebäude vorhanden sein. ² Für übelriechende Abfälle können geruchdichte Behälter verlangt werden.

(2) ¹ Für bewegliche Abfallbehälter ist ein befestigter Platz an nichtstörender Stelle auf dem Grundstück vorzusehen. ² Innerhalb von Gebäuden können sie in besonderen, gut lüftbaren, feuerbeständigen Räumen aufgestellt werden. ³ Die Standplätze müssen leicht sauber gehalten werden können.

(3) Abfallbehälter müssen sicher und leicht erreichbar sein.

Abschnitt VI. Aufenthaltsräume und Wohnungen

Art. 45 Aufenthaltsräume

(1) Aufenthaltsräume sind Räume, die nicht nur zum vorübergehenden Aufenthalt von Menschen bestimmt sind oder nach Lage und Größe dazu benutzt werden können.

---

* Vgl. hierzu § 13 DVBayBO (abgedruckt unter Nr. 2).

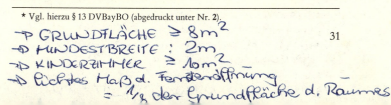

(2)* Aufenthaltsräume müssen eine für ihre Benutzung ausreichende Grundfläche und lichte Höhe haben.

(3)* ¹ Aufenthaltsräume müssen unmittelbar ins Freie führende und senkrecht stehende Fenster haben, und zwar in solcher Zahl, Größe und Beschaffenheit, daß die Räume ausreichend belichtet und gelüftet werden können (notwendige Fenster). ² Geneigte Fenster und Oberlichte an Stelle von Fenstern sind zulässig, wenn keine Bedenken wegen des Brandschutzes, der Verkehrssicherheit und der Gesundheit bestehen. ³ Veranden oder ähnliche Vorbauten und Hauslauben (Loggien) sind vor Fenstern zulässig, wenn eine ausreichende Belichtung und Lüftung gewährleistet ist.

(4) ¹ Aufenthaltsräume, deren Benutzung eine Beleuchtung mit Tageslicht verbietet, sind ohne notwendige Fenster zulässig, wenn das durch besondere Maßnahmen, wie den Einbau von raumlufttechnischen Anlagen und Beleuchtungsanlagen, ausgeglichen wird. ² Für Aufenthaltsräume, die nicht dem Wohnen dienen, ist an Stelle einer Beleuchtung mit Tageslicht und Lüftung nach Absatz 3 eine Ausführung nach Satz 1 zulässig, wenn Bedenken wegen des Brandschutzes und der Gesundheit nicht bestehen.

(5) Aufenthaltsräume dürfen von Räumen, in denen größere Mengen leichtbrennbarer Stoffe verarbeitet oder gelagert werden, oder von Ställen aus nicht unmittelbar zugänglich sein.

Art. 46* Wohnungen

(1) ¹ Wohnungen sollen von anderen Wohnungen oder fremden Räumen baulich abgeschlossen sein und einen eigenen, abschließbaren Zugang unmittelbar vom Freien, von einem Treppenraum oder von einem allgemein zugänglichen Flur haben; das gilt nicht für Wohngebäude mit bis zu zwei Wohnungen. ² Nichtabgeschlossene Wohnungen können gestattet werden bei Wohnungsteilung oder bei der Errichtung von zusätzlichem Wohnraum in bestehenden Wohngebäuden.

(2) ¹ Jede Wohnung muß eine für ihre Bestimmung ausreichende Größe und eine entsprechende Zahl besonnter Aufenthaltsräume haben. ² Es dürfen nicht alle Aufenthaltsräume nach Norden liegen. ³ Diese Vorschriften gelten auch für Einraumwohnungen. ⁴ An verkehrsreichen Straßen sollen die Aufenthaltsräume einer Wohnung überwiegend auf der vom Verkehrslärm abgewandten Seite des Gebäudes liegen.

(3) Können Wohnungen durch Fenster nicht ausreichend belüftet

---

* Vgl. hierzu § 14 DVBayBO (abgedruckt unter Nr. 2).

Bauliche Anlagen   Art. 47, 48 BayBO 1

werden, so können zusätzliche Lüftungseinrichtungen, insbesondere Lüftungsleitungen, verlangt werden.

(4) ¹Jede Wohnung muß eine Küche und ausreichenden Abstellraum haben. ²Fensterlose Küchen oder Kochnischen sind zulässig, wenn sie selbständig lüftbar sind.

(5) ¹Für Wohngebäude mit mehr als zwei Vollgeschossen sollen leicht erreichbare und gut zugängliche Abstellräume für Kinderwagen und Fahrräder erstellt werden. ²Soweit sie im Kellergeschoß liegen, sollen sie durch eine eigene Außentreppe zugänglich sein mit der Möglichkeit, Fahrrad und Kinderwagen leicht zu schieben. ³Das gilt nicht für Wohngebäude mit bis zu zwei Wohnungen.

(6) ¹In Gebäuden mit mehr als zwei Wohnungen soll entweder die Möglichkeit geschaffen werden, daß eine Waschmaschine in den Wohnungen aufgestellt werden kann oder statt dessen ein diesem Zweck dienender, gemeinschaftlich nutzbarer Raum vorgesehen wird. ²Ferner soll ein ausreichender Trockenraum eingerichtet werden, soweit keine gleichwertigen Einrichtungen vorhanden sind.

Art. 47* Aufenthaltsräume und Wohnungen im Kellergeschoß

(1) ¹Wohnungen und Aufenthaltsräume sind in Kellergeschossen zulässig, wenn die natürliche oder festgelegte Geländeoberfläche, die sich an die Außenwände mit notwendigen Fenstern anschließt, in einer ausreichenden Entfernung nicht mehr als 0,7 m über dem Fußboden liegt. ²Ein Lichteinfallwinkel von höchstens 45 Grad zur Waagrechten ist einzuhalten.

(2) ¹Aufenthaltsräume, deren Benutzung eine Belichtung durch Tageslicht verbietet, Verkaufsräume, Gaststätten, ärztliche Behandlungsräume sowie ähnliche Aufenthaltsräume können in Kellergeschossen gestattet werden, wenn Nachteile nicht zu befürchten sind oder durch besondere Maßnahmen ausgeglichen werden. ²Die Räume müssen außer in Wohngebäuden mit bis zu zwei Wohnungen von anderen Räumen im Kellergeschoß feuerbeständig abgetrennt sein. ³Die Bauaufsichtsbehörde kann verlangen, daß die Räume auf möglichst kurzem Weg mindestens einen sicheren Ausgang ins Freie haben; sie kann an die Türen dieser Räume besondere Anforderungen stellen.

Art. 48* Aufenthaltsräume und Wohnungen im Dachraum

(1) Werden Aufenthaltsräume oder Wohnungen im Dachraum eingebaut, so müssen

1. die Aufenthaltsräume die erforderliche Mindesthöhe über mindestens der Hälfte ihrer Grundfläche haben; Raumteile mit einer lichten Höhe unter 1,5 m bleiben dabei außer Betracht,

---

* Vgl. hierzu § 14 DVBayBO (abgedruckt unter Nr. 2).

2. die Räume unmittelbar über dem obersten Geschoß angeordnet sein, das unterhalb des Dachraums liegt, sofern nicht Wände und Decken sowie Dachschrägen in den darunterliegenden Geschossen feuerbeständig sind,
3. in Gebäuden mit zwei und mehr Vollgeschossen unterhalb des Dachraums die Wände, Decken und Dachschrägen der Aufenthaltsräume und dazugehörigen Nebenräume sowie die Abtrennung gegen den nichtausgebauten Dachraum abweichend von den Anforderungen der Art. 26 und 30 mindestens feuerhemmend sein,
4. die Räume einen zweiten gesicherten Rettungsweg haben oder mit Feuerwehrleitern sicher zu erreichen sein.

(2) Bei Wohngebäuden mit bis zu zwei Wohnungen können Ausnahmen zugelassen werden, wenn keine Brandgefahr und keine gesundheitlichen Bedenken bestehen.

Art. 49 Aborträume

(1) [1]Jede Wohnung und jede selbständige Betriebs- oder Arbeitsstätte muß mindestens einen Abort haben. [2]Aborträume für Wohnungen müssen innerhalb der Wohnungen liegen. [3]In Dorfgebieten, in Kleinsiedlungen und im Außenbereich kann gestattet werden, daß Aborträume auch außerhalb der Wohnungen liegen, wenn keine Bedenken aus gesundheitlichen Gründen bestehen. [4]Für Gebäude, die für eine größere Anzahl von Personen bestimmt sind, sind ausreichend viele Aborte herzustellen.

(2) Aborte mit Wasserspülung dürfen nicht an Abortgruben (Art. 42) angeschlossen werden.

(3) Fensterlose Aborträume sind nur zulässig, wenn die Aborte eine Wasserspülung haben und eine wirksame Lüftung gewährleistet ist.

(4) [1]Aborte mit Wasserspülung dürfen in Bädern (Art. 50) von Wohnungen eingerichtet werden. [2]In Wohnungen mit mehr als vier Aufenthaltsräumen soll ein Abort mit Wasserspülung im Bad nur dann eingerichtet werden, wenn in der Wohnung ein zweiter Abortraum vorhanden ist.

Art. 50 Bäder

[1]Jede Wohnung muß ein Bad mit Badewanne oder Dusche haben, wenn eine ausreichende Wasserversorgung und Abwasserbeseitigung möglich ist. [2]Fensterlose Räume sind nur zulässig, wenn eine wirksame Lüftung gewährleistet ist.

Bauliche Anlagen Art. 51 **BayBO 1**

Abschnitt VII. Besondere bauliche Anlagen

Art. 51* Bauliche Maßnahmen für besondere Personengruppen

(1) ¹Folgende bauliche Anlagen und andere Anlagen müssen einschließlich der zugehörigen Stellplätze und Garagen für Kraftfahrzeuge in den für den allgemeinen Besucherverkehr dienenden Teilen so hergestellt werden, daß Behinderte, alte Menschen und Personen mit Kleinkindern sie zweckentsprechend benutzen oder aufsuchen können:

1. Warenhäuser,
2. Versammlungsstätten einschließlich der für den Gottesdienst bestimmten Anlagen,
3. öffentlich zugängliche Büro- und Verwaltungsgebäude, Gerichte,
4. Schalter- und Abfertigungsräume der Verkehrs- und Versorgungseinrichtungen und der Kreditinstitute, ferner Bahnsteige und Flugsteige,
5. Schulen, öffentliche Bibliotheken, Messe- und Ausstellungsbauten,
6. Krankenanstalten,
7. Sportstätten, Schwimmbäder, Spielplätze und ähnliche Anlagen,
8. öffentlich zugängliche Großgaragen,
9. öffentliche Bedürfnisanstalten.

²Das gilt auch für andere bauliche Anlagen, wenn ihre Zweckbestimmung es erfordert.

(2) Für bauliche Anlagen und andere Anlagen und Einrichtungen, die überwiegend oder ausschließlich von Behinderten, alten Menschen und Personen mit Kleinkindern genutzt werden, wie

1. Tagesstätten, Werkstätten und Heime für Behinderte,
2. Altenheime, Altenwohnheime und Altenpflegeheime,
3. Tageseinrichtungen für Kinder,

gilt Absatz 1 nicht nur für die dem allgemeinen Besucherverkehr dienenden Teile, sondern für alle Teile, die von diesem Personenkreis genutzt werden.

(3) Bei bereits bestehenden baulichen Anlagen im Sinn der Absätze 1 und 2 soll die Bauaufsichtsbehörde verlangen, daß ein gleichwertiger Zustand hergestellt wird, wenn das technisch möglich und dem Eigentümer wirtschaftlich zumutbar ist.

(4) Ausnahmen von den Absätzen 1 und 2 können gestattet werden, soweit die Anforderungen nur mit einem unverhältnismäßigen Mehraufwand erfüllt werden können.

---

* Vgl. hierzu § 15 DVBayBO (abgedruckt unter Nr. 2).

Art. 52 Bauliche Anlagen und Räume besonderer Art oder Nutzung

(1) ¹ Können durch die besondere Art oder Nutzung baulicher Anlagen und Räume erhebliche Gefahren oder Nachteile im Sinn des Art. 3 Abs. 1 Satz 1 herbeigeführt werden, so können die notwendigen Anforderungen vorgeschrieben werden. ² Diese können sich insbesondere erstrecken auf

1. die Größe der Abstandsflächen oder der freizuhaltenden Flächen auf den Baugrundstücken,
2. die Anordnung der baulichen Anlage auf dem Grundstück,
3. die Öffnungen nach öffentlichen Verkehrsflächen und nach angrenzenden Grundstücken,
4. die Bauart und die Anordnung aller für die Standsicherheit, Verkehrssicherheit, den Brandschutz, Wärmeschutz, Schallschutz oder Gesundheitsschutz wesentlichen Bauteile,
5. Brandschutzeinrichtungen und -vorkehrungen,
6. die Feuerungsanlagen und Heizräume,
7. die Anordnung und Herstellung der Treppen, Aufzüge, Ausgänge und Rettungswege,
8. die zulässige Zahl der Benutzer, ferner auf die Anordnung und Zahl der zulässigen Sitze und Stehplätze in Versammlungsstätten, auf Tribünen und in fliegenden Bauten,*
9. die Lüftung,
10. die Belichtung, Beleuchtung und Energieversorgung,
11. die Wasserversorgung,
12. die Beseitigung von Abwässern und festen Abfallstoffen,
13. die Garagen und Stellplätze für Kraftfahrzeuge,
14. die Anlage der Zu- und Abfahrten,
15. die Anlage von Grünstreifen, Baum- und anderen Pflanzungen und die Begrünung oder Beseitigung von Halden und Gruben,
16. weitere Bescheinigungen, die zu erbringen sind,
17. Nachprüfungen, die von Zeit zu Zeit zu wiederholen sind.

(2) ¹ Für bauliche Anlagen und Räume nach Absatz 1 können auch nach Erteilung der Baugenehmigung durch Anordnung für den Einzelfall besondere Anforderungen gestellt werden, um erhebliche Gefahren oder Nachteile im Sinn des Art. 3 Abs. 1 Satz 1 zu verhüten. ² Ist Gefahr im Verzug, kann bis zur Erfüllung dieser Anforderungen die Benutzung der baulichen Anlagen und Räume untersagt werden.

---

* Vgl. Anm. zu Art. 85 Abs. 2 BayBO.

Bauliche Anlagen Art. 53 **BayBO 1**

(3) Anordnungen nach Absatz 1 kommen insbesondere in Betracht für
1. Hochhäuser,
2. Warenhäuser und sonstige Geschäftshäuser,
3. Versammlungsstätten,
4. Krankenanstalten, Alten- und Altenpflegeheime, Entbindungsheime und Säuglingsheime,
5. Schulen,
6. bauliche Anlagen und Räume von großer Ausdehnung oder mit erhöhter Brandgefahr, Explosionsgefahr oder Verkehrsgefahr,
7. bauliche Anlagen und Räume, die für gewerbliche Betriebe bestimmt sind,
8. bauliche Anlagen und Räume, deren Nutzung mit einem starken Abgang unreiner Stoffe verbunden ist,
9. fliegende Bauten,*
10. Campingplätze und Wochenendplätze.

Art. 53 Gemeinschaftsanlagen

(1) ¹ Die Herstellung, die Unterhaltung und die Verwaltung von Gemeinschaftsanlagen, für die in einem Bebauungsplan Flächen festgesetzt sind, insbesondere für Garagen und Stellplätze (Art. 55), Kinderspielplätze (Art. 8), Plätze für Abfallbehälter (Art. 44) und für Anlagen des Lärmschutzes, obliegen den Eigentümern der Grundstücke, für die diese Anlagen bestimmt sind. ² Soweit die Eigentümer nichts anderes vereinbaren, sind die Vorschriften des Bürgerlichen Gesetzbuchs über die Gemeinschaft** anzuwenden. ³ Das Beteiligungsverhältnis der Eigentümer untereinander richtet sich je nach dem Maß der zulässigen baulichen Nutzung ihrer Grundstücke, soweit nichts anderes vereinbart wird. ⁴ Ein Erbbauberechtigter tritt an die Stelle des Eigentümers. ⁵ Die Verpflichtung nach Satz 1 gilt auch für die Rechtsnachfolger. ⁶ Die Bauaufsichtsbehörde kann verlangen, daß die Eigentümer von Gemeinschaftsanlagen das Recht, die Aufhebung der Gemeinschaft zu verlangen, für immer oder auf Zeit ausschließen und diesen Ausschluß gemäß § 1010 des Bürgerlichen Gesetzbuchs im Grundbuch eintragen lassen.

(2) ¹ Die Gemeinschaftsanlage muß hergestellt werden, sobald und soweit sie zur Erfüllung ihres Zwecks erforderlich ist. ² Die Bauaufsichtsbehörde setzt im Einvernehmen mit der Gemeinde durch schriftliche Anordnung den Zeitpunkt für die Herstellung fest. ³ In der Anordnung ist auf die Rechtsfolgen des Art. 54 hinzuweisen.

---
* Vgl. Anm. zu Art. 85 Abs. 2 BayBO.
** §§ 741 ff. BGB.

(3) ¹ Eine Baugenehmigung kann davon abhängig gemacht werden, daß der Antragsteller in Höhe des voraussichtlich auf ihn entfallenden Anteils der Herstellungskosten für die Gemeinschaftsanlage der Gemeinde Sicherheit leistet. ² Auf Antrag der Gemeinde ist das Verlangen zu stellen.

(4) Sind im Bebauungsplan Flächen für Gemeinschaftsanlagen festgesetzt, so dürfen entsprechende Anlagen auf den einzelnen Baugrundstücken nicht zugelassen werden, wenn hierdurch der Zweck der Gemeinschaftsanlagen gefährdet würde.

(5) ¹ Die Bauaufsichtsbehörde kann verlangen, daß die Beteiligten ihr gegenüber einen Vertreter bestellen. ² Art. 18 Abs. 1 Sätze 2 und 3 und Abs. 2 des Bayerischen Verwaltungsverfahrensgesetzes (BayVwVfG) finden Anwendung.

Art. 54 Herstellung von Gemeinschaftsanlagen durch die Gemeinde

(1) Die Gemeinde hat die Gemeinschaftsanlage für die nach Art. 53 Abs. 1 Verpflichteten herzustellen oder herstellen zu lassen, wenn diese sie nicht oder nur teilweise innerhalb der ihnen nach Art. 53 Abs. 2 gesetzten Frist hergestellt haben.

(2) ¹ Die Gemeinde hat die Gemeinschaftsanlage zu unterhalten, wenn die zur Unterhaltung Verpflichteten ihrer Pflicht nicht innerhalb der Frist nachkommen, die ihnen die Bauaufsichtsbehörde gesetzt hat. ² Die Gemeinde ist berechtigt, für die ihr übertragenen Aufgaben in angemessener Höhe Vorschüsse zu erheben. ³ Erfüllen die Verpflichteten ihre Pflicht zur Verwaltung nicht, so kann die Gemeinde auch die Verwaltung übernehmen.

(3) ¹ In den Fällen der Absätze 1 und 2 haben die Verpflichteten der Gemeinde den ihr entstandenen Aufwand zu ersetzen, und zwar je nach dem Maß der zulässigen Nutzung ihrer Grundstücke. ² Die Übernahme der Herstellung, der Unterhaltung oder der Verwaltung einer Gemeinschaftsanlage durch die Gemeinde ist den Verpflichteten durch einen Bescheid der Gemeinde zu erklären. ³ Der Bescheid muß die Verteilung der Kosten angeben. ⁴ Der Erstattungsbetrag wird durch Verwaltungszwang* beigetrieben.

(4) Ist der Bescheid unanfechtbar, so dürfen die Verpflichteten die Gemeinschaftsanlage ohne Zustimmung der Gemeinde nicht mehr herstellen, unterhalten oder verwalten.

(5) Die Gemeinde hat auf Verlangen den Verpflichteten innerhalb angemessener Frist die Unterhaltung und Verwaltung der Gemein-

---

* Siehe Bayerisches Verwaltungszustellungs- und Vollstreckungsgesetz (VwZVG) i. d. F. der Bek. vom 11. 11. 1970 (BayRS 2010-2-I).

Bauliche Anlagen **Art. 55 BayBO 1**

schaftsanlage wieder zu übertragen, wenn die ordnungsgemäße Unterhaltung und Verwaltung durch die Verpflichteten gewährleistet ist.

Art. 55*·** Garagen und Stellplätze für Kraftfahrzeuge

(1) [1] Garagen sind ganz oder teilweise umschlossene Räume zum Abstellen von Kraftfahrzeugen. [2] Stellplätze sind Flächen, die dem Abstellen von Kraftfahrzeugen außerhalb der öffentlichen Verkehrsflächen dienen.

(2) [1] Werden bauliche Anlagen oder andere Anlagen errichtet, bei denen ein Zu- und Abfahrtsverkehr zu erwarten ist, so sind Stellplätze in ausreichender Zahl und Größe und in geeigneter Beschaffenheit herzustellen. [2] Anzahl und Größe der Stellplätze richten sich nach Art und Zahl der vorhandenen und zu erwartenden Kraftfahrzeuge der ständigen Benutzer und Besucher der Anlagen.

(3) [1] Bei Änderungen baulicher Anlagen oder ihrer Benutzung sind Stellplätze in solcher Zahl und Größe herzustellen, daß die Stellplätze die durch die Änderung zusätzlich zu erwartenden Kraftfahrzeuge aufnehmen können. [2] Das gilt nicht, wenn sonst die Schaffung oder Erneuerung von Wohnraum auch unter Berücksichtigung der Möglichkeit einer Ablösung nach Art. 56 erheblich erschwert oder verhindert würde.

(4) Die Herstellung von Garagen an Stelle von Stellplätzen oder von Stellplätzen an Stelle von Garagen kann verlangt werden, wenn die öffentliche Sicherheit und Ordnung oder die in Absatz 8 genannten Erfordernisse das gebieten.

(5) [1] Für bestehende bauliche Anlagen kann die Herstellung von Stellplätzen oder Garagen nach den Absätzen 2 bis 4 gefordert werden, wenn die Verhütung von erheblichen Gefahren oder Nachteilen dies erfordert. [2] Bei Modernisierungsvorhaben soll von der Anwendung des Satzes 1 abgesehen werden, wenn sonst die Modernisierung erheblich erschwert würde.

(6) [1] Die Stellplätze und Garagen sind auf dem Baugrundstück herzustellen. [2] Es kann gestattet werden, sie in der Nähe des Baugrundstücks herzustellen, wenn ein geeignetes Grundstück zur Verfügung steht und seine Benutzung für diesen Zweck rechtlich gesichert ist.***

(7) [1] Stellplätze, Garagen und ihre Nebenanlagen müssen verkehrssicher sein und entsprechend der Gefährlichkeit der Treibstoffe, der

---

* Art. 55 Abs. 8 Satz 2 angefügt durch Gesetz vom 16. 7. 1986 (GVBl. S. 135).
** Beachte hierzu auch Garagenverordnung (GaV) vom 12. 10. 1973 (BayRS 2132-1-4-I); abgedruckt unter Nr. **6**. Bek. über den Vollzug der Art. 62 und 63 [jetzt: Art. 55 und 56] BayBO vom 12. 2. 1978 (MABl. S. 181) – mit Richtzahlen für den Stellplatzbedarf –.
*** ME über die Bestellung von beschränkten persönlichen Dienstbarkeiten zur rechtlichen Sicherung, insbesondere im Vollzug der Art. 4 Abs. 2 Nr. 2, 7 Abs. 4 und 62 Abs. 6 [jetzt: Art. 4 Abs. 1 Nr. 2, Art. 7 Abs. 4 und Art. 55 Abs. 6] BayBO; Vertretung des Freistaates Bayern vom 16. 8. 1966 (MABl. S. 436).

1 BayBO Art. 56

Zahl und Art der abzustellenden Kraftfahrzeuge dem Brandschutz genügen. ²Abfließende Treibstoffe und Schmierstoffe müssen auf unschädliche Weise beseitigt werden. ³Garagen und ihre Nebenanlagen müssen lüftbar sein.

(8) ¹Stellplätze und Garagen müssen so angeordnet und ausgeführt werden, daß ihre Benutzung die Gesundheit nicht schädigt und das Arbeiten, das Wohnen und die Ruhe in der Umgebung durch Lärm oder Gerüche nicht erheblich stört. ²Stellplätze sollen eingegrünt werden, wenn es die örtlichen Verhältnisse zulassen.

(9) ¹Stellplätze und Garagen müssen von den öffentlichen Verkehrsflächen aus auf möglichst kurzem Weg verkehrssicher zu erreichen sein. ²Rampen sollen in Vorgärten nicht angelegt werden. ³Es kann verlangt werden, daß Hinweise auf Stellplätze und Garagen angebracht werden.

(10) Für das Abstellen nicht ortsfester Geräte mit Verbrennungsmotoren gelten die Absätze 7 und 8 sinngemäß.

(11) Stellplätze und Garagen dürfen nicht zweckfremd benutzt werden, solange sie zum Abstellen der vorhandenen Kraftfahrzeuge der ständigen Benutzer und Besucher der Anlagen benötigt werden.

(12) Ausstellungs-, Verkaufs-, Werk- und Lagerräume, in denen nur Kraftfahrzeuge mit leeren Kraftstoffbehältern abgestellt werden, gelten nicht als Stellplätze oder Garagen im Sinn dieses Artikels.

Art. 56 Ablösung der Stellplatz- und Garagenbaupflicht

(1) ¹Kann der Bauherr die Stellplätze oder Garagen nicht auf seinem Baugrundstück oder auf einem geeigneten Grundstück in der Nähe herstellen, so kann er die Verpflichtungen nach Art. 55 auch dadurch erfüllen, daß er der Gemeinde gegenüber die Kosten für die Herstellung der vorgeschriebenen Stellplätze oder Garagen in angemessener Höhe übernimmt; die Gemeinde hat die Ablösungsbeträge für die Herstellung von Garagen oder Stellplätzen an geeigneter Stelle oder für den Unterhalt bestehender Garagen und Stellplätze zu verwenden. ²Diese Art der Erfüllung der Verpflichtungen nach Art. 55 kann ganz oder teilweise verlangt werden, wenn oder soweit die Stellplätze oder Garagen nach den Festsetzungen eines Bebauungsplans oder den örtlichen Bauvorschriften auf dem Baugrundstück oder in seiner Nähe nicht errichtet werden dürfen.

(2) Die Verpflichtungen gelten entsprechend, wenn die bauliche Anlage oder die andere Anlage nicht unmittelbar an einer uneingeschränkt befahrbaren Verkehrsfläche liegt.

(3) Es kann Sicherheitsleistung in angemessener Höhe verlangt werden.

Die am Bau Beteiligten   Art. 57–59 **BayBO 1**

Art. 57 Ställe

(1) ¹ Ställe sind so anzuordnen, zu errichten und zu unterhalten, daß eine gesunde Tierhaltung gewährleistet ist und die Umgebung nicht unzumutbar belästigt wird. ² Ställe sind ausreichend zu belichten. ³ Sie sind ausreichend zu be- und entlüften.

(2) Über oder neben Ställen und Futterküchen dürfen nur Wohnungen oder Wohnräume für Betriebsangehörige liegen und nur dann, wenn keine Gefahren oder erheblichen Nachteile für die Benutzer solcher Wohnungen entstehen.

(3) ¹ Stalltüren, die zum Austrieb oder als Rettungsweg der Tiere ins Freie führen, sollen nicht nach innen aufschlagen. ² Sie müssen nach Größe und Anzahl ausreichen, so daß die Tiere bei Gefahr leicht ins Freie gelangen können.

(4) ¹ Die raumumschließenden Bauteile von Ställen sollen einen ausreichenden Wärmeschutz gewährleisten. ² Sie sind auch gegen schädliche Einflüsse der Stallfeuchtigkeit, der Stalldämpfe, der Jauche und gegen andere schädliche Einwirkungen zu schützen.

(5) ¹ Der Fußboden des Stalles muß dicht sein. ² Er ist mit Gefälle und Rinnen zur Ableitung der Jauche zu versehen. ³ Unzugängliche Hohlräume unter dem Fußboden sind unzulässig. ⁴ Abweichend von diesen Vorschriften sowie von den Vorschriften des Art. 42 Abs. 5 Sätze 2 bis 4 sind Ställe mit Spaltenböden und ähnlichen Anlagen zulässig, wenn Leben oder Gesundheit von Menschen oder Tieren nicht gefährdet werden.

(6) Für Geflügel-, Schweine-, Schaf- und Ziegenställe, Laufställe, offene Ställe und für Räume, in denen Tiere nur vorübergehend untergebracht werden, können Ausnahmen von Absatz 1 Satz 2 und den Absätzen 2 bis 4 gestattet werden.

Vierter Teil. Die am Bau Beteiligten

Art. 58 Grundsatz

Wird eine bauliche Anlage errichtet, geändert oder abgebrochen, so sind, je innerhalb ihres Wirkungskreises, der Bauherr und die anderen am Bau Beteiligten dafür verantwortlich, daß die öffentlich-rechtlichen Vorschriften und die Anordnungen der Bauaufsichtsbehörden eingehalten werden.

Art. 59 Bauherr

(1) ¹ Bauherr ist, wer auf seine Verantwortung eine bauliche Anlage vorbereitet oder ausführt oder vorbereiten oder ausführen läßt. ² Der Bauherr hat zur Vorbereitung und Ausführung eines genehmigungs-

1 BayBO Art. 60   Fünfter Teil

pflichtigen Vorhabens geeignete Entwurfsverfasser (Art. 60) und geeignete Unternehmer (Art. 61) zu bestellen. [3] Ihm obliegen auch die nach den öffentlich-rechtlichen Vorschriften erforderlichen Anträge, Vorlagen und Anzeigen an die Bauaufsichtsbehörde; er kann diese Aufgaben dem Entwurfsverfasser übertragen.

(2) Die Verpflichtung des Absatzes 1 Satz 2 gilt entsprechend für genehmigungsfreie Vorhaben, soweit Schwierigkeit und Umfang des Vorhabens es erfordern.

(3) [1] Führt der Bauherr Bauarbeiten für den eigenen Bedarf selbst oder mit nachbarschaftlicher Hilfe aus, so braucht er keine Unternehmer zu bestellen, wenn die Ausführung dieser Arbeiten mit der nötigen Sachkunde, Erfahrung und Zuverlässigkeit erfolgt. [2] Genehmigungspflichtige Abbrucharbeiten dürfen nicht auf solche Weise ausgeführt werden. [3] Art. 60 bleibt unberührt.

(4) Für genehmigungspflichtige bauliche Anlagen geringeren Umfangs kann die Bauaufsichtsbehörde darauf verzichten, daß ein Entwurfsverfasser bestellt wird.

(5) [1] Sind die vom Bauherrn bestellten Personen für ihre Aufgabe nach Sachkunde und Erfahrung nicht geeignet, so kann die Bauaufsichtsbehörde vor und während der Bauausführung verlangen, daß ungeeignete Beauftragte durch geeignete ersetzt oder geeignete Sachverständige herangezogen werden. [2] Die Bauaufsichtsbehörde kann die Bauarbeiten einstellen lassen bis geeignete Beauftragte oder Sachverständige bestellt sind.

(6) Die Bauaufsichtsbehörde kann verlangen, daß ihr die Unternehmer für bestimmte Arbeiten benannt werden.

(7) Wechselt der Bauherr, so haben der alte und der neue Bauherr das der Bauaufsichtsbehörde unverzüglich mitzuteilen.

Art. 60 Entwurfsverfasser

(1) [1] Der Entwurfsverfasser muß nach Sachkunde und Erfahrung zur Vorbereitung des jeweiligen Bauvorhabens geeignet sein. [2] Er ist für die Vollständigkeit und Brauchbarkeit seines Entwurfs verantwortlich. [3] Der Entwurfsverfasser hat dafür zu sorgen, daß die für die Ausführung notwendigen Einzelzeichnungen, Einzelberechnungen und Anweisungen geliefert werden und den genehmigten Bauvorlagen, den öffentlich-rechtlichen Vorschriften und den anerkannten Regeln der Baukunst und Technik entsprechen.

(2) [1] Hat der Entwurfsverfasser auf einzelnen Fachgebieten nicht die erforderliche Sachkunde und Erfahrung, so hat er den Bauherrn zu veranlassen, geeignete Sachverständige heranzuziehen. [2] Diese sind für die von ihnen gefertigten Unterlagen verantwortlich. [3] Für das ordnungsgemäße (Art. 3) Ineinandergreifen aller Fachentwürfe ist der Entwurfsverfasser verantwortlich.

Bauaufsichtsbehörden Art. 61, 62 **BayBO 1**

Art. 61 Unternehmer

(1) ¹ Die Unternehmer sind dafür verantwortlich, daß die von ihnen übernommenen Arbeiten nach den genehmigten Bauvorlagen und den diesen entsprechenden Einzelzeichnungen, Einzelberechnungen und Anweisungen des Entwurfsverfassers gemäß den öffentlich-rechtlichen Vorschriften und den anerkannten Regeln der Baukunst und Technik ordnungsgemäß ausgeführt werden. ² Sie sind ferner verantwortlich für die ordnungsgemäße Einrichtung und den sicheren Betrieb der Baustelle, insbesondere für die Tauglichkeit und Betriebssicherheit der Geräte, Geräte und der anderen Baustelleneinrichtungen, und die Einhaltung der Arbeitsschutzbestimmungen. ³ Die erforderlichen Nachweise über die Brauchbarkeit der verwendeten Baustoffe und Bauteile sind auf der Baustelle bereitzuhalten. ⁴ Unbeschadet des Art. 74 dürfen die Unternehmer Arbeiten nicht ausführen oder ausführen lassen, bevor nicht die dafür notwendigen Unterlagen und Anweisungen an der Baustelle vorliegen.

(2) ¹ Hat ein Unternehmer für einzelne Arbeiten nicht die erforderliche Sachkunde und Erfahrung, so hat er den Bauherrn zu veranlassen, einen anderen, geeigneten Unternehmer heranzuziehen. ² Dieser ist für seine Arbeiten verantwortlich.

(3) Die Unternehmer haben ihre Arbeiten aufeinander abzustimmen und sie ohne gegenseitige Gefährdung und ohne Gefährdung Dritter durchzuführen.

(4) Für Bauarbeiten, bei denen die Sicherheit der baulichen Anlagen in außergewöhnlichem Maß von der besonderen Sachkunde und Erfahrung des Unternehmers oder von der Ausstattung mit besonderen Einrichtungen abhängt, haben die Unternehmer auf Verlangen der Bauaufsichtsbehörde nachzuweisen, daß sie für diese Bauarbeiten geeignet sind und über die erforderlichen Einrichtungen verfügen.

Fünfter Teil. Bauaufsichtsbehörden

Art. 62 Bauaufsichtsbehörden

(1) ¹ Untere Bauaufsichtsbehörden sind die Kreisverwaltungsbehörden,* höhere Bauaufsichtsbehörden sind die Regierungen, oberste Bauaufsichtsbehörde ist das Staatsministerium des Innern. ² Soweit Belange des Denkmalschutzes betroffen sind, entscheidet das Staats-

---

* Beachte jedoch auch § 1 Nr. 1 Verordnung über Aufgaben der Großen Kreisstädte vom 15. 6. 1972 (BayRS 2020-1-1-3-I): Die Großen Kreisstädte erfüllen im übertragenen Wirkungskreis die Aufgaben der unteren Bauaufsichtsbehörde, die sonst vom Landratsamt als der unteren staatlichen Verwaltungsbehörde wahrzunehmen sind.

1 BayBO Art. 63

ministerium des Innern im Einvernehmen mit dem Staatsministerium für Unterricht und Kultus.

(2) Das Staatsministerium des Innern kann größeren kreisangehörigen Gemeinden durch Rechtsverordnung die Aufgaben der unteren Bauaufsichtsbehörde ganz oder teilweise übertragen.*

(3) ¹ Die Bauaufsichtsbehörden sind für ihre Aufgaben ausreichend mit geeigneten Fachkräften zu besetzen.** ² Den unteren Bauaufsichtsbehörden müssen Beamte mit der Befähigung zum Richteramt oder zum höheren Verwaltungsdienst und Beamte des höheren bautechnischen Verwaltungsdienstes der Fachgebiete Hochbau oder Städtebau angehören.*** ³ Das Staatsministerium des Innern kann in begründeten Ausnahmefällen, insbesondere für eine Große Kreisstadt und für Gemeinden, denen nach Absatz 2 Aufgaben der unteren Bauaufsichtsbehörde übertragen worden sind, zulassen, daß an Stelle eines Beamten des höheren ein Beamter des gehobenen bautechnischen Verwaltungsdienstes beschäftigt wird.

(4) Das bautechnische Personal und die notwendigen Hilfskräfte bei den Landratsämtern sind von den Landkreisen anzustellen.

Art. 63 Aufgaben und Befugnisse der Bauaufsichtsbehörden

(1) Die Aufgaben der Bauaufsichtsbehörden sind Staatsaufgaben; für die Gemeinden sind sie übertragene Aufgaben.

(2) ¹ Die Bauaufsichtsbehörden haben die Aufgabe, bei der Errichtung, der Änderung, dem Abbruch, der Nutzungsänderung und der Unterhaltung baulicher Anlagen darüber zu wachen, daß die öffentlich-rechtlichen Vorschriften und die auf Grund dieser Vorschriften erlassenen Anordnungen eingehalten werden. ² Sie können in Wahrnehmung dieser Aufgaben die erforderlichen Maßnahmen treffen.

(3) Soweit die Vorschriften der Art. 15 bis 52 und 55 bis 57 und die auf Grund dieses Gesetzes erlassenen Vorschriften nicht ausreichen,

---

* Siehe hierzu Verordnung über die Übertragung von Aufgaben der unteren Bauaufsichtsbehörde an kreisangehörige Gemeinden vom 11. 2. 1977 (BayRS 2132-1-13-I):
„Auf Grund des Art. 77 Abs. 2 [jetzt: Art. 62 Abs. 2] der Bayerischen Bauordnung erläßt das Bayerische Staatsministerium des Innern folgende Verordnung:
§ 1. Die Aufgaben der unteren Bauaufsichtsbehörde werden den Städten Burghausen und Lohr a. Main sowie dem Markt Garmisch-Partenkirchen übertragen.
§ 2. (1) Diese Verordnung tritt am 1. Juli 1977 in Kraft.
(2) *(gegenstandslos)*"
** ME über die Rechtsstellung des bautechnischen Personals der unteren Bauaufsichtsbehörden vom 23. 6. 1969 (MABl. S. 324).
*** Beachte hierzu auch § 2 Abs. 1 Zweites Gesetz zur Änderung der Bayerischen Bauordnung vom 24. 7. 1974 (GVBl. S. 350, BayRS 2132-2-I):
„§ 2. (1) Die Verpflichtung in *Art. 77 Abs. 3 Satz 2* [jetzt: Art. 62 Abs. 3 Satz 2], daß den unteren Bauaufsichtsbehörden Beamte des höheren bautechnischen Verwaltungsdienstes der Fachrichtung Hochbau oder Wohnungs- und Städtebau angehören müssen, wird für die jeweilige Behörde spätestens in dem Zeitpunkt wirksam, in dem die leitende Stelle des bautechnischen Verwaltungsdienstes der Fachrichtung Hochbau neu besetzt wird."

um die Anforderungen nach Art. 3 zu erfüllen, können die Bauaufsichtsbehörden im Einzelfall weitergehende Anforderungen stellen, um erhebliche Gefahren abzuwehren.

(4) Die Bauaufsichtsbehörden können zur Erfüllung ihrer Aufgaben und Befugnisse Sachverständige und sachverständige Stellen heranziehen.*

(5) Bei bestehenden baulichen Anlagen können Anforderungen gestellt werden, wenn das zur Abwehr von erheblichen Gefahren für Leben und Gesundheit oder zum Schutz des Straßen-, Orts- oder Landschaftsbilds vor Verunstaltungen notwendig ist.

(6) Werden bestehende bauliche Anlagen wesentlich geändert, so kann angeordnet werden, daß auch die von der Änderung nicht berührten Teile dieser baulichen Anlagen mit diesem Gesetz oder den auf Grund dieses Gesetzes erlassenen Vorschriften in Einklang gebracht werden, wenn das aus Gründen des Art. 3 Abs. 1 Satz 1 erforderlich und dem Bauherrn wirtschaftlich zumutbar ist, und diese Teile mit den Teilen, die geändert werden sollen, in einem konstruktiven Zusammenhang stehen oder mit ihnen unmittelbar verbunden sind.

(7) Bei Modernisierungsvorhaben soll von der Anwendung des Absatzes 6 abgesehen werden, wenn sonst die Modernisierung erheblich erschwert würde.

Art. 64 Sachliche Zuständigkeit

Sachlich zuständig ist die untere Bauaufsichtsbehörde, soweit nichts anderes bestimmt ist.**

Sechster Teil. Verfahren

Abschnitt I. Genehmigungspflichtige und genehmigungsfreie Vorhaben

Art. 65 Genehmigungspflichtige Vorhaben

¹ Genehmigungspflichtig sind die Errichtung, die Änderung, die Nutzungsänderung, der Abbruch oder die Beseitigung baulicher Anlagen, soweit in den Art. 66, 67, 68, 85, 86 und 87 nichts anderes bestimmt ist.*** ² Eine Nutzungsänderung liegt auch dann vor, wenn einer baulichen Anlage eine andere Zweckbestimmung gegeben wird.

---

* Beachte hierzu Anm. zu Art. 90 Abs. 5 BayBO.
** Siehe auch § 1 Nr. 1 Verordnung über Aufgaben der Großen Kreisstädte vom 15. 6. 1972 (BayRS 2020-1-1-3-I); vgl. Anm. zu Art. 62 Abs. 1 Satz 1 BayBO. Beachte außerdem Zuständigkeitsverordnung zum Baugesetzbuch (ZustVBauGB) vom 7. 7. 1987 (GVBl. S. 209, BayRS 2130-3-I); abgedruckt unter Nr. **20**.
*** Bek. über die bauaufsichtliche Behandlung ortsfester Behälter zur Lagerung von Dieselkraftstoff oder Heizöl vom 8. 12. 1975 (MABl. S. 1146).

Art. 66 Ausnahmen von der Genehmigungspflicht für Errichtung und Änderung

(1) Keiner Genehmigung bedürfen die Errichtung oder Änderung von

1. Gebäuden ohne Aufenthaltsräume, ohne Aborte oder Feuerungsanlagen mit einem umbauten Raum bis zu 50 m^3, die nicht im Außenbereich liegen, mit Ausnahme von Garagen und Verkaufs- und Ausstellungsständen,
2. freistehenden landwirtschaftlichen, forstwirtschaftlichen oder erwerbsgärtnerischen Betriebsgebäuden ohne Feuerstätten, die nur eingeschossig und nicht unterkellert sind, höchstens 70 m^2 Grundfläche und höchstens 120 m^2 überdachte Fläche haben und nur zur Unterbringung von Sachen oder zum vorübergehenden Schutz von Tieren bestimmt sind,
3. Gewächshäusern für den Erwerbsgartenbau mit einer Firsthöhe bis zu 4 m,
4. haustechnischen Anlagen,
5. Feuerstätten mit einer Nennwärmeleistung bis zu 50 kW,
6. ortsfesten Behältern
   a) für Flüssiggas mit einem Rauminhalt bis zu 5 m^3,
   b) für brennbare oder wassergefährdende Flüssigkeiten mit einem Rauminhalt bis zu 10 m^3 und
   c) sonstiger Art mit einem Rauminhalt bis zu 50 m^3,
7. Gülle- oder Jauchebehältern oder -gruben mit einem Rauminhalt bis zu 50 m^3 und einer Höhe bis zu 3 m,
8. Gärfutterbehältern mit einer Höhe bis zu 6 m und Schnitzelgruben,
9. Dungstätten, Fahrsilos und ähnlichen Anlagen mit einer Höhe bis zu 2,5 m,
10. nichttragenden oder nichtaussteifenden Bauteilen in baulichen Anlagen,
11. einzelnen Aufenthaltsräumen im Dachgeschoß von Wohngebäuden, wenn die Dachkonstruktion und die äußere Gestalt des Gebäudes nicht verändert wird,
12. Regalen mit einer Höhe bis zu 12 m,
13. Baustelleneinrichtungen,
14. Mauern und Einfriedungen, ausgenommen im Außenbereich,
    a) soweit sie den Festsetzungen eines Bebauungsplans oder einer örtlichen Bauvorschrift über Einfriedungen entsprechen,
    b) außerhalb des Geltungsbereichs solcher Vorschriften mit einer Höhe bis zu 1,5 m,

Verfahren Art. 66 **BayBO 1**

soweit sie nicht Baudenkmäler einschließlich Ensembles oder bauliche Anlagen in der Nähe von Baudenkmälern im Sinn des Art. 1 des Denkmalschutzgesetzes sind,

15. offenen, sockellosen Einfriedungen im Außenbereich, soweit sie der Hoffläche eines landwirtschaftlichen Haupt-, Neben- oder Zuerwerbsbetriebs, der Weidewirtschaft einschließlich der Damwildhaltung für Zwecke der Landwirtschaft, dem Erwerbsgartenbau oder dem Schutz von Forstkulturen und Wildgehegen zu Jagdzwecken sowie der berufsmäßigen Binnenfischerei, beschränkt auf Forellenzuchten, Laichteiche, Winterungen und Hälterungen, dienen,

16. Schwimmbecken mit einem Beckeninhalt bis zu 100 m^3, ausgenommen im Außenbereich,

17. Lager- und Abstellplätzen für die Landwirtschaft, Forstwirtschaft und Erwerbsgärtnerei sowie von nicht überdachten Stellplätzen für Kraftfahrzeuge und sonstigen Lager- und Abstellplätzen bis zu 300 m^2 Fläche,

18. Antennen einschließlich der Masten bis zu einer Höhe von 10 m und Blitzschutzanlagen,

19. Bohrbrunnen,

20. Denkmälern und sonstigen Kunstwerken mit einer Höhe bis zu 3 m, Zierbrunnen, Grabkreuzen und Grabsteinen auf Friedhöfen und von Feldkreuzen,

21. Masten und Unterstützungen für Fernsprechleitungen, für Leitungen zur Versorgung mit Elektrizität, für Sirenen und für Fahnen, sowie von Masten, die aus Gründen des Brauchtums errichtet werden,

22. Signalhochbauten für die Landesvermessung,

23. Anlauftürmen und Schanzentischen von Sprungschanzen sowie von Sprungtürmen mit einer Höhe bis zu 10 m,

24. privaten Verkehrsanlagen einschließlich Brücken und Durchlässen mit einer lichten Weite bis zu 5 m und Untertunnelungen mit einem Durchmesser bis zu 3 m,

25. Fahrgastunterständen, die dem öffentlichen Personenverkehr oder der Schülerbeförderung dienen, mit einer Grundfläche bis zu 20 m^2 und einer Höhe bis zu 2,5 m,

26. unbedeutenden baulichen Anlagen oder unbedeutenden Teilen von baulichen Anlagen, soweit sie nicht in den Nummern 1 bis 25 bereits aufgeführt sind, wie Terrassen, Maschinenfundamente, Straßenfahrzeugwaagen, zu Straßenfesten und ähnlichen Veranstaltungen kurzfristig errichtete bauliche Anlagen, die keine fliegenden Bauten sind, Geräte auf Spiel- und Sportplätzen, nicht

überdachte Pergolen, Jägerstände, Wildfütterungen, Bienenfreistände bis zu einem Rauminhalt von 5 m³, Taubenhäuser, Hofeinfahrten oder Teppichstangen.

(2) Keiner Genehmigung bedürfen

1. Aufschüttungen oder Abgrabungen einschließlich der Anlagen zur Gewinnung von Steinen, Erden und anderen Bodenschätzen mit einer Grundfläche bis zu 300 m² und mit einer Höhe oder Tiefe bis zu 2 m,
2. das Aufstellen von Wohnwagen auf dafür genehmigten Campingplätzen,
3. die Errichtung von Zeltlagern, die nach ihrem erkennbaren Zweck gelegentlich und nur für kurze Zeit, höchstens für zwei Monate, errichtet werden,
4. die Erneuerung und Modernisierung von Feuerstätten mit einer Nennwärmeleistung von mehr als 50 kW ohne wesentliche Erhöhung der Leistung,
5. die Änderung von Kaminen,
6. die Auswechslung von Zapfsäulen und Tankautomaten von Tankstellen.

(3) [1] Keiner Genehmigung bedürfen ferner

1. Änderungen der äußeren Gestaltung genehmigungsbedürftiger baulicher Anlagen durch
   a) die Änderung von Fenstern oder Türen und den dafür bestimmten Öffnungen in vorhandenen Gebäuden, soweit diese dem Wohnen dienen,
   b) die Errichtung und Änderung von Fenstern, die in der Dachfläche liegen,
   c) Verkleidungen und Verblendungen,
2. die Errichtung und Änderung von Sonnenkollektoren in der Dachfläche, in der Fassade oder auf Flachdächern,
3. die Änderung tragender oder aussteifender Bauteile innerhalb von Wohngebäuden.

[2] Dies gilt nicht in Gebieten, in denen örtliche Bauvorschriften über die Gestaltung nach Art. 91 bestehen, ferner nicht für Baudenkmäler einschließlich Ensembles und für bauliche Anlagen in der Nähe von Baudenkmälern im Sinn des Art. 1 des Denkmalschutzgesetzes (DSchG).

(4) Keiner Genehmigung bedarf die Nutzungsänderung von

1. Gebäuden und Räumen, die nicht im Außenbereich liegen, wenn für die neue Nutzung keine anderen öffenlich-rechtlichen Anforderungen als für die bisherige Nutzung gelten,
2. baulichen und sonstigen Anlagen und Einrichtungen, deren Errich-

tung und Änderung bei geänderter Nutzung nach den Absätzen 1 bis 3 genehmigungsfrei wäre.

(5) Keiner Genehmigung bedürfen Instandsetzungs- und Unterhaltungsarbeiten an oder in baulichen Anlagen oder Einrichtungen.

(6) Die Genehmigungsfreiheit entbindet nicht von der Verpflichtung zur Einhaltung der Anforderungen, die durch öffentlich-rechtliche Vorschriften an die baulichen Anlagen gestellt werden.

Art. 67 Ausnahmen von der Genehmigungspflicht für Abbruch und Beseitigung

¹ Keiner Genehmigung bedürfen der Abbruch oder die Beseitigung von

1. Gebäuden mit einem umbauten Raum bis zu 300 m³,
2. landwirtschaftlichen, forstwirtschaftlichen oder erwerbsgärtnerischen Betriebsgebäuden mit einer Grundfläche bis zu 150 m²,
3. Gewächshäusern,
4. Feuerstätten,
5. ortsfesten Behältern,
6. Dungstätten, Fahrsilos, Schnitzelgruben und ähnlichen Anlagen,
7. luftgetragenen Überdachungen,
8. Regalen,
9. Mauern und Einfriedungen,
10. Schwimmbecken,
11. Stellplätzen für Kraftfahrzeuge, Lager- und Abstellplätzen, Zeltlagerplätzen, Campingplätzen und Lagerplätzen für Wohnwagen,
12. Masten, Unterstützungen und Antennen,
13. Wasserversorgungsanlagen und Brunnen,
14. Sprungschanzen und Sprungtürmen,
15. Landungsstegen,
16. Fahrgastunterständen,
17. baulichen Anlagen oder Teilen von baulichen Anlagen, deren Errichtung und Änderung genehmigungsfrei ist.

² Das gilt nicht für Baudenkmäler einschließlich Ensembles im Sinn des Art. 1 DSchG. ³ Art. 66 Abs. 6 gilt entsprechend.

Art. 68 Verfahren bei Werbeanlagen

(1) Die Errichtung, Aufstellung, Anbringung und wesentliche Änderung von Werbeanlagen ist genehmigungspflichtig, soweit in Absatz 2 nichts anderes bestimmt ist.

1 BayBO Art. 69

(2) Genehmigungsfrei sind
1. Werbeanlagen bis zu einer Größe von 0,6 m²,
2. die Beseitigung von Werbeanlagen.

(3) ¹ Automaten sind genehmigungsfrei, wenn sie in räumlicher Verbindung mit einer offenen Verkaufsstelle stehen und die Grundstücksgrenze nicht überschreiten. ² Sonst sind sie genehmigungspflichtig.

(4) Die Bauaufsichtsbehörde ordnet an, daß Werbeanlagen, die den Vorschriften dieses Gesetzes oder den auf Grund dieses Gesetzes erlassenen Vorschriften widersprechen, zu beseitigen sind.

(5) Art. 63 Abs. 4 und Art. 69 bis 83 gelten entsprechend.

Abschnitt II. Bauaufsichtliches Verfahren

Art. 69 Bauantrag und Bauvorlagen

(1) ¹ Der Antrag auf eine Baugenehmigung (Bauantrag) ist schriftlich bei der Gemeinde einzureichen. ² Diese legt ihn, sofern sie nicht selbst zur Entscheidung zuständig ist, mit ihrer Stellungnahme unverzüglich der Bauaufsichtsbehörde vor.* ³ Die Gemeinden können die Ergänzung oder Berichtigung unvollständiger Bauanträge verlangen.

(2) ¹ Mit dem Bauantrag sind alle für die Beurteilung des Vorhabens und die Bearbeitung des Bauantrags erforderlichen Unterlagen (Bauvorlagen) einzureichen.** ² Es kann gestattet werden, daß einzelne Bauvorlagen nachgereicht werden.

(3) In besonderen Fällen kann zur Beurteilung, wie sich die bauliche Anlage in die Umgebung einfügt, verlangt werden, daß die bauliche Anlage in geeigneter Weise auf dem Grundstück dargestellt wird.

(4) ¹ Der Bauherr oder ein von ihm bevollmächtigter Vertreter und der Entwurfsverfasser haben den Bauantrag und die Bauvorlagen zu unterschreiben. ² Die von den Sachverständigen nach Art. 60 bearbeiteten Unterlagen müssen von diesen unterschrieben sein. ³ Ist der Bauherr nicht Grundstückseigentümer oder Erbbauberechtigter, so kann der Nachweis verlangt werden, daß der Grundstückseigentümer oder Erbbauberechtigte dem Bauvorhaben zustimmt.

(5) ¹ Treten bei einem Vorhaben mehrere Personen als Bauherren auf, so kann die Bauaufsichtsbehörde verlangen, daß ihr gegenüber ein Vertreter bestellt wird, der die dem Bauherrn nach den öffentlich-rechtlichen Vorschriften obliegenden Verpflichtungen zu erfüllen hat. ² Art. 18 Abs. 1 Sätze 2 und 3 und Abs. 2 BayVwVfG finden Anwendung.

---

* Bek. über Zulässigkeit von Nachfolgelastenvereinbarungen im Zusammenhang mit der Aufstellung von Bebauungsplänen und der Genehmigung von Einzelbauvorhaben vom 5. 3. 1975 (MABl. S. 316).
** Vgl. Anm. zu Art. 90 Abs. 3 BayBO.

Verfahren

Art. 70 **BayBO 1**

Art. 70* Bauvorlageberechtigung

(1) Bauvorlagen für die genehmigungspflichtige Errichtung und Änderung von Gebäuden müssen von einem Entwurfsverfasser, welcher bauvorlageberechtigt ist, unterschrieben sein.

(2) Bauvorlageberechtigt ist,

1. wer auf Grund des Bayerischen Architektengesetzes die Berufsbezeichnung ,,Architekt" zu führen berechtigt ist oder

2. wer auf Grund des Ingenieurgesetzes als Angehöriger einer Fachrichtung des Bauingenieurwesens die Berufsbezeichnung ,,Ingenieur" zu führen berechtigt ist und eine praktische Tätigkeit in dieser Fachrichtung von mindestens drei Jahren ausgeübt hat.

(3) Bauvorlageberechtigt sind ferner die Angehörigen der Fachrichtungen Architektur, Hochbau oder Bauingenieurwesen, die an einer deutschen Hochschule, einer deutschen öffentlichen oder staatlich anerkannten Ingenieurschule oder an einer dieser gleichrangigen deutschen Lehreinrichtung das Studium erfolgreich abgeschlossen haben, sowie die staatlich geprüften Techniker der Fachrichtung Bautechnik und die Handwerksmeister des Bau- und Zimmererfachs für

1. Wohngebäude mit bis zu zwei Wohnungen, auch in der Form von Doppelhäusern, es sei denn, es handelt sich um Hausgruppen,

2. eingeschossige gewerblich genutzte Gebäude bis zu 200 m^2 Grundfläche und bis zu 5 m Wandhöhe,

3. landwirtschaftliche Betriebsgebäude bis zu zwei Vollgeschossen,

4. Garagen bis zu 100 m^2 Nutzfläche,

5. Behelfsbauten (Art. 72 Abs. 4 Nr. 1) und Nebengebäude,

6. Gewächshäuser,

7. einfache Änderungen von sonstigen Gebäuden.

(4) Bauvorlageberechtigt ist ferner, wer

1. unter Beschränkung auf sein Fachgebiet Bauvorlagen aufstellt, die üblicherweise von Fachkräften mit einer anderen Ausbildung als sie die in Absatz 2 genannten Personen haben, aufgestellt werden,

2. die Befähigung zum höheren oder gehobenen bautechnischen Verwaltungsdienst besitzt, für seine Tätigkeit für seinen Dienstherrn.

(5) ^{1} Wer die Voraussetzungen der Absätze 2 bis 4 nicht erfüllt, ist bauvorlageberechtigt, wenn er in Ausübung seiner hauptberuflichen Tätigkeit in der Zeit vom 1. Oktober 1971 bis einschließlich 30. September 1974 als Entwurfsverfasser Bauvorlagen gefertigt hat oder unter seiner Verantwortung hat fertigen lassen, im Sinn des Art. 69 Abs. 4 Satz 1 unterschrieben und bei der zuständigen Behörde im Freistaat Bayern eingereicht und diese Voraussetzungen innerhalb der

---

* Art. 70 Abs. 7 angefügt durch Gesetz vom 6. 8. 1986 (GVBl. S. 214).

Ausschlußfrist von einem Jahr ab 1. Juli 1978 der zuständigen Behörde gegenüber nachgewiesen hat. ²Diese erteilt ihm über das Ergebnis dieser Prüfung eine Bescheinigung. ³Zuständige Behörde ist die Regierung, in deren Bezirk der Antragsteller seinen Wohnsitz oder seine Betriebsniederlassung hat.

(6) ¹Unternehmen dürfen Bauvorlagen als Entwurfsverfasser unterschreiben, wenn sie diese unter der Leitung eines Bauvorlageberechtigten nach den Absätzen 2 bis 5 aufstellen. ²Auf den Bauvorlagen ist der Name des Bauvorlageberechtigten anzugeben.

(7) ¹Entwurfsverfasser, die nach den Absätzen 2, 3 und 5 sowie nach Absatz 4 Nr. 1 bauvorlageberechtigt sind, müssen für die von ihnen nach Art. 69 Abs. 2 eingereichten Bauvorlagen ausreichend berufshaftpflichtversichert sein.* ²Das Bestehen des Versicherungsschutzes überwacht die Bayerische Architektenkammer. ³Sie ist zuständige Stelle im Sinn des § 158c Abs. 2 Satz 1 des Gesetzes über den Versicherungsvertrag vom 30. Mai 1908 (RGBl. S. 263), zuletzt geändert durch Gesetz vom 30. Juni 1967 (BGBl. I S. 609). ⁴Das Staatsministerium des Innern setzt durch Rechtsverordnung die Mindestversicherungssummen fest; diese müssen mindestens 1 000 000 DM für Personenschäden und 150 000 DM für Sach- und Vermögensschäden betragen. ⁵Das Staatsministerium des Innern kann durch Rechtsverordnung das Verfahren regeln.**

Art. 71 Behandlung des Bauantrags

(1) ¹Alle am Baugenehmigungsverfahren beteiligten Behörden haben den Antrag ohne vermeidbare Verzögerung zu behandeln. ²Zum Bauantrag sollen die Behörden und Stellen gehört werden, die Träger öffentlicher Belange sind und deren Aufgabenbereich berührt wird.*** ³Diese sollen innerhalb einer von der Bauaufsichtsbehörde gesetzten angemessenen Frist Stellung nehmen; äußern sie sich nicht fristgemäß, so kann die Bauaufsichtsbehörde davon ausgehen, daß die von diesen Behörden und Stellen wahrzunehmenden öffentlichen Belange durch den Bauantrag nicht berührt werden.

(2) Bauvorlagen, die Mängel aufweisen, kann die Bauaufsichtsbehörde unter genauer Bezeichnung der Mängel und Fehler zur Berichtigung zurückgeben.

Art. 72 Abweichungen, Ausnahmen und Befreiungen

(1) Abweichungen von technischen Bauvorschriften und allgemein anerkannten Regeln der Baukunst und Technik sind zulässig, wenn eine gleichwertige technische Lösung nachgewiesen wird.

---

* Bek. über den Vollzug des Art. 70 Abs. 7 BayBO; Berufshaftpflichtversicherung der Bauvorlageberechtigten vom 31. 10. 1986 (MABl. S. 514).
** Vgl. § 18 Bauaufsichtliche Verfahrensverordnung (abgedruckt unter Nr. 3).
*** Bek. über den Vollzug des Baugesetzbuchs und der BayBO; Träger öffentlicher Belange vom 26. 6. 1987 (MABl. S. 446).

Verfahren   Art. 72 **BayBO 1**

(2) Die Bauaufsichtsbehörde kann Ausnahmen von den Vorschriften dieses Gesetzes, die als Sollvorschriften aufgestellt sind oder in denen Ausnahmen vorgesehen sind, gewähren, wenn sie mit den öffentlichen Belangen vereinbar sind und die für die Ausnahmen festgelegten Voraussetzungen vorliegen.

(3) Weiter können Ausnahmen von baurechtlichen Vorschriften zugelassen werden

1. zur Erhaltung und weiteren Nutzung von Baudenkmälern, wenn nicht erhebliche Gefahren für Leben und Gesundheit zu befürchten sind,
2. bei Modernisierungsvorhaben und bei Vorhaben zur Schaffung von zusätzlichem Wohnraum durch Ausbau, wenn dies im öffentlichen Interesse liegt und die öffentliche Sicherheit und Ordnung, insbesondere der Brandschutz, nicht gefährdet werden.

(4) [1] Weiter können Ausnahmen von den Art. 26 bis 50 und 55 bis 57 gestattet werden, wenn keine Gründe nach Art. 3 Abs. 1 und 2 entgegenstehen,

1. bei baulichen Anlagen, die nach ihrer Ausführung für eine dauernde Nutzung nicht geeignet sind oder die für eine begrenzte Zeit aufgestellt werden sollen (Behelfsbauten); diese Bauten dürfen nur widerruflich oder befristet genehmigt werden,
2. bei kleinen, Nebenzwecken dienenden Gebäuden ohne Feuerstätten und bei freistehenden anderen Gebäuden, die nicht für einen Aufenthalt oder nur für einen vorübergehenden Aufenthalt bestimmt sind, wie Lauben, Unterstellhütten, Trafostationen.

[2] Gebäude nach Satz 1 Nrn. 1 und 2, die überwiegend aus brennbaren Baustoffen bestehen, dürfen nur mit einem Vollgeschoß ohne ausgebautem Dachraum hergestellt werden. [3] Ausreichender Brandschutz muß gewährleistet sein.

(5) Von zwingenden baurechtlichen Vorschriften kann die Bauaufsichtsbehörde Befreiung gewähren, wenn

1. die Durchführung der Vorschrift im Einzelfall zu einer unbilligen Härte führen würde oder
2. das Wohl der Allgemeinheit die Abweichung erfordert

und die Abweichung auch unter Würdigung nachbarlicher Interessen mit den öffentlichen Belangen vereinbar ist.

(6) Von gemeindlichen Bauvorschriften nach Art. 91 Abs. 1 und 2 gewährt die Bauaufsichtsbehörde Ausnahmen und Befreiungen im Einvernehmen mit der Gemeinde.

(7) Ist für bauliche Anlagen oder Werbeanlagen, die keiner Genehmigung bedürfen, eine Ausnahme oder Befreiung erforderlich, so ist die Ausnahme oder Befreiung schriftlich zu beantragen.

Art. 73 Beteiligung des Nachbarn

(1) ¹ Den Eigentümern der benachbarten Grundstücke sind vom Bauherrn oder seinem Beauftragten der Lageplan und die Bauzeichnungen zur Unterschrift vorzulegen. ² Die Unterschrift gilt als Zustimmung. ³ Ist Eigentümer des Nachbargrundstücks eine Eigentümergemeinschaft nach dem Wohnungseigentumsgesetz, so genügt die Vorlage an den Verwalter; seine Unterschrift gilt jedoch nicht als Zustimmung der einzelnen Wohnungseigentümer. ⁴ Fehlt die Unterschrift des Eigentümers eines benachbarten Grundstücks, benachrichtigt ihn die Gemeinde von dem Bauantrag und setzt ihm eine Frist für seine Äußerung. ⁵ Hat er die Unterschrift bereits schriftlich gegenüber der Gemeinde oder der Bauaufsichtsbehörde verweigert, kann die Benachrichtigung unterbleiben. ⁶ Ist ein zu benachrichtigender Eigentümer nur unter Schwierigkeiten zu ermitteln oder zu benachrichtigen, so genügt die Benachrichtigung des unmittelbaren Besitzers. ⁷ Ein Erbbauberechtigter tritt an die Stelle des Eigentümers.

(2) Hat ein Nachbar nicht zugestimmt oder wird seinen Einwendungen nicht entsprochen, so ist ihm eine Ausfertigung der Baugenehmigung zuzustellen.

Art. 74 Baugenehmigung und Baubeginn

(1) Die Baugenehmigung darf nur versagt werden, wenn das Vorhaben öffentlich-rechtlichen Vorschriften widerspricht.

(2) ¹ Die Baugenehmigung bedarf der Schriftform. ² Sie ist nur insoweit zu begründen, als von nachbarschützenden Vorschriften befreit wird und der Nachbar der Befreiung nicht zugestimmt hat. ³ Eine Ausfertigung der mit einem Genehmigungsvermerk zu versehenden Bauvorlagen ist dem Antragsteller mit der Baugenehmigung zuzustellen.

(3) Die Baugenehmigung gilt auch für und gegen den Rechtsnachfolger des Bauherrn.

(4) Wird die Baugenehmigung unter Auflagen oder Bedingungen erteilt, kann eine Sicherheitsleistung verlangt werden.

(5) ¹ Bauliche Anlagen, die nur auf beschränkte Zeit errichtet werden können oder sollen, können widerruflich oder befristet genehmigt werden. ² Die Genehmigung soll nur erteilt werden, wenn gesichert ist, daß die Anlage nach Widerruf oder nach Fristablauf beseitigt wird. ³ Nach Widerruf oder nach Ablauf der gesetzten Frist ist die bauliche Anlage ohne Entschädigung zu beseitigen; ein ordnungsmäßiger Zustand ist herzustellen.

(6) Die Baugenehmigung wird unbeschadet der privaten Rechte Dritter erteilt.

(7) ¹ Die Gemeinde ist, wenn sie nicht Bauaufsichtsbehörde ist, von der Erteilung, Verlängerung, Ablehnung, Rücknahme oder dem Wi-

Verfahren   Art. 75–77 **BayBO 1**

derruf einer Baugenehmigung, Teilbaugenehmigung oder eines Vorbescheids zu unterrichten. ²Eine Ausfertigung des Bescheids ist beizufügen.

(8) Vor Zustellung der Baugenehmigung darf mit der Bauausführung einschließlich des Baugrubenaushubs nicht begonnen werden.

(9) ¹Vor Baubeginn muß die Grundfläche der baulichen Anlage abgesteckt und ihre Höhenlage festgelegt sein. ²Die Bauaufsichtsbehörde kann verlangen, daß Absteckung und Höhenlage von ihr abgenommen oder die Einhaltung der festgelegten Grundfläche und Höhenlage nachgewiesen wird. ³Baugenehmigung und Bauvorlagen müssen an der Baustelle von Baubeginn an vorliegen.

(10) Der Bauherr hat den Ausführungsbeginn genehmigungspflichtiger Vorhaben und die Wiederaufnahme der Bauarbeiten nach einer Unterbrechung von mehr als sechs Monaten mindestens eine Woche vorher der Bauaufsichtsbehörde schriftlich mitzuteilen.

Art. 75 Vorbescheid

(1) ¹Vor Einreichung des Bauantrags kann auf schriftlichen Antrag des Bauherrn zu einzelnen in der Baugenehmigung zu entscheidenden Fragen vorweg ein schriftlicher Bescheid (Vorbescheid) erteilt werden. ²Der Vorbescheid gilt drei Jahre, wenn er nicht kürzer befristet ist. ³Die Frist kann jeweils um bis zu zwei Jahre verlängert werden, wenn das der Bauherr vor Ablauf der Geltungsdauer des Vorbescheids schriftlich beantragt.

(2) Art. 69 Abs. 1, 2 und 4, Art. 71 Abs. 1, Art. 73 und 74 Abs. 1 bis 6 gelten entsprechend.

Art. 76 Teilbaugenehmigung

(1) Ist ein Bauantrag eingereicht, so können die Bauarbeiten für die Baugrube und für einzelne Bauteile oder Bauabschnitte auf schriftlichen Antrag schon vor der Baugenehmigung schriftlich gestattet werden (Teilbaugenehmigung).

(2) ¹Die Teilbaugenehmigung berechtigt nur zur Ausführung des genehmigten Teils des Vorhabens. ²Art. 74 gilt sinngemäß.

(3) In der Baugenehmigung können für die bereits begonnenen Teile des Vorhabens zusätzliche Anforderungen gestellt werden, wenn sich bei der weiteren Prüfung der Bauvorlagen ergibt, daß die zusätzlichen Anforderungen aus Gründen des Art. 3 Abs. 1 Satz 1 erforderlich sind.

Art. 77 Typengenehmigung   FERTIGHÄUSER

(1) ¹Für bauliche Anlagen, die in gleicher Ausführung an mehreren Stellen errichtet werden sollen, kann das Staatsministerium des Innern auf Antrag eine allgemeine Genehmigung (Typengenehmigung) erteilen, wenn sie den öffentlich-rechtlichen Vorschriften entsprechen und

1 BayBO Art. 78, 79

ihre Brauchbarkeit für den Verwendungszweck nachgewiesen ist. ² Für fliegende Bauten wird eine Typengenehmigung nicht erteilt.

(2) ¹ Die Typengenehmigung bedarf der Schriftform. ² Sie darf nur widerruflich und nur für eine bestimmte Frist erteilt werden, die fünf Jahre nicht überschreiten soll. ³ Sie kann auf schriftlichen Antrag um jeweils höchstens fünf Jahre verlängert werden. ⁴ Eine Ausfertigung der mit einem Genehmigungsvermerk zu versehenden Bauvorlagen ist dem Antragsteller mit der Typengenehmigung zuzustellen.

(3) Art. 63 Abs. 4, Art. 69 Abs. 2 und 4, Art. 71 und 72 gelten entsprechend.

(4) Typengenehmigungen anderer Länder der Bundesrepublik Deutschland gelten auch im Freistaat Bayern.

(5) Eine Typengenehmigung entbindet nicht von der Verpflichtung, eine Baugenehmigung (Art. 74) einzuholen.

Art. 78 Geltungsdauer der Baugenehmigung und der Teilbaugenehmigung

(1) Sind in der Baugenehmigung oder der Teilbaugenehmigung keine anderen Fristen bestimmt, so erlöschen diese Genehmigungen, wenn innerhalb von vier Jahren nach Erteilung der Genehmigung mit der Ausführung des Vorhabens nicht begonnen oder die Bauausführung vier Jahre unterbrochen worden ist; die Einlegung eines Rechtsbehelfs hemmt den Lauf der Frist bis zur Unanfechtbarkeit der Baugenehmigung.

(2) Die Frist nach Absatz 1 kann jeweils um bis zu zwei Jahre verlängert werden, wenn das der Bauherr vor Ablauf der Geltungsdauer schriftlich beantragt.

Art. 79 Bauüberwachung

(1) ¹ Die Bauaufsichtsbehörde kann die Einhaltung der öffentlich-rechtlichen Vorschriften und Anforderungen und die ordnungsgemäße Erfüllung der Pflichten der am Bau Beteiligten überprüfen. ² Auf Verlangen der Bauaufsichtsbehörde hat der Bauherr die Brauchbarkeit der Baustoffe und Bauteile nachzuweisen. ³ Die Bauaufsichtsbehörde und die von ihr Beauftragten können Proben von Baustoffen und Bauteilen, soweit erforderlich, auch aus fertigen Bauteilen entnehmen und prüfen oder prüfen lassen.

(2) ¹ Der Bauherr hat die Fertigstellung des Rohbaus und die abschließende Fertigstellung genehmigungspflichtiger baulicher Anlagen mindestens jeweils zwei Wochen vorher der Bauaufsichtsbehörde, bei gewerblichen Anlagen die abschließende Fertigstellung auch dem Gewerbeaufsichtsamt, anzuzeigen, um die Besichtigung des Bauzustands zu ermöglichen. ² Der Rohbau ist fertiggestellt, wenn die tragenden Teile, Kamine, Brandwände und die Dachkonstruktion voll-

Verfahren

endet sind. ³ Zur Besichtigung des Rohbaus sind, soweit möglich, die Bauteile, die für die Standsicherheit, die Feuersicherheit, den Wärme- und den Schallschutz sowie für die Wasserversorgung und Abwasserbeseitigung wesentlich sind, derart offenzuhalten, daß Maße und Ausführungsart geprüft werden können. ⁴ Die abschließende Fertigstellung umfaßt auch die Fertigstellung der Wasserversorgungs- und Abwasserbeseitigungsanlagen. ⁵ Der Bauherr hat für die Besichtigungen und die damit verbundenen Prüfungen die erforderlichen Arbeitskräfte und Geräte bereitzustellen.

(3) Die Bauaufsichtsbehörde kann über Absatz 2 hinaus verlangen, daß ihr oder einem Beauftragten Beginn und Beendigung bestimmter Bauarbeiten angezeigt werden oder auf die Anzeige nach Absatz 2 verzichten.

(4) Den mit der Überprüfung Beauftragten ist jederzeit Zutritt zur Baustelle und Betriebsstätte und Einblick in die Genehmigungen, Zulassungen, Prüfbescheide, Zeugnisse und Aufzeichnungen über die Prüfungen von Baustoffen und Bauteilen, in die Bautagebücher und andere vorgeschriebene Aufzeichnungen zu gewähren.

Art. 80 Fortführung der Bauarbeiten und Benutzung der baulichen Anlage

(1) Mit dem Innenausbau und der Putzarbeit darf erst einen Tag nach dem in der Anzeige nach Art. 79 Abs. 2 genannten Zeitpunkt der Fertigstellung des Rohbaus begonnen werden.

(2) Die Bauaufsichtsbehörde kann verlangen, daß bei bestimmten Bauausführungen die Arbeiten erst fortgesetzt werden, wenn sie von ihr oder einem beauftragten Sachverständigen geprüft worden sind.

(3) Eine bauliche Anlage darf erst benutzt werden, wenn sie sicher benutzbar ist, frühestens jedoch nach dem in der Anzeige nach Art. 79 Abs. 2 genannten Zeitpunkt der Fertigstellung.

Art. 81 Baueinstellung

(1) ¹ Werden Anlagen im Widerspruch zu öffentlich-rechtlichen Vorschriften errichtet, geändert, abgebrochen oder beseitigt, so kann die Bauaufsichtsbehörde die Einstellung der Bauarbeiten anordnen. ² Das gilt insbesondere, wenn

1. die Ausführung eines genehmigungspflichtigen oder nach Art. 86 zustimmungspflichtigen Vorhabens entgegen den Vorschriften des Art. 74 Abs. 8 bis 10 begonnen wurde,
2. das Vorhaben entgegen Art. 80 Abs. 1 oder 2 oder über das nach Art. 76 erlaubte vorläufige Ausmaß hinaus fortgesetzt wurde oder
3. bei der Ausführung eines Vorhabens von den genehmigten Bauvorlagen abgewichen wird.

³ Die Anordnungen gelten auch gegenüber den Rechtsnachfolgern.

(2) Werden unzulässige Bauarbeiten trotz der Anordnung der Einstellung unerlaubt fortgesetzt, so kann die Bauaufsichtsbehörde die Baustelle versiegeln, überwachen und die an der Baustelle vorhandenen Baustoffe, Bauteile, Geräte, Maschinen und Bauhilfsmittel in amtlichen Gewahrsam bringen.

Art. 82 Baubeseitigung

[1] Werden Anlagen im Widerspruch zu öffentlich-rechtlichen Vorschriften errichtet oder geändert, so kann die Bauaufsichtsbehörde die teilweise oder vollständige Beseitigung der Anlagen anordnen, wenn nicht auf andere Weise rechtmäßige Zustände hergestellt werden können. [2] Werden Anlagen im Widerspruch zu öffentlich-rechtlichen Vorschriften benutzt, so kann diese Benutzung untersagt werden. [3] Beseitigungsanordnungen und Nutzungsuntersagungen gelten auch gegenüber den Rechtsnachfolgern. [4] Die Bauaufsichtsbehörde kann verlangen, daß ein Bauantrag gestellt wird.

Art. 83 Betreten der Grundstücke und der baulichen Anlagen

Die mit dem Vollzug dieses Gesetzes Beauftragten sind berechtigt, in Ausübung ihres Amts Grundstücke und bauliche Anlagen einschließlich der Wohnungen auch gegen den Willen der Betroffenen zu betreten.

Art. 84 Bekanntgabe von Bauvorhaben

[1] Die Bauaufsichtsbehörden und die Gemeinden dürfen Ort und Straße der Baustelle, Art und Größe des Bauvorhabens sowie Namen und Anschrift des Bauherrn und des Entwurfsverfassers nur veröffentlichen oder an Dritte zum Zweck der Veröffentlichung übermitteln, wenn der Betroffene der Veröffentlichung nicht widersprochen hat. [2] Der Betroffene ist bei der Bauantragstellung auf sein Widerspruchsrecht nach Satz 1 hinzuweisen.

Art. 85 Genehmigung fliegender Bauten

(1) [1] Fliegende Bauten sind bauliche Anlagen, die geeignet und bestimmt sind, wiederholt an wechselnden Orten aufgestellt und zerlegt zu werden. [2] Zu den fliegenden Bauten zählen auch die Fahrgeschäfte. [3] Baustelleneinrichtungen gelten nicht als fliegende Bauten.

(2) [1] Fliegende Bauten bedürfen, bevor sie zum ersten Mal aufgestellt und in Gebrauch genommen werden, einer Ausführungsgenehmigung.* [2] Das gilt nicht für unbedeutende fliegende Bauten.

(3) [1] Die Ausführungsgenehmigung wird von der Bauaufsichtsbehörde oder von der nach Absatz 4 bestimmten Stelle erteilt, in deren Bereich der Antragsteller seinen gewöhnlichen Aufenthalt oder seine

---

* Bek. über Richtlinien für den Bau und Betrieb fliegender Bauten (Fassung April 1977) vom 25. 8. 1977 (MABl. S. 621). Bek. über DIN 4112 – Fliegende Bauten; Richtlinien für Bemessung und Ausführung, Ausgabe Februar 1983, vom 18. 6. 1984 (MABl. S. 345).

Verfahren **Art. 85 BayBO 1**

gewerbliche Niederlassung hat. ²Hat der Antragsteller keinen gewöhnlichen Aufenthalt oder keine gewerbliche Niederlassung in der Bundesrepublik Deutschland, so ist die Bauaufsichtsbehörde oder die nach Absatz 4 bestimmte Stelle zuständig, in deren Bereich der fliegende Bau zum ersten Mal aufgestellt oder in Gebrauch genommen werden soll.

(4) Das Staatsministerium des Innern kann durch Rechtsverordnung* bestimmen, daß Ausführungsgenehmigungen für fliegende Bauten nur durch bestimmte Bauaufsichtsbehörden oder durch von ihm bestimmte Stellen erteilt werden, und die Vergütung dieser Stellen regeln.

(5) ¹Die Ausführungsgenehmigung wird für eine bestimmte Frist erteilt, die höchstens fünf Jahre betragen soll; sie kann auf schriftlichen Antrag von der für die Ausführungsgenehmigung zuständigen Behörde oder der nach Absatz 4 bestimmten Stelle jeweils um bis zu fünf Jahre verlängert werden, wenn das der Inhaber vor Ablauf der Frist schriftlich beantragt. ²Die Ausführungsgenehmigungen und Verlängerungen ihrer Frist werden in ein Prüfbuch eingetragen, dem eine Ausfertigung der mit einem Genehmigungsvermerk zu versehenden

---

* Verordnung über die Zuständigkeit zur Erteilung der Ausführungsgenehmigung für fliegende Bauten vom 5. 7. 1982 (BayRS 2132-1-14-I), geändert durch Verordnung vom 7. 6. 1984 (GVBl. S. 247) und vom 25. 11. 1987 (GVBl. S. 447):
,,Auf Grund des Art. 85 Abs. 4 der Bayerischen Bauordnung (BayBO) erläßt das Bayerische Staatsministerium des Innern folgende Verordnung:
§ 1. Zur Entscheidung über die Ausführungsgenehmigung für fliegende Bauten nach Art. 85 Abs. 2 BayBO sind der
Technische Überwachungsverein Bayern, München,
für die Regierungsbezirke Oberbayern, Niederbayern, Oberpfalz und Schwaben
und die Landesgewerbeanstalt Bayern, Nürnberg,
für die Regierungsbezirke Oberfranken, Mittelfranken und Unterfranken
zuständig.
§ 2. (1) ¹Dem Technischen Überwachungsverein Bayern und der Landesgewerbeanstalt Bayern steht für Amtshandlungen im Vollzug von Art. 85 BayBO eine Vergütung zu. ²Die Vergütung besteht aus Gebühren und Auslagen.
(2) ¹Die Höhe der Gebühren bemißt sich nach dem dieser Verordnung als Anlage beigefügten Verzeichnis. ²Soweit sich die Gebühr nach dem Zeitaufwand bestimmt, ist die Zeit anzusetzen, die unter regelmäßigen Verhältnissen von einer entsprechend ausgebildeten Fachkraft benötigt wird. ³Die Höhe der nach dem Zeitaufwand bestimmten Gebühr beträgt 120 DM für jede Arbeitsstunde; angefangene Arbeitsstunden werden zeitanteilig verrechnet.
⁴Bei der Abnahme von fliegenden Bauten im Rahmen der Erteilung der Ausführungsgenehmigung kann bei dringlichen vom Benutzer veranlaßten Arbeiten an Samstagen oder an Sonn- und Feiertagen ein Zuschlag bis zu 70 v. H. und bei Nachtarbeit ein Zuschlag bis zu 40 v. H. erhoben werden.
(3) Als Auslagen werden die Reisekosten nach den für Landesbeamte geltenden Vorschriften, die anfallende Umsatzsteuer und die anderen Behörden oder anderen Personen für ihre Tätigkeit zustehenden Beträge erhoben.
(4) Im übrigen findet der Erste Abschnitt des Kostengesetzes entsprechende Anwendung.
§ 3. Beim Vollzug von Art. 85 BayBO führt die Regierung von Oberbayern die Aufsicht über den Technischen Überwachungsverein Bayern, die Regierung von Mittelfranken die Aufsicht über die Landesgewerbeanstalt Bayern.
§ 4. Vor Inkrafttreten dieser Verordnung eingeleitete Verfahren sind nach den bisherigen Zuständigkeits- und Verfahrensvorschriften weiterzuführen.
§ 5. ¹Diese Verordnug tritt am 1. Januar 1983 in Kraft. ² *(gegenstandslos)*"

Bauvorlagen beizufügen ist. ³ Die Ausführungsgenehmigung kann vorschreiben, daß der fliegende Bau vor jeder Inbetriebnahme oder in bestimmten zeitlichen Abständen jeweils vor einer Inbetriebnahme von einem Sachverständigen abgenommen wird.

(6) Ausführungsgenehmigungen anderer Länder der Bundesrepublik Deutschland gelten auch im Freistaat Bayern.

(7) ¹ Der Inhaber der Ausführungsgenehmigung hat den Wechsel seines gewöhnlichen Aufenthalts oder seiner gewerblichen Niederlassung oder die Übertragung des fliegenden Baus an Dritte der für die Ausführungsgenehmigung zuständigen Behörde oder der nach Absatz 4 bestimmten Stelle anzuzeigen. ² Die Behörde hat die Änderungen in das Prüfbuch einzutragen und, wenn mit den Änderungen ein Wechsel der Zuständigkeit verbunden ist, der nunmehr zuständigen Behörde mitzuteilen.

(8) ¹ Fliegende Bauten dürfen unbeschadet anderer Vorschriften nur in Gebrauch genommen werden, wenn ihre Aufstellung vorher der Bauaufsichtsbehörde des Aufstellungsorts unter Vorlage des Prüfbuchs angezeigt ist. ² Die Bauaufsichtsbehörde kann die Inbetriebnahme von einer Gebrauchsabnahme abhängig machen. ³ Das Ergebnis der Abnahme ist in das Prüfbuch einzutragen. ⁴ Absatz 2 Satz 2 gilt entsprechend.

(9) ¹ Die für die Gebrauchsabnahme zuständige Bauaufsichtsbehörde kann den Gebrauch fliegender Bauten untersagen, wenn die Betriebs- oder Standsicherheit nicht oder nicht mehr gewährleistet ist oder wenn von der Ausführungsgenehmigung abgewichen wird. ² Das Prüfbuch ist einzuziehen und der für die Ausführungsgenehmigung zuständigen Bauaufsichtsbehörde zuzusenden.

(10) ¹ Bei fliegenden Bauten, die von Besuchern betreten und längere Zeit an einem Aufstellungsort betrieben werden, kann die für die Gebrauchsabnahme zuständige Bauaufsichtsbehörde aus Gründen der Sicherheit Nachabnahmen durchführen. ² Das Ergebnis der Nachabnahme ist in das Prüfbuch einzutragen.

(11) Art. 63 Abs. 4, Art. 69 Abs. 2 und 4, Art. 71 und 74 Abs. 1 und 4 gelten entsprechend.

Art. 86* Bauvorhaben des Bundes, der Länder und der kommunalen Gebietskörperschaften

(1) ¹ Bauvorhaben des Bundes, der Länder und der Bezirke bedürfen keiner Baugenehmigung und Bauüberwachung (Art. 74 und 79), wenn

---

* Bek. über Bauvorhaben des Bundes, der Länder und der kommunalen Gebietskörperschaften (Art. 86 BayBO) vom 14. 8. 1985 (MABl. S. 459). Gem. Bek. über den Vollzug des Denkmalschutzgesetzes und baurechtlicher Vorschriften im Bereich der Bayerischen Verwaltung der staatlichen Schlösser, Gärten und Seen vom 24. 3. 1975 (MABl. S. 447, ber. S. 619, KMBl. I S. 1181, FMBl. S. 279). Gem. ME über den Bau von Brücken und Ingenieurbauwerken im Staatswald vom 5. 11. 1963 (MABl. S. 589, LMBl. 1964 S. 26).

Verfahren Art. 86 **BayBO 1**

1. der öffentliche Bauherr die Leitung der Entwurfsarbeiten und die Bauüberwachung einer Baudienststelle übertragen hat,
2. die Baudienststelle mindestens mit einem Bediensteten mit der Befähigung zum höheren bautechnischen Verwaltungsdienst und mit sonstigen geeigneten Fachkräften ausreichend besetzt ist.

²Solche Bauvorhaben bedürfen der Zustimmung der Regierung, wenn sie sonst genehmigungspflichtig wären (Zustimmungsverfahren).

(2) ¹Der Antrag auf Zustimmung ist bei der Regierung einzureichen. ²Die für die Leitung der Entwurfs- und Ausführungsarbeiten Verantwortlichen sind zu benennen. ³Art. 69 Abs. 2 bis 5 gelten entsprechend; die bautechnische Ausführung wird nicht geprüft.

(3) ¹Für das Zustimmungsverfahren gelten die Art. 63 Abs. 4, Art. 71 bis 76 und 78 sinngemäß. ²Die Gemeinde ist vor Erteilung der Zustimmung zu den Bauvorhaben zu hören.

(4) Über Ausnahmen und Befreiungen entscheidet die Regierung.

(5) ¹Bauvorhaben des Bundes, die der Landesverteidigung, dienstlichen Zwecken des Bundesgrenzschutzes oder dem zivilen Bevölkerungsschutz dienen, sind vor Baubeginn mit Bauvorlagen in dem erforderlichen Umfang der Regierung zur Kenntnis zu bringen. ²Im übrigen wirken die Bauaufsichtsbehörden nicht mit.

(6) ¹Die Baudienststelle trägt die Verantwortung, daß die Errichtung, die Änderung, die Nutzungsänderung, der Abbruch, die Beseitigung und die Unterhaltung baulicher Anlagen den öffentlich-rechtlichen Vorschriften entsprechen. ²Die Baudienststelle kann bestimmte Prüfaufgaben, die ihr an Stelle der Bauaufsichtsbehörde obliegen, nach den für die Bauaufsichtsbehörden geltenden Vorschriften auf besondere Sachverständige übertragen. ³Die Verantwortung des Unternehmers (Art. 61) bleibt unberührt.

(7) Keiner Baugenehmigung bedürfen unter der Voraussetzung des Absatzes 1 Satz 1 Baumaßnahmen in und an bestehenden Gebäuden, soweit sie nicht zur Erweiterung des Bauvolumens oder zu einer der Genehmigungspflicht unterliegenden Nutzungsänderung führen.

(8) Für Bauvorhaben Dritter, die in Erfüllung einer staatlichen Baupflicht vom Land durchgeführt werden, gelten die Absätze 1 bis 7 entsprechend.

(9) ¹Bei genehmigungspflichtigen Bauvorhaben der Landkreise und Gemeinden entfällt die bautechnische Prüfung und die Bauüberwachung durch die Bauaufsichtsbehörde, sofern dem Absatz 1 Satz 1 entsprechende Voraussetzungen vorliegen. ²Die Absätze 6 und 7 gelten entsprechend.

1 BayBO Art. 87–89

Art. 87 Öffentliche Versorgungs- und Abwasserbeseitigungsanlagen, Wasserbauten, Sprengstofflager

¹ Wenn nach anderen Rechtsvorschriften eine Genehmigung, Erlaubnis, Anzeige oder staatliche Aufsicht erforderlich ist, bedürfen keiner Baugenehmigung, Zustimmung und Bauüberwachung nach diesem Gesetz

1. Anlagen in oder an oberirdischen Gewässern und Anlagen, die dem Ausbau, der Unterhaltung oder der Benutzung eines Gewässers dienen oder als solche gelten, insbesondere Wehranlagen, Dämme und Abgrabungen; ausgenommen sind Gebäude, Überbrückungen und Lagerplätze,
2. Anlagen für das Fernmeldewesen und Anlagen für die öffentliche Versorgung mit Elektrizität, Gas, Wärme, Wasser und für die öffentliche Verwertung oder Beseitigung von Abwässern; ausgenommen sind oberirdische Anlagen mit einem umbauten Raum von mehr als 100 m³, Gebäude und Überbrückungen,
3. Sprengstofflager, für die besondere Vorschriften gelten; ausgenommen sind jedoch Gebäude,
4. Anlagen, die nach dem Abfallbeseitigungsgesetz einer Genehmigung bedürfen,
5. Anlagen, die dem vereinfachten Genehmigungsverfahren des Bundes-Immissionsschutzgesetzes unterliegen,
6. Anlagen, die einer gewerberechtlichen Genehmigung oder Erlaubnis bedürfen.

² Die für den Vollzug dieser Rechtsvorschriften zuständige Behörde kann bautechnische Prüfaufgaben nach den für die Bauaufsichtsbehörden geltenden Vorschriften auf Sachverständige oder sachverständige Stellen übertragen.

Art. 88 Grundrechtseinschränkung

Das Grundrecht der Unverletzlichkeit der Wohnung (Art. 13 des Grundgesetzes, Art. 106 Abs. 3 der Verfassung) wird durch dieses Gesetz eingeschränkt.

Siebter Teil. Ordnungswidrigkeiten, Rechtsvorschriften

Art. 89 Ordnungswidrigkeiten

(1) Mit Geldbuße bis zu einhunderttausend Deutsche Mark kann belegt werden, wer vorsätzlich oder fahrlässig

1. bei der Errichtung und dem Betrieb einer Baustelle dem Art. 14 zuwiderhandelt,

Ordnungswidrigkeiten **Art. 89 BayBO 1**

2. Baustoffe oder Bauteile abweichend von den nach Art. 3 Abs. 3 eingeführten Regeln der Technik oder, sofern für sie die bauaufsichtliche Zulassung oder ein Prüfzeichen vorgeschrieben ist (Art. 22 bis 24), ohne Zulassung oder Prüfzeichen oder abweichend von der Zulassung oder von einem Prüfzeichen herstellt oder vertreibt, sofern er weiß oder schuldhaft nicht weiß, daß die Baustoffe oder Bauteile in bauaufsichtlich nicht zulässiger Weise verwendet werden sollen,
3. Baustoffe, Bauteile oder ihre Verpackung oder ihren Lieferschein in unbefugter oder irreführender Weise mit Prüfzeichen (Art. 24) oder Überwachungszeichen (Art. 25) versieht,
4. als Entwurfsverfasser es unterläßt, dafür zu sorgen, daß die für die Ausführung notwendigen Einzelzeichnungen, Einzelberechnungen und Anweisungen den genehmigten Bauvorlagen, den öffentlich-rechtlichen Vorschriften und den anerkannten Regeln der Baukunst und Technik entsprechen (Art. 60 Abs. 1 Satz 3),
5. als Unternehmer es unterläßt, für die Ausführung der von ihm übernommenen Arbeiten entsprechend den anerkannten Regeln der Technik und den genehmigten Bauvorlagen zu sorgen oder Nachweise über die Brauchbarkeit der verwendeten Baustoffe und Bauteile auf der Baustelle bereitzuhalten, oder wer als Unternehmer Arbeiten ausführt oder ausführen läßt, bevor die dafür notwendigen Unterlagen und Anweisungen an der Baustelle vorliegen (Art. 61 Abs. 1),
6. eine bauliche Anlage ohne die nach diesem Gesetz dafür erforderliche Genehmigung oder abweichend davon errichtet, ändert, abbricht oder in ihrer Nutzung ändert, einer mit der Genehmigung verbundenen Auflage nicht nachkommt oder den Beginn der Bauausführung und der Wiederaufnahme unterbrochener Bauarbeiten (Art. 74 Abs. 10) nicht rechtzeitig mitteilt,
7. einer vollziehbaren Anordnung zur Abwehr von erheblichen Gefahren für Leben oder Gesundheit nicht nachkommt,
8. als Bauherr oder Unternehmer Bauarbeiten fortsetzt, obwohl die Bauaufsichtsbehörde deren Einstellung durch vollziehbare Anordnung angeordnet hat (Art. 81 Abs. 1),
9. als Verfügungsberechtigter fliegende Bauten vor der Anzeige in Gebrauch nimmt (Art. 85 Abs. 8),
10. einer auf Grund dieses Gesetzes ergangenen Rechtsverordnung oder örtlichen Bauvorschrift für einen bestimmten Tatbestand zuwiderhandelt, soweit die Rechtsverordnung oder die örtliche Bauvorschrift auf diese Bußgeldvorschrift verweist.

(2) Mit Geldbuße bis zu einer Million Deutsche Mark kann belegt werden, wer vorsätzlich oder fahrlässig ohne die erforderliche baurechtliche Genehmigung ein Baudenkmal beseitigt.

1 BayBO Art. 90

(3) Mit Geldbuße bis zu zehntausend Deutsche Mark kann belegt werden, wer unrichtige Angaben macht oder unrichtige Pläne oder Unterlagen vorlegt, um einen Verwaltungsakt nach diesem Gesetz zu erwirken oder zu verhindern.

(4) [1] Die Einziehung der durch die Ordnungswidrigkeit gewonnenen oder erlangten oder der zu ihrer Begehung gebrauchten oder dazu bestimmten Gegenstände kann angeordnet werden. [2] Es können auch Gegenstände eingezogen werden, auf die sich die Ordnungswidrigkeit bezieht.

Art. 90 Rechtsverordnungen

(1) Zur Verwirklichung der in Art. 3 bezeichneten allgemeinen Anforderungen wird das Staatsministerium des Innern ermächtigt, durch Rechtsverordnung* Vorschriften zu erlassen über

1. die nähere Bestimmung allgemeiner Anforderungen in den Art. 4 bis 10, 12 bis 50 und 55 bis 57,

2. die nähere Bestimmung allgemeiner Anforderungen in Art. 39, insbesondere über Feuerungsanlagen, Anlagen zur Lagerung brennbarer Flüssigkeiten oder Gase, Anlagen zur Verteilung von Wärme oder zur Warmwasserversorgung, Brennstoffleitungsanlagen, Räume zur Lagerung von festen Brennstoffen und über Aufstellräume für Feuerstätten, Dampfkesselanlagen oder Behälter für brennbare Flüssigkeiten oder Gase, Verbrennungsmotore oder Verdichter,

3. besondere Anforderungen oder Erleichterungen, die sich aus der besonderen Art oder Nutzung der baulichen Anlagen für ihre Errichtung, Änderung, Unterhaltung und Benutzung ergeben

---

* Verordnung zur Durchführung der Bayerischen Bauordnung (DVBayBO) vom 2. 7. 1982 (BayRS 2132-1-1-I); abgedruckt unter Nr. **2**. Garagenverordnung (GaV) vom 12. 10. 1973 (BayRS 2132-1-4-I); abgedruckt unter Nr. **6**. Verordnung über den Bau von Betriebsräumen für elektrische Anlagen (EltBauV) vom 13. 4. 1977 (BayRS-2132-1-8-I); abgedruckt unter Nr. **12**. Verordnung über Feuerungsanlagen und Heizräume (FeuV) vom 20. 3. 1985 (GVBl. S. 62, BayRS 2132-1-3-I); abgedruckt unter Nr. **7**. Verordnung über prüfzeichenpflichtige Baustoffe, Bauteile und Einrichtungen (Prüfzeichenverordnung – PrüfZV) vom 2. 7. 1982 (BayRS 2132-1-9-I); abgedruckt unter Nr. **10**. Verordnung zur Einschränkung der Verwendung asbesthaltiger Baustoffe und Bauteile und zur Änderung der Prüfzeichenverordnung (Asbesteinschränkungsverordnung – AsbestEinV) vom 27. 7. 1987 (GVBl. S. 275, BayRS 2132-1-20-I), geändert durch Verordnung vom 26. 2. 1988 (GVBl. S. 88). Verordnung über die Überwachung von Baustoffen und Bauteilen sowie von Fachbetrieben nach § 191 des Wasserhaushaltsgesetzes (WHG) (Überwachungsverordnung – ÜberwV) vom 2. 7. 1982 (BayRS 2132-1-10-I); abgedruckt unter Nr. **11**. Verordnung über den Bau von Gast- und Beherbergungsstätten (Gaststättenbauverordnung – GastBauV) vom 13. 8. 1986 (GVBl. S. 304, BayRS 2132-1-19-I). Verordnung über Waren- und Geschäftshäuser (Warenhausverordnung – WaV) vom 20. 3. 1985 (GVBl. S. 68, BayRS 2132-1-6-I); abgedruckt unter Nr. **14**. Landesverordnung über den Bau und Betrieb von Versammlungsstätten (Versammlungsstättenverordnung – VStättV) vom 7. 8. 1969 (BayRS 2132-1-5-I); abgedruckt unter Nr. **15**. Bek. über den Vollzug der GaV, der VStättV und der WaV; Prüfung von elektrischen Anlagen und anderen technischen Einrichtungen durch Sachverständige vom 2. 3. 1977 (MABl. S. 139). Verordnung über Zeltlagerplätze und Lagerplätze für Wohnwagen (Campingplatzverordnung – CPlV) vom 21. 7. 1975 (BayRS 2132-1-7-I); abgedruckt unter Nr. **18**.

Rechtsvorschriften **Art. 90 BayBO 1**

(Art. 51 und 52), sowie über die Anwendung solcher Anforderungen auf bestehende bauliche Anlagen dieser Art,

4. besondere technische Anforderungen an die Errichtung, Änderung und Unterhaltung von baulichen Anlagen und an die dabei zu verwendenden Baustoffe, Bauteile und Bauarten in den Fällen von Art. 26 Abs. 6, Art. 27 Abs. 3, Art. 29 Abs. 2 Nrn. 1 und 2, Art. 30 Abs. 4, Art. 31 Abs. 1 und 2, Art. 34 Abs. 4, Art. 35 Abs. 3 und Art. 38 Abs. 8,

5. eine von Zeit zu Zeit zu wiederholende Nachprüfung von Anlagen, die zur Verhütung erheblicher Gefahren oder Nachteile ständig ordnungsgemäß unterhalten werden müssen, und die Erstreckung dieser Nachprüfungspflicht auf bestehende Anlagen.

(2) [1] Das Staatsministerium des Innern wird ermächtigt, durch Rechtsverordnung* zu bestimmen, daß die Anforderungen an Anlagen und Einrichtungen durch die auf Grund des Gewerberechts und des Energiewirtschaftsgesetzes ergangenen Verordnungen entsprechend für Anlagen und Einrichtungen gelten, die nicht gewerblichen Zwecken dienen und nicht im Rahmen wirtschaftlicher Unternehmen Verwendung finden. [2] Sie kann auch die Verfahrensvorschriften dieser Verordnungen für anwendbar erklären oder selbst das Verfahren bestimmen sowie Zuständigkeiten und Gebühren regeln. [3] Dabei kann sie auch vorschreiben, daß danach zu erteilende Erlaubnisse die Baugenehmigung oder die Zustimmung nach Art. 86 einschließlich der zugehörigen Ausnahmen und Befreiungen einschließen.

(3) [1] Das Staatsministerium des Innern wird ermächtigt, zum bauaufsichtlichen Verfahren durch Rechtsverordnung** Vorschriften zu erlassen über

1. Umfang, Inhalt und Zahl der Bauvorlagen,

2. die erforderlichen Anträge, Anzeigen, Nachweise und Bescheinigungen,

3. soweit erforderlich, das Verfahren im einzelnen.

[2] Es kann dabei für verschiedene Arten von Bauvorhaben unterschiedliche Anforderungen und Verfahren festlegen.

(4) Das Staatsministerium des Innern wird ermächtigt, durch Rechtsverordnung vorzuschreiben, daß die am Bau Beteiligten (Art. 59 bis 61) zum Nachweis der ordnungsgemäßen Bauausführung Bescheinigungen, Bestätigungen oder Nachweise des Entwurfsverfas-

---

* Verordnung über die erweiterte Anwendung der Dampfkesselverordnung, der Druckbehälterverordnung und der Aufzugsverordnung vom 18. 11. 1982 (BayRS 2132-1-17-I); abgedruckt unter Nr. **19** sowie Bek. vom 22. 12. 1983 (AMBl. 1984 S. A 1).
** Verordnung über das bauaufsichtliche Verfahren – Bauaufsichtliche Verfahrensverordnung – BauVerfV i. d. F. der Bek. vom 22. 8. 1988 (GVBl. S. 292, BayRS 2132-1-2-I); abgedruckt unter Nr. **3**.

1 BayBO Art. 90

sers, der Unternehmer, von Sachverständigen oder Behörden über die Einhaltung bauaufsichtlicher Anforderungen vorzulegen haben.

(5) [1] Das Staatsministerium des Innern wird ermächtigt, zur Vereinfachung, Erleichterung und Beschleunigung des Baugenehmigungsverfahrens und zur Entlastung der Bauaufsichtsbehörden durch Rechtsverordnung Vorschriften zu erlassen über

1. weitere und weitergehende Ausnahmen von der Genehmigungspflicht, soweit die bautechnische Entwicklung dies zuläßt und die öffentliche Sicherheit und Ordnung nicht entgegenstehen,
2. den vollständigen oder teilweisen Wegfall der bautechnischen Prüfung bei bestimmten Arten von Bauvorhaben,
3. die Übertragung von Prüfaufgaben der Bauaufsichtsbehörde im Rahmen des bauaufsichtlichen Verfahrens einschließlich der Bauüberwachung auf Sachverständige oder sachverständige Stellen.*

[2] Es kann dafür bestimmte Voraussetzungen festlegen, die die Verantwortlichen nach Art. 60 und 61 oder die Sachverständigen und sachverständigen Stellen zu erfüllen haben. [3] Dabei können insbesondere Mindestanforderungen an die Fachkenntnis sowie in zeitlicher und sachlicher Hinsicht an die Berufserfahrung festgelegt, eine laufende Fortbildung vorgeschrieben, durch Prüfungen nachzuweisende Befähigungen bestimmt, der Nachweis der persönlichen Zuverlässigkeit und einer ausreichenden Haftpflichtversicherung gefordert und Altersgrenzen festgesetzt werden. [4] Es kann darüber hinaus auch eine besondere Anerkennung der Sachverständigen und sachverständigen Stellen vorschreiben, das Verfahren und die Voraussetzungen für die Anerkennung, ihren Widerruf, ihre Rücknahme und ihr Erlöschen und die Vergütung der Sachverständigen und sachverständigen Stellen sowie für Prüfungen die Bestellung und Zusammensetzung der Prüfungsorgane und das Prüfungsverfahren regeln.

(6) Das Staatsministerium des Innern kann durch Rechtsverordnung bestimmen, daß zur Feststellung feuergefährlicher Zustände auch kreisangehörige Gemeinden die Unterhaltung baulicher Anlagen überwachen und die Beseitigung dabei festgestellter Mängel anordnen können.

(7) Das Staatsministerium des Innern wird ermächtigt, durch Rechtsverordnung

1. die Erteilung allgemeiner bauaufsichtlicher Zulassungen (Art. 23) und von Prüfzeichen (Art. 24),

---

* Verordnung über die bautechnische Prüfung baulicher Anlagen (Bautechnische Prüfungsverordnung – BauPrüfV) vom 11. 11.1986 (GVBl. S. 339, BayRS 2132-1-11-I); abgedruckt unter Nr. **9**. Verordnung über die Gebühren der Prüfämter und Prüfingenieure für Baustatik (Gebührenordnung für Prüfämter und Prüfingenieure – GebOP) vom 11. 11. 1986 (GVBl. S. 343, ber. 1987 S. 70, BayRS 2132-1-12-I). Bek. über den Vollzug der BauPrüfV und der GebOP vom 28. 11. 1986 (MABl. S. 539, ber. 1987 S. 28), geändert durch Bek. vom 15. 5. 1987 (MABl. S. 289) und vom 3. 5. 1988 (AllMBl. S. 347).

Rechtsvorschriften Art. 91 **BayBO 1**

2. die Anerkennung von Überwachungsgemeinschaften und die Zustimmung zu Überwachungsverträgen für die Überwachung (Art. 25),
3. die Erteilung von Typengenehmigungen (Art. 77)

auf das Institut für Bautechnik in Berlin zu übertragen.*

(8) In den Rechtsverordnungen nach Absatz 1 kann wegen der technischen Anforderungen auf Bekanntmachungen besonderer sachverständiger Stellen mit Angabe der Fundstelle verwiesen werden.

Art. 91 Örtliche Bauvorschriften

(1) Die Gemeinden können durch Satzung örtliche Bauvorschriften erlassen

1. über besondere Anforderungen an die äußere Gestaltung baulicher Anlagen und an Werbeanlagen, soweit das zur Durchführung bestimmter städtebaulicher Absichten erforderlich ist,
2. über besondere Anforderungen an bauliche Anlagen und Werbeanlagen, soweit das zum Schutz bestimmter Bauten, Straßen, Plätze oder Ortsteile von geschichtlicher, künstlerischer oder städtebaulicher Bedeutung oder zum Schutz von Bau- und Naturdenkmalen erforderlich ist; auch können nach den örtlichen Gegebenheiten insbesondere bestimmte Arten von Werbeanlagen und die Werbung an bestimmten baulichen Anlagen ausgeschlossen und Werbeanlagen auf Teile baulicher Anlagen und auf bestimmte Farben beschränkt werden,
3. über die Gestaltung und Ausstattung der Gemeinschaftsanlagen, der Kinderspielplätze, der Lagerplätze, der Stellplätze für Kraftfahrzeuge, der Stellplätze für bewegliche Abfallbehälter, der Anlagen des Lärmschutzes und der unbebauten Flächen der bebauten Grundstücke, über die Größe von Kinderspielplätzen und die erforderliche Zahl von Stellplätzen für Kraftfahrzeuge sowie über die Ablösebeträge für Kinderspielplätze, Stellplätze für Kraftfahrzeuge und Garagen,
4. über Notwendigkeit oder Verbot und über Art, Gestaltung und Höhe von Einfriedungen,
5. über Abstandsflächen, die über die in Art. 6 festgelegten hinausgehen,
6. über geringere als die in den Art. 6 und 7 vorgeschriebenen Maße für Abstandsflächen zur Wahrung der bauhistorischen Bedeutung oder sonstigen erhaltenswerten Eigenart eines Ortsteils; die Ortsteile sind in der Satzung genau zu bezeichnen.

---

* Verordnung zur Übertragung von Zuständigkeiten auf das Institut für Bautechnik in Berlin vom 26. 2. 1973 (BayRS 2132-1-16-I), geändert durch Verordnung vom 12. 5. 1987 (GVBl. S. 146).

1 BayBO Art. 91

(2) Die Gemeinden können ferner durch Satzung bestimmen, daß

1. in besonders schutzwürdigen Gebieten für die Errichtung, Anbringung, Aufstellung, Änderung und den Betrieb von Werbeanlagen über die Vorschrift des Art. 68 hinaus eine Genehmigungspflicht eingeführt wird; die Genehmigung kann zeitlich begrenzt oder mit dem Vorbehalt des Widerrufs, mit Bedingungen oder Auflagen verbunden werden,
2. im Gemeindegebiet oder in Teilen davon für bestehende bauliche Anlagen die Herstellung und Unterhaltung von Kinderspielplätzen nach Art. 8 oder die Herstellung von Stellplätzen oder Garagen nach Art. 55 verlangt werden kann,
3. in Gebieten, in denen es für das Straßen- oder Ortsbild oder für den Lärmschutz oder die Luftreinhaltung bedeutsam oder erforderlich ist, auf den nicht überbauten Flächen der bebauten Grundstücke Bäume nicht beseitigt oder beschädigt werden dürfen, und daß die Flächen nicht unterbaut werden dürfen,
4. für abgegrenzte Teile des Gemeindegebiets die Herstellung von Stellplätzen und Garagen untersagt oder eingeschränkt ist, wenn und soweit Gründe des Verkehrs, des Städtebaus oder Festsetzungen eines Bebauungsplans es erfordern und sichergestellt ist, daß zusätzliche Parkeinrichtungen für die allgemeine Benutzung oder Gemeinschaftsanlagen in ausreichender Zahl und Größe zur Verfügung stehen, die entweder in zumutbarer Entfernung von den Baugrundstücken oder am Rand der von der Satzung erfaßten Gebietsteile in der Nähe von Haltestellen leistungsfähiger öffentlicher Verkehrsmittel liegen, die durch eigene Verkehrswege oder Verkehrseinrichtungen mit diesen Gebietsteilen verbunden sind,
5. in Gebieten, in denen das aus Gründen der Art. 16 bis 18 erforderlich ist, bestimmte Vorkehrungen zum Schutz vor Einwirkungen im Sinn dieser Bestimmungen oder zur Vermeidung oder Minderung solcher Einwirkungen zu treffen sind,
6. in der Gemeinde oder für Teile des Gemeindegebiets und für bestimmte Arten von Bauvorhaben Abstellplätze für Fahrräder hergestellt und bereitgehalten werden müssen; sie kann dabei auch die erforderliche Größe, die Lage und die Ausstattung dieser Abstellplätze festlegen.

(3) [1] Örtliche Bauvorschriften können auch durch Bebauungsplan nach den Vorschriften des Bundesbaugesetzes erlassen werden. [2] Werden die örtlichen Bauvorschriften durch Bebauungsplan erlassen, so sind § 1 Abs. 5 bis 7, § 2 Abs. 5 bis 7, § 2a Abs. 6, § 8 Abs. 1, § 9 Abs. 1 Halbsatz 1 und Abs. 7, § 10, § 11 Satz 1, §§ 12, 13, 31 und 155a bis 155c BBauG sinngemäß anzuwenden. [3] Sie bedürfen keiner Begründung.

(4) ¹ Anforderungen nach den Absätzen 1 und 2 können in der Satzung auch zeichnerisch gestellt werden. ² Die zeichnerischen Darstellungen können auch dadurch bekanntgemacht werden, daß sie bei der erlassenden Behörde zur Einsicht ausgelegt werden. ³ Hierauf ist in der Satzung hinzuweisen.

Art. 92* Zuständigkeiten nach dem Bundesbaugesetz und dem Städtebauförderungsgesetz

Die Staatsregierung wird ermächtigt, durch Rechtsverordnung die zuständigen Behörden zur Durchführung des Bundesbaugesetzes und des Städtebauförderungsgesetzes in den jeweils geltenden Fassungen zu bestimmen, soweit nicht durch Bundesrecht oder Landesgesetz etwas anderes vorgeschrieben ist.

Achter Teil.
Übergangs- und Schlußvorschriften

Art. 93 *(gegenstandslos)*

Art. 94 Aufhebung bestehender Vorschriften

(1) bis (3) *(gegenstandslos)*

(4) ¹ Festsetzungen über die äußere Gestaltung baulicher Anlagen und über Grenz- und Gebäudeabstände in einem Bebauungsplan, der vor Inkrafttreten dieses Gesetzes nach den verfahrensrechtlichen Vorschriften des Bundesbaugesetzes aufgestellt wurde, gelten als örtliche Bauvorschriften im Sinn des Art. 91 Abs. 3. ² Auf sie ist Art. 91 Abs. 3 Satz 2 anzuwenden.

Art. 95 Inkrafttreten

¹ Dieses Gesetz tritt am 1. Oktober 1962 in Kraft.** ² Die Vorschriften über die Ermächtigung zum Erlaß von Rechtsverordnungen und von örtlichen Bauvorschriften treten jedoch bereits am 1. August 1962 in Kraft.

---

* Zuständigkeitsverordnung zum Baugesetzbuch (ZustVBauGB) vom 7. 7. 1987 (GVBl. S. 209, BayRS 2130-3-I). Bek. über Richtlinien zur Förderung von Sanierungs- und Entwicklungsmaßnahmen nach dem Städtebauförderungsgesetz und von städtebaulichen Maßnahmen im Bayerischen Städtebauförderungsprogramm (Städtebauförderungsrichtlinien – StBauFR) vom 29. 11. 1981 (MABl. S. 763, ber. 1982 S. 75), geändert durch Bek. vom 12. 2. 1985 (MABl. S. 69) und vom 22. 1. 1987 (MABl. S. 40). Bek. über die Bestätigung als Sanierungs- und Entwicklungsträger vom 6. 3. 1972 (MABl. S. 181, StAnz. Nr. 12).
Gem. Bek. über Grundsteuererlaß nach § 78 StBauFG vom 3. 10. 1972 (MABl. S. 761, FMBl. S. 394, StAnz. Nr. 41).
** Betrifft die ursprüngliche Fassung vom 1. 8. 1962 (GVBl. S. 179).

2. Verordnung zur Durchführung der Bayerischen Bauordnung (DVBayBO)

Vom 2. Juli 1982 (BayRS 2132–1–1–I)

Geändert durch Verordnung vom 20. 1. 1983 (GVBl. S. 15)

Auf Grund des Art. 90 Abs. 1 der Bayerischen Bauordnung (BayBO) erläßt das Bayerische Staatsministerium des Innern folgende Verordnung:

Inhaltsübersicht

- § 1 Kinderspielplätze
- § 2 Gerüstverankerung, Baustellenabgrenzung
- § 3 Zugänge und Zufahrten
- § 4 Umwehrungen
- § 5 Verkleidungen und Dämmschichten
- § 6 Durchführung von Rohrleitungen durch Wände und Decken
- § 7 Brandwände
- § 8 Dächer
- § 9 Treppen, Treppenräume
- § 10 Fenster
- § 11 Aufzüge
- § 12 Lüftungsanlagen
- § 13 Abstände der Anlagen für Abwasser und Abfallstoffe
- § 14 Lichte Raumhöhen, Belichtung, Wohnungen
- § 15 Bauliche Maßnahmen zugunsten von Personen mit Kleinkindern, Behinderten und alten Menschen
- § 16 Inkrafttreten

§ 1 (Zu Art. 8 BayBO)
Kinderspielplätze

(1) [1] Kinderspielplätze sollen in sonniger Lage, windgeschützt und gegen öffentliche Verkehrsflächen sowie andere Anlagen, wie Stellplätze oder Standplätze für Abfallbehälter, ausreichend abgeschirmt angelegt werden. [2] Sie müssen für die Kinder gefahrlos zu erreichen sein.

(2) Kinderspielplätze müssen für Kinder bis zu sechs Jahren (Kleinkinder) und für Kinder von sechs bis zwölf Jahren geeignet, dementsprechend gegliedert und ausgestattet sein.

(3) Die Bruttofläche des Kinderspielplatzes soll je 25 m² Wohnfläche mindestens 1,5 m², jedoch mindestens 60 m² betragen.

§ 2 (Zu Art. 14 BayBO)
Gerüstverankerung, Baustellenabgrenzung

(1) [1] Werden die tragenden Bauteile einer Außenwand verkleidet oder werden Vorhangwände angebracht, so sind für Gerüste in möglichst gleichmäßiger Verteilung Verankerungsmöglichkeiten zu schaf-

VO zur Durchführung der BayBO §3 **DVBayBO 2**

fen, durch welche die aus der Verankerung des Gerüsts entstehenden Kräfte sicher in die tragenden Bauteile geleitet werden können. ²Das gilt nicht, wenn ausreichend tragfähige Bauteile vorhanden sind, die unmittelbar für eine Verankerung dienen können, oder wenn das Gerüst an ausreichend tragfähigen Teilen des Gebäudes aufgehängt werden kann.

(2) ¹Wenn durch Bauarbeiten Unbeteiligte gefährdet werden können, so ist die Gefahrenzone abzugrenzen oder durch Warnzeichen zu kennzeichnen. ²Soweit erforderlich, sind Baustellen mit einem Bauzaun abzugrenzen, mit Schutzvorrichtungen gegen herabfallende Gegenstände zu versehen und zu beleuchten; der Bauzaun muß mindestens 1,8 m hoch sein und ist, soweit es die Sicherheit erfordert, dicht herzustellen.

§ 3 (Zu Art. 17 Abs. 1 BayBO)
Zugänge und Zufahrten

(1) ¹Insbesondere für die Feuerwehr ist von öffentlichen Verkehrsflächen aus ein Zu- oder Durchgang zu allen Gebäudeseiten zu schaffen, von denen aus es notwendig werden kann, Menschen zu retten. ²Der Zu- oder Durchgang muß mindestens 1,25 m breit sein und darf durch Einbauten nicht eingeengt werden; für Türöffnungen und andere geringfügige Einengungen genügt eine lichte Breite von 1 m. ³Die lichte Höhe des Durchgangs muß mindestens 2 m betragen.

(2) ¹Zu Gebäuden, in denen die Oberkante der Brüstung notwendiger Fenster mehr als 8 m über der Geländeoberfläche liegt, ist an Stelle eines Zu- oder Durchgangs eine mindestens 3 m breite Zu- oder Durchfahrt zu schaffen. ²Die lichte Höhe der Zu- oder Durchfahrt muß mindestens 3,5 m betragen.

(3) Sind Gebäude ganz oder mit Teilen mehr als 50 m von einer öffentlichen Verkehrsfläche entfernt, so sind Zu- oder Durchfahrten nach Absatz 2 zu den Grundstücksteilen vor und hinter den Gebäuden zu schaffen.

(4) Eine andere Verbindung als nach den Absätzen 1 bis 3 kann gestattet werden, wenn der Einsatz der Feuerwehr gewährleistet bleibt.

(5) ¹Liegt die Oberkante der Brüstung notwendiger Fenster mehr als 8 m über Gelände, so muß mindestens ein Fenster einer Nutzungseinheit, wie einer Wohnung, für fahrbare Leitern der Feuerwehr auf einer befahrbaren, nach oben offenen Fläche erreichbar sein. ²Diese Fläche muß es gestatten, die Leitern in einem Abstand von mindestens 3 m und höchstens 9 m von der Außenwand aufzustellen. ³Die Sätze 1 und 2 gelten nicht, wenn alle Räume über mindestens zwei unab-

2 DVBayBO §§ 4, 5   Verordnung zur

hängige Treppenräume oder über einen Sicherheitstreppenraum zugänglich sind.

(6) [1] Die Zu- und Durchfahrten, die Bewegungsflächen, die Aufstellflächen und die sonstigen befahrbaren Flächen für die Feuerwehr dürfen nicht durch Einbauten eingeengt werden; sie sind ständig freizuhalten. [2] Sie müssen für Feuerwehrfahrzeuge ausreichend befestigt und tragfähig sein. [3] Es kann verlangt werden, daß die Zu- und Durchfahrten und die Bewegungsflächen gekennzeichnet werden.

§ 4 (Zu Art. 19, Art. 30 Abs. 8, Art. 31 Abs. 5 und Art. 33 Abs. 7 BayBO)
Umwehrungen

(1) [1] In, an und auf baulichen Anlagen sind Flächen, die im allgemeinen zum Begehen bestimmt sind und unmittelbar an mehr als 50 cm tiefer liegende Flächen angrenzen, ausreichend fest zu umwehren. [2] Das gilt nicht, wenn die Umwehrung dem Zweck der Flächen widerspricht, wie bei Verladerampen, Kais und Schwimmbecken.

(2) Oberlichte und Glasabdeckungen in Flächen sind zu umwehren, wenn sie im allgemeinen zum Begehen bestimmt sind und weniger als 50 cm aus diesen Flächen herausragen.

(3) [1] Kellerlichtschächte und Betriebsschächte, die an Verkehrsflächen liegen, sind zu umwehren oder verkehrssicher abzudecken; liegen sie in Verkehrsflächen, so sind sie in Höhe der Verkehrsflächen verkehrssicher abzudecken. [2] Abdeckungen an und in öffentlichen Verkehrsflächen müssen gegen unbefugtes Abheben gesichert sein.

(4) [1] Die Umwehrungen (Brüstungen usw.) müssen mindestens 90 cm, die Umwehrungen mit einer Absturzhöhe von mehr als 12 m mindestens 1,1 m hoch sein. [2] Im Erdgeschoß können geringere Brüstungshöhen gestattet werden.

(5) [1] Umwehrungen müssen so ausgebildet sein, daß Kleinkindern das Überklettern nicht erleichtert wird, wenn mit deren Anwesenheit auf den zu sichernden Flächen üblicherweise gerechnet werden muß. [2] Öffnungen in diesen Umwehrungen dürfen mindestens in einer Richtung nicht breiter als 12 cm sein, der waagrechte Abstand der Umwehrung und der zu sichernden Fläche darf nicht größer als 4 cm sein.

(6) Die Absätze 1, 4 und 5 gelten für die Ausbildung von Wänden mit Öffnungen (z. B. Fensteröffnungen) entsprechend.

§ 5 (Zu Art. 26 Abs. 6, Art. 27 Abs. 3 und Art. 30 Abs. 4 BayBO)
Verkleidungen und Dämmschichten

(1) [1] Verkleidungen an Außenwänden von Gebäuden mit mehr als drei Vollgeschossen müssen aus mindestens schwer entflammbaren

Durchführung der BayBO § 6 **DVBayBO 2**

Baustoffen bestehen. ² Die Unterkonstruktion der Verkleidungen darf aus mindestens normal entflammbaren Baustoffen, die Halterungen und Befestigungen müssen aus nichtbrennbaren Baustoffen bestehen. ³ Fenster und Türlaibungen sind gegen den Hohlraum, der bei Verwendung brennbarer Baustoffe nicht breiter als 4 cm sein soll, durch nichtbrennbare Baustoffe abzuschließen.

(2) ¹ Dämmschichten auf oder in Wänden von Gebäuden mit mehr als zwei Vollgeschossen müssen mindestens schwer entflammbar sein. ² In mehrschaligen Wandtafeln mit mindestens einer feuerbeständigen Schale aus mineralischen Baustoffen dürfen Dämmschichten jedoch aus normal entflammbaren Baustoffen bestehen, wenn die Dämmschicht im übrigen durch Schalen aus mineralischen Baustoffen von mindestens 6 cm Gesamtdicke vor einer Entflammung geschützt ist.

(3) Dämmschichten unterhalb der Rohdecke müssen in Gebäuden mit mehr als zwei Vollgeschossen mindestens schwer entflammbar sein.

(4) In feuerbeständigen Wänden und Decken dürfen Dehnungsfugen, ausgenommen die äußere Abdeckung, nur mit nichtbrennbaren Baustoffen ausgefüllt sein.

(5) In Gebäuden mit mehr als zwei Vollgeschossen müssen in allgemein zugänglichen Fluren, die als Rettungswege dienen, Verkleidungen, Wand- und Deckenoberflächen und Einbauten aus mindestens schwer entflammbaren Baustoffen bestehen.

(6) Befinden sich zwischen der Rohdecke und einer Verkleidung (Unterdecke) Leitungen mit brennbaren Baustoffen, so kann eine geschlossene, mindestens feuerhemmende Unterdecke verlangt werden.

(7) Die vorstehenden Vorschriften gelten nicht für Wohngebäude mit bis zu zwei Wohnungen.

§ 6* (Zu Art. 28 Abs. 1 Satz 4, Art. 29 Abs. 7 und Art. 30 Abs. 10 BayBO)
Durchführung von Rohrleitungen durch Wände und Decken

(1) ¹ Werden Rohrleitungen durch feuerbeständige Trennwände geführt, so müssen die Rohrleitungen auf einer Gesamtlänge von 4 m, jedoch beiderseits der Wände auf einer Länge von mindestens 1 m verputzt oder gleichwertig ummantelt oder mit Absperrvorrichtungen versehen werden. ² Durch Brandwände dürfen keine Rohrleitungen aus brennbaren Baustoffen geführt werden.

(2) Werden Rohrleitungen durch feuerbeständige Decken geführt, so müssen die Rohrleitungen durchgehend in jedem Geschoß verputzt oder gleichwertig ummantelt oder entsprechend in Wänden aus nicht-

---
* § 6 Abs. 3 Nr. 4 angefügt durch Verordnung vom 20. 1. 1983 (GVBl. S. 15).

brennbaren Baustoffen verlegt oder mit Absperrvorrichtungen versehen werden.

(3) Die Absätze 1 und 2 gelten nicht für Rohrleitungen

1. in Kellergeschossen mit Ausnahme von Heizräumen nach § 7 Abs. 1 der Verordnung über Feuerungsanlagen und Heizräume *vom 1. November 1974 (GVBl. S. 733, ber. S. 814), geändert durch Verordnung vom 11. Dezember 1975 (GVBl. 1976 S. 20),* * von Brennstofflagerräumen nach § 20 Abs. 1 der *Anlagenverordnung* ** vom 1. Dezember 1981 (GVBl. S. 514), von Garagen und gewerblichen Lagerräumen,
2. in nichtausgebauten Dachräumen,
3. die innerhalb eines Geschosses abzweigen und nicht durch feuerbeständige Trennwände geführt werden,
4. aus nichtbrennbaren Baustoffen, die mit Wasser gefüllt sind oder keine größere Nennweite als DN 150 aufweisen.

§ 7 (Zu Art. 29 BayBO)
Brandwände

(1) In Gebäuden mit mehr als drei Vollgeschossen und in Gebäuden mit erhöhter Brandgefahr sind Brandwände mindestens 30 cm über Dach zu führen oder in Höhe der Dachhaut mit einer beiderseits 50 cm auskragenden feuerbeständigen Stahlbetonplatte abzuschließen; darüber dürfen brennbare Teile des Dachs nicht hinweggeführt werden.

(2) In Gebäuden mit weicher Bedachung sind Brandwände mindestens 50 cm über Dach zu führen.

(3) ¹ Bauteile aus brennbaren Baustoffen dürfen nicht in Brandwände eingreifen oder Brandwände überbrücken. ² Stahlträger, Stahlstützen, Holzbalken, Kamine und lotrechte Leitungsschlitze dürfen in Brandwände nur soweit eingreifen, daß die Mindestdicke gewahrt bleibt und die Standsicherheit nicht gefährdet wird. ³ Stahlträger und Stahlstützen sind hierbei feuerbeständig zu ummanteln. ⁴ Waagrechte oder schräge Schlitze sind in Brandwänden unzulässig.

(4) ¹ Für Wohngebäude bis zu drei Vollgeschossen sind abweichend von Art. 29 Abs. 2 Nrn. 1 und 2 BayBO statt Brandwänden feuerbeständige Wände ohne Öffnungen zulässig. ² Soweit die Wände Trennwände sind, müssen sie insgesamt so dick wie Brandwände sein.

(5) ¹ Für Wohngebäude mit bis zu zwei Wohnungen und bis zu zwei Vollgeschossen in der offenen Bauweise sind abweichend von Art. 29 Abs. 2 Nrn. 1 und 2 BayBO statt Brandwänden Wände ohne

---

* Nunmehr § 7 Abs. 1 Verordnung über Feuerungsanlagen und Heizräume (FeuV) vom 20. 3. 1985 (GVBl. S. 62, BayRS 2132-1-3-I); abgedruckt unter Nr. **7**.

** Nunmehr § 20 Abs. 1 Anlagen- und Fachbetriebsverordnung (VAwSF) vom 13. 2. 1984 (GVBl. S. 66, BayRS 753-1-4-I); abgedruckt unter Nr. **36**.

Öffnungen zulässig, die vom Gebäudeinneren die Anforderungen der Feuerwiderstandsklasse F 30 und vom Gebäudeäußeren die Feuerwiderstandsklasse F 90 erfüllen. ²Die sonstigen Wände, die Decken und die Dächer, sofern diese traufseitig aneinanderstoßen, müssen mindestens feuerhemmend sein.

§ 8 (Zu Art. 31 BayBO)
Dächer

(1) ¹Für freistehende Gebäude mit bis zu zwei Vollgeschossen kann eine Dachhaut, die den Anforderungen nach Art. 31 Abs. 1 BayBO nicht entspricht (weiche Bedachung), gestattet werden, wenn die Gebäude

1. einen Abstand von der Grundstücksgrenze von mindestens 12 m,
2. von Gebäuden auf demselben Grundstück mit harter Bedachung einen Abstand von mindestens 15 m,
3. von Gebäuden auf demselben Grundstück mit weicher Bedachung einen Abstand von mindestens 24 m,
4. von kleinen, nur Nebenzwecken dienenden Gebäuden ohne Feuerstätten auf demselben Grundstück einen Abstand von mindestens 5 m

einhalten. ²In den Fällen des Satzes 1 Nr. 1 werden angrenzende öffentliche Verkehrsflächen, Grünflächen und Wasserflächen zur Hälfte angerechnet.

(2) Öffnungen in der Dachhaut müssen von Brandwänden oder von Gebäudetrennwänden nach § 7 Abs. 4 und 5 mindestens 1,25 m entfernt sein, wenn diese Wände nicht mindestens 30 cm über Dach geführt sind.

(3) Dachgauben und ähnliche Dachaufbauten aus brennbaren Baustoffen müssen von Brandwänden oder von Gebäudetrennwänden nach § 7 Abs. 4 und 5 mindestens 1,25 m entfernt sein, wenn sie nicht durch diese Wände gegen Brandübertragung geschützt sind.

(4) Lichtdurchlässige Dachflächen oder Oberlichte aus mindestens normal entflammbaren Baustoffen sind innerhalb einer harten Bedachung zulässig, wenn sie höchstens 20 v. H. der Dachfläche einnehmen und

1. höchstens 6 m² Grundrißfläche haben und untereinander und vom Dachrand einen Abstand von mindestens 1,25 m haben oder
2. höchstens 2 m breit und höchstens 20 m lang sind und untereinander und vom Dachrand einen Abstand von mindestens 2 m haben.

(5) Die Dachdecken oder Dächer von Anbauten, die an Wände mit Fenstern anschließen, sind in einem Abstand bis zu 5 m von diesen Wänden mindestens so widerstandsfähig gegen Feuer wie die Decken des anschließenden Gebäudes herzustellen.

2 DVBayBO § 9 Verordnung zur

(6) ¹An Dächern von Gebäuden mit mehr als einem Vollgeschoß sind Vorrichtungen zum Schutz gegen das Herabfallen von Schnee, Eis und Dachteilen anzubringen, soweit die Dächer gegen Eingänge oder gegen weniger als 3 m entfernte Zugänge oder öffentliche Verkehrsflächen geneigt sind. ²Schutzvorrichtungen sind nicht erforderlich, wenn die Dachneigung bei einer Höhenlage des Gebäudes bis 400 m über NN nicht mehr als 45 Grad und bei einer Höhenlage über 400 m über NN nicht mehr als 35 Grad beträgt. ³In schneereichen Gegenden oder für glatte Dachflächen können die Vorrichtungen auch an flacher geneigten Dächern gefordert werden. ⁴An kleinen Dachflächen kann von der Forderung der Sätze 1 und 2 abgesehen werden.

(7) ¹An Dächern von Gebäuden mit mehr als zwei Vollgeschossen und einer Dachneigung von mehr als 30 Grad sind in der Nähe des Firstes, an beiden Seiten der Grate, unterhalb eines Dachknickes und über die gesamte Dachfläche verteilt Dachhaken aus korrosionsgeschütztem Stahl anzuordnen. ²Der Abstand der Dachhaken darf in Richtung der Dachneigung höchstens 4 m, ihr waagrechter Abstand höchstens 1,5 m betragen.

(8) ¹In Gebäuden mit mehr als einem Vollgeschoß sind für Arbeiten, die vom Dach aus vorzunehmen sind, ausreichend große Ausstiegsöffnungen vorzusehen. ²Soweit erforderlich, sind auf der Dachfläche Laufstege, Auftritts- und Austrittsflächen anzubringen.

§ 9* (Zu Art. 33 und 34 BayBO)
Treppen, Treppenräume

bei Hochhäusern ≥ 1,25

(1) ¹Die nutzbare Breite der Treppen und Treppenabsätze notwendiger Treppen muß mindestens 1 m betragen. ²In Wohngebäuden mit bis zu zwei Wohnungen und innerhalb von Wohnungen genügt eine nutzbare Breite von 80 cm. ³Sind auf die Benutzung einer Treppe mehr als 150 Menschen angewiesen, so können größere Breiten verlangt werden. ⁴Für Treppen mit geringerer Benutzung, insbesondere, wenn sie nicht zu Aufenthaltsräumen führen, können geringere Breiten gestattet werden.

(2) ¹Handläufe sollen an den freien Seiten der Treppen ohne Unterbrechung herumgeführt werden. ²Für Treppen mit einer flacheren Neigung als 1:4 sind Handläufe nicht erforderlich.

(3) Verkleidungen in Treppenräumen müssen einschließlich der Dämmschichten in Gebäuden mit mehr als zwei, in Wohngebäuden mit mehr als drei Vollgeschossen aus nichtbrennbaren Baustoffen bestehen.

(4) Umwehrungen, wie Geländer oder Brüstungen, mit Ausnahme von Handläufen, sowie Beläge von Setzstufen, müssen in Gebäuden

---

* § 9 Abs. 4 geändert durch Verordnung vom 20. 1. 1983 (GVBl. S. 15).

TREPPENABSÄTZE nach max. 18 Stufen ein Absatz
– Nutzbare Tiefe mind. 1 m bzw. mind. Laufbreite der Treppe

Durchführung der BayBO   §§ 10–12 **DVBayBO 2**

mit mehr als fünf Vollgeschossen aus nichtbrennbaren Baustoffen bestehen, mit Ausnahme von Umwehrungen für Treppen innerhalb einer Wohnung.

(5) ¹Umwehrungen müssen, über der Stufenvorderkante gemessen, mindestens 90 cm, Umwehrungen von Treppen mit mehr als 12 m Absturzhöhe mindestens 1,1 m hoch sein. ²Für Wendeltreppen können an der Innenseite Höhen bis zu 1,1 m verlangt werden. ³§ 4 Abs. 5 gilt entsprechend, mit Ausnahme von Umwehrungen für Treppen innerhalb einer Wohnung.

(6) In Gebäuden, in denen in der Regel mit der Anwesenheit von Kindern gerechnet werden muß, darf bei Treppen ohne Setzstufen das lichte Maß der Öffnung zwischen den Stufen 12 cm nicht übersteigen.

§ 10 (Zu Art. 36 BayBO)
Fenster

(1) Können Fensterflächen nicht auf gefahrlose Weise vom Erdboden, vom Innern des Gebäudes oder von Loggien und Balkonen gereinigt werden, so sind Vorrichtungen wie Aufzüge, Halterungen oder Stangen anzubringen, die eine gefahrlose Reinigung von außen ermöglichen.

(2) ¹Fenster, die zur Rettung von Menschen dienen, müssen im Lichten in einer Richtung mindestens 0,6 m, in der anderen Richtung mindestens 1 m groß und von innen zu öffnen sein. ²Die Unterseite der lichten Öffnung darf nicht mehr als 1,1 m über dem Fußboden liegen.

§ 11 (Zu Art. 37 BayBO)
Aufzüge

(1) In Gebäuden mit mehr als fünf Vollgeschossen muß jedes Geschoß von der Eingangsebene über mindestens einen Aufzug erreichbar sein; das gilt nicht für das oberste Vollgeschoß.

(2) Die Gesamtfläche aller Fahrkörbe von Aufzügen soll so bemessen sein, daß für je 20 in dem Gebäude wohnende oder beschäftigte Personen mindestens ein Platz zur Verfügung steht.

(3) Die Lüftungsöffnungen in Fahrschächten müssen eine Größe von mindestens 2,5 v. H. der Grundfläche des Fahrschachts, mindestens jedoch 0,1 m² haben.

§ 12 (Zu Art. 38 BayBO)
Lüftungsanlagen

(1) Lüftungsanlagen müssen in Gebäuden mit mehr als zwei Vollgeschossen mindestens 30 Minuten, in Gebäuden mit mehr als fünf Vollgeschossen mindestens 60 Minuten, in Gebäuden oder Räumen mit

erhöhter Brandgefahr und zwischen Brandabschnitten mindestens 90 Minuten gewährleisten, daß Feuer und Rauch nicht in andere Geschosse oder Brandabschnitte übertragen werden können; das gilt nicht für Lüftungsanlagen in Wohngebäuden mit nicht mehr als zwei Wohnungen und für Lüftungsanlagen innerhalb einer Wohnung.

(2) Lüftungsleitungen, die für den Betrieb von Feuerstätten oder für den Abzug von Grilldünsten und ähnlichen Dünsten erforderlich sind, müssen Prüföffnungen haben.

§ 13 (Zu Art. 42 Abs. 4 und Art. 44 BayBO)
Abstände der Anlagen für Abwasser und Abfallstoffe

(1) Sickeranlagen, Dungstätten, Abfallbehälter und sonstige Einrichtungen für Abfälle sollen von Öffnungen von Aufenthaltsräumen mindestens 5 m, von den Nachbargrenzen mindestens 2 m entfernt sein.

(2) Offene Dungstätten sollen von öffentlichen Verkehrsflächen mindestens 10 m entfernt sein.

(3) [1] Standplätze für bewegliche Abfallbehälter sollen nicht mehr als 10 m von befahrbaren Wegen entfernt sein. [2] Zugänge zu Standplätzen für Abfallbehälter müssen befestigt und mindestens 1 m breit sein; sie sollen stufenlos sein. [3] Standplätze für frei aufgestellte bewegliche Abfallbehälter sollen von Öffnungen in baulichen Anlagen mindestens 5 m entfernt sein.

§ 14 (Zu Art. 20, 45 Abs. 2 und 3 und Art. 46 bis 48 BayBO)
Lichte Raumhöhen, Belichtung, Wohnungen

(1) [1] Aufenthaltsräume müssen eine lichte Höhe von mindestens 2,4 m haben. [2] Eine größere lichte Höhe ist vorzusehen, wenn es die besondere Nutzung der Räume, insbesondere als Arbeitsräume, erfordert. [3] Für Aufenthaltsräume im Dachgeschoß und im Kellergeschoß kann gestattet werden, die lichte Höhe bis auf 2,2 m zu verringern. [4] Bei dem nachträglichen Ausbau des Dachgeschosses in bestehenden Wohngebäuden ist für Aufenthaltsräume eine lichte Höhe von mindestens 2,2 m zulässig.

(2) [1] Das lichte Maß der Fensteröffnungen von Aufenthaltsräumen muß mindestens ein Achtel der Grundfläche des Raumes betragen; hierbei sind die Rohbaumaße zugrundezulegen. [2] Für Aufenthaltsräume im Dachraum ist von der Grundfläche auszugehen, die sich bei einer angenommenen allseitig senkrechten Umschließung von 1,5 m Höhe ergibt. [3] Die Fensteröffnungen müssen größer sein, wenn das wegen der Art der Benutzung des Aufenthaltsraums oder wegen der Lichtverhältnisse erforderlich ist. [4] Kleinere Fensteröffnungen können gestattet werden, wenn wegen der Lichtverhältnisse keine Bedenken bestehen.

Muß nicht in der Wohnung liegen → Keller, Dachboden

Durchführung der BayBO §15 **DVBayBO 2**

(3) ¹Jeder Wohnung soll ein Abstellraum von mindestens 6 m² Grundfläche zugeordnet sein. ²Innerhalb der Wohnung soll sich ein Abstellraum von mindestens 1 m² Grundfläche befinden; das gilt nicht für Wohngebäude mit nicht mehr als zwei Wohnungen.

in der Wohng. ≥ 2% d. Wohnfläche aber mind. 2 m²

Wohngebäude mit mehr als 2 W.: Abstellräume z. Fahrrad, Kinderw. mind. 5 m²/W

§15 (Zu Art. 51 BayBO)
Bauliche Maßnahmen zugunsten von Personen mit Kleinkindern, Behinderten und alten Menschen

(1) ¹Mindestens ein Zugang der baulichen Anlage, wenn möglich der Haupteingang, muß von einer öffentlichen Verkehrsfläche stufenlos erreichbar sein. ²Es kann verlangt werden, daß die stufenlosen Zugänge besonders gekennzeichnet werden.

(2) ¹Der Zugang muß eine lichte Durchgangsbreite von mindestens 95 cm haben. ²Vor Zugangstüren müssen ausreichend große waagrechte Flächen für Rollstuhlbenutzer vorhanden sein.

(3) ¹Rampen dürfen höchstens 6 v. H. geneigt sein und müssen eine lichte Breite von mindestens 1,2 m haben. ²Die Rampen müssen auf beiden Seiten in 80 cm Höhe Handläufe haben. ³Bei einer Rampe von mehr als 6 m Länge müssen Zwischenabsätze von mindestens 1,4 m Länge vorhanden sein. ⁴Am Anfang und am Ende der Rampen müssen außerdem ausreichend große waagrechte Flächen für Rollstuhlbenutzer vorhanden sein.

(4) ¹Verkehrswege mit Ausnahme von Rampen in der baulichen Anlage, die auch für Personen mit Kleinkindern, Behinderte und alte Menschen bestimmt sind, müssen eine lichte Breite von mindestens 1,4 m haben. ²Stufen sind unzulässig. ³Türen müssen eine lichte Durchgangsbreite von mindestens 81 cm haben. ⁴Vor Türen muß eine ausreichend große Fläche für Rollstuhlbenutzer vorhanden sein. ⁵Es kann verlangt werden, daß die Verkehrswege besonders gekennzeichnet werden.

(5) ¹Treppen müssen an beiden Seiten Handläufe erhalten, die über Treppenabsatz und Fensteröffnungen sowie über die letzten Stufen zu führen sind. ²Die Treppen müssen Setzstufen haben.

(6) Müssen andere Ebenen als die Eingangsebene von Personen mit Kleinkindern, Behinderten und alten Menschen erreicht werden, ist eine Rampe anzuordnen oder mindestens ein Aufzug einzubauen und zu betreiben, der auch für Rollstuhlbenutzer geeignet ist.

(7) ¹Für schwerbehinderte Besucher soll eine ausreichende Zahl geeigneter Aborte vorhanden sein, die stufenlos erreichbar sein müssen. ²Es kann verlangt werden, daß auf die Aborte besonders hingewiesen wird. ³Die Aborträume sind zu kennzeichnen.

(8) ¹Mindestens drei v. H. der Stellplätze, mindestens jedoch ein Stellplatz, muß für Schwerbehinderte vorhanden sein. ²Diese Stell-

mind. 1,20 m vor dem WC
Stehhöhe 50 cm, Tür nach außen
+ griffige Oberfläche
Stellplatzbreite: 3,50
MIND. 1,50 m waagerechte Fläche vor Tür
AUFZUG: 1,10 × 1,40

2 DVBayBO § 16

plätze müssen von der baulichen Anlage stufenlos auf möglichst kurzem Weg erreichbar sein. ³ Es kann verlangt werden, daß auf diese Stellplätze besonders hingewiesen wird. ⁴ Die Stellplätze sind zu kennzeichnen.

(9) Für bauliche Anlagen, die überwiegend oder ausschließlich von Behinderten, alten Menschen oder Personen mit Kleinkindern genutzt werden, können weitergehende Anforderungen gestellt werden.

§ 16 Inkrafttreten

(1) Diese Verordnung tritt am 1. September 1982 in Kraft.*

(2) *(gegenstandslos)*

---

* Betrifft die ursprüngliche Fassung vom 2. 7. 1982 (GVBl. S. 452).

zu § 15 Mind. 1 Fernsprechzelle, für Behinderte zugänglich in öffentl. Gebäuden
  → Telefon max. 1,40 hoch

3. Verordnung über das bauaufsichtliche Verfahren
– Bauaufsichtliche Verfahrensverordnung –
BauVerfV

In der Fassung der Bekanntmachung vom 22. August 1988 (GVBl. S. 292, ber. S. 322, 332, BayRS 2132-1-2-I)

Auf Grund von Art. 70 Abs. 7 Satz 4 und Art. 90 Abs. 3, Abs. 4 und Abs. 5 Satz 1 Nr. 2 der Bayerischen Bauordnung (BayBO) erläßt das Bayerische Staatsministerium des Innern folgende Verordnung:

Inhaltsübersicht

Abschnitt I. Bauvorlagen §§ 1–11

- § 1 Art der Bauvorlagen
- § 2 Auszug aus dem Katasterkartenwerk, Lageplan
- § 3 Bauzeichnungen
- § 4 Baubeschreibung
- § 5 Standsicherheitsnachweis und andere bautechnische Nachweise
- § 6 Angaben über die Grundstücksentwässerung und die Wasserversorgung
- § 7 Bauvorlagen für den Abbruch und die Beseitigung baulicher Anlagen
- § 8 Bauvorlagen für den Vorbescheid
- § 9 Bauvorlagen für die Typengenehmigung
- § 10 Bauvorlagen für die Ausführungsgenehmigung fliegender Bauten
- § 11 Bauvorlagen für Werbeanlagen

Abschnitt II. Bautechnische Prüfung und Überwachung §§ 12, 13

- § 12 Einschränkung des Prüfungs- und Überwachungsumfangs
- § 13 Bescheinigungen

Abschnitt III. Beschleunigtes Baugenehmigungsverfahren §§ 14–17

- § 14 Geltungsbereich
- § 15 Zusätzliche Unterlagen
- § 16 Prüfung des Bauantrags
- § 17 Frist für die Entscheidung über den Bauantrag

Abschnitt IV. Berufshaftpflichtversicherung der Bauvorlageberechtigten § 18

- § 18 Mindestversicherungssumme

Abschnitt V. Schlußvorschriften § 19

- § 19 Inkrafttreten

Abschnitt I. Bauvorlagen

§ 1 Art der Bauvorlagen

(1) Dem Antrag auf Erteilung einer Genehmigung zur Errichtung, Änderung oder Nutzungsänderung baulicher Anlagen sind beizufügen

1. der Lageplan nebst einem Auszug aus dem Katasterkartenwerk (§ 2),

2. die Bauzeichnungen (§ 3),
3. die Baubeschreibung (§ 4),
4. die erforderlichen Nachweise der Standsicherheit, des Wärme- und Schallschutzes und des Brandschutzes (§ 5), soweit diese geprüft werden, und
5. die erforderlichen Angaben über die Grundstücksentwässerung und die Wasserversorgung (§ 6).

(2) [1] Von den Bauvorlagen sind
– der Auszug aus dem Katasterkartenwerk in einfacher,
– die Vorlagen nach Absatz 1 Nr. 4 in zweifacher,
– die Bauzeichnungen, die Baubeschreibung und die Vorlagen nach Absatz 1 Nr. 5 in dreifacher und
– der Lageplan in vierfacher
Ausfertigung bei der Gemeinde einzureichen; ist die Gemeinde untere Bauaufsichtsbehörde, so entfällt die dritte bzw. vierte Ausfertigung. [2] Ist für die Prüfung des Bauantrags die Beteiligung anderer Behörden oder Dienststellen erforderlich, so kann die Bauaufsichtsbehörde weitere Ausfertigungen verlangen.

(3) Lageplan und Bauzeichnungen müssen aus dauerhaftem Papier hergestellt sein; sie müssen einen 2,5 cm breiten Heftrand und die Größe von 210 mal 297 mm (DIN A 4) haben oder auf diese Größe nach DIN 824 gefaltet sein.

(4) Hat das Staatsministerium des Innern Vordrucke öffentlich bekanntgemacht, so sind der Bauantrag und die Baubeschreibung unter Verwendung dieser Vordrucke einzureichen.*

(5) Die Bauaufsichtsbehörde kann ein Modell oder weitere Angaben und Unterlagen verlangen, wenn sie das zur Beurteilung des Vorhabens für erforderlich hält.

(6) Die Bauaufsichtsbehörde kann auf Bauvorlagen oder einzelne Angaben in den Bauvorlagen verzichten, die zur Beurteilung des Vorhabens im Einzelfall nicht erforderlich sind.

§ 2 Auszug aus dem Katasterkartenwerk, Lageplan

(1) [1] Im Auszug aus dem Katasterkartenwerk (Ausschnitt aus der Flurkarte) müssen das Baugrundstück und die benachbarten Grundstücke im Umgriff von mindestens 50 m um das Baugrundstück in einem Maßstab nicht kleiner als 1:1000 dargestellt sein. [2] Die Bauaufsichtsbehörde kann verlangen, daß der Auszug im Maßstab 1:500 vorgelegt wird, ferner, daß die weitere Umgebung des Baugrundstücks in einem Auszug aus dem Katasterkartenwerk in einem Maßstab nicht kleiner als 1:5000 wiedergegeben wird. [3] Der Auszug muß jeweils

---

* Bek. über den Vollzug der BayBO und der BauVerfV; Bauantragsvordrucke und Vordruck „Stellungnahme der Gemeinde" vom 8. 8. 1982 (MABl. S. 491), geändert durch Bek. vom 19. 9. 1983 (MABl. S. 807) und vom 14. 12. 1987 (AllMBl. 1988 S. 2).

Verfahrensverordnung §2 **BauVerfV 3**

von der katasterführenden Behörde (Art. 12 Abs. 4 des Vermessungs- und Katastergesetzes) beglaubigt sein. ⁴ Aus der Beglaubigung soll hervorgehen, ob der Auszug durch Vergrößerung einer Katasterkarte entstanden ist.

(2) ¹ Der Lageplan ist auf einer Ablichtung des Auszugs aus dem Katasterkartenwerk zu erstellen; der Auszug soll nicht älter als ein halbes Jahr sein. ² Er muß, soweit für die Beurteilung des Vorhabens erforderlich, enthalten
1. den Maßstab und die Lage des Baugrundstücks zur Himmelsrichtung,
2. den Umgriff der geplanten baulichen Anlage in einem Umkreis von mindestens 50 m, so daß die Lage des Vorhabens richtig erkannt und bestimmt werden kann,
3. das Baugrundstück und die benachbarten Grundstücke,
4. die katastermäßige Bezeichnung des Baugrundstücks und der benachbarten Grundstücke mit Angabe der Eigentümer und, soweit vorhanden, der Straße und Hausnummer,
5. die angrenzenden öffentlichen Verkehrsflächen mit Angabe der Breite, der Straßenklasse und der Höhenlage,
6. Festsetzungen im Bebauungsplan,
7. die vorhandenen baulichen Anlagen auf dem Baugrundstück und auf den benachbarten Grundstücken mit Angabe ihrer Nutzung, Geschoßzahl und Dachform,
8. die geplanten baulichen Anlagen unter Angabe der Außenmaße, der Dachform, der Höhenlage des Erdgeschoßfußbodens zur Straße und zum Baugrundstück, der Abstandsflächen und der Zu- und Abfahrten,
9. die Abstände der geplanten baulichen Anlage zu anderen baulichen Anlagen auf dem Baugrundstück und den Nachbargrundstücken, zu öffentlichen Verkehrs- und Grünflächen, zu Wasserflächen, zu Wäldern, Mooren, Heiden und zur Landesgrenze,
10. die Grünflächen oder die Flächen, die gärtnerisch angelegt oder mit Bäumen und Sträuchern bepflanzt werden, die vorhandenen Bäume unter Kennzeichnung der wegen des Bauvorhabens zu beseitigenden Bäume, die Kinderspielplätze, die Stellplätze für Kraftfahrzeuge, die Plätze für Abfallbehälter, die Zufahrten und die Aufstell- und Bewegungsflächen für die Feuerwehr,
11. Brunnen, Abfallgruben, Dungstätten, Hochspannungsleitungen und unterirdische Leitungen für das Fernmeldewesen und für die Versorgung mit Elektrizität, Gas, Wärme und Wasser und ortsfeste Behälter für brennbare Flüssigkeiten und Gase.
³ Es kann der Nachweis verlangt werden, daß die Eintragungen im Lageplan mit dem tatsächlichen Bestand übereinstimmen.

(3) Der Inhalt des Lageplans nach Absatz 2 ist auf besonderen Blättern darzustellen, wenn der Lageplan sonst unübersichtlich würde.

3 BauVerfV §3

(4) ¹ Für die Darstellung im Lageplan sind die Zeichen der Nummer 1 der **Anlage** zu dieser Verordnung* zu verwenden. ² Die sonstigen Darstellungen sind, soweit erforderlich, durch Beschriftung zu kennzeichnen.

(5) Für vorhandene und geplante bauliche Anlagen auf dem Baugrundstück ist eine prüffähige Berechnung aufzustellen über
1. die vorhandene und die geplante Geschoßfläche und, soweit erforderlich, die Baumasse,
2. soweit erforderlich, die zulässige, die vorhandene und die geplante Grundflächenzahl, Geschoßflächenzahl und Baumassenzahl.

§3 Bauzeichnungen

(1) ¹ Für die Bauzeichnungen ist der Maßstab 1:100 zu verwenden. ² Die Bauaufsichtsbehörde kann einen anderen Maßstab verlangen oder zulassen, wenn ein solcher zur Darstellung der erforderlichen Eintragungen notwendig oder ausreichend ist.

(2) In den Bauzeichnungen sind insbesondere darzustellen
1. die Gründung der geplanten baulichen Anlage und, soweit erforderlich, die Gründungen benachbarter baulicher Anlagen,
2. die Grundrisse aller Geschosse und des nutzbaren Dachraums mit Angabe der vorgesehenen Nutzung der Räume und mit Einzeichnung der Kamine, der Feuerstätten und ihrer Art, der ortsfesten Behälter für brennbare Flüssigkeiten und Gase und der Aborte, Badewannen und Duschen,
3. die Schnitte, aus denen auch die Geschoßhöhen, die lichten Raumhöhen und der Verlauf der Treppen und Rampen mit ihrem Steigungsverhältnis ersichtlich sind, mit dem Anschnitt des vorhandenen und des künftigen Geländes,
4. Vorkehrungen, die dem Brandschutz dienen, wie Brandwände, Unterdecken, Feuerschutztüren,
5. die Ansichten der geplanten baulichen Anlage und, soweit erforderlich, der anschließenden Gebäude.

(3) In den Bauzeichnungen sind anzugeben
1. der Maßstab,
2. die Maße und die verwendeten Baustoffe und Bauarten,
3. bei Änderung baulicher Anlagen die zu beseitigenden und die neuen Bauteile.

(4) Für die Darstellung in den Bauzeichnungen sind die Zeichen der Nummer 2 der **Anlage** zu dieser Verordnung** zu verwenden.

(5) Die Bauaufsichtsbehörde kann verlangen, daß einzelne Bauzeichnungen oder Teile hiervon durch besondere Zeichnungen, Zeichen oder Farben erläutert werden.

---
* Abgedruckt auf S. 91 und 92.
** Abgedruckt auf S. 92 und 93.

Verfahrensverordnung §§ 4–6 **BauVerfV 3**

§ 4 Baubeschreibung

(1) In der Baubeschreibung sind die Eignung des Baugrundstücks und das Vorhaben, insbesondere seine Konstruktion und seine Nutzung, und die Anlagen zur Wärmeversorgung zu erläutern, soweit das zur Beurteilung erforderlich ist und die notwendigen Angaben nicht in den Lageplan und in die Bauzeichnungen aufgenommen werden können.

(2) Für gewerbliche Anlagen, die einer immissionsschutzrechtlichen Genehmigung nicht bedürfen, muß die Baubeschreibung zusätzliche Angaben enthalten über

1. die Art der gewerblichen Tätigkeit unter Angabe der Art, der Zahl und des Aufstellungsorts der Maschinen oder Apparate, der Art der zu verwendenden Rohstoffe und der herzustellenden Erzeugnisse, der Art ihrer Lagerung, soweit sie feuer-, explosions- oder gesundheitsgefährlich sind; ferner sind etwa entstehende chemische und physikalische Einwirkungen auf die Beschäftigten oder auf die Nachbarschaft anzugeben,
2. die Zahl der Beschäftigten.

(3) In der Baubeschreibung sind ferner die Baukosten der baulichen Anlagen einschließlich der dazugehörenden Wasserversorgungs- und Abwasserbeseitigungsanlagen auf dem Baugrundstück, der umbaute Raum und die Wohnfläche anzugeben.

§ 5 Standsicherheitsnachweis und andere bautechnische Nachweise

(1) [1] Zum Nachweis der Standsicherheit, des Wärme- und Schallschutzes und des Brandschutzes sind, soweit notwendig, eine Darstellung des gesamten statischen Systems, die Konstruktionszeichnungen und die Berechnungen, Beschreibungen und Prüfzeugnisse vorzulegen. [2] Berechnungen und Zeichnungen müssen übereinstimmen und gleiche Positionsangaben haben.

(2) [1] Die statischen Berechnungen müssen die Standsicherheit der baulichen Anlagen und ihrer Teile nachweisen. [2] Die Beschaffenheit des Baugrundes und seine Tragfähigkeit sind anzugeben.

(3) Die Bauaufsichtsbehörde kann gestatten, daß die Nachweise und Bewehrungspläne erst nach Erteilung der Baugenehmigung oder für einzelne Bauabschnitte rechtzeitig vorgelegt werden.

§ 6 Angaben über die Grundstücksentwässerung und die Wasserversorgung

(1) Der Bauantrag ist durch Angaben über die Beseitigung von Abwasser und Niederschlagswasser (Grundstücksentwässerung) und die Wasserversorgung zu ergänzen.

(2) [1] Die Angaben sind, soweit erforderlich, in einem Plan im Maßstab mindestens 1:1000 zu erläutern. [2] Der Plan soll insbesondere enthalten

1. die Angaben nach § 2 Abs. 2 Satz 2 Nrn. 1, 4, 5, 7 und 8, soweit sie nicht für die Beurteilung der Grundstücksentwässerung und Wasserversorgung entbehrlich sind,
2. die Lage der vorhandenen und der geplanten Brunnen,
3. Angaben über besondere Anlagen zur Löschwasserversorgung,
4. die Lage der vorhandenen und der geplanten Kleinkläranlagen, Gruben und Sickeranlagen sowie die Führung der vorhandenen und geplanten Leitungen außerhalb der Gebäude mit Schächten und Abscheidern,
5. wenn an eine Sammelkanalisation angeschlossen wird, die Sohlenhöhe an der Anschlußstelle und die Abmessungen der Kanalisation.

(3) [1] Die Eintragungen nach Absatz 2 sind unter Angabe der Werkstoffe oder Baustoffe vorzunehmen. [2] Die Leitungen für Abwasser sind durch eine durchgezogene Linie darzustellen. [3] Ausschließlich für Niederschlagswasser vorgesehene Leitungen sind zu stricheln. [4] Leitungen für Abwasser und Niederschlagswasser (Mischwasser) sind strichpunktiert darzustellen. [5] Vorhandene sowie zu beseitigende Leitungen sind nach Nummer 3 der **Anlage** zu dieser Verordnung* zusätzlich kenntlich zu machen.

(4) Angaben über Kleinkläranlagen, Gruben, Sickeranlagen, Abscheider und Leitungen sind, soweit erforderlich, durch besondere Bauzeichnungen zu erläutern.

§ 7 Bauvorlagen für den Abbruch und die Beseitigung baulicher Anlagen

(1) [1] Dem Antrag auf Genehmigung zum Abbruch oder zur Beseitigung baulicher Anlagen ist eine Beschreibung der Konstruktion der baulichen Anlage und des vorgesehenen Abbruchvorgangs beizufügen; der Rauminhalt ist anzugeben. [2] Das Grundstück ist nach Straße und Hausnummer zu bezeichnen; die für den Abbruch vorgesehenen Geräte und die vorgesehenen Sicherungsmaßnahmen sind anzugeben. [3] Soweit erforderlich, sind Zeichnungen und ein Standsicherheitsnachweis für den Abbruchvorgang mit vorzulegen.

(2) § 1 Abs. 2 bis 6 gelten sinngemäß.

§ 8 Bauvorlagen für den Vorbescheid

(1) Dem Antrag auf einen Vorbescheid nach Art. 75 BayBO sind die Bauvorlagen nach § 1 Abs. 1 beizufügen, die zur Beurteilung der durch den Vorbescheid zu entscheidenden Fragen des Vorhabens erforderlich sind.

(2) § 1 Abs. 2 bis 5 gelten sinngemäß.

---

* Abgedruckt auf S. 93.

Verfahrensverordnung §§ 9–11 BauVerfV **3**

§ 9 Bauvorlagen für die Typengenehmigung

(1) Dem Antrag auf eine Typengenehmigung nach Art. 77 BayBO sind die Bauvorlagen nach § 1 Abs. 1 Nrn. 2, 3 und 4 beizufügen.

(2) Die Bauvorlagen sind in zweifacher Ausfertigung beim Staatsministerium des Innern einzureichen.

(3) § 1 Abs. 3 bis 6 gelten sinngemäß.

§ 10 Bauvorlagen für die Ausführungsgenehmigung fliegender Bauten

(1) ¹Dem Antrag auf eine Ausführungsgenehmigung fliegender Bauten nach Art. 85 BayBO sind die Bauvorlagen nach § 1 Abs. 1 Nrn. 2, 3 und 4 beizufügen. ² Die Baubeschreibung muß ausreichende Angaben über die Konstruktion, den Aufbau und den Betrieb der fliegenden Bauten enthalten.

(2) Die Bauvorlagen sind in zweifacher Ausfertigung bei der nach Art. 85 Abs. 4 BayBO zuständigen Stelle einzureichen.

(3) § 1 Abs. 3 bis 6 gelten sinngemäß.

§ 11 Bauvorlagen für Werbeanlagen

(1) Dem Antrag auf eine Genehmigung nach Art. 68 BayBO sind beizufügen

1. die Bauzeichnungen,
2. die Baubeschreibung und
3. soweit erforderlich, der Lageplan, der Auszug aus dem Katasterkartenwerk, der Nachweis der Standsicherheit und eine fotografische Darstellung der Umgebung.

(2) Der Lageplan, für den ein Maßstab nicht kleiner als 1:1000 zu verwenden ist, muß insbesondere enthalten

1. die Grenzen des Grundstücks,
2. die katastermäßige Bezeichnung des Grundstücks oder die Bezeichnung nach Straße und Hausnummer,
3. auf dem Grundstück vorhandene bauliche Anlagen und
4. den Aufstellungs- oder Anbringungsort der geplanten Werbeanlage.

(3) Die Bauzeichnungen, für die ein Maßstab nicht kleiner als 1:50 zu verwenden ist, müssen insbesondere enthalten

1. die Ausführung der geplanten Werbeanlage und
2. die Darstellung der geplanten Werbeanlage in Verbindung mit der baulichen Anlage, von der oder in deren Nähe sie aufgestellt oder errichtet oder an der sie angebracht werden soll.

(4) In der Baubeschreibung sind, soweit es zur Beurteilung erforderlich ist und die notwendigen Angaben nicht in den Lageplan und die Bauzeichnungen aufgenommen werden können, insbesondere anzugeben

3 BauVerfV §§ 12, 13

1. der Anbringungsort,
2. die Art und die Größe der geplanten Anlage,
3. die Werkstoffe und die Farben der geplanten Anlage und
4. benachbarte Signalanlagen und Verkehrszeichen.

(5) § 1 Abs. 5 und 6 gelten sinngemäß.

Abschnitt II. Bautechnische Prüfung und Überwachung

§ 12 Einschränkung des Prüfungs- und Überwachungsumfangs

(1) Die Bauaufsichtsbehörde überprüft und überwacht die Einhaltung der allgemein anerkannten Regeln der Technik nach Art. 3 Abs. 1 Satz 3 BayBO nur im Rahmen der nach Art. 3 Abs. 3 BayBO eingeführten technischen Baubestimmungen.*

(2) ¹Die Standsicherheit, die Feuerwiderstandsdauer tragender Bauteile, der Schallschutz und der Wärmeschutz werden bei
– Wohngebäuden mit bis zu drei Wohnungen einschließlich ihrer Nebengebäude, wenn die dritte Wohnung in der ersten Ebene des Dachgeschosses liegt,
– einfachen landwirtschaftlichen und einfachen gewerblichen Betriebsgebäuden und
– oberirdischen Kleingaragen und Schuppen
von der Bauaufsichtsbehörde nur auf Antrag des Bauherrn geprüft. ²Wird kein Antrag gestellt, brauchen die Nachweise nach § 1 Abs. 1 Nr. 4 nicht eingereicht werden.

§ 13 Bescheinigungen

(1) ¹Der Bauherr eines in § 12 Abs. 2 bezeichneten Vorhabens hat mit der Anzeige der abschließenden Fertigstellung (Art. 79 Abs. 2 BayBO) eine Bescheinigung des Entwurfsverfassers, des Unternehmers oder eines Sachverständigen vorzulegen, mit der die Einhaltung der den Wärmeschutz betreffenden öffentlich-rechtlichen Vorschriften und allgemein anerkannten Regeln der Technik versichert wird. ²Satz 1 gilt nicht, wenn er für den Wärmeschutz die Prüfung nach § 12 Abs. 2 beantragt hat.

(2) ¹Mit der Anzeige der Fertigstellung des Rohbaus (Art. 79 Abs. 2 BayBO) ist die Tauglichkeit und mit der Anzeige der abschließenden Fertigstellung (Art. 79 Abs. 2 BayBO) ist die Benutzbarkeit der Kamine und Lüftungsleitungen von Räumen mit Feuerstätten, soweit es sich nicht um Leitungen für Lüftungsanlagen mit Ventilatoren-

---

* Bek. über Technische Baubestimmungen; Verzeichnis der nach Art. 3 Abs. 3 BayBO eingeführten technischen Baubestimmungen, Stand Dezember 1984, vom 29. 1. 1985 (MABl. S. 17); abgedruckt unter Nr. **41**.

Verfahrensverordnung §§ 14, 15 **BauVerfV 3**

betrieb handelt, durch Vorlage einer Bescheinigung des Bezirkskaminkehrermeisters nachzuweisen. ²Eine Bescheinigung über die Benutzbarkeit ist auch bei Änderungen in Kaminen vor der Inbetriebnahme vorzulegen.

Abschnitt III. Beschleunigtes Baugenehmigungsverfahren

§ 14* Geltungsbereich

(1) Auf Antrag des Bauherrn wird auf Bauanträge für Wohngebäude mit bis zu zwei Wohnungen einschließlich ihrer Nebengebäude und Nebenanlagen von der Bauaufsichtsbehörde das beschleunigte Baugenehmigungsverfahren angewandt, wenn

1. die Bauvorhaben im Geltungsbereich eines Bebauungsplans nach § 30 Abs. 1 des Baugesetzbuchs (BauGB) errichtet werden sollen oder für die Bauvorhaben ein Vorbescheid (Art. 75 BayBO) erteilt worden ist, mit dem die grundsätzliche Zulässigkeit des Bauvorhabens bestätigt ist, und der Bauantrag innerhalb der Fristen nach Art. 75 Abs. 1 Sätze 2 und 3 BayBO gestellt wird,
2. bis zur Fertigstellung des Wohngebäudes die zur Erschließung bestimmte Verkehrsfläche befahrbar und der Anschluß an die zentrale Wasserversorgung und die Abwasserbeseitigung über eine Sammelkanalisation möglich sind, und
3. der Bauherr mit dem Antrag auf Baugenehmigung keinen Antrag nach § 12 Abs. 2 für die dort aufgeführten Prüfungen gestellt hat.

(2) Bei Anträgen nach Art. 72 Abs. 7 BayBO sind die §§ 16 und 17 entsprechend anzuwenden.

§ 15* Zusätzliche Unterlagen

Dem Bauantrag sind neben den nach § 1 Abs. 1 vorzulegenden Bauvorlagen zusätzlich Bescheinigungen der Gemeinde, soweit sie sich nicht wegen des Inhalts der gemeindlichen Stellungnahme nach Art. 69 Abs. 1 Satz 2 BayBO erübrigen, beizufügen,

1. daß die zur Erschließung des Grundstücks bestimmte öffentliche Verkehrsfläche im Sinn des Art. 4 Abs. 1 Nr. 3 BayBO benutzbar ist,
2. daß der Anschluß an die zentrale Wasserversorgung und an die Sammelkanalisation bis zum Beginn der Benutzung des Wohngebäudes gewährleistet ist,
3. wenn das Wohngebäude nicht im Geltungsbereich eines Bebauungsplans nach § 30 Abs. 1 BauGB liegt, daß die Gemeinde dem Bauvorhaben zustimmt.

---

* Bek. über die Beschleunigung des Baugenehmigungsverfahrens vom 7. 8. 1982 (MABl. S. 485). Bek. über ,,Bauland und Baugenehmigung", Hinweise zur Beschleunigung und Erleichterung baurechtlicher Verfahren vom 21. 6. 1983 (MABl. S. 559).

§ 16 Prüfung des Bauantrags

(1) Die Bauaufsichtsbehörde prüft nur

1. die Übereinstimmung mit den Vorschriften über die Zulässigkeit der baulichen Anlagen nach den §§ 29 bis 38 BauGB, mit den Festsetzungen eines Bebauungsplans, mit den örtlichen Bauvorschriften und mit den Abstandsvorschriften der Art. 6 und 7 BayBO,
2. Ausnahmen und Befreiungen,
3. die Baugestaltung und
4. soweit wegen der Baugenehmigung eine Entscheidung nach anderen öffentlich-rechtlichen Vorschriften entfällt oder ersetzt wird.

(2) Unberührt bleibt die Prüfpflicht für die Verwendung und Anwendung neuer Baustoffe, Bauteile und Bauarten nach Art. 22ff. BayBO.

§ 17 Frist für die Entscheidung über den Bauantrag

(1) [1] Die Bauaufsichtsbehörde hat über den Bauantrag binnen einer Frist von einem Monat zu entscheiden; ist Bauaufsichtsbehörde eine Gemeinde, so beträgt die Frist sechs Wochen. [2] Die Frist beginnt zu laufen, sobald der vollständige Bauantrag (§ 15) bei der Bauaufsichtsbehörde eingegangen ist.

(2) [1] Aus wichtigen Gründen kann die Bauaufsichtsbehörde die Frist verlängern. [2] Sie muß den Antragsteller von der Fristverlängerung unter Angabe der Gründe in Kenntnis setzen.

Abschnitt IV. Berufshaftpflichtversicherung der Bauvorlageberechtigten

§ 18 Mindestversicherungssumme

Die Mindestversicherungssumme im Sinn des Art. 70 Abs. 7 Satz 4 BayBO beträgt 1 000 000 DM für Personenschäden und 150 000 DM für Sach- und Vermögensschäden.

Abschnitt V. Schlußvorschriften

§ 19 Inkrafttreten

Diese Verordnung tritt am 1. September 1982 in Kraft.

Verfahrensverordnung   Anlage BauVerfV 3

Anlage

Zeichen für Bauvorlagen

1. Lageplan

──────── 1.1 Verkehrsflächen

 1.2 Vorhandene Wohngebäude, Miets-, Büro- und Geschäftsgebäude usw.

 1.3 Vorhandene Wirtschaftsgebäude, unbewohnte Nebengebäude, Werksgebäude, Garagen usw.

 1.4 Geplante Gebäude und sonstige bauliche Anlagen

 1.5 Zu beseitigende bauliche Anlagen

 1.6 Öffentliche Grünflächen

Für die Darstellung der jeweiligen Grünflächen

   Parkanlage

   Dauerkleingärten

3 BauVerfV Anlage   Bauaufsichtliche

 Zeltplatz

 Sportplatz

 Badeplatz

 Spielplatz

 Friedhof

Bäume

 zu erhalten

 zu pflanzen

 zu beseitigen

 1.7 Grenzen des Baugrundstücks

 1.8 Begrenzung von Abstandsflächen

2. Bauzeichnungen

 2.1 Vorhandene Bauteile

 2.2 Zu beseitigende Bauteile

Verfahrensverordnung   **Anlage BauVerfV 3**

☐   2.3 Geplante bauliche Anlagen

3. Grundstücksentwässerung

3.1 Vorhandene Anlagen

—⫽—⫽—   Schmutzwasserleitung

⫽— —⫽—   Regenwasserleitung

—·⫽·—·⫽   Mischwasserleitung

3.2 Zu beseitigende Anlagen

⫽✕⫽✕   Schmutzwasserleitung

✕—⫽—✕   Regenwasserleitung

—⫽✕⫽—   Mischwasserleitung

4. Vollzug der Bayerischen Bauordnung (VollzBek BayBO)

Bekanntmachung des Bayerischen Staatsministeriums des Innern

Nr. II B 7 – 4116.1 – 1.3

Vom 6. August 1982 (MABl. S. 474, ber. S. 562)

I.

1. Sachlicher Geltungsbereich
1.1 Die materiellen Vorschriften der Bayerischen Bauordnung (BayBO) gelten für die in Art. 1 genannten Anlagen und Einrichtungen. Welche Vorhaben genehmigungspflichtig sind, bestimmt sich nach Art. 65.
1.2 Die BayBO erfaßt auch die Änderungen in der Benutzung baulicher Anlagen (Art. 3 Abs. 2); Art. 65 Satz 2 stellt klar, daß eine Nutzungsänderung auch dann vorliegt, wenn einer baulichen Anlage eine andere Zweckbestimmung gegeben wird. Diese Bestimmung ist vor allem im Zusammenhang mit Art. 66 Abs. 4 Nr. 1 von Bedeutung. Die „andere Zweckbestimmung" liegt z. B. in der neuen Nutzung einer früher privilegierten baulichen Anlage zu einem nicht privilegierten Zweck im Außenbereich.

2. Muß- und Sollvorschriften

   Die BayBO unterscheidet zwischen Muß- und Sollvorschriften. Sollvorschriften begründen ebenso wie Mußvorschriften rechtliche Verpflichtungen. Sie gestatten aber den Bauaufsichtsbehörden, davon nach pflichtgemäßem Ermessen gemäß Art. 72 Abs. 2 Ausnahmen zu gewähren.

3. Allgemeine oder an anderer Stelle geregelte Grundsätze

   Das Vierte Gesetz zur Änderung der BayBO hat an verschiedenen Stellen bisherige Regelungen gestrichen, ohne daß damit die Verpflichtung entfallen ist, die entsprechenden Anforderungen zu beachten. Gründe für solche Streichungen können sein, daß die Regelung bereits in anderen Vorschriften der BayBO oder in anderen Rechtsvorschriften enthalten ist oder daß es sich um allgemein anerkannte Regeln der Technik oder um sonstige allgemein gültige Grundsätze handelt. Entfallen sind ferner Verweisungen auf andere gesetzliche Vorschriften, ohne daß damit die Notwendigkeit, diese Vorschriften zu beachten, berührt wird.

Zu Art. 2, 4 Abs. 2 Nr. 2 VollzBek BayBO 4

II.

Zu Art. 2 BayBO
(Bauliche und gleichgestellte Anlagen)

1. Der Begriff der „baulichen Anlage" wird in Art. 2 Abs. 1 Satz 1 bestimmt. In Satz 2 werden einige weitere Anlagen zur baulichen Anlage erklärt, die aus Gründen der öffentlichen Sicherheit und Ordnung den Anforderungen der BayBO unterworfen werden müssen.

   Das Aufstellen von Wohnwagen auf dafür genehmigten Plätzen unterliegt nach Art. 66 Abs. 2 Nr. 2 nicht der Genehmigungspflicht. Der in Absatz 1 Nr. 3 genannte Wochenendplatz steht begrifflich zwischen einem Campingplatz und einem Wochenendhausgebiet im Sinn des § 10 BauNVO. Es ist ein Platz, der ausschließlich zum dauernden Aufstellen von ortsveränderlichen Wochenendhäusern (Mobilheimen) und zum Errichten von Kleinwochenendhäusern dient.

2. Das Vollgeschoß ist in Absatz 4 definiert.

   Das Hilfsmaß zur Bestimmung der Vollgeschoßeigenschaft wurde von 2 m auf 2,3 m geändert, der Begriff der „lichten" Höhe ist entfallen. Vollgeschosse sind damit Geschosse, die über mindestens zwei Drittel der Grundfläche eine Höhe von 2,3 m aufweisen. Maßgeblich sind die Außenmaße. Die Grundfläche wird bestimmt durch die Außenkanten der Außenwände. Das Höhenmaß von 2,3 m wird bei Dachräumen bestimmt durch die Schnittpunkte der 2,3 m über der Oberkante des fertigen Fußbodens liegenden waagrechten Linie mit der Dachhaut.

Zu Art. 4 Abs. 2 Nr. 2 BayBO
(Private Wohnwege)

Privatwege können als Erschließungswege zugelassen werden, wenn ein privater Wohnweg von begrenzter Länge ausschließlich Wohngebäude mit bis zu zwei Wohnungen mit den zugehörigen Nebenanlagen (z. B. Garagen) erschließt. Die Eigentümer des Privatwegs müssen sich nicht nur durch gegenseitige Vereinbarung oder durch Vereinbarung mit einem Siedlungsträger, sondern auch gegenüber der Gemeinde verpflichten, den Weg ordnungsgemäß zu unterhalten und zur allgemeinen Benutzung offenzuhalten. Die Benutzung für den Kraftfahrzeugverkehr kann auf den Anliegerverkehr beschränkt sein, soweit nicht nach Absatz 2 Nr. 1 auf die Befahrbarkeit des Wegs überhaupt verzichtet werden kann. Soweit rechtlich möglich, ist die Unterhal-

4 VollzBek BayBO Zu Art. 5

tungs- und Offenhaltungspflicht gegenüber der Gemeinde dinglich zu sichern. Der Nachweis für die Sicherung ist der Baugenehmigungsbehörde mit dem Bauantrag vorzulegen. Auf die Bekanntmachung vom 21. August 1969 (MABl. S. 454) über die Behandlung der sogenannten Wohnwege (Siedlungsstichstraßen u. ä.) in Bebauungsplänen und bei der straßenrechtlichen Einstufung wird hingewiesen.

Zu Art. 5 BayBO
(Nicht überbaute Flächen der bebauten Grundstücke)

1. Bepflanzungs- und Unterhaltungsverpflichtungen nach Absatz 1 geben die gesetzliche Grundlage für Einzelanordnungen ab. Die Pflicht kann durch Ortsvorschriften (Art. 91 Abs. 1 Nr. 3) konkretisiert werden. ,,Bebaute Grundstücke" im Sinn des Satzes 1 sind Grundflächen, auf denen sich eine genehmigte bauliche Anlage befindet und Grundstücke, für die bereits eine Baugenehmigung oder ein Vorbescheid erteilt worden ist oder in Kürze erteilt werden soll. Als ,,bebaute Grundstücke" in diesem Sinn sind auch Grundstücke anzusehen, die aufgrund der Ausweisung in den Bauleitplänen bebaubar sind. Außer den in Absatz 1 genannten Flächen sind in allen Baugebieten auch die notwendigen Zugänge und Zufahrten für Feuerwehr- und andere Kraftfahrzeuge (§ 3 DVBayBO, § 2 GaV) sowie Kinderspielplätze und Stellplätze für Mülltonnen von der Verpflichtung nach Absatz 1 ausgenommen.

2. Nach § 2 Abs. 2 Nr. 10 BauVerfV muß der Lageplan auch die Grünflächen oder die Flächen, die gärtnerisch angelegt oder mit Bäumen und Sträuchern bepflanzt werden und die vorhandenen Bäume unter Kennzeichnung der wegen des Bauvorhabens zu beseitigenden Bäume enthalten. Wenn es nach dem Bebauungsplan erforderlich oder für die Gestaltung der Außenanlagen von erheblicher Bedeutung ist, kann die Vorlage eines Freiflächengestaltungsplans gefordert werden.
Für einfache Bauvorhaben kann auf diese Angaben nach § 2 Abs. 2 Nr. 10 BauVerfV und auf die Vorlage von Bepflanzungsplänen oder -listen verzichtet werden (§ 1 Abs. 6 BauVerfV).

3. Während sich die Absätze 1 und 3 mit der Pflicht zur Neuanpflanzung befassen, verpflichtet Abs. 2 zur Erhaltung von Bäumen. Anordnungen nach Absatz 2 können in der Baugenehmigung oder durch selbständigen Verwaltungsakt getroffen werden. Bei der Ermessensausübung nach Absatz 2 Satz 2 ist das Interesse an der Erhaltung natürlich gewachsenen Geländes mit den Erschwernissen sachgemäß abzuwägen, die die Erhaltung für das Bauvorhaben mit sich bringt (z. B. Anlage einer Tiefgarage weitgehend unter dem Gebäude oder in zwei Ebenen, Tiefgarage mit Duplex-Anlagen).

Zu Art. 6–8 VollzBek BayBO 4

Von Absatz 2 unberührt bleiben notwendige Maßnahmen im Rahmen der Verkehrssicherungspflicht.

Zu Art. 6 BayBO
(Abstandsflächen)

1. Art. 6 hält an dem Grundsatz fest, jedem Gebäude Abstandsflächen zuzuordnen, die von oberirdischen baulichen Anlagen freizuhalten sind. Die BayBO verzichtet jetzt jedoch auf die Unterscheidung zwischen Wänden mit notwendigen und Wänden mit nicht notwendigen Fenstern und auf die Unterscheidung zwischen seitlichen, rückwärtigen und vorderen Grundstücksgrenzen. Die Zahl der Vollgeschosse spielt für die Berechnung der Tiefe der Abstandsflächen keine Rolle mehr. Diese bemißt sich allein nach der Wandhöhe, zu der die Höhe von Giebelflächen und bei Dächern mit einer Neigung von mehr als 45° die Dachhöhe zu einem Drittel hinzuzurechnen ist.

2. Die Absätze 1 bis 9 gelten nach Absatz 10 sinngemäß z. B. für höhere Stützmauern und größere Behälter.

Zu Art. 7 BayBO
(Abweichung von den Abstandsflächen)

Absatz 5 erleichtert den Grenzanbau mit Garagen und Nebengebäuden. Maßgeblich für die zulässige Höhe der Grenzbebauung ist nicht mehr die Firsthöhe eines Gebäudes am höchsten Punkt über dem Gelände, sondern die Traufhöhe im Mittel. Die Neuregelung ermöglicht eine Grenzbebauung unter den erleichterten Voraussetzungen an allen Grundstücksgrenzen. Die zulässige Gesamtnutzfläche ist nunmehr ausdrücklich auf das Grundstück bezogen.

Zu Art. 8 BayBO
(Kinderspielplätze)

1. Die Verpflichtung nach Absatz 1 (vgl. aber Abs. 4) zur Anlage privater Kinderspielplätze läßt die Aufgabe der Gemeinde unberührt, öffentliche Spielplätze bereitzustellen (Art. 83 Abs. 1 der Verfassung, Art. 57 Abs. 1 GO). Der Kinderspielplatz kann als Einzelanlage (Art. 8) oder als Gemeinschaftsanlage (Art. 53, 54) angelegt werden.
Vorschriften über die Gestaltung und Ausstattung der Kinderspielplätze und über die Ablösebeträge können in einer Satzung als örtliche Bauvorschrift erlassen werden (Art. 91 Abs. 1 Nr. 3). Einzelheiten über Spielplätze für Wohnanlagen enthält DIN 18034, siehe Bekanntmachung vom 11. Juni 1976 (MABl. S. 554). Kinderspielplätze und ihre Zugänge, Einrichtungen und Ausstat-

4 VollzBek BayBO Zu Art. 8

tung sind durch den Grundstückseigentümer in benutzbarem und gefahrlosem Zustand zu halten. Hierzu gehören vor allem die regelmäßige Erneuerung des Spielsandes und die umgehende Instandsetzung schadhafter Ausstattung und Spielgeräte. Auf diese Verpflichtung ist in der Baugenehmigung hinzuweisen. Bepflanzungen auf dem Kinderspielplatz und in unmittelbarer Nähe dürfen nicht giftig oder in sonstiger Weise gefährlich sein. Kleinkinderspielplätze sind mit ortsfesten Sitzgelegenheiten auszustatten. Die Lage des Kinderspielplatzes ist im Lageplan des zur Genehmigung beantragten Bauvorhabens anzugeben.

2. Wird der Kinderspielplatz außerhalb des Baugrundstücks – jedoch nicht als öffentlicher Spielplatz – errichtet, so muß rechtlich gesichert sein, daß er den Wohnungsinhabern auf dem Baugrundstück zur Verfügung steht. Zur dinglichen Sicherung dieser Verpflichtung ist eine Grunddienstbarkeit zugunsten des Eigentümers des Baugrundstücks und eine beschränkte persönliche Dienstbarkeit zugunsten der Gemeinde oder des Freistaates Bayern an dem Spielplatzgrundstück zu bestellen.

3. Ein Kinderspielplatz für bestehende Gebäude kann nach Absatz 3 sowohl im Zusammenhang mit einer Baugenehmigung (Art. 63 Abs. 6) als auch unabhängig davon verlangt werden. Auch die Unterhaltung eines bestehenden Kinderspielplatzes kann unabhängig von einer Verpflichtung zur Neuanlage oder Erweiterung gefordert werden. Außerdem ermächtigt Art. 91 Abs. 2 Nr. 2 die Gemeinden, für das Gemeindegebiet oder Teile davon die Herstellung und Unterhaltung von Kinderspielplätzen nach Art. 8 für bestehende bauliche Anlagen zu verlangen. Von dieser Ermächtigung sollte gegenüber der Einzelanordnung vorzugsweise Gebrauch gemacht werden, da sie einerseits die Berücksichtigung der von Baugebiet zu Baugebiet unterschiedlichen städtebaulichen Erfordernissen nach Herstellung von Kinderspielplätzen für bestehende bauliche Anlagen nicht ausschließt, andererseits aber innerhalb eines Baugebiets die Gleichbehandlung der Grundeigentümer gewährleistet.
Es kann angezeigt sein, in einem Spielplatzentwicklungsplan örtliche Schwerpunkte innerhalb eines zeitlichen Rahmens festzulegen.

4. Zu den Wohnungen, für die nach Absatz 4 die Anlage eines Kinderspielplatzes nicht erforderlich ist, gehören z. B. Altenwohnungen oder Wohnsitze für Alleinstehende. Für Appartements gilt dies nur dann, wenn wegen ihrer geringen Größe nicht damit zu rechnen ist, daß dort Kinder wohnen.

5. Die Ablösung (Abs. 2 Sätze 2 und 3) wird bei Spielplätzen für Kleinkinder (bis zu sechs Jahren) nur selten in Betracht kommen,

weil diese Spielplätze wegen der Beaufsichtigung und Betreuung der Kleinkinder grundsätzlich in der Nähe der elterlichen Wohnungen anzulegen sind. Die Ablösung kann allerdings vereinzelt, insbesondere bei Sanierungsmaßnahmen, in Betracht kommen, wenn eine geeignete Fläche für den Kinderspielplatz auf dem Baugrundstück selbst nicht zur Verfügung steht (z. B. bei der Bebauung von Grundstücken innerhalb vorhandener Bebauung in älteren Ortsteilen), die Gemeinde aber über eine geeignete Fläche in der Nähe verfügt. Die Ablösung bedarf einer vertraglichen Vereinbarung zwischen der Gemeinde und dem Bauherrn, zu deren Abschluß dann angehalten werden kann, wenn sie Voraussetzung für eine Befreiung und damit auch für die Erteilung einer Baugenehmigung ist.

Bei der Bemessung des Kostenanteils, den der Bauherr „in angemessener Höhe" nach Absatz 2 Satz 2 zu tragen hat, ist von folgenden Überlegungen auszugehen:

5.1 Maßgebend für die Bemessung ist zunächst der Betrag, den der Verpflichtete für die Errichtung und Unterhaltung eines Spielplatzes auf seinem Grundstück hätte aufwenden müssen, der entsprechend DIN 18034 und unter Beachtung des § 1 DVBayBO ausgeführt wird.

Der Kostenanteil ist bei Vorliegen besonderer Umstände zu erhöhen (z. B. erheblich höherer Kostenaufwand für die Errichtung des vorschriftsmäßigen Spielplatzes an anderer Stelle). Er ermäßigt sich, wenn z. B. die Kosten des anderwärts zu errichtenden Spielplatzes geringer sind. Zu den Kosten für die Anlage eines Kinderspielplatzes gehören auch die Grunderwerbskosten. Die Gemeinde kann aufgrund der Ermächtigung in Art. 91 Abs. 1 Nr. 3 in einer Satzung Regelungen über die Ablösungsbeträge treffen.

5.2 Wird ein Kinderspielplatz außerhalb des Grundstücks zur Ablösung der Verpflichtung mehrerer Bauherren angelegt und unterhalten, so ist der Kostenanteil der einzelnen Pflichtigen ebenfalls nach Nummer 5.1 zu ermitteln. Sind die Kosten für die Errichtung und Unterhaltung der Anlage niedriger als die Summe der ermittelten Kostenanteile, so sind die auf die Pflichtigen entfallenden Kostenanteile entsprechend zu ermäßigen. Art. 8 Abs. 2 schreibt nicht vor, daß sich die Gemeinde an den Kosten in jedem Fall beteiligt. Andererseits können von den Pflichtigen höhere Kostenanteile nicht über die dargelegten Grundsätze hinaus gefordert werden. Handelt es sich bei dem Spielplatz um eine Gemeinschaftsanlage, so sind Art. 53 und 54 anzuwenden.

5.3 Ist der außerhalb des Baugrundstücks gelegene Spielplatz auch allgemein zugänglich, so ist der Kostenbeitrag ebenfalls in der Regel nach den Grundsätzen der Nummer 5.1 zu ermitteln. Es ist jedoch zu beachten, daß der Wert eines öffentlichen Kinderspielplatzes gegenüber einem privaten oder nur beschränkt zugänglichen Kinderspielplatz für die Bewohner der pflichtigen Grundstücke in der Regel geringer sein wird. Es kann deshalb angebracht sein, den nach Nummer 5.1 ermittelten Kostenbeitrag entsprechend zu kürzen. In jedem Fall muß sichergestellt sein, daß sich die Gemeinde in angemessener Weise an den Kosten des öffentlichen Spielplatzes beteiligt.

Zu Art. 11 BayBO
(Teilung von Grundstücken)

Die bauordnungsrechtliche Teilungsgenehmigung soll verhindern, daß durch die Grundstücksteilung Verhältnisse geschaffen werden, die den Vorschriften des Bauordnungsrechts widersprechen. Diese Genehmigung ergänzt die bauplanungsrechtliche Teilungsgenehmigung (§ 19 ff. BBauG), die nur bauplanungsrechtlich bedeutsame Sachverhalte erfassen kann. Die einschlägigen bauplanungs- und bauordnungsrechtlichen Probleme sind in engem zeitlichem Zusammenhang zu prüfen; über beide Genehmigungen ist in der Regel in einem Bescheid zu entscheiden.

Da § 19 Abs. 2 und 3 Sätze 3 bis 6 und Abs. 4 und 5 BBauG sinngemäß gelten, ist in Gebieten, die von der bauplanungsrechtlichen Teilungsgenehmigung freigestellt sind, auch eine bauordnungsrechtliche Teilungsgenehmigung nicht erforderlich. Unabhängig von der Genehmigungspflicht ermöglicht Absatz 3 nachträgliche Anforderungen.

Zu Art. 12 BayBO
(Baugestaltung)

1. Der allgemeine Grundsatz des Art. 3 Abs. 1 Satz 2, wonach bauliche Anlagen einwandfrei zu gestalten sind und das Gesamtbild ihrer Umgebung nicht beeinträchtigen dürfen, wird durch Art. 12 ergänzt. Absatz 1 bezieht sich auf die bauliche Anlage selbst, die Absätze 2 und 3 auf ihre Wirkung in der Umgebung. Bauliche Anlagen dürfen nach Art. 12 weder selbst verunstaltend wirken noch ihre Umgebung verunstalten. Auch eine bauliche Anlage, die selbst nicht verunstaltend ist, aber z. B. als Fremdkörper in ihrer Umgebung verunstaltend wirkt, ist nach Absatz 2 unzulässig. Absatz 3 ergänzt § 34 BBauG, indem er das Einfügen der baulichen Anlage in die nähere Umgebung auch unter bauordnungsrechtlichen Gesichtspunkten fordert, während sich § 34 BBauG auf die städtebaulichen Gesichtspunkte beschränkt.

2. Anforderungen, die über das Mindestmaß in Art. 12 hinausgehen, können sich insbesondere aus dem Denkmalschutzgesetz (Art. 6 Abs. 2 DSchG) oder aus örtlichen Bauvorschriften im Sinn des Art. 91 ergeben.

Zu Art. 17
(Brandschutz)

1. Ein wesentlicher Teil der baurechtlichen Vorschriften gilt dem Brandschutz.

Die an ein Bauvorhaben zu stellenden Anforderungen des Brandschutzes hat – soweit eine Prüfung nicht entfällt – regelmäßig die Bauaufsichtsbehörde selbst zu prüfen. Nur wenn eine besondere Sachkunde erforderlich ist, sollen Fachgutachten eingeholt werden. Hierfür kommen im wesentlichen folgende Fallgruppen in Frage:
- Baugesuche, bei denen durch Befreiung von zwingenden gesetzlichen Regelungen abgewichen werden soll, sofern hierdurch die Belange des Brandschutzes berührt werden – ausgenommen sind einfache Fälle,
- in seltenen Fällen die Baugesuche, für die Ausnahmegenehmigungen erteilt werden, sofern besondere Umstände des Brandschutzes vorliegen,
- atypische Bauwerke mit besonderen baulichen Anforderungen, sofern schwierige oder grundsätzliche Fragen des Brandschutzes zu klären sind.

Auch in diesen Fällen ist die Einholung eines Fachgutachtens nur dann angezeigt, wenn die Bauaufsichtsbehörde nicht über ausreichende Sachkunde verfügt. Dem Fachgutachter sind nur die speziellen Fragen vorzulegen, die von ihm beurteilt werden sollen. In geeigneten Fällen sind zur Beurteilung von Fragen des abwehrenden Brandschutzes die Kreisbrandräte oder Leiter der Berufsfeuerwehren heranzuziehen. Diese erfüllen die Funktion eines technischen Beraters auf der Entscheidungsebene der Bauaufsichtsbehörden selbst. Wird die Bauaufsichtsbehörde sachkundig beraten, so ist eine Vorlage des Bauantrags an das Landesamt für Brand- und Katastrophenschutz nicht erforderlich.

Zu Art. 18 Abs. 1 BayBO
(Wärmeschutz)

1. Absatz 1 und die weiteren Vorschriften der BayBO über Wärmeschutz werden ausgefüllt durch DIN 4108 – Wärmeschutz im Hochbau – und die ergänzenden Bestimmungen hierzu; siehe die Bekanntmachungen vom 11. Dezember 1973 (MABl. 1974 S. 13, berichtigt S. 124), vom 29. November 1974 (MABl. 1975 S. 173), vom 11. Juli 1975 (MABl. S. 675) und vom 13. Oktober 1976

4 VollzBek BayBO Zu Art. 18 Abs. 2

(MABl. S. 836). Die Anforderungen der Norm werden in der Regel durch die weiterreichenden Anforderungen der Wärmeschutzverordnung zum Energieeinsparungsgesetz überlagert.

2. In den Bauvorlagen ist grundsätzlich der ausreichende Wärmeschutz nachzuweisen (§ 1 Abs. 1 Nr. 4 BauVerfV). Soweit die Bauaufsichtsbehörde nicht in der Lage ist, die Nachweise des Wärmeschutzes selbst zu prüfen, hat sie geeignete Sachverständige (z. B. anerkannte Prüfingenieure) damit zu beauftragen. Im Rahmen der Bauüberwachung (Art. 79 und 80) ist zu prüfen, ob die festgelegten Wärmeschutzmaßnahmen ausgeführt worden sind.

3. Nach § 12 Abs. 2 BauVerfV wird beim Bau von Wohngebäuden mit bis zu zwei Wohnungen die Einhaltung der Anforderungen an den Wärmeschutz nach DIN 4108 und der Wärmeschutzverordnung nur geprüft, wenn der Bauherr dies beantragt. Wird der Wärmeschutz nicht geprüft, so hat die Bauaufsichtsbehörde zu verlangen, daß mit der Anzeige der abschließenden Fertigstellung eine Bescheinigung des Entwurfsverfassers, des Unternehmers oder eines Sachverständigen vorgelegt wird, mit der die Einhaltung der den Wärmeschutz betreffenden öffentlich-rechtlichen Vorschriften und allgemein anerkannten Regeln der Technik versichert wird.

Zu Art. 18 Abs. 2 BayBO
(Schallschutz)

1. Absatz 2 und die weiteren Vorschriften der BayBO über den Schallschutz werden ausgefüllt durch DIN 4109 – Schallschutz im Hochbau –; siehe Bekanntmachungen vom 22. November 1973 (MABl. S. 609), vom 19. Dezember 1969 (MABl. 1970 S. 23), vom 17. Juli 1970 (MABl. S. 476) und vom 25. Februar 1971 (MABl. S. 266).
Die Nummern 2 und 3 zu Art. 18 Abs. 1 gelten entsprechend.

2. Nach Absatz 2 Satz 2 können Lärmschutzmauern, bepflanzte Lärmschutzwälle oder ähnliche Anlagen verlangt werden, wenn Lage und Nutzung von Gebäuden mit Aufenthaltsräumen das erfordern. Diese Anforderungen für Maßnahmen gegen den Außenlärm sowie die Anforderungen in Art. 27 Abs. 2 (Außenwände), Art. 30 Abs. 6 Satz 2 (Decken), Art. 31 Abs. 8 Satz 3 (Dächer) und Art. 36 Abs. 1 Satz 3 (Fenstern und Türen) richten sich an den Bauherrn. Verpflichtungen zur Anlage von Lärmschutzeinrichtungen nach anderen Vorschriften bleiben unberührt. Bei Einfriedungen kann der Lärmschutz durch örtliche Bauvorschriften nach Art. 91 Abs. 1 Nr. 4 berücksichtigt werden. Das wird bei verkehrsreichen Straßen, in der Regel jedoch nicht bei Wohnstraßen ohne Durchgangsverkehr, in Betracht kommen.

Zu Art. 37 BayBO
(Aufzüge)

1. Aufzugsanlagen müssen unabhängig von der Zahl der Vollgeschosse eines Gebäudes dann errichtet werden, wenn behindertenfreundliche oder behindertengerechte Wohnungen nur über Aufzüge erreicht werden können und wenn die Voraussetzungen des § 15 Abs. 6 DVBayBO vorliegen. Diese Aufzugsanlagen sind als Personenaufzüge nach den technischen Regeln für Aufzugsanlagen (TRA 200) zu errichten und zu betreiben.

2. Die ausreichende Zahl und Größe der Aufzüge (Abs. 6) wird durch § 11 Abs. 2 und 3 DVBayBO näher bestimmt. Für die Ermittlung der Fahrkorbgrundfläche muß mindestens ein Platzbedarf von $0,15 \text{ m}^2$ je Person angesetzt werden; auf die TRA 200 Nummer 241.3 wird verwiesen. Die Zahl der nach § 11 Abs. 2 DVBayBO geforderten Aufzugsplätze ist im Genehmigungsbescheid festzusetzen.

3. Die Forderung in Absatz 6 Satz 3 ist, soweit sie die stufenlose Erreichbarkeit von Wohnungen betrifft, durch § 11 Abs. 1 DVBayBO eingeschränkt.

Zu Art. 39 Abs. 5 BayBO
(Notkamine)

Kamine, die einer zentralen Heizungsanlage dienen, dürfen nicht als Notkamin verwendet werden. Nach § 5 Abs. 14 Satz 1 FeuV können Ausnahmen von der zulässigen Belastung gestattet werden; die Werte nach DIN 18160 Teil 1 und DIN 4705 Teil 3 sind insoweit nicht anzuwenden. Die Kamine müssen so beschaffen sein, daß jederzeit Feuerstätten angeschlossen und betrieben werden können. Sie sind deshalb mit den notwendigen Anschlüssen für Feuerstätten zu versehen und über Dach zu führen; die Kaminköpfe können abgedeckt werden.

Zu Art. 40ff. BayBO
(Wasserversorgungsanlagen und Anlagen zur Beseitigung von Abwässern und festen Abfallstoffen)

1. Wasserversorgungsanlagen
   Die Wasserversorgung ist in der Regel dann als gesichert anzusehen, wenn sich der Träger einer öffentlichen Wasserversorgungsanlage bereiterklärt hat, das Gebäude mit Wasser zu versorgen und keine Tatsachen bekannt sind, daß durch die Versorgung des Gebäudes die Versorgung bisher angeschlossener Grundstücke beeinträchtigt wird.

4 VollzBek BayBO Zu Art. 46

Kommt ausnahmsweise eine Versorgung aus Einzelbrunnen oder einer privaten Wasserversorgungsanlage in Betracht, so ist sie nur dann als gesichert anzusehen, wenn der Nachweis erbracht wird, daß die ausreichende Wassermenge zur Verfügung steht und – bei Trinkwasser – die chemischen und bakteriologischen Analysen sowie Lage, Art und baulicher Zustand der Wasserfassung eine einwandfreie Wasserqualität garantieren. Ob eine Anlage geeignet ist, haben die Fachbehörden im Baugenehmigungsverfahren festzustellen.

2. Anlagen zur Beseitigung von Abwässern
Wegen der Voraussetzungen, unter denen die einwandfreie Abwasserbeseitigung als gesichert angesehen werden kann, wird auf die Bekanntmachung vom 24. Juli 1961 (MABl. S. 516), geändert durch Bekanntmachung vom 4. Oktober 1966 (MABl. S. 537) und die Bekanntmachung vom 23. August 1973 (MABl. S. 895) verwiesen. Ist der Anschluß eines einzelnen Bauvorhabens im nicht überplanten Innenbereich (§ 34 BBauG) oder im Außenbereich (§ 19 Abs. 1 Nr. 3 BBauG) an eine zentrale Abwasseranlage nicht möglich, so ist eine Entsorgung über Kleinkläranlagen zulässig, sofern das Abwasser ohne schädliche Verunreinigung des Grundwassers versickert oder in einen geeigneten Vorfluter eingeleitet werden kann und eine Gefährdung der Gesundheit nicht zu erwarten ist. Ob diese Voraussetzungen vorliegen, haben die Fachbehörden im Baugenehmigungsverfahren festzustellen.

3. Anlagen zur Beseitigung fester Abfallstoffe
Die einwandfreie Beseitigung fester Abfallstoffe kann in der Regel dann als gesichert angesehen werden, wenn die nach Art. 2 oder 4 des Bayerischen Abfallgesetzes beseitigungspflichtige Körperschaft eine entsprechende Bestätigung erteilt. Ist zu erwarten, daß Abfälle anfallen, die nach der Satzung dieser Körperschaft von der Beseitigung ausgeschlossen sind (Art. 2 Abs. 2 des Bayerischen Abfallgesetzes), so ist der Nachweis über die Beseitigungsmöglichkeit für diese Abfälle vor der Erteilung der Baugenehmigung zu führen (z. B. Bestätigung der Gesellschaft zur Beseitigung von Sondermüll mbH).

Zu Art. 46 BayBO
(Wohnungen)

Bei der Ermessensausübung nach Absatz 1 Satz 2 sind die wohnungs- und familienpolitischen Gesichtspunkte zu berücksichtigen, die das Gesetz davon abgehalten haben, einen Zulässigkeitstatbestand zu schaffen. Die Aufteilung großer familiengerechter Wohnungen, vor allem des Altbestandes, soll verhindert werden.

Zu Art. 48, 51 VollzBek BayBO 4

Ein Aufenthaltsraum liegt auch dann im Sinn des Absatzes 2 Satz 2 nach Norden, wenn die Senkrechte zur Außenwand um weniger als 45 Grad von der reinen Nordrichtung abweicht. Kochnischen dürfen nur dann zugelassen werden, wenn sie ausreichend groß und sinnvoll angeordnet sind.

**Zu Art. 48 BayBO
(Aufenthaltsräume und Wohnungen im Dachraum)**

Ausnahmen nach Absatz 2 können zugelassen werden z. B. von den Anforderungen des Absatzes 1 Nr. 2 für den Ausbau von Aufenthaltsräumen über dem Kehlgebälk in Gebäuden, die unterhalb des Dachraums nur ein Vollgeschoß aufweisen, sofern der zweite Rettungsweg gesichert ist. Die BayBO trifft für solche Gebäude, deren tragende Bauteile nur feuerhemmend sein müssen, keine Regelung.

**Zu Art. 51 BayBO
(Bauliche Anlagen für besondere Personengruppen)**

1. Auf § 15 DVBayBO und DIN 18024 Blatt 2 sowie auf die Allgemeinen Schulbaurichtlinien (KMBek vom 6. 2. 1975, KMBl. S. 821) wird hingewiesen. Zweckentsprechende Maßnahmen sind z. B. stufenlose Zugänge, ausreichend große Türöffnungen und Aufzüge, Anordnung eines Behindertenaborts, Anlage besonderer Stellplätze. Auch der Einbau von Aufzügen, die für Kranke und Gebrechliche geeignet sind, kann im Einzelfall in Betracht kommen. Andere bauliche Anlagen im Sinn des Absatzes 1 Satz 2 sind z. B. große Gaststätten.

2. Absatz 2 stellt klar, daß die in ihm genannten baulichen Anlagen insgesamt und nicht nur in den für den Besucherverkehr dienenden Teilen den Anforderungen des Absatzes 1 entsprechen müssen.

3. Absatz 3 ermächtigt nicht zu Eingriffen, die enteignende Wirkung haben. Werden bestehende bauliche Anlagen wesentlich geändert, so sind nach Art. 63 Abs. 6 in Verbindung mit Art. 51 Abs. 3 entsprechende Anforderungen zu stellen, wenn die weiteren Voraussetzungen des Art. 63 Abs. 6 vorliegen. Im übrigen sind nach Art. 51 Abs. 3 Anforderungen zu stellen, wenn die tatbestandsmäßigen Voraussetzungen vorliegen und nicht besondere Umstände eine solche Anforderung ausschließen. Die Behörde wird sich zunächst einen Überblick über die in Betracht kommenden baulichen Anlagen verschaffen. Es kann zweckmäßig sein, eine Prioritätenliste aufzustellen, die sich in erster Linie an dem öffentlichen Interesse ausrichten muß, bei den in Betracht kommenden baulichen Anlagen alsbald einen gleichwertigen Zustand im Sinn des

4 VollzBek BayBO   Zu Art. 52, 55

Absatzes 3 zu erhalten. Die in die Abwägung einzubeziehenden öffentlichen Belange werden um so gewichtiger sein, je häufiger die bauliche Anlage vom allgemeinen Besucherverkehr oder von Personen mit Kleinkindern, von Behinderten oder von alten Menschen genutzt oder aufgesucht wird.

3.1 Es muß technisch möglich sein, einen gleichwertigen Zustand herzustellen. Bei der Beurteilung ist der Grundsatz der Verhältnismäßigkeit zu beachten. Der mit dem Eingriff in die bauliche Anlage notwendig verbundene Aufwand muß daher noch in einem sinnvollen Verhältnis zu dem angestrebten Erfolg, also der Erleichterung für die zu schützende Personengruppe, stehen.

3.2 Bei der wirtschaftlichen Zumutbarkeit ist auf die finanzielle Belastung des Betroffenen unter Berücksichtigung seiner wirtschaftlichen Möglichkeiten abzustellen. Dabei kann sich ergeben, daß zumindest ein Teil der an und für sich gebotenen Maßnahmen gefordert werden kann. Häufig wird eine zeitliche Reihenfolge für die Maßnahmen oder ein Zeitplan mit der Angabe von Fristen, innerhalb deren die einzelnen Anforderungen zu erfüllen sind, festzulegen sein.

Zu Art. 52 BayBO
(Bauliche Anlagen und Räume besonderer Art und Nutzung)

Die BayBO regelt nur die Anforderungen, die an übliche bauliche Anlagen zu stellen sind. Absatz 1 ermächtigt deshalb die Bauaufsichtsbehörde, für bauliche Anlagen und Räume besonderer Art oder Nutzung besondere Anforderungen zu stellen. Soweit Rechtsverordnungen nach Art. 90 Abs. 1 Nr. 3 wie z. B. die Versammlungsstättenverordnung, Regelungen treffen, können Anforderungen nach Absatz 1 nicht gestellt werden. Nach Erteilung der Baugenehmigung können Anforderungen nur unter den Voraussetzungen des Art. 63 Abs. 5 und 6 oder des Art. 52 Abs. 2 getroffen werden.

Zu Art. 55
(Garagen und Stellplätze für Kraftfahrzeuge)

1. Wegen der Einzelheiten über die Erfüllung der Stellplatzverpflichtung wird auf die Bekanntmachung vom 12. Februar 1978 (MABl. S. 181) hingewiesen. Die technischen Anforderungen an den Bau und den Betrieb von Garagen enthält die Garagenverordnung vom 12. Oktober 1973 (GVBl. S. 585),* geändert durch Verordnung vom 11. Dezember 1975 (GVBl. 1976 S. 20).

2. Absatz 3 klärt die strittige Frage nach der Stellplatzberechnung bei der Änderung einer baulichen Anlage oder ihrer Nutzung. Danach

---

* Abgedruckt unter Nr. 6.

Zu Art. 58 ff., 63 VollzBek BayBO 4

muß nur der durch die Änderung bedingte zusätzliche Stellplatzbedarf nachgewiesen werden. Der Sollbedarf an Stellplätzen für das gesamte Gebäude kann nur unter den Voraussetzungen des Absatzes 5 gefordert werden.

**Zu Art. 58 ff. BayBO
(Die am Bau Beteiligten)**

Art. 58 stellt den Grundsatz auf, daß der Bauherr und die am Bau Beteiligten innerhalb ihres Wirkungskreises dafür verantwortlich sind, daß die öffentlich-rechtlichen Vorschriften und Anordnungen der Bauaufsichtsbehörde eingehalten werden. Diesem Grundsatz entsprechend wird in Art. 59 bis 61 die Verantwortlichkeit der am Bau Beteiligten für die Einhaltung der öffentlich-rechtlichen Vorschriften herausgestellt. Unterstrichen wird diese Eigenverantwortlichkeit auch durch Art. 63 Abs. 2 Satz 2, der das Einschreiten der Bauaufsichtsbehörde in deren Ermessen stellt.

**Zu Art. 63 BayBO
(Aufgaben und Befugnisse der Bauaufsichtsbehörden)**

Absatz 2 legt den rechtsstaatlichen Erfordernissen gemäß die Aufgaben der Bauaufsichtsbehörde fest und verleiht dieser die zur Erfüllung notwendigen Befugnisse. Die Maßnahmen müssen sich auf eine baurechtliche oder sonstige öffentlich-rechtliche Vorschrift stützen.

1. Absatz 4 gibt der Bauaufsichtsbehörde die Möglichkeit, zur Erfüllung ihrer Aufgaben und Befugnisse allgemein Sachverständige und sachverständige Stellen heranzuziehen. Die Vorschrift ersetzt die bereits früher im Gesetz verstreut geregelten Möglichkeiten, bei der Behandlung von Bauanträgen und der Bauüberwachung Sachverständige und sachverständige Stellen heranzuziehen.

2. Die Absätze 5 bis 7 fassen im Interesse einer besseren systematischen Gliederung Vorschriften zusammen, die zu Anforderungen an bestehende bauliche Anlagen ermächtigen. Absatz 5 entspricht dem früheren Art. 78 Abs. 4; er gestattet unter gewissen Voraussetzungen auch ohne Änderung einer bestehenden baulichen Anlage nachträgliche Anforderungen. Demgegenüber setzt Absatz 6 eine wesentliche Änderung einer bestehenden baulichen Anlage voraus. Er ermächtigt dazu, in diesem Fall auch an die von der Änderung nicht berührten Teile die strengeren Anforderungen der BayBO oder ihrer Nebenvorschriften zu stellen, aber nur dann, wenn diese Teile mit den Teilen, die geändert werden sollen, in einem konstruktiven Zusammenhang stehen oder mit ihnen unmittelbar verbunden sind. So kann unter diesen Voraussetzungen z. B. beim Umbau (Erweiterung, Aufstockung) einer Gaststätte der Einbau

neuzeitlicher sanitärer Anlagen verlangt werden, während dies bei einem Anbau wegen des Fehlens des konstruktiven Zusammenhangs oder der unmittelbaren Verbindung mit dem Neubau meistens nicht möglich sein wird. Die in Absatz 7 für Modernisierungsvorhaben vorgesehene Erleichterung läßt die Forderung des Absatzes 6 grundsätzlich unberührt. Sie bringt aber Erleichterungen für Vorhaben, bei denen eine Modernisierung etwa aus Kostengründen unmöglich wäre, weil auch von der Modernisierung nicht erfaßte Teile der baulichen Anlagen geändert werden müßten. Hinzuweisen ist auf Art. 52 Abs. 2, der Anforderungen nach Erteilung der Baugenehmigung bei baulichen Anlagen in Räumen besonderer Art oder Nutzung ermöglicht.

Zu Art. 65 ff. BayBO
(Genehmigungspflichtige und genehmigungsfreie Vorhaben)

1. Nach Art. 65 unterliegt die Errichtung, die Änderung, die Nutzungsänderung, der Abbruch oder die Beseitigung aller baulicher Anlagen der Genehmigungspflicht. Das gilt nicht, soweit Vorhaben von einem bauaufsichtlichen Verfahren freigestellt (Art. 66, 67, 87) oder einem Sonderverfahren unterstellt sind. Baurechtliche Sonderverfahren sind für Werbeanlagen (Art. 68), Bauten des Bundes, der Länder und der Bezirke (Art. 86) und für fliegende Bauten (Art. 85) vorgesehen. Nach der Systematik dieser Vorschriften wird die Genehmigungspflicht dadurch festgestellt, daß zunächst geprüft wird, ob die Bauordnung auf die betreffenden Anlagen oder Einrichtungen überhaupt anwendbar ist (Art. 1). Trifft das zu, ist zu prüfen, ob die bauliche Maßnahme genehmigungsfrei ist oder einem Sonderverfahren unterliegt. Trifft das nicht zu, so ist sie genehmigungspflichtig.

2. Um nachträgliche, nicht selten aufwendige Maßnahmen soweit wie möglich zu verhindern, sind der Unterrichtung der Öffentlichkeit über die bestehenden materiellen Anforderungen und der Bauberatung besondere Aufmerksamkeit zu schenken. Es obliegt vor allem auch den Gemeinden, auf einschlägige örtliche Vorschriften hinzuweisen. Es ist nach wie vor Aufgabe der Bauaufsichtsbehörde, im Rahmen der ihr obliegenden allgemeinen Bauüberwachung (Art. 63 Abs. 2) so frühzeitig wie möglich materiell baurechtswidrige Arbeiten festzustellen und dagegen einzuschreiten.

Zu Art. 71 BayBO
(Behandlung des Bauantrags)

Den Trägern öffentlicher Belange, die im Baugenehmigungsverfahren beteiligt werden, soll regelmäßig schon im Anschreiben eine Frist ge-

Zu Art. 72 VollzBek BayBO 4

setzt werden, innerhalb deren eine etwaige Stellungnahme bei der Bauaufsichtsbehörde eingegangen sein muß. Zugleich ist darauf hinzuweisen, daß bei einem Ausbleiben der Stellungnahme unterstellt werden kann, daß die von diesen Behörden und Stellen wahrzunehmenden öffentlichen Belange durch den Bauantrag nicht berührt werden. Die Länge der Frist richtet sich nach der Schwierigkeit und dem Umfang der vom Träger öffentlicher Belange zu bewältigenden Aufgabe. Sie soll in der Regel einen Monat nicht überschreiten.

Das Ausbleiben einer Stellungnahme innerhalb der gesetzten Frist entbindet die Bauaufsichtsbehörde nicht von ihrer Pflicht zur umfassenden Prüfung der Zulässigkeit eines Bauvorhabens. Bestehen begründete Zweifel daran, daß ein Bauvorhaben den Belangen der öffentlichen Sicherheit und Ordnung entspricht, so kann aus einer fehlenden oder nicht fristgemäßen Äußerung der Träger öffentlicher Belange, die diese Belange wahrzunehmen haben, in der Regel nicht geschlossen werden, daß öffentliche Belange nicht berührt werden. Auf Nummer 3 der Bekanntmachung vom 7. August 1982 (MABl. S. 485) über die Beschleunigung des Baugenehmigungsverfahrens wird hingewiesen.

Zu Art. 72 BayBO
(Abweichungen, Ausnahmen und Befreiungen)

Die BayBO unterscheidet zwischen Abweichungen, Ausnahmen und Befreiungen von baurechtlichen Vorschriften und anerkannten Regeln der Baukunst und Technik.

1. Absatz 1 eröffnet die Möglichkeit, Abweichungen von technischen Anforderungen zuzulassen, wenn eine gleichwertige technische Lösung nachgewiesen wird, die sich im Rahmen der anerkannten Regeln der Technik hält. Unberührt bleibt die Notwendigkeit, bei neuen Baustoffen, Bauteilen und Bauarten die Brauchbarkeit durch eine bauaufsichtliche Zulassung, durch Prüfzeichen oder auf andere Weise nachzuweisen (Art. 22).

2. Absatz 3 sieht eine generelle Ausnahmemöglichkeit zugunsten von Baudenkmälern, Modernisierungsmaßnahmen und der Schaffung zusätzlichen Wohnraums durch Ausbau vor. Die Grenze für eine Ausnahmeregelung nach Absatz 3 Nr. 1 ist erst bei einer erheblichen Gefahr für Leben oder Gesundheit erreicht, die es nach Art. 63 Abs. 5 ermöglichen würde, auch an bestehende bauliche Anlagen Anforderungen zu stellen. Demgegenüber ist für die Ausnahmeregelung des Absatzes 3 Nr. 2 erforderlich, daß eine Maßnahme im öffentlichen Interesse liegt und die öffentliche Sicherheit und Ordnung nicht gefährdet. Von einer solchen Gefährdung ist insbesondere dann auszugehen, wenn der Brandschutz betroffen ist. Schließlich ist erforderlich, daß das konkrete öffentliche Interesse

4 VollzBek BayBO Zu Art. 73, 74

für eine Ausnahme spricht. Davon ist in der Regel auszugehen, wenn wichtige städtebauliche oder baukünstlerische Gründe oder die Schaffung zusätzlichen Wohnraums in Gebieten, in denen ein dringender Wohnungsmangel vorliegt, eine Ausnahme rechtfertigen.

3. Zuständig für die Gestattung einer Ausnahme oder Befreiung ist die untere Bauaufsichtsbehörde. Die Befreiung soll beantragt und begründet werden und ist im Baugenehmigungsbescheid besonders auszusprechen. Es kann darüber auch ein Vorbescheid nach Art. 75 ergehen. Für bauliche Anlagen oder Werbeanlagen, die keiner Genehmigung bedürfen, ist nach Absatz 7 eine Ausnahme oder Befreiung gesondert schriftlich zu beantragen.

Zu Art. 73 BayBO
(Beteiligung des Nachbarn)

Absatz 1 Satz 3 erleichtert das Verfahren bei der Beteiligung einer Eigentümergemeinschaft nach dem Wohnungseigentumsgesetz als Nachbar. Es genügt die Vorlage des Lageplans und der Bauzeichnungen an den Verwalter. Von den Verfahrenserleichterungen des Absatzes 1 nicht berührt werden die materiellen Rechte benachbarter Miteigentümer, Gesamthandseigentümer oder Wohnungseigentümer. Jeder einzelne aus der Gesamtheit der Berechtigten, wie auch der nach Absatz 1 Satz 6 nicht benachrichtigte Eigentümer, ist berechtigt, Einwendungen zu erheben und Rechtsbehelfe zu ergreifen, sofern er geltend macht, in seinen Rechten verletzt zu sein.

Zu Art. 74 BayBO
(Baugenehmigung und Baubeginn)

1. Die BayBO räumt einen Rechtsanspruch auf Erteilung der Baugenehmigung ein, wenn das Vorhaben den öffentlich-rechtlichen Vorschriften nicht widerspricht (Abs. 1). Danach muß das Vorhaben nicht nur mit dem Bauaufsichtsrecht, sondern u. a. auch mit den Vorschriften des Planungsrechts (z. B. Bundesbaugesetz, Baunutzungsverordnung), dem Straßen-, Wasser-, Denkmalschutz- und Naturschutzrecht übereinstimmen.

2. Bauliche Anlagen, die von vornherein aufgrund ihrer Lage oder Art oder nach dem Willen des Bauherrn nur auf eine beschränkte Zeit errichtet werden sollen, z. B. bauliche Anlagen auf künftigen Gemeinbedarfsflächen oder Behelfsbauten, können widerruflich oder befristet genehmigt werden, wenn die spätere Beseitigung gesichert ist (Abs. 5).

3. Absatz 8 regelt die Zulässigkeit des Baubeginns. Auch im Baugenehmigungsverfahren tritt die Wirkung eines Verwaltungsakts

grundsätzlich mit der Zustellung des Verwaltungsakts ein. Dieser Grundsatz ist allerdings eingeschränkt durch § 80 Abs. 1 VwGO, wonach Widerspruch und Anfechtungsklage aufschiebende Wirkung haben. Wird gegen den Baugenehmigungsbescheid Widerspruch eingelegt, so hindert der Widerspruch den Bauwerber daran, die Bauarbeiten fortzusetzen, es sei denn, die Baugenehmigung würde nach § 80 Abs. 2 Nr. 4 VwGO für sofort vollziehbar erklärt. Der Bauwerber geht somit ein Risiko ein, wenn er von einer noch anfechtbaren Baugenehmigung Gebrauch macht. Auf dieses Risiko ist im Baugenehmigungsbescheid ausdrücklich aufmerksam zu machen. Hierfür wird folgende Formulierung vorgeschlagen:

„Es wird darauf hingewiesen, daß ein Rechtsmittel gegen diesen Bescheid aufschiebende Wirkung hat. Mit den Bauarbeiten darf nicht begonnen oder fortgefahren werden, wenn und sobald gegen den Genehmigungsbescheid Widerspruch eingelegt wird. Von einer etwaigen Einlegung eines Widerspruchs werden Sie verständigt."

Vom Eingang eines Widerspruchs ist der Bauherr unter Hinweis auf die aufschiebende Wirkung des Widerspruchs unverzüglich zu verständigen. Ob die sofortige Vollziehung einer Baugenehmigung angeordnet werden kann, bestimmt sich nach § 80 Abs. 2 Nr. 4 VwGO.

4. Im beschleunigten Baugenehmigungsverfahren nach den §§ 14 ff. BauVerfV bleibt die Genehmigungspflicht eines Bauvorhabens vom Ablauf der Frist des § 17 Abs. 1 BauVerfV unberührt. Nach § 17 Abs. 2 BauVerfV kann die Genehmigungsfrist aus wichtigen Gründen verlängert werden, jedoch nicht länger als einen Monat bzw. sechs Wochen. Von der Möglichkeit einer Fristverlängerung ist nur in Ausnahmefällen Gebrauch zu machen.

Liegen die Voraussetzungen für die Durchführung eines vom Bauherrn beantragten beschleunigten Baugenehmigungsverfahrens nicht vor, so ist der Bauherr davon in jedem Fall unverzüglich zu unterrichten.

Zu Art. 79, 80 BayBO
(Bauüberwachung und Benutzung der baulichen Anlage)

1. Es liegt im pflichtgemäßen Ermessen der Bauaufsichtsbehörde, ob und inwieweit sie die Ausführung genehmigungspflichtiger Bauvorhaben selbst überwacht. Zweck dieser Regelung ist es, die Eigenverantwortung der am Bau Beteiligten zu stärken. Gleichwohl ist die Bauaufsichtsbehörde nicht von der Verpflichtung befreit, soweit es das Gemeinwohl erfordert, die Einhaltung der öffentlich-

4 VollzBek BayBO Zu Art. 85

rechtlichen Vorschriften und Anforderungen und deren ordnungsgemäße Erfüllung durch die am Bau Beteiligten zu überprüfen. Bei der Entscheidung darüber, welche Kontrollen und welche sonstige Maßnahmen vorzunehmen sind, ist besonders auf die Bedeutung der Baumaßnahme und auf die Folgen abzustellen, die eine Verletzung der Vorschriften, Anforderungen oder Verpflichtungen unter dem Gesichtspunkt des allgemeinen Wohls bringen würde. Von dem Ergebnis dieser Prüfung wird es abhängen, wie intensiv die Bauaufsichtsbehörde tätig wird. Nicht verzichtet werden kann regelmäßig auf die Abnahme einer Absteckung der Grundfläche und die Festlegung der Höhenlage einer baulichen Anlage vor Baubeginn (Art. 74 Abs. 9). Das gleiche gilt für die Prüfung, ob eine bauliche Anlage hinsichtlich Standort, Größe und Nutzung äußerlich erkennbar nach den genehmigten Plänen errichtet wird. Eingehende Baukontrollen kommen darüber hinaus z. B. in Betracht bei umfangreichen oder technisch schwierigen Anlagen, bei baulichen Anlagen besonderer Art oder Nutzung und bei Vorhaben, bei denen Gründe für die Annahme vorliegen, daß sie planabweichend ausgeführt werden könnten. Im Baugenehmigungsbescheid ist auf die Anzeigepflicht des Art. 79 Abs. 2 ausdrücklich hinzuweisen.

2. Bei der Überwachung von Gebäuden, für die aufgrund von § 12 Abs. 2 BauVerfV im Genehmigungsverfahren eine Prüfung unterblieben ist, kann die Bauaufsichtsbehörde nur solche Mängel der Standsicherheit sowie des Wärme- und Schallschutzes feststellen, die offenkundig sind.
Lassen festgestellte Mängel Gefahren für Leben oder Gesundheit befürchten, muß die Behörde nach Art. 63 Abs. 2 Satz 2 die notwendigen Maßnahmen treffen.

3. Im Rahmen der Bauüberwachung hat sich die Bauaufsichtsbehörde – soweit erforderlich – die Nachweise über die Überwachung der verwendeten Baustoffe, Bauteile und Bauarten vorlegen zu lassen.

4. Von der Möglichkeit, das Bauwerk nach Fertigstellung des Rohbaus und nach seiner abschließenden Fertigstellung zu besichtigen, wird die Bauaufsichtsbehörde nach ihrem Ermessen unter Berücksichtigung der unter Nummer 1 ausgeführten Grundsätze Gebrauch machen.

Zu Art. 85 BayBO
(Fliegende Bauten)

1. Die Aufstellung eines fliegenden Baus ist der unteren Bauaufsichtsbehörde unter Vorlage des Prüfbuchs anzuzeigen (Abs. 8 Satz 1). Der Zeitraum zwischen der Anzeige und dem Beginn der Aufstellung muß so ausreichend sein, daß u. a. auch geprüft werden kann,

ob die für die Aufstellung in Aussicht genommene Grundstücksfläche für die beabsichtigte Nutzung geeignet ist.

2. Die Gebrauchsabnahme liegt im pflichtmäßigen Ermessen der Behörde. Eine etwa nach dem Landesstraf- und Verordnungsgesetz oder der Gemeindeordnung notwendige Erlaubnis ist daneben einzuholen.

Zu Art. 91 BayBO
(Örtliche Bauvorschriften)

1. Der Erlaß örtlicher Bauvorschriften fällt in den eigenen Wirkungskreis der Gemeinden. Die Gemeinden erlassen sie durch Satzung.

2. Absatz 2 Nr. 5 ermächtigt in Verbindung mit Absatz 3 die Gemeinden u. a. dazu, in Bebauungsplänen Festsetzungen zu treffen über die zum Schutz vor schädlichen Umwelteinwirkungen oder zur Minderung solcher Einwirkungen erforderlichen Vorkehrungen. Die Ermächtigung ermöglicht insbesondere die Festsetzung immissionshemmender Maßnahmen, wie die Pflicht zum Einbau von Doppelfenstern, der grundrißmäßigen Anordnung von Aufenthaltsräumen und der immissions- oder emissionshemmenden Ausführung der Außenwände von Gebäuden. Absatz 2 Nr. 5 trägt damit den Bedenken Rechnung, die gegen entsprechende Bebauungsplanfestsetzungen auf der Grundlage des § 9 Abs. 1 Nr. 24 BBauG bestehen.

Zu Art. 93 BayBO
(Abwicklung eingeleiteter Verfahren)

Das Vierte Gesetz zur Änderung der BayBO regelt nicht die Abwicklung bereits eingeleiteter Verfahren. Die Übergangsvorschrift des Art. 93 (Art. 108 a. F.) erfaßt lediglich Verfahren, die vor dem Inkrafttreten der BayBO in der Fassung vom 1. August 1962 eingeleitet waren. Die vor dem Inkrafttreten des Vierten Änderungsgesetzes eingeleiteten Verfahren sind somit nach den neuen Verfahrensvorschriften weiterzuführen.

Bereits eingeleitete Baugenehmigungsverfahren für Vorhaben, die nach Art. 66 seit dem 1. Juli 1982 genehmigungsfrei sind, können nach Antragsrücknahme oder Erledigung der Hauptsache durch die Einstellung des Verfahrens abgeschlossen werden. Der Antragsteller ist von dieser Möglichkeit zu unterrichten. Die Kostenentscheidung richtet sich in diesen Fällen nach Art. 10 Abs. 2 KG. In der Regel ist von dem geringstmöglichen Gebührenansatz auszugehen.

Auch die materiellen Vorschriften des Änderungsgesetzes treten ohne Übergangsregelung in Kraft.

4 VollzBek BayBO

III.

Aufgehoben werden
- die Bekanntmachung zum Vollzug der Bayerischen Bauordnung vom 12. Juli 1976 (MABl. S. 741) und
- die Bekanntmachung über den verantwortlichen Bauleiter (Art. 76 BayBO) vom 22. März 1963 (MABl. S. 166).

5. Beschleunigung des Baugenehmigungsverfahrens

Bekanntmachung des Bayerischen Staatsministeriums des Innern

Nr. II B – 4116.1 – 1.4

Vom 7. August 1982 (MABl. S. 485)

Die Bayerische Bauordnung in der Fassung der Bekanntmachung vom 2. Juli 1982 (GVBl. S. 419) hat die baugenehmigungsfreien Tatbestände wesentlich erweitert und die Bauaufsichtsbehörden dadurch von der Bearbeitung einer großen Zahl von Bauanträgen entbunden. Außerdem schaffen die Bayerische Bauordnung und die Verordnung über das bauaufsichtliche Verfahren – u. a. durch Bauzustandsbesichtigungen an Stelle von Rohbau- und Schlußabnahme, Prüfung und Überwachung der anerkannten Regeln der Technik nur im Rahmen der eingeführten technischen Baubestimmungen, bautechnische Prüfung bestimmter Vorhaben nur auf Antrag, beschleunigtes Baugenehmigungsverfahren – die Voraussetzung dafür, die verbleibenden Baugenehmigungsverfahren zügiger abzuwickeln. Weitere Möglichkeiten der Beschleunigung liegen im organisatorischen Bereich der Bauaufsichtsbehörden. Dieser ist in erster Linie Angelegenheit des jeweiligen Rechtsträgers der Bauaufsichtsbehörde und unterliegt der Dispositionsbefugnis des Behördenleiters.

Um das Baugenehmigungsverfahren weiter zu vereinfachen, zu beschleunigen und sonst zu verbessern, gibt das Staatsministerium des Innern zum Verfahrensablauf bei den Bauaufsichtsbehörden und den am Verfahren beteiligten Behörden (Trägern öffentlicher Belange) die nachfolgenden Hinweise und Empfehlungen. Sie beruhen insbesondere auf der Organisationsuntersuchung der Baugenehmigungsverfahren bei bayerischen Landratsämtern vom Januar 1978 und auf dem Gutachten ,,Rationalisierung von Baugenehmigungsverfahren durch Standardisierung" von Diederichs/Platz, München 1978, dem eine Untersuchung mehrerer unterer Bauaufsichtsbehörden in Bayern und Baden-Württemberg zugrunde liegt.

1. Beratung durch die Bauaufsichtsbehörde

1.1 Das Reifen des Bauentschlusses, das Beschaffen des geeigneten Grundstücks und die Sicherung der Finanzierung des Bauvorhabens erfordern häufig ein Vielfaches der Zeit, die vom Einreichen des Bauantrags bei der Gemeinde (Art. 69 Abs. 1 Satz 1 BayBO) bis zur Entscheidung der Bauaufsichtsbehörde über den Bauantrag (Art. 74 BayBO) vergeht. Schon diesen Zeitraum vor Be-

5 VollzBek BayBO Beschleunigung des

ginn des Baugenehmigungsverfahrens kann der Bauherr dazu nutzen, in wesentlichen Punkten auch baurechtlich Klarheit über sein Vorhaben zu gewinnen. Die Bauaufsichtsbehörde hat die Aufgabe, den Bauherrn oder seinen Entwurfsverfasser schon in diesem Stadium zu beraten. Bereits bei den ersten Bauüberlegungen ist z. B. darauf zu achten,
- ob das Grundstück bebaubar ist und womit es bebaut werden darf;
- ob bis zur Bezugsfertigkeit des geplanten Bauwerks die Erschließung gesichert ist;
- welche bauplanungs- und bauordnungsrechtlichen Vorschriften und Festsetzungen beachtet werden müssen;
- welche Unterlagen dem Bauantrag beigefügt werden müssen.

1.2 Eine Hilfe bietet die Informationsschrift „Starthilfe für Bauherren", herausgegeben vom Staatsministerium des Innern. Den Bauaufsichtsbehörden wird empfohlen, weitere Hinweise zu geben; in Betracht kommen z. B.
- Unterrichtung der Bauvorlagenberechtigten über wichtige neue Regelungen;
- allgemeine, nicht projektbezogene Beratungstätigkeit der Behörden für Bauvorlagenberechtigte (besondere Sprechtage oder Vortragsveranstaltungen);
- Bereitstellen von Mustern ordnungsgemäß ausgefüllter Bauanträge;
- Zusammenstellung örtlicher Bauvorschriften;
- Hinweise auf häufig vorkommende Auflagen und Beanstandungen;
- Angaben über Bezugsquellen für Bauantragsvordrucke, Besuchszeiten, Baubezirke, zuständige Sachbearbeiter.

2. Bauvorlagen

2.1 Das Verfahren verzögert sich, wenn die Bauvorlagen unvollständig sind oder nicht den Anforderungen der Verordnung über das bauaufsichtliche Verfahren entsprechen. Da die Beseitigung solcher Mängel, die vom Bauherrn oder von seinem Entwurfsverfasser zu vertreten sind, erfahrungsgemäß im Durchschnitt mehrere Wochen beansprucht, liegt hier ein wichtiger Ansatzpunkt, um dem Bauherrn zu einem schnelleren Baubeginn zu verhelfen. Die Gemeinden (Verwaltungsgemeinschaften) sollen deshalb, sobald der Bauantrag bei ihnen eingereicht ist (Art. 69 Abs. 1 Satz 1 BayBO), das Vorliegen der Nachbarunterschriften und die förmliche Vollständigkeit der Bauvorlagen überprüfen und gemäß Art. 69 Abs. 1 Satz 3 BayBO die Beseitigung von Mängeln veranlassen.

Baugenehmigungsverfahrens **VollzBek BayBO 5**

2.2 Sofern sie nicht selbst zur Entscheidung zuständig ist, legt die Gemeinde den Bauantrag mit ihrer Stellungnahme unverzüglich der zuständigen Bauaufsichtsbehörde vor (Art. 69 Abs. 1 Satz 2 BayBO). Diese Verpflichtung besteht unabhängig von der rechtlichen Beurteilung des Bauantrags durch die Gemeinde. Die Gemeinde darf insbesondere nicht den Bauantrag zurückhalten, bis etwa Fragen der Erschließung oder der Nachfolgelasten geklärt sind.

– Die Stellungnahme zu dem Bauantrag muß, wenn ein gesetzlich vorgesehenes Mitwirkungsrecht der Gemeinde berührt ist (insbesondere § 36 BBauG), in der Regel im Gemeinderat oder im zuständigen Ausschuß des Gemeinderats behandelt werden. In großen Gemeinden, insbesondere in kreisfreien Städten, werden Bauvorhaben kleineren Ausmaßes und geringerer Bedeutung im Einzelfall als ,,laufende Angelegenheit" im Sinn des Art. 37 Abs. 1 Nr. 1 GO angesehen werden können.

– Berührt der Bauantrag kein Mitwirkungsrecht der Gemeinde, so wird die Stellungnahme auch in mittleren Gemeinden häufig als ,,laufende Angelegenheit" gelten, so daß der erste Bürgermeister (die Gemeindeverwaltung) die Stellungnahme in eigener Zuständigkeit abgeben kann.

Die Zuständigkeitsabgrenzung bemißt sich nicht nur nach Art, Umfang und Bedeutung des Bauvorhabens, sondern auch nach Größe und Leistungsfähigkeit der Gemeinde. Der Gemeinderat kann diese Abgrenzung durch Richtlinien nach Art. 37 Abs. 1 Satz 2 GO näher konkretisieren, etwa indem er Fallgruppen bildet. Darüber hinaus hat er nach Art. 37 Abs. 2 Satz 1 GO* die Möglichkeit, die Stellungnahmen allgemein oder für bestimmte Fallgruppen auf den ersten Bürgermeister zur selbständigen Erledigung zu übertragen. Gemeinden mit reger Bautätigkeit wird empfohlen, von diesen Möglichkeiten Gebrauch zu machen.

Die Gemeinden werden ferner gebeten, darauf zu achten, daß die Sitzungen des Gemeinderats oder des Ausschusses in angemessen kurzen Abständen angesetzt und inzwischen eingereichte Bauanträge in nächstfolgendem Termin behandelt werden.

2.3 Die Bauaufsichtsbehörde überprüft unmittelbar nach Eingang des Bauantrags die Bauvorlagen auf ihre Vollständigkeit und Richtigkeit. Sind Unterlagen inhaltlich unvollständig oder fehlerhaft, so sind sie, soweit erforderlich, nach Art. 71 Abs. 2 BayBO umgehend unter genauer Bezeichnung der Mängel und Fehler zur Berichtigung zurückzugeben. Werden weitere Unterlagen benötigt, ist der Bauherr oder sein Vertreter unverzüglich aufzu-

---

* Im eigenen Wirkungskreis mit Inkrafttreten des Gesetzes zur Vereinfachung kommunalrechtlicher Vorschriften vom 20. 7. 1982 (GVBl. S. 471) am 1. Januar 1983.

fordern, sie nachzureichen. Dies soll aktenkundig festgehalten werden. Reicht ein Bauvorlagenberechtigter Bauvorlagen wiederholt mit schwerwiegenden Mängeln ein, wird das Anlaß sein, ggf. unter Beteiligung der berufsständischen Einrichtungen zu prüfen, ob der Entwurfsverfasser die erforderliche Sachkunde und Erfahrung nach Art. 60 BayBO besitzt.

Um Verzögerungen im Ablauf des Baugenehmigungsverfahrens soweit als möglich zu vermeiden, soll auch trotz fehlender oder mangelhafter Bauvorlagen das Verfahren weiterbetrieben werden, sofern die Mängel nur gering sind oder die Unterlagen für die Vorbehandlung, die Anhörung von Trägern öffentlicher Belange oder die Heranziehung von Sachverständigen entbehrt werden können. Nach Art. 69 Abs. 2 Satz 2 BayBO kann gestattet werden, einzelne Bauvorlagen nachzureichen. Für den Nachweis der Standsicherheit, des Wärme- und Schallschutzes, des Brandschutzes und die Bewehrungspläne ermöglicht dies § 5 Abs. 3 der Bauaufsichtlichen Verfahrensverordnung (BauVerfV) auch noch für die Zeit nach Erteilung der Baugenehmigung.

Unter Umständen bedeutet es für den Bauherrn ein nicht unerhebliches Risiko, wenn er bereits beim Einreichen der Baupläne zur Genehmigung die vollständigen Unterlagen vorlegen muß. Da die Anfertigung der oftmals umfangreichen Bauvorlagen mehrere Monate in Anspruch nehmen kann, würde sich dadurch der Baubeginn erheblich verzögern. Bestehen keine technischen oder rechtlichen Bedenken, so sollte von Art. 69 Abs. 2 Satz 2 BayBO Gebrauch gemacht werden. Die Baugenehmigung ist dann unter einer entsprechenden Auflage zu erlassen, die beispielsweise wie folgt gefaßt werden kann:

„Mit der Erstellung von Bauteilen, für die Konstruktionszeichnungen, wie z. B. Bewehrungspläne, erforderlich sind, darf erst begonnen werden, wenn diese Unterlagen geprüft bei der zuständigen Bauaufsichtsbehörde vorliegen."

Je nach Lage des Einzelfalls kann auch die Baugenehmigung unter der aufschiebenden Bedingung erteilt werden, daß spätestens vor Beginn der Bauausführung die entsprechenden Unterlagen geprüft bei der zuständigen Bauaufsichtsbehörde vorliegen müssen. In geeigneter Weise ist sicherzustellen, daß die Auflagen oder Bedingungen eingehalten werden.

2.4 Erfahrungsgemäß verteilen sich die Bauanträge nicht gleichmäßig über das Jahr, sondern werden vor allem im Frühjahr in besonders großer Zahl eingereicht. Der Bauherr kann dadurch für eine raschere Behandlung seines Bauantrags sorgen, daß er seinen Antrag in einer Zeit mit geringerem Arbeitsanfall, also z. B. im Hochsommer oder im Winter, einreicht. Der Bauherr soll bei der Beratung hierauf hingewiesen werden.

Baugenehmigungsverfahrens **VollzBek BayBO 5**

3. Träger öffentlicher Belange und Sachverständige

3.1 Die Dauer des Baugenehmigungsverfahrens wird erheblich durch die Zeit bestimmt, die die Anhörung der Träger öffentlicher Belange oder Sachverständiger beansprucht. Deshalb muß ein zügiger Ablauf dieser Verfahrensstufe angestrebt werden.
Schon bei der Vorprüfung (vgl. Nr. 2.1) ist zu ermitteln, ob und welche anderen Stellen voraussichtlich beteiligt werden müssen. Es sollen nur diejenigen Dienststellen und Sachverständigen beteiligt werden, die aus rechtlichen oder sachlichen Gründen angehört werden müssen. Die Bauaufsichtsbehörde setzt regelmäßig schon im Anschreiben eine Frist für die Stellungnahme eines Trägers öffentlicher Belange. Sie weist zugleich darauf hin, daß bei Ausbleiben der Stellungnahme innerhalb der Frist unterstellt werden kann, daß die von diesen Behörden und Stellen wahrzunehmenden öffentlichen Belange durch den Bauantrag nicht berührt werden (Art. 71 Abs. 1 Satz 3 BayBO). Die Frist muß – auch im Hinblick auf die Schwierigkeit und den Umfang der von dem Träger öffentlicher Belange zu bewältigenden Aufgabe – angemessen sein. Ist innerhalb der Frist keine Stellungnahme des Trägers öffentlicher Belange bei ihr eingegangen, so kann die Bauaufsichtsbehörde unterstellen, daß der Träger öffentlicher Belange keine Bedenken gegen das Vorhaben hat, wenn nicht Fragen der öffentlichen Sicherheit berührt sind oder die Umstände eine Äußerung des Trägers öffentlicher Belange erforderlich erscheinen lassen. Sind bei dem Bauvorhaben mehrere Träger öffentlicher Belange zu beteiligen, so sollen sie, soweit wie möglich, gleichzeitig gehört werden. Soweit dafür zusätzliche Fertigungen von Bauvorlagen erforderlich sind (vgl. § 1 Abs. 2 Satz 2 BauVerfV), ist der Vorteil der Zeitersparnis gegen den Nachteil zusätzlicher Kosten, ggf. unter Beteiligung des Bauherrn, abzuwägen.

3.2 Wo immer es zweckmäßig ist, insbesondere, wenn eine ausreichende Zahl notwendiger Beteiligungen in einem angemessenen Zeitraum anfällt, soll die Anhörung in Form von Besprechungsterminen abgewickelt werden. Auf diese Weise lassen sich die Vorstellungen und die etwa notwendigen Auflagen oder Bedingungen am besten aufeinander abstimmen.

3.3 Zur Beschleunigung kann beitragen, wenn Träger öffentlicher Belange für ihre Stellungnahmen Vordrucke oder Textbausteine verwenden. In geeigneten Fällen soll eine gutachtliche Stellungnahme für mehrere gleichartige Bauanträge abgegeben werden (sog. Sammelgutachten).

5 VollzBek BayBO

4. Personaleinsatz

4.1 Es wird empfohlen, die Personalbesetzung der Bauabteilungen an der mittelfristig erwarteten Zahl der Bauanträge auszurichten.

4.2 Bei der Aufgabenzuordnung sollte beachtet werden, daß durch Zusammenfassung gleicher oder verwandter Aufgaben regelmäßig der Aufgabenbereich besser erledigt, leichter überblickt und die Aufsichts- und Leitungsfunktion genauer wahrgenommen werden können. Vor allem ist eine Trennung in einen technischen und einen nichttechnischen Aufgabenbereich erforderlich. Sachbearbeiter, zwischen denen die dichtesten Imformationsbeziehungen bestehen, sollten in räumlicher Nähe, unter Umständen in einem Raum, zusammenarbeiten.

5. Arbeitsgruppen

5.1 Bei den meisten Bauaufsichtsbehörden erreichen Personalausstattung und Arbeitsanfall eine Größe, die es zweckmäßig erscheinen läßt, Arbeitsgruppen zu bilden, in denen nichttechnische und technische Sachbearbeiter bei getrennten Aufgabenbereichen zusammengefaßt werden. Die Baubezirke sollten so abgegrenzt werden, daß für die Sachbearbeiter die Überschaubarkeit gewährleistet bleibt und sie sich in ihrem Bezirk genau auskennen können. Die einzelnen Gruppen müssen gleichmäßig ausgelastet sein. Ein gleichmäßiger Gesetzesvollzug muß sichergestellt werden, z. B. durch Besprechungen, Schulungen, Anweisungen und Kontrolle.

5.2 Bei der Bildung von Arbeitsgruppen sollte noch folgendes bedacht werden:
Es sollen nach Möglichkeit die Dienstkräfte zusammenarbeiten, zwischen denen von ihren Aufgaben und vom Informationsfluß her die dichteste Verflechtung besteht. Dies kann je nach der Zusammensetzung der Arbeitsgruppe, dem Schwerpunkt der Bearbeitung sowie den neben der Prüfung von Bauanträgen zugeordneten Aufgaben unterschiedlich sein. Die Zusammenarbeit technischer und nichttechnischer Sachbearbeiter in einer Arbeitsgruppe und in einem Raum erscheint in den Fällen vorteilhaft, in denen beide vorwiegend mit Baugenehmigungsverfahren befaßt sind. Hier kann die Prüfung durch gegenseitige Anregungen ergänzt und die Behandlung durch frühzeitige Abstimmung beschleunigt werden.

5.3 Unter Beachtung dieser Gesichtspunkte kann eine Arbeitsgruppe z. B. wie folgt zusammengesetzt sein: zwei technische Sachbearbeiter (Ingenieur und Techniker), ein Verwaltungssachbearbeiter, ein oder zwei Baukontrolleure. Die Zahl der von der Arbeitsgruppe jährlich zu betreuenden Bauanträge sollte im Regelfall bei 700 bis 800 liegen.

6. Parteiverkehr

Die Zeit des Parteiverkehrs kann für eine zügige und beschleunigte Bearbeitung von Bauanträgen häufig nicht genutzt werden. Andererseits ist es im Interesse einer bürgerfreundlichen Verwaltung kaum möglich, den Parteiverkehr wesentlich einzuschränken. Die Bauaufsichtsbehörden werden vielmehr einen Kompromiß finden müssen, der an den örtlichen Verhältnissen ausgerichtet ist. Auf die Bekanntmachung vom 23. September 1977 (MABl. S. 698, StAnz. Nr. 41 S. 2) zum langen Behördentag wird hingewiesen.

7. Ablauforganisation

7.1 Die zweckmäßige Ablauforganisation muß für die einzelne Behörde ermittelt und gestaltet werden. Die folgende Phaseneinteilung soll allgemeine Anhaltspunkte bieten:

Phase 1:
Einlauf bei der Bauaufsichtsbehörde
Neben den bürotechnischen Arbeitsvorgängen (Registrieren des Bauantrags, Anlegen der Bauakte, ggf. eines Formularsatzes) sollte in dieser Phase bereits die Vollständigkeit des Bauantrags und der Bauvorlagen geprüft werden.

Phase 2:
Rechtliche und technische Vorprüfung
Neben der Überprüfung der Genehmigungspflicht und -fähigkeit ist zu entscheiden, ob und welche anderen Stellen beteiligt werden müssen.

Phase 3:
Zusatzzeiten
Dieser Phase werden behördeninterne Vorgänge zugeordnet, die zwischen der Vorprüfung und der Hauptprüfung anfallen können, wie z. B. ein behördeninternes Umlaufverfahren mit schrittweiser Sachbearbeitung oder das Ruhen der Bearbeitung, solange für den weiteren Fortgang des Verfahrens benötigte Unterlagen, wie z. B. Stellungnahmen von Trägern öffentlicher Belange, noch nicht vorliegen. Diesem Zeitraum werden auch behördenexterne Vorgänge zugerechnet, wie die Anhörung oder Beteiligung anderer Behörden oder Stellen, die Nachforderung fehlender Unterlagen oder die Beseitigung von Mängeln in den Bauvorlagen. Diese Zeiten sollten durch parallele Bearbeitung der Bauanträge – anstelle des Umlaufverfahrens – bei verschiedenen zu beteiligenden Stellen verkürzt werden.

Phase 4:
Abschließende technische Prüfung
Hier handelt es sich um die abschließende Überprüfung der Genehmigungsfähigkeit des Bauantrags aus technischer Sicht und um den Entwurf des technischen Teils des Bescheids.

Phase 5:
Abschließende rechtliche Prüfung
Hier handelt es sich um die abschließende Prüfung der Genehmigungsfähigkeit aus planungs- und baurechtlicher Sicht; ferner wird der endgültige Bescheid einschließlich der Gebührenberechnung erstellt.
Die Phasen 4 und 5 können zusammengefaßt werden.

Phase 6:
Auslauf
Das Verfahren bis zur Erteilung des Baugenehmigungsbescheids schließt ab mit dem Schreiben des Bescheids, der Unterschrift und den verwaltungstechnischen Vorgängen, die mit dem Auslaufen des Bescheids verbunden sind.
An die Phase 6 schließen sich Bauüberwachung, Bauzustandsbesichtigung und ggf. sonstige Aufgaben an, die die Bauaufsichtsbehörde im Zusammenhang mit der Baugenehmigung wahrzunehmen hat.

7.2 Sehr nützlich kann die Verwendung eines Bearbeitungsbogens sein, der sich auf die wesentlichen und regelmäßig zu prüfenden Punkte beschränken sollte. Bearbeitungsvorgänge, die nur selten auftreten und Prüfungen und Würdigungen, die aufgrund der Bauvorlagen, insbesondere der Bauzeichnungen, vorgenommen werden müssen, sind für einen allgemeinen Bearbeitungsbogen nicht geeignet. Sofern solche Arbeitsschritte gegliedert vorgegeben werden können, sollte das in gesonderten ,,Fragebogen" geschehen.

7.3 Die Laufzeit von Bauanträgen wird wesentlich durch die Liegezeiten bestimmt; die reine Bearbeitungszeit macht regelmäßig nur einen geringen Anteil an der gesamten Laufzeit des Bauantrags aus. Die Liegezeiten steigen mit der Zahl der Bearbeitungsstationen. Die Zahl der Bearbeitungsstationen muß deshalb auf das unbedingt erforderliche Maß beschränkt werden.

7.4 Werden Mängel und Probleme des Bauantrags zu spät erkannt, so führt das zu Wiederholungen und Verzögerungen. Deshalb sollte das Überprüfen der Genehmigungspflicht, der Genehmigungsfähigkeit und von Mängeln in den Bauvorlagen im Verfahrensablauf soweit wie möglich am Anfang stehen.

7.5 Zur Beschleunigung des Verfahrens tragen regelmäßige Amtstage und Ortsbesichtigungen mit gemeinsamer Sitzung beteiligter

Behörden und Stellen bei, um Bauanträge an Ort und Stelle zu besprechen und – soweit möglich – auch über Probleme zu entscheiden. Davon sollte möglichst viel Gebrauch gemacht werden.

7.6 Ist dem Bauantrag zu entnehmen, daß die Anerkennung als steuerbegünstigte Wohnung oder die Förderung im Rahmen des Sozialen Wohnungsbaus beantragt ist oder beantragt werden soll, so ist die Bearbeitung in den Bereichen Bauaufsicht, Wohnungsbauförderung und Anerkennung steuerbegünstigter Wohnungen zu koordinieren. Die Baugenehmigung, die Bewilligung von Wohnungsbauförderungsmitteln und die Anerkennung steuerbegünstigter Wohnungen sind jeweils selbständige Verwaltungsakte. Trotzdem sind das Baugenehmigungsverfahren einerseits und die technische Prüfung im Bewilligungsverfahren durch die Bewilligungsstelle oder das Verfahren der Anerkennung steuerbegünstigter Wohnungen nach §§ 82 und 83 II. WoBauG andererseits soweit aufeinander abzustimmen, daß bis zur Erteilung der Baugenehmigung auch die technische Prüfung des Förderungsantrags oder der Wohnflächenberechnung aufgrund des Anerkennungsantrags abgeschlossen ist. Stellt sich dabei heraus, daß eine Förderung der geplanten Wohnungen oder ihre Anerkennung als steuerbegünstigt aus technischen Gründen, z. B. wegen unzweckmäßiger Grundrißgestaltung oder Überschreitung der Wohnflächengrenzen, voraussichtlich abgelehnt werden müßte, so hat der Antragsteller bei dieser Verfahrensweise nach einem Hinweis der Bauaufsichtsbehörde noch Gelegenheit, die einer Bewilligung oder Anerkennung entgegenstehenden Hindernisse durch eine Änderung seiner Planung auszuräumen, bevor über seinen Bauantrag entschieden wird. Er vermeidet so zusätzliche Gebühren für die Genehmigung von Tekturplänen und unter Umständen auch zusätzliches Honorar für deren Anfertigung. Besteht der Antragsteller darauf, ihm die Baugenehmigung zu erteilen, bevor die technische Prüfung des Förderungs- oder des Anerkennungsantrags abgeschlossen ist, sollte er auf die möglichen Folgen hingewiesen werden. Diese Verfahrensweise darf allerdings nicht dazu führen, daß die Baugenehmigung bis zur Bewilligung der Wohnungsbauförderungsmittel zurückgestellt wird. Auch wenn der Antragsteller vor der Bewilligung der Förderungsmittel regelmäßig nicht mit dem Bau beginnen darf, ist ihm in vielen Fällen an einer raschen Entscheidung über seinen Bauantrag gelegen, weil er die Zwischenzeit für eine sorgfältige Werkplanung und die Ausschreibungsvorbereitungen nutzen will oder weil er mit Nachbareinsprüchen rechnet, die ein zeitraubendes verwaltungsgerichtliches Verfahren auslösen.

7.7 Für einen zügigen Ablauf des Baugenehmigungsverfahrens ist es vorteilhaft, wenn sich die Bauaufsichtsbehörde selbst Zeitgrenzen setzt, innerhalb deren bestimmte Verfahrensphasen abgewickelt sein sollen. Solche Sollzeiten können besonders für die Vorbehandlung des Antrags, die Vollständigkeitsprüfung der Angaben auf dem Antrag und für die abschließende büromäßige Behandlung des Bescheids zweckmäßig sein. Die Sollzeiten können allerdings nur behördeninterne Bedeutung haben.

8. Delegation von Entscheidungsbefugnissen
Entscheidungsbefugnisse sollten in vertretbarem Umfang delegiert werden, um die Kommunikation und Information zu entlasten. Das Weisungsrecht des Vorgesetzten muß allerdings in jedem Fall gewährleistet bleiben. Von einer Delegation sind die Fälle auszunehmen, in denen nach Art oder Bedeutung des Bauvorhabens, wegen der rechtlichen oder technischen Schwierigkeiten des Falles oder wegen der erheblichen Auswirkung der Entscheidung die Entscheidungsbefugnis höher angesetzt werden muß. Beispielhaft sind hierfür zu nennen:
– Entscheidungen über Außenbereichsvorhaben (§ 35 BBauG),
– Entscheidungen über Vorhaben innerhalb der im Zusammenhang bebauten Ortsteile (§ 34 BBauG) mit Ausnahme einfacher Fälle,
– Entscheidungen über Vorhaben während der Aufstellung eines Bebauungsplans (§ 33 BBauG),
– Entscheidungen über Befreiungen,
– ablehnende Entscheidungen mit großer Tragweite,
– schwierige gestalterische Fragen.

9. Vordrucke, Formulare, Checklisten
9.1 Geeignete Vordrucke, Formulare, Checklisten und Textbausteine beschleunigen und vereinfachen das Baugenehmigungsverfahren. Dabei lassen sich folgende Gruppen von Hilfsmitteln unterscheiden:
– Vordrucke, Formulare oder Checklisten zur Sachbearbeitung im Amt, die teilweise gleichzeitig Diktierhilfen sind;
– Vordrucke, Formulare oder Checklisten zur Abgabe von Stellungnahmen der Träger öffentlicher Belange oder anderer Behörden und Stellen;
– Diktierhilfen zum Entwerfen und Schreiben des Bescheids;
– Vordrucke für den Schriftverkehr im Zusammenhang mit dem Verfahren;
– Texthandbücher mit Textbausteinen für den Gebrauch im Zusammenhang mit oder ohne Schreibautomaten. Sie können auf

die im Amt beteiligten Sachgebiete oder auch auf die Stellungnahme anderer Behörden und Stellen abgestellt sein.

9.2 Wird ein Textbausteinkatalog eingerichtet, so ist zu beachten:

9.2.1 Die Textbausteine müssen in einem übersichtlich aufgebauten, anwendungsfreundlichen, mit Stichwörtern, Ordnungszahlen und Selektionsnummern versehenen Texthandbuch zusammengefaßt werden. Bei der Vielzahl möglicher Auflagen im Baugenehmigungsbescheid ist eine erschöpfende Anführung im Texthandbuch nicht möglich. Die Arbeit wird schon dadurch sehr erleichtert, daß die große Zahl der häufig wiederkehrenden Nebenbestimmungen in dem Texthandbuch erfaßt ist.

9.2.2 Die Träger öffentlicher Belange und – soweit möglich – auch die Sachverständigen sollten ihre Stellungnahmen und Gutachten bescheidgerecht zusammenfassen. Auch für sie kann der Einsatz von Texthandbüchern zweckmäßig sein.

10. Schreibdienst

10.1 Im Baugenehmigungsverfahren wird in der Regel der Einsatz von Schreibautomaten zweckmäßig sein, da häufig wiederkehrende Standardformulierungen und viele gleichlautende Anforderungen und Mitteilungen mit gleichlautenden Texten oder gleichen Stammdaten anfallen. Zu denken ist etwa an die Eingangsbestätigung für den Bauherrn, die Anforderung weiterer Unterlagen, die Benachrichtigung von Nachbarn, die Bearbeitungsbogen für die Sachbearbeiter, die Anhörung der Träger öffentlicher Belange, die Heranziehung von Sachverständigen, die Abnahmebescheinigungen usw.

10.2 Voraussetzung für den Einsatz eines Schreibautomaten ist ein detailliertes Formularwesen. Außerdem müssen die Schreibvorgänge soweit wie möglich konzentriert werden, um den Zeitvorteil des Automaten zu nutzen. Das bedingt eine weitgehende Vorverlagerung von Schreibarbeiten in die Phase 1. Schon beim Einlauf werden die Vorgänge mit allen für die Bearbeitung notwendigen Vordrucken, Karteikarten und Kurzmitteilungen versehen, die bereits mit den erforderlichen Stammdaten beschrieben sind.

10.3 Die Aufbau- und vor allem die Ablauforganisation müssen auf den Einsatz des Schreibautomaten ausgerichtet sein. Hier wird es erforderlich sein, in Form eines Organisationsschemas die einzelnen Schritte des Verfahrensablaufs festzulegen. Dabei ist zu beachten, daß der Ausfall des Geräts zu erheblichen Störungen dieses Verfahrensablaufs führen wird. Deshalb kommt der Vertretungsregelung für das Bedienungspersonal und einem zuverlässigen Kundendienst große Bedeutung zu. Außerdem wird auch für diesen Fall ein Organisationsschema bereitgehalten werden müssen.

11. Aktenverwaltung

11.1 Die Zuständigkeit für die Registratur sollte bei der Stelle liegen, welche die Übersicht über den gesamten Aktenbestand hat. Sie führt die Kartei und – soweit erforderlich – das Bautagebuch. Um eine langwierige Suche nach in Bearbeitung befindlichen Bauakten zu vermeiden, sollte bei der Bearbeitung eine Kurzmitteilung mittels Durchschrift an die zentrale Registraturstelle zur Kontrolle gegeben werden. Der schnelle Zugriff auf laufende und der ohne Schwierigkeiten mögliche Rückgriff auf abgeschlossene Vorgänge muß gewährleistet sein.

11.2 In Bearbeitung befindliche Bauakten sollten möglichst zentral für die technischen und für die nichttechnischen Sachbearbeiter zu erreichen sein, damit z. B. Schnellauskünfte im Parteiverkehr gegeben werden können. Hierbei spielen neben den räumlichen Verhältnissen und der Organisation der Sachbearbeitung auch die verfügbaren Transportmittel eine Rolle. Bei der Altregistratur und der Ablage von Bauakten nach Abschluß des bauaufsichtlichen Verfahrens sind die räumlichen Verhältnisse, Transportwege und Transportmittel, die Aktensicherheit, Gesamtorganisation der Aktenverwaltung sowie Personalgesichtspunkte untereinander abzuwägen.

6. Garagenverordnung (GaV)

Vom 12. Oktober 1973 (BayRS 2132–1–4–I)

Auf Grund von *Art. 106 Abs. 1 Nrn. 1 bis 3 in Verbindung mit Art. 86 Abs. 2 Satz 3 und Art. 98 Abs. 7* der Bayerischen Bauordnung (BayBO)* *und Art. 44 Abs. 3* des Landesstraf- und Verordnungsgesetzes (LStVG),** erläßt das Bayerische Staatsministerium des Innern folgende Verordnung:

Inhaltsübersicht

Abschnitt 1. Begriffe
§ 1 Begriffe

Abschnitt 2. Bauvorschriften
§ 2 Zu- und Abfahrten
§ 3 Rampen
§ 4 Stellplatz- und Verkehrsflächen
§ 5 Lichte Höhe
§ 6 Wände und Stützen
§ 7 Decken, Dächer und Fußböden
§ 8 Brandabschnitte
§ 9 Verbindung zwischen Garagengeschossen
§ 10 Verbindung der Garagen mit anderen Räumen
§ 11 Rettungswege
§ 12 Aufenthaltsräume und Abortanlagen
§ 13 Beleuchtung und andere elektrische Anlagen
§ 14 Lüftung
§ 15 Unzulässigkeit von Zündquellen
§ 16 Feuerlöscheinrichtungen
§ 17 Feuermeldeeinrichtungen
§ 18 Tankstellen, Waschanlagen und Arbeitsgruben
§ 19 Garagen für mit Gas betriebene Kraftfahrzeuge
§ 20 Zusätzliche Bauvorlagen

Abschnitt 3. Betriebsvorschriften
§ 21 Verkehrssicherung
§ 22 Schutz gegen Vergiftung
§ 23 Feuergefährliche Stoffe und Rauchverbot
§ 24 Abstellen von mit Gas betriebenen Kraftfahrzeugen
§ 25 Abstellen von Kraftfahrzeugen in anderen Räumen als Garagen

Abschnitt 4. Prüfungen und Schlußvorschriften
§ 26 Prüfungen
§ 27 Anwendung der Betriebsvorschriften auf bestehende Garagen
§ 28 Weitere Anforderungen und Erleichterungen
§ 29 Ordnungswidrigkeiten
§ 30 Inkrafttreten

---

* Nunmehr Art. 90 Abs. 1 Nrn. 1, 3 bis 5, Abs. 3 und 4 BayBO.
** Nunmehr Art. 38 Abs. 3 LStVG (abgedruckt unter Nr. 26).

Abschnitt 1. Begriffe

§ 1 Begriffe

(1) Garagen und Garagengeschosse gelten als oberirdisch, wenn ihre Fußböden im Mittel nicht mehr als 1,3 m unter der Geländeoberfläche oder mindestens an einer Seite in Höhe oder über der Geländeoberfläche liegen.

(2) Garagenabschnitte in sonst anders genutzten Geschossen stehen Garagengeschossen gleich.

(3) Offene Garagen sind Garagen oder Garagenabschnitte in oberirdischen Geschossen, die unmittelbar ins Freie führende und so verteilte unverschließbare Öffnungen in einer Größe von insgesamt mindestens einem Drittel der Gesamtfläche der Umfassungswände haben, daß auch bei eingebauten Wetterschutzvorrichtungen überall eine ständige Querlüftung vorhanden ist und im Brandfall die Abführung von Hitze und Rauch ins Freie nicht wesentlich behindert wird.

(4) Stellplätze mit Schutzdächern gelten als offene Garagen.

(5) ^{1} Die Nutzfläche einer Garage ist die Summe ihrer Abstell- und Verkehrsflächen. Abstell- und Verkehrsflächen für Stellplätze auf Dächern (Dachstellplätze) werden der Nutzfläche nicht zugerechnet. ^{2} Die Abstellfläche ist die Summe der Flächen der Garagenstellplätze. ^{3} Es sind Garagen mit einer Nutzfläche

1. bis   100 m² Kleingaragen,
2. über   100 m² bis 1000 m² Mittelgaragen,
3. über 1000 m² Großgaragen.

Abschnitt 2. Bauvorschriften

§ 2 Zu- und Abfahrten   VOR RAMPEN WARTEPL.

(1) Zu- und Abfahrten von Garagen bis zur öffentlichen Verkehrsfläche sind so anzuordnen, daß der Verkehr auf den öffentlichen Verkehrsflächen gut zu übersehen ist und sowenig wie möglich beeinträchtigt wird.

(2) ^{1} Vor Schranken, Garagentoren und anderen die freie Zufahrt zur Garage zeitweilig hindernden Anlagen sowie vor mechanischen Förderanlagen für Kraftfahrzeuge ist ein Stauraum für wartende Kraftfahrzeuge vorzusehen. ^{2} Ausnahmen können gestattet werden, wenn wegen der Sicherheit oder Ordnung des Verkehrs keine Bedenken bestehen.

(3) ^{1} Die Breiten der Fahrbahnen von Zu- und Abfahrten vor Mittel- und Großgaragen müssen mindestens betragen:

Garagenverordnung §3 GaV 6

~~3 m bei Benutzung durch Kraftfahrzeuge bis zu 2 m Breite,~~
~~3,5 m bei Benutzung durch breitere Kraftfahrzeuge.~~
[2] Schmalere Fahrbahnen sind im Bereich von Zu- und Abfahrtssperren zulässig. [3] Breitere Fahrbahnen, insbesondere in Kurven, können verlangt werden, wenn das wegen der Verkehrssicherheit erforderlich ist.

(4) Durch Zu- und Abfahrten von Garagen darf die Benutzbarkeit der Ausgänge von Rettungswegen baulicher Anlagen nicht behindert werden.

(5) Zu- und Abfahrten müssen den zu erwartenden Belastungen entsprechend befestigt sein.

(6) [1] Großgaragen müssen getrennte Fahrbahnen für Zu- und Abfahrten haben; die Anordnung von Zufahrten und Abfahrten an verschiedenen Seiten der Garage kann gefordert werden, wenn das wegen des Verkehrs oder wegen der Sicherheit erforderlich ist. [2] Zu- und Abfahrten von Großgaragen dürfen sich nicht höhengleich kreuzen; Ausnahmen können gestattet werden, wenn wegen der Sicherheit oder Ordnung des Verkehrs Bedenken nicht bestehen.

(7) Vor Großgaragen ist neben den Fahrbahnen der Zu- und Abfahrten nach Absatz 3 ein mindestens 80 cm breiter erhöhter Gehsteig erforderlich, soweit nicht für den Fußgängerverkehr besondere Fußwege vorhanden sind.

(8) In den Fällen der Absätze 3, 6 und 7 sind abweichend von § 1 Abs. 5 Satz 2 die Abstell- und Verkehrsflächen von Dachstellplätzen auf die Nutzfläche der Garage anzurechnen.

(9) Für Stellplätze gelten die Absätze 1 bis 7 sinngemäß.

§ 3 Rampen

(1) [1] Die Neigung der Rampen soll 15 v. H., bei Kleingaragen 20 v. H. nicht überschreiten. [2] Die Breite der Fahrbahnen auf Rampen muß mindestens der Breite der Zu- und Abfahrten nach § 2 Abs. 3 entsprechen.

(2) Zwischen öffentlicher Verkehrsfläche und Rampe mit mehr als 5 v. H. Neigung muß eine waagerechte Fläche von mindestens 5 m Länge liegen; bei Rampen, die ausschließlich dem Verkehr von Personenkraftwagen dienen, kann zwischen öffentlicher Verkehrsfläche und Rampe eine waagerechte oder bis zu 10 v. H. geneigte Fläche von mindestens 3 m Länge gestattet werden.

(3) [1] Rampen müssen eine griffige Fahrbahn und bei einer Neigung von mehr als 15 v. H. Vorrichtungen haben, die Fußgänger gegen Ausgleiten schützen. [2] In Großgaragen müssen Rampen, die von Fußgängern benutzt werden, einen mindestens 80 cm breiten erhöhten Gehsteig haben. [3] An Rampen, die von Fußgängern nicht benutzt werden dürfen, ist auf das Verbot durch dauerhafte Anschläge hinzu-

weisen. [4] Außenrampen von Mittel- und Großgaragen sind so herzustellen oder so zu schützen, daß sie auch bei Eis- und Schneeglätte sicher befahren werden können.

(4) [1] Gewendelte Rampenteile müssen eine Querneigung von mindestens 3 v. H. haben. [2] Der Halbmesser des inneren Fahrbahnrandes muß mindestens 5,5 m betragen.

(5) Rampen müssen, soweit eine Absturzgefahr besteht, Umwehrungen haben, die den Anprall von Kraftfahrzeugen standhalten können.

(6) An Rampen, die von Kraftfahrzeugen mit mehr als 2 m Breite genutzt werden, können höhere Anforderungen gestellt werden.

(7) Für Stellplätze gelten die Absätze 1 bis 6 sinngemäß.

§ 4 Stellplatz- und Verkehrsflächen

(1) Garagenstellplätze müssen mindestens 5 m lang und mindestens 2,3 m breit sein; für Fahrzeuge von Behinderten müssen sie mindestens 3,5 m breit sein.

(2) [1] Fahrgassen müssen bei Schrägaufstellung im Winkel von 45° mindestens 3,5 m, bei 60° mindestens 4,5 m und bei Senkrechtaufstellung mindestens 6,5 m breit sein. [2] Bei Senkrechtaufstellung und einer Breite der Garagenstellplätze von mindestens 2,5 m brauchen sie nur 6 m breit sein.

(3) [1] Diejenigen Teile der Fahrgassen, an denen keine Garagenstellplätze liegen oder die nicht unmittelbar der Zu- und Abfahrt von Garagenstellplätzen dienen, wie Umfahrten, müssen mindestens der Breite der Zu- und Abfahrten nach § 2 Abs. 3 entsprechen. [2] Fahrgassen für Gegenverkehr müssen in Mittel- und Großgaragen jedoch mindestens 5 m breit sein.

(4) [1] Die einzelnen Garagenstellplätze und die Fahrgassen sind mindestens durch Markierungen am Boden deutlich sichtbar und dauerhaft gegeneinander abzugrenzen. [2] Mittel- und Großgaragen müssen in jedem Garagengeschoß deutlich sichtbare und dauerhafte Hinweise auf Fahrtrichtungen und Ausfahrten haben.

(5) Für Garagenstellplätze auf horizontal verschiebbaren Plattformen können Ausnahmen von den Absätzen 1 bis 3 gestattet werden, wenn die Sicherheit oder Ordnung des Verkehrs nicht beeinträchtigt werden und eine Breite der Fahrgasse von mindestens 2,75 m erhalten bleibt.

(6) [1] Für Garagenstellplätze auf kraftbetriebenen geneigten Hebebühnen können größere Abmessungen als nach Absatz 1 verlangt werden. [2] Fahrgassen vor solchen Garagenstellplätzen müssen mindestens 8 m breit sein; geringere Breiten können gestattet werden, wenn sie nach der Bauart der Hebebühnen ausreichen. [3] Garagenstellplätze nach Satz 1 sind in allgemein zugänglichen Garagen nicht zulässig.

(7) Die Mindestmaße der Absätze 1 bis 3, 5 und 6 dürfen durch Stützen und andere Bauteile oder Einrichtungen nicht eingeengt sein.

(8) An Garagenstellplätzen und Verkehrsflächen, die nicht für Personenkraftwagen bestimmt sind, können nach Art und Größe der Kraftfahrzeuge besondere Anforderungen gestellt werden.

(9) Für Stellplätze gelten die Absätze 1 bis 4, 7 und 8 sinngemäß.

§ 5 Lichte Höhe

[1] Mittel- und Großgaragen müssen in begehbaren Bereichen, auch unter Unterzügen, Lüftungskanälen und sonstigen Bauteilen, Leitungen, Leuchten eine lichte Höhe von mindestens 2,1 m haben. [2] § 4 Abs. 8 gilt entsprechend.

§ 6 Wände und Stützen

(1) [1] Tragende Wände und Stützen von Garagen und von nicht zur Garage gehörenden Räumen unter Garagen sowie Trennwände zwischen Garagen und nicht zur Garage gehörenden Räumen müssen feuerbeständig sein. [2] Nicht tragende Teile von Außenwänden und nicht tragende Trennwände in Garagen müssen aus nichtbrennbaren Baustoffen bestehen, wenn sie nicht feuerbeständig sind.

(2) [1] Offene Mittel- und Großgaragen, deren oberste Abstellflächen nicht mehr als 22 m über der natürlichen oder von der Kreisverwaltungsbehörde festgelegten Geländeoberfläche liegen, dürfen abweichend von Absatz 1 tragende Wände und Stützen in feuerhemmender Bauart aus nichtbrennbaren Baustoffen haben, wenn

1. die Umfassungswände mit ins Freie führenden Öffnungen an mindestens zwei gegenüberliegenden Seiten der Garage nicht mehr als 50 m voneinander entfernt sind,

2. sich über Garagengeschossen keine anders genutzten Räume befinden,

3. vor den offenen Teilen der Außenwände ein Abstand von mindestens 10 m zu vorhandenen oder zulässigen künftigen Gebäuden eingehalten wird.

[2] Liegen die obersten Abstellflächen nicht mehr als 16,5 m über der Geländeoberfläche, so genügen unter den sonstigen Voraussetzungen nach Satz 1 auch tragende Wände und Stützen aus nichtbrennbaren Baustoffen.

(3) [1] Für eingeschossige oberirdische Mittel- und Großgaragen, über denen sich keine anders genutzten Räume befinden, sind abweichend von Absatz 1 Wände und Stützen in feuerhemmender Bauart oder aus nichtbrennbaren Baustoffen zulässig, wenn die Garagen von vorhandenen oder zulässigen künftigen Gebäuden mindestens 10 m

entfernt sind, oder wenn bei geringerem Abstand oder beim Anbau an andere Gebäude Brandwände vorhanden sind oder errichtet werden. [2] Das gilt auch, wenn ihre Dachflächen zum Abstellen von Kraftfahrzeugen genutzt werden.

(4) [1] Oberirdische Kleingaragen als selbständige Gebäude dürfen abweichend von Absatz 1 Wände und Stützen in feuerhemmender Bauart oder aus nichtbrennbaren Baustoffen haben, auch wenn Abstände zu anderen Gebäuden und zu Grundstücksgrenzen nicht eingehalten werden; Art. 29 Abs. 2 Nr. 1 BayBO ist nicht anzuwenden. [2] Diese Bauteile dürfen, auch wenn sie nicht feuerhemmend sind, aus brennbaren Baustoffen bestehen, wenn die Kleingaragen mindestens 5 m von Nachbargrenzen und mindestens 10 m von bestehenden oder zulässigen künftigen Gebäuden entfernt sind; diese Abstände sind nicht erforderlich, wenn die Kleingaragen an feuerbeständige Wände ohne Öffnungen angebaut werden oder zur Grenze oder zum benachbarten Gebäude solche Wände haben. [3] Das gleiche gilt für eingeschossige oberirdische Mittel- und Großgaragen, über denen sich keine anders genutzten Räume befinden, wenn die Garagen durch feuerbeständige Trennwände in Brandabschnitte von höchstens 100 m^2 Nutzfläche unterteilt sind. [4] Öffnungen in diesen Trennwänden müssen mindestens feuerhemmende und selbstschließende Abschlüsse haben.

(5) Für Kleingaragen in sonst anders genutzten Gebäuden können abweichend von Absatz 1 Außenwände, tragende Wände und Stützen in feuerhemmender Bauart gestattet werden, wenn wegen des Brandschutzes keine Bedenken bestehen.

(6) Für Stellplätze mit Schutzdächern können Ausnahmen von Absatz 1 Satz 1, Absatz 3 Satz 1 und Absatz 4 Sätze 1 und 2 gestattet werden, wenn wegen des Brandschutzes keine Bedenken bestehen.

§ 7 Decken, Dächer und Fußböden

(1) [1] Decken über und unter Garagen sowie zwischen Garagengeschossen und unter Dachstellplätzen müssen feuerbeständig sein. [2] Nicht befahrbare Decken, die zugleich das Dach bilden, müssen aus nichtbrennbaren Baustoffen bestehen, wenn sie nicht feuerbeständig sind. [3] Die Decken dürfen keine Öffnungen haben. [4] Liegen in einem Geschoß Decken unterschiedlich hoch, so sind sie durch Bauteile zu verbinden, die dieselbe Widerstandsfähigkeit gegen Feuer aufweisen wie die Decken. [5] Art. 30 Abs. 9 BayBO bleibt unberührt.

(2) Das Tragwerk der Dächer und die Dachschalung müssen aus nichtbrennbaren Baustoffen bestehen; das gilt nicht, wenn der Dachraum durch eine feuerbeständige Decke von der Garage getrennt ist.

(3) [1] Untere Verkleidungen von Decken oder Dächern über Garagen oder Garagengeschossen müssen bei Großgaragen aus nichtbrenn-

Garagenverordnung §7 GaV 6

baren Baustoffen, im übrigen aus Baustoffen bestehen, die ohne Nachbehandlung mindestens schwerentflammbar sind. ²Das gleiche gilt für Dämmschichten in Decken oder Dächern, die nicht mindestens feuerhemmend sind.

(4) Zwischen den Garagengeschossen und unter Dachstellplätzen offener Mittel- oder Großgaragen genügen unter den Voraussetzungen des § 6 Abs. 2 Satz 1 Decken in feuerhemmender Bauart aus nichtbrennbaren Baustoffen, unter den Voraussetzungen des § 6 Abs. 2 Satz 2 Decken aus nichtbrennbaren Baustoffen.

(5) ¹Für eingeschossige oberirdische Mittel- und Großgaragen, deren tragende Wände und Stützen mindestens feuerhemmend sind oder aus nichtbrennbaren Baustoffen bestehen (§ 6 Abs. 3 oder 4), genügen auch befahrbare Decken oder Dächer aus nichtbrennbaren Baustoffen ohne Anforderungen an die Feuerwiderstandsdauer. ²Nichtbefahrbare Dächer von Garagen nach § 6 Abs. 3 dürfen abweichend von Absatz 2 mit tragenden Bauteilen aus brennbaren Baustoffen hergestellt werden, wenn die tragenden Wände und Stützen mindestens feuerhemmend sind; die Dachschalung muß aus Baustoffen bestehen, die ohne Nachbehandlung mindestens schwerentflammbar sind. ³Für die Abstände gilt § 6 Abs. 3 entsprechend.

(6) ¹Oberirdische Kleingaragen als selbständige Gebäude dürfen, auch wenn Abstände zu Grundstücksgrenzen und anderen Gebäuden nicht eingehalten werden, Decken oder Dächer in feuerhemmender Bauart oder aus nichtbrennbaren Baustoffen haben. ²Decken oder Dächer dürfen, auch wenn sie nicht feuerhemmend sind, aus brennbaren Baustoffen bestehen, wenn die Kleingaragen mindestens 5 m von Nachbargrenzen und mindestens 10 m von bestehenden oder zulässigen künftigen Gebäuden entfernt sind; diese Abstände sind nicht erforderlich, wenn die Kleingaragen an feuerbeständige Wände ohne Öffnungen angebaut werden oder zur Nachbargrenze oder zum benachbarten Gebäude solche Wände haben. ³Die Sätze 1 und 2 gelten auch für eingeschossige oberirdische Mittel- und Großgaragen, die durch feuerbeständige Trennwände in Brandabschnitte von höchstens 100 m² Nutzfläche unterteilt sind.

(7) ¹Kleingaragen in sonst anders genutzten Gebäuden dürfen feuerhemmende Decken haben, soweit nicht nach Art. 30 Abs. 1 und 2 BayBO weitergehende Anforderungen gestellt werden. ²Das gilt auch, wenn die Garagen in Gebäuden aus brennbaren Baustoffen oder mit weicher Bedachung angeordnet werden.

(8) ¹Bei Stellplätzen mit Schutzdächern darf das Tragwerk der Dächer unter den Voraussetzungen des Absatzes 6 Sätze 2 und 3 aus brennbaren Baustoffen bestehen. ²Darüber hinaus können Ausnahmen von den Absätzen 2 und 3 gestattet werden, wenn wegen des Brandschutzes keine Bedenken bestehen.

(9) Decken oder befahrbare Dächer sowie Stellplätze müssen, soweit eine Absturzgefahr besteht, Umwehrungen haben, die dem Anprall von Kraftfahrzeugen standhalten.

(10) [1] Fußböden von Abstell- und Verkehrsflächen in Garagen und auf Dächern müssen aus nichtbrennbaren Baustoffen bestehen. [2] Die Verwendung anderer Baustoffe kann gestattet werden, wenn wegen des Brandschutzes keine Bedenken bestehen. [3] Fußböden in Geschossen, unter denen weitere Geschosse liegen, müssen gegen Flüssigkeiten undurchlässig sein. [4] Fußböden müssen ferner so ausgebildet oder durch mindestens 3 cm hohe Schwellen so abgegrenzt sein, daß brennbare Flüssigkeiten nicht in tiefer liegende Geschosse oder Abwasserleitungen abfließen können, es sei denn über Bodenabläufe und Benzinabscheider.

§ 8 Brandabschnitte

(1) Oberirdische geschlossene Garagengeschosse müssen durch mindestens feuerbeständige Wände in Brandabschnitte von höchstens 5000 m^2 Nutzfläche unterteilt werden.

(2) [1] Offene Garagen dürfen innerhalb eines Brandabschnitts Nutzflächen bis zu 7500 m^2 je Geschoß haben. [2] Die Summe der Nutzflächen aller zu einem Brandabschnitt gehörenden Geschosse darf jedoch 30 000 m^2 nicht überschreiten, wenn die tragenden Wände und Stützen sowie die Decken solcher Garagen nicht mindestens feuerhemmend sind. [3] Eingeschossige offene Garagen, deren Dächer Bauteile aus brennbaren Baustoffen haben (§ 7 Abs. 5 Satz 2), müssen in Brandabschnitte von höchstens 5000 m^2 Nutzfläche unterteilt werden.

(3) Unterirdische Garagengeschosse müssen durch mindestens feuerbeständige Wände in Brandabschnitte von höchstens 2500 m^2 Nutzfläche unterteilt werden.

(4) Die Brandabschnitte dürfen bis zum Doppelten der nach den Absätzen 1 bis 3 zulässigen Flächen vergrößert werden, wenn die Garagengeschosse selbsttätige Feuerlöschanlagen nach § 16 Abs. 3 haben.

(5) [1] Öffnungen in den feuerbeständigen Wänden zwischen den Brandabschnitten müssen mit mindestens feuerhemmenden und selbstschließenden Abschlüssen versehen sein. [2] Die Abschlüsse dürfen, wenn der Betrieb es erfordert, Haltevorrichtungen haben, die bei Raucheinwirkung ein selbsttätiges Schließen bewirken; sie müssen auch von Hand geschlossen werden können.

§ 9 Verbindung zwischen Garagengeschossen

(1) [1] In mehrgeschossigen Mittel- und Großgaragen sind Rampen an ihren Seiten durch feuerbeständige Wände zu schließen. [2] Bei offe-

nen Garagen, deren Decken nach § 7 Abs. 4 in feuerhemmender Bauart oder aus nichtbrennbaren Baustoffen hergestellt sein dürfen, genügt es, wenn die seitlichen Wände den Anforderungen des Brandschutzes an die Decken entsprechen.

(2) [1] Rampen zwischen Brandabschnitten und zwischen unterirdischen Garagengeschossen müssen durch Tore gesichert sein. [2] § 8 Abs. 5 gilt entsprechend.

(3) [1] Aufzüge und notwendige Treppen, die Garagengeschosse miteinander verbinden, müssen in eigenen lüftbaren Fahrschächten und Treppenräumen mit feuerbeständigen Wänden liegen. [2] Türen zu Treppenräumen müssen selbstschließend und mindestens feuerhemmend aus nichtbrennbaren Baustoffen sein. [3] Satz 1 gilt nicht für Fahrzeugaufzüge in offenen Garagen.

§ 10 Verbindung der Garagen mit anderen Räumen

(1) Garagen dürfen mit Fluren, Treppenräumen und Aufzügen, die auch den Benutzern von Wohnungen oder anderen Räumen dienen, und mit nicht zur Garage gehörenden Räumen nur durch Sicherheitsschleusen verbunden sein, soweit in den nachfolgenden Absätzen nichts anderes bestimmt ist.

(2) Es kann gestattet werden, daß Mittel- und Großgaragen in oberirdischen Geschossen mit nicht zur Garage gehörenden Räumen unmittelbar durch Öffnungen mit mindestens feuerhemmenden und selbstschließenden Türen verbunden werden, wenn die Räume
1. nicht im Zug des einzigen Rettungswegs von Aufenthaltsräumen liegen,
2. keine Zündquellen oder leicht entzündliche Stoffe enthalten,
3. nicht tiefer als die angrenzenden Garagen liegen
und wenn wegen des Brandschutzes keine Bedenken bestehen.

(3) Es kann gestattet werden, daß Mittel- und Großgaragen mit Abstellräumen bis zu 20 m² Grundfläche unmittelbar durch Öffnungen mit mindestens feuerhemmenden Türen verbunden werden, wenn wegen des Brandschutzes keine Bedenken bestehen.

(4) Offene Garagen dürfen mit Fluren, Treppenräumen und Aufzügen, die auch den Benutzern von Wohnungen oder anderen Räumen dienen, unmittelbar durch Öffnungen mit mindestens feuerhemmenden, selbstschließenden Türen verbunden sein.

(5) Kleingaragen dürfen mit nicht zur Garage gehörenden Räumen unmittelbar durch Öffnungen mit mindestens feuerhemmenden, selbstschließenden Türen verbunden sein.

§ 11 Rettungswege

(1) ¹Zu den Rettungswegen in Mittel- und Großgaragen gehören die Fahrgassen, die zu den Ausgängen führenden Gänge in den Garagengeschossen, die Ausgänge aus den Garagengeschossen, die notwendigen Treppen sowie die erhöhten Gehsteige neben Zu- und Abfahrten und auf Rampen. ²Für sie gelten die nachfolgenden Vorschriften.

(2) Rettungswege müssen in solcher Anzahl vorhanden und so verteilt sein, daß Garagenbenutzer und Betriebsangehörige auf kürzestem Weg leicht und gefahrlos ins Freie auf Verkehrsflächen gelangen können.

(3) Die nutzbare Breite eines jeden Teils von Rettungswegen muß mindestens 80 cm betragen; Treppen müssen eine nutzbare Laufbreite von mindestens 1 m haben.

(4) ¹Die zu den Ausgängen führenden Gänge sind, soweit sie nicht über Fahrgassen führen, am Boden deutlich sichtbar und dauerhaft zu kennzeichnen. ²Besondere Gänge, die nicht über Fahrgassen führen, können verlangt werden, wenn das wegen der Verkehrssicherheit erforderlich ist. ³In jedem Garagengeschoß sind deutlich sichtbare und dauerhafte beleuchtete Hinweise auf die Ausgänge anzubringen. ⁴Ausgangstüren und Rettungswege sind, wo Sicherheitsbeleuchtung vorgeschrieben ist (§ 13 Abs. 3), so zu beleuchten, daß die Kennzeichnung und die Hinweise auch bei Ausfall der allgemeinen Beleuchtung gut erkennbar sind.

(5) ¹Jedes Garagengeschoß muß mindestens zwei günstig gelegene Ausgänge haben, die aus Erdgeschossen unmittelbar ins Freie, aus nicht zu ebener Erde liegenden Geschossen in Treppenräume notwendiger Treppen führen. ²Von jeder Stelle eines Garagengeschosses muß bei offenen Garagen ein Ausgang in höchstens 50 m, bei geschlossenen Garagen und bei unterirdischen Garagengeschossen in höchstens 30 m Entfernung erreichbar sein. ³Die Entfernung ist in der Lauflinie zu messen.

(6) ¹Von zwei Rettungswegen kann einer anstatt über eine notwendige Treppe über eine Rampe geführt werden, wenn die Rampe den Anforderungen des Absatzes 2 entspricht und wenn bei Großgaragen neben der Fahrbahn ein mindestens 80 cm breiter, erhöhter Gehsteig vorhanden ist. ²Von jedem Brandabschnitt müssen die Rettungswege auch dann erreicht werden können, wenn die Tore zwischen den Brandabschnitten geschlossen sind.

(7) ¹Für Dachstellplätze gelten die Absätze 1 bis 4, Absatz 5 Satz 1 und Absatz 6 Satz 1 sinngemäß. ²Bei Dachstellplätzen, die im Mittel nicht mehr als 3 m über der Geländeoberfläche liegen, sind Treppenräume nicht erforderlich.

Garagenverordnung §§ 12–14 GaV **6**

§ 12 Aufenthaltsräume und Abortanlagen

¹ Für das Aufsichts- und Wartungspersonal von Garagen müssen ein beheizbarer Aufenthaltsraum, Abortanlagen, Waschgelegenheiten und Umkleidemöglichkeiten vorhanden sein. ² Bei Großgaragen können auch für die Benutzer Abortanlagen verlangt werden.

§ 13 Beleuchtung und andere elektrische Anlagen

(1) ¹ Garagen dürfen nur elektrisch beleuchtet werden. ² Die Leuchten sind so anzuordnen, daß die Garagen, ihre Zu- und Abfahrten sowie ihre Rettungswege ausreichend beleuchtet werden können.

(2) Die elektrischen Anlagen sind nach den anerkannten Regeln der Elektrotechnik herzustellen, zu ändern, zu unterhalten und zu betreiben.

(3) ¹ In geschlossenen Großgaragen und in mehrgeschossigen unterirdischen Mittelgaragen muß zur sicheren Beleuchtung der Rettungswege eine Sicherheitsbeleuchtung vorhanden sein. ² Diese muß eine vom Versorgungsnetz unabhängige, bei Ausfall des Netzstroms sich selbständig einschaltende Ersatzstromquelle haben, die für einen mindestens einstündigen Betrieb ausgelegt ist. ³ Die Beleuchtungsstärke der Sicherheitsbeleuchtung muß mindestens 1 Lux betragen. ⁴ Das gilt nicht für eingeschossige Garagen, die ausschließlich den Benutzern von Wohnungen zu dienen bestimmt sind (Wohnhausgaragen).

§ 14 Lüftung

(1) ¹ Geschlossene Mittel- und Großgaragen müssen mechanische Abluftanlagen haben, soweit nicht nach Absatz 6 eine natürliche Lüftung ausreicht. ² Sie müssen ausreichend große und so auf die Garage verteilte Zuluft- und Abluftöffnungen haben, daß alle Teile der Garage ausreichend belüftet und entlüftet werden. ³ Die Abluftanlage ist so zu bemessen und einzurichten, daß der Volumengehalt an Kohlenmonoxid (CO) in der Luft, gemessen in einer Höhe von etwa 1,5 m über dem Fußboden über einen zusammenhängenden Zeitraum von einer Stunde, unter Berücksichtigung der regelmäßig zu erwartenden Verkehrsspitzen im Mittel nicht mehr als 100 ppm (= 100 cm³/m³) beträgt. ⁴ Das gilt in der Regel als erfüllt, wenn die Abluftanlage bei Garagen mit geringem Zu- und Abgangsverkehr wie bei Wohnhausgaragen mindestens 6 m³, bei anderen Garagen mindestens 12 m³ Abluft in der Stunde je m² Garagennutzfläche abführen kann. ⁵ In Sonderfällen, insbesondere bei Garagen oder Teilen von Garagen mit regelmäßig außergewöhnlichen Verkehrsspitzen, kann ein rechnerischer Nachweis der erforderlichen Leistung der Abluftanlage gefordert werden. ⁶ Es kann verlangt werden, daß die Abluftöffnungen so hoch gelegt werden, daß die Abluft in den freien Windstrom geführt wird.

(2) [1] Mechanische Abluftanlagen müssen in jedem Lüftungssystem mindestens zwei gleich große Ventilatoren haben, die bei gleichzeitigem Betrieb zusammen die erforderliche Gesamtleistung erbringen. [2] Jeder Ventilator muß aus einem eigenen Stromkreis gespeist werden, an den andere elektrische Anlagen nicht angeschlossen werden dürfen.

(3) [1] Geschlossene Großgaragen mit nicht nur geringem Zu- und Abgangsverkehr müssen CO-Anlagen zur Messung, Regelung und Warnung (CO-Warnanlagen) haben. [2] Die CO-Warnanlagen müssen so beschaffen sein, daß die Benutzer der Garagen bei Überschreitung eines CO-Gehalts der Luft von 250 ppm über Lautsprecher oder durch Blinkzeichen mit deutlicher Aufschrift, verbunden mit einem akustischen Signal, dazu aufgefordert werden können, die Motoren der Kraftfahrzeuge abzuschalten und die Garage zu verlassen. [3] Lautsprecher oder Blinkzeichen sind an die Ersatzstromquelle (§ 13 Abs. 3) anzuschließen.

(4) [1] Ist mit der mechanischen Abluftanlage nach den Absätzen 1 und 2 eine ausreichende Lüftung aller Teile der Garage durch Zuluftöffnungen nicht gesichert, so muß außerdem eine mechanische Zuluftanlage vorhanden sein. [2] Absatz 2 gilt sinngemäß.

(5) [1] Räume innerhalb von Garagen, in denen Menschen für längere Zeit tätig sind und in die Kraftfahrzeugabgase eindringen können, müssen so zu lüften sein, daß die Anforderungen erfüllt sind, die für Arbeitsstätten gelten. [2] Abfertigungsräume, Pförtnerlogen und ähnliche Räume müssen eigene mechanische Zuluftanlagen haben, die das Zuströmen von Kraftfahrzeugabgaben verhindern. [3] Für diese Anlagen genügt ein Zuluftventilator, wenn der Ausfall des Ventilators durch ein Warnsignal angezeigt wird.

(6) [1] Für offene Garagen genügt die natürliche Lüftung. [2] Für geschlossene Mittel- und Großgaragen mit geringem Zu- und Abgangsverkehr reicht eine natürliche Lüftung aus, wenn Außenwände mit Lüftungsöffnungen einander gegenüberliegen, die in oberirdischen Garagen nicht weiter als 35 m, in eingeschossigen unterirdischen Garagen nicht weiter als 20 m voneinander entfernt sind, und wenn überall eine ständige Querlüftung gesichert ist. [3] Die Lüftungsöffnungen müssen oberhalb der Geländeoberfläche liegen, unverschließbar sein und einen freien Gesamtquerschnitt von mindestens 600 cm^2 je Garagenstellplatz haben. [4] In Garagen, die nur die Tiefe eines Garagenstellplatzes haben, sowie in Kleingaragen genügen Lüftungsöffnungen in den Außentüren mit einem freien Querschnitt von insgesamt mindestens 150 cm^2 je Garagenstellplatz.

(7) [1] Es kann verlangt werden, daß tiefer gelegene Teile in Garagen mechanisch gelüftet werden, wenn Bedenken wegen Brandgefahr bestehen. [2] Die Absätze 1 und 2 gelten sinngemäß.

Garagenverordnung §§ 15–17 GaV **6**

(8) In allen Garagen müssen auffällige, dauerhafte Anschläge in genügender Zahl angebracht sein mit dem Wortlaut „Vorsicht bei laufenden Motoren! Vergiftungsgefahr!".

§ 15 Unzulässigkeit von Zündquellen

(1) Garagen dürfen keine Feuerstätten oder andere Anlagen und Einrichtungen enthalten, an denen sich brennbare Gase oder Dämpfe entzünden können.

(2) [1] Die Oberflächentemperatur von Heizungsanlagen darf 300 °C nicht überschreiten. [2] Heizungsanlagen, die Oberflächentemperaturen von mehr als 110 °C erreichen können, sind mit Verkleidungen aus nichtbrennbaren Baustoffen und mit schräger Abdeckung zu versehen, so daß Gegenstände nicht darauf abgelegt werden können.

(3) Umluftheizungen sind unzulässig; Ausnahmen können gestattet werden, wenn gesichert ist, daß sich explosible Gas-Luft-Gemische bei der Erwärmung nicht entzünden können und die Lüftung nicht beeinträchtigt wird.

§ 16 Feuerlöscheinrichtungen

(1) [1] Für eingeschossige Großgaragen kann je angefangene 1000 m² Nutzfläche ein Wandhydrant mit absperrbarem Strahlrohr verlangt werden. [2] Die Wandhydranten sind so zu verteilen, daß jede Stelle der Garage mit Löschwasser erreicht werden kann.

(2) Bei mehrgeschossigen Garagen kann für jeden Treppenraum eine Steigleitung mit Wandhydranten und absperrbaren Strahlrohren verlangt werden.

(3) Großgaragen müssen in Garagengeschossen, die unter dem obersten Kellergeschoß liegen, selbsttätige Feuerlöschanlagen mit über die Garage verteilten Sprühdosen, wie Sprinkleranlagen, haben.

(4) [1] In Mittel- und Großgaragen sind für die Bekämpfung von Glut- und Flüssigkeitsbränden geeignete Feuerlöscher in ausreichender Größe und zweckmäßiger Verteilung griffbereit anzubringen. [2] Für die ersten 20 Garagenstellplätze sind zwei, für je weitere 20 Garagenstellplätze ein Feuerlöscher erforderlich. [3] Die Bereitstellung geeigneter fahrbarer Feuerlöschgeräte kann verlangt werden.

§ 17 Feuermeldeeinrichtungen

[1] Für Mittel- und Großgaragen kann der Einbau von Feuermeldeeinrichtungen verlangt werden, wenn das nach Lage, Art und Größe der Garage erforderlich ist. [2] Unter den gleichen Voraussetzungen kann verlangt werden, daß jedes Auslösen selbsttätiger Feuerlöschanlagen der Feuerwehr selbsttätig gemeldet wird.

§ 18 Tankstellen, Waschanlagen und Arbeitsgruben

(1) [1] Werden Tankstellen mit Zapfsäulen, Zapfgeräten oder Tankautomaten in Garagengeschossen oder auf Dachstellplätzen errichtet, so müssen die tragenden Wände, Stützen und Decken dieser Geschosse oder die Decken unter den Dachstellplätzen innerhalb des betreffenden Brandabschnitts feuerbeständig sein. [2] Das gilt nicht für eingeschossige oberirdische Garagen.

(2) Zapfsäulen, Zapfgeräte und Tankautomaten sind so aufzustellen, daß sie und die an ihnen tankenden Kraftfahrzeuge die zügige Zu- und Abfahrt zu und von den Garagenstellplätzen und die sichere Benutzung der Rettungswege nicht behindern.

(3) Mittel- und Großgaragen, die überwiegend für die Benutzer von Wohnungen zu dienen bestimmt sind, sollen Anlagen zum Waschen von Kraftfahrzeugen in ausreichender Zahl und Größe haben.

(4) In Garagen und auf Stellplätzen, in oder auf denen Kraftfahrzeuge betankt, gewaschen oder gewartet werden, sind alle Abläufe über Benzinabscheider an die Abwasseranlage anzuschließen.

(5) [1] Arbeitsgruben müssen jederzeit leicht verlassen werden können, gut erkennbar und durch Abdeckung oder andere Schutzvorrichtungen so gesichert sein, daß Personen nicht hineinstürzen können. [2] Arbeitsgruben innerhalb von Garagen müssen eine ausreichende Lüftung haben.

§ 19 Garagen für mit Gas betriebene Fahrzeuge

Für Garagen zum Einstellen von Kraftfahrzeugen, die mit Gas (Flüssiggas oder Hochdruckgas) betrieben werden, gelten zusätzlich folgende Vorschriften:

1. Solche Garagen dürfen nicht unter Aufenthaltsräumen liegen.
2. In solchen Garagen sind nur Heizungen zulässig, die Oberflächentemperaturen von höchstens 120 °C erreichen können. Heizungen und Zuleitungen, die nicht höher liegen als die Gasflaschen eingestellter Fahrzeuge, sind so anzubringen, daß zwischen ihnen und den Gasflaschen ein in der Waagerechten gemessener Abstand von mindestens 1 m eingehalten wird.
3. Die Fußböden von Garagen für Kraftfahrzeuge, die mit Flüssiggas betrieben werden, müssen über der Geländeoberfläche liegen.
4. Die Lüftung der Garagen muß so beschaffen sein, daß austretendes Gas gefahrlos ins Freie abgeleitet wird.

§ 20 Zusätzliche Bauvorlagen

(1) Die Bauvorlagen müssen zusätzliche Angaben enthalten über die Zahl, Abmessung und Kennzeichnung der Garagenstellplätze und Fahrgassen sowie über die Rettungswege.

Garagenverordnung §§ 21–23 **GaV 6**

(2) Über Anlagen für Beheizung, Lüftung und Wasserversorgung, über Feuerlösch-, Feuermelde- und Alarmeinrichtungen, über elektrische und andere Sicherheitseinrichtungen, wie CO-Warnanlagen, sind auf Anforderung besondere Zeichnungen und Beschreibungen vorzulegen.

Abschnitt 3. Betriebsvorschriften

§ 21 Verkehrssicherung

[1] Die Zu- und Abfahrten und die Rettungswege sind bis zur öffentlichen Verkehrsfläche verkehrssicher und freizuhalten. [2] Das gilt insbesondere bei Eis- und Schneeglätte. [3] Bei Dunkelheit sind sie zu beleuchten, soweit es die Verkehrssicherheit erfordert.

§ 22 Schutz gegen Vergiftung

(1) [1] Lüftungsanlagen dürfen nicht verschlossen oder zugestellt werden. [2] Mechanische Lüftungsanlagen und CO-Warnanlagen müssen so gewartet werden, daß sie ständig betriebsbereit sind. [3] Mechanische Lüftungsanlagen müssen so betrieben werden, daß der CO-Gehalt der Luft im Mittel nicht mehr als 100 ppm beträgt (§ 14 Abs. 1 Satz 3). [4] CO-Warnanlagen müssen ständig eingeschaltet sein.

(2) [1] In Garagen dürfen Motoren nur zum Erreichen und zum Verlassen der Garagenstellplätze laufen. [2] Bei Überschreitung eines CO-Gehalts der Luft von 250 ppm in Garagen mit CO-Warnanlagen nach § 14 Abs. 3 und bei Ausfall der Lüftung müssen die Benutzer der Garagen über Lautsprecher oder Blinkzeichen dazu aufgefordert werden, die Motoren abzuschalten und die Garage zu verlassen. [3] Dieser Aufforderung ist Folge zu leisten.

§ 23 Feuergefährliche Stoffe und Rauchverbot

(1) [1] Kraftstoffe und Kraftstoffbehälter dürfen in Garagen nicht aufbewahrt werden; der Tankinhalt abgestellter Kraftfahrzeuge und die in ihnen mitgeführten Reservekanister bleiben hierbei unberücksichtigt. [2] Abweichend von Satz 1 dürfen in Kleingaragen bis zu 500 Liter Dieselkraftstoff und bis zu 20 Liter Benzin in dicht verschlossenen, bruchsicheren Behältern aufbewahrt werden, wenn keine Bedenken wegen Brandgefahr bestehen.

(2) [1] Andere brennbare Stoffe dürfen in Garagen nur in unerheblichen Mengen, öl- oder fetthaltige Putzwolle und -lappen nur in dichtschließenden Behältern aus nichtbrennbaren Stoffen aufbewahrt werden. [2] Zum Aufsaugen brennbarer Flüssigkeiten benutzte Stoffe sind sofort aus den Garagen zu entfernen.

(3) [1] In Garagen und auf Stellplätzen sowie auf ihren Zu- und Abfahrten dürfen Kraftfahrzeuge nur dort mit Kraftstoff oder Öl versorgt oder mit brennbaren Flüssigkeiten gereinigt werden, wo verschüttete Flüssigkeiten nicht in den Boden oder in Abwasseranlagen eindringen können. [2] Benzinabscheider sind rechtzeitig zu entleeren und zu reinigen. [3] Brennbare Flüssigkeiten mit einem Flammpunkt unter 21 °C dürfen in Garagen insbesondere nicht zum Reinigen verwendet werden.

(4) [1] In geschlossenen Mittel- und Großgaragen ist es verboten, zu rauchen und offenes Feuer zu verwenden; auf das Verbot ist durch deutlich sichtbare und dauerhafte Anschläge mit dem Wortlaut „Feuer und Rauchen verboten!" hinzuweisen. [2] Das gilt nicht für Garagen, die ausschließlich dem Abstellen von Diesel- oder Elektrofahrzeugen dienen.

§ 24 Abstellen von mit Gas betriebenen Kraftfahrzeugen

Kraftfahrzeuge, die mit Gas betrieben werden, dürfen nur in Garagen abgestellt werden, die zusätzlich den Vorschriften des § 19 entsprechen.

§ 25 Abstellen von Kraftfahrzeugen in anderen Räumen als Garagen

(1) Kraftfahrzeuge dürfen in Wohnungen, Treppenräumen, Dachräumen, Fluren und Kellergängen nicht abgestellt werden.

(2) Kraftfahrzeuge dürfen in Durchgängen und Durchfahrten nur abgestellt werden, wenn der Verkehr oder die Feuerlösch- und Rettungsmaßnahmen dadurch nicht behindert werden.

(3) [1] Kraftfahrzeuge dürfen in anderen Räumen als Garagen nur abgestellt werden, wenn
1. das Gesamtfassungsvermögen der Kraftstoffbehälter aller abgestellten Kraftfahrzeuge nicht mehr als zwölf Liter beträgt; das gilt nicht für landwirtschaftliche Arbeitsmaschinen, wenn die Batterie ausgebaut ist,
2. Kraftstoff außer dem Inhalt der Kraftstoffbehälter abgestellter Kraftfahrzeuge in diesen Räumen nicht aufbewahrt wird,
3. diese Räume nicht Wohnzwecken dienen und nicht im einzigen Rettungsweg von Aufenthaltsräumen liegen und
4. diese Räume keine Zündquellen oder leicht entzündlichen Stoffe enthalten und von Räumen mit Feuerstätten oder leicht entzündlichen Stoffen durch Türen abgetrennt sind. Die Räume dürfen durch Lattenverschläge unterteilt sein.

[2] Befinden sich diese Räume in Gebäuden aus brennbaren Baustoffen, so gilt Nummer 1 für den gesamten Brandabschnitt.

Garagenverordnung § 26 GaV **6**

(4) Das Rauchen, der Umgang mit offenem Feuer, das Laufenlassen von Motoren, das Tanken und Reinigen mit brennbaren Flüssigkeiten sind in Räumen nach den Absätzen 2 und 3 unzulässig, wenn in diesen Räumen Kraftfahrzeuge abgestellt sind.

Abschnitt 4. Prüfungen und Schlußvorschriften

§ 26 Prüfungen

(1) [1] Der Betreiber der Garage hat Feuerlösch- und Feuermeldeeinrichtungen mindestens alle zwei Jahre durch einen Sachverständigen prüfen zu lassen.* [2] Außerdem hat er mindestens alle sechs Monate die selbsttätigen Feuerlöschanlagen durch einen Sachverständigen prüfen zu lassen, es sei denn, daß ein Überwachungsvertrag mit einer technischen Prüfstelle besteht.

(2) [1] Der Betreiber hat die mechanischen Lüftungsanlagen und die CO-Warnanlagen, in geschlossenen Großgaragen auch die elektrischen Anlagen, vor der ersten Inbetriebnahme durch einen Sachverständigen prüfen zu lassen. [2] Das gilt auch, bevor diese Anlagen nach einer wesentlichen Änderung wieder in Betrieb genommen werden sollen. [3] Die Prüfung der elektrischen Anlagen und der mechanischen Lüftungsanlagen ist alle zwei Jahre, die Prüfung der CO-Warnanlagen jährlich zu wiederholen.

(3) [1] Die untere Bauaufsichtsbehörde kann im Einzelfall die in den Absätzen 1 und 2 genannten Fristen verkürzen, wenn das zur Gefahrenabwehr erforderlich ist. [2] Sie kann bei Schadensfällen oder wesentlichen Mängeln an Anlagen oder Einrichtungen nach den Absätzen 1 oder 2 im Einzelfall weitere Prüfungen anordnen.

(4) [1] Für die Prüfungen hat der Betreiber die nötigen Vorrichtungen und fachlich geeigneten Arbeitskräfte bereitzustellen und die erforderlichen Unterlagen bereitzuhalten. [2] Für die Prüfung der elektrischen Anlagen sind folgende Unterlagen erforderlich:

1. ein Schaltplan der allgemeinen Stromverteilung,
2. ein Schaltplan der Sicherheitsbeleuchtung,
3. ein in maßstäbliche Grundrißpläne aller Geschosse eingetragener Installationsplan, der erkennen läßt:
   a) die Lage aller elektrischen Betriebsstätten und Verteilungen,
   b) die Lage der Sicherheitsleuchten mit Stromkreisbezeichnungen und Leistung.

(5) [1] Der Betreiber hat die Berichte der Sachverständigen der unteren Bauaufsichtsbehörde vorzulegen oder durch die Sachverständigen

---

* Bek. über den Vollzug der GaV, der VStättV und der WaV; Prüfung von elektrischen Anlagen und anderen technischen Einrichtungen durch Sachverständige vom 2. 3. 1977 (MABl. S. 139).

vorlegen zu lassen. ²Das gilt nicht für Berichte über die Prüfung von Feuerlöschern nach § 16 Abs. 4.

(6) Der Betreiber hat die von den Sachverständigen bei den Prüfungen festgestellten Mängel unverzüglich beseitigen zu lassen und die Beseitigung der unteren Bauaufsichtsbehörde mitzuteilen.

(7) ¹ Die Fristen nach den Absätzen 1 und 2 rechnen bei bestehenden Garagen (§ 27) von dem Zeitpunkt, an dem die Anlagen oder Einrichtungen zuletzt geprüft worden sind. ²Sind solche Prüfungen bisher nicht vorgenommen worden, so sind die Anlagen und Einrichtungen erstmals innerhalb von zwei Jahren nach Inkrafttreten dieser Verordnung zu prüfen.

(8) Die untere Bauaufsichtsbehörde hat Großgaragen in Abständen von längstens fünf Jahren zu prüfen.

§ 27 Anwendung der Betriebsvorschriften auf bestehende Garagen

Auf die zum Zeitpunkt des Inkrafttretens der Verordnung bestehenden Garagen sind die Betriebsvorschriften (§§ 21 bis 25) und die Vorschriften über Prüfungen (§ 26) entsprechend anzuwenden.

§ 28 Weitere Anforderungen und Erleichterungen

(1) ¹Weitere Anforderungen als nach dieser Verordnung können gestellt werden, wenn das zur Gefahrenabwehr im Einzelfall erforderlich ist. ²Das gilt insbesondere für die Anordnung, Bemessung und Regelung der Zu- und Abfahrten, die Verbindung der Garagen mit anderen Räumen, die Sicherung der Rettungswege und die Lüftung und den Rauchabzug der Garagen.

(2) Die Anforderungen nach §§ 4, 9 Abs. 3, § 11 Abs. 3 bis 5, § 13 Abs. 3, § 14 Abs. 1 bis 4, 6 Sätze 2 und 3, Abs. 7 und 8 sowie § 22 Abs. 1 Satz 3 und Abs. 2 Sätze 2 und 3 gelten nicht für Garagen ohne Fahrverkehr, in denen die Kraftfahrzeuge mit mechanischen Förderanlagen von der Garagenzufahrt zu den Garagenstellplätzen befördert und ebenso zum Abholplatz an der Garagenausfahrt zurückbefördert werden.

§ 29 Ordnungswidrigkeiten

(1) Nach Art. 89 Abs. 1 Nr. 10 BayBO kann mit Geldbuße bis zu einhunderttausend Deutsche Mark belegt werden, wer vorsätzlich oder fahrlässig
1. entgegen § 21 Sätzen 1 und 2 die Zu- und Abfahrten und die Rettungswege nicht verkehrssicher und frei hält,
2. entgegen § 22 Abs. 1 Satz 1 Lüftungsöffnungen verschließt oder zustellt oder verschließen oder zustellen läßt,

Garagenverordnung § 30 GaV 6

3. entgegen § 22 Abs. 1 Satz 3 mechanische Lüftungsanlagen so betreibt, daß der in § 14 Abs. 1 Satz 3 genannte Wert überschritten wird,

4. entgegen § 22 Abs. 1 Satz 4 CO-Warnanlagen nicht ständig eingeschaltet läßt,

5. entgegen § 22 Abs. 2 Satz 2 nicht zum Abschalten der Motoren auffordert,

6. entgegen § 22 Abs. 2 Satz 3 der Aufforderung zum Abschalten der Motoren nicht nachkommt,

7. entgegen § 24 mit Gas betriebene Kraftfahrzeuge in Garagen abstellt, die nicht zusätzlich den Vorschriften des § 19 entsprechen,

8. entgegen § 25 Abs. 1 Kraftfahrzeuge in Wohnungen, Treppenräumen, Dachräumen, Fluren und Kellergängen abstellt,

9. entgegen § 25 Abs. 2 Kraftfahrzeuge in Durchgängen und Durchfahrten so abstellt, daß dadurch der Verkehr oder die Feuerlösch- und Rettungsmaßnahmen behindert werden,

10. Kraftfahrzeuge in anderen Räumen als Garagen abstellt, obwohl die Voraussetzungen des § 25 Abs. 3 nicht vorliegen,

11. entgegen § 26 Abs. 1, 2 und 3 Satz 2 die vorgeschriebenen oder angeordneten Prüfungen nicht oder nicht rechtzeitig durchführen läßt.

(2) Nach Art. 38 Abs. 4 LStVG* kann mit Geldbuße belegt werden, wer vorsätzlich oder fahrlässig

1. entgegen § 23 Abs. 1 Satz 1 Kraftstoffe oder Kraftstoffbehälter in Garagen aufbewahrt,

2. entgegen § 23 Abs. 4 Satz 1 in geschlossenen Mittel- und Großgaragen raucht oder offenes Feuer verwendet,

3. entgegen § 25 Abs. 4 in Räumen nach den Absätzen 2 und 3 raucht, mit offenem Feuer umgeht, den Motor laufen läßt, tankt oder mit brennbaren Flüssigkeiten reinigt, wenn in diesen Räumen Kraftfahrzeuge abgestellt sind.

§ 30 Inkrafttreten

(1) Diese Verordnung tritt am 1. Januar 1974 in Kraft;** sie tritt mit Ablauf des 31. Dezember 1993 außer Kraft.

(2) *(gegenstandslos)*

---

* Abgedruckt unter Nr. **26.**
** Betrifft die ursprüngliche Fassung vom 12. 10. 1973 (GVBl. S. 585).

7. Verordnung über Feuerungsanlagen und Heizräume (FeuV)

Vom 20. März 1985 (GVBl. S. 62, BayRS 2132-1-3-I)

Auf Grund von Art. 90 Abs. 1 Nrn. 2 und 5 der Bayerischen Bauordnung (BayBO) und Art. 38 Abs. 3 des Landesstraf- und Verordnungsgesetzes* erläßt das Bayerische Staatsministerium des Innern folgende Verordnung:

§ 1** Feuerstätten für feste und flüssige Brennstoffe

(1) [1] Feuerstätten müssen der Bauart und den Baustoffen nach so beschaffen sein, daß sie den während des üblichen Betriebs auftretenden mechanischen, chemischen und thermischen Beanspruchungen standhalten. [2] Sie müssen, abgesehen von untergeordneten und unbedeutenden Bauteilen, aus nichtbrennbaren Baustoffen bestehen. [3] Die Wandungen und Verschlüsse müssen, außer den Öffnungen für die Verbrennungsluft, dicht sein. [4] Roste, Brenner und Feuerräume müssen so aufeinander abgestimmt sein, daß Gefahren oder unzumutbare Belästigungen nicht entstehen können. [5] Die Vorschriften zur Verhütung von Luftverunreinigungen durch Feuerungsanlagen bleiben unberührt.

(2) [1] Ölfeuerungsanlagen sind mit den für die Betriebssicherheit notwendigen Vorrichtungen zu versehen. [2] Sie gelten als betriebssicher, wenn sie ein DIN-Zeichen mit Registernummer oder ein Baumusterkennzeichen tragen.

(3) [1] Halb- und vollautomatische Ölfeuerungsanlagen müssen für das Abschalten der Heizölpumpe und des Brennerantriebs einen elektrischen Schalter außerhalb des Heizraums an einer leicht zugänglichen und nicht gefährdeten Stelle haben. [2] Neben dem Schalter ist ein gut sichtbarer, dauerhafter Anschlag mit der Aufschrift „Notschalter zum Abschalten der Feuerung" anzubringen.

(4) In Feuerstätten für Haushaltungen und ähnliche nichtgewerbliche Zwecke mit einer Nennwärmeleistung bis zu 50 kW – häusliche Feuerstätten – und in Feuerstätten zur zentralen Beheizung ist die gleichzeitige Verbrennung von Heizöl und festen Brennstoffen nur zulässig, wenn keine Gefahren oder unzumutbaren Belästigungen zu befürchten sind.

---

* Abgedruckt unter Nr. **26**.
** Bek. über den Vollzug der §§ 1 und 6 FeuV; Aufstellung von Feuerstätten vom 16. 6. 1983 (MABl. S. 475).

Feuerungsanlagenverordnung § 1 FeuV

(5) Drosselvorrichtungen (Klappen oder Schieber) am Rauchgasstutzen der Feuerstätten müssen so beschaffen sein, daß die Betriebssicherheit nicht gefährdet wird.

(6) ¹ Feuerstätten dürfen nur in Räumen mit mindestens feuerhemmenden Wänden und Decken aus nichtbrennbaren Baustoffen aufgestellt werden; Ausnahmen sind zulässig, wenn keine Brandgefahr entstehen kann. ² Die Räume müssen so groß sein, daß die Feuerstätten ordnungsgemäß betrieben und gewartet werden können.

(7) Feuerstätten dürfen nur in Räumen mit ausreichender Lüftung aufgestellt und betrieben werden.

(8) ¹ Häusliche Feuerstätten und gleichartige andere Feuerstätten müssen nach den Seiten folgende Mindestabstände von Bauteilen mit brennbaren Baustoffen oder brennbaren Bestandteilen haben:

1. Feuerstätten, deren Bauart sicherstellt, daß bei Nennwärmeleistung an einem 20 cm entfernten Bauteil keine höheren Temperaturen als 85 °C auftreten können, 20 cm,
2. Feuerstätten anderer Bauart 40 cm;

nach oben sind die doppelten Abstände einzuhalten. ² Bei häuslichen Feuerstätten mit DIN-Zeichen und Registernummer kann unterstellt werden, daß die Bauart die Forderung von Satz 1 Nr. 1 erfüllt. ³ Wenn durch die Bauart der Feuerstätten gewährleistet ist, daß brennbare Baustoffe nicht entflammen können, sind geringere Abstände zulässig. ⁴ Für sonstige Feuerstätten, z. B. offene Feuerstätten, sind die Abstände im Einzelfall in Abhängigkeit von der Temperatur und der Ausführung der Feuerstätte festzulegen.

(9) ¹ Unter den Feuerstätten sind Fußböden aus brennbaren Baustoffen durch nichtbrennbare Baustoffe in ausreichender Dicke zu schützen. ² Das gilt nicht, wenn durch die Bauart der Feuerstätten gewährleistet ist, daß die Oberflächentemperatur des Fußbodens bei Nennwärmeleistung höchstens 85 °C beträgt; Absatz 8 Satz 2 gilt entsprechend. ³ Vor den Feuerungsöffnungen von Feuerstätten für feste Brennstoffe sind Fußböden aus brennbaren Baustoffen durch einen Belag aus nichtbrennbaren Baustoffen ausreichender Größe und Dicke zu schützen.

(10) Die Verbrennungsluft muß Feuerstätten in Räumen, aus denen Lüftungsanlagen oder Warmluftheizungsanlagen Luft absaugen, durch dichte Leitungen so zugeführt werden, daß der Feuerraum der Feuerstätte gegenüber dem Aufstellungsraum abgeschlossen ist; das gilt nicht für Aufstellungsräume, deren Lüftungsanlagen denen von Heizräumen entsprechen, oder wenn wegen der Größe der Räume, einer ausreichenden Lüftung und der Art der Benutzung der Räume eine andere Luftzufuhr unbedenklich ist.

(11) Wenn eine Erwärmung durch Feuerstätten und Verbindungsstücke die Tragfähigkeit von Wänden, Stützen oder Decken oder die Beschaffenheit ihrer Baustoffe beeinträchtigen kann, müssen die Bauteile entsprechend geschützt sein.

(12) [1] In Räumen, in denen Holz-, Papier-, Textil-, Lederabfälle oder ähnliche leicht entzündbare Stoffe anfallen oder solche Stoffe verarbeitet werden, sind Feuerstätten mit am Fußboden dicht befestigten Stehwänden zu umgeben. [2] Das gilt nicht, wenn die Stoffe in so geringen Mengen anfallen, daß eine Brandgefahr durch sie nicht hervorgerufen wird. [3] Die Stehwände müssen aus Stahlblech oder anderen vergleichbaren nichtbrennbaren Baustoffen von mindestens 30 cm Höhe bestehen. [4] Ihr Abstand von der Feuerstätte muß vor der Feuerungsöffnung mindestens 30 cm, an den übrigen Seiten mindestens 15 cm betragen. [5] Der Fußboden unter der Feuerstätte und innerhalb der Stehwände muß aus nichtbrennbaren Baustoffen ausreichender Dicke bestehen.

§ 2 Räucheranlagen

(1) Räucheranlagen sind so anzuordnen, herzustellen und einzurichten, daß sie ordnungsgemäß betrieben und gereinigt werden können und nicht zu Gefahren und unzumutbaren Belästigungen führen.

(2) Räucherkammern mit innenliegender Feuerung und Räucherschränke sind Feuerstätten.

(3) [1] Die raumabschließenden Bauteile von Räucherkammern müssen feuerbeständig sein; Türen müssen in Art feuerhemmender Türen aus nichtbrennbaren Baustoffen bestehen. [2] Räucherschränke müssen aus nichtbrennbaren Baustoffen ausgeführt sein. [3] Beobachtungsöffnungen müssen ausreichend widerstandsfähig gegen Feuer sein. [4] Alle Einbauten müssen aus nichtbrennbaren Baustoffen bestehen. [5] Schieber zur Umleitung der Rauchgase müssen betriebssicher sein. [6] Räucherkammern und Räucherschränke mit innenliegender Feuerung müssen so beschaffen sein, daß herabfallendes Räuchergut nicht in die Feuerung oder deren brandgefährliche Nähe gelangen kann. [7] Räucherkammern müssen eine ausreichende und sichere Frischluftzuführung haben.

(4) [1] Räucherkammern mit innenliegender Feuerung und Räucherschränke dürfen nur in Räumen errichtet oder aufgestellt werden, die mindestens feuerhemmende Wände und Decken aus nichtbrennbaren Baustoffen haben, und nicht in Räumen, in denen leicht entzündliche oder explosionsgefährliche Stoffe verarbeitet oder gelagert werden oder in denen solche Stoffe auftreten können. [2] Räucherkammern dürfen nur auf feuerbeständigen Decken errichtet werden, Räucherschränke nur auf ausreichend dicken und wärmedämmenden Unterlagen aus nichtbrennbaren Baustoffen.

Feuerungsanlagenverordnung § 3 FeuV 7

(5) Für die Abstände von den Türen der Räucherkammern und von den Räucherschränken gilt § 1 Abs. 8, für Fußböden aus brennbaren Baustoffen vor den Türen der Räucherkammern und vor den Räucherschränken § 1 Abs. 9 sinngemäß.

(6) Für gewerbliche Räucheranlagen können besondere Anforderungen gestellt werden.

§ 3 Trocknungsanlagen

(1) Trocknungsanlagen sind so anzuordnen, herzustellen und einzurichten, daß sie ordnungsgemäß betrieben und gereinigt werden können und nicht zu Gefahren und unzumutbaren Belästigungen führen.

(2) [1] Für Räume, in denen Feuerstätten zur Warmlufterzeugung aufgestellt werden, gilt § 1 Abs. 6, bei Feuerstätten mit einer Nennwärmeleistung von mehr als 50 kW gilt § 7. [2] Die Fußböden müssen aus nichtbrennbaren Baustoffen bestehen.

(3) Aufstellungsräume von Trocknungsanlagen müssen von Räumen mit erhöhter Brand- oder Explosionsgefahr feuerbeständig abgetrennt sein; Ausnahmen können gestattet werden, wenn der Brand- oder Explosionsgefahr durch andere wirksame Maßnahmen begegnet wird.

(4) Für Öffnungen in Wänden und Decken von Räumen nach Absatz 3 gelten Art. 28 Abs. 1 Sätze 2 und 3 BayBO entsprechend.

(5) [1] Trocknungsanlagen ohne Wärmeaustauscher können gestattet werden, wenn keine Bedenken wegen Brandgefahr oder Gefahren für die Gesundheit bestehen. [2] Die Eignung ist durch die Bescheinigung eines Sachverständigen oder ein Baumusterkennzeichen nachzuweisen. [3] Für die Aufstellung der Feuerstätten und der Trocknungsbehälter gilt Absatz 2 entsprechend.

(6) Feuerstätten, Rauchrohre, Warmluftschächte, Schwefel- und ähnliche Anlagen müssen gegen herabfallendes Trockengut geschützt sein.

(7) Soll die Luft zum Trocknen in den Luftkanälen eine Temperatur von 50 °C nicht überschreiten (Trockenluftkanäle), so müssen Regel- (und Kontroll-)Einrichtungen sicherstellen, daß diese Temperatur eingehalten wird.

(8) [1] Warmluftkanäle von Trocknungsanlagen (Luftkanäle, in denen die Luft eine Temperatur von 50 °C überschreiten darf) sind aus nichtbrennbaren Baustoffen herzustellen; § 12 der Verordnung zur Durchführung der Bayerischen Bauordnung – DVBayBO – (BayRS 2132-1-1-I) bleibt unberührt. [2] Warmluftkanäle dürfen nur mit nichtbrennbaren Baustoffen zur Schall- oder Wärmedämmung ummantelt oder verkleidet sein. [3] Für die Abstände gilt § 1 Abs. 8 sinngemäß. [4] In Räumen, in denen leicht entflammbare Stoffe hergestellt, gelagert

oder verarbeitet werden, sind Vorkehrungen zu treffen, daß diese Stoffe nicht näher als 1 m an die Warmluftkanäle herangebracht werden können.

(9) [1] Es kann verlangt werden, daß selbsttätige Sicherheitseinrichtungen eingebaut werden, die die Zufuhr der Warmluft sofort unterbrechen, bei gas- oder ölbefeuerten Feuerstätten die Brennstoffzufuhr sperren und bei elektrischen Anlagen den Strom abschalten, wenn ein Wärmestau im Trocknungsgut auftritt, das Trocknungsgut sich im Trockner oder in seinen Zu- und Abläufen staut oder wenn die für das Trocknungsgut eingestellte Zulufttemperatur um mehr als 10 °C überschritten wird. [2] Es kann ferner verlangt werden, daß die Sicherheitseinrichtungen mit optischen oder akustischen Alarmanlagen verbunden sind.

(10) [1] Trocknungsbehälter müssen gegen mögliche mechanische Beanspruchungen ausreichend widerstandsfähig sein. [2] Sie sind aus nichtbrennbaren, hitzebeständigen Baustoffen herzustellen; das gilt nicht, wenn sichergestellt ist, daß die Trockenlufttemperatur bei Eintritt in den Trocknungsbehälter 50 °C nicht überschreitet. [3] Trocknungsbehälter, in denen die Luft eine Temperatur von 105 °C überschreiten kann, dürfen nur in Räumen aufgestellt werden, die gegen angrenzende Räume feuerbeständig abgetrennt sind; Türen müssen mindestens feuerhemmend sein und selbsttätig schließen; die Fußböden müssen aus nichtbrennbaren Baustoffen bestehen. [4] Für die Abstände der Trocknungsbehälter gilt § 1 Abs. 8 sinngemäß.

(11) Die Verbrennungsluft und die Frischluft für Trocknungsanlagen darf nur aus dem Freien oder von staubfreien Räumen mit ausreichender Frischluft entnommen werden.

(12) [1] Dunstrohre (Rohre, die der Ableitung von Dünsten sowie zugeführter Warm- oder Trockenluft aus dem Trocknungsbehälter ins Freie dienen) sind aus nichtbrennbaren Baustoffen herzustellen; § 12 DVBayBO gilt sinngemäß. [2] Für die Abstände gelten § 4 Abs. 1 und 2 sinngemäß.

(13) [1] Die Trocknungsanlagen sind bei Beginn der Betriebszeit eingehend auf brandgefährliche Mängel zu überprüfen. [2] Mängel sind unverzüglich zu beseitigen. [3] Vor jedem Anheizen sind die Anlagen sorgfältig zu reinigen.

§ 4 Verbindungsstücke

(1) [1] Rauchrohre häuslicher Feuerstätten und anderer gleichartiger Feuerstätten müssen allseitig folgende Mindestabstände haben:
1. von feuerhemmenden Bauteilen (mit geschützten brennbaren Baustoffen) und von Türbekleidungen aus brennbaren Baustoffen   20 cm,

Feuerungsanlagenverordnung § 5 **FeuV 7**

2. von anderen Bauteilen mit brennbaren Baustoffen oder
brennbaren Bestandteilen 40 cm.
² Wird ein Schutz gegen strahlende Wärme vorgesehen, so brauchen nur die halben Abstände eingehalten zu werden.

(2) ¹ Führen Rauchrohre durch Wände mit brennbaren Baustoffen oder brennbaren Bestandteilen, so sind die Wände in einem Umkreis von mindestens 40 cm aus nichtbrennbaren, wärmedämmenden, formbeständigen Baustoffen herzustellen, wenn kein Strahlungsschutz vorhanden ist; in zweischaligen Wänden ist der Zwischenraum zwischen den Schalen im Bereich der Rohre mit nichtbrennbaren, formbeständigen Baustoffen zu schließen. ² Rauchrohre dürfen nicht durch Einbauschränke hindurchgeführt werden.

(3) ¹ Rauchrohre, die durch unbeheizte Räume führen, sind gegen Wärmeverlust zu schützen. ² In feuchten Räumen sind Rauchrohre gegen Korrosion zu schützen. ³ Für Rauchkanäle gelten die Vorschriften über Rauchkamine sinngemäß.

(4) Drosselvorrichtungen (Klappen oder Schieber) in Verbindungsstücken müssen so beschaffen sein, daß die Betriebssicherheit nicht gefährdet wird.

(5) ¹ Absperrvorrichtungen gegen Ruß (Rußabsperrer) müssen so eingebaut sein, daß sie die Prüfung und Reinigung der Verbindungsstücke und Kamine nicht behindern. ² Der Bedienungsgriff muß so angeordnet sein, daß der Rußabsperrer ordnungsgemäß und gefahrlos bedient werden kann; seine Stellung muß an der Einstellung des Bedienungsgriffs ständig erkennbar sein.

§ 5 Rauchkamine

(1) ¹ Jede Feuerstätte für feste oder flüssige Brennstoffe ist an einen eigenen Rauchkamin (Rauchschornstein) anzuschließen
1. mit mehr als 50 kW Nennwärmeleistung,
2. wenn aus Gründen der Betriebssicherheit wegen der Art der Feuerstätte oder der Art der Zuluftzuführung ein eigener Kamin geboten ist, z. B. Heizkessel, offene Kamine, Feuerstätten mit unmittelbarer Zuluftzuführung vom Freien,
3. wenn die Rauchgase nach Menge, Temperatur oder Art der Feuerstätte den Kamin stärker beanspruchen, z. B. Grillanlagen, Räucheranlagen, Trocknungsanlagen.
² In anderen Fällen als denen des Satzes 1 dürfen bis zu drei Feuerstätten an einen gemeinsamen Rauchkamin angeschlossen werden. ³ Abweichend von den Sätzen 1 und 2 dürfen mehrere Feuerstätten an einen gemeinsamen Kamin angeschlossen werden, wenn der Kamin hierfür geeignet ist und keine Gefahren oder vermeidbaren Belästigungen zu befürchten sind.

(2) ¹Die Kamine sind in solcher Zahl und Lage und so anzuordnen, daß die Feuerstätten auf kurzem Weg innerhalb desselben Geschosses an die Kamine angeschlossen werden können. ²Kamine dürfen nicht ineinander geführt werden.

(3) ¹Der lichte Querschnitt der Kamine ist je nach der Belastung, der Zahl der Anschlüsse, dem Zugbedarf der Wärmeerzeuger und der wirksamen Kaminhöhe zu ermitteln. ²Die wirksame Kaminhöhe soll mindestens 4,5 m betragen. ³Die Art der Brennstoffe und die örtlichen Verhältnisse sind bei der Wahl der Querschnitte, der Bauart und der zulässigen Zahl der Anschlüsse zu berücksichtigen.

(4) ¹Die Kamine müssen so weit über Dach geführt werden, daß die Rauchgase in den Windstrom abgeführt werden; hierbei ist die Lage der Gebäude zur Hauptwindrichtung und zu anderen Gebäuden, der Einfluß von Windhindernissen und die Gestaltung der Traufen und Dachvorsprünge zu berücksichtigen. ²Auf Gebäuden mit weicher Bedachung müssen die Kamine am First austreten und diesen mindestens 80 cm überragen; über harter Bedachung muß die Kaminmündung den Dachfirst mindestens 50 cm überragen oder mindestens 1,5 m von der Dachfläche entfernt sein. ³Die Vorschriften zur Verhütung von Luftverunreinigungen durch Feuerungsanlagen bleiben unberührt.

(5) Die Kaminmündung muß ungeschützte Bauteile aus brennbaren Baustoffen, ausgenommen die Dachhaut, mindestens 1 m überragen oder von ihnen, waagerecht gemessen, mindestens 1,5 m entfernt sein.

(6) ¹Bauteile mit brennbaren Baustoffen müssen von Außenflächen von Kaminen mindestens 5 cm entfernt sein; liegen sie frei und stoßen sie nur mit einer geringen Fläche an den Kamin, wie Fußböden, Fußleisten und Dachlatten, so genügt ein Abstand von 1 cm, wobei die Dicke eines Putzes nicht berücksichtigt wird. ²Zwischenräume im Deckendurchbruch sind mit nichtbrennbaren, dichten und wärmedämmenden Baustoffen auszufüllen.

(7) ¹Wangen und Zungen der Kamine aus Mauersteinen müssen mindestens 11,5 cm dick sein; am Kaminkopf soll die Wangendicke mindestens 24 cm betragen. ²Wangen sind mindestens 24 cm dick auszuführen, sofern nicht wegen der Standsicherheit eine größere Dikke erforderlich ist,

1. wenn eine Feuerstätte mit einer Nennwärmeleistung von mehr als 50 kW angeschlossen wird,
2. wenn der lichte Querschnitt der Kamine mehr als 700 cm² beträgt,
3. wenn an den Kaminen Feuerstätten angeschlossen werden, deren Rauchgastemperatur am Stutzen der Feuerstätte in der Regel mehr als 400 °C beträgt oder deren Rauchgase nach Menge oder Art den

Feuerungsanlagenverordnung §5 FeuV 7

Kamin stärker beanspruchen als die Rauchgase häuslicher Feuerstätten,

4. in Räumen mit erhöhter Brand- und Explosionsgefahr und im Bereich einer weichen Bedachung bis zu 50 cm unterhalb der Bedachung; die Kaminwangen sind zu verputzen,
5. wenn ohne Verband mit anschließenden Wänden hochgeführte Kamine unter Dach nicht mindestens alle 5 m ausgesteift sind,
6. in kaltliegenden Räumen, wenn die Wärmedämmung nicht durch andere Maßnahmen erreicht wird, oder wenn die Kamine frei in der Außenwand liegen.

³ Für Formstücke sind geringere Wangen- und Zungendicken zulässig.

(8) ¹ Die Kaminwangen dürfen durch andere Bauteile, wie Decken und Unterzüge, nicht unterbrochen oder belastet werden. ² Ausnahmen können gestattet werden für mehrschalige Kamine und für im Verband mit Wänden gemauerte Kamine, wenn Massivdecken mit Querversteifung aufgelagert werden und bei gemauerten Kaminen eine Wange von mindestens 11,5 cm Dicke im Deckendurchbruch erhalten bleibt. ³ Die Kaminwangen dürfen nicht durch Schlitze, Dübel, Mauerhaken, Anker und ähnliche Vorrichtungen geschwächt oder in übermäßiger Weise beansprucht werden.

(9) ¹ Jeder Rauchkamin muß an seiner Sohle eine Reinigungsöffnung haben. ² Kamine, die nicht von der Mündung aus gereinigt werden können, müssen über Dach eine weitere Reinigungsöffnung haben. ³ Statt der Reinigungsöffnung über Dach kann eine Reinigungsöffnung im Dachraum gestattet werden. ⁴ Die Reinigungsöffnungen müssen dem Kaminquerschnitt angepaßt, mindestens jedoch 12 cm × 18 cm groß und jederzeit zugänglich sein. ⁵ Sie sind mit Kaminputztürchen zu versehen. ⁶ Werden Kamine über Dach gereinigt, so sind die notwendigen Sicherheitseinrichtungen anzubringen. ⁷ In Wohnräumen, Ställen, Lagerräumen für Lebensmittel und Räumen mit besonderer Brandgefahr dürfen keine Reinigungsöffnungen sein.

(10) ¹ In Kaminen, die zur Prüfung und Reinigung bestiegen werden müssen, ist an der Sohle eine jederzeit zugängliche Einstiegöffnung mit einem lichten Querschnitt von mindestens 50 cm × 60 cm vorzusehen; eine obere Einstiegöffnung ist anzubringen, wenn der Kamin nicht von der Mündung bestiegen werden kann. ² Es kann verlangt werden, daß im Kamin Steigeisen angebracht werden.

(11) Bauteile aus brennbaren Baustoffen müssen vor den Reinigungs- oder Einstiegöffnungen so geschützt sein, daß sie nicht Feuer fangen können.

(12) ¹ Durch Kaminaufsätze darf der lichte Querschnitt des Kamins

nicht eingeengt werden; die Aufsätze dürfen das freie Abströmen der Rauchgase nicht beeinträchtigen. ²Zugbegrenzer können gestattet werden, wenn sichergestellt ist, daß

1. die einwandfreie Ableitung der Rauchgase aller angeschlossenen Feuerstätten nicht beeinträchtigt wird,
2. die Rauchgase bei Stau oder Rückstrom nicht austreten können und
3. die Kehrarbeiten nicht behindert werden.

(13) Können die Wangen und Zungen von Rauchkaminen durch die Temperatur oder die Eigenschaften der Rauchgase angegriffen werden, so sind besondere Baustoffe zu verwenden oder weitere Sicherungen, wie Schutzüberzüge, Innenrohre oder Futter, anzubringen.

(14) ¹Für Kamine nach Art. 39 Abs. 5 BayBO sind in Abweichung von Absatz 1 Satz 2 und Absatz 3 höhere Anschlußzahlen zulässig. ²Die Kamine müssen entsprechend Absatz 4 über Dach geführt werden; die Kaminköpfe können jedoch abgedeckt werden.

(15) Besondere Anforderungen können gestellt werden

1. an Kamine für Feuerstätten besonderer Art (Absatz 1 Satz 1 Nr. 3),
2. an Kamine, die mit Überdruck betrieben werden,
3. an freistehende Kamine,
4. an Kamine in Gebäuden und Räumen mit erhöhter Brandgefahr.

§ 6* Gasfeuerungsanlagen

(1) ¹Für Gasfeuerungsanlagen gelten § 1 Abs. 1 Sätze 1 und 2, Abs. 4, 6 und 7, § 5 Abs. 1, 2, 4, 5, 7, 8 und 12 bis 15 sinngemäß. ²Ein Gas-Wasserheizer und ein Gas-Raumheizer mit einer Nennwärmeleistung von nicht mehr als 3,5 kW dürfen mit einem gemeinsamen Verbindungsstück angeschlossen werden; sie gelten im Sinn des § 5 Abs. 1 Satz 2 nur als eine Feuerstätte; dasselbe gilt für einen Gas-Wasserheizer und einen Umlauf-Wasserheizer, wenn nur jeweils eine der beiden Feuerstätten betrieben werden kann.

(2) Gasfeuerungsanlagen sind mit den für die Betriebssicherheit notwendigen Vorrichtungen zu versehen; sie gelten als betriebssicher, wenn sie ein DIN-DVGW-Zeichen oder DVGW-Zeichen mit Registernummer tragen.

(3) ¹Häusliche Feuerstätten müssen mit ihren erhitzten Teilen von Bauteilen mit brennbaren Baustoffen oder brennbaren Bestandteilen einen Abstand von mindestens 5 cm, Raumheizer einen von mindestens 20 cm haben, wenn durch die Bauart sichergestellt ist, daß bei Nennwärmeleistung an dem Bauteil keine höheren Temperaturen als

---

* Bek. über den Vollzug der §§ 1 und 6 FeuV; Aufstellung von Feuerstätten vom 16. 6. 1983 (MABl. S. 475).

Feuerungsanlagenverordnung § 7 FeuV 7

85 °C auftreten können; nach oben sind die doppelten Abstände einzuhalten. ² § 1 Abs. 8 Sätze 2 bis 4 gelten entsprechend.

(4) Abgasrohre von häuslichen Feuerstätten müssen von Bauteilen mit brennbaren Baustoffen einen Abstand von mindestens 5 cm haben.

(5) ¹ Führen Abgasrohre durch Bauteile mit brennbaren Baustoffen, so sind die Bauteile in einem Umkreis von 10 cm aus nichtbrennbaren, formbeständigen Baustoffen herzustellen. ² Abgasrohre, die durch Einbauschränke führen, sind mit einem Schutzrohr aus wärmedämmenden Baustoffen zu umgeben.

(6) ¹ Bauteile mit brennbaren Baustoffen müssen von den Außenflächen von Abgaskaminen mindestens 5 cm entfernt sein. ² Von dünnwandigen Abgaskaminen aus Formstücken, insbesondere aus Ton, Schamotteton, Asbestzement, müssen sie mindestens 10 cm entfernt sein, wenn kein besonderer Schutz gegen strahlende Wärme vorhanden ist. ³ Im übrigen gilt § 5 Abs. 6 entsprechend.

(7) ¹ Der lichte Querschnitt der Abgaskamine ist je nach der Belastung, der Zahl der Anschlüsse und der wirksamen Kaminhöhe zu ermitteln. ² Die örtlichen Verhältnisse sind bei der Wahl der Querschnitte, der Bauart und der zulässigen Zahl der Anschlüsse zu berücksichtigen. ³ Die wirksame Kaminhöhe soll mindestens 4 m betragen.

(8) ¹ Abgaskamine müssen an der Sohle eine Prüföffnung haben. ² Abgaskamine, die nicht von der Mündung aus geprüft werden können, müssen über Dach eine weitere Prüföffnung haben. ³ Statt der Reinigungsöffnung über Dach kann eine Reinigungsöffnung im Dachraum gestattet werden. ⁴ Im übrigen gilt § 5 Abs. 9 entsprechend.

(9) Abgaskamine sind unten und oben deutlich und dauerhaft durch den Buchstaben „G" zu kennzeichnen.

(10) Die Einleitung von Abgasen häuslicher oder vergleichbarer anderer Gasfeuerstätten in Rauchkamine (gemischte Belegung) oder die unmittelbare Abführung ins Freie bei Gasfeuerstätten mit geschlossener Verbrennungskammer ist zulässig, wenn keine Gefahren oder vermeidbaren Belästigungen zu befürchten sind.

§ 7* Heizräume

(1) ¹ Feuerstätten zur zentralen Beheizung, Warmwasserbereitung oder zur Erzeugung von Betriebs- und Wirtschaftswärme mit einer Gesamtnennwärmeleistung von mehr als 50 kW dürfen nur in Heizräumen aufgestellt werden, die, außer zur zulässigen Brennstofflage-

---

* Bek. über Vollzug § 7 FeuV; hier: Lüftung von Heizräumen vom 4. 4. 1975 (MABl. S. 395). Bek. über Vollzug des § 7 FeuV; Aufstellung von Feuerstätten mit einer Gesamtnennwärmeleistung von mehr als 50 kW in anderen Räumen als Heizräumen vom 3. 12. 1975 (MABl. S. 1145).

rung, nicht anderweitig genutzt werden dürfen. ² Für solche Heizräume gelten die nachfolgenden Absätze. ³ Bei gewerblichen Betrieben und freistehenden Kesselhäusern können Ausnahmen von den Anforderungen des Satzes 1 und der Absätze 4 bis 8 gestattet werden, wenn wegen der Art des Betriebs und der Beschaffenheit der Aufstellungsräume und Feuerstätten Bedenken nicht bestehen.

(2) Die Heizräume sind so zu bemessen, daß die Feuerstätten ordnungsgemäß bedient und von allen Seiten gewartet und gereinigt werden können.

(3) Die lichte Höhe der Heizräume einschließlich der zugehörenden Nebenräume und Rettungswege muß mindestens 2,1 m betragen.

(4) ¹ Die Heizräume einschließlich der zugehörenden Nebenräume müssen durch feuerbeständige Bauteile abgetrennt sein; zu Brennstofflagerräumen nach § 8 und zu Räumen, die zum Betrieb der Heizanlage gehören, genügen Trennwände aus nichtbrennbaren Baustoffen. ² Die Fußböden müssen aus nichtbrennbaren Baustoffen bestehen.

(5) ¹ Türen von Heizräumen müssen nach außen aufschlagen. ² Türen, die nicht ins Freie führen, müssen auf einen Rettungsweg führen und mindestens feuerhemmend und selbstschließend sein. ³ Ins Freie führende Tür- und Fensteröffnungen und sonstige Öffnungen müssen gegen Brandübertragung gesichert sein, wenn sich in der Nähe Bauteile mit brennbaren Baustoffen befinden.

(6) ¹ Die Heizräume sollen mindestens ein unmittelbar ins Freie führendes Fenster haben. ² Wenn die ständige Anwesenheit eines Heizers erforderlich ist, muß mindestens ein ausreichend großes Fenster vorhanden sein.

(7) Bauteile zwischen Heizräumen oder Räumen, die mit Heizräumen in unmittelbarer Verbindung stehen, und Aufenthaltsräumen müssen wärmedämmend und schalldämmend sein.

(8) ¹ Heizräume für Feuerstätten mit einer Gesamtnennwärmeleistung von mehr als 350 kW müssen zwei möglichst entgegengesetzt liegende Ausgänge haben. ² Einer davon muß unmittelbar ins Freie führen; statt dieses Ausgangs genügt ein Ausstieg durch ein Fenster; wenn erforderlich, sind Steigeisen anzubringen.

(9) ¹ Heizräume müssen eine ständig wirksame Lüftung haben. ² Die Lüftungsrohre, -schächte und -kanäle und deren Öffnungen müssen ausreichend groß sein; bei der Bemessung ist insbesondere die Gesamtnennwärmeleistung und die Art der aufgestellten Feuerstätten zu berücksichtigen.

(10) Bodenabläufe in Heizräumen mit Feuerstätten für flüssige Brennstoffe müssen Heizölsperren haben; diese Heizräume müssen mindestens 3 cm hohe Türschwellen haben.

(11) Heizräume müssen eine elektrische Beleuchtung haben.

§ 8 Lagerung fester Brennstoffe in Gebäuden

¹ Werden mehr als 20 m³ feste Brennstoffe für Feuerstätten in Gebäuden gelagert, so ist hierfür ein besonderer Raum ohne Feuerstätte erforderlich. ² Er darf nicht anderweitig genutzt werden. ³ Wände, Decken, Türen und Fußböden müssen aus nichtbrennbaren Baustoffen bestehen.

§ 9 Ordnungswidrigkeiten

Nach Art. 89 Abs. 1 Nr. 10 BayBO kann mit Geldbuße bis zu einhunderttausend Deutsche Mark belegt werden, wer vorsätzlich oder fahrlässig

1. häusliche Feuerstätten oder gleichartige andere Feuerstätten für feste oder flüssige Brennstoffe aufstellt, ohne die Abstände nach § 1 Abs. 8 einzuhalten oder die Vorkehrungen nach § 1 Abs. 9 zu treffen,

2. eine Trocknungsanlage in Betrieb nimmt, ohne sie nach § 3 Abs. 13 überprüft zu haben oder entgegen § 3 Abs. 13 festgestellte Mängel nicht unverzüglich beseitigt,

3. Verbindungsstücke anordnet, ohne die Abstände nach § 4 Abs. 1 einzuhalten oder die Vorkehrungen nach § 4 Abs. 2 zu treffen,

4. häusliche Gasfeuerstätten aufstellt, ohne die Abstände nach § 6 Abs. 3 einzuhalten,

5. Abgasrohre anordnet, ohne die Abstände nach § 6 Abs. 4 einzuhalten oder die Vorkehrungen nach § 6 Abs. 5 zu treffen.

§ 10 Inkrafttreten

Diese Verordnung tritt am 1. April 1985 in Kraft; sie tritt am 31. März 1995 außer Kraft.

8. Verordnung über die Gebiete ohne Genehmigungspflicht nach Art. 11 der Bayerischen Bauordnung für Grundstücksteilungen

Vom 21. Dezember 1982 (BayRS 2132-1-18-I)

Auf Grund von Art. 11 Abs. 1 Satz 2 der Bayerischen Bauordnung (BayBO) in Verbindung mit § 19 Abs. 5 des Bundesbaugesetzes erläßt die Bayerische Staatsregierung folgende Verordnung:

§1

(1) Einer Teilungsgenehmigung nach Art. 11 BayBO bedarf es nur in den kreisfreien Gemeinden und in denjenigen kreisangehörigen Gemeinden, die in der Anlage zu der Verordnung über die Gebiete ohne Genehmigungspflicht für den Bodenverkehr vom 24. September 1970 (GVBl. S. 425)* in der jeweils geltenden Fassung aufgeführt sind.

(2) § 2 der Verordnung über die Gebiete ohne Genehmigungspflicht für den Bodenverkehr gilt entsprechend.

§2

Diese Verordnung tritt mit Wirkung vom 1. September 1982 in Kraft.**

---

* Abgedruckt in BayRS 2130-6-I.
** Betrifft die ursprüngliche Fassung vom 21. 12. 1982 (GVBl. S. 1109).

9. Verordnung über die bautechnische Prüfung baulicher Anlagen (Bautechnische Prüfungsverordnung – BauPrüfV)

Vom 11. November 1986 (GVBl. S. 339, BayRS 2132-1-11-I)

Bek. über den Vollzug der Bautechnischen Prüfungsverordnung (BauPrüfV) und der Gebührenordnung für Prüfämter und Prüfingenieure für Baustatik (GebOP) vom 28. 11. 1986 (MABl. S. 539, ber. 1987 S. 28), geändert durch Bek. vom 15. 5. 1987 (MABl. S. 289) und vom 3. 5. 1988 (AllMBl. S. 347)

Auf Grund des Art. 90 Abs. 5 der Bayerischen Bauordnung (BayBO) erläßt das Bayerische Staatsministerium des Innern folgende Verordnung:

Inhaltsübersicht

Abschnitt I. Prüfämter, Prüfingenieure
§ 1 Prüfämter und Prüfingenieure

Abschnitt II. Anerkennung von Prüfingenieuren
§ 2 Umfang der Anerkennung, Niederlassung
§ 3 Voraussetzungen der Anerkennung
§ 4 Anerkennungsverfahren
§ 5 Gutachten, Prüfungsausschuß
§ 6 Anerkennung von Prüfingenieuren anderer Länder
§ 7 Erlöschen und Widerruf der Anerkennung

Abschnitt III. Bautechnische Prüfung
§ 8 Aufgaben der Prüfämter und Prüfingenieure
§ 9 Erteilung von Prüfaufträgen
§ 10 Durchführung der Prüfung
§ 11 Verantwortung
§ 12 Prüfungsverzeichnis

Abschnitt IV. Typenprüfung und Prüfungen für Typengenehmigung
§ 13 Typenprüfung und Prüfungen für Typengenehmigung

Abschnitt V. Schlußvorschriften
§ 14 Führung der Bezeichnung Prüfingenieur für Baustatik, Ordnungswidrigkeiten
§ 15 Übergangsregelung
§ 16 Inkrafttreten, Außerkrafttreten

Abschnitt I. Prüfämter, Prüfingenieure

§ 1 Prüfämter und Prüfingenieure

(1) [1] Die untere Bauaufsichtsbehörde kann die Prüfung der Standsicherheitsnachweise baulicher Anlagen, der Nachweise des Schall- und Wärmeschutzes und der Nachweise der Feuerwiderstandsdauer der

tragenden Bauteile einem Prüfamt für Baustatik (Prüfamt) oder einem Prüfingenieur für Baustatik (Prüfingenieur) übertragen. ² Die untere Bauaufsichtsbehörde kann ferner die Bauüberwachung teilweise oder ganz einem Prüfamt oder einem Prüfingenieur übertragen.

(2) Das Staatsministerium des Innern kann anordnen, daß bestimmte bautechnische Nachweise nur durch bestimmte Prüfämter oder durch bestimmte Prüfingenieure geprüft werden dürfen.

(3) ¹ Das Prüfamt oder der Prüfingenieur müssen vom Staatsministerium des Innern anerkannt sein.* ² Auf die Anerkennung besteht kein Rechtsanspruch. ³ Die Anerkennung begründet keinen Anspruch darauf, von der unteren Bauaufsichtsbehörde Prüfaufträge zu erhalten.

(4) ¹ Die Prüfämter müssen mit geeigneten Ingenieuren besetzt sein. ² Sie müssen von einem im Bauingenieurwesen besonders vorgebildeten und erfahrenen Beamten des höheren bautechnischen Verwaltungsdienstes geleitet werden. ³ Für Organisationen der Technischen Überwachung, die für bestimmte Aufgaben als Prüfamt für Baustatik anerkannt werden, kann das Staatsministerium des Innern Ausnahmen von den Anforderungen nach Satz 2 gestatten.

(5) Die Prüfämter und die Prüfingenieure unterstehen der Fachaufsicht des Staatsministeriums des Innern.

Abschnitt II. Anerkennung von Prüfingenieuren

§ 2 Umfang der Anerkennung, Niederlassung

(1) ¹ Prüfingenieure können für folgende Fachrichtungen anerkannt werden:

1. Massivbau,
2. Metallbau,
3. Holzbau.

² Die Anerkennung kann für eine oder mehrere Fachrichtungen ausgesprochen werden.

(2) Die Anerkennung für eine Fachrichtung schließt die Berechtigung zur Prüfung einzelner Bauteile mit höchstens durchschnittlichem Schwierigkeitsgrad der anderen Fachrichtungen mit ein.

(3) Die Anerkennung ist für eine bestimmte Niederlassung zu erteilen.

(4) Der Prüfingenieur darf seine Niederlassung nur mit Zustimmung des Staatsministeriums des Innern in eine andere Gemeinde verlegen.

---

* Bek. über Prüfämter und Prüfingenieure für Baustatik vom 5. 11. 1984 (MABl. S. 603).

Bautechnische Prüfungsverordnung §3 **BauPrüfV 9**

§ 3 Voraussetzungen der Anerkennung

(1) Als Prüfingenieur kann ein Ingenieur anerkannt werden, der

1. im Zeitpunkt der Antragstellung eine mindestens zweijährige Tätigkeit als selbständig tätiger beratender Ingenieur nachweisen kann,
2. im Zeitpunkt der Antragstellung als beratender, mit Tragwerksplanung befaßter Ingenieur selbständig oder als Professor an einer (Technischen) Universität oder an einer Fachhochschule tätig ist,
3. im Zeitpunkt der Antragstellung das 60. Lebensjahr noch nicht überschritten hat,
4. die deutsche Staatsangehörigkeit besitzt,
5. das Studium des Bauingenieurwesens an einer deutschen wissenschaftlichen Hochschule mit Erfolg abgeschlossen hat,
6. mindestens zehn Jahre lang mit der Anfertigung von Standsicherheitsnachweisen und mit der technischen Bauleitung von Ingenieurbauten betraut war; der Antragsteller muß hierbei mindestens fünf Jahre lang Standsicherheitsnachweise angefertigt haben und mindestens ein Jahr lang mit der technischen Bauleitung betraut gewesen sein; die Zeit einer technischen Bauleitung darf jedoch nur bis zu höchstens drei Jahren angerechnet werden; für die restlichen Jahre kann auch die Mitwirkung bei der Prüfung von Standsicherheitsnachweisen angerechnet werden,
7. über eingehende Kenntnisse der einschlägigen baurechtlichen Vorschriften, ferner der Bestimmungen auf dem Gebiet des Schall- und Wärmeschutzes sowie der Feuerwiderstandsdauer der tragenden Bauteile verfügt,
8. durch seine Leistungen als Ingenieur überdurchschnittliche Fähigkeiten bewiesen hat,
9. die für einen Prüfingenieur erforderlichen Fachkenntnisse und Erfahrungen besitzt,
10. auch nach seiner Persönlichkeit Gewähr dafür bietet, daß er die Aufgaben eines Prüfingenieurs ordnungsgemäß im Sinn des § 10 Abs. 1 erfüllen wird,
11. seinen Geschäftssitz im Freistaat Bayern hat.

(2) Das Staatsministerium des Innern kann Ausnahmen von den Voraussetzungen des Absatzes 1 Nrn. 1, 3, 4, 5 und 6 gestatten.

(3) Die Anerkennung ist zu versagen, wenn der Antragsteller

1. die Anerkennungsvoraussetzungen nach Absatz 1 nicht nachgewiesen und das Staatsministerium des Innern keine Ausnahme nach Absatz 2 gestattet hat,
2. die Fähigkeit, öffentliche Ämter zu bekleiden, nicht besitzt,

3. in einem ordentlichen Strafverfahren wegen einer vorsätzlichen Tat rechtskräftig zu einer Freiheitsstrafe von mehr als sechs Monaten verurteilt worden ist und wenn sich aus dem der Verurteilung zugrundeliegenden Sachverhalt ergibt, daß er zur Erfüllung der Berufsaufgaben nach § 10 Abs. 1 nicht geeignet ist,

4. durch gerichtliche Anordnung in der Verfügung über sein Vermögen beschränkt ist,

5. als Unternehmer in der Bauwirtschaft tätig ist,

6. in einem beruflichen, finanziellen oder sonstigen Abhängigkeitsverhältnis insbesondere zu Unternehmen der Bauwirtschaft steht, das seine Prüftätigkeit beeinflussen kann.

(4) Die Anerkennung kann versagt werden, wenn

1. der Antragsteller keine Gewähr dafür bietet, daß er neben der Prüftätigkeit andere Tätigkeiten in solchem Umfang ausüben wird, daß die ordnungsgemäße Erfüllung seiner Pflichten als Prüfingenieur, insbesondere seiner Überwachungspflicht nach § 10 Abs. 3, gewährleistet ist, oder

2. die bereits anerkannten Prüfämter und Prüfingenieure ausreichen.

(5) [1] Die Anerkennung wird für eine bestimmte Frist, höchstens jedoch für fünf Jahre, erteilt. [2] Sie kann auf Antrag um je höchstens fünf Jahre verlängert werden.

§ 4 Anerkennungsverfahren

(1) Der Antrag auf Anerkennung ist an das Staatsministerium des Innern zu richten.

(2) Dem Antrag sind die erforderlichen Angaben und Nachweise beizufügen, insbesondere

1. ein Lebenslauf mit lückenloser Angabe des fachlichen Werdegangs,

2. die Nachweise nach § 3 Abs. 1 Nrn. 1 bis 8,

3. ein Führungszeugnis,

4. die Erklärung, daß Versagungsgründe nach § 3 Abs. 3 nicht vorliegen,

5. Angaben über etwaige Niederlassungen,

6. Angaben über eine etwaige Beteiligung an einer Ingenieurgesellschaft und

7. der Nachweis, daß im Fall der Anerkennung eine Haftpflichtversicherung mit einer Mindestdeckungssumme von 2 Mio Deutsche Mark pauschal für Personen-, Sach- und Vermögensschäden für jeden Einzelfall besteht.

(3) In dem Antrag ist ferner anzugeben, in welcher Gemeinde der Antragsteller sich als Prüfingenieur niederzulassen beabsichtigt.

Bautechnische Prüfungsverordnung §§ 5–7 **BauPrüfV 9**

(4) Das Staatsministerium des Innern kann weitere Unterlagen verlangen.

§ 5 Gutachten, Prüfungsausschuß

(1) ¹Das Staatsministerium des Innern holt vor der Anerkennung ein Gutachten über die fachliche Eignung des Antragstellers ein. ²Das Gutachten wird von einem beim Staatsministerium des Innern einzurichtenden Prüfungsausschuß erstattet; der Ausschuß hat das Gutachten zu begründen.

(2) Der Prüfungsausschuß kann verlangen, daß der Antragsteller seine Kenntnisse schriftlich und mündlich nachweist.

(3) ¹Das Staatsministerium des Innern beruft auf die Dauer von fünf Jahren den Vorsitzenden, den stellvertretenden Vorsitzenden und die weiteren Mitglieder des Prüfungsausschusses und regelt dessen Geschäftsführung. ²Die Mitglieder des Prüfungsausschusses sind unabhängig und an Weisungen nicht gebunden. ³Sie sind zu Unparteilichkeit und Verschwiegenheit verpflichtet. ⁴Sie sind ehrenamtlich tätig und haben Anspruch auf Ersatz der Reisekosten und der notwendigen Auslagen.

§ 6 Anerkennung von Prüfingenieuren anderer Länder

Die von anderen Ländern der Bundesrepublik Deutschland anerkannten Prüfingenieure gelten auch im Freistaat Bayern als anerkannt, wenn sie eine Haftpflichtversicherung mit einer Mindestdeckungssumme von 2 Mio Deutsche Mark pauschal für Personen-, Sach- und Vermögensschäden für jeden Einzelfall nachweisen und das 68. Lebensjahr noch nicht vollendet haben.

§ 7 Erlöschen und Widerruf der Anerkennung

(1) Die Anerkennung erlischt, wenn der Prüfingenieur

1. gegenüber dem Staatsministerium des Innern schriftlich auf sie verzichtet,
2. das 68. Lebensjahr vollendet hat.

(2) Unbeschadet des Art. 49 des Bayerischen Verwaltungsverfahrensgesetzes kann die Anerkennung widerrufen werden, wenn

1. der Prüfingenieur infolge geistiger oder körperlicher Gebrechen nicht mehr in der Lage ist, seine Tätigkeit ordnungsgemäß auszuüben,
2. der Prüfingenieur gegen die ihm obliegenden Pflichten wiederholt oder grob fahrlässig oder vorsätzlich verstoßen hat,
3. der Prüfingenieur schuldhaft seine Prüf- oder Ingenieurtätigkeit mangelhaft ausführt,

4. der Prüfingenieur seine Prüftätigkeit in solchem Umfang ausübt, daß die ordnungsgemäße Erfüllung seiner Pflichten als Prüfingenieur, insbesondere seiner Überwachungspflicht nach § 10 Abs. 3, nicht gewährleistet ist,
5. der Prüfingenieur an verschiedenen Orten Niederlassungen als Prüfingenieur einrichtet,
6. der nach § 4 Abs. 2 Nr. 7 geforderte Versicherungsschutz nicht mehr besteht,
7. der Prüfingenieur nicht mehr im Sinn von § 3 Abs. 1 Nr. 2 tätig ist.

Abschnitt III. Bautechnische Prüfung

§ 8 Aufgaben der Prüfämter und Prüfingenieure

(1) ¹ Das Prüfamt oder der Prüfingenieur haben die Vollständigkeit und Richtigkeit der bautechnischen Nachweise zu prüfen. ² Die Vollständigkeit und Richtigkeit ist unter Verwendung des vom Staatsministerium des Innern vorgeschriebenen Musters in einem Prüfbericht zu bescheinigen.

(2) ¹ Die untere Bauaufsichtsbehörde kann sich bei der Bauüberwachung und den Bauzustandsbesichtigungen der baulichen Anlagen der Hilfe eines Prüfamts oder eines Prüfingenieurs bedienen. ² Im Prüfbericht soll angegeben werden, ob eine Beteiligung eines Prüfamts oder eines Prüfingenieurs bei der Bauüberwachung und bei Bauzustandsbesichtigungen für erforderlich gehalten wird.

§ 9 Erteilung von Prüfaufträgen

Der Prüfauftrag wird von der unteren Bauaufsichtsbehörde erteilt.

§ 10 Durchführung der Prüfung

(1) Der Prüfingenieur hat seine Prüftätigkeit unparteiisch und gewissenhaft gemäß den bauaufsichtlichen Vorschriften und den allgemein anerkannten Regeln der Technik auszuüben, über die er sich stets auf dem laufenden zu halten hat.

(2) Prüfaufträge dürfen nur aus zwingenden Gründen abgelehnt werden.

(3) ¹ Der Prüfingenieur darf sich der Mithilfe befähigter und zuverlässiger Mitarbeiter bedienen. ² Von diesen darf höchstens einer für ihn als freier Mitarbeiter tätig sein. ³ Die Gesamtzahl der Mitarbeiter ist so zu beschränken, daß er ihre Tätigkeit jederzeit voll überwachen kann. ⁴ Der Prüfingenieur trägt allein die Verantwortung gegenüber der unteren Bauaufsichtsbehörde. ⁵ Er kann sich nur durch einen anderen Prüfingenieur derselben Fachrichtung vertreten lassen.

(4) ¹ Der Prüfingenieur darf die Prüfung nicht durchführen, wenn er oder einer seiner Mitarbeiter den Entwurf oder die bautechnischen

Nachweise aufgestellt oder dabei mitgewirkt hat oder aus einem sonstigen Grund befangen ist. ²Dies gilt für Prüfämter sinngemäß.

(5) ¹Werden Aufträge nicht in angemessener Frist erledigt, so kann die untere Bauaufsichtsbehörde den Auftrag zurückziehen und die Unterlagen zurückfordern. ²Ansonsten kann ein Prüfauftrag nur aus triftigen Gründen zurückgezogen werden.

(6) Kommt der Bauherr, der Entwurfsverfasser oder der Ersteller der bautechnischen Nachweise der Aufforderung des Prüfamts oder Prüfingenieurs, fehlende Unterlagen nachzureichen oder etwaige Beanstandungen auszuräumen, nicht nach, so trifft die untere Bauaufsichtsbehörde die erforderlichen Maßnahmen.

(7) ¹Ergibt sich nachträglich, daß wichtige Teile einer baulichen Anlage oder solche mit überdurchschnittlichem oder sehr hohem Schwierigkeitsgrad zu einer Fachrichtung gehören, für die der mit der Prüfung beauftragte Prüfingenieur nicht anerkannt ist (§ 2 Abs. 1), so ist er verpflichtet, dies der unteren Bauaufsichtsbehörde mitzuteilen. ²Die untere Bauaufsichtsbehörde entscheidet, ob der Prüfauftrag zurückzugeben oder ob ein Prüfamt oder ein Prüfingenieur, der für diese Fachrichtung anerkannt ist, hinzuzuziehen ist.

(8) Die untere Bauaufsichtsbehörde kann im Einzelfall mit Zustimmung des Staatsministeriums des Innern gestatten, daß ein Prüfingenieur Prüfaufträge, die vor Vollendung des 68. Lebensjahres erteilt worden sind, über diesen Zeitpunkt hinaus zu Ende führt.

§ 11 Verantwortung

¹Das Prüfamt oder der Prüfingenieur tragen gegenüber der unteren Bauaufsichtsbehörde die Verantwortung für die Vollständigkeit und Richtigkeit der Prüfung. ²Einer Nachprüfung des Prüfergebnisses durch die untere Bauaufsichtsbehörde bedarf es nicht mehr, wenn nicht offensichtliche Unstimmigkeiten vorliegen.

§ 12 Prüfungsverzeichnis

Über alle Prüfaufträge haben das Prüfamt und der Prüfingenieur ein Verzeichnis nach einem vom Staatsministerium des Innern festzulegenden Muster zu führen und bis zum 31. Januar des folgenden Jahres dem Staatsministerium des Innern vorzulegen.

Abschnitt IV. Typenprüfung und Prüfungen für Typengenehmigung

§ 13 Typenprüfung und Prüfungen für Typengenehmigung

(1) Für bauliche Anlagen und Bauteile, die in gleicher Ausführung an mehreren Stellen errichtet oder verwendet werden, können mit

dem Bauantrag bereits geprüfte Nachweise der Standsicherheit, des Schall- und Wärmeschutzes und der Feuerwiderstandsdauer der tragenden Bauteile eingereicht werden; diese Nachweise müssen von einem Prüfamt geprüft sein (Typenprüfung).

(2) Die Typenprüfung wird für eine bestimmte Frist erteilt, die fünf Jahre nicht überschreiten soll; sie kann auf schriftlichen Antrag von dem Prüfamt, das die Typenprüfung erteilt hat, um jeweils höchstens fünf Jahre verlängert werden, wenn dies vor Ablauf der Frist schriftlich beantragt wird.

(3) Die von den Prüfämtern der anderen Länder der Bundesrepublik Deutschland durchgeführten Typenprüfungen gelten auch im Freistaat Bayern.

(4) [1] Die Vorschriften dieser Verordnung gelten sinngemäß für die Typengenehmigung (Art. 77 BayBO). [2] Mit dem Antrag auf Typengenehmigung kann eine bereits geprüfte Berechnung nicht eingereicht werden. [3] Die Nachweise für eine Typengenehmigung dürfen nur von einem Prüfamt geprüft werden.

Abschnitt V. Schlußvorschriften

§ 14 Führung der Bezeichnung Prüfingenieur für Baustatik, Ordnungswidrigkeiten

(1) Wer nach den Vorschriften dieser Verordnung nicht als Prüfingenieur anerkannt ist, darf die Bezeichnung „Prüfingenieur für Baustatik" nicht führen.

(2) Nach Art. 89 Abs. 1 Nr. 10 BayBO kann mit Geldbuße bis zu einhunderttausend Deutsche Mark belegt werden, wer entgegen Absatz 1 die Bezeichnung „Prüfingenieur für Baustatik" führt.

§ 15 Übergangsregelung

Die auf Grund der Landesverordnung über die bautechnische Prüfung baulicher Anlagen vom 2. Oktober 1962 (GVBl S. 242), geändert durch Verordnung vom 12. August 1965 (GVBl S. 274), und der Bautechnischen Prüfungsverordnung (BayRS 2132-1-11-I) ausgesprochenen Anerkennungen gelten als Anerkennung im Sinn dieser Verordnung.

§ 16 Inkrafttreten, Außerkrafttreten

(1) Diese Verordnung tritt am 1. Januar 1987 in Kraft; sie tritt am 31. Dezember 2006 außer Kraft.

(2) Gleichzeitig tritt die Verordnung über die bautechnische Prüfung baulicher Anlagen – Bautechnische Prüfungsverordnung – BauPrüfV – (BayRS 2132-1-11-I) außer Kraft.

10. Verordnung über prüfzeichenpflichtige Baustoffe, Bauteile und Einrichtungen (Prüfzeichenverordnung – PrüfzV)

Vom 2. Juli 1982 (BayRS 2132-1-9-I)

Geändert durch Verordnung vom 27. 7. 1987 (GVBl. S. 275)

Auf Grund von Art. 24 Abs. 1 Satz 1, Art. 25 Abs. 1 Satz 2 und Art. 90 Abs. 7 Nrn. 1 und 2 der Bayerischen Bauordnung (BayBO) erläßt das Bayerische Staatsministerium des Innern folgende Verordnung:

§ 1* Prüfzeichenpflicht

Folgende werkmäßig hergestellte Baustoffe, Bauteile und Einrichtungen dürfen nur verwendet oder eingebaut werden, wenn sie ein Prüfzeichen haben:

Gruppe 1: **Grundstücksentwässerung**

1.1 Rohre und Formstücke für Leitungen und für Schächte zur Ableitung von Abwasser und Niederschlagswasser einschließlich Dichtmittel, mit Ausnahme von Regenfallleitungen im Freien und Druckleitungen sowie Dichtmitteln aus Weißstrick und Blei

1.2 Urinalbecken, Geruchverschlüsse, Becken und Abläufe mit eingebauten oder angeformten Geruchverschlüssen, Abläufe für Niederschlagswasser über Räumen

1.3 Spülkästen und Steckbeckenspülapparate

1.4 Rückstauverschlüsse

1.5 Abwasserhebeanlagen und Rückflußverhinderer für Abwasserhebeanlagen

1.6 Kleinkläranlagen, die für einen durchschnittlichen Anfall häuslicher Abwässer bis zu 8 m^3/Tag bemessen sind

Gruppe 2: **Abscheider und Sperren**

2.1 Abscheider und Sperren für Leichtflüssigkeiten, wie Benzin und Heizöl

2.2 Fettabscheider

2.3 Amalgamabscheider in Zahnarztpraxen

---

* § 1 Gruppe 2.3 sowie Gruppe 11 angefügt durch Verordnung vom 27. 7. 1987 (GVBl. S. 275).

10 PrüfzV § 1 — Prüfzeichenverordnung

Gruppe 3: **Brandschutz**
3.1 Baustoffe, die nichtbrennbar sein müssen, mit brennbaren Bestandteilen
3.2 Baustoffe und Textilien, die schwerentflammbar sein müssen
3.3 Feuerschutzmittel für Baustoffe und Textilien, die schwerentflammbar sein müssen

Gruppe 4: **Feuerungsanlagen**
4.1 Schornsteinreinigungsverschlüsse
4.2 Absperrvorrichtungen gegen Ruß (Rußabsperrer)

Gruppe 5: **Holzschutz**
5.1 Holzschutzmittel gegen Pilze und Insekten

Gruppe 6: **Baustoffe, Bauteile und Einrichtungen für Anlagen zur Lagerung wassergefährdender Flüssigkeiten**
6.1 Auffangvorrichtungen aus nichtmetallischen Werkstoffen
6.2 Abdichtungsmittel aus Kunststoff von Auffangwannen und Auffangräumen
6.3 Ortsfeste Behälter
6.4 Innenbeschichtungen aus Kunststoff für ortsfeste Behälter
6.5 Auskleidungen aus Kunststoff für ortsfeste Behälter
6.6 Leckanzeigegeräte für Behälter und für doppelwandige Rohrleitungen
6.7 Kunststoffrohre und kunststoffummantelte Rohre, ihre Formstücke und Dichtmittel
6.8 Überfüllsicherungen für ortsfeste Behälter

Als wassergefährdende Flüssigkeiten im Sinn dieser Verordnung gelten nicht
1. Abwasser, Jauche und Gülle
2. Flüssigkeiten, die hinsichtlich der Radioaktivität die Freigrenzen des Strahlenschutzrechts überschreiten,
3. flüssige Lebensmittel, Lebensmittelbasisprodukte und Genußmittel, mit Ausnahme von Speiseölen.

Gruppe 7: **Betonzusätze**
7.1 Betonzusatzmittel
7.2 Betonzusatzstoffe

Gruppe 8: *(nicht besetzt)*

Gruppe 9: **Armaturen, Drosseleinrichtungen, Brausen, Kugelgelenke und Geräte der Wasserinstallation, an die**

Prüfzeichenverordnung §2 **PrüfzV 10**

Anforderungen hinsichtlich des Geräuschverhaltens gestellt werden

9.1 Auslaufarmaturen (auch Mischbatterien)
9.2 Gas- und Elektrogeräte zum Bereiten von warmem und heißem Wasser
9.3 Spülkästen
9.4 Druckspüler
9.5 Durchgangsarmaturen (Absperrventile, Druckminderer, Rückflußverhinderer, Durchflußbegrenzer, Rohrbelüfter in Durchflußform)
9.6 Drosseleinrichtungen (Drosselventile, Strahlregler für Ausläufe und Auslaufarmaturen)
9.7 Brausen
9.8 Kugelgelenke für Ausläufe und Brausen

Gruppe 10: **Lüftungsanlagen**

10.1 Absperrvorrichtungen gegen Feuer oder Rauch in Lüftungsleitungen

Gruppe 11: **Asbesthaltige Baustoffe und Bauteile mit einer Rohdichte von mehr als 1 g/cm^3**

11.1 Isoliermaterialien oder Dämmstoffe für Brand-, Schall-, Wärme-, Kälte- und Feuchtigkeitsschutz
11.2 Kitte, Klebstoffe
11.3 Mörtel- und Spachtelmassen
11.4 Bodenbeläge

§ 2 Freistellung von der Prüfzeichenpflicht

(1) Die in der **Anlage** zu dieser Verordnung aufgeführten Baustoffe, Bauteile und Einrichtungen bedürfen abweichend von § 1 keines Prüfzeichens, wenn
1. sie in leicht erkennbarer und dauerhafter Weise den Namen des Herstellers oder sein Firmenzeichen und die DIN-Bezeichnung oder ein DVGW-Prüfzeichen mit Registernummer tragen und
2. der Hersteller der Baustoffe, Bauteile und Einrichtungen sich einer Überwachung gemäß Art. 25 Abs. 2 BayBO unterzieht.

(2) Können die in Absatz 1 geforderten Bezeichnungen auf den Baustoffen, Bauteilen oder Einrichtungen nicht angebracht werden, so sind sie auf der Verpackung oder auf dem Lieferschein in leicht erkennbarer und dauerhafter Weise anzubringen.

(3) [1] Die in § 1 Gruppe 6 genannten Baustoffe, Bauteile und Einrichtungen bedürfen abweichend von § 1 keines Prüfzeichens, wenn

ihre Eignung nach § 19h Abs. 1 des Wasserhaushaltsgesetzes festgestellt ist. ²Die in § 1 Gruppe 6 Nrn. 6.4, 6.5, 6.6 und 6.8 genannten Baustoffe, Bauteile und Einrichtungen bedürfen abweichend von § 1 auch dann keines Prüfzeichens, wenn ihre Brauchbarkeit durch eine Bauartzulassung nach § 12 der Verordnung über brennbare Flüssigkeiten nachgewiesen ist und der Hersteller sich einer Überwachung gemäß Art. 25 Abs. 2 BayBO unterzieht; die Überwachung ist nach den in der Bauartzulassung enthaltenen Auflagen, nach den Technischen Regeln für brennbare Flüssigkeiten und den vom Bundesminister für Arbeit und Sozialordnung bekanntgemachten Richtlinien durchzuführen.

(4) Das Staatsministerium des Innern kann für die in § 1 aufgeführten Baustoffe, Bauteile und Einrichtungen im Einzelfall Ausnahmen von der Prüfzeichenpflicht gestatten.

§ 3 Zuständige Stelle

(1) Prüfzeichen für die in § 1 genannten Baustoffe, Bauteile und Einrichtungen werden durch das Institut für Bautechnik, Reichpietschufer 72 bis 76, 1000 Berlin 30, erteilt.

(2) Die Zustimmung zu Überwachungsverträgen für die Überwachung von Baustoffen, Bauteilen und Einrichtungen im Rahmen dieser Verordnung wird vom Institut für Bautechnik, Berlin, erteilt.

§ 4 Ordnungswidrigkeiten

Nach Art. 89 Abs. 1 Nr. 10 BayBO kann mit Geldbuße bis zu einhunderttausend Deutsche Mark belegt werden, wer vorsätzlich oder fahrlässig entgegen § 1 dort genannte Baustoffe, Bauteile oder Einrichtungen, die kein Prüfzeichen tragen, verwendet oder einbaut.

§ 5 Inkrafttreten

(1) ¹Diese Verordnung tritt am 1. September 1982 in Kraft.*
²Die Prüfzeichenpflicht für Baustoffe, Bauteile und Einrichtungen gemäß § 1 Gruppe 6 Nrn. 6.3 bis 6.8 tritt am 1. Januar 1983 in Kraft.
³Diese Verordnung tritt am 31. Dezember 1999 außer Kraft.

(2) *(gegenstandslos)*

Anlage

1. **Aus § 1 Gruppe 1 Nr. 1.1:**

Rohre, Formstücke und Dichtmittel nach folgenden DIN-Normen:
DIN 1230 Teil 1 – Steinzeug für die Kanalisation; Rohre und Formstücke mit Muffe, Maße

---

* Betrifft die ursprüngliche Fassung vom 2. 7. 1982 (GVBl. S. 464).

Prüfzeichenverordnung Anlage **PrüfzV 10**

DIN 1230 Teil 2	– Steinzeug für die Kanalisation; Rohre und Formstücke mit Muffe, Technische Lieferbedingungen
DIN 4032	– Betonrohre und -formstücke; Maße, Technische Lieferbedingungen
DIN 4034	– Schachtringe, Brunnenringe, Schachthälse, Übergangsringe, Auflageringe aus Beton; Maße, Technische Lieferbedingungen
DIN 4035	– Stahlbetonrohre, Stahlbetondruckrohre und zugehörige Formstücke aus Stahlbeton; Maße, Technische Lieferbedingungen
DIN 4062	– Kalt verarbeitbare plastische Dichtstoffe für Abwasserkanäle und -leitungen; Dichtstoffe für Bauteile aus Beton, Anforderungen, Prüfung und Verarbeitung
DIN 19501	– Gußeiserne Abflußrohre (GA); Rohre
DIN 19502	– Gußeiserne Abflußrohre (GA); Bogen
DIN 19503	– Gußeiserne Abflußrohre (GA); Abzweige 45°
DIN 19504	– Gußeiserne Abflußrohre (GA); Abzweige 70°
DIN 19505	– Gußeiserne Abflußrohre (GA); Abzweige 87°, Einlaufwinkel 70°
DIN 19506	– Gußeiserne Abflußrohre (GA); Sprungrohre
DIN 19507	– Gußeiserne Abflußrohre (GA); Übergangsrohre
DIN 19508 Blatt 1	– Gußeiserne Abflußrohre (GA); Reinigungsrohre mit runder Öffnung, für Falleitungen, Zusammenstellung
DIN 19509 Blatt 1	– Gußeiserne Abflußrohre (GA); Reinigungsrohre mit rechteckiger Öffnung, für Grund-, Sammel- und Falleitungen, Zusammenstellung
DIN 19510	– Gußeiserne Abflußrohre (GA); Übergangsbogen 80°
DIN 19511 Blatt 1	– Gußeiserne Abflußrohre (GA); Rohrverschlüsse, Muffendeckel, Zusammenstellung
DIN 19511 Blatt 3	– Gußeiserne Abflußrohre (GA); Rohrverschlüsse, Muffenstopfen
DIN 19512	– Gußeiserne Abflußrohre (GA); Doppelabzweige 45° und 70°
DIN 19513	– Gußeiserne Abflußrohre (GA); Verbindungsstücke

10 PrüfzV Anlage

DIN 19531 – Rohre und Formstücke aus weichmacherfreiem Polyvinylchlorid (PVC hart) mit Steckmuffe für Abwasserleitungen innerhalb von Gebäuden; Maße, Technische Lieferbedingungen

DIN 19538 – Rohre und Formstücke aus chloriertem Polyvinylchlorid (PVCC) mit Steckmuffe für heißwasserbeständige Abwasserleitungen (HT) innerhalb von Gebäuden; Maße, Technische Lieferbedingungen

DIN 19560 – Rohre und Formstücke aus Polypropylen (PP) mit Steckmuffe für heißwasserbeständige Abwasserleitungen (HT) innerhalb von Gebäuden; Maße, Technische Lieferbedingungen

DIN 19561 – Rohre und Formstücke aus Acrylnitril-Butadien-Styrol (ABS) oder Acrylester-Styrol-Acrylnitril (ASA) mit Steckmuffe für heißwasserbeständige Abwasserleitungen (HT) innerhalb von Gebäuden; Maße, Technische Lieferbedingungen

DIN 19830 – Asbestzement-Abflußrohre und -Formstücke; Herstellung, Gütebestimmung, Prüfverfahren

2. **Aus § 1 Gruppe 1 Nr. 1.2:**

Bodenabläufe, Deckenabläufe, Badabläufe, Geruchverschlüsse und Kellerabläufe nach folgenden DIN-Normen:

DIN 591 Blatt 1 – Kellerabläufe mit innenliegender Reinigungsöffnung; Zusammenstellung

DIN 1378 Blatt 1 – Bodenablauf mit Glockengeruchverschluß; Zusammenstellung

DIN 4284 Blatt 1 – Bodenablauf mit innenliegender Reinigungsöffnung; Zusammenstellung

DIN 19514 – Gußeiserne Abflußrohre (GA); Rohrgeruchverschlüsse Nennweiten 50, 70 und 100

DIN 19586 Blatt 1– Deckenabläufe, niedrig, mit innenliegender Reinigungsöffnung; Zusammenstellung

DIN 19587 Blatt 1– Deckenabläufe, hoch, mit innenliegender Reinigungsöffnung; Zusammenstellung

DIN 19588 Blatt 1– Badabläufe mit oberem Zulauf und innenliegender Reinigungsöffnung; Zusammenstellung

DIN 19589 Blatt 1– Badabläufe mit seitlichem Zulauf und innenliegender Reinigungsöffnung; Zusammenstellung

Prüfzeichenverordnung Anlage **PrüfzV 10**

3. **Aus § 1 Gruppe 1 Nr. 1.6:**

Kleinkläranlagen ohne Abwasserbelüftung nach DIN 4261 Teil 1, die aus gebräuchlichen und bewährten Baustoffen in gebräuchlicher und bewährter Bauart hergestellt sind; die Überwachung nach § 2 Abs. 1 Nr. 2 ist nur erforderlich, soweit DIN-Normen über die Baustoffe eine Überwachung vorsehen.

4. **Aus § 1 Gruppe 3 Nr. 3.2:**

Baustoffe, die in DIN 4102 Teil 4 als schwerentflammbare Baustoffe (Baustoffklasse B 1) aufgeführt sind; die Überwachung nach § 2 Abs. 1 Nr. 2 ist nur erforderlich, soweit DIN-Normen über die Baustoffe eine Überwachung vorsehen.

5. **Aus § 1 Gruppe 6 Nr. 6.3:**

Behälter nach folgenden DIN-Normen:

DIN 6608 Teil 1	– Liegende Behälter aus Stahl, einwandig, für unterirdische Lagerung brennbarer Flüssigkeiten
DIN 6608 Teil 2	– Liegende Behälter aus Stahl, doppelwandig, für unterirdische Lagerung brennbarer Flüssigkeiten
DIN 6616	– Liegende Behälter aus Stahl, einwandig und doppelwandig, für oberirdische Lagerung brennbarer Flüssigkeiten
DIN 6618 Teil 1	– Stehende Behälter aus Stahl, einwandig, für oberirdische Lagerung brennbarer Flüssigkeiten
DIN 6618 Teil 2	– Stehende Behälter aus Stahl, doppelwandig, ohne Leckanzeigeflüssigkeit, für oberirdische Lagerung brennbarer Flüssigkeiten
DIN 6618 Teil 3	– Stehende Behälter aus Stahl, doppelwandig, mit Leckanzeigeflüssigkeit, für oberirdische Lagerung brennbarer Flüssigkeiten
DIN 6619 Teil 1	– Stehende Behälter aus Stahl, einwandig, für unterirdische Lagerung brennbarer Flüssigkeiten
DIN 6619 Teil 2	– Stehende Behälter aus Stahl, doppelwandig, für unterirdische Lagerung brennbarer Flüssigkeiten
DIN 6620 Teil 1	– Batteriebehälter aus Stahl, für oberirdische Lagerung brennbarer Flüssigkeiten der Gefahrklasse A III, Behälter
DIN 6622 Teil 1	– Haushaltsbehälter aus Stahl, 620 Liter Volumen, für oberirdische Lagerung von Heizöl

10 PrüfzV Anlage Prüfzeichenverordnung

DIN 6622 Teil 2 – Haushaltsbehälter aus Stahl, 1000 Liter Volumen, für oberirdische Lagerung von Heizöl

DIN 6623 Teil 1 – Stehende Behälter aus Stahl, mit weniger als 1000 Liter Volumen, für oberirdische Lagerung brennbarer Flüssigkeiten, einwandig

DIN 6623 Teil 2 – Stehende Behälter aus Stahl, mit weniger als 1000 Liter Volumen, für oberirdische Lagerung brennbarer Flüssigkeiten, doppelwandig

DIN 6624 Teil 1 – Liegende Behälter aus Stahl, von 1000 bis 5000 Liter Volumen, einwandig, für oberirdische Lagerung brennbarer Flüssigkeiten der Gefahrklasse A III

DIN 6624 Teil 2 – Liegende Behälter aus Stahl, von 1000 bis 5000 Liter Volumen, doppelwandig, für oberirdische Lagerung brennbarer Flüssigkeiten der Gefahrklasse A III

DIN 6625 Teil 1 – Standortgefertigte Behälter aus Stahl für oberirdische Lagerung von Heizöl und Dieselkraftstoff, Bau- und Prüfgrundsätze

6. **Aus § 1 Gruppe 7 Nr. 7.2:**

Betonzusatzstoffe nach folgenden DIN-Normen:

DIN 4226 Teil 1 – Zuschlag für Beton; Zuschlag mit dichtem Gefüge – jedoch nur Gesteinsmehl aus natürlichem Gestein

DIN 51043 – Traß; Anforderung, Prüfung

7. **Aus § 1 Gruppe 9 Nr. 9.2:**

Elektrische Heißwasserbereiter nach DIN 44899 Blatt 6 – Elektrische Heißwasserbereiter, 5 bis 120 l Inhalt, Richtlinien für die geräuscharme Ausführung; die Überwachung nach § 2 Abs. 1 Nr. 2 ist nicht erforderlich.

Maßgebend sind die DIN-Normen in der jeweils geltenden Fassung.

11. Verordnung über die Überwachung von Baustoffen und Bauteilen sowie von Fachbetrieben nach § 19 l des Wasserhaushaltsgesetzes (WHG) (Überwachungsverordnung – ÜberwV)*

Vom 2. Juli 1982 (BayRS 2132-1-10-I)

Geändert durch Verordnung vom 16. 12. 1985 (GVBl. S. 847) und Verordnung vom 12. 5. 1987 (GVBl. S. 145, ber. S. 208)

Auf Grund des Art. 25 Abs. 1 Satz 2 der Bayerischen Bauordnung (BayBO) erläßt das Bayerische Staatsministerium des Innern folgende Verordnung:

Abschnitt I.* Baustoffe und Bauteile

§ 1** Überwachung

¹ Folgende Baustoffe und Bauteile, an die wegen der Standsicherheit, des Brandschutzes, des Wärmeschutzes, des Schallschutzes oder des Gesundheitsschutzes bauaufsichtliche Anforderungen gestellt werden und für die technische Baubestimmungen nach Art. 3 Abs. 3 BayBO eingeführt sind, dürfen nur verwendet werden, wenn ihre Herstellung einer Überwachung nach Art. 25 BayBO unterliegt:

1. künstliche Wand- und Deckensteine,
2. Formstücke für Schornsteine,
3. Bindemittel für Mörtel und Beton,
4. Betonzuschlag,
5. Beton B II, Transportbeton einschließlich Trockenbeton,
6. Betonstahl – ausgenommen glatter Betonstahl BSt 22/34 GU – und durch Widerstands-Punktschweißen hergestellte Bewehrung,
7. Dämmstoffe für den Schall- und Wärmeschutz,
8. Bauplatten,
9. vorgefertigte Bauteile aus Beton, Gasbeton, Leichtbeton, Stahlbeton, Spannbeton, Stahlleichtbeton und Ziegeln,
10. Wand-, Decken- und Dachtafeln für Häuser in Tafelbauart,
11. Feuerschutzabschlüsse (Klappen, Türen, Tore),
12. Fahrschachttüren für feuerbeständige Schachtwände,
13. Lager unter Verwendung von Kunststoffen,

---

* Überschrift der Verordnung geändert sowie Abschnittsüberschrift eingefügt durch Verordnung vom 12. 5. 1987 (GVBl. S. 145).
** § 1 Satz 1 Halbsatz 1 geändert, Nrn. 14 und 15 angefügt durch Verordnung vom 16. 12. 1985 (GVBl. S. 847).

14. Werkfrischmauermörtel und Werktrockenmauermörtel,
15. kaltgeformte Bleche aus Baustahl im Hochbau.

² Werden für diese Erzeugnisse überwachungspflichtige Ausgangsstoffe oder -teile verwendet, so müssen diese Ausgangsstoffe oder -teile ebenfalls aus einer überwachten Herstellung stammen.

§ 2 Ausnahmen

Die untere Bauaufsichtsbehörde kann auf Antrag gestatten, daß Baustoffe und Bauteile der in § 1 genannten Art, deren Herstellung keiner Überwachung unterlegen hat, verwendet werden dürfen, wenn der Nachweis der ordnungsgemäßen Herstellung der Baustoffe und Bauteile im Einzelfall erbracht wird.

Abschnitt II.* Fachbetriebe nach § 191 WHG

§ 3* Überwachungsgemeinschaften

¹ Bauliche Anlagen nach § 19g Abs. 1 und 2 WHG mit Ausnahme solcher nach § 19g Abs. 6 WHG dürfen nur von Unternehmen eingebaut, aufgestellt, instandgehalten, instandgesetzt und gereinigt werden, die berechtigt sind, ein Überwachungszeichen einer anerkannten Überwachungsgemeinschaft zu führen, die von auf dem Gebiet nach § 19g Abs. 1 und 2 WHG tätigen Unternehmen betrieben wird. ² Solche Überwachungsgemeinschaften gelten als Überwachungsgemeinschaften im Sinne von § 25 Abs. 2 BayBO. ³ Satz 1 gilt nicht, wenn das Unternehmen einen Überwachungsvertrag nach § 191 Abs. 2 Nr. 2 WHG geschlossen hat oder die entsprechende Tätigkeit gemäß § 191 Abs. 1 Satz 2 WHG von der Fachbetriebspflicht ausgenommen worden ist.

Abschnitt III.* Schlußvorschriften

§ 4* Ordnungswidrigkeiten

Nach Art. 89 Abs. 1 Nr. 10 BayBO kann mit Geldbuße bis zu einhunderttausend Deutsche Mark belegt werden, wer vorsätzlich oder fahrlässig entgegen § 1 die dort genannten Baustoffe oder Bauteile verwendet oder einbaut, ohne daß deren Herstellung einer Überwachung nach Art. 25 BayBO unterlegen hat.

§ 5* Inkrafttreten

(1) ¹ Diese Verordnung tritt am 1. September 1982 in Kraft.** ² Sie tritt am 31. Dezember 1999 außer Kraft.

(2) *(gegenstandslos)*

---

* Abschnittsüberschriften sowie neuer § 3 eingefügt, bisherige §§ 3 und 4 wurden §§ 4 und 5 durch Verordnung vom 12. 5. 1987 (GVBl. S. 145, ber. S. 208).
** Betrifft die ursprüngliche Fassung vom 2. 7. 1982 (GVBl. S. 469).

12. Verordnung über den Bau von Betriebsräumen für elektrische Anlagen (EltBauV)

Vom 13. April 1977 (BayRS 2132-1-8-I)

Geändert durch Verordnung vom 20. 6. 1984 (GVBl. S. 250)

Auf Grund des *Art. 106 Abs. 1* der Bayerischen Bauordnung* erläßt das Bayerische Staatsministerium des Innern folgende Verordnung:

§ 1 Geltungsbereich

(1) Diese Verordnung gilt für elektrische Betriebsräume mit den in § 3 Abs. 1 Nrn. 1 bis 3 genannten elektrischen Anlagen in

1. Waren- und Geschäftshäusern,
2. Versammlungsstätten, ausgenommen Versammlungsstätten in fliegenden Bauten,
3. Büro- und Verwaltungsgebäuden,
4. Krankenhäusern, Altenpflegeheimen, Entbindungs- und Säuglingsheimen,
5. Schulen und Sportstätten,
6. Beherbergungsstätten, Gaststätten,
7. geschlossenen Großgaragen und
8. Wohngebäuden.

(2) Diese Verordnung gilt nicht für elektrische Betriebsräume in freistehenden Gebäuden oder durch Brandwände abgetrennten Gebäudeteilen, wenn diese nur die elektrischen Betriebsräume enthalten.

§ 2 Begriffsbestimmung

Betriebsräume für elektrische Anlagen (elektrische Betriebsräume) sind Räume, die ausschließlich zur Unterbringung von Einrichtungen zur Erzeugung oder Verteilung elektrischer Energie oder zur Aufstellung von Batterien dienen.

§ 3** Allgemeine Anforderungen

(1) [1] Innerhalb von Gebäuden nach § 1 Abs. 1 müssen

1. Transformatoren und Schaltanlagen für Nennspannungen über 1 kV, Transformatoren und Kondensatoren mit polychlorierten Biphenylen (PCB) und einer Leistung von mehr als 3 kVA,
2. ortsfeste Stromerzeugungsaggregate und
3. Zentralbatterien für Sicherheitsbeleuchtung

---

* Nunmehr Art. 90 Abs. 1 BayBO.
** § 3 Abs. 1 Nr. 1 geändert durch Verordnung vom 20. 6. 1984 (GVBl. S. 250).

in jeweils eigenen elektrischen Betriebsräumen untergebracht sein. ² Schaltanlagen für Sicherheitsbeleuchtung dürfen nicht in elektrischen Betriebsräumen mit Anlagen nach Satz 1 Nrn. 1 und 2 aufgestellt werden. ³ Es kann verlangt werden, daß sie in eigenen elektrischen Betriebsräumen aufzustellen sind.

(2) ¹ Die elektrischen Anlagen müssen den anerkannten Regeln der Technik entsprechen. ² Als anerkannte Regeln der Technik gelten die Bestimmungen des Verbands Deutscher Elektrotechniker (VDE-Bestimmungen).

§ 4 Anforderungen an elektrische Betriebsräume

(1) ¹ Die elektrischen Betriebsräume müssen so angeordnet sein, daß sie im Gefahrenfall von allgemein zugänglichen Räumen oder vom Freien leicht und sicher erreichbar sind und ungehindert verlassen werden können; sie dürfen von Treppenräumen mit notwendigen Treppen nicht unmittelbar zugänglich sein. ² Der Rettungsweg innerhalb elektrischer Betriebsräume bis zu einem Ausgang darf nicht länger als 40 m sein.

(2) ¹ Die Räume müssen so groß sein, daß die elektrischen Anlagen ordnungsgemäß errichtet und betrieben werden können; sie müssen eine lichte Höhe von mindestens 2 m haben. ² Über Bedienungs- und Wartungsgängen muß eine Durchgangshöhe von mindestens 1,8 m vorhanden sein.

(3) Die Räume müssen ständig so wirksam be- und entlüftet werden, daß die beim Betrieb der Transformatoren und Stromerzeugungsaggregate entstehende Verlustwärme, bei Batterien die Gase, abgeführt werden.

(4) In den Räumen sollen Leitungen und Einrichtungen, die nicht zum Betrieb der elektrischen Anlagen erforderlich sind, nicht vorhanden sein.

§ 5* Zusätzliche Anforderungen an elektrische Betriebsräume für Transformatoren und Schaltanlagen mit Nennspannungen über 1 kV oder für Transformatoren und Kondensatoren mit PCB

(1) ¹ Elektrische Betriebsräume für Transformatoren und Schaltanlagen mit Nennspannungen über 1 kV oder für Transformatoren und Kondensatoren mit PCB und einer Leistung von mehr als 3 kVA müssen von anderen Räumen feuerbeständig abgetrennt sein. ² Wände von Räumen mit Öltransformatoren oder mit Transformatoren und

---

* § 5 Überschrift, Abs. 1 Sätze 1 und 2, Abs. 2 Sätze 3 und 4, Abs. 3 Satz 1, Abs. 5, Abs. 8 Sätze 1 und 2, Abs. 9 Satz 2 geändert sowie Abs. 1 Satz 4 und Abs. 2 Satz 4 angefügt durch Gesetz vom 20. 6. 1984 (GVBl. S. 250).

Betriebsräumen für elektrische Anlagen §5 EltBauV 12

Kondensatoren mit PCB und einer Leistung von mehr als 3 kVA müssen außerdem so dick wie Brandwände sein. ³ Öffnungen zur Durchführung von Kabeln sind mit nichtbrennbaren Baustoffen zu schließen. ⁴ Transformatoren oder Kondensatoren mit PCB und einer Leistung von mehr als 3 kVA dürfen nicht in Räumen mit Öltransformatoren aufgestellt werden.

(2) ¹ Türen müssen mindestens feuerhemmend und selbstschließend sein sowie aus nichtbrennbaren Baustoffen bestehen; soweit sie ins Freie führen, genügen selbstschließende Türen aus nichtbrennbaren Baustoffen. ² Türen müssen nach außen aufschlagen. ³ Türschlösser in Türen von Betriebsräumen von Transformatoren und Schaltanlagen mit Nennspannungen über 1 kV müssen so beschaffen sein, daß der Zutritt unbefugter Personen jederzeit verhindert ist, der Betriebsraum jedoch ungehindert verlassen werden kann; an den Türen muß außen ein Hochspannungswarnschild angebracht sein. ⁴ Betriebsräume mit Transformatoren oder Kondensatoren mit PCB und einer Leistung von mehr als 3 kVA sind bei den Zugängen mit einem zinkgelben Warnschild aus Aluminium mit schwarzem Rand und schwarzer Beschriftung „PCB" in der Größe 297 × 148 mm zu versehen.

(3) ¹ Elektrische Betriebsräume für Öltransformatoren oder für Transformatoren und Kondensatoren mit PCB und einer Leistung von mehr als 3 kVA dürfen sich nicht in Geschossen befinden, deren Fußboden mehr als 4 m unter der festgelegten Geländeoberfläche liegt. ² Sie dürfen auch nicht in Geschossen über dem Erdgeschoß liegen.

(4) ¹ Die Zuluft für die Räume muß unmittelbar oder über besondere Lüftungsleitungen dem Freien entnommen, die Abluft unmittelbar oder über besondere Lüftungsleitungen ins Freie geführt werden. ² Lüftungsleitungen, die durch andere Räume führen, sind so herzustellen, daß Feuer und Rauch nicht in andere Räume übertragen werden können. ³ Öffnungen von Lüftungsleitungen zum Freien müssen Schutzgitter haben.

(5) Fußböden müssen mindestens aus schwer entflammbaren Baustoffen bestehen.

(6) ¹ Unter Transformatoren muß auslaufende Isolier- und Kühlflüssigkeit sicher aufgefangen werden können. ² Für höchstens drei Transformatoren mit jeweils bis zu 1000 l Isolierflüssigkeit in einem elektrischen Betriebsraum genügt es, wenn die Wände in der erforderlichen Höhe sowie der Fußboden undurchlässig ausgebildet sind; an den Türen müssen entsprechend hohe und undurchlässige Schwellen vorhanden sein.

(7) Fenster, die von außen leicht erreichbar sind, müssen so beschaffen oder gesichert sein, daß Unbefugte nicht in den elektrischen Betriebsraum eindringen können.

(8) ¹Räume mit Transformatoren oder Kondensatoren nach §3 Abs. 1 Satz 1 Nr. 1 dürfen vom Gebäudeinnern aus nur von Fluren und über Sicherheitsschleusen zugänglich sein. ²Bei Räumen mit Öltransformatoren oder mit Transformatoren und Kondensatoren mit PCB und einer Leistung von mehr als 3 kVA muß mindestens ein Ausgang unmittelbar ins Freie oder über einen Vorraum ins Freie führen. ³Der Vorraum darf auch mit dem Schaltraum, jedoch nicht mit anderen Räumen in Verbindung stehen. ⁴Sicherheitsschleusen mit mehr als 20 m³ Luftraum müssen Rauchabzüge haben.

(9) ¹Abweichend von Absatz 8 Sätze 1 und 2 sind Sicherheitsschleusen und unmittelbar oder über einen Vorraum ins Freie führende Ausgänge nicht erforderlich bei Räumen mit Transformatoren in

1. Waren- oder Geschäftshäusern mit Verkaufsstätten, die nicht dem Geltungsbereich der Warenhausverordnung unterliegen,

2. Versammlungsstätten, die nicht dem Geltungsbereich der Versammlungsstättenverordnung unterliegen,

3. Büro- oder Verwaltungsgebäuden, die keine Hochhäuser sind,

4. Krankenhäusern, Altenpflegeheimen, Entbindungs- und Säuglingsheimen mit nicht mehr als 30 Betten,

5. Schulen und Sportstätten, die keine Räume enthalten, auf welche die Versammlungsstättenverordnung anzuwenden ist,

6. Beherbergungsstätten mit nicht mehr als 30 Betten,

7. Wohngebäuden, die keine Hochhäuser sind.

²Türen in Trennwänden von Räumen mit Öltransformatoren oder mit Transformatoren und Kondensatoren mit PCB müssen feuerbeständig und selbstschließend sein.

§6 Zusätzliche Anforderungen an elektrische Betriebsräume für ortsfeste Stromerzeugungsaggregate

(1) ¹Für elektrische Betriebsräume für ortsfeste Stromerzeugungsaggregate gelten §5 Abs. 1, 2, 4 und 5 sinngemäß. ²Wände in der erforderlichen Höhe sowie der Fußboden müssen gegen wassergefährdende Flüssigkeiten undurchlässig ausgebildet sein; an den Türen muß eine mindestens 10 cm hohe Schwelle vorhanden sein.

(2) ¹Die Abgase von Verbrennungsmaschinen sind über besondere Leitungen ins Freie zu führen. ²Die Abgasrohre müssen von Bauteilen aus brennbaren Baustoffen einen Abstand von mindestens 10 cm haben. ³Werden Abgasrohre durch Bauteile aus brennbaren Baustoffen geführt, so sind die Bauteile im Umkreis von 10 cm aus nichtbrennbaren, formbeständigen Baustoffen herzustellen, wenn ein besonderer Schutz gegen strahlende Wärme nicht vorhanden ist.

(3) Die Räume müssen frostfrei sein oder beheizt werden können.

§ 7 Zusätzliche Anforderungen an Batterieräume

(1) ¹ Räume für Zentralbatterien müssen von Räumen mit erhöhter Brandgefahr feuerbeständig, von anderen Räumen mindestens feuerhemmend getrennt sein. ² Dies gilt auch für Batterieschränke. ³ § 5 Abs. 4 gilt sinngemäß. ⁴ Die Räume müssen frostfrei sein oder beheizt werden können. ⁵ Öffnungen zur Durchführung von Kabeln sind mit nichtbrennbaren Baustoffen zu schließen.

(2) Türen müssen nach außen aufschlagen, in feuerbeständigen Trennwänden mindestens feuerhemmend und selbstschließend sein und in allen anderen Fällen aus nichtbrennbaren Baustoffen bestehen.

(3) ¹ Fußböden sowie Sockel für Batterien müssen gegen die Einwirkungen von Elektrolyten widerstandsfähig sein. ² An den Türen muß eine Schwelle vorhanden sein, die auslaufende Elektrolyten zurückhält.

(4) Der Fußboden von Batterieräumen muß an allen Stellen für elektrostatische Ladungen einheitlich und ausreichend ableitfähig sein.

(5) Lüftungsanlagen müssen gegen die Einwirkungen von Elektrolyten widerstandsfähig sein.

(6) Das Rauchen und das Verwenden von offenem Feuer sind in den Batterieräumen verboten; hierauf ist durch Schilder an der Außenseite der Türen hinzuweisen.

§ 8 Zusätzliche Bauvorlagen

¹ Die Bauvorlagen müssen Angaben über die Lage des Betriebsraums und die Art der elektrischen Anlagen enthalten. ² Soweit erforderlich, müssen sie ferner Angaben über die Schallschutzmaßnahmen enthalten.

§ 9 Inkrafttreten

Diese Verordnung tritt am 1. Oktober 1977 in Kraft.*

---

* Betrifft die ursprüngliche Fassung vom 13. 4. 1977 (GVBl. S. 421).

13. Vollzug des Baugesetzbuchs und der Bayerischen Bauordnung; Träger öffentlicher Belange

Bekanntmachung des Bayerischen Staatsministeriums des Innern
Nr. II B 5 – 4611.1-3.32
Vom 26. Juni 1987 (MABl. S. 446)

An die Regierungen
die Landratsämter
die Gemeinden

I. Träger öffentlicher Belange nach § 4 BauGB

Nach § 4 Abs. 1 BauGB sollen bei der Aufstellung eines Bauleitplans als Träger öffentlicher Belange die Behörden und Stellen beteiligt werden, deren Aufgabenbereich durch die Planung konkret berührt werden kann. Welche Belange insbesondere zu berücksichtigen sind, ergibt sich aus § 1 Abs. 3 bis 5 BauGB.

1. Im Bauleitplanverfahren sind regelmäßig folgende Behörden und Stellen zu beteiligen:
a) die Kreisverwaltungsbehörde, z. B. als untere Bauaufsichtsbehörde, untere Immissionsschutzbehörde, untere Naturschutzbehörde; an die Stelle der Kreisverwaltungsbehörde tritt die Regierung als höhere Naturschutzbehörde, solange die Kreisverwaltungsbehörde nicht über eine hauptamtliche Fachkraft des Naturschutzes, die Regierung als Immissionsschutzbehörde, solange die Kreisverwaltungsbehörde nicht über einen sogenannten Umweltschutzingenieur verfügt,
b) die höhere Landesplanungsbehörde
c) das Wasserwirtschaftsamt
d) das Vermessungsamt
e) das Landesamt für Denkmalpflege
f) der Regionale Planungsverband
g) das Straßenbauamt.

2. Je nach Lage des Einzelfalls, z. B. Aufstellung eines Flächennutzungsplans, Größe des Planungsgebiets eines Bebauungsplans, Inhalt des Bauleitplans, kommt die Beteiligung auch folgender Träger öffentlicher Belange in Betracht:
a) die Autobahndirektion
b) das Gesundheitsamt

Träger öffentlicher Belange   **VollzBek. 13**

c) das Forstamt
d) das Amt für Landwirtschaft
e) das Bergamt
f) die Flurbereinigungsdirektion
g) die Bezirksfinanzdirektion
h) die Bayerische Verwaltung der staatlichen Schlösser, Gärten und Seen
i) der Landkreis, z. B. als Straßenbaulastträger
j) die Kirchen und die Religionsgemeinschaften des öffentlichen Rechts
k) der für Gemeindebedarfsflächen zuständige Bedarfsträger
l) die Luftfahrtbehörde und die Flughafengesellschaften
m) die zuständigen Energieversorgungsunternehmen
n) die Bundesbahndirektion
o) die Oberpostdirektion
p) die Wehrbereichsverwaltung
q) die Industrie- und Handelskammer
r) die Handwerkskammer und die Kreishandwerkschaft
s) der Kreisjugendring
t) der Bayerische Bauernverband
u) der Kreisheimatpfleger.*

Diese Auflistung ist nicht abschließend, sondern kann durch weitere Träger öffentlicher Belange ergänzt werden, deren Interessen im engen sachlichen Zusammenhang mit den Planungsabsichten der Gemeinde stehen. So soll bei Bauleitplänen in der Umgebung kerntechnischer Anlagen oder von Standorten, die für die Errichtung solcher Anlagen vorgesehen sind, das Staatsministerium für Landesentwicklung und Umweltfragen als atomrechtliche Fachbehörde, bei Bauleitplänen in der Nähe von Steinbrüchen, bei denen das Material durch Sprengung gewonnen wird, oder in der Nähe eines Lagers für explosionsgefährliche Stoffe das Gewerbeaufsichtsamt angehört werden, und bei einer Bauleitplanung in einer Universitätsstadt die Universität, soweit ihre Belange berührt werden. Andererseits ist z. B. die Flurbereinigungsdirektion nur zu beteiligen, wenn ein Flurbereinigungsverfahren zu erwarten ist oder durchgeführt wird, die Wehrbereichsverwaltung nur bei Planungen in der Nähe von Anlagen für Verteidigungszwecke im Gebiet der Bauleitplanung oder in dessen Nähe. Der Kreisjugendring wird nur bei Planungen zu hören sein, die Jugendeinrichtungen betreffen.

3. Den zu beteiligenden Behörden und Stellen ist entweder ein Planentwurf mit Erläuterung bzw. Begründung zu übersenden oder der

---

* Beachte hierzu Bek. betr. Heimatpfleger in den Landkreisen, kreisfreien Städten und Großen Kreisstädten vom 17. 2. 1981 (MABl. S. 97), geändert durch Bek. vom 1. 8. 1986 (MABl. S. 348).

13 VollzBek. Träger öffentlicher Belange

vorgesehene Geltungsbereich und der beabsichtigte Inhalt des Bauleitplans in sonstiger Weise detailliert bekanntzugeben. Den Beteiligten soll für die Abgabe ihrer Stellungnahme eine angemessene Frist gesetzt werden. Äußern sie sich nicht fristgemäß, kann die Gemeinde davon ausgehen, daß die von den Beteiligten wahrzunehmenden öffentlichen Belange durch die Bauleitplanung nicht berührt werden. Allerdings bedeutet der Fristablauf nicht, daß die von dem Träger vertretenen öffentlichen Belange bei der Abwägung vernachlässigt werden können.

Die Träger öffentlicher Belange haben sich in ihren Stellungnahmen nur zu den Fragen des von ihnen vertretenen Aufgabenbereichs zu äußern.

4. Die Beteiligung der Träger öffentlicher Belange und die förmliche Auslegung des Planentwurfs können gemäß § 4 Abs. 2 BauGB parallel erfolgen. Diese Vorschrift führt aber nur dann zu einer Verfahrensbeschleunigung, wenn sich die Gemeinde vorher schon informell mit den wichtigsten Trägern abgestimmt hat.

5. Im Genehmigungsverfahren nach § 6 und § 11 BauGB und im Anzeigeverfahren nach § 11 BauGB ist zu prüfen, ob § 4 BauGB beachtet worden ist.

II. Träger öffentlicher Belange nach § 139 BauGB

Bei der Vorbereitung und Durchführung der Sanierung soll die Gemeinde möglichst frühzeitig den Trägern öffentlicher Belange, deren Aufgabenbereich durch die Sanierung berührt werden kann, Gelegenheit zur Stellungnahme geben (§ 139 Abs. 2 BauGB). Es sollen auch die Träger öffentlicher Belange beteiligt werden, die in dem betroffenen Bereich Haus- und Grundbesitz verwalten oder Aufgabenträger für bestimmte Maßnahmen sind. Ferner kann für die Abgrenzung von Sanierungsgebieten die Stellungnahme mit Sozialaufgaben befaßter Behörden und Stellen bedeutsam sein. Das Landesamt für Denkmalpflege ist regelmäßig zu beteiligen.

III.

Zum Bauantrag, zum Antrag auf einen Vorbescheid oder eine Typengenehmigung und zum Antrag auf Zustimmung nach Art. 86 BayBO sollen die Behörden und Stellen als Träger öffentlicher Belange gehört werden, deren Aufgabenbereich durch das Vorhaben berührt wird (Art. 71 Abs. 1, Art. 75 Abs. 2, Art. 77 Abs. 3, Art. 86 Abs. 3 BayBO). In Betracht kommen insbesondere die Behörden und Stellen

Träger öffentlicher Belange　　　　　　　　**VollzBek. 13**

nach Abschnitt I Nummer 1 Buchst. a, c, d, e, g und Nummer 2 Buchst. b und u ferner

1. die Bayerische Versicherungskammer – Abteilung Brandversicherung –
2. das Landesamt für Brand- und Katastrophenschutz
3. das Veterinäramt
4. das Gewerbeaufsichtsamt
5. die Straßenverkehrsbehörde bei Bauvorhaben mit erheblichen Auswirkungen auf den Straßenverkehr.

Im übrigen gelten Nummer 2 Abs. 2 und Nummer 3 des Abschnitts I sinngemäß.

IV.

Die Bekanntmachung vom 2. Februar 1976 (MABl S. 66) wird aufgehoben.

14. Verordnung über Waren- und Geschäftshäuser (Warenhausverordnung – WaV)

Vom 20. März 1985 (GVBl. S. 68, BayRS 2132–1–6–I)

Auf Grund von Art. 90 Abs. 1 Nrn. 1, 3 und 5 und Abs. 3 der Bayerischen Bauordnung (BayBO) und Art. 38 Abs. 1 Nr. 4 und Abs. 3 des Landesstraf- und Verordnungsgesetzes (LStVG)* erläßt das Bayerische Staatsministerium des Innern folgende Verordnung:

Inhaltsübersicht

Abschnitt I. Anwendungsbereich

§ 1 Anwendungsbereich

Abschnitt II. Bauvorschriften

§ 2 Lage und Zugänglichkeit der Verkaufsgebäude
§ 3 Verkaufsräume
§ 4 Wände und Decken
§ 5 Dächer und Anbauten
§ 6 Brandabschnitte
§ 7 Rettungswege im Gebäude
§ 8 Gänge und Flure
§ 9 Treppen
§ 10 Treppenräume
§ 11 Ausgänge und Türen
§ 12 Schaufenster
§ 13 Elektrische Anlagen
§ 14 Beheizung
§ 15 Lüftung
§ 16 Räume für die Lagerung von Abfallstoffen
§ 17 Feuermelde- und Feuerlöscheinrichtungen
§ 18 Bauvorlagen

Abschnitt III. Betriebsvorschriften

§ 19 Selbsthilfe
§ 20 Verantwortlicher für den Brandschutz
§ 21 Rettungs- und Verkehrswege
§ 22 Brandverhütung
§ 23 Sonstige Betriebsvorschriften
§ 24 Überwachung

Abschnitt IV. Ordnungswidrigkeiten, Inkrafttreten

§ 25 Ordnungswidrigkeiten
§ 26 Inkrafttreten

Abschnitt I. Anwendungsbereich

§ 1 Anwendungsbereich

(1) Diese Verordnung gilt für Waren- und Geschäftshäuser mit mindestens einer Verkaufsstätte, deren Verkaufsräume entweder eine

---

* Abgedruckt unter Nr. **26**.

Warenhausverordnung §2 **WaV 14**

Nutzfläche von mehr als 2000 m² oder, soweit die Verkaufsräume in anderen Geschossen als dem Erdgeschoß und dem ersten Obergeschoß liegen, eine Nutzfläche von mehr als 1000 m² haben (Verkaufsgebäude).

(2) ¹ Für bestehende Verkaufsgebäude gilt die Verordnung, soweit nach Art. 63 BayBO ihre Anwendung auf bestehende Anlagen angeordnet werden kann; Art. 52 Abs. 2 und Art. 63 Abs. 5 BayBO bleiben unberührt. ² Die Vorschriften des Abschnitts III (Betriebsvorschriften) gelten für bestehende Verkaufsgebäude uneingeschränkt.

(3) Verkaufsräume sind Räume, in denen Waren zum Verkauf angeboten werden, einschließlich der zugehörigen Ausstellungs- und Erfrischungsräume und aller dem Kundenverkehr dienenden anderen Räume, mit Ausnahme von Fluren, Treppenräumen, Aborträumen und Waschräumen.

(4) Auf Verkaufsgebäude mit nur geringem Kundenverkehr sind § 2 Abs. 1, § 8 Abs. 1 Satz 3, § 9 Abs. 2 Satz 1, § 11 Abs. 1 Satz 2 und Abs. 2 und § 15 Satz 2 nicht anzuwenden.

(5) Die Vorschriften des Arbeitsschutzes und die Zuständigkeiten der Gewerbeaufsichtsämter bleiben unberührt.

Abschnitt II. Bauvorschriften

§ 2 Lage und Zugänglichkeit der Verkaufsgebäude

(1) Kunden und Betriebsangehörige müssen aus dem Verkaufsgebäude unmittelbar oder zügig über unbebaute Flächen des Grundstücks auf öffentliche Verkehrsflächen gelangen können, die neben dem sonstigen Verkehr zu Zeiten des größten Besuchs auch den Kundenstrom aufnehmen können.

(2) ¹ Die unbebauten Flächen des Grundstücks müssen mit der öffentlichen Verkehrsfläche durch eine Zufahrt oder eine geradlinige Durchfahrt von mindestens 3,5 m lichter Höhe verbunden sein. ² Zufahrten und Durchfahrten müssen neben einer mindestens 3 m breiten Fahrbahn ein erhöhten, mindestens 1 m breiten Gehsteig erhalten. ³ Sind die Gehsteige von der Fahrbahn durch Pfeiler oder Mauern abgetrennt, so muß die Fahrbahn mindestens 3,5 m breit sein. ⁴ Die Zu- und Durchfahrten und die befahrbaren Flächen für die Feuerwehr müssen ausreichend befestigt sein. ⁵ Ausnahmen von den Sätzen 1 bis 3 können gestattet werden, wenn wegen des Brandschutzes keine Bedenken bestehen.

(3) ¹ Bei einer Verkaufsstätte mit einer Nutzfläche der Verkaufsräume von mehr als 15 000 m² müssen die unbebauten Flächen des Grundstücks durch getrennte Zu- und Abfahrten mit den öffentlichen Ver-

kehrsflächen verbunden sein. ² Zufahrten und Abfahrten sollen so weit wie möglich voneinander entfernt sein.

§ 3 Verkaufsräume

(1) ¹ Verkaufsräume müssen eine lichte Höhe von mindestens 3 m haben. ² Größere lichte Höhen können verlangt werden, wenn es zur Verhütung von Gefahren für Leben oder Gesundheit notwendig ist. ³ Die lichte Höhe darf durch Einbauten für Belüftungsanlagen oder andere technische Einrichtungen nicht vermindert werden.

(2) Verkaufsräume mit Ausnahme von Erfrischungsräumen dürfen mit ihrem Fußboden nicht mehr als 22 m über der natürlichen oder von der Kreisverwaltungsbehörde festgelegten Geländeoberfläche liegen.

(3) Für die Einrichtung von Verkaufsräumen in Kellergeschossen dürfen Ausnahmen nach Art. 47 Abs. 2 BayBO nur für das oberste Kellergeschoß gestattet werden.

§ 4 Wände und Decken

(1) ¹ Verkaufsräume sind von Büroräumen durch feuerbeständige Wände zu trennen. ² In diesen Wänden können Teilflächen aus lichtdurchlässigen, nichtbrennbaren Baustoffen gestattet werden, wenn diese Einbauten ausreichend widerstandsfähig gegen Feuer sind, der Brandschutz gesichert ist und Rettungswege nicht gefährdet werden.

(2) ¹ Lagerräume und Werkräume mit erhöhter Brandgefahr, wie Schreinereien, Maler- oder Dekorationswerkstätten, sind von anderen Räumen feuerbeständig zu trennen. ² Türen zu diesen Räumen müssen selbstschließend und feuerbeständig sein; Türen in der Art feuerbeständiger Türen können gestattet werden, wenn wegen des Brandschutzes keine Bedenken bestehen. ³ Mit Verkaufsräumen dürfen Werkräume nach Satz 1 nur durch Räume mit feuerbeständigen Wänden und feuerbeständigen Decken, mindestens feuerhemmenden und selbstschließenden, in Fluchtrichtung aufschlagenden Türen sowie Fußböden aus nichtbrennbaren Baustoffen (Sicherheitsschleusen) verbunden werden.

(3) ¹ Zum Betrieb gehörige Räume sind von fremden Räumen und von Betriebswohnungen durch Brandwände und feuerbeständige Decken zu trennen. ² Eine Verbindung dieser Räume darf nur über Sicherheitsschleusen (Absatz 2 Satz 3) gestattet werden.

(4) Wände und Decken solcher Flure und Durchfahrten, die als Rettungswege dienen, müssen feuerbeständig sein.

(5) An Außenwänden müssen gegen Feuer ausreichend widerstandsfähige Bauteile so angeordnet werden, daß der Überschlagweg für Feuer von Geschoß zu Geschoß mindestens 1 m beträgt.

Warenhausverordnung §§ 5, 6 **WaV 14**

(6) An fensterlosen Außenwänden sind zusätzliche Rettungswege (z. B. Notbalkone, Notausstiege, Notleitern) vorzusehen, wenn es wegen des Brandschutzes erforderlich ist.

(7) [1] Glaswände müssen einem Menschengedränge standhalten oder mindestens 1 m hohe Brüstungen oder Geländer haben. [2] Die Kreisverwaltungsbehörde kann verlangen, daß Glaswände, Glastüren und Fenstertüren gekennzeichnet werden.

(8) [1] Baustoffe, die nach der Bearbeitung oder nach dem Einbau noch leicht entflammbar sind, dürfen für Wände und Decken nicht verwendet werden. [2] Das gilt auch für Verkleidungen, Fußböden, Treppen, Brüstungen, Handläufe und ähnliche Bauteile.

§ 5 Dächer und Anbauten

(1) Das Tragwerk von Dächern über Räumen von Verkaufsstätten, die nicht durch feuerbeständige Decken abgeschlossen sind, muß feuerbeständig sein; die Dachschalung muß aus nichtbrennbaren Baustoffen bestehen.

(2) Anbauten, Hofüberdachungen und ähnliche Anlagen, die an mit Öffnungen versehene Außenwände eines Verkaufsgebäudes anschließen, müssen bis auf 5 m vom Gebäude entfernt feuerbeständig sein; ihre Dächer müssen sicher begehbar sein und die Aufstellung von Rettungsgeräten ermöglichen.

§ 6 Brandabschnitte

(1) [1] Verkaufsstätten sind in allen Geschossen durch feuerbeständige Decken in Verbindung mit feuerbeständig abgeschlossenen Treppenräumen in waagerechte Brandabschnitte zu unterteilen. [2] Bei vorgehängten Außenwänden sind die Decken bis an diese Außenwände heranzuführen.

(2) Die Brandabschnitte nach Absatz 1 dürfen in den Verkaufsräumen durch andere als notwendige Treppen (§ 9 Abs. 1) miteinander nur dann in Verbindung stehen, wenn

1. die Nutzfläche der miteinander verbundenen Verkaufsräume zusammen nicht mehr als 3000 m^2 beträgt und sich auf nicht mehr als drei Geschosse erstreckt oder

2. in allen Verkaufs-, Schaufenster- und Lagerräumen Feuerlöschanlagen mit selbsttätigen, über die Räume verteilten Sprühdüsen (z. B. Sprinkleranlagen) eingebaut werden.

(3) [1] Innerhalb der Verkaufsstätten sind in Abständen von höchstens 50 m Brandwände herzustellen. [2] Werden selbsttätige Feuerlöschanlagen nach Absatz 2 Nr. 2 eingebaut, so genügen Abstände von höchstens 100 m; die Brandabschnitte dürfen jedoch je Geschoß nicht größer als 5000 m^2 sein; liegen die Verkaufsräume im Erdgeschoß ein-

geschossiger Verkaufsgebäude, so können Brandabschnitte bis zu 10000 m² gestattet werden, wenn wegen des Brandschutzes keine Bedenken bestehen. ³ Art. 29 Abs. 2 Nr. 3 BayBO ist nicht anzuwenden.

(4) ¹ Werkräume und Lagerräume müssen durch feuerbeständige Wände in Brandabschnitte von höchstens 1000 m², Werkräume und Lagerräume in Kellergeschossen in Brandabschnitte von höchstens 500 m² Grundfläche unterteilt werden; werden selbsttätige Feuerlöschanlagen nach Absatz 2 Nr. 2 eingebaut, so beträgt die Höchstgröße der Brandabschnitte 2000 m², in Kellergeschossen 1000 m². ² Türen in diesen Wänden müssen selbstschließend und feuerbeständig sein; Türen in der Art feuerbeständiger Türen können gestattet werden, wenn wegen des Brandschutzes keine Bedenken bestehen.

§ 7 Rettungswege im Gebäude

(1) Zu den Rettungswegen im Gebäude gehören die Hauptgänge in den Verkaufsräumen, die notwendigen Treppen (§ 9 Abs. 1) und die Flure, die zu den notwendigen Treppen und Ausgängen führen (notwendige Flure).

(2) Rettungswege müssen in solcher Anzahl vorhanden und so verteilt sein, daß Kunden und Betriebsangehörige auf kürzestem Weg leicht und gefahrlos ins Freie zu ebenerdigen Verkehrsflächen gelangen können.

(3) ¹ Rettungswege müssen mindestens 2 m, im Erdgeschoß mehrgeschossiger Warenhäuser mindestens 2,5 m nutzbare Breite haben. ² Türflügel, Wandbretter, Wandtische, Ausstellungsvitrinen, Verkaufsstände und ähnliche Einrichtungen dürfen die Breite nicht einschränken.

(4) Von jedem Raum der Verkaufsstätte aus müssen mindestens zwei voneinander unabhängige Rettungswege erreichbar sein, die unmittelbar oder über notwendige Flure und Treppen ins Freie führen.

(5) Wandbretter, Wandtische, Ausstellungsvitrinen, Verkaufsstände und ähnliche Einrichtungen sind in Treppenräumen und notwendigen Fluren unzulässig.

(6) ¹ Die Rettungswege sind durch gut sichtbare Richtungspfeile zu kennzeichnen. ² An den Kreuzungen der Hauptgänge in den Verkaufsräumen und an allen Ausgängen und Türen, die im Zuge von Rettungswegen liegen, sind Hinweise auf die Ausgänge oder notwendigen Treppen anzubringen.

§ 8 Gänge und Flure

(1) ¹ In den Verkaufsräumen sind Hauptgänge so anzuordnen, daß von jedem Punkt des Raums mindestens ein Hauptgang in höchstens

Warenhausverordnung §9 WaV 14

10 m Entfernung erreichbar ist. ²Nebengänge müssen auf möglichst kurzem Weg auf die Hauptgänge führen und mindestens 1 m breit sein. ³Verkaufsstände müssen von Ausgängen und Türen, die zu notwendigen Fluren oder Treppen führen und die notwendige Breite nicht um mindestens 1 m überschreiten, einen seitlichen Abstand von mindestens 50 cm haben.

(2) Verkaufsstände an Hauptgängen müssen unverrückbar sein.

(3) ¹Stufen in Haupt- und Nebengängen und notwendigen Fluren sind unzulässig. ²Eine Folge von mindestens drei Stufen kann gestattet werden, wenn sie Stufenbeleuchtung und Beleuchtung von oben haben und wenn eine von diesen Beleuchtungen an die Sicherheitsbeleuchtung angeschlossen ist.

(4) Rampen sind in Gängen und Fluren nur mit einer Neigung von höchstens sechs v. H. zulässig.

§9 Treppen

(1) Von jedem Punkt eines nicht zu ebener Erde liegenden Verkaufsraums müssen mindestens zwei Treppenräume mit notwendigen Treppen, davon einer in höchstens 25 m Entfernung, erreichbar sein.

(2) ¹Die nutzbare Breite notwendiger Treppen darf 2,5 m nicht überschreiten. ²Sie darf sich in Fluchtrichtung nicht verringern.

(3) Notwendige Treppen müssen feuerbeständig und an ihrer unteren Seite geschlossen sein.

(4) Andere als notwendige Treppen und Rolltreppen sind in ihren tragenden Teilen aus nichtbrennbaren Baustoffen, in ihren nichttragenden Teilen aus mindestens schwer entflammbaren Baustoffen herzustellen.

(5) ¹Treppen, die für den Kundenverkehr bestimmt sind (Kundentreppen), müssen auf beiden Seiten Handläufe ohne freie Enden haben. ²Die Handläufe sind über Treppenabsätze und Fensteröffnungen fortzuführen.

(6) ¹Die Stufenhöhe der Treppen darf nicht mehr als 17 cm, die Auftrittsbreite nicht weniger als 28 cm betragen; bei Treppen mit geringer Benutzung können Ausnahmen gestattet werden. ²Die Auftrittsbreite der Stufen gewendelter Treppen darf an der schmalsten Stelle nicht geringer als 23 cm sein; im Abstand von 1,25 m von der inneren Treppenwange darf die Auftrittsbreite 35 cm nicht überschreiten. ³Eine Folge von weniger als drei Stufen ist unzulässig.

(7) Notwendige Treppen aus Kellergeschossen müssen einen von Ausgängen notwendiger Kundentreppen getrennten Ausgang haben.

(8) Notwendige Treppen dürfen nicht gewendelt sein.

§ 10 Treppenräume

[1] Treppenräume, die durch mehr als zwei Geschosse führen, sind mit Vorrichtungen zu versehen, die eine wirksame Entlüftung der Treppenräume an ihrer höchsten Stelle gewährleisten und vom Erdgeschoß aus bedient werden können. [2] Die Lüftungsöffnungen müssen einen freien Querschnitt von mindestens fünf v. H. der Grundfläche des Treppenraums, mindestens jedoch von 0,5 m² haben. [3] Die Vorrichtungen sind an der Bedienungsstelle mit der Aufschrift „Rauchklappe" zu versehen. [4] Die Stellung der Rauchklappe – offen oder geschlossen – muß erkennbar sein.

§ 11 Ausgänge und Türen

(1) [1] Im Erdgeschoß müssen von jedem Punkt eines Verkaufsraums mindestens zwei unmittelbar ins Freie führende Ausgänge, einer davon in höchstens 25 m Entfernung, erreichbar sein. [2] Die Ausgänge dürfen nicht durch Treppenräume führen; sie müssen zusammen so breit sein, daß für je angefangene 100 m² Verkaufsraumfläche des Erdgeschosses mindestens 35 cm nutzbare Ausgangsbreite vorhanden sind.

(2) Die aus anderen Geschossen in Treppenräume notwendiger Treppen führenden Ausgänge müssen zusammen so breit sein, daß für je angefangene 100 m² Verkaufsraumfläche des Geschosses mindestens 30 cm nutzbare Ausgangsbreite vorhanden sind.

(3) [1] Ausgänge aus Verkaufsräumen auf notwendige Flure, in notwendige Treppenräume und ins Freie müssen mindestens 2 m breit sein. [2] Sie dürfen zusammen nicht breiter sein als die Flure und Treppen, zu denen sie führen. [3] Flure müssen mindestens so breit sein wie die Summe der Breiten der Ausgänge, zu denen sie führen.

(4) [1] Türen im Zuge von Rettungswegen müssen in Fluchtrichtung aufschlagen und dürfen keine Schwellen haben. [2] Soweit sie sich in beiden Richtungen öffnen lassen, müssen sie Bodenschließer haben. [3] Schiebe- und Drehtüren im Zuge von Rettungswegen sind unzulässig.

(5) [1] Türen im Zuge von Rettungswegen müssen von innen mit einem Griff leicht in voller Breite geöffnet werden können. [2] Der Griff des Verschlusses muß bei Hebelverschlüssen mindestens 1,5 m bis 1,7 m, bei Türdrückern mindestens 1,2 m bis 1,4 m über dem Fußboden liegen und von oben nach unten zu betätigen sein. [3] Türbeschläge müssen so ausgebildet sein, daß niemand mit der Kleidung daran hängen bleiben kann. [4] Riegel an diesen Türen sind nicht zulässig.

(6) Rolläden, Scherengitter oder ähnliche Abschlüsse von Türöff-

nungen, Toröffnungen oder Durchfahrten müssen so eingerichtet sein, daß sie von Unbefugten nicht geschlossen werden können.

(7) ¹Türen von Werk- und Lagerräumen (§ 4 Abs. 2 und § 6 Abs. 4) dürfen feststellbar sein, wenn sie Einrichtungen haben, die bei Rauchentwicklung ein selbsttätiges Schließen der Türen bewirken. ²Die Schließeinrichtungen müssen auch von Hand betätigt werden können.

(8) ¹Die aus den Geschossen in die Treppenräume notwendiger Treppen führenden Türen müssen selbstschließend und feuerbeständig sein. ²Türen in der Art feuerbeständiger Türen können gestattet werden, wenn wegen des Brandschutzes keine Bedenken bestehen. ³Werden in den Verkaufs- und Lagerräumen selbsttätige Feuerlöscheinrichtungen nach § 6 Abs. 2 Nr. 2 eingebaut, so genügen dichte und selbstschließende Türen aus nichtbrennbaren Baustoffen; Verglasungen müssen ausreichend widerstandsfähig gegen Feuer sein.

§ 12 Schaufenster

¹Werden Schaufensterräume gegen Verkaufsräume abgeschlossen, so ist der Abschluß feuerbeständig auszubilden. ²Schaufensterräume, die durch mehrere Geschosse reichen, müssen gegen die Verkaufsräume feuerbeständig abgeschlossen sein. ³Türen in den Abschlüssen müssen feuerhemmend sein. ⁴Die Sätze 1 bis 3 gelten nicht, wenn in allen Verkaufs-, Schaufenster- und Lagerräumen selbsttätige Feuerlöschanlagen nach § 6 Abs. 2 Nr. 2 eingebaut sind.

§ 13 Elektrische Anlagen

(1) ¹Verkaufsräume und Rettungswege müssen eine elektrische Sicherheitsbeleuchtung haben. ²Für andere Räume kann eine elektrische Sicherheitsbeleuchtung gefordert werden.

(2) Die Hauptschalttafel muß jederzeit auf kürzestem Weg vom Freien her erreichbar sein.

(3) Die Beleuchtungsanlagen für die Hinweise auf Ausgänge und notwendige Treppen (§ 7 Abs. 6 Satz 2) sind an die Sicherheitsbeleuchtung anzuschließen.

§ 14 Beheizung

¹Die zum Betrieb gehörenden Räume dürfen nur zentral beheizbar sein. ²Zur Beheizung der Verkaufsräume darf als Wärmeträger nur Warmluft, Warmwasser, Heißwasser oder Niederdruckdampf verwendet werden. ³Feuerluftheizungen sind unzulässig. ⁴Einzelfeuerstätten und elektrische Heizanlagen können in Büroräumen gestattet werden, wenn diese von Räumen anderer Nutzung durch feuerbeständige Wände und Decken getrennt sind.

§ 15 Lüftung

¹ Verkaufsräume und andere Aufenthaltsräume ohne Fensterlüftung oder mit nicht ausreichender Fensterlüftung müssen mechanische Lüftungsanlagen mit zusätzlicher Luftaufbereitung insbesondere für Luftkühlung und Luftbefeuchtung haben; in Verkaufsstätten mit geringem Kundenverkehr kann auf eine zusätzliche Luftaufbereitung verzichtet werden. ² Soweit Lüftungsanlagen mit zusätzlicher Luftaufbereitung nicht ausreichen, Gefahren für die Gesundheit zu verhindern, kann verlangt werden, daß Temperatur und Feuchte der Luft selbsttätig auf vorgegebenen Werten gehalten werden (Klimaanlagen). ³ Es kann insbesondere aus Gründen des Brandschutzes gefordert werden, daß Lagerräume in Lüftungsanlagen mit einbezogen werden. ⁴ Die Lüftungsanlage muß aus zwei voneinander unabhängigen Teilen bestehen; sie ist so herzustellen, daß der eine Teil selbsttätig eingeschaltet wird, wenn der andere ausfällt. ⁵ Lüftungsanlagen müssen im Brandfall so betrieben werden können, daß sie nur entlüften. ⁶ Für notwendige Lüftungsanlagen kann eine Notstromversorgung gefordert werden.

§ 16 Räume für die Lagerung von Abfallstoffen

¹ Werden Abfallstoffe, wie Altpapier und sonstiges Verpackungsmaterial, vorübergehend gelagert, so sind besondere Räume vorzusehen, die mindestens den Abfall zweier Tage, auch zweier Tage mit Verkaufsspitzen, aufnehmen können. ² Die Räume müssen feuerbeständige Wände und Decken und selbstschließende und feuerbeständige Türen haben. ³ Sie dürfen nicht mit Verkaufsräumen, auch nicht durch Sicherheitsschleusen, verbunden sein.

§ 17 Feuermelde- und Feuerlöscheinrichtungen

(1) ¹ Die Verkaufsstätten müssen eine betriebliche Feuermeldeanlage und, soweit notwendig, Nebenfeuermeldeanlagen haben, die in Orten mit öffentlicher Feuermeldeanlage an diese anzuschließen sind. ² In Orten ohne öffentliche Feuermeldeanlage muß während der Betriebszeit sichergestellt sein, daß die gemeindliche Feuermeldestelle jederzeit unverzüglich benachrichtigt werden kann.

(2) Verkaufsräume im Kellergeschoß mit insgesamt mehr als 500 m² Nutzfläche müssen Feuerlöschanlagen mit selbsttätigen, über die Räume verteilten Sprühdüsen haben.

(3) Selbsttätige Feuerlöschanlagen sind auf Verlangen so einzurichten, daß ihr Tätigwerden sich gleichzeitig der gemeindlichen Feuermeldestelle anzeigt.

(4) Es müssen Einrichtungen vorhanden sein, durch die alle Betriebsangehörigen alarmiert und Anweisungen an die Kunden und Betriebsangehörigen gegeben werden können.

(5) In Treppenräumen notwendiger Treppen sind nasse Steigleitungen mit einem lichten Durchmesser von mindestens 80 mm einzubauen, die auf jedem Haupttreppenabsatz mit einem Wandhydranten mit C-Festkupplung, Druckschläuchen und absperrbarem Strahlrohr auszustatten sind.

(6) Für die Verkaufsräume, für Lagerräume und für Werkräume sind an gut sichtbarer Stelle geeignete Handfeuerlöscher in ausreichender Zahl und zweckmäßiger Verteilung griffbereit anzubringen.

(7) Für Räume mit erhöhter Brandgefahr können weitere Feuerlöscheinrichtungen verlangt werden.

§ 18 Bauvorlagen

(1) [1] Die Bauzeichnungen müssen Angaben enthalten über
1. die Rettungswege, einschließlich ihres Verlaufs im Freien,
2. die Feuermelde- und Feuerlöscheinrichtungen, die Alarmeinrichtungen und andere Sicherheitseinrichtungen,
3. die Anlagen für Heizung, Lüftung und Wasserversorgung,
4. das Schaltschema der elektrischen Licht- und Kraftanlagen einschließlich der Sicherheitsbeleuchtung.

[2] Dem Bauantrag ist eine Berechnung der Nutzfläche der Verkaufsräume und der notwendigen Ausgangsbreiten beizufügen.

(2) [1] Vor der Errichtung und vor der wesentlichen Änderung elektrischer Anlagen sind Pläne in dreifacher Fertigung einzureichen. [2] Sie müssen über die in Aussicht genommene Anordnung der wesentlichen Anlageteile unter Angabe der Beschaffenheit und Querschnitte der Leitungen Aufschluß geben. [3] Die Pläne müssen von einem anerkannten Sachverständigen geprüft sein.

Abschnitt III. Betriebsvorschriften

§ 19 Selbsthilfe

(1) Ist keine Werkfeuerwehr (Art. 15 des Bayerischen Feuerwehrgesetzes – BayFwG –, BayRS 215–3–1–I) vorhanden, so müssen während des Betriebs der Verkaufsstätte Selbsthilfekräfte in ausreichender Zahl anwesend sein.

(2) [1] Die Kreisverwaltungsbehörde bestimmt, wieviele Selbsthilfekräfte anwesend sein müssen. [2] Sie kann bestimmen, daß in Verkaufsstätten mit einer Nutzfläche von mehr als 15 000 m^2 ein Teil der Selbsthilfekräfte ständig im Selbsthilfedienst tätig sein muß.

(3) Die Selbsthilfekräfte müssen für den Feuerwehrdienst geeignet sein.

(4) ¹ Den Selbsthilfekräften obliegen bei Bränden und anderen Gefahren die erforderlichen Selbsthilfemaßnahmen, vor allem die Lenkung von Menschen aus gefährdeten Räumen, ihre Rettung aus Gefahren und die Brandbekämpfung. ² Sie müssen für ihre Aufgaben ausgebildet sein.

§ 20 Verantwortlicher für den Brandschutz

(1) Der Inhaber des Betriebs hat einen Betriebsangehörigen mit der Verantwortung für den Brandschutz zu beauftragen und einen Vertreter für ihn zu bestellen.

(2) ¹ Der für den Brandschutz verantwortliche Betriebsangehörige hat die Selbsthilfekräfte auszubilden. ² Er hat ferner darüber zu wachen, daß die Selbsthilfe- und Sicherungseinrichtungen betriebsbereit sind. ³ Er hat die Selbsthilfemaßnahmen zu leiten, bis ein Angehöriger der Feuerwehr die Lösch- und Rettungsmaßnahmen leitet (Art. 18 BayFwG).

§ 21 Rettungs- und Verkehrswege

(1) Auf Rettungswegen außerhalb von Gebäuden und auf Bewegungsflächen für die Feuerwehr, die als solche in den zur Baugenehmigung gehörenden Bauvorlagen gekennzeichnet sind, ist das Abstellen von Kraftfahrzeugen und das Abstellen und Lagern sonstiger Gegenstände verboten.

(2) ¹ Türen im Zuge von Rettungswegen dürfen nur so geschlossen sein, daß sie jederzeit leicht geöffnet werden können. ² Türöffnungen, Toröffnungen oder Durchfahrten dürfen während der Betriebszeit nicht durch Rolläden, Scherengitter oder ähnliche Abschlüsse geschlossen werden.

(3) Die Rettungswege sind bei unzureichender Sicht, die nach § 7 Abs. 6 Satz 2 notwendigen Hinweise während der Betriebszeit zu beleuchten.

(4) Bewegliche Verkaufsstände, Waren oder andere Gegenstände dürfen auf Rettungswegen oder unmittelbar vor den Ausgängen nicht aufgestellt werden.

§ 22 Brandverhütung

(1) ¹ In Verkaufsgebäuden darf nicht geraucht und kein offenes Feuer und Licht verwendet werden. ² Die Kreisverwaltungsbehörde kann für Erfrischungsräume, Büroräume, Sozialräume und ähnliche Räume Ausnahmen von dem Rauchverbot zulassen, wenn wegen des Brandschutzes keine Bedenken bestehen. ³ Wird das Rauchen in Erfrischungsräumen für Kunden gestattet, so müssen an den Ausgängen zu

anderen Räumen Ablagen für Zigarren und Zigaretten in ausreichender Zahl vorhanden sein. [4] Ausnahmen vom Verbot offenen Feuers können von der Kreisverwaltungsbehörde für Werkstätten, Konditoreien und Küchen und für ähnliche Räume gestattet werden, wenn wegen des Brandschutzes keine Bedenken bestehen.

(2) Die Verwendung elektrischer Strahlöfen ist verboten.

(3) [1] Scheinwerfer mit großer Wärmeentwicklung in Schaufensterräumen sind mit Schutzeinrichtungen auszustatten. [2] Brennbare Stoffe müssen von Einrichtungen mit Wärmeentwicklung, wie Scheinwerfern, Transformatoren und Drosselspulen, so weit entfernt oder so geschützt sein, daß sie nicht entflammen können.

(4) [1] Dekorationsmaterial innerhalb der Verkaufsräume, der Schaufenster, der Ausstellungsräume und an Außenfronten muß mindestens schwer entflammbar sein. [2] In notwendigen Fluren und Treppenräumen mit notwendigen Treppen sind Dekorationen verboten. [3] Für bewegte Dekorationen können Sicherheitsvorkehrungen, wie z.B. thermisch gesteuerte Ausschalter, gefordert werden.

(5) Brennbare Abfallstoffe sind nach Bedarf, täglich jedoch mindestens einmal, aus den Verkaufsräumen zu entfernen.

(6) Für Arbeiten mit Schneidbrennern, Schweiß- oder Lötgeräten gilt § 10 der Verordnung über die Verhütung von Bränden (BayRS 215-2-1-I).

§ 23 Sonstige Betriebsvorschriften

(1) Das Schaltschema der elektrischen Licht- und Kraftanlagen und der Feuermeldeanlagen ist in unmittelbarer Nähe der Hauptschalttafel deutlich sichtbar auszuhängen.

(2) [1] Das Personal ist halbjährlich mindestens einmal über die Feuerlöschordnung zu belehren, insbesondere über

1. die Lage und Bedienung der Feuermelde- und Feuerlöscheinrichtungen,
2. die Lage und Bedienung der Schalteinrichtungen der Sicherheitsbeleuchtung und
3. das Verhalten bei Bränden und sonstigen Gefahren.

[2] Mindestens einmal im Jahr ist die Belehrung mit einer Alarmprobe zu verbinden. [3] Alle zwei Jahre soll die Alarmprobe mit einer Übung der Feuerwehr durchgeführt werden.

(3) [1] Im Erdgeschoß des Betriebsgebäudes sind an gut sichtbarer Stelle ein Lageplan und Grundrißpläne aller Geschosse anzubringen. [2] In den Plänen sind die Rettungswege, die für die Brandbekämpfung freizuhaltenden Flächen, die Feuermelde- und Feuerlöscheinrichtungen, die Löschwasserversorgung und die Bedienungseinrichtungen

14 WaV §§ 24, 25 Warenhausverordnung

der technischen Anlagen einzutragen. ³ Eine Fertigung der Pläne ist der örtlichen Feuerwehr zu überlassen.

(4) Auf die Verbote des § 21 Abs. 1 und 2 und des § 22 Abs. 1 Satz 1 ist durch deutlich lesbare Anschläge in genügender Zahl hinzuweisen.

§ 24 Überwachung

(1) Der Leiter des Betriebs und der für den Brandschutz verantwortliche Betriebsangehörige haben ständig darüber zu wachen, daß diese Verordnung und alle anderen Vorschriften über den Brandschutz beachtet werden.

(2) Der Leiter des Betriebs hat eine Feuerlöschordnung aufzustellen und den Betriebsangehörigen bekanntzugeben.

(3) ¹ Mindestens alle zwei Jahre hat der Betriebsinhaber der Kreisverwaltungsbehörde den ordnungsgemäßen Zustand der elektrischen Anlagen, der Blitzschutzanlagen und der Feuermelde- und Feuerlöschanlagen durch eine Bescheinigung eines anerkannten Sachverständigen nachzuweisen.* ² Für selbsttätige Feuerlöschanlagen ist der Nachweis mindestens jedes halbe Jahr zu führen, es sei denn, daß ein Überwachungsvertrag mit einer anerkannten technischen Prüfstelle besteht.

Abschnitt IV. Ordnungswidrigkeiten, Inkrafttreten

§ 25 Ordnungswidrigkeiten

(1) Nach Art. 89 Abs. 1 Nr. 10 BayBO kann mit Geldbuße bis zu einhunderttausend Deutsche Mark belegt werden, wer vorsätzlich oder fahrlässig

1. entgegen § 21 Abs. 1 auf Rettungswegen innerhalb von Gebäuden oder auf Bewegungsflächen für die Feuerwehr Kraftfahrzeuge und sonstige Gegenstände abstellt oder sonstige Gegenstände lagert,

2. entgegen § 21 Abs. 2 Satz 1 Türen im Zuge von Rettungswegen nicht so zuschließt, daß sie sich jederzeit leicht öffnen lassen,

3. entgegen § 21 Abs. 2 Satz 2 Türöffnungen, Toröffnungen oder Durchfahrten während der Betriebszeit durch Rolläden, Scherengitter oder ähnliche Abschlüsse schließt,

4. entgegen § 21 Abs. 4 bewegliche Verkaufsstände, Waren oder andere Gegenstände auf Rettungswegen oder unmittelbar vor den Ausgängen aufstellt,

5. entgegen § 22 Abs. 2 elektrische Strahlöfen verwendet.

---

* Bek. über den Vollzug der GaV, der VStättV und der WaV; Prüfung von elektrischen Anlagen und anderen technischen Einrichtungen durch Sachverständige vom 2. 3. 1977 (MABl. S. 139).

(2) Nach Art. 38 Abs. 4 LStVG kann mit Geldbuße belegt werden, wer vorsätzlich oder fahrlässig

1. entgegen § 22 Abs. 1 Satz 1 in Verkaufsgebäuden raucht oder offenes Licht oder Feuer verwendet,
2. entgegen § 22 Abs. 4 Satz 1 innerhalb von Verkaufsräumen, Schaufenstern oder Ausstellungsräumen und an Außenfronten Dekorationsmaterial verwendet, das nicht mindestens schwer entflammbar ist,
3. entgegen § 22 Abs. 4 Satz 2 in notwendigen Fluren oder in Treppenräumen mit notwendigen Treppen Dekorationen anbringt.

§ 26 Inkrafttreten

Diese Verordnung tritt am 1. April 1985 in Kraft; sie tritt am 31. März 1995 außer Kraft.

15. Landesverordnung über den Bau und Betrieb von Versammlungsstätten (Versammlungsstättenverordnung – VStättV)

Vom 7. August 1969 (BayRS 2132-1-5-I)

Geändert durch Verordnung vom 13. 8. 1986 (GVBl. S. 303)

Inhaltsübersicht

Teil I. Allgemeine Vorschriften §§ 1–7

Teil II. Bauvorschriften §§ 8–106
Abschnitt 1. Versammlungsräume §§ 8–29
Unterabschnitt 1. Allgemeines §§ 8–12
Unterabschnitt 2. Besucherplätze §§ 13–15
Unterabschnitt 3. Besondere Anforderungen an Wände, Decken und Tragwerke §§ 16–18
Unterabschnitt 4. Rettungswege im Gebäude §§ 19–24
Unterabschnitt 5. Beheizung und Lüftung §§ 25, 26
Unterabschnitt 6. Rauchabführung, Feuerlösch-, Feuermelde- und Alarmeinrichtungen §§ 27, 28
Unterabschnitt 7. Kleiderablagen § 29
Abschnitt 2. Bühnen und Szenenflächen §§ 30–63
Unterabschnitt 1. Kleinbühnen §§ 30–34
Unterabschnitt 2. Mittelbühnen §§ 35–43
Unterabschnitt 3. Vollbühnen §§ 44–59
Unterabschnitt 4. Szenenflächen §§ 60–63
Abschnitt 3. Filmvorführungen, Scheinwerferstände und Scheinwerferräume §§ 64–81
Unterabschnitt 1. Filmvorführungen mit Sicherheitsfilm §§ 64–68
Unterabschnitt 2. Filmvorführungen mit Zellhornfilm §§ 69–79
Unterabschnitt 3. Scheinwerfer, Scheinwerferstände und Scheinwerferräume §§ 80, 81
Abschnitt 4. Versammlungsstätten mit Spielflächen innerhalb von Versammlungsräumen §§ 82–91
Unterabschnitt 1. Spielflächen §§ 82–86
Unterabschnitt 2. Verkehrsflächen §§ 87, 88
Unterabschnitt 3. Räume für Mitwirkende und Betriebsangehörige §§ 89–91
Abschnitt 5. Versammlungsstätten mit nichtüberdachten Spielflächen §§ 92–95
Abschnitt 6. Fliegende Bauten §§ 96–102
Abschnitt 7. Elektrische Anlagen §§ 103–105
Abschnitt 8. Bauvorlagen § 106

Teil III. Betriebsvorschriften §§ 107–123
Abschnitt 1. Freihalten von Wegen und Flächen §§ 107, 108
Abschnitt 2. Dekorationen, Lagern von Gegenständen, Rauchverbote. Höchstzahl der Mitwirkenden §§ 109–111
Abschnitt 3. Reinigen der Räume, Bedienung und Wartung der technischen Einrichtungen §§ 112, 113

Versammlungsstättenverordnung § 1 VStättV 15

Abschnitt 4. Anwesenheit und Belehrung der verantwortlichen Personen §§ 114–118
Abschnitt 5. Sonstige Betriebsvorschriften §§ 119, 120
Abschnitt 6. Filmvorführungen §§ 121–123
Unterabschnitt 1. Filmvorführungen mit Sicherheitsfilm §§ 121, 122
Unterabschnitt 2. Filmvorführungen mit Zellhornfilm § 123

Teil IV. Prüfungen, weitere Anforderungen, Ordnungswidrigkeiten, Schlußvorschriften §§ 124–132

Auf Grund von *Art. 86 Abs. 2 Satz 2, 98 Abs. 7 Nr. 2 und 106 Abs. 1 Nr. 1 und Nr. 2* der Bayerischen Bauordnung (BayBO)* *und Art. 44 Abs. 1 Nr. 2 bis 4 und Abs. 3* des Landesstraf- und Verordnungsgesetzes (LStVG)** erläßt das Bayerische Staatsministerium des Innern folgende Verordnung:

Teil I. Allgemeine Vorschriften

§ 1*** Geltungsbereich

(1) Die Vorschriften dieser Verordnung gelten für den Bau und Betrieb von

1. Versammlungsstätten mit Bühnen oder Szenenflächen und Versammlungsstätten für Filmvorführungen, wenn die zugehörigen Versammlungsräume mehr als 100 Personen fassen;

2. Versammlungsstätten mit nichtüberdachten Szenenflächen, wenn die Versammlungsstätte mehr als 1000 Besucher faßt;

3. Versammlungsstätten mit nichtüberdachten Sportflächen, wenn die Versammlungsstätte mehr als 5000 Besucher faßt, Sportstätten für Rasenspiele jedoch nur, wenn mehr als 15 Stehstufen angeordnet sind;

4. Versammlungsstätten mit Versammlungsräumen, die einzeln oder zusammen mehr als 200 Besucher fassen; maßgebend hierbei ist die Benutzungsart, welche die größte Besucherzahl zuläßt. In Schulen, Museen und ähnlichen Gebäuden gelten die Vorschriften nur für die Versammlungsräume, die einzeln mehr als 200 Besucher fassen;

5. Versammlungsstätten, die nicht unter die Nummern 1 bis 4 fallen, wenn die Versammlungsstätte mehr als 1000 Besucher faßt.

---

* Nunmehr Art. 90 Abs. 1 Nrn. 1, 3, 4, 5, Abs. 3 und 4 BayBO.
** Nunmehr Art. 38 Abs. 1 Nrn. 2 bis 4 und Abs. 3 LStVG; abgedruckt unter Nr. **26**.
*** § 1 Abs. 1 Nr. 4 geändert durch Verordnung vom 13. 8. 1986 (GVBl. S. 303).

15 VStättV § 2 Versammlungsstättenverordnung

(2) Die Vorschriften dieser Verordnung gelten nicht für Räume, die überwiegend
1. für den Gottesdienst bestimmt sind,
2. Ausstellungszwecken dienen.

§ 2* Begriffe

(1) Versammlungsstätten sind bauliche Anlagen oder Teile baulicher Anlagen, die für die gleichzeitige Anwesenheit vieler Menschen bei Veranstaltungen erzieherischer, geselliger, kultureller, künstlerischer, politischer, sportlicher oder unterhaltender Art bestimmt sind.

(2) ¹ Freilichttheater sind Versammlungsstätten mit nichtüberdachten Spielflächen für schauspielerische, musikalische oder für ähnliche Darbietungen. ² Freiluftsportstätten sind Versammlungsstätten mit nichtüberdachten Spielflächen für sportliche Übungen und Wettkämpfe.

(3) ¹ Versammlungsräume sind innerhalb von Gebäuden gelegene Räume für Veranstaltungen. ² Hierzu gehören auch Rundfunk- und Fernsehstudios, die für Veranstaltungen mit Besuchern bestimmt sind, und Vortragssäle, Hörsäle und Aulen.

(4) ¹ Bühnen sind Räume, die für schauspielerische, musikalische oder für ähnliche Darbietungen bestimmt sind und deren Decke gegen die Decke des Versammlungsraums durch Sturz oder Höhenunterschied abgesetzt ist. ² Zu unterscheiden sind
1. Kleinbühnen: Bühnen, deren Grundfläche 100 m² nicht überschreitet und deren Decke nicht mehr als 1 m über der Bühnenöffnung liegt;
2. Mittelbühnen: Bühnen, deren Grundfläche 150 m², deren Bühnenerweiterungen in der Grundfläche zusammen 100 m² und deren Höhe bis zur Decke oder bis zur Unterkante des Rollenbodens das Zweifache der Höhe der Bühnenöffnung nicht überschreitet und die nicht unter Nummer 1 fallen;
3. Vollbühnen: Bühnen, die nicht unter die Nummern 1 und 2 fallen.

³ Als Grundfläche von Kleinbühnen und Mittelbühnen gilt die Fläche hinter dem Vorhang, von Vollbühnen die Fläche hinter dem Schutzvorhang, nicht jedoch die anschließend vor dem Vorhang liegende Spielfläche (Vorbühne). ⁴ Bühnen, die ausschließlich der Aufnahme von Bildwänden für Filmvorführungen dienen, gelten nicht als Bühnen im Sinn dieser Vorschriften.

(5) ¹ Spielflächen sind Flächen einer Versammlungsstätte, die für das spielerische Geschehen bestimmt sind. ² Szenenflächen sind Spiel-

---

* § 2 Abs. 1 und Abs. 3 Satz 1 geändert durch Verordnung vom 13. 8. 1986 (GVBl. S. 303).

Versammlungsstättenverordnung §§ 3, 4 VStättV

flächen für schauspielerische oder für ähnliche künstlerische Darbietungen; Sportflächen sind Spielflächen für sportliche Übungen und Wettkämpfe.

(6) Platzflächen sind Flächen für Besucherplätze.

§ 3 Rettungswege auf dem Grundstück

(1) [1] Besucher, Mitwirkende und Betriebsangehörige müssen aus der Versammlungsstätte unmittelbar oder zügig über Flächen des Grundstücks, die nicht anderweitig genutzt werden dürfen (als Rettungswege dienende Verkehrsflächen), auf eine öffentliche Verkehrsfläche gelangen können, die neben dem sonstigen Verkehr auch den Besucherstrom, besonders am Schluß der Veranstaltungen, aufnehmen kann. [2] Für die Breite der als Rettungswege dienenden Verkehrsflächen gilt § 19 Abs. 2 entsprechend.

(2) [1] Versammlungsstätten, in denen regelmäßig mehrere Veranstaltungen kurzzeitig aufeinanderfolgen, müssen eine Wartefläche für mindestens die Hälfte der größtmöglichen Besucherzahl haben; für vier Personen ist 1 m² zugrundezulegen. [2] Mehrere Versammlungsräume in einem Gebäude können eine gemeinsame Wartefläche haben. [3] Führen Rettungswege über Warteflächen, so sind diese entsprechend zu bemessen.

(3) [1] Versammlungsstätten für mehr als 2500 Besucher und Versammlungsstätten mit einer Vollbühne für mehr als 800 Besucher müssen nach zwei öffentlichen Verkehrsflächen verlassen werden können. [2] Ausnahmen können gestattet werden, wenn die als Rettungswege dienenden Verkehrsflächen alle auf sie angewiesenen Personen aufnehmen können. [3] Hierbei sind bis zu 2500 Besuchern auf 1 m² Grundfläche vier Personen, darüber hinaus drei Personen zu rechnen. [4] Versammlungsstätten nach Satz 1 müssen von Feuerwehrfahrzeugen allseitig erreicht werden können. [5] Die hierfür auf dem Grundstück erforderlichen Flächen dürfen nicht anderweitig genutzt werden.

(4) [1] Zufahrten und Durchfahrten im Zug von Rettungswegen müssen mindestens 3 m breit und 3,5 m hoch sein und zusätzlich einen mindestens 1 m breiten Gehsteig haben. [2] Sind die Gehsteige von der Fahrbahn durch Pfeiler oder Mauern getrennt, so muß die Fahrbahn mindestens 3,5 m breit sein.

(5) Wände und Decken von Durchfahrten und Durchgängen müssen feuerbeständig sein und dürfen keine Öffnungen haben.

§ 4 Abstände

[1] Soweit nicht an die Grundstücksgrenze gebaut wird, müssen unbeschadet des Art. 6 BayBO Versammlungsstätten von den seitlichen und den hinteren Grundstücksgrenzen und von anderen, nichtange-

bauten Gebäuden auf demselben Grundstück folgende Mindestabstände haben:
1. bis 1500 Besucher 6 m,
2. über 1500 Besucher bis 2500 Besucher 9 m,
3. über 2500 Besucher 12 m.

²Für Versammlungsstätten mit einer Vollbühne sind die Abstände nach den Nummern 1 und 2 um 3 m zu vergrößern.

§ 5 Stellplätze

¹ Stellplätze für Kraftfahrzeuge und ihre Zu- und Abfahrten dürfen nur auf Flächen herstellt werden, die weder zum Verlassen der Versammlungsstätte noch als Bewegungsflächen für die Feuerwehr erforderlich sind. ² Die Zufahrten sind von den Abfahrten getrennt anzulegen, wenn sich bei aufeinanderfolgenden Veranstaltungen das Zu- und Abfahren der Kraftfahrzeuge überschneiden kann.

§ 6 Wohnungen und fremde Räume

¹ Versammlungsstätten mit Vollbühne müssen von Wohnungen und fremden Räumen durch feuerbeständige Wände und Decken ohne Öffnungen abgetrennt sein. ² Mit Wohnungen für Hausverwalter oder technisches Personal und mit allgemein zugänglichen Gaststätten dürfen sie über einen als Schleuse wirkenden Durchgangsraum verbunden sein.

§ 7 Beleuchtung

Die Beleuchtung von Versammlungsstätten muß elektrisch sein.

Teil II. Bauvorschriften

Abschnitt 1. Versammlungsräume

Unterabschnitt 1. Allgemeines

§ 8 Höhenlage

Der tiefstgelegene Teil der Fußbodenoberfläche von Versammlungsräumen darf über der als Rettungsweg dienenden Verkehrsfläche (§ 3 Abs. 1) nicht höher liegen als
1. 6 m in Versammlungsstätten mit Vollbühne unabhängig vom Fassungsvermögen;
2. 8 m in Versammlungsstätten mit Mittelbühne oder Szenenflächen von mehr als 100 m² und
   6 m, wenn die Versammlungsräume mehr als 800 Personen fassen;

Versammlungsstättenverordnung §§ 9–12 VStättV 15

3. in allen übrigen Versammlungsstätten
22 m, wenn die Versammlungsräume mehr als 400 Personen fassen,
15 m, wenn die Versammlungsräume mehr als 800 Personen fassen,
8 m, wenn die Versammlungsräume mehr als 1500 Personen fassen,
6 m, wenn die Versammlungsräume mehr als 2500 Personen fassen.

§ 9 Versammlungsräume in Kellergeschossen

(1) Versammlungsräume in Kellergeschossen können gestattet werden, wenn

1. ihre Fußbodenoberfläche nicht tiefer als 5 m unter der natürlichen oder von der Kreisverwaltungsbehörde festgelegten Geländeoberfläche liegt und

2. sie nicht mit Vollbühnen, Mittelbühnen oder mit Szenenflächen von mehr als 100 m^2 verbunden sind.

(2) Die Räume müssen Rauchabzüge haben; im übrigen gilt Art. 45 Abs. 5 BayBO.

§ 10 Lichte Höhe

^{1} Versammlungsräume müssen eine lichte Höhe von mindestens 3 m haben. ^{2} Sie müssen über und unter Rängen, Emporen, Balkonen und ähnlichen Anlagen mindestens 2,3 m, wenn kein Rauchverbot besteht, mindestens 2,8 m im Lichten hoch sein.

§ 11 Umwehrungen

(1) Platzflächen und Gänge, die mehr als 20 cm über dem Fußboden des Versammlungsraums liegen, sind zu umwehren, soweit sie nicht durch Stufen oder Rampen mit dem Fußboden verbunden sind.

(2) Die Platzflächen in Schwimmanlagen müssen bei Veranstaltungen in einem Abstand von mindestens 50 cm gegen den Beckenrand umwehrt sein.

(3) ^{1} Umwehrungen von Rängen, Emporen, Galerien, Balkonen, Podien und ähnlichen Anlagen und Geländer oder Brüstungen steilansteigender Platzreihen (§ 13 Abs. 2) müssen mindestens 1 m hoch sein; ist die Brüstung mindestens 50 cm breit, genügen 80 cm. ^{2} Vor Stufengängen muß die Umwehrung mindestens 1 m hoch sein.

§ 12 Bildwände

Bildwände und ihre Tragekonstruktionen müssen aus mindestens schwerentflammbaren Stoffen bestehen.

Unterabschnitt 2. Besucherplätze

§ 13 Ansteigende Platzreihen

(1) Ansteigende Platzreihen sind für je höchstens 4 m Höhe in Gruppen mit Ausgängen auf besondere Flure zusammenzufassen; für Hörsäle und ähnliche Räume können Ausnahmen gestattet werden.

(2) [1] Folgen Platzreihen mit einem Höhenunterschied von mehr als 32 cm aufeinander (steilansteigende Platzreihen), sind die Gruppen durch Schranken gegeneinander abzutrennen. [2] Ist der Höhenunterschied größer als 50 cm, so ist jede Platzreihe zu umwehren. [3] Sätze 1 und 2 gelten nicht, wenn Reihen durch Pulte oder durch Rückenlehnen eines festen Gestühls voneinander getrennt sind und die Rückenlehnen den Fußboden der dahinter liegenden Reihe um mindestens 65 cm überragen.

(3) [1] Stehplatzreihen (Stehstufen) dürfen höchstens 45 cm tief und sollen mindestens 20 cm hoch sein. [2] Bei der Berechnung der Stehplatzzahl ist die Breite des Stehplatzes mit mindestens 50 cm anzunehmen.

(4) [1] Werden mehr als fünf Stehstufen angeordnet, so sind vor der vordersten Stufe und nach je zehn weiteren Stufen Schranken von mindestens 1,1 m Höhe anzubringen. [2] Sie müssen einzeln mindestens 3 m lang und dürfen seitlich höchstens 2 m voneinander entfernt sein. [3] Die seitlichen Entfernungen können bis auf 5 m vergrößert werden, wenn die Lücken nach höchstens fünf Stehplatzreihen durch versetzte Anordnung entsprechend langer Schranken gedeckt sind.

§ 14 Bestuhlung

(1) [1] In Reihen angeordnete Sitzplätze müssen unverrückbar befestigt sein; Stühle, die nur gelegentlich aufgestellt werden, sind mindestens in den einzelnen Reihen fest miteinander und am Ende der Reihen mit dem Fußboden zu verbinden. [2] Sitzplätze müssen mindestens 50 cm breit sein. [3] Die Sitzreihen müssen eine freie Durchgangsbreite von mindestens 45 cm haben.

(2) An jeder Seite eines Gangs dürfen höchstens 16, in steilansteigenden Platzreihen höchstens 12 Sitzplätze gereiht sein.

(3) [1] Zwischen zwei Seitengängen dürfen abweichend von Absatz 2 statt 32 höchstens 50 Sitzplätze gereiht sein, wenn

1. für höchstens drei Reihen an jeder Seite des Versammlungsraums ein Ausgang von mindestens 1,1 m Breite
oder
2. für höchstens vier Reihen an jeder Seite des Versammlungsraums ein Ausgang von mindestens 1,5 m Breite

vorhanden ist. [2] Das gilt nicht für steilansteigende Platzreihen.

Versammlungsstättenverordnung §§ 15–17 VStättV **15**

(4) ¹ In einer Loge dürfen nicht mehr als zehn Stühle lose aufgestellt werden; für jeden Platz muß eine Grundfläche von mindestens 0,65 m² vorhanden sein. ² Logen mit mehr als zehn Sitzplätzen müssen eine feste Bestuhlung haben.

§ 15 Tischplätze

(1) Jeder Tisch muß an einem Gang aufgestellt sein, der zu einem Ausgang führt.

(2) Von jedem Platz darf der Weg bis zu einem Gang nicht länger als 5 m sein.

Unterabschnitt 3. Besondere Anforderungen an Wände, Decken und Tragwerke

§ 16 Wände

(1) An Außenwänden können aus Gründen des Brandschutzes feuerbeständige Stürze, Kragplatten oder Brüstungen gefordert werden.

(2) ¹ Wände von Versammlungsräumen und Fluren müssen, wenn sie Trennwände sind, feuerbeständig sein. ² Es kann gestattet werden, daß diese Wände in eingeschossigen Gebäuden mit Versammlungsräumen von nicht mehr als 6 m lichter Höhe feuerhemmend hergestellt werden.

(3) Glaswände müssen so ausgebildet oder gesichert werden, daß sie bei Gedränge nicht eingedrückt werden können.

§ 17 Decken und Tragwerke

(1) ¹ Decken über und unter Rettungswegen, Decken zwischen Versammlungsräumen und Decken zwischen Versammlungsräumen und anderen Räumen müssen feuerbeständig sein; alle übrigen Decken sind mindestens feuerhemmend und in ihren tragenden Teilen aus nichtbrennbaren Baustoffen herzustellen. ² Art. 30 Abs. 1 BayBO bleibt unberührt. ³ Ein unterhalb der Decke oder des Dachs angebrachter oberer Abschluß des Versammlungsraums muß einschließlich seiner Verkleidung aus nichtbrennbaren Baustoffen bestehen; seine Oberseite muß, wenn sie zugänglich ist, leicht gereinigt werden können. ⁴ Ausnahmen von den Sätzen 1 und 3 können in erdgeschossigen Versammlungsstätten gestattet werden, wenn diese nicht mehr als 800 Personen fassen, keine Bühnen oder Szenenflächen enthalten, und wenn sich über der Decke oder dem oberen Raumabschluß keine Lüftungsleitungen oder Räume oder Stände für Scheinwerfer (§ 81) befinden.

(2) ¹ Tragende Bauteile von Rängen, Emporen, Galerien, Balkonen und ähnlichen Anlagen müssen feuerbeständig sein. ² Das gilt nicht

15 VStättV § 18   Versammlungsstättenverordnung

für erdgeschossige Versammlungsstätten, die nicht mehr als 800 Personen fassen.

(3) ¹ Tragwerke für den Fußboden ansteigender Platzreihen und von Podien müssen aus mindestens schwerentflammbaren Baustoffen bestehen. ² In den Zwischenräumen von Tragwerken dürfen keine Leitungen verlegt werden; Ausnahmen können gestattet werden, wenn keine Bedenken wegen Brandgefahr bestehen. ³ Zugangsöffnungen müssen verschließbar sein; die Verschlüsse müssen dieselbe Widerstandsfähigkeit gegen Feuer aufweisen wie die Wand oder Decke, in der sie liegen.

§ 18 Wand- und Deckenverkleidungen

(1) Verkleidungen von Wänden dürfen aus normal- oder schwerentflammbaren Baustoffen bestehen, wenn die Verkleidung unmittelbar auf der Wand aufgebracht ist oder die Anforderungen des Absatzes 2 erfüllt sind.

(2) ¹ Hohlräume zwischen der Wand und einer Verkleidung aus normal- oder schwerentflammbaren Baustoffen sind schottenartig in Zwischenräume von höchstens 5 m durch senkrechte und waagerechte Rippen zu unterteilen. ² Ist der Abstand von Vorderkante Verkleidung bis zur Wand größer als 10 cm, so sind die waagerechten Rippen im Abstand von höchstens 2,5 m anzuordnen. ³ Die Rippen müssen aus nichtbrennbaren Baustoffen bestehen, an der Wand befestigt sein und an die Rückseite der Verkleidung möglichst dicht anschließen. ⁴ Sind die Hohlräume bis zu 6 cm tief, dürfen die Rippen aus normal entflammbaren Baustoffen bestehen, wenn sie an den freiliegenden Seiten durch mindestens 2 cm dicke Baustoffe geschützt werden, die auf Dauer und ohne Nachbehandlung mindestens schwerentflammbar sind. ⁵ Die Hohlräume dürfen nur mit Baustoffen ausgefüllt werden, die auf Dauer und ohne Nachbehandlung mindestens schwerentflammbar sind.

(3) ¹ Stoffe zum Bespannen von Wänden und ihre Halterungen müssen mindestens schwerentflammbar sein. ² Der Hohlraum zwischen Wand und Bespannung darf höchstens 3 cm betragen.

(4) ¹ Verkleidungen von Decken sind aus nichtbrennbaren Baustoffen herzustellen. ² Verkleidungen aus normal- oder schwerentflammbaren Baustoffen können gestattet werden, wenn wegen des Brandschutzes Bedenken nicht bestehen.

(5) ¹ Stoffe zum Bespannen von Decken müssen nichtbrennbar sein und dürfen auch unter Hitzeeinwirkung ihren Zusammenhalt nicht verlieren. ² Die Halterungen müssen aus nichtbrennbaren Baustoffen bestehen.

Unterabschnitt 4. Rettungswege im Gebäude

§ 19 Allgemeine Anforderungen

(1) Gänge im Versammlungsraum, Ausgänge zu den Fluren, Flure, Treppen und andere Ausgänge (Rettungswege) müssen in solcher Anzahl und Breite vorhanden und so verteilt sein, daß Besucher, Mitwirkende und Betriebsangehörige auf kürzestem Weg leicht und gefahrlos ins Freie auf Verkehrsflächen gelangen können.

(2) [1] Die lichte Breite eines jeden Teils von Rettungswegen muß mindestens 1 m je 150 darauf angewiesene Personen betragen. [2] Gänge in Versammlungsräumen mit fester Bestuhlung müssen mindestens 90 cm, Flure mindestens 2 m, alle übrigen Rettungswege mindestens 1,1 m breit sein. [3] § 23 Abs. 8 bleibt unberührt. [4] Bei Logen mit nicht mehr als 20 Plätzen genügen Türen von 75 cm lichter Breite.

(3) [1] Liegen mehrere Benutzungsarten vor, sind die Rettungswege nach der größtmöglichen Besucherzahl zu berechnen. [2] Soweit keine Sitzplätze angeordnet werden, sind auf 1 m^2 Grundfläche zwei Personen zu rechnen.

(4) Haben mehrere in verschiedenen Geschossen gelegene Versammlungsräume gemeinsame Rettungswege, so ist bei deren Berechnung die Besucherzahl des größten Raums ganz, die der übrigen Räume nur zur Hälfte zugrundezulegen.

(5) Verkaufsstände, Wandtische, Wandsitze, Bordbretter und ähnliche feste Einrichtungen dürfen die notwendige Mindestbreite von Rettungswegen nicht einengen.

§ 20 Gänge

(1) [1] Stufenlose Gänge oder Gangteile dürfen höchstens zehn v. H. geneigt sein; ist die Neigung größer, sind Stufengänge anzuordnen. [2] In Gängen sind Klappsitze unzulässig; einzelne Stufen sollen nicht angeordnet werden.

(2) [1] Stufen in Stufengängen sollen nicht niedriger als 10 cm, nicht höher als 20 cm und nicht schmaler als 26 cm sein. [2] Der Fußboden von Platzreihen muß mit dem anschließenden Auftritt des Stufengangs auf einer Höhe liegen.

§ 21 Ausgänge

(1) [1] Jeder Versammlungsraum muß mindestens zwei günstiggelegene Ausgänge haben. [2] Der Weg von jedem Besucherplatz bis zum nächsten Ausgang darf nicht länger als 25 m sein; für Sporthallen und ähnliche Versammlungsräume können Ausnahmen gestattet werden.

(2) Die Ausgänge sollen in Versammlungsräumen mit einer Bühne oder Szenenfläche so angeordnet sein, daß sich die Mehrzahl der Besu-

cher beim Verlassen des Raums von der Bühne oder der Szenenfläche abwenden muß.

(3) [1] Alle Ausgangstüren müssen gekennzeichnet sein. [2] Die Rettungswege ins Freie sind durch Richtungspfeile gut sichtbar zu kennzeichnen. [3] Ausgangstüren und Rettungswege sind, wo Sicherheitsbeleuchtung vorgeschrieben ist (§ 104 Abs. 2), so zu beleuchten, daß die Kennzeichnung auch bei Ausfall der allgemeinen Beleuchtung gut erkennbar ist.

(4) [1] Höhenunterschiede zwischen Ausgangstüren und Fluren oder Umgängen sind durch Rampen mit einer Neigung von höchstens zehn v. H. oder durch mindestens zwei Stufen zu überwinden, die den Anforderungen des § 23 Abs. 10 genügen. [2] Die Stufen dürfen nicht in die Flure hineinragen.

(5) Zwischen Ausgangstüren und Stufen oder Rampen müssen Absätze von einer der Türflügelbreite entsprechenden Tiefe liegen.

(6) [1] Ausgänge aus Versammlungsräumen müssen unmittelbar ins Freie, auf Flure oder in Treppenräume führen. [2] Aus Versammlungsräumen mit Vollbühnen müssen die Ausgänge zunächst auf Flure führen. [3] Den Fluren gleichzusetzen sind als Rettungswege dienende Wandelhallen und ähnliche Räume.

§ 22 Flure

(1) [1] Jeder nicht zu ebener Erde liegende Flur muß zwei Ausgänge zu notwendigen Treppen haben. [2] Von jeder Stelle des Flurs muß eine Treppe in höchstens 30 m Entfernung erreichbar sein.

(2) [1] Stufen in Fluren sind unzulässig. [2] Eine Folge von mindestens drei Stufen kann gestattet werden, wenn sie Stufenbeleuchtung und Beleuchtung von oben hat und die Stufenbeleuchtung zusätzlich an die Sicherheitsbeleuchtung des Rettungswegs angeschlossen ist. [3] Für die Stufen gelten die Anforderungen des § 23 Abs. 10.

(3) Rampen in Fluren dürfen höchstens fünf v. H. geneigt sein.

(4) Für Ringflure gilt § 88.

§ 23 Treppen und Treppenräume

(1) Jedes nicht zu ebener Erde liegende Geschoß muß über mindestens zwei voneinander unabhängige Treppen zugänglich sein (notwendige Treppen).

(2) [1] In Versammlungsstätten mit Vollbühne muß jedes Geschoß des Versammlungsraums über mindestens zwei nur zu ihm führende Treppen zugänglich sein; die beiden obersten Geschosse dürfen über gemeinschaftliche Treppen zugänglich sein, wenn im obersten Geschoß für nicht mehr als 200 Personen Plätze vorhanden sind. [2] Die Treppenräume müssen voneinander getrennt sein. [3] Schachteltreppen

Versammlungsstättenverordnung § 24 VStättV 15

können gestattet werden, wenn die Rauchabführung nach Absatz 6 gesichert ist.

(3) Nebeneinanderliegende Treppenräume dürfen, auch wenn die Treppen zu verschiedenen Geschossen führen, durch feuerhemmende Türen verbunden sein, die nur mit Schlüsseln geöffnet werden können.

(4) Treppen zu Räumen und Fluren, die nicht mehr als 6 m über oder nicht mehr als 4 m unter den als Rettungswege dienenden Verkehrsflächen (§ 3 Abs. 1) liegen, benötigen keine besonderen Treppenräume.

(5) Treppenräume notwendiger Treppen dürfen unmittelbar nur mit solchen Räumen des Kellergeschosses in Verbindung stehen, die von Besuchern benutzt werden können.

(6) [1] Treppenräume notwendiger Treppen, die durch mehr als zwei Geschosse führen, müssen an ihrer obersten Stelle eine Rauchabzugseinrichtung mit einer Öffnung von mindestens fünf v. H. der Grundfläche des dazugehörigen Treppenraums oder Treppenraumabschnitts, mindestens jedoch 0,5 m^2 haben. [2] Die Vorrichtungen zum Öffnen der Rauchabzüge müssen vom Erdgeschoß aus bedient werden können und an der Bedienungsstelle die Aufschrift ,,Rauchabzug" haben. [3] An der Bedienungsvorrichtung muß erkennbar sein, ob die Rauchabzugsöffnungen offen oder geschlossen sind. [4] Fenster dürfen als Rauchabzüge ausgebildet werden, wenn sie hoch genug liegen.

(7) [1] Notwendige Treppen müssen feuerbeständig sein, innerhalb von Gebäuden müssen sie an den Unterseiten geschlossen sein. [2] Sie müssen auf beiden Seiten Handläufe ohne freie Enden haben.

(8) Notwendige Treppen dürfen nicht breiter als 2,5 m sein; geringfügige Überschreitungen, die sich aus der Anwendung des § 19 Abs. 2 Satz 1 ergeben, können gestattet werden.

(9) Treppenläufe notwendiger Treppen sollen zwischen zwei Absätzen nicht mehr als 14 Stufen haben.

(10) [1] Treppenstufen notwendiger Treppen müssen eine Auftrittsbreite von mindestens 28 cm haben und dürfen nicht höher als 17 cm sein. [2] Sind die Läufe gebogen, darf die Auftrittsbreite der Stufen an der schmalsten Stelle nicht kleiner als 23 cm, von der inneren Treppenwange 1,25 m entfernt nicht größer als 35 cm sein.

(11) Treppenläufe dürfen erst in einem Abstand von mindestens 90 cm von Türen beginnen.

(12) Wendeltreppen sind unzulässig.

§ 24 Fenster und Türen

(1) [1] Fenster, die als Notausstieg bestimmt sind, müssen im Lichten mindestens 60 cm breit und mindestens 90 cm hoch sein. [2] Gitter an

15 VStättV § 25   Versammlungsstättenverordnung

diesen Fenstern müssen sich mit den Fensterflügeln öffnen lassen und dürfen ihr Aufschlagen nicht behindern.

(2) ¹ Wenn in den allgemeinen Vorschriften keine weitergehenden Anforderungen gestellt sind, müssen Fenster zu Lichtschächten aus nichtbrennbaren Baustoffen bestehen; die Verglasungen müssen gegen Feuer ausreichend widerstandsfähig sein. ² Solche Fenster dürfen nur mit Schlüssel geöffnet werden können.

(3) ¹ Türen im Zug von Rettungswegen dürfen nur in Fluchtrichtung aufschlagen; sie müssen, wenn sie zu Treppenräumen führen, selbstschließend sein. ² Schwellen dürfen im Zug von Rettungswegen nur angeordnet werden, wenn die Nutzung des Raums es erfordert. ³ Die Schwellen müssen so ausgebildet, gekennzeichnet oder entsprechend § 22 Abs. 2 Satz 2 beleuchtet sein, daß sie das Verlassen der Räume nicht behindern. ⁴ Schiebe-, Pendel-, Dreh- und Hebetüren sind in Rettungswegen unzulässig. ⁵ Türflügel dürfen höchstens 15 cm in die Flure vorspringen, wenn die erforderliche Mindestflurbreite entsprechend vergrößert wird. ⁶ Vorhänge im Zug von Rettungswegen müssen schwerentflammbar sein und dürfen den Fußboden nicht berühren; sie müssen leicht verschiebbar sein.

(4) ¹ Türen müssen von innen durch einen einzigen Griff leicht in voller Breite zu öffnen sein. ² Der Griff des Verschlusses muß bei Hebelverschlüssen etwa 1,5 m, bei Klinkenverschlüssen etwa 1 m über dem Fußboden liegen und zum Öffnen von oben nach unten oder durch Druck zu betätigen sein. ³ Türbeschläge müssen so ausgebildet sein, daß Besucher nicht daran hängen bleiben können. ⁴ Riegel an Türen sind unzulässig.

(5) Rolläden, Scherengitter oder ähnliche Abschlüsse von Türöffnungen, Toröffnungen oder Durchfahrten müssen so eingerichtet sein, daß sie von Unbefugten nicht betätigt werden können.

Unterabschnitt 5. Beheizung und Lüftung

§ 25 Beheizung

(1) ¹ Feuerstätten müssen unverrückbar befestigt sein. ² Feuerstätten mit freiliegenden Metallteilen müssen in Räumen für Besucher Schutzvorrichtungen aus nichtbrennbaren Baustoffen haben, die unverrückbar befestigt und so ausgebildet sein müssen, daß auf ihnen Gegenstände nicht abgelegt werden können. ³ Es kann gefordert werden, daß Einzelfeuerstätten geschlossene Verbrennungskammern haben müssen oder daß sie die Zuluft nur durch Schächte oder Kanäle unmittelbar aus dem Freien entnehmen dürfen.

(2) ¹ Elektrische Heizanlagen müssen unverrückbar befestigt sein und fest verlegte Leitungen haben. ² Glühende Teile der Heizkörper dürfen nicht offenliegen.

(3) Heizkörper, die eine Oberflächentemperatur von mehr als 110° C erreichen können, müssen Schutzvorrichtungen aus nichtbrennbaren Baustoffen haben, die unverrückbar befestigt und so ausgebildet sein müssen, daß auf ihnen Gegenstände nicht abgelegt werden können.

(4) [1] Vor den Wänden liegende Heizungsrohre, die eine Oberflächentemperatur von mehr als 110° C erreichen können, müssen bis zur Höhe von 2,25 m über dem Fußboden abnehmbare Schutzvorrichtungen oder stoßfeste, wärmedämmende Umhüllungen haben. [2] Die Schutzvorrichtungen oder Umhüllungen müssen aus nichtbrennbaren Baustoffen bestehen.

(5) [1] Versammlungsräume für mehr als 800 Personen dürfen nicht durch Einzelfeuerstätten beheizt werden. [2] Ausnahmen können gestattet werden, wenn Bedenken wegen des Brandschutzes oder Gefahren für die Gesundheit nicht bestehen.

§ 26 Lüftung

Für Besucher muß eine stündliche Frischluftrate von mindestens 20 m³ je Person und in Räumen, in denen geraucht werden darf, von mindestens 30 m³ je Person gesichert sein.

Unterabschnitt 6. Rauchabführung, Feuerlösch-, Feuermelde- und Alarmeinrichtungen

§ 27 Rauchabführung

(1) [1] Fensterlose Versammlungsräume und Versammlungsräume mit Fenstern, die nicht geöffnet werden können, müssen Rauchabzugsöffnungen in der Größe von mindestens 0,5 m² für je 250 m² ihrer Grundfläche haben. [2] Die Rauchabzugsöffnungen können in der Decke oder in den Wänden liegen. [3] Die Öffnungen von Wandabzügen müssen unmittelbar unter der Decke liegen. [4] Der Rauchabzug muß außerhalb des Raums von einer sicheren Stelle im Erdgeschoß aus bedient werden können. [5] An der Bedienungsvorrichtung muß erkennbar sein, ob die Rauchabzugsöffnungen offen oder geschlossen sind.

(2) [1] Versammlungsräume mit Mittelbühne oder Szenenfläche müssen Rauchabzugsöffnungen mit einem lichten Gesamtquerschnitt von mindestens drei v. H. der Bühnengrundfläche ohne Bühnenerweiterung oder der Szenenfläche haben. [2] Die Rauchabzugsöffnungen können in der Decke oder in den Wänden liegen. [3] Die Öffnungen von Wandabzügen müssen unmittelbar unter der Decke liegen.

(3) [1] Versammlungsräume mit Vollbühne müssen in der Decke, möglichst nahe der Bühne, Rauchabzugsöffnungen haben. [2] Der lich-

te Mindestquerschnitt R in Beziehung zur Grundfläche F ist nach der Formel

$$R = 0{,}5 \cdot \sqrt{2F - 100\,m^2}$$

zu errechnen. ³ Dabei bedeutet F die Grundfläche der Bühne ohne Bühnenerweiterungen.

(4) ¹ Die Vorrichtungen zum Öffnen der Rauchabzüge nach den Absätzen 2 und 3 müssen an zwei jederzeit zugänglichen Stellen, von denen eine auf der Bühne liegen muß, bedient werden können und an der Bedienungsstelle die Aufschrift „Rauchabzug Versammlungsraum" haben. ² An der Bedienungsvorrichtung muß erkennbar sein, ob die Rauchabzugsöffnungen offen oder geschlossen sind.

(5) ¹ Rauchabzugsschächte müssen aus nichtbrennbaren Baustoffen bestehen. ² Führen die Schächte durch Decken, so müssen sie nach ihrer Feuerwiderstandsdauer der Bauart der Decken entsprechen. ³ Rauchabzugsschächte sollen senkrecht geführt werden. ⁴ Ihre Ausmündungen ins Freie müssen mindestens 50 cm über Dach liegen und von höher gelegenen Fenstern und anderen Öffnungen, auch solchen benachbarter Gebäude, mindestens 2,5 m – waagerecht gemessen – entfernt bleiben.

(6) Alle beweglichen Teile von Rauchabzugseinrichtungen müssen leicht bewegt und geprüft werden können.

(7) Es kann gestattet werden, daß der Rauch über eine Lüftungsanlage mit Maschinenbetrieb abgeführt wird, wenn sie ausreichend bemessen und auch im Brandfall jederzeit wirksam ist.

§ 28 Feuerlösch-, Feuermelde- und Alarmeinrichtungen

(1) In Versammlungsräumen oder in ihren Nebenräumen oder Fluren und in Kleiderablagen (§ 29) müssen Feuerlöscher gut sichtbar, leicht erreichbar und in ausreichender Zahl angebracht sein.

(2) In den Vorräumen oder Fluren von Versammlungsräumen für mehr als 800 Personen müssen mindestens zwei Wandhydranten in der Nähe von Eingangstüren vorhanden sein.

(3) ¹ In Versammlungsstätten mit Versammlungsräumen für mehr als 1500 Besucher müssen Einrichtungen vorhanden sein, durch die die anwesenden Betriebsangehörigen alarmiert werden können. ² In diesen Versammlungsstätten muß ferner von einer geeigneten Stelle die Feuerwehr durch eine Meldeeinrichtung unmittelbar und jederzeit benachrichtigt werden können; der Anschluß an vorhandene Einrichtungen kann verlangt werden. ³ Für Versammlungsstätten mit Mittelbühne gilt § 42 Abs. 3, für Versammlungsstätten mit Vollbühne § 54 Abs. 5, für Versammlungsstätten mit Szenenflächen § 62 Abs. 3.

(4) Weitere Feuerlösch-, Feuermelde- und Alarmeinrichtungen, wie

Versammlungsstättenverordnung §§ 29–31 VStättV 15

Flächenberieselungs-, Rauchmelde- oder Lautsprecheranlagen, können gefordert werden, wenn es aus Gründen des Brandschutzes notwendig ist.

Unterabschnitt 7. Kleiderablagen

§ 29 Kleiderablagen

(1) [1] Kleiderablagen müssen so angeordnet sein, daß sie das Verlassen der Versammlungsstätte nicht behindern. [2] Die Ausgabetische müssen unverrückbar sein. [3] Warteflächen vor Kleiderablagen an Rettungswegen sind so zu bemessen, daß die Rettungswege durch wartende Besucher nicht eingeengt werden.

(2) Kleiderablagen sollen so angeordnet sein, daß die Besucher nach dem Empfang der Kleider auf kürzestem Weg ins Freie gelangen können, ohne die Wege anderer Besucher kreuzen zu müssen.

(3) [1] Muß die Garderobe in Versammlungsstätten abgegeben werden, muß die Anzahl der Kleiderhaken der Zahl der möglichen Besucher entsprechen. [2] Für die Länge der Ausgabetische soll je 20 Besucher mindestens 1 m gerechnet werden. [3] In Gaststätten genügt für je 60 Besucher 1 m und vor dem Tisch eine freie Fläche von 1,5 m Tiefe.

Abschnitt 2. Bühnen und Szenenflächen

Unterabschnitt 1. Kleinbühnen

§ 30 Bühnenerweiterungen

Bühnenerweiterungen (Seiten- oder Hinterbühnen) sind für Kleinbühnen unzulässig.

§ 31 Wände, Decken, Fußböden

(1) Die Umfassungswände der Bühne und der Räume unter der Bühne müssen feuerbeständig sein; für eingeschossige Gebäude können feuerhemmende Umfassungswände gestattet werden.

(2) [1] Die Decke über der Bühne muß feuerbeständig sein, wenn sich darüber benutzbare Räume befinden; sie muß mindestens feuerhemmend sein, wenn darüber nichtbenutzbare Räume liegen. [2] Öffnungen in diesen Decken müssen mindestens feuerhemmend verschlossen sein.

(3) [1] Der Fußboden muß fugendicht sein. [2] Befinden sich zwischen der Decke unter der Bühne und dem Fußboden der Bühne Hohlräume, so müssen diese unzugänglich sein. [3] Befinden sich unter der Bühne benutzbare Räume, so müssen deren Decken feuerbeständig sein. [4] Zugänge zu den Räumen für den Souffleur und für Bühnenversenkungen müssen von anderen Räumen durch feuerbeständige Wän-

de getrennt sein; Türen in diesen Wänden müssen feuerbeständig und selbstschließend sein.

§ 32 Vorhänge, Dekorationen

(1) Vorhänge müssen aus mindestens schwerentflammbaren Stoffen bestehen.

(2) [1] Dekorationen müssen aus mindestens schwerentflammbaren Stoffen bestehen. [2] Sie müssen so angebracht werden, daß sie die Rettungswege nicht einengen.

(3) Für die Aufbewahrung auswechselbarer Dekorationen muß ein besonderer Abstellraum mit feuerbeständigen Wänden und Decken und mindestens feuerhemmenden und selbstschließenden Türen vorhanden sein, der möglichst in baulichem Zusammenhang mit der Bühne steht.

§ 33 Umkleideräume, Aborträume

(1) Für die Mitwirkenden müssen Räume vorhanden sein, die in baulichem Zusammenhang mit der Bühne stehen, den Vorschriften für Aufenthaltsräume entsprechen und die sich zum Umkleiden und Waschen, getrennt für Frauen und Männer, eignen.

(2) In der Nähe der Umkleideräume sind Aborträume, getrennt für Frauen und Männer, in ausreichender Zahl anzuordnen.

§ 34 Feuerlöschgeräte

Auf der Bühne müssen mindestens ein Feuerlöscher und neben Schalttafeln oder Regelgeräten (Verdunklern) innerhalb des Bühnenraums ein weiterer Feuerlöscher vorhanden sein.

Unterabschnitt 2. Mittelbühnen

§ 35 Bühnenanlage

(1) [1] Die Umfassungswände der Bühne und der Magazine und die Wände zwischen dem Versammlungsraum und den Räumen unter der Bühne müssen feuerbeständig sein. [2] Zugänge zu den Räumen für den Souffleur und für Bühnenversenkungen müssen von anderen Räumen durch feuerbeständige Wände getrennt sein; Türen in diesen Wänden müssen feuerbeständig und selbstschließend sein.

(2) [1] Die Decke über der Bühne und über Bühnenerweiterungen muß feuerbeständig sein; sie muß mindestens feuerhemmend sein, wenn darüber nichtbenutzbare Räume liegen. [2] Öffnungen, mit Ausnahme der Öffnungen für Schächte nach § 38 Abs. 4, sind unzulässig, wenn sich über der Decke benutzbare Räume befinden. [3] Öffnungen in feuerhemmenden Decken müssen mindestens feuerhemmend verschlossen sein.

(3) [1] Befinden sich unter der Bühne benutzbare Räume, die nicht zu einer Unterbühne gehören, so müssen deren Decken feuerbeständig sein. [2] Befinden sich zwischen der Decke unter der Bühne und dem Fußboden der Bühne Hohlräume, so müssen diese unzugänglich sein. [3] Der Fußboden muß fugendicht sein. [4] Seine Unterkonstruktion muß aus mindestens schwerentflammbaren Baustoffen bestehen.

(4) [1] Decken über und unter Magazinen (§ 39) müssen feuerbeständig sein. [2] Öffnungen in diesen Decken sind unzulässig, wenn sich über oder unter diesen Decken benutzbare Räume befinden.

(5) [1] Die Türen der Bühne müssen mindestens feuerhemmend sein. [2] § 39 Abs. 1 Satz 5 bleibt unberührt.

(6) [1] Die Bühne und die Bühnenerweiterungen dürfen keine unmittelbar ins Freie führenden Öffnungen haben, ausgenommen Rauchabzugsöffnungen nach § 38 und eine Öffnung für den Transport von Dekorationen, die einen Abschluß in der Bauart feuerbeständiger Türen haben muß. [2] Der Abschluß darf nur mit Steckschlüssel geöffnet werden können.

(7) [1] Auf jeder Seite der Bühnenöffnung muß für einen Posten der Feuersicherheitswache ein besonderer Platz mit einer Grundfläche von mindestens 80 cm × 80 cm und einer Höhe von mindestens 2,2 m vorhanden sein. [2] Von dort aus muß die Bühne überblickt und betreten werden können.

§ 36 Vorhänge, Dekorationen

(1) [1] Die Bühne ist gegen den Versammlungsraum durch einen Vorhang aus nichtbrennbaren Stoffen abzuschließen, der auch im Brandfall unter Wärmeeinwirkung während einer Dauer von 15 Minuten den Zusammenhalt nicht verlieren darf. [2] Der Vorhang muß so geführt oder so gehalten werden, daß er im geschlossenen Zustand nicht flattern kann. [3] Andere Vorhänge müssen aus mindestens schwerentflammbaren Stoffen bestehen.

(2) [1] Dekorationen müssen aus mindestens schwerentflammbaren Stoffen bestehen. [2] Zwischen den Umfassungswänden der Bühne und den Dekorationen muß ein Gang von mindestens 1 m Breite freibleiben. [3] Die Gangbreite darf, auch durch Gegengewichtszüge, nicht eingeengt sein.

§ 37 Bühneneinrichtung

(1) Tragende Bauteile für den inneren Ausbau der Bühne müssen aus nichtbrennbaren Baustoffen bestehen; Beläge des Rollenbodens und der Galerien dürfen aus Holz sein.

(2) Tragende Seile der Obermaschinerie, ausgenommen Seile von Handzügen, müssen Drahtseile sein.

(3) ¹ Gegengewichtsbahnen müssen umkleidet sein. ² Bei Gegengewichtsbahnen über Verkehrswegen sind Auffangvorrichtungen anzubringen.

§ 38 Rauchabführung

(1) ¹ Die Bühne muß Rauchabzugsöffnungen haben. ² Ihr lichter Gesamtquerschnitt muß mindestens drei v. H. der Bühnengrundfläche ohne Bühnenerweiterungen betragen.

(2) ¹ Rauchabzugsöffnungen können in der Decke oder in den Wänden liegen. ² Die Öffnungen von Wandabzügen müssen unmittelbar unter der Decke angeordnet sein. ³ Werden die Abschlüsse der Wandabzugsöffnungen um eine Achse schwingbar ausgebildet, so muß die Achse waagerecht und unterhalb des Schwerpunkts des Abschlusses liegen; die obere Abschlußkante muß nach außen schwingen.

(3) ¹ Rauchabzugsschächte müssen aus nichtbrennbaren Baustoffen bestehen. ² Führen die Schächte durch Decken, so müssen sie nach ihrer Feuerwiderstandsdauer der Bauart der Decken entsprechen. ³ Rauchabzugsschächte sollen senkrecht geführt werden. ⁴ Ihre Ausmündungen ins Freie müssen mindestens 50 cm über Dach liegen und von höher gelegenen Fenstern und anderen Öffnungen, auch solchen benachbarter Gebäude, mindestens 2,5 m – waagerecht gemessen – entfernt bleiben.

(4) Die Abschlüsse der Rauchabzüge müssen von zwei jederzeit zugänglichen Stellen aus, von denen die eine auf, die andere außerhalb der Bühne liegen muß, leicht geöffnet werden können.

(5) Die Abschlüsse der Rauchabzüge müssen von einer Bedienungsstelle außerhalb der Bühne wieder geschlossen werden können.

(6) Alle beweglichen Teile von Rauchabzugseinrichtungen müssen leicht bewegt und geprüft werden können.

(7) ¹ Rauchabzugseinrichtungen müssen an den Bedienungsstellen die Aufschrift „Rauchabzug Bühne" haben. ² An der Bedienungsvorrichtung muß erkennbar sein, ob die Rauchabzugsöffnungen offen oder geschlossen sind.

(8) Es kann gestattet werden, daß der Rauch über eine Lüftungsanlage mit Maschinenbetrieb abgeführt wird, wenn sie ausreichend bemessen und auch im Brandfall jederzeit wirksam ist.

§ 39 Magazine, Umkleideräume, Aborträume

(1) ¹ Für Dekorationen, Möbel, Requisiten, Kleider und ähnliche Gegenstände müssen ausreichende Magazine vorhanden sein. ² Magazine müssen vom Freien unmittelbar zugänglich sein oder ins Freie führende Fenster haben, wenn darin nicht nur gerollte Dekorationen aufbewahrt werden. ³ Ausnahmen von Satz 2 können gestattet wer-

Versammlungsstättenverordnung §§ 40, 41 VStättV 15

den für kleinere Magazine und für Magazine, in denen hauptsächlich Gegenstände aus nichtbrennbaren Stoffen gelagert werden. ⁴ Magazine, die auch als Arbeitsräume benutzt werden, müssen den Anforderungen an Aufenthaltsräume entsprechen; zu einer Grundfläche von 30 bis 1500 m² muß die lichte Raumhöhe mindestens 3 m, zu einer Grundfläche von mehr als 1500 m² mindestens 3,5 m betragen, die vorgeschriebene Raumhöhe erhöht sich um mindestens 50 cm, wenn gesundheitsschädliche oder belastende Dämpfe oder Staube entstehen und in die Raumluft gelangen können. ⁵ Türen zwischen Magazinen und anderen Räumen und Fluren sind in der Bauart feuerbeständiger Türen auszuführen.

(2) Für die Mitwirkenden müssen Räume vorhanden sein, die in baulichem Zusammenhang mit der Bühne stehen, den Vorschriften für Aufenthaltsräume entsprechen und die sich zum Umkleiden und Waschen, getrennt für Frauen und Männer, eignen.

(3) In der Nähe der Umkleideräume sind Aborträume, getrennt für Frauen und Männer, in ausreichender Zahl anzuordnen.

§ 40 Rettungswege

(1) ¹ Die Bühne muß auf beiden Seiten mindestens einen Ausgang auf nicht den Besuchern dienende Rettungswege haben, die getrennt voneinander ins Freie führen. ² Der Souffleurraum darf nicht nur einen Einstieg von oben haben. ³ Der Rettungsweg aus dem Souffleurraum darf in den Versammlungsraum führen.

(2) Sind Galerien, Stege oder ein Rollenboden eingebaut, so müssen Rettungswege für die Bühnenhandwerker nach § 51 Abs. 13 vorhanden sein.

(3) ¹ Türen der Bühne müssen nach außen aufschlagen. ² Auch wenn die Türen rechtwinkelig offen stehen, muß in den Fluren noch eine freie Durchgangsbreite von mindestens 1,1 m verbleiben.

(4) ¹ Umkleideräume müssen einen Ausgang zu einem Bühnenflur oder zu einem besonderen Flur haben. ² Von diesem Flur aus müssen zwei Rettungswege vorhanden sein, von denen einer entweder unmittelbar oder über eine mindestens 1,1 m breite, feuerbeständige und nicht den Besuchern dienende Treppe ins Freie führen muß.

§ 41 Beheizung, Lüftung

(1) ¹ Die Bühnen und die zugehörigen Betriebsräume dürfen nur durch Zentralheizung oder elektrisch beheizbar sein. ² Einzelfeuerstätten sind in Betriebsräumen zulässig, die feuerbeständige Wände und Decken haben. ³ Durch die Bühne oder die Magazine führende Kamine müssen mindestens 24 cm dicke Wangen aus Mauersteinen oder Wangen mit gleichwertigen Eigenschaften haben.

(2) ¹ Luftheizungs-, Lüftungs- und Klimaanlagen der Bühne müssen von entsprechenden Anlagen des Versammlungsraums und der zugehörigen Räume getrennt sein. ² Die Anlagen für die Bühne, den Versammlungsraum und die zugehörigen Räume müssen von der Bühne und von einer leicht erreichbaren, nicht gefährdeten Stelle außerhalb der Bühne stillgesetzt werden können.

(3) ¹ Elektrische Heizanlagen müssen unverrückbar befestigt sein und festverlegte Leitungen haben. ² Glühende Teile der Heizkörper dürfen nicht offenliegen.

(4) Heizkörper, die eine Oberflächentemperatur von mehr als 110° C erreichen können, müssen in Bühnenräumen, Magazinen, Werkstätten und Umkleideräumen Schutzvorrichtungen aus nichtbrennbaren Baustoffen haben, die unverrückbar befestigt und so ausgebildet sein müssen, daß auf ihnen Gegenstände nicht abgelegt werden können.

(5) ¹ Vor den Wänden liegende Heizungsrohre, die eine Oberflächentemperatur von mehr als 110° C erreichen können, müssen in Bühnenräumen, Magazinen, Werkstätten und Umkleideräumen bis zur Höhe von 2,25 m über dem Fußboden abnehmbare Schutzvorrichtungen oder stoßfeste, wärmedämmende Umhüllungen haben. ² Die Schutzvorrichtungen oder Umhüllungen müssen aus nichtbrennbaren Baustoffen bestehen.

§ 42 Feuerlösch-, Feuermelde- und Alarmeinrichtungen

(1) Auf der Bühne müssen mindestens zwei Wandhydranten und mindestens zwei Feuerlöscher vorhanden sein.

(2) ¹ Der Bühnenvorhang muß eine Berieselungsanlage haben. ² Bühnen über 100 m² und Bühnen mit Bühnenerweiterung müssen außerdem eine nicht unterteilte Regenanlage oder eine gleichwertige Feuerlöschanlage haben.

(3) ¹ Es müssen Einrichtungen vorhanden sein, durch die die anwesenden Betriebsangehörigen und die Mitwirkenden alarmiert werden können. ² Vom Stand des Feuersicherheitspostens und von einer geeigneten Stelle im Versammlungsraum aus muß die Feuerwehr durch eine Meldeeinrichtung unmittelbar und jederzeit benachrichtigt werden können.

(4) ¹ Die Auslösevorrichtungen der Sicherheitsanlagen (Rauchabzugsvorrichtungen, Regenanlage, Berieselungsanlage und Feuermeldeeinrichtung) sollen nebeneinander liegen; sie müssen leicht überschaubar angeordnet, für die Feuersicherheitswache leicht erreichbar und nach ihrer Zweckbestimmung gekennzeichnet sein. ² Die Anlagen nach Absatz 2 müssen eine zweite Auslösung erhalten, die außerhalb der Bühne und der Bühnenerweiterung an einer leicht erreichbaren, nicht gefährdeten Stelle liegen muß.

§ 43 Bühnentechnische Einrichtungen über der Vorbühne

(1) [1] Ein Rollenboden und sonstige technische Einrichtungen sind auch über der Vorbühne zulässig; sie müssen aus nichtbrennbaren Baustoffen bestehen. [2] Prospektzüge müssen voneinander mindestens 50 cm entfernt sein.

(2) Die Einrichtungen nach Absatz 1 dürfen die Rauchabführung des Versammlungsraums nicht behindern.

(3) [1] Oberhalb der Decke oder eines sonstigen oberen Abschlusses (§ 17 Abs. 1 Satz 3) des Versammlungsraums angeordnete Einrichtungen nach Absatz 1 sind gegen Räume über dem Versammlungsraum durch feuerbeständige Bauteile, gegen den Raum zwischen der Decke oder dem Dach und dem oberen Abschluß des Versammlungsraums durch mindestens feuerhemmende Bauteile aus mindestens schwerentflammbaren Baustoffen abzuschließen. [2] Blenden unterhalb der Decke oder des oberen Raumabschlusses müssen aus nichtbrennbaren Baustoffen bestehen.

Unterabschnitt 3. Vollbühnen

§ 44 Bühnenanlage

(1) [1] Vollbühnen sind in einem besonderen Gebäudeteil (Bühnenhaus) unterzubringen. [2] Über der Hauptbühne dürfen benutzbare Räume nicht angeordnet werden.

(2) [1] Die Höhe der Bühne muß im Mittel mindestens gleich der doppelten Höhe der größtmöglichen Bühnenöffnung vermehrt um 4 m sein; hierbei wird die Höhe der Bühne bis zur Unterkante ihrer Decke gemessen. [2] Wird ein technisches Portal eingebaut, gilt die größte lichte Höhe dieses Portals als Höhe der Bühnenöffnung. [3] Über dem Rollenboden muß an jeder Stelle ein lichtes Durchgangsmaß von mindestens 2 m vorhanden sein.

(3) [1] Bühnenerweiterungen dürfen der Bühne ohne besondere Abschlüsse angegliedert sein. [2] Versenkungen dürfen in Hinterbühnen nur vohanden sein, wenn die darunter befindlichen Räume zur Unterbühne gehören.

(4) [1] Auf jeder Seite der Bühnenöffnung muß für einen Posten der Feuersicherheitswache ein besonderer Platz mit einer Grundfläche von mindestens 80 cm × 80 cm und einer Höhe von mindestens 2,2 m vorhanden sein. [2] Von dort aus muß die Bühne überblickt und betreten werden können.

(5) [1] Zwischen den Umfassungswänden der Bühne und dem Rundhorizont oder den Dekorationen muß ein Gang von mindestens 1,5 m Breite freibleiben. [2] Die Gangbreite darf, auch durch Gegengewichtszüge, nicht eingeengt sein.

§ 45 Wände

(1) ¹ Die Außenwände des Bühnenhauses, die Wände der Durchfahrten und Flure und die Wände der Werkstätten und Magazine müssen feuerbeständig sein. ² Die Trennwand zwischen Bühnenhaus und Zuschauerhaus, die Wände der Bühne, der Unterbühne und der Bühnenerweiterungen und die Wände der Treppenräume müssen feuerbeständig und so dick wie Brandwände sein. ³ Die Wände der Treppenräume, in denen Treppen für die Bühnenhandwerker liegen, und die übrigen Wände müssen mindestens feuerhemmend aus nichtbrennbaren Baustoffen sein.

(2) Außer der Bühnenöffnung sind Öffnungen zwischen der Bühne einschließlich der Bühnenerweiterungen und dem Versammlungsraum (Vorbühnenauftritt) und anderen Räumen des Zuschauerhauses nur in Höhe des Bühnenfußbodens und nur über Sicherheitsschleusen (§ 56) zulässig.

(3) Öffnungen zwischen anderen Räumen des Bühnenhauses und des Zuschauerhauses sind über Sicherheitsschleusen überall zulässig.

(4) Liegt der Platz für das Orchester vor dem Schutzvorhang im Versammlungsraum, so sind an beiden Seiten Rettungswege über Sicherheitsschleusen zu den Fluren des Bühnenhauses zulässig.

(5) ¹ Bühne und Bühnenerweiterungen dürfen keine unmittelbar ins Freie führenden Öffnungen haben; zum Transport von Dekorationen ist in Bühnenerweiterungen eine Öffnung zulässig, sie darf jedoch nicht auf die notwendigen Rettungswege für die Mitwirkenden angerechnet werden. ² Die Öffnung muß eine Tür in der Bauart feuerbeständiger Türen haben. ³ Oberhalb des Rollenbodens sind Fenster aus nichtbrennbaren Baustoffen und Drahtglas mit punktgeschweißtem Netz zulässig. ⁴ Die Tür und die Fenster dürfen nur mit Steckschlüssel geöffnet werden können, soweit die Fenster nicht als Rauchabzüge nach § 48 Abs. 2 benutzt werden; im übrigen bleibt § 48 unberührt.

§ 46 Decken, Dächer

(1) ¹ Decken im Bühnenhaus müssen feuerbeständig sein. ² Decken zwischen Bühne und Unterbühne dürfen aus normalentflammbaren Baustoffen bestehen; das gilt auch für die Decke der Bühne, wenn sie zugleich das Dach bildet.

(2) Öffnungen in den Decken unter oder über Bühnenerweiterungen müssen Klappen in der Bauart feuerbeständiger Türen haben.

(3) ¹ Das Tragwerk von Dächern ist aus feuerhemmenden Bauteilen aus mindestens schwerentflammbaren Baustoffen herzustellen. ² Die Türen zu den Dachräumen müssen feuerbeständig sein.

§ 47 Bühneneinrichtung

(1) Tragende Bauteile für den inneren Ausbau der Bühne müssen aus nichtbrennbaren Baustoffen bestehen; Beläge des Rollenbodens und der Galerien dürfen aus Holz sein.

(2) Tragende Seile der Obermaschinerie, ausgenommen Seile von Handzügen, müssen Drahtseile sein.

(3) [1] Gegengewichtsbahnen müssen umkleidet sein. [2] Bei Gegengewichtsbahnen über Verkehrswegen sind Auffangvorrichtungen anzubringen.

(4) [1] Vorhänge vor dem Schutzvorhang (z. B. Schmuckvorhänge im Versammlungsraum) müssen aus nichtbrennbarem Stoff bestehen. [2] Vorhänge hinter dem Schutzvorhang müssen mindestens schwerentflammbar sein. [3] Die Vorhänge dürfen die Wirkung des Schutzvorhangs nicht beeinträchtigen und seine Betätigung nicht behindern.

§ 48 Rauchabführung

(1) [1] Die Bühne muß Rauchabzugsöffnungen haben. [2] Befinden sich alle Rauchabzugsöffnungen in der Decke, so muß ihr lichter Gesamtquerschnitt mindestens acht v. H. der Bühnengrundfläche betragen. [3] Werden alle Rauchabzugsöffnungen in den Wänden angeordnet, so muß ihr lichter Gesamtquerschnitt mindestens zwölf v. H. betragen. [4] Werden die Rauchabzugsöffnungen in der Decke und in den Wänden angeordnet, so ist der Gesamtquerschnitt aus den vorgenannten Werten zu errechnen.

(2) [1] Rauchabzugsöffnungen in Wänden müssen unmittelbar unter der Decke, oberhalb von Rollenböden und in mindestens zwei gegenüberliegenden Wänden angeordnet sein. [2] Entsprechend angeordnete Fenster dürfen als Rauchabzüge verwendet werden (§ 45 Abs. 5). [3] Werden die Abschlüsse der Wandabzugsöffnungen um eine Achse schwingbar ausgebildet, so muß die Achse waagerecht und unterhalb des Schwerpunkts des Abschlusses liegen; die obere Abschlußkante muß nach außen schwingen.

(3) [1] Rauchabzugsschächte müssen aus nichtbrennbaren Baustoffen bestehen. [2] Führen die Schächte durch Decken, so müssen sie nach ihrer Feuerwiderstandsdauer der Bauart der Decken entsprechen. [3] Rauchabzugsschächte sollen senkrecht geführt werden. [4] Ihre Ausmündungen ins Freie müssen mindestens 50 cm über Dach liegen und von höher gelegenen Fenstern und anderen Öffnungen, auch solcher benachbarter Gebäude, mindestens 2,5 m – waagerecht gemessen – entfernt bleiben.

(4) [1] Rollenböden müssen Durchbrüche haben, deren Größe mindestens dem Gesamtquerschnitt der Rauchabzugsöffnungen entspricht. [2] Davon muß ein Viertel aus mindestens 80 cm × 80 cm gro-

ßen Durchbrechungen bestehen; sie müssen Geländer und Fußleisten haben. [3] Für den Rest genügen 4 cm breite Schlitze des Rollenbodenbelags. [4] Die Belagsbohlen dürfen höchstens 25 cm breit sein. [5] Die Sätze 2 und 3 gelten nicht, wenn der Rollenboden mit Gitterrosten belegt ist, deren Fläche mindestens dem Gesamtquerschnitt der Rauchabzugsöffnungen entspricht.

(5) [1] Die Abschlüsse der Rauchabzüge müssen von zwei jederzeit zugänglichen Stellen aus, von denen die eine auf, die andere außerhalb der Bühne liegen muß, leicht geöffnet werden können. [2] Sie müssen sich bei einem Überdruck von 35 kp/m² selbsttätig öffnen.

(6) Die Abschlüsse der Rauchabzüge müssen von einer Bedienungsstelle außerhalb der Bühne wieder geschlossen werden können.

(7) Alle beweglichen Teile von Rauchabzugseinrichtungen müssen leicht bewegt und geprüft werden können.

(8) [1] Rauchabzugseinrichtungen müssen an den Bedienungsstellen die Aufschrift „Rauchabzug Bühne" haben. [2] An der Bedienungsvorrichtung muß erkennbar sein, ob die Rauchabzugsöffnungen offen oder geschlossen sind.

(9) Dekorationen dürfen nicht näher als 1 m an den Rollenbodenbelag oder an die Raumdecke herangeführt werden, es sei denn, daß der Belag des Rollenbodens insgesamt aus Gitterrosten besteht.

§ 49 Magazine, Werkstätten, Umkleideräume, Aborträume

(1) [1] Für Dekorationen, Möbel, Requisiten, Kleider und ähnliche Gegenstände müssen ausreichende Magazine vorhanden sein. [2] Magazine müssen vom Freien unmittelbar zugänglich sein oder ins Freie führende Fenster haben, soweit darin nicht nur gerollte Dekorationen aufbewahrt werden. [3] Ausnahmen von Satz 2 können gestattet werden für kleinere Magazine und für Magazine, in denen hauptsächlich Gegenstände aus nichtbrennbaren Stoffen gelagert werden.

(2) [1] Magazine, die auch als Arbeitsräume benutzt werden, und Werkstätten müssen bei einer Grundfläche von 30 bis 1500 m² mindestens eine lichte Raumhöhe von 3 m, bei einer Grundfläche von mehr als 1500 m² mindestens eine lichte Raumhöhe von 3,5 m haben. [2] Die vorgeschriebene Raumhöhe erhöht sich um mindestens 0,5 m, wenn gesundheitsschädliche oder belastende Dämpfe oder Staube entstehen und in die Raumluft gelangen können.

(3) [1] Türen in Wänden von Magazinen und Werkstätten, die nicht unmittelbar ins Freie führen, sind in der Bauart feuerbeständiger Türen auszuführen. [2] An Stelle solcher Türen sind Sicherheitsschleusen (§ 56) zulässig. [3] Frisierräume gelten nicht als Werkstätten; sie müssen den Anforderungen an Umkleideräume entsprechen.

Versammlungsstättenverordnung §§ 50, 51 VStättV **15**

(4) ¹Für die Mitwirkenden müssen Räume vorhanden sein, die in baulichem Zusammenhang mit der Bühne stehen und den Vorschriften für Aufenthaltsräume entsprechen und die sich zum Umkleiden und waschen, getrennt für Frauen und Männer, eignen. ²Mindestens ein Fenster jedes Umkleideraums muß als Notausstieg bestimmt sein und so liegen, daß es von der Feuerwehr erreicht werden kann.

(5) In der Nähe der Umkleideräume sind Aborträume, getrennt für Frauen und Männer, in ausreichender Zahl anzuordnen.

§ 50 Räume mit offenen Feuerstätten

Offene Feuerstätten, wie Schmiedefeuer und Leimöfen, sind nur in Räumen zulässig, die von der Bühne und von anderen Räumen durch feuerbeständige Wände und Decken abgetrennt sind und feuerbeständige Türen oder Sicherheitsschleusen (§ 56) haben.

§ 51 Rettungswege

(1) Alle Räume des Bühnenhauses, außer den Magazinen, und der Platz für das Orchester müssen an Fluren liegen.

(2) ¹Von jedem Punkt der Bühne muß in höchstens 30 m Entfernung ein Flur unmittelbar erreichbar sein. ²Die Türen von der Bühne auf die Flure sind zweckentsprechend verteilt so anzuordnen, daß auf 100 m² Bühnenfläche mindestens 1 m Türbreite entfällt. ³Es kann gestattet werden, daß der Rettungsweg über nicht abschließbare Bühnenerweiterungen führt.

(3) ¹Bühnenerweiterungen müssen Türen zu Fluren haben. ²Jede Bühnenerweiterung muß mindestens eine Tür, bei mehr als 100 m² mindestens zwei Türen haben. ³Im übrigen gilt Absatz 2 entsprechend.

(4) ¹Von jeder Stelle eines Flurs nach den Absätzen 1 bis 3 müssen zwei Rettungswege in verschiedenen Richtungen ins Freie führen; ein Ausgang oder ein im Zug des Rettungswegs liegender Treppenraum darf nicht mehr als 25 m entfernt sein. ²Bei Fluren im Erdgeschoß von nicht mehr als 25 m Länge kann von dem zweiten Rettungsweg ausnahmsweise abgesehen werden, wenn die Bühne ohne Seitenbühnen kleiner als 250 m² ist und keine Hinterbühne hat.

(5) ¹Die Breite der als Rettungswege dienenden Flure, Bühnenhaustreppen und Ausgänge ins Freie muß mindestens betragen
1. bei Bühnen bis 350 m² Fläche für Flure in allen Geschossen 1,5 m, für Treppen und Ausgänge 1,1 m;
2. bei Bühnen über 350 bis 500 m² Fläche für Flure in Höhe des Bühnenfußbodens 2 m, für Flure in den übrigen Geschossen, für Treppen und Ausgänge 1,5 m;

3. bei Bühnen über 500 m² für Flure in Höhe des Bühnenfußbodens 2,5 m, für Flure in den übrigen Geschossen, für Treppen und Ausgänge 1,5 m. ² Alle übrigen Rettungswege müssen mindestens 1,1 m breit sein. ³ In der Berechnung der Fläche bleiben Bühnenerweiterungen unberücksichtigt.

(6) ¹ Türen von Treppenräumen, Windfängen und Ausgängen müssen mindestens so breit wie die zugehörigen Treppenläufe sein. ² Türen zu Fluren sind so anzuordnen, daß sie beim Öffnen und im geöffneten Zustand die Durchgangsbreite der Flure nicht einengen.

(7) ¹ Treppenläufe sollen nicht mehr als 14 Stufen haben. ² Absätze in einläufigen Treppen dürfen in Laufrichtung nicht kürzer als 1 m sein. ³ Treppenläufe dürfen erst in einem Abstand von mindestens 90 cm von den Zugangstüren beginnen. ⁴ Wendeltreppen sind unzulässig.

(8) ¹ Treppenräume notwendiger Treppen, die durch mehr als zwei Geschosse führen, müssen an ihrer obersten Stelle eine Rauchabzugseinrichtung mit einer Öffnung von mindestens fünf v. H. der Grundfläche des dazugehörigen Treppenraums oder Treppenraumabschnitts, mindestens jedoch 0,5 m², haben. ² Die Vorrichtungen zum Öffnen der Rauchabzüge müssen vom Erdgeschoß aus bedient werden können und an der Bedienungsstelle die Aufschrift „Rauchabzug" haben. ³ An der Bedienungsvorrichtung muß erkennbar sein, ob die Rauchabzugsöffnungen offen oder geschlossen sind. ⁴ Fenster dürfen als Rauchabzüge ausgebildet werden, wenn sie hoch genug liegen.

(9) ¹ Die Rettungswege dürfen nicht ins Zuschauerhaus führen. ² Ein Rettungsweg darf über Sicherheitsschleusen zu Rettungswegen des Zuschauerhauses führen, wenn die Bühne keine Hinterbühne hat und ohne Seitenbühnen kleiner als 250 m² ist und die Flure nicht länger als 25 m sind. ³ In der Berechnung der Breite gemeinsam benutzter Rettungswege ist die größtmögliche Zahl der aus dem Bühnenhaus und dem Zuschauerhaus auf sie angewiesenen Personen zugrundezulegen (§ 19 Abs. 3). ⁴ Sicherheitsschleusen (§ 56) im Zug von Rettungswegen müssen mindestens 3 m tief sein.

(10) ¹ Über 50 m² große Umkleideräume, Übungsräume, Probesäle und ähnliche Räume und über 100 m² große Werkstätten und Magazine müssen mindestens zwei möglichst weit auseinanderliegende Ausgänge haben. ² Über 50 m² große Magazine, die nicht an Fluren liegen, müssen zwei getrennte Rettungswege zu Treppenräumen oder unmittelbar ins Freie haben. ³ Diese Rettungswege dürfen auch durch benachbarte Magazine führen.

(11) Die Türen der Bühne, der Bühnenerweiterungen, Übungsräume, Probesäle, Werkstätten, Kantinen und ähnlicher Räume müssen in

Versammlungsstättenverordnung **§ 52 VStättV 15**

Fluchtrichtung aufschlagen; für über 50 m² große Umkleideräume kann dies verlangt werden.

(12) ¹ Treppen, außer den Treppen für Bühnenhandwerker (Absatz 14), müssen feuerbeständig und an den Unterseiten geschlossen sein. ² Sie müssen auf beiden Seiten Handläufe ohne freie Enden haben.

(13) ¹ In Höhe jeder Galerie und in Höhe des Rollenbodens muß auf beiden Bühnenseiten ein Ausgang auf eine Treppe für Bühnenhandwerker vorhanden sein. ² Ausgänge auf Flure des Bühnenhauses oder auf Bühnenhaustreppen können gestattet werden, wenn sie über Sicherheitsschleusen (§ 56) führen.

(14) ¹ Treppen, die ausschließlich als Rettungswege für Bühnenhandwerker dienen, müssen in feuerhemmender Bauart oder aus nichtbrennbaren Baustoffen hergestellt, mindestens 70 cm breit und von mindestens feuerhemmenden Wänden aus nichtbrennbaren Baustoffen umschlossen sein; ihre unteren Ausgänge müssen unmittelbar ins Freie oder über feuerhemmende und selbstschließende Türen auf Rettungswege führen. ² Diese Treppen brauchen keine Belichtung durch Tageslicht zu haben; sie müssen jedoch an die Sicherheitsbeleuchtung angeschlossen sein. ³ Wendeltreppen können als Bühnenhandwerkertreppen gestattet werden, wenn sie als zusätzliche, gelegentlich benützte Nebentreppen und nicht zum Transport von Gegenständen bestimmt sind.

§ 52 Fenster und Türen

(1) ¹ Fenster, die als Notausstieg bestimmt sind, müssen im Lichten mindestens 60 cm breit und mindestens 90 cm hoch sein. ² Gitter an diesen Fenstern müssen sich mit den Fensterflügeln öffnen lassen und dürfen ihr Aufschlagen nicht behindern.

(2) ¹ Wenn in den allgemeinen Vorschriften keine weitergehenden Anforderungen gestellt sind, müssen Fenster zu Lichtschächten aus nichtbrennbaren Baustoffen bestehen; die Verglasungen müssen gegen Feuer ausreichend widerstandsfähig sein. ² Solche Fenster dürfen nur mit Schlüssel geöffnet werden können.

(3) ¹ Schiebe-, Pendel-, Dreh- und Hebetüren sind im Zug von Rettungswegen unzulässig. ² Die im Zug von Rettungswegen liegenden Türen müssen von innen auch ohne Schlüssel geöffnet weden können; Riegel sind unzulässig. ³ Die Türen zwischen der Bühne einschließlich Bühnenerweiterungen und den Fluren müssen mindestens feuerhemmend aus nichtbrennbaren Baustoffen und selbstschließend sein. ⁴ Die Türen zwischen Fluren und Treppenräumen müssen rauchdicht sein und selbsttätig schließen; Glasfüllungen müssen aus Drahtglas mit punktgeschweißtem Netz bestehen.

(4) Türen müssen mindestens 1 m breit sein.

§ 53 Beheizung, Lüftung

(1) ¹ Das Bühnenhaus darf nur durch Zentralheizung oder elektrisch beheizbar sein. ² Luftheizungsanlagen des Bühnenhauses müssen von Anlagen des Zuschauerhauses getrennt sein. ³ Elektrische Heizanlagen müssen unverrückbar befestigt sein und fest verlegte Leitungen haben. ⁴ Glühende Teile der Heizkörper dürfen nicht offenliegen.

(2) Heizkörper, die eine Oberflächentemperatur von mehr als 110° C erreichen können, müssen in Bühnenräumen, Magazinen, Werkstätten und Umkleideräumen Schutzvorrichtungen aus nichtbrennbaren Baustoffen haben, die unverrückbar befestigt und so ausgebildet sein müssen, daß auf ihnen Gegenstände nicht abgelegt werden können.

(3) ¹ Vor den Wänden liegende Heizungsrohre, die eine Oberflächentemperatur von mehr als 110° C erreichen können, müssen in Bühnenräumen, Magazinen, Werkstätten und Umkleideräumen bis zur Höhe von 2,25 m über dem Fußboden abnehmbare Schutzvorrichtungen oder stoßfeste, wärmedämmende Umhüllungen haben. ² Die Schutzvorrichtungen oder Umhüllungen müssen aus nichtbrennbaren Baustoffen bestehen.

(4) ¹ Lüftungs- und Klimaanlagen des Bühnenhauses müssen von denen des Zuschauerhauses getrennt sein. ² Die Anlagen für das Bühnenhaus und für das Zuschauerhaus müssen von der Bühne und von einer leicht erreichbaren, nicht gefährdeten Stelle außerhalb der Bühne stillgesetzt werden können.

§ 54 Feuerlösch-, Feuermelde- und Alarmeinrichtungen

(1) ¹ Bühnen und Bühnenerweiterungen müssen eine Regenanlage haben, welche auch die Bühnenteile unter den Arbeitsgalerien deckt. ² Sie darf in ihrer Wirksamkeit nicht durch aufgezogene Dekorationen beeinträchtigt werden. ³ Die Regenanlage muß von der Bühne und von einer leicht erreichbaren, nicht gefährdeten, außerhalb der Bühne und der Bühnenerweiterungen liegenden Stelle aus in Betrieb gesetzt werden können; sie darf in Gruppen für die Bühne, für die Hinterbühne, für die rechte und linke Seitenbühne unterteilt werden. ⁴ Auf Bühnen bis zu 350 m² Fläche darf die Regenanlage der Bühne nicht unterteilt werden; auf Bühnen über 350 m² sind zwei Untergruppen, auf Bühnen über 500 m² drei Untergruppen zulässig. ⁵ Jede Bühnenerweiterung darf eine gesonderte Anlage erhalten, eine weitere Unterteilung ist unzulässig. ⁶ Die Regenanlage muß so beschaffen sein, daß die Beregnung innerhalb von 40 Sekunden nach dem Auslösen einsetzt. ⁷ Die Auslösevorrichtungen für die einzelnen Gruppen der Regenanlage sind an den Bedienungsstellen übersichtlich nebeneinander anzuordnen und zu kennzeichnen. ⁸ Die Wasserzuleitung für die Regenan-

Versammlungsstättenverordnung §54 VStättV 15

lage ist so zu bemessen, daß alle vorhandenen Gruppen gleichzeitig für eine Zeitdauer von mindestens zehn Minuten genügend mit Wasser versorgt werden können, auch wenn außerdem noch zwei Wandhydranten in Betrieb sind. [9] Sind die Bühnenerweiterungen (Hinterbühne und Seitenbühnen) durch Brandabschlüsse von der Bühne abgetrennt, genügt es, wenn nur die Bühne mindestens zehn Minuten mit Wasser versorgt werden kann. [10] Wird die Regenanlage in Betrieb gesetzt, muß eine Feuermeldung ausgelöst werden.

(2) An Stelle einer Regenanlage nach Absatz 1 kann eine andere gleichwertige Feuerlöschanlage gestattet werden.

(3) [1] Auf der Bühne und den Bühnenerweiterungen müssen Wandhydranten in ausreichender Zahl, auf der Bühne mindestens zwei, so angebracht sein, daß jede Stelle der Bühne erreicht werden kann. [2] Weitere Wandhydranten müssen auf allen Absätzen der Bühnenhandwerkertreppen, von denen aus die Bühne oder der Rollenboden zugänglich ist, und auf beiden Seiten der ersten Arbeitsgalerie vorhanden sein. [3] In den Treppenräumen, wenn erforderlich auch in den Fluren, müssen Wandhydranten in solcher Zahl angebracht werden, daß eine wirksame Brandbekämpfung möglich ist.

(4) [1] Auf der Bühne müssen mindestens zwei Feuerlöscher vorhanden und zweckmäßig verteilt sein. [2] Auf jeder Bühnenerweiterung muß mindestens ein weiterer Feuerlöscher vorhanden sein. [3] Auf allen Fluren muß jeweils zwischen zwei Treppenräumen ein Feuerlöscher angebracht werden; die Feuerlöscher sollen sich in allen Geschossen möglichst an der gleichen Stelle befinden.

(5) [1] Versammlungsstätten mit Vollbühne müssen eine private Feuermeldeanlage haben. [2] Feuermelder müssen sich mindestens beim Stand der Feuersicherheitsposten, beim Bühnenpförtner und an geeigneter Stelle im Zuschauerhaus befinden, weitere Melder können verlangt werden. [3] Die Empfangseinrichtung der Feuermeldeanlage ist an einer ständig besetzten Stelle (in der Regel beim Bühnenpförtner) vorzusehen. [4] Eine einlaufende Meldung ist auch dem Feuersicherheitsposten selbsttätig anzuzeigen. [5] Ist ein öffentliches Feuermeldenetz vorhanden, so ist die private Meldeanlage an dieses anzuschließen. [6] Ist keines vorhanden, muß sichergestellt sein, daß die Feuerwehr durch eine andere Meldeeinrichtung unmittelbar und jederzeit benachrichtigt werden kann.

(6) [1] Es müssen Einrichtungen vorhanden sein, durch die die anwesenden Betriebsangehörigen, die Mitwirkenden und die Feuersicherheitswache alarmiert werden können. [2] Für die Feuersicherheitswache muß ein Aufenthaltsraum im Bühnenhaus vorhanden sein.

(7) Die Auslösevorrichtungen der Sicherheitsanlagen (Rauchabzugseinrichtungen, Regenanlage, Berieselungsanlage, Schutzvorhang und Feuermeldeeinrichtung) sollen nebeneinander liegen; sie müssen

15 VStättV §§ 55–57 Versammlungsstättenverordnung

leicht überschaubar angeordnet, für die Feuersicherheitswache leicht erreichbar und nach ihrer Zweckbestimmung gekennzeichnet sein.

§ 55 Schutzvorhang

(1) [1] Die Bühnenöffnung muß gegen den Versammlungsraum durch einen aus nichtbrennbaren Baustoffen bestehenden Schutzvorhang rauchdicht geschlossen werden können. [2] Der Schutzvorhang muß sich von oben nach unten und durch sein Eigengewicht schließen. [3] Die Schließzeit darf 30 Sekunden nicht überschreiten. [4] Der Schutzvorhang muß einen Druck von 45 kp/m² nach beiden Richtungen aushalten können, ohne daß seine Zweckbestimmung beeinträchtigt wird. [5] Eine kleine, nach der Bühne sich öffnende, selbsttätig schließende Tür im Schutzvorhang ist zulässig.

(2) [1] Die Vorrichtung zum Schließen des Schutzvorhangs muß an zwei Stellen, von denen eine auf der Bühne liegen muß, ausgelöst werden können. [2] Beim Schließen muß auf der Bühne ein Warnsignal zu hören sein.

(3) [1] Der Schutzvorhang muß so angeordnet sein, daß er im geschlossenen Zustand unten an feuerbeständige Bauteile anschließt; lediglich der Bühnenboden darf unter dem Schutzvorhang durchgeführt werden. [2] Sind die Schutzvorhänge breiter als 8 m, sind an der unteren Längsschiene Stahldorne anzubringen, die in entsprechende stahlbewehrte Aussparungen im Bühnenboden eingreifen.

(4) [1] Für den Schutzvorhang muß eine Berieselungsanlage vorhanden sein. [2] Die Berieselungsanlage muß von der Bühne und von einer leicht erreichbaren, nicht gefährdeten Stelle außerhalb der Bühne und der Bühnenerweiterungen in Betrieb gesetzt werden können.

§ 56 Sicherheitsschleusen

(1) [1] Sicherheitsschleusen müssen mindestens so tief sein, wie ihre Türflügel breit sind. [2] Türen von Schleusen im Zug von Rettungswegen müssen in Richtung des Rettungswegs ohne Schlüssel geöffnet werden können.

(2) Sicherheitsschleusen nach Absatz 1 mit mehr als 20 m³ Luftraum müssen Rauchabzüge haben.

§ 57 Wohnungen im Bühnenhaus

[1] Im Bühnenhaus sind nur für Aufsichtspersonen Wohnungen zulässig. [2] Sie müssen von den umgebenden Räumen, auch den Fluren, durch feuerbeständige Wände und Decken ohne Öffnungen getrennt sein und einen besonderen Zugang haben, der mit anderen Räumen nicht in Verbindung steht.

Versammlungsstättenverordnung §§ 58–61 VStättV

§ 58 Räume für Raucher

[1] Im Bühnenhaus sollen besondere Räume für Raucher angeordnet werden. [2] Sie müssen deutlich gekennzeichnet und von anderen Räumen des Bühnenhauses durch feuerbeständige Wände mit mindestens feuerhemmenden und selbstschließenden Türen getrennt sein. [3] An den Ausgängen dieser Räume sind Aschenbecher fest anzubringen.

§ 59 Bühnentechnische Einrichtungen über der Vorbühne

Für die Vorbühne gelten die Vorschriften des § 43 entsprechend.

Unterabschnitt 4. Szenenflächen

§ 60 Szenenflächen

(1) [1] Szenenflächen sollen einzeln nicht größer als 350 m^2 sein und dürfen nur die in den Absätzen 2 und 3 genannten technischen Einrichtungen haben. [2] Je Seite dürfen höchstens zwei Vorhänge hintereinander angebracht sein.

(2) [1] Vorhänge, Deckenbehänge, ihre Aufhängevorrichtungen und Dekorationen müssen aus nichtbrennbaren Stoffen bestehen; dies gilt nicht für Ausstattungsgegenstände, wie Möbel und Lampen. [2] Vorhänge, Deckenbehänge, ihre Aufhängevorrichtungen und Dekorationen dürfen nicht näher als 1 m an den oberen Raumabschluß oder an den Arbeitsboden herangebracht werden. [3] Auf Szenenflächen ohne Deckenbehänge, Aufhängevorrichtungen und Arbeitsböden darf der Vorhang an die Raumdecke herangeführt werden.

(3) [1] Arbeitsböden (Arbeitsbühnen) müssen aus nichtbrennbaren Baustoffen bestehen und mindestens zwei Ausgänge zu Rettungswegen außerhalb des Versammlungsraums haben. [2] Sie müssen sicher begehbar und mindestens so weit geöffnet oder von den Wänden so weit entfernt sein, daß der Gesamtquerschnitt der Öffnungen mindestens dem Gesamtquerschnitt der Rauchabzugsöffnungen des Versammlungsraums entspricht und der Rauchabzug nicht beeinträchtigt wird. [3] Die freien Seiten von Arbeitsböden sind sicher zu umwehren. [4] Der Abstand zwischen Arbeitsboden und Raumdecke muß mindestens 2 m betragen.

§ 61 Szenenpodien

(1) Wird an den offenen Seiten von Szenenpodien eine Verkleidung angebracht, so muß diese aus mindestens schwerentflammbaren Stoffen bestehen.

(2) Das Szenenpodium muß an den von Besuchern abgekehrten Seiten abgeschrankt sein, wenn der Fußboden höher als 50 cm über dem Fußboden des Versammlungsraums liegt und mit ihm nicht durch Stufen in Verbindung steht.

(3) ¹ Für Hubpodien oder Fahrpodien müssen die Wände, Decken und Fußböden der Gruben oder Nischen, wenn sie nicht durch Teile der Podien gebildet werden, feuerbeständig sein. ² Das gilt auch für Türen zu den Gruben oder Nischen.

§ 62 Feuerlösch- und Feuermeldeeinrichtungen

(1) An der Szenenfläche müssen Feuerlöscher in ausreichender Zahl vorhanden sein.

(2) ¹ In der Nähe von Szenenflächen von mehr als 100 m² Grundfläche muß ein Wandhydrant angeordnet sein. ² Bei Szenenflächen von mehr als 200 m² Grundfläche müssen mindestens zwei Wandhydranten an möglichst entgegengesetzten Stellen so angeordnet sein, daß die gesamte Fläche erreicht werden kann.

(3) ¹ Von zwei geeigneten Stellen des nächstgelegenen Flurs aus muß die Feuerwehr durch eine Meldeeinrichtung unmittelbar und jederzeit benachrichtigt werden können. ² Wird eine Feuersicherheitswache verlangt (§ 116 Abs. 1), so muß sich eine Stelle in der Nähe des Stands des Feuersicherheitspostens befinden. ³ Der Stand für den Feuersicherheitsposten ist so anzuordnen, daß von ihm aus die Szenenfläche überblickt und unbehindert betreten werden kann.

§ 63 Magazine, Umkleideräume, Aborträume

Für Magazine, Umkleideräume und Aborträume gilt § 39.

Abschnitt 3. Filmvorführungen, Scheinwerferstände und Scheinwerferräume

Unterabschnitt 1. Filmvorführungen mit Sicherheitsfilm

§ 64 Vorführung im Versammlungsraum

(1) ¹ Vorführgeräte (Bildwerfer) für Sicherheitsfilm dürfen im Versammlungsraum aufgestellt werden. ² Sie müssen standfest und so beschaffen sein, daß Gefahren nicht auftreten können.

(2) ¹ Der Standplatz der Vorführgeräte muß von den Platzflächen sicher abgeschrankt sein. ² Die Rettungswege dürfen nicht eingeengt werden, auch wenn die Vorführgeräte betrieben weden.

(3) ¹ Jeder mit Bogenlampe oder mit Gasentladungslampe (Hochdrucklampe) betriebene Bildwerfer muß an ein Abzugsrohr aus nichtbrennbaren Baustoffen angeschlossen sein, das unmittelbar oder über einen Kanal oder Schacht ins Freie führt. ² Für Bildwerfer, die mit Hochdrucklampen betrieben werden, kann statt dessen ein sicher wir-

kendes Gerät verwendet werden, welches das entstehende Ozon unschädlich macht.

(4) ¹ Die elektrischen Zuleitungen zum Bildwerfer sind so zu verlegen, daß die Rettungswege unbehindert benutzt werden können. ² Der Bildwerfer darf nicht an einen Stromkreis der allgemeinen Beleuchtung des Versammlungsraums angeschlossen werden.

§ 65 Bildwerferraum

¹ Werden Vorführgeräte in einem besonderen Raum (Bildwerferraum) aufgestellt, so muß dieser den Vorschriften der §§ 66 bis 68 entsprechen. ² Der Bildwerferraum muß belüftet werden können.

§ 66 Abmessungen

(1) Die Grundfläche des Bildwerferraums muß so bemessen sein, daß an den Bedienungsseiten und hinter jedem Bildwerfer eine freie Fläche von mindestens 1 m Breite vorhanden ist.

(2) ¹ Der Raum muß bei einer Grundfläche von weniger als 30 m² mindestens 2,8 m, von mehr als 30 m² mindestens 3 m, am Standplatz des Vorführers mindestens 2,5 m im Lichten hoch sein. ² Ist der Raum am Standplatz des Vorführers niedriger als 2,8 m, so sind die Einrichtungen für Be- und Entlüftung größer zu bemessen.

§ 67 Treppen

(1) Bildwerferräume dürfen nicht nur über Leitern zugänglich sein.

(2) Treppen zu Bildwerferräumen müssen mindestens 80 cm breit sein und vor der Tür des Bildwerferraums einen Absatz von mindestens 80 cm Tiefe haben.

(3) ¹ Wendeltreppen müssen mindestens 90 cm breit sein und beiderseits Handläufe und auf je 3 m der zu überwindenden Höhe Absätze in der Tiefe von drei Auftritten haben. ² Die Stufen müssen in der Mitte eine Auftrittbreite von 25 cm haben und dürfen nicht höher als 20 cm sein.

§ 68 Geräte und Einrichtungen

(1) ¹ Im Bildwerferraum sind nur solche elektrischen Geräte und Leitungen zulässig, die für Bild- und Tonvorführungen und für die Beleuchtung, Beheizung und Lüftung erforderlich sind. ² Ist für Vorschaltgeräte, Lampengleichrichter und Verteilungstafeln ein besonderer Schaltraum vorhanden, so muß er zu be- und entlüften sein.

(2) Im Bildwerferraum muß eine Sitzgelegenheit vorhanden sein.

(3) ¹ Im Bildwerferraum oder in seiner Nähe muß eine Kleiderablage vorhanden sein. ² Als Kleiderablagen in Bildwerferräumen sind nur Schränke zulässig.

(4) Am Eingang des Bildwerferraums muß ein Feuerlöscher vorhanden sein.

(5) Im übrigen gelten § 64 Abs. 3 und 4.

Unterabschnitt 2. Filmvorführungen mit Zellhornfilm

§ 69 Bildwerferraum

¹ Wenn Zellhornfilm verwendet wird, ist ein Bildwerferraum erforderlich. ² Für diesen Bildwerferraum gelten außer den §§ 65 bis 68 auch die §§ 70 bis 79.

§ 70 Abmessungen

¹ Der Bildwerferraum muß eine Grundfläche von mindestens 16 m² haben. ² In einem Bildwerferraum dürfen drei Bildwerfer aufgestellt werden. ³ Für jeden weiteren Bildwerfer ist die Fläche um mindestens 5 m² zu vergrößern; flurartige Erweiterungen des Bildwerferraums über 1,5 m Breite werden auf die erforderliche Fläche angerechnet.

§ 71 Wände, Decken, Fußböden, Podien

(1) Wände müssen feuerbeständig und so dick wie Brandwände sein.

(2) ¹ Decken über und unter dem Bildwerferraum müssen feuerbeständig sein. ² Unterkonstruktionen von Fußböden und von Podien müssen aus nichtbrennbaren Baustoffen bestehen. ³ Hohlräume unter Podien sollen nicht zugänglich sein. ⁴ Sind in Hohlräumen unter Podien Leitungen verlegt, so müssen die Hohlräume verschließbare Zugangsöffnungen haben.

§ 72 Rettungswege

(1) Der Bildwerferraum muß einen Rettungsweg unmittelbar ins Freie haben, der andere Rettungswege nicht berührt.

(2) ¹ Läßt sich ein unmittelbarer Ausgang ins Freie nicht schaffen, so kann ein Ausgang durch einen mit dem Versammlungsraum nicht in Verbindung stehenden Vorraum oder Flur gestattet werden. ² In diesem Fall kann ein zweiter Ausgang verlangt werden.

§ 73 Verbindung mit anderen Räumen

(1) Der Bildwerferraum darf außer durch Bild- und Schauöffnungen mit Versammlungsräumen auch durch Nebenräume oder Flure nicht verbunden sein.

(2) Andere Räume dürfen nicht ausschließlich durch den Bildwerferraum zugänglich sein.

Versammlungsstättenverordnung §§ 74–76 VStättV

(3) ¹ Türen des Bildwerferraums und der mit ihm verbundenen Nebenräume zu den Rettungswegen müssen feuerhemmend sein, nach außen aufschlagen und selbsttätig schließen. ² Sie dürfen keine Riegel haben und müssen von innen ohne Schlüssel durch Druck geöffnet werden können.

§ 74 Bild- und Schauöffnungen

¹ Bildöffnungen und Schauöffnungen müssen mindestens 5 mm dick fest verglast und rauchdicht abgeschlossen sein. ² Die Bildöffnungen dürfen nur so groß sein, wie es der Strahlendurchgang erfordert, die Schauöffnungen dürfen nicht größer als 270 cm² sein. ³ Vor diesen Öffnungen müssen im Bildwerferraum Schieber aus mindestens 2 mm dickem Stahlblech angebracht werden. ⁴ Die Schieber müssen sicher und leicht bewegt werden können, sich bei einem Filmbrand und bei Betätigung vom ,,Schalter Bildwerferraum" sofort schließen und außerdem von Hand zu bedienen sein.

§ 75 Öffnungen ins Freie

(1) ¹ Bildwerferräume müssen ein Überdruckfenster haben, das unmittelbar ins Freie oder in einen oben offenen Luftschacht mit feuerbeständigen Wänden ohne Öffnungen von mindestens 0,5 m² Querschnitt führt. ² Das Überdruckfenster soll im oberen Raumdrittel angebracht sein; es muß eine lichte Mindestgröße von 0,25 m² haben und mit Fensterglas einfacher Dicke (ED) verglast und so eingerichtet sein, daß es sich, wenn im Raum ein Überdruck entsteht, leicht und selbsttätig in ganzer Fläche öffnet und geöffnet bleibt.

(2) ¹ Ins Freie führende Tür- und Fensteröffnungen von Bildwerferräumen müssen ein Schutzdach aus nichtbrennbaren Baustoffen haben, wenn sich darüber andere Außenwandöffnungen oder ein Dachüberstand aus brennbaren Baustoffen befinden. ² Das Schutzdach muß mindestens 50 cm auskragen und mindestens 30 cm über die Leibungen der Öffnungen übergreifen. ³ Das gilt auch für das Überdruckfenster nach Absatz 1, wenn es ins Freie führt.

§ 76 Geräte und Einrichtungen

(1) Im Bildwerferraum muß eine Sitzgelegenheit vorhanden sein.

(2) ¹ Im Bildwerferraum oder in seiner Nähe muß eine Kleiderablage vorhanden sein. ² Als Kleiderablagen in Bildwerferräumen sind nur Schränke zulässig.

(3) Am Eingang des Bildwerferraums müssen ein Feuerlöscher, eine Löschdecke und ein mit Wasser gefüllter Eimer vorhanden sein.

§ 77 Bildwerfer und andere elektrische Geräte

(1) [1] Es dürfen nur Bildwerfer mit nicht mehr als 600 m Film fassenden Filmtrommeln (Feuerschutztrommeln) verwendet werden. [2] Jede Trommel muß mindestens zwei mit Drahtgewebe (Maschenanzahl zwischen 49 und 64 je cm^2) verschlossene Öffnungen haben, deren Querschnitt zusammen mindestens sechs v. H. der Trommeloberfläche beträgt. [3] Die Ein- und Austrittsöffnungen der Trommel müssen so beschaffen sein, daß, wenn der Film steht, das Übergreifen eines Filmbrands auf den Trommelinhalt verhindert wird; ferner muß diese Einrichtung so ausgebildet sein, daß der Film, wenn die Trommel geschlossen ist, seitlich nicht herausgerissen werden kann. [4] Ist die Trommel geöffnet, darf die Vorführung nicht möglich sein.

(2) [1] Die Lampengehäuse der Bildwerfer müssen gegen Wärmeabgabe so geschützt sein, daß ein auf- oder angelegtes Stück Zellhornfilm sich nicht vor Ablauf von zehn Minuten entzündet. [2] Lampengehäuse müssen so beschaffen sein, daß Filmrollen nicht darauf abgelegt werden können.

(3) [1] Der Weg des ungeschützten Films von der einen zur anderen Feuerschutztrommel soll kurz sein; er muß so beschaffen sein, daß das Übergreifen von Flammen, die im Bildfenster entstehen, auf die anderen Filmteile möglichst verhindert wird. [2] Das Bildfenster muß Vorrichtungen haben, die einen selbsttätigen Licht- und Wärmeschluß bewirken, wenn der Film reißt, zu langsam läuft oder im Bildfenster stehenbleibt; die Vorrichtungen müssen auch mit der Hand bedient werden können. [3] Herrschen im Bildfenster hohe Wärmegrade, sind zusätzliche Einrichtungen, wie Kühlgebläse, erforderlich, die eine Entzündung des Films verzögern. [4] Diese Einrichtungen müssen mit dem Triebwerk des Bildwerfers so gekuppelt sein, daß die Vorführung erst möglich ist, wenn die zusätzlichen Einrichtungen voll angelaufen sind.

(4) [1] Der Bildwerfertisch muß aus nichtbrennbaren Stoffen bestehen. [2] Er muß einen Metallbehälter zum Ablegen von Lampenkohlenresten haben, wenn eine Bogenlampe als Lichtquelle dient.

(5) Scheinwerfer sind im Bildwerferraum unzulässig.

§ 78 Beleuchtung

Glühlampen müssen einen Schutzkorb aus nichtbrennbaren Stoffen mit höchstens 2 cm Maschenweite oder eine Überglocke aus dickem Glas haben.

§ 79 Beheizung

(1) [1] Der Bildwerferraum darf nur durch Zentralheizung, durch Gasfeuerstätten mit geschlossener Verbrennungskammer oder durch ortsfeste elektrische Heizgeräte beheizbar sein; glühende Teile der

Versammlungsstättenverordnung §§ 80, 81 VStättV 15

Heizkörper dürfen nicht offen liegen. ² Warmluftheizungen dürfen nur zugehörige Nebenräume mitbeheizen. ³ Zuluftöffnungen sind zu vergittern; Gegenstände dürfen auf ihnen nicht abgelegt werden können.

(2) ¹ Der Raum darf nur mit Anlagen beheizt werden, deren Oberflächentemperatur an den Heizkörpern, Feuerstätten oder Heizgeräten höchstens 110° C beträgt. ² Heizkörper, Feuerstätten oder Heizgeräte müssen Schutzvorrichtungen aus nichtbrennbaren Baustoffen haben, die unverrückbar befestigt und so ausgebildet sein müssen, daß auf ihnen Gegenstände nicht abgelegt werden können.

Unterabschnitt 3. Scheinwerfer, Scheinwerferstände und Scheinwerferräume

§ 80 Scheinwerfer

(1) Scheinwerfer müssen von brennbaren Stoffen so weit entfernt sein, daß die Stoffe nicht entzündet werden können.

(2) Ortsveränderliche Scheinwerfer müssen gegen Herabfallen eine besondere Sicherung aus nichtbrennbaren Baustoffen haben.

§ 81 Scheinwerferstände, Scheinwerferräume

(1) Über einem Versammlungsraum liegende Scheinwerferstände und Scheinwerferräume müssen sicher begehbar sein und Rettungswege nach zwei Seiten haben.

(2) Scheinwerferstände und Scheinwerferräume müssen am Standplatz der Bedienungspersonen eine lichte Höhe von mindestens 2,5 m haben; Scheinwerferräume müssen außerdem eine durchschnittliche lichte Höhe von mindestens 2,5 m haben.

(3) ¹ Wände und Decken der Scheinwerferräume müssen mindestens feuerhemmend sein und aus nichtbrennbaren Baustoffen bestehen, wenn in dieser Verordnung keine weitergehenden Anforderungen gestellt sind. ² Türen müssen mindestens feuerhemmend und selbstschließend sein und die Aufschrift „Zutritt für Unbefugte verboten" haben. ³ Scheinwerferstände und Öffnungen der Scheinwerferräume müssen so eingerichtet sein, daß Teile der Scheinwerfer, besonders Glassplitter, nicht in den Versammlungsraum fallen können.

(4) ¹ Scheinwerferräume müssen ausreichend belüftet werden können. ² Für Scheinwerfer, die mit Bogenlampen oder Gasentladungslampen (Hochdrucklampen) betrieben werden, gilt § 64 Abs. 3.

Abschnitt 4. Versammlungsstätten mit Spielflächen innerhalb von Versammlungsräumen

Unterabschnitt 1. Spielflächen

§ 82 Manegen

(1) Spielflächen für zirzensische Vorführungen (Manegen) sollen mit ihren Fußböden nicht höher als 3,5 m über dem Gelände vor den Ausgängen liegen.

(2) [1] Manegen müssen gegen die Platzfläche durch geschlossene und stoßfeste Einfassungen abgetrennt sein. [2] Die Einfassung soll innen und außen mindestens 40 cm hoch sein, die Summe ihrer Höhe und Breite soll mindestens 90 cm betragen.

§ 83 Sportpodien

(1) Erhöhte Sportflächen (Sportpodien) dürfen mit ihren Fußböden höchstens 1,1 m über dem Fußboden des Versammlungsraums liegen.

(2) [1] Sportpodien müssen umwehrt sein. [2] Ist das wegen der Sportart nicht möglich, so muß eine freie Sicherheitsfläche von mindestens 1,25 m, wenn Catcher kämpfen, von mindestens 2,5 m Breite zwischen der Außenkante des Podiums und der Platzfläche eingehalten werden.

§ 84 Spielfelder

(1) [1] Sportflächen für Ballspiele (Spielfelder) müssen gegen die Platzfläche durch geschlossene und stoßfeste Banden abgetrennt sein. [2] Die Banden müssen mindestens 90 cm, auf Spielfeldern für Eishokkey mindestens 1,25 m hoch sein; sie müssen eine glatte Innenfläche haben. [3] Auf die Banden kann verzichtet werden, wenn zwischen Spielfeldern und Platzflächen eine Sicherheitsfläche in ausreichender Breite vorhanden ist.

(2) Spielfelder für Handball, Fußball, Hockey und Tennis müssen außerdem an den Stirnseiten auf die ganze Breite mindestens 3 m hohe Netze oder ähnliche Vorrichtungen haben, wenn im Anschluß an diese Seiten Platzflächen angeordnet sind.

(3) Auf Kunsteisfeldern und Kunsteisbahnen, für deren Eisherstellung giftige oder ätzende Kältemittel oder solche Kältemittel verwendet werden, deren Gemische mit Luft brennbar oder explosibel sind, ist durch bauliche Anordnung und technische Vorkehrungen dafür zu sorgen, daß Personen nicht gefährdet werden.

§ 85 Reitbahnen

(1) [1] Reitbahnen müssen gegen die Platzfläche durch geschlossene und stoßfeste Banden abgetrennt sein, die mindestens 1,25 m hoch und

vom Fußpunkt gegen die Senkrechte im Verhältnis 1:20 nach außen geneigt sein müssen. ² Die Banden müssen eine glatte Innenfläche haben. ³ Die Ein- und Ausgänge müssen mindestens 2 m breit und mindestens 2,5 m hoch sein.

(2) Für Hippodrome gilt § 82 Abs. 2.

§ 86 Sportrennbahnen

(1) Die Fahrbahnen müssen gegen die Platzfläche durch ausreichend feste Umwehrungen so abgetrennt sein, daß Besucher durch Fahrzeuge oder Fahrer, die von der Bahn abkommen, nicht gefährdet werden können.

(2) ¹ Das Innenfeld darf nur bei Radrennen als Platzfläche benutzt werden; es muß ohne Betreten der Fahrbahn erreicht werden können. ² Überführungen sind nur zulässig, wenn Unterführungen nicht geschaffen werden können.

(3) ¹ Das Tragwerk von Holzbahnen muß aus mindestens schwerentflammbaren Baustoffen bestehen. ² Umkleideräume, Abstellräume, Unterführungen nach Absatz 2 oder Garagen unter Fahrbahnen müssen von ihnen feuerbeständig abgetrennt sein.

Unterabschnitt 2. Verkehrsflächen

§ 87 Einritte, Umritte

(1) ¹ Nicht den Besuchern dienende Zugänge zur Manege (Einritte) müssen mindestens durch Vorhänge geschlossen werden können. ² Die Vorhänge müssen aus mindestens schwerentflammbaren Stoffen bestehen und dürfen auf dem Boden nicht aufliegen.

(2) Nicht den Besuchern dienende Flure, die Einritte untereinander und mit betrieblichen Nebenräumen verbinden (Umritte), müssen feuerbeständige Wände und Decken haben.

§ 88 Ringflure

(1) ¹ Den Besuchern dienende Flure, die den Ringen zugeordnet sind und die zu notwendigen Treppen oder Ausgängen führen (Ringflure), müssen unmittelbar ins Freie oder in eigene, feuerbeständig umschlossene Treppenräume mit unmittelbarem Ausgang ins Freie führen. ² Die Ringflure müssen ins Freie führende Fenster oder Rauchabzugsöffnungen haben. ³ Für die Rauchabzugsöffnungen gilt § 23 Abs. 6 entsprechend.

(2) ¹ An einen Ringflur dürfen höchstens zwei Ringe zu je höchstens sechs Platzreihen angeschlossen sein. ² Ringe mit mehr als sechs Platzreihen müssen eigene Ringflure haben. ³ Die Ausgänge des untersten Rings dürfen nicht zur Spielfläche führen. ⁴ Verbindungen zu

den Ringfluren, die von Mitwirkenden benutzt werden, dürfen auf die Breite der Rettungswege nicht angerechnet werden.

Unterabschnitt 3. Räume für Mitwirkende und Betriebsangehörige

§ 89 Räume für Sanitäter und Feuerwehrmänner

¹ Für Sanitäter und Feuerwehrmänner sind besondere Räume an geeigneter Stelle anzuordnen. ² Sie müssen, wenn erforderlich, ausreichend beheizt und gelüftet werden können.

§ 90 Magazine, Umkleideräume, Aborträume

(1) Für Magazine, Umkleideräume und Aborträume gilt § 39.

(2) Werden Turnhallen oder Spielhallen als Versammlungsräume benutzt, so müssen Türen zwischen den Hallen und den Umkleideräumen mindestens feuerhemmend und selbstschließend sein.

§ 91 Ställe, Futterkammern

(1) ¹ Ställe und Futterkammern innerhalb von Versammlungsstätten müssen an Außenwänden liegen. ² Sie müssen gegen angrenzende Räume durch feuerbeständige Wände und Decken abgetrennt sein; Türen in diesen Wänden müssen mindestens feuerhemmend und selbstschließend sein. ³ Abwurföffnungen und Abwurfschächte von Futterkammern müssen von feuerbeständigen Bauteilen umgeben sein und durch selbsttätig schließende Klappen in der Bauart feuerbeständiger Türen abgeschlossen werden können. ⁴ Abwurfschächte müssen bei außenseitiger Anordnung entlang der Außenwand selbsttätig schließende Klappen an der Einwurföffnung und an der Entnahmeöffnung haben.

(2) ¹ Räume, in denen Käfige aufgestellt werden, und Ställe sind mit öffentlichen Verkehrsflächen durch eigene Zufahrten und Abfahrten oder Durchfahrten zu verbinden. ² § 3 Abs. 4 und 5 gelten entsprechend.

Abschnitt 5. Versammlungsstätten mit nichtüberdachten Spielflächen

§ 92 Anwendungsbereich

(1) Für Versammlungsstätten mit nichtüberdachten Spielflächen gelten die besonderen Anforderungen der §§ 93 bis 95.

(2) ¹ Die Vorschriften der §§ 8 bis 29 gelten sinngemäß, soweit in den §§ 93 bis 95 nichts anderes bestimmt ist. ² § 13 Abs. 1 gilt nur für

Versammlungsstättenverordnung §§ 93–95 VStättV 15

die Teile der Anlage, die sich oberhalb der als Rettungswege dienenden Verkehrsflächen (§ 13 Abs. 1) befinden.

§ 93 Spielflächen

(1) Erhöhte Spielflächen (Podien) dürfen mit ihren Fußböden höchstens 1,1 m über dem Boden des anschließenden Geländes liegen.

(2) [1] Podien müssen umwehrt sein. [2] Ist das wegen der Spielart nicht möglich, so muß eine freie Sicherheitsfläche von mindestens 1,25 m Breite zwischen der Außenkante des Podiums und der Platzfläche eingehalten werden.

(3) [1] Spielflächen für Eishockey müssen gegen die Platzflächen durch mindestens 1,25 m hohe, geschlossene und stoßfeste Banden abgetrennt sein. [2] An den Stirnseiten müssen sie auf der ganzen Breite außerdem mindestens 3 m hohe Netze haben.

(4) Werden für die Herstellung von Kunsteisfeldern und Kunsteisbahnen giftige oder ätzende Kältemittel oder solche Kältemittel verwendet, deren Gemische mit Luft brennbar oder explosibel sind, ist durch bauliche Anordnung und technische Vorkehrungen dafür zu sorgen, daß Personen nicht gefährdet werden können.

(5) [1] Die Szenenflächen von Freilichttheatern müssen an ihren von den Besuchern abgekehrten Seiten abgeschrankt sein, soweit ihre Fußböden mehr als 50 cm über dem anschließenden Gelände liegen, nicht mit dem Gelände durch Stufen verbunden oder steiler als 1:1 abgeböscht sind. [2] Der Fußboden muß eben und darf nicht mehr als 15 v. H. geneigt sein. [3] Die Zu- und Abgänge der Szenenfläche müssen feste Handläufe haben, wenn sie mehr als 15 v. H. geneigt sind.

§ 94 Platzflächen

Veränderliche Platzreihen, einschließlich zerlegbarer Tribünen und ähnlicher Anlagen, dürfen die zweifache Zahl, ortsfeste Platzreihen dürfen die dreifache Zahl der nach § 14 Abs. 2 zulässigen Sitzplätze haben.

§ 95 Verkehrsflächen

(1) [1] Die lichte Breite eines jeden Teils von Rettungswegen muß in Freilichttheatern mindestens 1 m je 450 und in Freiluftsportstätten mindestens 1 m je 750 darauf angewiesene Personen betragen; die Rettungswege müssen jedoch mindestens 1,1 m breit sein. [2] Größere Breiten können verlangt werden, wenn die Führung der Rettungswege es erfordert.

(2) Stufen von Stufengängen sollen nicht höher als 20 cm sein.

Abschnitt 6. Fliegende Bauten

§ 96 Anwendungsbereich

(1) Für fliegende Bauten gelten die besonderen Anforderungen der §§ 97 bis 102.

(2) ¹ Die Vorschriften der §§ 8 bis 13, 15 bis 29, 64, 80 bis 87, 89 bis 90 gelten sinngemäß, soweit in den §§ 77 bis 102 nichts anderes bestimmt ist. ² § 14 gilt mit der Maßgabe, daß die Sitzplätze (§ 14 Abs. 1 Satz 2) mindestens 44 cm breit sein müssen.

§ 97 Lichte Höhe

¹ Räume müssen im Mittel mindestens 3 m und dürfen an keiner Stelle weniger als 2,3 m im Lichten hoch sein. ² In Räumen mit steilansteigenden Platzreihen (§ 13 Abs. 2) muß eine lichte Höhe über der obersten Reihe von mindestens 2,8 m, in Räumen mit Rauchverbot von mindestens 2,3 m vorhanden sein. ³ In Wanderzirkussen und ähnlichen baulichen Anlagen kann im Zug der Rettungswege eine Durchgangshöhe von mindestens 2 m an den Außenwänden gestattet werden.

§ 98 Ausgänge

Ausnahmen von §§ 19 und 21 Abs. 1 können für Versammlungsstätten ohne Reihenbestuhlung gestattet werden, wenn die Platzflächen durch feste Abschrankungen in einzelne Flächen unterteilt sind; mindestens eine Seite jeder abgeschrankten Fläche muß an einem Gang liegen, der zu einem Ausgang führt.

§ 99 Treppen

Treppen, deren oberste Stufe nicht höher als 2 m über dem Fußboden des Erdgeschosses oder über dem umgebenden Gelände liegt, müssen eine Auftrittsbreite von mindestens 28 cm haben; die Stufen dürfen nicht höher als 17 cm sein.

§ 100 Baustoffe und Bauteile

¹ Die Baustoffe müssen mindestens schwerentflammbar sein; Ausnahmen können gestattet werden, wenn keine Bedenken wegen Brandgefahr bestehen. ² Im übrigen sind die bauaufsichtlichen Vorschriften über die Widerstandsfähigkeit von Bauteilen gegen Feuer nicht anzuwenden.

§ 101 Abspannvorrichtungen

Abspannvorrichtungen der Mastkonstruktionen müssen aus nichtbrennbaren Baustoffen bestehen; das gilt nicht für die Seile notwendiger Flaschenzüge.

§ 102 Feuerlösch-, Feuermelde- und Alarmeinrichtungen

(1) Feuerlöscher müssen in ausreichender Zahl vorhanden sein und gut sichtbar und leicht erreichbar angebracht werden.

(2) In der Versammlungsstätte oder in unmittelbarer Nähe müssen Einrichtungen vorhanden sein, durch die die Feuerwehr herbeigerufen und die Mitwirkenden und Betriebsangehörigen alarmiert werden können.

Abschnitt 7. Elektrische Anlagen

§ 103 Elektrische Anlagen

Die elektrischen Anlagen sind nach den anerkannten Regeln der Technik herzustellen, zu ändern, zu unterhalten und zu betreiben.

§ 104 Sicherheitsbeleuchtung

(1) [1] In Versammlungsstätten muß eine Sicherheitsbeleuchtung nach Maßgabe der folgenden Vorschriften vorhanden sein. [2] Sie muß so beschaffen sein, daß sich Besucher, Mitwirkende und Betriebsangehörige auch bei vollständigem Versagen der allgemeinen Beleuchtung bis zu öffentlichen Verkehrsflächen hin gut zurechtfinden können.

(2) Eine Sicherheitsbeleuchtung muß vorhanden sein

1. in Versammlungsräumen,
2. auf Mittel- und Vollbühnen einschließlich der Bühnenerweiterungen,
3. in mehr als 20 m² großen Umkleideräumen und in den zugehörigen Bühnenbetriebsräumen, wie Probebühnen, Chor- und Ballettübungsräumen, Orchesterproberäumen, Stimmzimmern, Aufenthaltsräumen für Mitwirkende, in Werkstätten und Magazinen, soweit letztere zugleich als Arbeitsräume dienen und mit der Versammlungsstätte im baulichen Zusammmenhang stehen,
4. in Bildwerferräumen,
5. in Schalträumen für Hauptverteilungen der elektrischen Anlagen und in den Aufstellungsräumen der Stromerzeugungsaggregate,
6. in Versammlungsstätten mit nichtüberdachten Spielflächen, die während der Dunkelheit benutzt werden,
7. in den Rettungswegen aus den unter den Nummern 1 bis 6 genannten Räumen oder Anlagen einschließlich der vorgeschriebenen Kennzeichnung (§ 21 Abs. 3).

15 VStättV § 104 Versammlungsstättenverordnung

(3) ¹ Die Sicherheitsbeleuchtung muß eine vom Versorgungsnetz unabhängige, bei Ausfall des Netzstroms sich selbsttätig innerhalb einer Sekunde einschaltende Ersatzstromquelle haben, die für einen mindestens dreistündigen Betrieb der Sicherheitsbeleuchtung ausgelegt ist. ² Wenn zum Betrieb der Sicherheitsbeleuchtung auch noch ein selbsttätig anlaufendes Stromerzeugungsaggregat vorhanden ist, so genügt es, die Ersatzstromquelle, die sich selbsttätig innerhalb einer Sekunde einschaltet, für einen einstündigen Betrieb auszulegen. ³ In Versammlungsstätten nach Absatz 2 Nr. 6 ist an Stelle der Ersatzstromquelle nach Satz 1 auch ein Stromerzeugungsaggregat zulässig, wenn es die Sicherheitsbeleuchtung während des Betriebs ständig speist.

(4) ¹ Die Sicherheitsbeleuchtung muß, soweit die Räume nicht durch Tageslicht ausreichend erhellt sind, in Betrieb sein
1. in Versammlungsräumen einschließlich der Rettungswege vom Einlaß der Besucher an,
2. auf Bühnen und in den zugehörigen Räumen und Rettungswegen vom Beginn der Bühnenarbeiten an.

² Die Sicherheitsbeleuchtung muß in Betrieb bleiben, bis die Besucher, Mitwirkenden und Betriebsangehörigen die Versammlungsstätte verlassen haben.

(5) Die Beleuchtungsstärke der Sicherheitsbeleuchtung muß mindestens betragen
1. in den Achsen der Rettungswege (§ 19 Abs. 1), an den Bühnenausgängen und in den zugehörigen Bühnenräumen 1 Lux,
2. auf Bühnen und auf Szenenflächen 3 Lux,
3. in Manegen und auf Sportrennbahnen 15 Lux,
4. in Versammlungsstätten mit nichtüberdachten Spielflächen auch für die Stehplatzflächen der Besucher 1 Lux.

(6) ¹ In Räumen, die aus betrieblichen Gründen verdunkelt werden, wie in Zuschauerräumen von Theatern und Filmtheatern, auf Bühnen und Szenenflächen und in Manegen, muß die nach Absatz 5 geforderte Beleuchtungsstärke nach Ausfall des Netzes der allgemeinen Beleuchtung vorhanden sein. ² Solange das Netz der allgemeinen Beleuchtung nicht gestört ist, braucht in diesen Räumen die Sicherheitsbeleuchtung nur so weit in Betrieb zu sein, daß auch während der Verdunkelung mindestens die Türen, Gänge und Stufen erkennbar sind.

(7) In Theatern und Filmtheatern mit nicht mehr als 200 Plätzen braucht in den Zuschauerräumen, deren Fußboden nicht mehr als 1 m über der als Rettungsweg dienenden Verkehrsfläche (§ 3 Abs. 1) liegt, die Sicherheitsbeleuchtung nur so bemessen zu sein, daß auch während der Verdunkelung mindestens die Türen, Gänge und Stufen erkennbar sind.

§ 105 Bühnenlichtstellwarten

(1) Bühnenlichtstellwarten dürfen in Versammlungsräumen nicht aufgestellt werden, es sei denn, daß in ihnen nur Steuerstromkreise geschaltet werden.

(2) [1] Im Zuschauerhaus liegende Bühnenlichtstellwarten, in denen Verbraucherstromkreise unmittelbar geschaltet werden, müssen in besonderen Räumen untergebracht werden. [2] Wände und Decken müssen mindestens feuerhemmend aus nichtbrennbaren Baustoffen sein. [3] Die Türen müssen mindestens feuerhemmend sein und die Aufschrift haben: „Zutritt für Unbefugte verboten." [4] Die Fenster gegen den Zuschauerraum sind mit Drahtglas mit punktgeschweißtem Netz zu verglasen. [5] Ein Fenster darf zum Öffnen eingerichtet sein.

(3) Für Reglerräume im Versammlungsraum gilt Absatz 2 entsprechend.

Abschnitt 8. Bauvorlagen

§ 106 Zusätzliche Bauvorlagen

(1) Die Bauvorlagen müssen Angaben enthalten über
1. die Art der Nutzung,
2. die Zahl der Besucher,
3. die erforderlichen Rettungswege und ihre Abmessungen mit rechnerischem Nachweis.

(2) Der Lageplan muß die Anordnung und den Verlauf der Rettungswege im Freien und die Bewegungsflächen für die Feuerwehr enthalten.

(3) In den Bauzeichnungen sind die Räume besonders zu kennzeichnen, für die eine Ausnahme vom Rauchverbot (§ 110) beantragt wird.

(4) [1] Die Anordnung der Sitz- und Stehplätze ist in einem besonderen Plan (Bestuhlungsplan) im Maßstab von mindestens 1:100 darzustellen. [2] Sind verschiedene Platzanordnungen vorgesehen, so ist für jede ein besonderer Bestuhlungsplan vorzulegen.

(5) Über Anlagen für Beheizung, Lüftung und Wasserversorgung, über Feuerlösch-, Feuermelde- und Alarmeinrichtungen und über elektrische und andere Sicherheitseinrichtungen sind auf Anforderung besondere Zeichnungen und Beschreibungen vorzulegen.

Teil III. Betriebsvorschriften

Abschnitt 1. Freihalten von Wegen und Flächen

§ 107 Wege und Flächen auf dem Grundstück

(1) Auf Rettungswegen und auf Bewegungsflächen für die Feuerwehr, die als solche in den zur Baugenehmigung gehörenden Bauvorlagen gekennzeichnet sind, ist es verboten, Kraftfahrzeuge oder sonstige Gegenstände abzustellen oder zu lagern.

(2) Auf die Verbote des Absatzes 1 ist durch Schilder hinzuweisen.

§ 108 Rettungswege im Gebäude

(1) Rettungswege müssen während der Betriebszeit freigehalten und während der Dunkelheit beleuchtet werden.

(2) Bewegliche Verkaufsstände dürfen an Rettungswegen nur so aufgestellt werden, daß die Rettungswege nicht eingeengt werden.

(3) [1] Während des Betriebs müssen alle Türen in Rettungswegen unverschlossen sein. [2] Rauchdichte, feuerhemmende oder feuerbeständige Türen dürfen in geöffnetem Zustand auch vorübergehend nicht festgestellt werden; sie müssen als Rettungswege gekennzeichnet sein. [3] Auf Mittel- und Vollbühnen müssen während des Betriebs auch die Türen solcher Räume, die mehr als eine Ausgangstür haben, und Verbindungstüren benachbarter Magazine unverschlossen sein.

(4) Verbindungstüren zwischen den Treppenräumen nach § 23 Abs. 3 müssen während der Veranstaltung, außer in den Pausen, verschlossen sein.

(5) Türen nach § 90 Abs. 2 müssen während der Benutzung von Turn- und Spielhallen als Versammlungsräume verschlossen sein.

(6) Abschlüsse nach § 24 Abs. 5 müssen während der Betriebszeit geöffnet und so gesichert sein, daß sie von Unbefugten nicht betätigt werden können.

Abschnitt 2. Dekorationen, Lagern von Gegenständen, Rauchverbote, Höchstzahl der Mitwirkenden

§ 109 Dekorationen und Ausstattungen

(1) [1] Dekorationen, Möbel, Requisiten, Kleider und ähnliche Gegenstände dürfen nur außerhalb der Bühne, der Bühnenerweiterungen und der sonstigen Spielfläche aufbewahrt werden; das gilt nicht für den Tagesbedarf. [2] Sind die Bühnenerweiterungen gegen die Bühne mit Brandschutzabschlüssen versehen, so dürfen auf den Bühnenerweite-

Versammlungsstättenverordnung § 109 VStättV 15

rungen auch Szenenaufbauten der laufenden Spielzeit bereitgestellt werden. ³ Auf der Bühne dürfen Dekorationen und sonstige Ausstattungsgegenstände aus leichtentflammbaren Stoffen nicht verwendet werden. ⁴ Auf Kleinbühnen und Mittelbühnen müssen sie mindestens schwerentflammbar sein; das gilt nicht für Möbel und ähnliche Gegenstände. ⁵ Scheinwerfer dürfen in der Nähe von Vorhängen und Dekorationen nicht aufgestellt werden. ⁶ Ihr Brennpunkt darf Vorhänge und Dekorationen nicht treffen. ⁷ Auf Kleinbühnen dürfen Soffitten höchstens 25 cm unter der Unterkante des Sturzes der Bühnenöffnung herabhängen.

(2) Für Mittelbühnen gilt zusätzlich folgendes: Der Szenenaufbau muß so eingerichtet werden, daß die Rettungswege und der nach § 36 Abs. 2 notwendige Gang von mindestens 1 m Breite zwischen den Umfassungswänden der Bühne und den Dekorationen nicht eingeengt werden; dieser Gang ist in voller Breite freizuhalten.

(3) Für Vollbühnen gilt zusätzlich zu Absatz 1 folgendes:
1. Der Raum unter dem Schutzvorhang ist von Dekorationen und sonstigen Gegenständen freizuhalten.
2. An den Zügen dürfen nur die für den Tagesbedarf benötigten Dekorationen hängen.
3. Der Szenenaufbau muß so eingerichtet werden, daß die Rettungswege und der nach § 44 Abs. 5 notwendige Gang von mindestens 1,5 m Breite zwischen den Umfassungswänden der Bühne und dem Rundhorizont oder den Dekorationen nicht eingeengt werden. Dieser Gang ist in voller Breite freizuhalten.

(4) ¹ Auf Vorbühnen und Szenenflächen dürfen Dekorationen und Ausstattungsgegenstände nur verwendet werden, wenn sie aus nichtbrennbaren Stoffen bestehen; das gilt nicht für Möbel und Lampen. ² Absatz 3 Nrn. 2 und 3 gelten sinngemäß. ³ Möbel und Lampen aus brennbaren Stoffen dürfen nicht an Zügen hochgezogen werden.

(5) ¹ Zum Ausstatten von Versammlungsräumen und zugehörigen Nebenräumen und von Rettungswegen (Fluren und Treppenräumen usw.) und zum Herstellen von Einbauten, Buden und ähnlichen Einrichtungen dürfen nur mindestens schwerentflammbare Stoffe verwendet werden. ² Zum Ausschmücken von Versammlungsräumen und zugehörigen Nebenräumen dürfen nur mindestens schwerentflammbare Stoffe, zum Ausschmücken von Rettungswegen nur nichtbrennbare Stoffe verwendet werden. ³ Hängende Raumdekorationen müssen mindestens 2,5 m vom Fußboden entfernt sein. ⁴ Ausschmückungen aus natürlichem Laub- oder Nadelholz dürfen sich nur, solange sie frisch sind, in den Räumen befinden.

(6) ¹ Packmaterial darf nur in Räumen mit feuerbeständigen Umfassungen und feuerhemmenden Türen aufbewahrt werden. ² Aus-

nahmen können gestattet werden, wenn keine Bedenken wegen Brandgefahr bestehen.

(7) Auf Bühnen ist das Aufbewahren von Gegenständen, die für Aufführungen nicht benötigt werden, verboten.

§ 110 Rauchen und Verwenden von offenem Feuer

(1) Das Rauchen und das Verwenden von offenem Feuer oder offenem Licht sind verboten

1. in Versammlungsräumen und den zugehörigen Nebenräumen einschließlich der Flure und Treppenräume, wenn der Versammlungsraum mit einer Vollbühne in Verbindung steht,
2. in Filmtheatern,
3. in Versammlungsräumen, die mit einer Mittelbühne in Verbindung stehen, und in Versammlungsräumen mit Szenenflächen während der Aufführung,
4. in Zirkussen,
5. in fliegenden Bauten, die Reihenbestuhlung haben oder die während der Vorführung verdunkelt werden.

(2) [1] Ausnahmen vom Rauchverbot können für Räume außerhalb des Versammlungsraums gestattet werden, wenn wegen des Brandschutzes Bedenken nicht bestehen. [2] Ausnahmen können ferner für Versammlungsräume nach Absatz 1 Nrn. 2 und 3 gestattet werden, wenn die Voraussetzungen des Satzes 1 vorliegen und

1. die Wand- und Deckenverkleidungen aus nichtbrennbaren Baustoffen und die Bezüge der Bestuhlung aus mindestens schwerentflammbaren Stoffen bestehen,
2. bei Reihenbestuhlung für zwei Sitze mindestens ein fest angebrachter Aschenbecher vorhanden ist,
3. eine ausreichende Be- und Entlüftung vorhanden ist.

[3] Wird die Ausnahme auf Teile eines Versammlungsraums (Raucherloge) beschränkt, so müssen die Teile durch Sicherheitsglas vom übrigen Raum abgetrennt sein und besonders be- und entlüftet werden. [4] Raucherlogen dürfen von den anderen Teilen des Versammlungsraums nicht betreten werden können.

(3) [1] Auf Bühnen, Vorbühnen und Szenenflächen, auf Bühnenerweiterungen, in Umkleideräumen, Werkstätten und Magazinen und in Treppenräumen und Fluren des Bühnenhauses ist das Rauchen verboten. [2] Den Darstellern kann das Rauchen während des Spiels auf Bühnen oder Szenenflächen gestattet werden, wenn es in der Rolle begründet ist. [3] Ausnahmen vom Rauchverbot können für Umkleideräume gestattet werden, wenn wegen des Brandschutzes Bedenken nicht bestehen.

Versammlungsstättenverordnung §§ 111–113 VStättV 15

(4) ¹ Offenes Feuer, offenes Licht, Feuerwerk, brennbare Flüssigkeiten, daraus hergestellte Mischungen und ähnliche feuergefährliche Stoffe dürfen auf Bühnen, Bühnenerweiterungen und auf Szenenflächen im Versammlungsraum nicht verwendet oder aufbewahrt werden. ² Ausnahmen für szenische Zwecke können gestattet werden, wenn wegen des Brandschutzes Bedenken nicht bestehen und die gleiche oder eine ähnliche szenische Wirkung durch weniger gefährliche Mittel oder Einrichtungen nicht erreicht werden kann.

(5) ¹ Auf die Verbote der Absätze 1 und 2 ist durch deutlich lesbare Anschläge in genügender Zahl hinzuweisen. ² An den Ausgängen der Räume nach Absatz 3 ist ein Anschlag anzubringen, der auf das Rauchverbot außerhalb dieser Räume hinweist.

§ 111 Höchstzahl von Personen in Umkleideräumen von Theatern

(1) ¹ Umkleideräume für Mitwirkende dürfen nur von so vielen Personen gleichzeitig benutzt werden, daß auf eine Person mindestens 3 m² Grundfläche entfallen. ² In über 12 m² großen Umkleideräumen für Mitwirkende ist an den Türen kenntlich zu machen, wieviele Personen den Raum gleichzeitig benutzen dürfen.

(2) Umkleideräume für die Betriebsangehörigen dürfen nur von so vielen Personen gleichzeitig benutzt werden, daß auf eine Person mindestens 2 m² Grundfläche entfallen.

Abschnitt 3. Reinigen der Räume, Bedienung und Wartung der technischen Einrichtungen

§ 112 Reinigung

Bühnen und Szenenflächen und ihre Dekorationen sind möglichst staubfrei zu halten und jährlich mindestens einmal gründlich zu reinigen.

§ 113 Bedienung und Wartung der technischen Einrichtungen

(1) Mit der Bedienung und Wartung bühnentechnischer Einrichtungen, Beleuchtungs-, Maschinen- und Heizungsanlagen, versenkbarer oder verschiebbarer Podien dürfen nur erfahrene und zuverlässige Personen beauftragt werden.

(2) Veränderliche Spielflächen dürfen erst in Betrieb genommen werden, wenn die für den Aufbau Verantwortlichen sie freigegeben haben.

(3) Arbeitsböden (Arbeitsbühnen) über Platzflächen dürfen während der Anwesenheit von Besuchern nur von den dafür bestimmten Personen und nur ohne Werkzeug begangen werden.

15 VStättV §§ 114–116   Versammlungsstättenverordnung

(4) ¹ Der Schutzvorhang (§ 55) muß während der Spielzeit täglich vor der ersten Vorstellung in Gegenwart der Feuerwehr durch Aufziehen und Herablassen auf seine Betriebssicherheit geprüft werden. ² Er darf vor einer Vorstellung erst aufgezogen werden, wenn die Feuersicherheitswache ihren Platz eingenommen hat. ³ Der Schutzvorhang ist nach jeder Vorstellung herabzulassen; er muß zu allen arbeitsfreien Zeiten geschlossen sein.

Abschnitt 4. Anwesenheit und Belehrung der verantwortlichen Personen

§ 114 Anwesenheit des Betreibers

Während des Betriebs von Versammlungsstätten muß der Betreiber oder ein geeigneter Beauftragter ständig anwesend sein; er ist für die Einhaltung der Betriebsvorschriften verantwortlich.

§ 115 Anwesenheit technischer Fachkräfte

(1) ¹ Auf Vollbühnen müssen während der Vorstellungen und des sonstigen technischen Betriebs ein Theatermeister und ein Beleuchtungsmeister anwesend sein. ² Sie müssen auch anwesend sein, wenn durch Instandsetzungsarbeiten mit wesentlichen Eingriffen in die technischen Einrichtungen der Bühne oder in die Beleuchtungsanlage zu rechnen ist. ³ Auf Vollbühnen mit einer Bühnenfläche bis zu 350 m² darf einer der beiden Meister, wenn er vorübergehend verhindert ist, durch einen erfahrenen Bühnenhandwerker oder Beleuchter vertreten werden; das gilt nicht für die Einrichtung, für Generalproben und für die erste Aufführung von Stücken.

(2) Für Mittelbühnen, Kleinbühnen und Szenenflächen bestimmt die untere Bauaufsichtsbehörde auf Grund der Größe der Bühne oder Szenenfläche und der vorhandenen bühnen- und beleuchtungstechnischen Einrichtungen, ob während der Vorstellung oder während des sonstigen technischen Betriebs Bühnenmeister, Beleuchtungsmeister und sonstige Fachkräfte anwesend sein müssen.

(3) Theatermeister und Beleuchtungsmeister müssen im Besitz eines Befähigungszeugnisses nach den Vorschriften über technische Bühnenvorstände sein.

(4) Auf Kunsteisfeldern und Kunsteisbahnen, für deren Eisherstellung die in § 84 Abs. 3 und § 93 Abs. 4 genannten Kältemittel verwendet werden, muß eine mit der Anlage vertraute Person während des Betriebs anwesend sein.

§ 116 Feuersicherheitswache

(1) Eine Feuersicherheitswache muß anwesend sein
1. für jede Vorstellung und für jede Generalprobe mit und ohne Zu-

schauer auf Vollbühnen, auf Mittelbühnen sowie auf Szenenflächen mit einer Grundfläche über 200 m²;

2. für zirzensische Vorführungen auf Spielflächen innerhalb von Versammlungsräumen;

3. für Vorführungen mit Fahrzeugen mit Verbrennungsmotor innerhalb von Versammlungsräumen.

(2) Im übrigen kann eine Feuersicherheitswache verlangt werden, wenn es zur Gefahrenabwehr erforderlich ist.

(3) Die Feuersicherheitswache wird von der Feuerwehr gestellt.

(4) Den Anordnungen der Feuersicherheitswache ist zu folgen.

§ 117 Wachdienst

¹ In Versammlungsstätten mit Vollbühne und in Zirkussen muß während der Spielzeit ein ständiger Wachdienst bestehen. ² Ein Wächter braucht in der Zeit nicht anwesend zu sein, in der die Feuersicherheitswache anwesend ist.

§ 118 Belehrung der Mitwirkenden und Betriebsangehörigen

Die Mitwirkenden und Betriebsangehörigen sind bei Beginn des Arbeitsverhältnisses und danach jährlich mindestens einmal, nicht ständig Mitwirkende während der ersten Anwesenheit in der Versammlungsstätte, zu belehren über

1. die Bedienung der Feuermeldeeinrichtung und der Sicherheitsbeleuchtung,

2. das Verhalten bei Brand oder Panik,

3. die Betriebsvorschriften.

Abschnitt 5. Sonstige Betriebsvorschriften

§ 119 Probe vor Aufführungen

(1) ¹ Auf Vollbühnen und Mittelbühnen und auf Szenenflächen mit einer Grundfläche von über 200 m² muß vor jeder ersten Aufführung und vor jeder Neuaufführung eines Stücks eine nichtöffentliche Probe mit vollem Szenenaufbau und voller Beleuchtung stattfinden. ² Diese Probe ist der unteren Bauaufsichtsbehörde mindestens 24 Stunden vorher anzuzeigen. ³ Beabsichtigte wesentliche Änderungen des Szenenaufbaus nach der Probe sind der zuständigen Behörde rechtzeitig anzuzeigen.

(2) Die untere Bauaufsichtsbehörde kann auf die Probe verzichten, wenn es nach der Art des Stücks oder nach dem Umfang des Szenenaufbaus unbedenklich ist.

§ 120 Bestuhlungsplan

¹ Eine Ausfertigung des für die jeweilige Nutzung genehmigten Bestuhlungsplans ist in der Nähe des Haupteingangs eines jeden Versammlungsraums gut sichtbar anzubringen. ² Die hierin festgelegte Ordnung darf nicht geändert, in dem Plan nicht vorgesehene Plätze dürfen nicht geschaffen werden.

Abschnitt 6. Filmvorführungen

Unterabschnitt 1. Filmvorführungen mit Sicherheitsfilm

§ 121 Verwendung und Aufbewahrung von Sicherheitsfilm

(1) Im Versammlungsraum dürfen nur die für eine Vorführung benötigten Filmrollen in ihren Behältern gelagert werden.

(2) ¹ Im Bildwerferraum und den zugehörigen Betriebsräumen dürfen nur Gegenstände gelagert oder vorrübergehend abgestellt werden, die für die Vorführung benötigt werden. ² Kleidungsstücke dürfen im Bildwerferraum nur in Schränken untergebracht werden. ³ Mehr als 30 g leichtentzündlicher Filmklebestoff darf im Bildwerferraum nicht vorhanden sein.

(3) Das Betreten des Bildwerferraums und der zugehörigen Betriebsräume ist für Unbefugte verboten.

(4) Die Rettungswege aus den Bildwerferräumen sind ständig freizuhalten.

§ 122 Aushänge und Aufschriften

(1) Die Betriebsvorschriften sind im Bildwerferraum an gut sichtbarer Stelle anzubringen.

(2) An der Außenseite der Tür zum Bildwerferraum oder zum Nebenraum ist die Aufschrift anzubringen: ,,Zutritt für Unbefugte verboten".

Unterabschnitt 2. Filmvorführungen mit Zellhornfilm

§ 123 Verwendung und Aufbewahrung von Zellhornfilm

(1) Für Vorführungen mit Zellhornfilm gelten die §§ 121, 122 und die folgenden Vorschriften.

(2) Das selbsttätige Vorführen von Zellhornfilmen ist verboten.

(3) Der Vorführer darf seinen Platz am Bildwerfer nicht verlassen und die Umwickelvorrichtung nicht bedienen, solange die Bildwerfer in Betrieb sind.

(4) ¹ Im Bildwerferraum darf höchstens der Tagesbedarf an Zellhornfilmen aufbewahrt werden. ² Er muß mit Ausnahme je einer

Filmrolle, die sich in den Bildwerfern und auf der Umwickelvorrichtung befinden dürfen, in einem besonderen Behälter (Filmschrank) untergebracht sein. ³ Ein darüber hinausgehender Bestand muß außerhalb des Versammlungsraums, des Bildwerferraums oder elektrischer Betriebsräume in den Transportkartons verschlossen aufbewahrt werden.

(5) ¹ Der Filmschrank muß in möglichst großer Entfernung von den Bildwerfern und in mindestens 1 m Höhe über dem Fußboden angebracht werden. ² Er muß aus Hartholz bestehen und in abgeschlossene Fächer für jede Filmrolle eingeteilt sein.

(6) ¹ Filmschrank und Umwickelvorrichtung dürfen sich nicht im Rettungsweg für den Vorführer befinden und müssen von Heizkörpern, Feuerstätten und Heizgeräten mindestens 1 m entfernt sein. ² Die Umwickelvorrichtung muß von den Bildwerfern einen Abstand von mindestens 1,5 m haben und darf sich nicht unmittelbar unter dem Filmschrank befinden.

(7) ¹ Zellhornfilme müssen auf Spulen aus nichtbrennbaren Stoffen aufgewickelt sein. ² Zellhornfilme dürfen nicht in der Nähe des Bildwerfers abgelegt werden.

(8) Solange sich Zellhornfilme im Bildwerferraum befinden, ist es in diesem und in den mit ihm verbundenen Nebenräumen verboten, Zündhölzer, Feuerzeuge und Kochgeräte zu benutzen.

Teil IV. Prüfungen, weitere Anforderungen, Ordnungswidrigkeiten, Schlußvorschriften

§ 124 Prüfungen

(1) ¹ Der Betreiber der Versammlungsstätte hat die Rauchabzugseinrichtungen, die Feuerlösch-, Feuermelde- und Alarmeinrichtungen, den Schutzvorhang und die Blitzschutzanlage vor Inbetriebnahme und dann jährlich, die Lüftungsanlagen vor Inbetriebnahme und dann mindestens einmal innerhalb von zwei Jahren durch einen Sachverständigen prüfen zu lassen.* ² Der Feuerwehr ist Gelegenheit zu geben, an der Prüfung der Rauchabzugseinrichtungen und der Feuerlösch- und Feuermeldeeinrichtungen teilzunehmen.

(2) ¹ Der Betreiber hat die elektrischen Anlagen vor der Inbetriebnahme durch einen Sachverständigen prüfen zu lassen. ² Das gilt auch, bevor die Anlage nach einer wesentlichen Änderung wieder in Betrieb genommen werden soll. ³ Die Prüfung ist alle zwei Jahre zu

---

* Bek. über den Vollzug der GaV, der VStättV und der WaV; Prüfung von elektrischen Anlagen und anderen technischen Einrichtungen durch Sachverständige vom 2. 3. 1977 (MABl. S. 139).

wiederholen. ⁴ In Versammlungsstätten mit Vollbühne, mit Mittelbühne von mehr als 100 m² Grundfläche, in Versammlungsräumen mit einer Szenenfläche von mehr als 200 m² Grundfläche und in ortsfesten Zirkussen sind die wiederkehrenden Prüfungen jährlich vorzunehmen. ⁵ Im Einzelfall kann die untere Bauaufsichtsbehörde kürzere Fristen festsetzen, wenn es zur Gefahrenabwehr erforderlich ist.

(3) Treten an Anlagen, die in den Absätzen 1 und 2 genannt sind, Schadensfälle auf, kann die untere Bauaufsichtsbehörde im Einzelfall weitere Prüfungen anordnen.

(4) ¹ Für die Prüfungen hat der Betreiber die nötigen Vorrichtungen und fachlich geeigneten Arbeitskräfte bereitzustellen und die erforderlichen Unterlagen bereitzuhalten. ² Für die Prüfung der elektrischen Anlagen sind erforderlich

1. ein Schaltplan der allgemeinen Stromverteilung,
2. ein Schaltplan der Sicherheitsbeleuchtung,
3. ein in maßstäbliche Grundrißpläne aller Geschosse eingetragener Installationsplan, der erkennen läßt
    a) die Lage aller elektrischen Betriebsräume und Verteilungen,
    b) die Lage der Sicherheitsleuchten mit ihrer Nummernbezeichnung und Leistung in Watt,
    c) die Lage der Schaltstellen für die Sicherheitsbeleuchtung,
    d) die Lage der Bereichsschalter,
    e) die Lage vom ,,Schalter Bildwerferraum".

(5) Der Betreiber hat dem Sachverständigen den Zugang zu den Anlagen zu gestatten; er hat den Bericht des Sachverständigen der unteren Bauaufsichtsbehörde vorzulegen.

(6) Der Betreiber hat die von den Sachverständigen bei den Prüfungen festgestellten Mängel unverzüglich zu beseitigen und die Beseitigung der unteren Bauaufsichtsbehörde mitzuteilen.

(7) Die untere Bauaufsichtsbehörde hat zu prüfen

1. Versammlungsstätten mit Vollbühne mindestens einmal jährlich,
2. Versammlungsstätten mit Mittel- und Kleinbühne, mit Szenenflächen, Versammlungsstätten für Filmvorführungen und Versammlungsstätten mit einem Fassungsvermögen von mehr als 1000 Besuchern in Abständen von längstens drei Jahren,
3. alle übrigen Versammlungsstätten in Abständen von längstens fünf Jahren.

§ 125 Einstellen des Betriebs

Der Betreiber ist verpflichtet, den Betrieb der Versammlungsstätte einzustellen, wenn die für die Sicherheit der Versammlungsstätte notwendigen Anlagen, Vorrichtungen oder Einrichtungen nicht betriebsfähig sind.

§ 126 Weitere Anforderungen

¹ Weitere Anforderungen als nach dieser Verordnung können gestellt werden, wenn es zur Gefahrenabwehr im Einzelfall erforderlich ist. ² Das gilt insbesondere für das Aufstellen von Tischen, Stühlen, Ständen, für Einbauten, für die Sicherung der Rettungswege und für die Beleuchtung.

§ 127 Anwendung der Betriebsvorschriften auf bestehende Versammlungsstätten

(1) Auf die im Zeitpunkt des Inkrafttretens der Verordnung bestehenden Versammlungsstätten sind die Betriebsvorschriften dieser Verordnung entsprechend anzuwenden.

(2) ¹ Die Fristen nach § 124 Abs. 1, 2 und 7 rechnen für bestehende Versammlungsstätten von dem Zeitpunkt, an dem die Anlagen, Vorrichtungen und Einrichtungen nach den bisher geltenden Vorschriften letztmalig geprüft worden sind. ² Bestanden bisher solche Vorschriften nicht, so sind die Anlagen, Vorrichtungen und Einrichtungen erstmals innerhalb eines Jahres nach Inkrafttreten dieser Verordnung zu prüfen.

§ 128 Vorübergehende Verwendung von Räumen

¹ Sollen Lichtspielvorführungen, Theateraufführungen und sonstige Schaustellungen vor mehr als 100 Besuchern in Räumen durchgeführt werden, die nicht den Vorschriften der Verordnung entsprechen, ist dafür eine Genehmigung notwendig. ² Die Genehmigung ist nur zu erteilen, wenn die Räume nur vorübergehend für diesen Zweck verwendet werden und keine Bedenken wegen Brandgefahr und wegen Gefahren für Leben oder Gesundheit bestehen. ³ Die Betriebsvorschriften gelten entsprechend.

§ 129 Ordnungswidrigkeiten

(1) Nach Art. 89 Abs. 1 Nr. 10 BayBO kann mit Geldbuße bis zu einhunderttausend Deutsche Mark belegt werden, wer vorsätzlich oder fahrlässig

1. entgegen § 107 Abs. 1 auf Rettungswegen oder auf Bewegungsflächen für die Feuerwehr Kraftfahrzeuge oder sonstige Gegenstände abstellt oder lagert,
2. entgegen § 108 Abs. 1 Rettungswege während der Betriebszeit nicht freihält und während der Dunkelheit nicht beleuchtet,
3. entgegen § 108 Abs. 3 Türen verschließt oder feststellt,

4. entgegen § 109 Abs. 1 Sätze 3 und 4 und Abs. 5 andere als die dort genannten Stoffe verwendet,
5. entgegen § 109 Abs. 4 Satz 1 andere als nichtbrennbare Dekorationen oder Ausstattungsgegenstände verwendet,
6. entgegen § 115 Abs. 4 den Betrieb von Kunsteisbahnen zuläßt, ohne daß eine mit der Anlage vertraute Person anwesend ist,
7. entgegen § 120 Satz 2 die in dem Bestuhlungsplan festgelegte Ordnung ändert oder in dem Plan nicht vorgesehene Plätze schafft,
8. entgegen § 125 den Betrieb der Versammlungsstätte nicht einstellt,
9. entgegen § 128 Räume ohne Genehmigung verwendet,
10. entgegen § 124 Abs. 1 bis 3 die vorgeschriebenen oder angeordneten Prüfungen nicht oder nicht rechtzeitig durchführen läßt.

(2) Nach Art. 38 Abs. 4 LStVG* kann mit Geldbuße belegt werden, wer vorsätzlich oder fahrlässig

1. entgegen § 109 Abs. 1 Satz 1 Dekorationen, Möbel, Requisiten, Kleider oder ähnliche Gegenstände auf der Bühne, den Bühnenerweiterungen oder den sonstigen Spielflächen aufbewahrt,
2. entgegen § 109 Abs. 4 Satz 3 Möbel oder Lampen aus brennbaren Stoffen an Zügen hochzieht,
3. entgegen § 110 Abs. 1, 3 und 4 raucht, offenes Feuer oder offenes Licht verwendet oder brennbare Flüssigkeiten lagert oder aufbewahrt,
4. entgegen § 114 während des Betriebs einer Versammlungsstätte als Betreiber oder als Beauftragter nicht ständig anwesend ist,
5. entgegen § 115 Abs. 1 und 2 den Betrieb von Bühnen oder Szenenflächen zuläßt, ohne daß die in diesen Vorschriften genannten oder von der Bauaufsichtsbehörde bestimmten Personen anwesend sind,
6. entgegen § 116 Abs. 1 und 2 den Betrieb einer Anlage zuläßt, ohne daß eine Feuersicherheitswache anwesend ist,
7. entgegen § 116 Abs. 4 den Anordnungen der Feuersicherheitswache nicht Folge leistet,
8. entgegen § 121 im Versammlungsraum mehr Filmrollen als zulässig lagert,
9. entgegen § 123 Abs. 8 Zündhölzer, Feuerzeuge oder Kochgeräte benutzt.

§ 130 *(gegenstandslos)*

§ 131 Zuständigkeiten

Diese Verordnung wird auch insoweit von der unteren Bauauf-

---

* Abgedruckt unter Nr. 26.

sichtsbehörde vollzogen, als sich deren Zuständigkeit nicht schon aus der Bayerischen Bauordnung ergibt.

§ 132 Inkrafttreten
[1] Diese Verordnung tritt am 1. Januar 1970 in Kraft.* [2] Sie tritt am 31. Dezember 1990 außer Kraft.

---

* Betrifft die ursprüngliche Fassung vom 7. 8. 1969 (GVBl. S. 293).

16. Verordnung über den Bau von Gast- und Beherbergungsstätten (Gaststättenbauverordnung – GastBauV)

Vom 13. August 1986 (GVBl. S. 304, BayRS 2132-1-19-I)

Auf Grund des Art. 90 Abs. 1 Nrn. 3 und 4 der Bayerischen Bauordnung (BayBO) erläßt das Bayerische Staatsministerium des Innern folgende Verordnung:

Inhaltsübersicht

Abschnitt I. Allgemeine Vorschriften

§ 1 Geltungsbereich
§ 2 Begriffe
§ 3 Allgemeine Anforderungen
§ 4 Bauliche Maßnahmen für besondere Personengruppen

Abschnitt II. Baustoffe, Bauteile, Rettungswege

§ 5 Wände
§ 6 Decken
§ 7 Wand- und Deckenverkleidungen, Dämmstoffe
§ 8 Rettungswege im Gebäude
§ 9 Ausgänge
§ 10 Flure als Rettungswege
§ 11 Treppen und Treppenräume
§ 12 Türen

Abschnitt III. Haustechnische Anlagen

§ 13 Lüftung
§ 14 Rauchabführung
§ 15 Elektrische Anlagen, Sicherheitsbeleuchtung
§ 16 Feuerlösch-, Brandmelde- und Alarmeinrichtungen

Abschnitt IV. Anforderungen an Räume

§ 17 Gasträume
§ 18 Beherbergungsräume, Schlafräume für Betriebsangehörige
§ 19 Toilettenanlagen
§ 20 Küchen-, Schank- und Vorratsräume

Abschnitt V. Betriebsvorschriften

§ 21 Pflichten des Betreibers
§ 22 Rettungswege, Sicherheitsbeleuchtung
§ 23 Ausschmückungen, Abfallstoffe
§ 24 Toilettenanlagen
§ 25 Übersichtsplan, Brandschutzordnung

Abschnitt VI. Zusätzliche Bauvorlagen, Prüfungen

§ 26 Zusätzliche Bauvorlagen
§ 27 Prüfungen

Abschnitt VII. Schlußvorschriften

§ 28 Anwendung der Vorschriften auf bestehende Gaststätten und Beherbergungsstätten

Gaststättenbauverordnung §§ 1–3 GastBauV **16**

§ 29 Ausnahmen
§ 30 Ordnungswidrigkeiten
§ 31 Inkrafttreten

Abschnitt I. Allgemeine Vorschriften

§ 1 Geltungsbereich

(1) Die Vorschriften dieser Verordnung gelten für den Bau und Betrieb von nach dem Gaststättengesetz erlaubnispflichtigen

1. Gaststätten mit Governments oder mit Gastplätzen im Freien und
2. Beherbergungsstätten mit mehr als 8 Gastbetten.

(2) [1] Die §§ 3, 5 bis 8, 9 Abs. 1, §§ 10 bis 12, 13 Abs. 4, §§ 14 bis 16, 21 bis 23, 25 bis 27, 29 und 30 gelten ferner für den Bau und Betrieb von nicht nach dem Gaststättengesetz erlaubnispflichtigen

1. Gaststätten mit mehr als 60 Gastplätzen und
2. Beherbergungsstätten mit mehr als 30 Gastbetten.

[2] Für Betriebs- und Behördenkantinen in baulichen Anlagen besonderer Art oder Nutzung im Sinn des Art. 52 BayBO gilt Satz 1 nur für die Gasträume, Küchen- und Vorratsräume, nicht für die übrigen Teile der baulichen Anlage.

(3) Die Vorschriften dieser Verordnung gelten nicht für Berghütten, Kantinen auf Baustellen, fliegende Bauten, vorübergehend eingerichtete Gast- und Beherbergungsstätten und nach dem Gaststättengesetz erlaubnisfreie Straußwirtschaften.

§ 2 Begriffe

(1) Gaststätten sind bauliche Anlagen oder Teile baulicher Anlagen, die zum Verzehr von Speisen oder Getränken bestimmt sind.

(2) Beherbergungstätten sind bauliche Anlagen oder Teile baulicher Anlagen, die zur Beherbergung von Gästen bestimmt sind.

(3) Gasträume sind Räume zum Verzehr von Speisen oder Getränken, auch wenn die Räume außerdem für Veranstaltungen oder sonstige Zwecke bestimmt sind.

(4) Beherbergungsräume sind Wohn- oder Schlafräume für Gäste.

(5) Gastplätze sind Sitz- oder Stehplätze für Gäste.

(6) Gastbetten sind die für eine regelmäßige Beherbergung eingerichteten Schlafstätten.

§ 3 Allgemeine Anforderungen

(1) [1] Gäste und Betriebsangehörige müssen unmittelbar oder zügig über Flächen des Grundstücks, die nicht anderweitig genutzt werden

dürfen (als Rettungswege dienende Verkehrsflächen), auf eine öffentliche Verkehrsfläche gelangen können. [2] Für die Breite der Rettungswege gilt § 8 Abs. 3.

(2) [1] Gaststätten mit mehr als 400 Gastplätzen und Beherbergungsstätten, die in Obergeschossen mehr als 60 Gastbetten haben, müssen von öffentlichen Verkehrsflächen insbesondere für die Feuerwehr eine Zu- oder Durchfahrt haben
1. zur Vorderseite rückwärtiger Gebäude,
2. zur Rückseite von Gebäuden, wenn eine Rettung von Menschen außer vom Treppenraum nur von der Gebäuderückseite möglich ist.

[2] Die Zu- oder Durchfahrt muß eine lichte Höhe von mindestens 3,50 m haben und mindestens 3,50 m breit sein.

§ 4 Bauliche Maßnahmen für besondere Personengruppen

[1] Unbeschadet Art. 51 Abs. 1 und 2 BayBO sind Gaststätten mit mehr als 400 Gastplätzen so herzustellen, daß Behinderte, alte Menschen und Personen mit Kleinkindern mindestens 1 Geschoß entsprechend benutzen oder aufsuchen können. [2] Art. 51 Abs. 3 und 4 BayBO und § 15 der Verordnung zur Durchführung der Bayerischen Bauordnung – DVBayBO – (BayRS 2132-1-1-I) gelten entsprechend.

Abschnitt II. Baustoffe, Bauteile, Rettungswege

§ 5 Wände

(1) Tragende und aussteifende Wände und ihre Unterstützungen sind in Gebäuden mit mehr als einem Vollgeschoß feuerbeständig herzustellen.

(2) [1] Trennwände zwischen Gaststätten oder Beherbergungsstätten und betriebsfremden Räumen müssen in Gebäuden mit mehr als einem Vollgeschoß feuerbeständig sein. [2] Türen in diesen Wänden müssen mindestens feuerhemmend sein.

§ 6 Decken

Decken und ihre Unterstützungen sind bei Gebäuden mit mehr als einem Vollgeschoß feuerbeständig herzustellen, wenn sich darüber noch Aufenthaltsräume befinden.

§ 7 Wand- und Deckenverkleidungen, Dämmstoffe

(1) [1] Verkleidungen von Wänden dürfen aus normal- oder schwerentflammbaren Baustoffen bestehen, wenn die Verkleidung unmittelbar auf der Wand aufgebracht ist. [2] Sonstige Verkleidungen an Wänden in Gasträumen müssen einschließlich der Unterkonstruktionen,

Gaststättenbauverordnung § 8 **GastBauV 16**

Halterungen und Befestigungen aus mindestens schwerentflammbaren Baustoffen hergestellt werden; Verkleidungen aus normalentflammbaren Baustoffen sind zulässig, wenn keine Bedenken wegen des Brandschutzes bestehen. ³ Dämmstoffe müssen aus nichtbrennbaren Baustoffen bestehen.

(2) ¹ Verkleidungen von Decken in Galräumen dürfen einschließlich der Unterkonstruktionen, Halterungen und Befestigungen aus normalentflammbaren Baustoffen bestehen. ² Dämmstoffe müssen aus nichtbrennbaren Baustoffen bestehen.

(3) In Gebäuden mit mehr als einem Vollgeschoß müssen Wand- und Deckenverkleidungen einschließlich der Unterkonstruktionen, Halterungen und Befestigungen sowie Dämmstoffe in Treppenräumen aus nichtbrennbaren Baustoffen, in Fluren aus mindestens schwerentflammbaren Baustoffen bestehen, wenn sie als Rettungsweg einer Gaststätte dienen.

§ 8 Rettungswege im Gebäude

(1) Gänge in Gasträumen, Ausgänge zu den Fluren, Flure, Treppen und andere Ausgänge (Rettungswege) müssen in solcher Anzahl und Breite vorhanden und so verteilt sein, daß Gäste und Betriebsangehörige auf kürzestmöglichem Weg leicht und gefahrlos ins Freie auf Verkehrsflächen gelangen; die Anforderungen an die Rettungswege ergeben sich im einzelnen aus den §§ 9 bis 12.

(2) ¹ Von jedem Gastplatz darf der Weg zu einem Gang, der als Rettungsweg dient, nicht länger als 5 m sein. ² Bei Gasträumen mit mehr als 200 Gastplätzen sind größere Entfernungen als nach Art. 34 Abs. 2 Satz 1 BayBO zulässig; die Entfernung von einem Gastplatz bis zum nächsten Ausgang im Gastraum darf jedoch nicht länger als 25 m sein.

(3) ¹ Die lichte Breite eines jeden Teils von Rettungswegen muß 1 m je 150 darauf angewiesene Personen betragen. ² Zwischenwerte sind zulässig. ³ Die lichte Mindestbreite muß jedoch betragen für

Gänge in Gasträumen	80 cm,
Türen	90 cm,
Flure und alle übrigen Rettungswege	100 cm.

(4) Die erforderliche Mindestbreite von Rettungswegen darf durch geöffnete Türen und feste Einbauten, wie Verkaufsstände, Spielgeräte, Automaten, Wandtische, Wandsitze, Bordbretter und Kleiderablagen, nicht eingeengt werden.

(5) Bei mehreren Benutzungsarten sind die Rettungswege nach der größtmöglichen Personenzahl zu berechnen.

(6) Haben mehrere, in verschiedenen Geschossen gelegene Galräume gemeinsame Rettungswege, so sind bei der Berechnung die Räume

des Geschosses mit der größten Personenzahl ganz, die Räume der übrigen Geschosse nur zur Hälfte zugrunde zu legen.

(7) ¹ Rettungswege von Gaststätten mit mehr als 400 Gastplätzen oder in Beherbergungsstätten mit mehr als 60 Gastbetten sowie Türen zu Treppenräumen sind durch beleuchtbare Schilder zu kennzeichnen. ² Bei kleineren Gaststätten und Beherbergungsstätten kann die Kennzeichnung der Rettungswege verlangt werden; es kann verlangt werden, daß die Schilder beleuchtbar sind.

(8) Fußbodenbeläge in Fluren und Treppenräumen in Gebäuden mit mehr als zwei Vollgeschossen müssen mindestens schwerentflammbar sein.

§ 9 Ausgänge

(1) Galsträume, die einzeln mehr als 200 Gastplätze haben, und Galsträume in Kellergeschossen müssen mindestens zwei möglichst entgegengesetzt gelegene Ausgänge unmittelbar ins Freie, auf Flure oder in Treppenräume haben, wovon ein Ausgang über einen anderen Gastraum führen darf.

(2) Es kann verlangt werden, daß Ausgänge ins Freie insbesondere bei Gaststätten mit regelmäßigen Musikdarbietungen mit Schallschutzschleusen ausgestattet werden.

§ 10 Flure als Rettungswege

(1) ¹ Flure von Galsträumen mit zusammen mehr als 200 Gastplätzen müssen mindestens zwei Ausgänge ins Freie oder zu notwendigen Treppen haben. ² Von jeder Stelle des Flurs muß ein solcher Ausgang in höchstens 30 m Entfernung erreichbar sein.

(2) Wände von Fluren in Gebäuden mit mehr als einem Vollgeschoß sind mindestens feuerhemmend und in den wesentlichen Teilen aus nichtbrennbaren Baustoffen, in Gebäuden mit mehr als fünf Vollgeschossen feuerbeständig herzustellen.

(3) Befinden sich im Kellergeschoß Galsträume, so müssen in Fluren die Türen zu Räumen, die nicht von Gästen benutzt werden, mindestens feuerhemmend sein.

(4) ¹ Einzelne Stufen im Zuge von Fluren sind unzulässig. ² Eine Folge von drei oder mehr Stufen ist zulässig, wenn sie eine Stufenbeleuchtung oder eine Beleuchtung von oben hat. ³ Für das Steigungsverhältnis der Stufen gilt § 11 Abs. 2.

§ 11 Treppen und Treppenräume

(1) Jedes nicht zu ebener Erde gelegene Geschoß mit mehr als 30 Gastbetten oder mit Galsträumen, die einzeln oder zusammen mehr als 200 Gastplätze haben, muß über mindestens zwei voneinander unab-

Gaststättenbauverordnung § 12 GastBauV **16**

hängige Treppen oder eine Treppe in einem Sicherheitstreppenraum zugänglich sein (notwendige Treppen).

(2) ¹ Stufen von Treppen zu Geschossen mit Gasträumen, die dem allgemeinen Besucherverkehr dienen, müssen eine Auftrittsbreite von mindestens 28 cm haben und dürfen nicht höher als 17 cm sein; bei gebogenen Läufen darf die Auftrittsbreite der Stufen an der schmalsten Stelle nicht kleiner als 23 cm sein. ² Treppen müssen auf beiden Seiten feste Handläufe ohne freie Enden haben. ³ Es kann verlangt werden, die Handläufe über alle Stufen und Treppenabsätze fortzuführen.

(3) Türen zwischen Gasträumen mit mehr als 200 Gastplätzen und Treppenräumen müssen mindestens feuerhemmend sein.

(4) ¹ Abweichend von Art. 34 Abs. 3 Satz 1 BayBO darf in Gebäuden mit mehreren notwendigen Treppen ein Treppenraum über eine Halle mit dem Freien verbunden sein. ² Die Entfernung von der Treppe bis ins Freie darf nicht mehr als 20 m betragen. ³ Es kann verlangt werden, daß die Halle durch feuerbeständige Wände von anderen Räumen zu trennen ist und Öffnungen zu diesen Räumen feuerhemmende Türen haben. ⁴ Öffnungen zu allgemein zugänglichen Fluren müssen dicht- und selbstschließende Türen haben. ⁵ Glasfüllungen in diesen Türen müssen aus mindestens 6 mm dickem Drahtglas mit verschweißtem Netz oder aus entsprechend widerstandsfähigem Glas bestehen. ⁶ Auskunftsstellen, Kleiderablagen, Verkaufsstände und Verkaufsräume können in die Halle einbezogen werden.

(5) Führt der Ausgang aus Treppenräumen über Flure ins Freie, so sind die Flure gegen andere Räume feuerbeständig abzutrennen; Öffnungen sind mit mindestens feuerhemmenden Türen zu versehen.

§ 12 Türen

(1) ¹ Türen im Zuge von Rettungswegen müssen in Fluchtrichtung aufschlagen. ² Türen zu Treppenräumen sind so anzuordnen, daß sie beim Öffnen und im geöffneten Zustand die erforderliche Laufbreite nicht einengen.

(2) ¹ Drehtüren, Hebetüren und Schiebetüren sind in Rettungswegen unzulässig. ² Pendeltüren, außer zwischen Gasträumen und Küchen, müssen Bodenschließer haben. ³ Automatische Schiebetüren können für Ausgänge ins Freie verwendet werden, wenn sie sich in jeder Stellung in Fluchtrichtung als Drehflügeltüren benutzen lassen. ⁴ Türen müssen während der Betriebszeit von innen mit einem einzigen Griff von oben nach unten oder durch Druck leicht in voller Breite zu öffnen sein.

Abschnitt III. Haustechnische Anlagen

§ 13 Lüftung

(1) Governing Gasträume und andere Aufenthaltsräume müssen die für eine ausreichende Lüftung erforderlichen Einrichtungen haben.

(2) [1] Durch die raumlufttechnischen Anlagen (RLT-Anlagen) muß für jeden Gastplatz eine stündliche Außenluftrate von mindestens 20 m^3, in Räumen, in denen geraucht werden darf, von mindestens 30 m^3, gesichert sein. [2] Anlagen zur Belüftung von Gaststätten mit regelmäßigen Musikdarbietungen müssen schallgedämmt sein. [3] Lüftungsleitungen müssen aus nichtbrennbaren Baustoffen bestehen; § 12 DVBayBO bleibt unberührt.

(3) Koch- und Grilleinrichtungen sollen Abzüge haben, die Wrasen und Dünste unmittelbar absaugen und so ins Freie abführen, daß die Bewohner des Grundstücks und der Nachbargrundstücke nicht erheblich belästigt werden.

(4) [1] Lüftungsleitungen, durch die stark fetthaltige Luft abgeführt wird, wie von Koch- und Grilleinrichtungen, sind durch auswechselbare Fettfilter gegen Fettablagerung zu schützen. [2] Sie sind von anderen Lüftungsleitungen zu trennen. [3] Reinigungsöffnungen können verlangt werden.

§ 14 Rauchabführung

(1) [1] Gasträume mit mehr als 400 Gastplätzen ohne öffenbare Fenster und Gasträume in Kellergeschossen müssen Rauchabzugsöffnungen mit einem lichten Gesamtquerschnitt von mindestens 0,5 v. H. ihrer Grundfläche haben; um erhebliche Gefahren oder Nachteile im Sinn des Art. 3 Abs. 1 Satz 1 BayBO zu verhüten, können solche Rauchabzugsöffnungen bei mehr als 200 Gastplätzen verlangt werden. [2] Die Rauchabzugsöffnungen können in der Decke oder in den Wänden liegen. [3] Die Vorrichtung zum Öffnen der Rauchabzüge muß an einer jederzeit zugänglichen Stelle des Gastraums liegen und an der Bedienungsstelle die Aufschrift ,,Rauchabzug" haben. [4] An der Bedienungsvorrichtung muß erkennbar sein, ob der Rauchabzug offen oder geschlossen ist.

(2) [1] Rauchabzugsleitungen müssen aus nichtbrennbaren Baustoffen bestehen. [2] Führen die Leitungen durch Decken, so müssen sie nach ihrer Feuerwiderstandsdauer der Bauart der Decken entsprechen. [3] Rauchabzugsleitungen sollen senkrecht bis ins Freie geführt werden.

(3) Alle beweglichen Teile von Rauchabzügen müssen leicht bewegt und geprüft werden können.

(4) Es ist zulässig, den Rauch über eine Lüftungsanlage mit Ventilator abzuführen, wenn diese auch im Brandfall wirksam ist.

§ 15 Elektrische Anlagen, Sicherheitsbeleuchtung

(1) [1] In Gaststätten mit mehr als 400 Gastplätzen oder in Beherbergungsstätten mit mehr als 60 Gastbetten muß zur Beleuchtung von Governor Fluren, Treppenräumen, Ausgängen und anderen Rettungswegen eine Sicherheitsbeleuchtung vorhanden sein, die gewährleistet, daß sich Gäste und Betriebsangehörige auch bei vollständigem Versagen der allgemeinen Beleuchtung bis zu öffentlichen Verkehrsflächen hin gut zurechtfinden können. [2] Für kleinere Gast- und Beherbergungsstätten kann eine Sicherheitsbeleuchtung verlangt werden, wenn dies wegen mangelnder Übersichtlichkeit erforderlich ist.

(2) [1] Die Sicherheitsbeleuchtung muß eine vom Versorgungsnetz unabhängige, bei Ausfall des Netzstroms sich selbsttätig innerhalb einer Sekunde einschaltende Ersatzstromquelle haben, die für einen mindestens einstündigen Betrieb ausgelegt ist. [2] Um erhebliche Gefahren oder Nachteile im Sinn des Art. 3 Abs. 1 Satz 1 BayBO zu verhüten, kann eine längere Betriebsdauer verlangt werden. [3] Für Beherbergungsbetriebe kann als Ersatzstromquelle auch ein bei Ausfall der allgemeinen Stromversorgung selbsttätig sich mindestens innerhalb von 15 Sekunden einschaltendes Stromerzeugungsaggregat verwendet werden.

(3) Die Beleuchtungsstärke der Sicherheitsbeleuchtung muß mindestens 1 Lux betragen.

(4) [1] Ist eine Sicherheitsbeleuchtung erforderlich, so ist die Beleuchtung der Rettungswege, die nach § 8 Abs. 7 beleuchtbar sein müssen, an die Ersatzstromquelle anzuschließen. [2] Ist eine Beleuchtung nach § 10 Abs. 4 erforderlich, so ist diese an eine aus anderen Gründen erforderliche Ersatzstromquelle anzuschließen.

(5) Für die sicherheitstechnischen Anlagen, die auch bei Ausfall der allgemeinen Stromversorgung in Betrieb sein müssen, kann der Anschluß an eine Ersatzstromquelle verlangt werden.

§ 16 Feuerlösch-, Brandmelde- und Alarmeinrichtungen

(1) In Gaststätten sind geeignete Feuerlöscher in ausreichender Zahl gut sichtbar und leicht zugänglich anzubringen.

(2) [1] Beherbergungsbetriebe müsse je Geschoß und Brandabschnitt mindestens einen geeigneten Feuerlöscher haben. [2] Der Feuerlöscher ist in der Nähe des Treppenraums an gut sichtbarer und leicht zugänglicher Stelle anzubringen. [3] Beherbergungsbetriebe müssen geeignete Alarmeinrichtungen haben, durch die im Gefahrenfall die Gäste gewarnt werden können.

(3) Weitere Feuerlösch- und Brandmeldeeinrichtungen, wie selbsttätige Feuerlöschanlagen oder Rauchmeldeanlagen, können gefordert werden, wenn dies aus Gründen des Brandschutzes erforderlich ist.

Abschnitt IV. Anforderungen an Räume

§ 17 Galerie Gasträume

(1) ¹ Gasträume dürfen nicht zugleich als Wohn- oder Schlafräume dienen. ² Gasträume und Wohnungen müssen getrennt zugänglich sein.

(2) ¹ Die Grundfläche mindestens eines Gastraums muß in Gaststätten mindestens 25 m² betragen; für weitere Gasträume genügt eine Grundfläche von 12 m². ² Bei Gaststätten, die nach Angebot und Ausstattung nur für eine kurze Verweildauer der Gäste eingerichtet sind, kann eine geringere Grundfläche gestattet werden.

(3) ¹ Die lichte Höhe von Gasträumen muß bei einer Grundfläche
– von nicht mehr als 50 m² mindestens 2,50 m
– von mehr als 50 m² mindestens 2,75 m
– von mehr als 100 m² mindestens 3,00 m und
– von mehr als 2000 m² mindestens 3,25 m

betragen. ² Über und unter Emporen muß die lichte Höhe mindestens 2,50 m betragen. ³ Abgehängte oder aufgelagerte Unterdecken, die einen Luftaustausch ermöglichen, dürfen die lichte Höhe bis zu 2,50 m einschränken. ⁴ Für kleinere Bereiche, wie Nischen, genügt eine lichte Höhe von 2,00 m.

(4) ¹ Bodenflächen mit mehr als 20 cm Höhenunterschied sind zu umwehren oder durch Stufen oder Rampen zu verbinden. ² Emporen und Galerien müssen Fußleisten zum Schutz gegen ein Herabfallen von Gegenständen haben.

§ 18 Beherbergungsräume, Schlafräume für Betriebsangehörige

(1) ¹ Jeder Beherbergungsraum muß einen eigenen Zugang vom Flur haben. ² Für gemeinsam vermietbare Raumgruppen, wie Appartements oder Suiten, genügt es, wenn nur ein Raum unmittelbar vom Flur aus zugänglich ist. ³ Die Zugangstüren müssen durch Nummern oder Symbole gekennzeichnet und von innen und außen abschließbar sein.

(2) Einbettzimmer müssen mindestens 8 m², Zweibettzimmer mindestens 12 m² groß sein; Nebenräume, insbesondere Wasch- und Toilettenräume, werden nicht angerechnet.

(3) Schlafräume für Betriebsangehörige dürfen nicht in unmittelbarer Nähe von Gasträumen liegen.

Gaststättenbauverordnung §19 **GastBauV 16**

§ 19 Toilettenanlagen

(1) Die Toilettenräume für Gäste müssen leicht erreichbar und gekennzeichnet sein.

(2) [1] In Gaststätten müssen für Gäste mindestens vorhanden sein:

Gastplätze	Toilettenbecken Herren	Damen	Urinale Becken oder Rinnen Stück	lfd. m
bis 50	1	1	2	2
über 50 bis 100	1	2	3	2,50
über 100 bis 200	2	2	4	3
über 200 bis 300	2	3	5	3,50
über 300 bis 400	3	4	6	4
über 400			– Festlegung im Einzelfall	

[2] Für Damen und Herren müssen getrennte Toilettenräume vorhanden sein. [3] Für Sitzbetriebe oder Stehbetriebe mit Ausschank alkoholischer Getränke mit bis zu 25 Gastplätzen genügt ein Toilettenbecken und ein Urinal. [4] Bei Stehbetrieben ohne Ausschank alkoholischer Getränke mit bis zu 35 Gastplätzen kann auf Toilettenanlagen verzichtet werden.

(3) [1] In jedem Geschoß von Beherbergungsbetrieben, in dem Beherbergungsräume für Gäste liegen, soll für je angefangene 10 Betten eine Toilette vorhanden sein. [2] Betten von Beherbergungsräumen mit eigenen Toilettenräumen werden nicht mitgerechnet.

(4) [1] Für die Betriebsangehörigen müssen leicht erreichbare Toilettenräume vorhanden sein. [2] Der Weg der in der Küche Beschäftigten zu den Toilettenräumen darf nicht durch Gasträume oder durchs Freie führen. [3] Im übrigen richten sich die Anforderungen an die Toilettenräume, unbeschadet der Absätze 5 und 6, nach den betrieblichen Verhältnissen, insbesondere nach Zahl und Geschlecht der Personen, deren regelmäßige Beschäftigung in dem Betrieb zu erwarten ist.

(5) [1] Toilettenräume für Damen und Herren müssen durch durchgehende Wände voneinander getrennt sein. [2] Jeder Toilettenraum muß einen lüftbaren und beleuchtbaren Vorraum mit Waschbecken und gesundheitlich einwandfreien Handtrocknungseinrichtungen haben. [3] Die Wände der Toilettenräume sind bis zur Höhe von mindestens 1,50 m mit einem wasserfesten, glatten Belag oder Anstrich zu versehen. [4] Die Fußböden sollen ausreichend gleitsicher und möglichst leicht zu reinigen sein. [5] Die Sätze 1 bis 4 gelten nicht für Toiletten nach Absatz 3 Satz 2.

(6) [1] Toiletten- und Urinalbecken müssen Wasserspülungen haben. [2] Urinalräume müssen unter den Urinalen einen Fußbodenablauf mit Geruchsverschluß haben. [3] Die Standbreite von Urinalbecken darf 60 cm nicht unterschreiten.

16 GastBauV §§ 20–22   Gaststättenbauverordnung

§ 20 Küchen-, Schank- und Vorratsräume

(1) ¹ Gaststätten müssen Küchen haben, wenn dies nach der Art des Betriebs erforderlich ist. ² Küchen müssen mindestens eine Grundfläche von 8 m² haben. ³ Für die lichte Höhe der Küchen gilt § 17 Abs. 3 entsprechend.

(2) Fußböden sollen ausreichend gleitsicher, wasserundurchlässig und möglichst leicht zu reinigen sein.

(3) ¹ Küchen müssen mindestens eine Wasserzapfstelle, einen Schmutzwasserausguß, ein Handwaschbecken und eine ausreichende Spülanlage haben. ² Schankräume müssen mindestens eine Wasserzapfstelle und eine ausreichende Gläserspülanlage haben.

(4) ¹ In Gaststätten muß ein nach außen oder durch eine ausreichende RLT-Anlage lüftbarer, genügend großer Vorratsraum oder Einbauschrank zur Aufbewahrung von Lebensmitteln oder eine demselben Zweck dienende, ausreichend große Kühleinrichtung vorhanden sein. ² Türen von Kühlräumen müssen von innen ohne Schlüssel geöffnet werden können.

Abschnitt V. Betriebsvorschriften

§ 21 Pflichten des Betreibers

(1) Der Betreiber einer Gaststätte und eines Beherbergungsbetriebs ist dafür verantwortlich, daß

1. die technischen Anlagen und Einrichtungen, die nach den Vorschriften dieser Verordnung erforderlich sind, ihrem Zweck entsprechend betrieben werden oder betriebsbereit bleiben und
2. die nachstehenden Betriebsvorschriften eingehalten werden.

(2) Während des Betriebs von Gaststätten mit mehr als 400 Gastplätzen und von Beherbergungsstätten mit mehr als 60 Gastbetten muß der Betreiber oder ein von ihm Beauftragter ständig anwesend sein.

§ 22 Rettungswege, Sicherheitsbeleuchtung

(1) ¹ Rettungswege außerhalb der Gebäude sowie Aufstell- und Bewegungsflächen für die Feuerwehr sind von Kraftfahrzeugen oder Gegenständen freizuhalten. ² Darauf ist in Gaststätten mit mehr als 400 Gastplätzen und Beherbergungsbetrieben mit mehr als 60 Gastbetten durch Schilder hinzuweisen (Zeichen 283 StVO mit Zusatzschild „Anfahrtszone der Feuerwehr"); um erhebliche Gefahren oder Nachteile im Sinn des Art. 3 Abs. 1 Satz 1 BayBO zu verhüten, können solche Hinweisschilder bei mehr als 200 Gastplätzen verlangt werden.

(2) ¹ Rettungswege innerhalb der Gebäude sind freizuhalten. ² In Gaststätten mit mehr als 200 Gastplätzen sind sie bei Dunkelheit wäh-

rend der Betriebszeit zu beleuchten; bei kleineren Schank- und Speisewirtschaften kann eine Beleuchtung verlangt werden.

(3) ¹ Bewegliche Verkaufsstände, Möbel und sonstige Gegenstände dürfen in Rettungswegen nur so aufgestellt werden, daß die Rettungswege nicht eingeengt werden. ² In Treppenräumen im Sinn des Art. 34 Abs. 1 BayBO ist das Aufstellen dieser Gegegenstände unzulässig, es sei denn aus der Sicht des Brandschutzes bestehen keine Bedenken.

(4) Feuerhemmende oder feuerbeständige Türen sowie Türen, die dicht- und selbstschließend sein müssen, dürfen in geöffnetem Zustand auch vorübergehend nicht festgestellt werden; sie dürfen offengehalten werden, wenn sie bei Raucheinwirkung selbständig schließen.

(5) ¹ In Räumen von Gaststätten, die nicht durch Tageslicht ausreichend erhellt sind, muß eine nach § 15 Abs. 1 erforderliche Sicherheitsbeleuchtung vom Einlaß der Gäste ab in Betrieb sein; sie muß in Betrieb bleiben, bis die Gäste und Betriebsangehörigen die Gaststätte verlassen haben. ² In Räumen von Beherbergungsbetrieben, die nicht ausreichend durch Tageslicht erhellt sind, muß eine nach § 15 Abs. 1 erforderliche Sicherheitsbeleuchtung ständig in Betrieb sein.

§ 23 Ausschmückungen, Abfallstoffe

(1) ¹ In Garträumen und Fluren von Gaststätten mit mehr als 200 Gastplätzen müssen Ausschmückungen mindestens schwerentflammbar, in Treppenräumen nichtbrennbar sein. ² Hängende Raumdekorationen müssen vom Fußboden einen Abstand von mindestens 2,50 m einhalten. ³ Ausschmückungen aus natürlichem Laub- oder Nadelholz dürfen nur in frischem Zustand verwendet werden.

(2) ¹ Brennbare Abfallstoffe sind bei Betriebsschluß aus den Garträumen zu entfernen. ² Sie sind in Abfallbehältern außerhalb des Gebäudes oder innerhalb des Gebäudes in besonderen, gut lüftbaren, feuerbeständigen Räumen aufzubewahren; Art. 44 BayBO ist zu beachten.

(3) Abfallbehälter müssen aus nichtbrennbaren Stoffen bestehen und müssen dichtschließende Deckel haben.

(4) Die nach § 13 Abs. 4 erforderlichen Fettfilter sind bei Bedarf zu reinigen.

§ 24 Toilettenanlagen

(1) Die nach § 19 erforderlichen Toiletten dürfen nicht durch Münzautomaten oder ähnliche Einrichtungen versperrt oder nur gegen Entgelt zugänglich sein.

16 GastBauV §§ 25, 26   Gaststättenbauverordnung

(2) ¹ Seife und Handtrocknungseinrichtungen dürfen nicht ausschließlich gegen Entgelt benutzt werden können. ² Gemeinschaftshandtücher dürfen nicht bereitgehalten werden.

§ 25 Übersichtsplan, Brandschutzordnung

(1) Die Zahl der Gäste, die sich aus § 8 Abs. 3 ergibt, darf nicht überschritten werden.

(2) In allen Fluren von Beherbergungsbetrieben mit mehr als 60 Gastbetten ist an gut sichtbarer Stelle ein ständig beleuchteter Übersichtsplan anzubringen, der Angaben über die im Gefahrenfall zu benutzenden Rettungswege, die Rückzugsrichtung und die Feuerlöscheinrichtungen enthält.

(3) ¹ In Beherbergungsbetrieben ist auf der Innenseite der Türen aus den Beherbergungsräumen zum Flur ein gut lesbares Schild anzubringen, auf dem die Lage des Raums, der Verlauf der Rettungswege bis zu den Ausgängen oder Treppen und die Art des Alarmzeichens (§ 16 Abs. 2) darzustellen sind. ² Neben den Türen von Personenaufzügen ist ein Schild anzubringen mit der Aufschrift ,,Aufzug im Brandfall nicht benützen".

(4) Für Beherbergungsbetriebe mit mehr als 60 Gastbetten ist im Einvernehmen mit der örtlich zuständigen Feuerwehr eine Brandschutzordnung aufzustellen und den Betriebsangehörigen bekanntzumachen.

Abschnitt VI. Zusätzliche Bauvorlagen, Prüfungen

§ 26 Zusätzliche Bauvorlagen

(1) ¹ Die Bauvorlagen müssen zusätzlich zu den Anforderungen der Bauaufsichtlichen Verfahrensverordnung – BauVerfV – (BayRS 2132-1-2-I) Angaben enthalten über

1. die Art des Betriebs und die Nutzung der Räume,
2. die Zahl der Gastplätze in Gaststätten,
3. die Gesamtzahl der Gastbetten sowie
4. die erforderlichen Rettungswege und ihre Abmessungen mit rechnerischem Nachweis.

² § 1 Abs. 5 BauVerfV bleibt unberührt.

(2) Der Lageplan muß die Anordnung und den Verlauf der Rettungswege auf dem Grundstück und die Aufstell- und Bewegungsflächen für die Feuerwehr enthalten.

(3) Die Anordnung und der Verlauf der Rettungswege von Gasträumen sind in einem besonderen Plan im Maßstab von mindestens

1 : 100 darzustellen; bei veränderlicher Einrichtung sind, soweit erforderlich, weitere Pläne vorzulegen.

§ 27 Prüfungen

(1) ¹ Feuerlöschgeräte, automatische Türen, Feuerlösch-, Brandmelde- und Alarmeinrichtungen, Rauchabzugseinrichtungen, RLT-Anlagen, sicherheitstechnisch wichtige elektrische Anlagen und selbsttätige Feuerlöscheinrichtungen müssen regelmäßig gewartet und auf ihre Funktionsfähigkeit geprüft werden. ² Die Prüfungen müssen mindestens jährlich, bei Feuerlöschgeräten und RLT-Anlagen mindestens alle zwei Jahre durchgeführt werden.

(2) ¹ Der Betreiber hat die bei den Prüfungen festgestellten Mängel unverzüglich beseitigen zu lassen. ² Betreiber von Gaststätten mit mehr als 400 Gastplätzen oder von Beherbergungsstätten mit mehr als 60 Gastbetten haben das Prüfungsergebnis der unteren Bauaufsichtsbehörde vorzulegen und die Beseitigung der festgestellten Mängel mitzuteilen.

(3) Bei Schadensfällen oder Mängeln an Anlagen und Einrichtungen nach Absatz 1 kann die Bauaufsichtsbehörde im Einzelfall weitere Prüfungen anordnen.

(4) Der Betreiber hat die Berichte über die Prüfungen und die Nachweise über die Beseitigung der festgestellten Mängel aufzubewahren und der Bauaufsichtsbehörde auf Verlangen vorzulegen.

(5) ¹ Die Bauaufsichtsbehörde hat Gaststätten mit mehr als 400 Gastplätzen oder Beherbergungsstätten mit mehr als 60 Gastbetten in Abständen von längstens fünf Jahren zu prüfen. ² Dabei ist auch die Einhaltung von Betriebsvorschriften zu überwachen und festzustellen, ob die Prüfungen nach Absatz 1 fristgerecht durchgeführt und etwaige Mängel beseitigt worden sind. ³ Die Bauaufsichtsbehörde kann auch kleinere Gaststätten prüfen.

(6) ¹ Die Absätze 2 bis 5 gelten nicht für Gaststätten des Bundes, der Länder, der Bezirke, der Landkreise und der Gemeinden, die die Aufgaben der unteren Bauaufsichtsbehörde wahrnehmen oder denen sie ganz oder teilweise übertragen sind. ² Die Prüfungen derartiger Gaststätten sind von den zuständigen Behörden in eigener Verantwortung durchzuführen und zu überwachen.

Abschnitt VII. Schlußvorschriften

§ 28 Anwendung der Vorschriften auf bestehende Gaststätten und Beherbergungsstätten

(1) ¹ Die zum Zeitpunkt des Inkrafttretens der Verordnung bestehenden Gaststätten und Beherbergungsstätten sind folgenden Bauvorschriften anzupassen:

1. innerhalb einer Frist von einem Jahr:
Kennzeichnung der Rettungswege,
Feuerlöscher,
2. innerhalb einer Frist von sechs Jahren:
Türen in Treppenräumen, soweit es baulich möglich ist,
sonstige Türen,
Sicherheitsbeleuchtung,
Alarmeinrichtungen.

² Die Anpassungspflicht für Türen besteht bei Beherbergungsbetrieben nur, wenn sie mehr als 30 Gastbetten haben; auf die nachträgliche Erfüllung der Vorschrift des § 12 kann bei kleineren Gaststätten und Beherbergungsbetrieben ferner verzichtet werden, wenn im Hinblick auf ihre Lage im Gebäude, insbesondere die Zuordnung zu fremden Nutzungseinrichtungen keine Bedenken wegen der Sicherheit oder Gesundheit bestehen.

(2) ¹ Für die im Zeitpunkt des Inkrafttretens der Verordnung bestehenden Gaststätten gelten die Betriebsvorschriften dieser Verordnung (§§ 21 bis 25) entsprechend. ² Wird in den §§ 21 bis 25 auf andere als die in Absatz 1 genannten Vorschriften des Zweiten bis Vierten Abschnitts Bezug genommen, so ist die Betriebsvorschrift insoweit nicht anwendbar.

(3) ¹ Bei bestehenden Gaststätten sind die Prüfungen erstmalig innerhalb von drei Jahren nach Inkrafttreten dieser Verordnung durchzuführen. ² Die Fristen für die wiederkehrenden Prüfungen nach § 27 Abs. 1 rechnen von dem Zeitpunkt an, zu dem die Anlagen und Einrichtungen erstmalig geprüft worden sind.

(4) Art. 63 Abs. 5 BayBO bleibt unberührt.

§ 29 Ausnahmen

Von den Anforderungen in den §§ 3, 5 bis 28 können bei Betrieben,
1. die vor dem Inkrafttreten dieser Verordnung befugt errichtet worden sind und in dem seitherigen Umfang weitergeführt oder nicht wesentlich erweitert werden sollen,
2. die in bestehenden Gebäuden errichtet werden oder
3. deren Umfang durch die Betriebsart, die Art der zugelassenen Getränke oder zu bereitenden Speisen oder des Besucherkreises beschränkt ist (dies gilt insbesondere für Beherbergungsstätten in landwirtschaftlichen Betrieben, Jugendbeherbergungsstätten und Kantinen in Betriebs- und Verwaltungsgebäuden),

Ausnahmen gestattet werden, wenn erhebliche Gefahren für Leben und Gesundheit nicht zu befürchten sind oder durch besondere Maßnahmen ausgeglichen werden.

§ 30 Ordnungswidrigkeiten

Nach Art. 89 Abs. 1 Nr. 10 BayBO kann mit Geldbuße bis zu einhunderttausend Deutsche Mark belegt werden, wer als Betreiber vorsätzlich oder fahrlässig

1. entgegen § 22 Abs. 1 Aufstell- und Bewegungsflächen für die Feuerwehr oder Rettungswege auf dem Grundstück nicht von Kraftfahrzeugen oder Gegenständen freihält,
2. entgegen § 22 Abs. 2 Rettungswege während der Betriebszeit nicht freihält und beleuchtet,
3. entgegen § 22 Abs. 4 Türen feststellt,
4. entgegen § 22 Abs. 5 die Sicherheitsbeleuchtung nicht in Betrieb hält.

§ 31 Inkrafttreten

[1] Diese Verordnung tritt am 1. Januar 1987 in Kraft. [2] Sie tritt am 31. Dezember 1999 außer Kraft.

17. Verordnung über die Gebühren der Prüfämter und Prüfingenieure für Baustatik (Gebührenordnung für Prüfämter und Prüfingenieure – GebOP)

Vom 11. November 1986 (GVBl. S. 343, ber. 1987 S. 70, BayRS 2132–1–12–I)

Beachte hierzu auch Bek. über den Vollzug der Bautechnischen Prüfungsverordnung (BauPrüfV) und der Gebührenordnung für Prüfämter und Prüfingenieure für Baustatik (GebOP) vom 28. 11. 1986 (MABl. S. 539, ber. 1987 S. 28), geändert durch Bek. vom 15. 5. 1987 (MABl. S. 289) und vom 3. 5. 1988 (AllMBl. S. 347)

Auf Grund des Art. 90 Abs. 5 der Bayerischen Bauordnung (BayBO) erläßt das Bayerische Staatsministerium des Innern folgende Verordnung:

Inhaltsübersicht

§ 1 Allgemeines
§ 2 Bauwerksklassen
§ 3 Anrechenbare Kosten
§ 4 Berechnungsart der Gebühren und Reisekosten
§ 5 Höhe der Gebühren
§ 6 Umsatzsteuer
§ 7 Gebührenschuldner, Fälligkeit
§ 8 Übergangsregelung
§ 9 Inkrafttreten, Außerkrafttreten

§ 1 Allgemeines

(1) ¹ Das Prüfamt und der Prüfingenieur für Baustatik erhalten für ihre Leistung, die sie im Auftrag der unteren Bauaufsichtsbehörde erbringen, eine Vergütung. ² Die Vergütung besteht aus Gebühren und Auslagen.

(2) Die Gebühren richten sich nach den Bauwerksklassen (§ 2) und den anrechenbaren Kosten (§ 3).

(3) Ein Nachlaß auf die Gebühren ist unzulässig.

§ 2 Bauwerksklassen

(1) ¹ Die zu prüfenden baulichen Anlagen werden entsprechend ihrem statischen und konstruktiven Schwierigkeitsgrad in fünf Klassen eingeteilt. ² Die näheren Einzelheiten ergeben sich aus einer vom Staatsministerium des Innern zu erlassenden Bekanntmachung.

(2) Besteht eine bauliche Anlage aus Bauteilen mit unterschiedlichem Schwierigkeitsgrad, so ist sie entsprechend dem überwiegenden Leistungsumfang einzustufen.

(3) Bauhilfskonstruktionen ohne direkte Verbindung oder Abhängigkeit zum Bauwerk oder zu neu zu erstellenden Bauteilen, für die

Gebührenordnung für Prüfämter §§ 3, 4 **GebOP 17**

Standsicherheitsnachweise zu prüfen sind, gelten als gesonderte bauliche Anlagen.

§ 3 Anrechenbare Kosten

(1) ¹ Für die in der **Anlage 1*** aufgeführten baulichen Anlagen sind die anrechenbaren Kosten aus dem Brutto-Rauminhalt der baulichen Anlage, vervielfältigt mit dem jeweils angegebenen Wert je Kubikmeter Brutto-Rauminhalt, zu berechnen. ² Die anrechenbaren Kosten der Anlage 1 basieren auf der Indexzahl 100 für das Jahr 1985. ³ Für die folgenden Jahre sind diese anrechenbaren Kosten mit einer vom Staatsministerium des Innern jährlich bekanntgemachten Indexzahl zu vervielfältigen.

(2) ¹ Für die nicht in der Anlage 1 aufgeführten baulichen Anlagen sind die anrechenbaren Kosten die Kosten nach § 62 Abs. 4 und 6 der Honorarordnung für Architekten und Ingenieure (HOAI) vom 17. September 1976 (BGBl I S. 2805), geändert durch Verordnung vom 17. Juli 1984 (BGBl I S. 948). ² Zu den anrechenbaren Kosten zählen auch die nicht in den Kosten des Satzes 1 enthaltenen Kosten für Bauteile, für die ein Standsicherheitsnachweis geprüft werden muß. ³ Nicht anrechenbar sind die auf die Kosten nach den Sätzen 1 und 2 entfallende Umsatzsteuer und die in § 62 Abs. 7 HOAI genannten Kosten. ⁴ Bei der Ermittlung der anrechenbaren Kosten ist von den Kosten auszugehen, die ortsüblich im Zeitpunkt der Auftragserteilung erforderlich sind. ⁵ Einsparungen durch Eigenleistungen oder Vergünstigungen sind nicht zu berücksichtigen.

(3) Die anrechenbaren Kosten sind jeweils auf volle tausend Deutsche Mark aufzurunden.

(4) ¹ Mit dem Prüfauftrag teilt die untere Bauaufsichtsbehörde die anrechenbaren Kosten, die für die Gebührenberechnung anzuwendende Bauwerksklasse (§ 2) und etwaige Zuschläge (§ 5 Abs. 1 bis 3) mit. ² Bis zur Abrechnung der Vergütung kann die Berichtigung der anrechenbaren Kosten, der Bauwerksklasse und von Zuschlägen verlangt oder ein besonders gelagerter Fall (§ 5 Abs. 4) geltend gemacht werden.

§ 4 Berechnungsart der Gebühren und Reisekosten

(1) Die Gebühren werden in Tausendsteln der anrechenbaren Kosten (§ 3) berechnet, soweit sie nicht gemäß § 5 Abs. 5 nach dem Zeitaufwand zu vergüten sind.

(2) ¹ Die Grundgebühr ergibt sich entsprechend der Bauwerksklasse (§ 2) aus der Gebührentafel der **Anlage 2.**** ² Für Zwischenstufen

---
* Abgedruckt auf S. 280 bis 282.
** Abgedruckt auf S. 283.

der anrechenbaren Kosten ist die Gebühr durch Interpolation (geradlinig) zu ermitteln. [3] Der Gebührenfaktor ist auf drei Stellen nach dem Komma zu runden.

(3) [1] Umfaßt ein Prüfauftrag mehrere bauliche Anlagen, so ist die Gebühr für jede einzelne bauliche Anlage getrennt zu ermitteln. [2] Dabei sind die anrechenbaren Kosten und die Bauwerksklasse der jeweiligen baulichen Anlage zugrunde zu legen. [3] Gehören bauliche Anlagen jedoch der gleichen Bauwerksklasse an, so sind, wenn sie auch im übrigen in statisch-konstruktiver Hinsicht weitgehend vergleichbar sind und die Bauvorlagen gleichzeitig zur Prüfung vorgelegt werden, die anrechenbaren Kosten dieser baulichen Anlagen zusammenzufassen; die Gebühr ist danach wie für eine einzige bauliche Anlage zu ermitteln.

(4) [1] Auslagen für notwendige Reisen (Tage- und Übernachtungsgeld) werden nach den Vorschriften des Bayerischen Reisekostengesetzes, Wegstreckenentschädigungen nach der Verordnung über anerkannte Kraftfahrzeuge in der jeweils gültigen Fassung erstattet. [2] Als Bemessungsgrundlage ist die Reisekostenstufe B anzusetzen. [3] Fahr- und Wartezeiten sind nach dem Zeitaufwand (§ 5 Abs. 5) zu ersetzen. [4] Bei Verbindung mehrerer Aufträge sind die Reisekosten auf die einzelnen Aufträge aufzuteilen.

(5) Sonstige Auslagen werden nur erstattet, wenn dies bei der unteren Bauaufsichtsbehörde beantragt wird und diese zugestimmt hat.

§ 5 Höhe der Gebühren

(1) Das Prüfamt und der Prüfingenieur erhalten

1. für die Prüfung der statischen Berechnungen — die Grundgebühr,

2. für die Prüfung der zugehörigen Konstruktionszeichnungen in statisch-konstruktiver Hinsicht — die Hälfte der Grundgebühr,

3. für die Prüfung des bautechnischen Nachweises des Wärmeschutzes — ein Zehntel der Grundgebühr,

4. für die Prüfung des bautechnischen Nachweises des Schallschutzes — ein Zwanzigstel der Grundgebühr; ist die Prüfung des Standsicherheitsnachweises im Prüfauftrag nicht enthalten, erhöht sich die Gebühr auf ein Zehntel der Grundgebühr,

5. für die Prüfung
   5.1 des Nachweises der Feuerwiderstandsdauer der tragenden Bauteile — ein Zwanzigstel der Grundgebühr,

   5.2 der Konstruktionszeichnungen auf Übereinstimmung mit dem Nachweis bzw. auf Einhaltung weiterer Forderungen nach DIN 4102 Teil 4, falls eine Widerstandsdauer höher als F 30 zu berücksichtigen ist, — ein Zehntel der Grundgebühr,

6. für die Prüfung von Elementplänen des Fertigteilbaues sowie Werkstattzeichnungen des Metall- und Ingenieurholzbaues anstatt der üblichen Konstruktionszeichnungen — je nach dem zusätzlichen Aufwand einen Zuschlag bis zur Hälfte der Grundgebühr,

7. für die Prüfung der statischen Berechnung für bauliche Anlagen der Bauwerksklassen 4 und 5 (§ 2), wenn diese nur durch besondere elektronische Vergleichsrechnungen geprüft werden können, — je nach dem zusätzlichen Aufwand einen Zuschlag bis zur Hälfte der Grundgebühr,

8. für die Prüfung von Nachträgen zu den Berechnungen und den Konstruktionszeichnungen des zugehörigen Nachweises infolge von Änderungen bei einem Umfang der Nachträge von mehr als einem Zwanzigstel der Hauptberechnung — eine Gebühr nach Nummer 1 oder 2 vervielfacht mit dem Verhältnis des Umfangs der Nachträge zum ursprünglichen Umfang,

9. für eine Lastvorprüfung und für die Prüfung von zusätzlichen Nachweisen für
   – Bauzustände
   – Erdbebenschutz
   – Bergschädensicherung
   – Setzungs- und Grundbruchberechnungen
   – Sonderlasten (z. B. Luftschutz) — die Grundgebühr multipliziert mit dem Verhältnis des Umfangs der zusätzlichen Nachweise zum Umfang der Hauptberechnung bis höchstens acht Zehntel der Grundgebühr,

10. für die Überwachung von Rohbauarbeiten in statisch-konstruktiver Hinsicht im Sinn von Art. 79 BayBO, sofern nicht die Gebühr für die Überwachung einzelner Bauteile nach dem Zeitaufwand zu berechnen ist, — die Hälfte der Grundgebühr.

(2) Für die Prüfung von Standsicherheitsnachweisen bei Umbauten und Aufstockungen kann je nach dem zusätzlichen Aufwand ein Zuschlag bis zur Hälfte der in Absatz 1 Nrn. 1, 2 und 8 genannten Gebühren vergütet werden.

(3) Werden Teile des Standsicherheitsnachweises in größeren Zeitabständen vorgelegt und wird dadurch der Prüfaufwand erheblich erhöht, kann ein Zuschlag bis zur Hälfte der Grundgebühr vergütet werden.

(4) In besonders gelagerten Fällen können abweichend von den Absätzen 1 bis 3 Gebühren berechnet werden, die den besonderen Schwierigkeitsgrad oder den erweiterten Umfang einer Leistung berücksichtigen.

(5) [1] Nach dem Zeitaufwand werden vergütet

1. Leistungen, die durch anrechenbare Kosten nicht zu erfassende bauliche Anlagen oder Bauteile zum Gegenstand haben oder bei denen über die anrechenbaren Kosten keine angemessenen Gebühren ermittelt werden können,
2. Leistungen für bauliche Anlagen, deren anrechenbare Kosten unter 20000 Deutsche Mark liegen, höchstens jedoch bis zur entsprechenden Gebühr für bauliche Anlagen mit anrechenbaren Kosten von 20000 Deutsche Mark,
3. Leistungen im Rahmen der Bauüberwachung in statisch-konstruktiver Hinsicht für einzelne Bauteile und im Rahmen der Bauzustandsbesichtigungen (Art. 79 BayBO); jedoch nicht mehr als die Hälfte der Grundgebühr,
4. sonstige Leistungen, die in den Absätzen 1 bis 4 nicht aufgeführt sind.

[2] Bei der Berechnung der Gebühr ist die Zeit anzusetzen, die unter regelmäßigen Verhältnissen von einer entsprechend ausgebildeten Fachkraft benötigt wird. [3] Für jede Arbeitsstunde wird ein Betrag von 1,5 v. H. des Monatsgrundgehalts eines Staatsbeamten in der Endstufe der Besoldungsgruppe A 15 berechnet. [4] Der Betrag ist auf volle Deutsche Mark aufzurunden. [5] Das Staatsministerium des Innern gibt den jeweils der Gebührenberechnung zugrundezulegenden Stundensatz bekannt.

(6) Als Mindestgebühr für einen Prüfauftrag wird der zweifache Stundensatz nach Absatz 5 vergütet.

(7) [1] Umfaßt ein Prüfauftrag mehrere bauliche Anlagen mit gleichen Standsicherheitsnachweisen oder gleichen Nachweisen für den Schallschutz, den Wärmeschutz und die Feuerwiderstandsdauer tragender Bauteile, so ermäßigen sich die Gebühren nach Absatz 1 Nrn. 1 bis 7 sowie nach den Absätzen 2 und 3 für die zweite und jede weitere bauliche Anlage auf ein Zehntel. [2] Liegt die Gebühr für die erste bauli-

che Anlage unter der Mindestgebühr des Absatzes 6, so ist für sie die Mindestgebühr und für jede weitere bauliche Anlage ein Zehntel der Mindestgebühr zugrundezulegen.

(8) [1] Das Prüfamt erhält für die Prüfung der Nachweise der Standsicherheit, des Schall- und Wärmeschutzes und der Feuerwiderstandsdauer der tragenden Bauteile im Rahmen einer Typengenehmigung (Art. 77 BayBO) oder einer Typenprüfung (§ 13 BauPrüfV) und für die Prüfung von Bemessungstafeln das Zweifache der nach Absatz 5 ermittelten Gebühr. [2] Für die Prüfung der Nachweise der Standsicherheit, des Schall- und Wärmeschutzes und der Feuerwiderstandsdauer tragender Bauteile im Rahmen der Verlängerung einer Typengenehmigung oder einer Typenprüfung ist die zweifache Gebühr nach Absatz 5 zu ermitteln.

§ 6 Umsatzsteuer

In der Gebühr ist die Umsatzsteuer, soweit sie anfällt, enthalten.

§ 7 Gebührenschuldner, Fälligkeit

(1) [1] Gebühren- und Auslagenschuldner ist die untere Bauaufsichtsbehörde, die den Auftrag erteilt hat. [2] In den Fällen des § 5 Abs. 8 ist Gebühren- und Auslagenschuldner, wer die Prüfung veranlaßt hat.

(2) Die Gebühr wird mit Eingang der Gebührenrechnung fällig.

§ 8 Übergangsregelung

Für Aufträge, die vor Inkrafttreten dieser Verordnung erteilt worden sind, ist die bisherige Gebührenregelung anzuwenden.

§ 9 Inkrafttreten, Außerkrafttreten

(1) Diese Verordnung tritt am 1. Januar 1987 in Kraft; sie tritt am 31. Dezember 2006 außer Kraft.

(2) Gleichzeitig tritt die Verordnung über die Gebühren der Prüfingenieure für Baustatik – Gebührenordnung der Prüfingenieure – GebOPI – (BayRS 2132–1–12–I), geändert durch Verordnung vom 9. Juli 1983 (GVBl S. 535), außer Kraft.

Anlage 1
(zu § 3 Abs. 1)

Tabelle
der durchschnittlichen anrechenbaren Kosten
je Kubikmeter Brutto-Rauminhalt

Gebäudeart	anrechenbare Kosten in DM/m^3
1. Wohngebäude	131
2. Wochenendhäuser	115
3. Büro- und Verwaltungsgebäude, Banken	176
4. Schulen	167
5. Kindergärten	149
6. Hotels, Pensionen, Sanatorien und Heime mit jeweils bis 60 Betten; Gaststätten	149
7. Hotels, Pensionen, Sanatorien und Heime mit jeweils mehr als 60 Betten	175
8. Krankenhäuser	194
9. Versammlungsstätten wie Fest-, Mehrzweckhallen, Lichtspieltheater (soweit nicht unter Nrn. 7 und 12)	149
10. Kirchen	167
11. Leichenhallen, Friedhofskapellen	139
12. Turn- und Sporthallen, einfache Mehrzweckhallen (soweit nicht unter Nr. 9)	102
13. Hallenbäder	161
14. sonstige nicht unter Nrn. 1 bis 13 aufgeführte eingeschossige Gebäude (z. B. Umkleidegebäude von Sporthallen und Schwimmbädern)	128
15. Läden (Geschäftshäuser) bis 2000 m^2 Verkaufsfläche	167
16. eingeschossige Geschäftshäuser über 2000 m^2 Verkaufsfläche; Einkaufszentren (soweit nicht unter Nr. 22)	100
17. mehrgeschossige Geschäftshäuser über 2000 m^2 Verkaufsfläche	178
18. Kleingaragen	108
19. eingeschossige Mittel- und Großgaragen	128
20. mehrgeschossige Mittel- und Großgaragen	155
21. Tiefgaragen	179
22. eingeschossige Fabrik-, Werkstatt- und Lagergebäude, einfache Sport- und Tennishallen	
22.1 mit nicht geringen Einbauten	90

Gebäudeart	anrechenbare Kosten in DM/m³
22.2 ohne oder mit geringen Einbauten	
22.2.1 bis 2500 m³ Brutto-Rauminhalt	
Bauart leicht[1]	54
Bauart mittel[2]	63
Bauart schwer[3]	78
22.2.2 der 2500 m³ übersteigende Brutto-Rauminhalt bis 7500 m³	
Bauart leicht[1]	43
Bauart mittel[2]	54
Bauart schwer[3]	67
22.2.3 der 7500 m³ übersteigende Brutto-Rauminhalt	
Bauart leicht[1]	34
Bauart mittel[2]	43
Bauart schwer[3]	54
23. mehrgeschossige Fabrik-, Werkstatt- und Lagergebäude ohne oder mit geringen Einbauten	128
24. mehrgeschossige Fabrik-, Werkstatt- und Lagergebäude mit nicht geringen Einbauten	145
25. sonstige eingeschossige kleinere gewerbliche Bauten (soweit nicht unter Nr. 22)	108
26. eingeschossige Stallgebäude	76
27. mehrgeschossige Stallgebäude	97
28. sonstige landwirtschaftliche Betriebsgebäude, Scheunen	76
29. Schuppen, offene Feldscheunen und ähnliche Gebäude	48
30. erwerbsgärtnerische Betriebsgebäude (Gewächshäuser)	
30.1 bis 1000 m³ Brutto-Rauminhalt	45
30.2 der 1000 m³ übersteigende Brutto-Rauminhalt	30

---

[1] Z. B. Stahlhallen mit Blech- oder Asbestzementeindeckung und Wandverkleidung in Blech oder Asbestzement oder 11,5 cm starke Ausmauerung der Wände oder Gasbetonwände (leichte Wandverkleidung).

[2] Z. B. Stahlhallen mit schwerer Dacheindeckung (Gasbetonplatten) und leichter Wandverkleidung, Stahlbeton- oder Spannbetonhallen mit leichter Dacheindeckung und unterschiedlichen Wandausführungen.

[3] Z. B. Stahlbeton- oder Spannbetonhallen mit schwerer Dacheindeckung und schweren Wandausführungen.

17 GebOP Anlage 1   Gebührenordnung

Zuschläge auf die anrechenbaren Kosten:
- bei Gebäuden mit mehr als fünf Vollgeschossen oder beim Nachweis nach DIN 1053 Teil 2   5 v. H.
- bei Hochhäusern   10 v. H.
- bei Geschoßdecken, die mit Gabelstapler, SLW oder Schienenfahrzeugen befahren werden, für die betreffenden Geschosse   10 v. H.
- bei Hallenbauten mit Kränen für den von den Kranbahnen erfaßten Hallenbereich   50 DM/m^2

Sonstiges:
- Für die Berechnung des Brutto-Rauminhalts ist DIN 277 maßgebend.
- Bei Flächengründungen sind je Quadratmeter Sohlplatte 2 m^3 zum Brutto-Rauminhalt hinzuzurechnen. Mehrkosten für außergewöhnliche Gründungen, z. B. Pfahlgründungen, Schlitzwände, sind getrennt zu ermitteln und den anrechenbaren Kosten hinzuzuzählen.
- Die Mehrkosten für Außenwandverkleidungen, für die ein Standsicherheitsnachweis geführt werden muß, sind gesondert zu ermitteln und den anrechenbaren Kosten zuzurechnen.
- Bei Gebäuden mit gemischter Nutzung ist für die Ermittlung der anrechenbaren Kosten die offensichtlich überwiegende Nutzung maßgebend. Liegt ein offensichtliches Überwiegen einer Nutzung nicht vor, sind für die Gebäudeteile mit verschiedenen Nutzungsarten die anrechenbaren Kosten anteilig zu ermitteln.

für Prüfämter und Prüfingenieure Anlage 2 GebOP **17**

Anlage 2
(zu § 4 Abs. 2)

Gebührentafel

Anrechenbare Kosten DM	Bauwerks- klasse 1	Tausendstel der anrechenbaren Kosten Bauwerks- klasse 2	Bauwerks- klasse 3	Bauwerks- klasse 4	Bauwerks- klasse 5
20 000	8,821	11,760	17,637	23,520	29,397
30 000	8,134	10,844	16,264	21,688	27,108
40 000	7,680	10,238	15,354	20,476	25,592
50 000	7,344	9,791	14,684	19,582	24,475
60 000	7,081	9,440	14,158	18,881	23,599
70 000	6,866	9,154	13,728	18,307	22,882
80 000	6,685	8,912	13,367	17,825	22,279
90 000	6,530	8,705	13,055	17,410	21,760
100 000	6,394	8,523	12,783	17,047	21,307
150 000	5,896	7,860	11,788	15,719	19,647
200 000	5,566	7,420	11,128	14,840	18,549
300 000	5,132	6,842	10,262	13,684	17,104
400 000	4,845	6,460	9,688	12,919	16,147
500 000	4,634	6,178	9,265	12,355	15,443
600 000	4,468	5,956	8,933	11,913	14,890
700 000	4,332	5,776	8,662	11,551	14,438
800 000	4,218	5,623	8,434	11,247	14,057
900 000	4,120	5,492	8,237	10,985	13,730
1 000 000	4,034	5,378	8,066	10,756	13,444
2 000 000	3,512	4,682	7,022	9,364	11,703
3 000 000	3,238	4,317	6,475	8,634	10,792
4 000 000	3,057	4,076	6,113	8,151	10,188
7 000 000	2,734	3,644	5,465	7,288	9,110
10 000 000	2,545	3,393	5,089	6,787	8,482
20 000 000	2,216	2,954	4,430	5,908	7,384
30 000 000	2,043	2,724	4,085	5,448	6,809
40 000 000	1,929	2,572	3,857	5,143	6,428
50 000 000 und mehr	1,845	2,459	3,688	4,919	6,148

18. Verordnung über Zeltlagerplätze und Lagerplätze für Wohnwagen (Campingplatzverordnung – CPlV)

Vom 21. Juli 1975 (BayRS 2132-1-7-I)

Siehe Bek. über Beachtung der Erfordernisse der Bauleitplanung und der Landesplanung bei der Errichtung von Campingplätzen vom 8. 7. 1976 (MABl. S. 649) und Bek. über den Vollzug der Campingplatzverordnung und bauaufsichtliche Behandlung bereits bestehender Campingplätze vom 12. 7. 1976 (MABl. S. 653). Gem. Bek. über die Anlage von Jugendzeltlagerplätzen und Durchführung von Jugendzeltlagern vom 20. 12. 1978 (MABl. 1979 S. 34, KMBl. 1979 I S. 29, LUMBl. 1979 S. 5, StAnz. 1979 Nr. 6).

Auf Grund von *Art. 106 Abs. 1 und Art. 86 Abs. 2 Satz 3* der Bayerischen Bauordnung* und *Art. 25 Abs. 1 Satz 1 und Abs. 2*** und Art. 38 Abs. 3 Nrn. 3 und 4 des Landesstraf- und Verordnungsgesetzes (LStVG) erläßt das Bayerische Staatsministerium des Innern folgende Verordnung:

§ 1 Begriffe

(1) [1] Zeltlagerplätze und Lagerplätze für Wohnwagen sind Plätze, die während des ganzen Jahres oder wiederkehrend während bestimmter Zeiten des Jahres betrieben werden und die zum Aufstellen und Bewohnen von mehr als drei Zelten oder Wohnwagen bis zu 10 m Gesamtlänge und 3 m Höhe bestimmt sind (Campingplätze). [2] Als Wohnwagen gelten Klappanhänger, Wohnanhänger und motorisierte Wohnfahrzeuge, die so beschaffen sind, daß sie jederzeit zum Verkehr auf öffentlichen Straßen zugelassen werden können. [3] Zeltlager, die gelegentlich und nur für kurze Zeit eingerichtet werden, sind keine Campingplätze im Sinn dieser Verordnung.

(2) [1] Standplatz ist die Fläche, die zum Aufstellen des Zeltes oder Wohnwagens und eines zugehörigen Kraftfahrzeugs bestimmt ist. [2] Es werden unterschieden

1. touristisch zu nutzende Standplätze, die einem wechselnden Personenkreis längstens für die Dauer von acht Wochen überlassen werden dürfen oder die für Durchreisende bestimmt sind (Tagesstandplätze),

2. längerfristig nutzbare Standplätze, die auch für einen darüber hinausgehenden Zeitraum vergeben werden dürfen.

---

* Nunmehr Art. 90 Abs. 1 und 3 BayBO.
** Nunmehr Art. 25 Abs. 1 LStVG; abgedruckt unter Nr. **26**.

§ 2 Lage und Beschaffenheit

(1) ¹Campingplätze sind so anzuordnen und zu gestalten, daß durch ihren Betrieb und den Zu- und Abgangsverkehr keine Störungen für die Umgebung verursacht und die Belange des Naturschutzes und der Landschaftspflege nicht beeinträchtigt oder gefährdet werden; sie dürfen keinen unzumutbaren Störungen ausgesetzt sein. ²Es kann verlangt werden, daß Schutzstreifen angelegt und bepflanzt werden.

(2) Der Boden muß so beschaffen oder hergerichtet sein, daß auch bei länger anhaltendem Regen das Wasser sicher abgeleitet wird und die Oberfläche nicht verschlammt.

(3) ¹Campingplätze sind der Landschaft entsprechend zu bepflanzen und ihr gut einzufügen. ²Die Bepflanzung soll auch gegen Wind schützen.

§ 3 Zufahrt

(1) ¹Campingplätze müssen an einer befahrbaren öffentlichen Verkehrsfläche liegen. ²Ausnahmen können gestattet werden, wenn der Campingplatz eine befahrbare, rechtlich gesicherte Zufahrt zu einer befahrbaren öffentlichen Verkehrsfläche hat. ³Die Zufahrt soll mindestens 5,5 m breit sein; sie muß auch für die Fahrzeuge der Feuerwehr befahrbar sein.

(2) Für vor der Abfertigungsstelle wartende Fahrzeuge ist ein Stauraum außerhalb der öffentlichen Verkehrsfläche anzuordnen.

§ 4 Fahrwege

¹Campingplätze müssen durch innere Fahrwege ausreichend erschlossen werden. ²Die Fahrwege sollen mindestens 5,5 m breit und müssen für Fahrzeuge der Feuerwehr befahrbar sein. ³Für Fahrwege mit vorgeschriebener Fahrtrichtung und für Stichwege von höchstens 100 m Länge genügt eine Breite von 3 m.

§ 5 Standplätze

(1) ¹Standplätze sollen mindestens 75 m², wenn die Kraftfahrzeuge auf gesonderten Stellplätzen abgestellt werden, mindestens 65 m² groß sein. ²Standplätze sind dauerhaft zu kennzeichnen.

(2) Standplätze müssen von Abwassergruben, Kläranlagen, Sickeranlagen und Trockenaborten mindestens 50 m entfernt sein.

(3) ¹Die Zelte und Wohnwagen einschließlich der Vorzelte müssen so aufgestellt sein, daß sie jederzeit ortsveränderlich sind. ²Wohnwagen, die auf touristisch zu nutzenden Standplätzen aufgestellt werden, müssen zum Verkehr auf öffentlichen Straßen zugelassen sein.

(4) Auf den Standplätzen dürfen bauliche Anlagen, wie feste Anbauten, Unterbauten und Einfriedungen, nicht errichtet werden.

§ 6 Stellplätze

¹ Soweit die Kraftfahrzeuge nicht auf den Standplätzen abgestellt werden sollen, ist für jeden Standplatz ein gesonderter Stellplatz herzustellen. ² Stellplätze für Besucher können verlangt werden.

§ 7 Einfriedungen

¹ Campingplätze sind einzufrieden oder anderweitig abzugrenzen. ² Dabei ist auf die Belange des Naturschutzes und der Landschaftspflege und die Gestaltung des Orts- und Landschaftsbilds Rücksicht zu nehmen. ³ Auf eine Einfriedung oder anderweitige Abgrenzung kann ausnahmsweise verzichtet werden, wenn Gründe der öffentlichen Sicherheit oder Ordnung nicht entgegenstehen.

§ 8 Brandschutz

(1) ¹ Campingplätze sind durch mindestens 5 m breite Brandgassen in einzelne Abschnitte zu unterteilen. ² Ein Abschnitt darf nicht mehr als 20 Standplätze umfassen.

(2) Es kann verlangt werden, daß Brandschutzstreifen zu besonders gefährdeten Teilen des Campingplatzes oder zu angrenzenden Grundstücken angelegt werden.

(3) ¹ Für je 50 Sandplätze ist mindestens ein für die Brandklassen A, B und C geeigneter Feuerlöscher mit mindestens 6 kg Löschmittelinhalt bereitzuhalten. ² Von jedem Standplatz muß ein Feuerlöscher in höchstens 40 m Entfernung erreichbar sein. ³ Die Feuerlöscher sind im Einvernehmen mit der örtlichen Feuerwehr auf dem Campingplatz zweckmäßig verteilt und wetterfest anzubringen. ⁴ Bei der Aufsichtsperson (Platzwart) sind zwei weitere den Anforderungen des Satzes 1 genügende Feuerlöscher bereitzuhalten.

§ 9 Trinkwasserversorgung

(1) ¹ Campingplätze dürfen nur angelegt werden, wenn die Versorgung mit einwandfreiem Trinkwasser aus einer Wasserversorgungsanlage dauernd gesichert ist. ² Je Standplatz und Tag müssen mindestens 200 l zur Verfügung stehen.

(2) ¹ Für je 100 Standplätze sollen mindestens sechs zweckmäßig verteilte Trinkwasserzapfstellen mit Schmutzwasserabläufen vorhanden sein. ² Sie müssen gekennzeichnet und von den Abortanlagen räumlich getrennt sein. ³ Der Boden an den Zapfstellen ist in einem Umkreis von mindestens 2 m zu befestigen.

§ 10 Wascheinrichtungen

(1) ¹ Für je 100 Standplätze müssen zweckmäßig verteilt mindestens 16 Waschplätze und acht Duschen vorhanden sein. ² Sie sind jeweils

Campingplatzverordnung   §§ 11–13   CPlV 18

zur Hälfte in für Frauen und Männer getrennten Räumen anzuordnen. [3] Ein Viertel der Waschplätze und die Duschen sind in Einzelzellen einzurichten.

(2) Die Fußböden und die Wände der Räume bis zu einer Höhe von mindestens 1,5 m müssen so beschaffen sein, daß sie leicht gereinigt werden können.

§ 11 Geschirrspül- und Wäschespüleinrichtungen

(1) [1] Für je 100 Standplätze müssen mindestens drei Geschirrspülbecken und mindestens drei Wäschespülbecken oder Waschmaschinen von den Wascheinrichtungen und Aborten räumlich getrennt vorhanden sein. [2] Mindestens die Hälfte dieser Becken muß eine Warmwasserversorgung erhalten. [3] Werden die Becken im Freien angeordnet, so ist der Boden in einem Umkreis von mindestens 2 m zu befestigen.

(2) § 10 Abs. 2 gilt entsprechend.

§ 12 Abortanlagen

(1) Für je 100 Standplätze müssen zweckmäßig verteilt mindestens acht Sitzaborte für Frauen sowie mindestens vier Aborte für Männer und mindestens vier Urinale vorhanden sein.

(2) [1] Die Abortanlagen müssen für Frauen und Männer getrennte Räume mit je einem Vorraum haben. [2] In den Vorräumen ist für je sechs Aborte oder Urinale mindestens ein Waschbecken anzubringen. [3] Die Vorräume dürfen nicht als Waschräume im Sinn des § 10 Abs. 1 genutzt werden.

(3) § 10 Abs. 2 gilt entsprechend.

§ 12a Einrichtungen zugunsten Behinderter

Auf Campingplätzen mit mehr als 200 Standplätzen sollen mindestens ein Waschplatz sowie eine Dusche und ein Abort für Behinderte, insbesondere Rollstuhlfahrer, zugänglich und benutzbar sein.

§ 13 Anlagen für Abwässer und feste Abfallstoffe

(1) In räumlicher Verbindung mit den Abortanlagen sind Einrichtungen zum Einbringen derjenigen Abwässer und Fäkalien herzustellen, die in den in Wohnwagen und Zelten vorhandenen Waschbecken, Spülen und Aborten anfallen.

(2) [1] Für die vorübergehende Aufnahme fester Abfallstoffe sind dichte Abfallbehälter zweckmäßig verteilt aufzustellen. [2] Sie müssen ein Fassungsvermögen von mindestens 15 l je Standplatz und Tag haben. [3] Abfallgruben sind nicht zulässig. [4] Abfallsammelplätze müssen gegen den übrigen Campingplatz ausreichend abgeschirmt sein.

§ 14 Beleuchtung

(1) Die Fahrwege von Campingplätzen müssen eine ausreichende elektrische Beleuchtung haben; Ausnahmen können gestattet werden für Plätze, die nur während der Sommermonate betrieben werden.

(2) Die Wascheinrichtungen und die Abortanlagen müssen eine ausreichende elektrische Beleuchtung haben.

§ 15 Sonstige Einrichtungen

(1) [1] Für den Platzwart muß ein Aufenthaltsraum vorhanden sein. [2] Bei mehr als 50 Standplätzen soll auch ein Aufenthaltsraum für die Benutzer des Campingplatzes vorhanden sein.

(2) Campingplätze müssen einen jederzeit zugänglichen Fernsprechanschluß haben.

(3) [1] Ein Verbandskasten für die Erste Hilfe muß vorhanden sein; er soll im Aufenthaltsraum des Platzwarts aufbewahrt werden. [2] Weitere Einrichtungen für die Erste Hilfe sowie Rettungsgeräte können verlangt werden.

(4) [1] An den Eingängen zu den Campingplätzen ist an gut sichtbarer Stelle ein Lageplan des Campingplatzes anzubringen. [2] Aus dem Lageplan müssen die Fahrwege, Brandgassen und Brandschutzstreifen sowie die Standorte der Feuerlöscher, der Fernsprechanschlüsse und der Einrichtungen für die Erste Hilfe ersichtlich sein.

(5) An geeigneten Stellen sind auf den Campingplätzen Hinweisschilder anzubringen, die mindestens enthalten müssen
1. Name und Anschrift des Betreibers,
2. Lage des Fernsprechanschlusses,
3. Anschrift und Rufnummer der Polizei, der Feuerwehr, des Krankentransportdienstes und der nächsten Unfallhilfestation,
4. Name, Anschrift und Rufnummer des nächsten Arztes und der nächsten Apotheke,
5. Aufbewahrungsort des Verbandskastens für die Erste Hilfe.

(6) Der Lageplan (Absatz 4) und die Hinweisschilder (Absatz 5) sind gegen Witterungseinflüsse zu schützen.

§ 16 Bauvorlagen

(1) Als zusätzliche Bauvorlage ist ein Plan einzureichen, dessen Maßstab nicht kleiner als 1:500 ist, und in dem darzustellen bzw. einzutragen sind
1. die räumliche Anordnung und die Art der Bepflanzung,
2. die inneren Fahrwege und ihre Breite,
3. die Brandgassen und Brandschutzstreifen und ihre Breite,

Campingplatzverordnung § 17 **CPlV 18**

4. die Einteilung der Standplätze in touristisch zu nutzende (Tagesstandplätze sind besonders zu kennzeichnen) und längerfristig nutzbare,
5. die Abgrenzung der einzelnen Standplätze,
6. eine fortlaufende Numerierung der Standplätze,
7. die Stellplätze für die Kraftfahrzeuge, wenn diese nicht auf dem Standplatz abgestellt werden,
8. der Verlauf der Einfriedung mit Angaben über Höhe und Material.

(2) [1] In der Baubeschreibung ist die Anzahl der Standplätze, der Anteil der touristisch zu nutzenden (Tagesstandplätze sind eigens aufzuführen) und der längerfristig nutzbaren Standplätze an der Gesamtzahl der Standplätze in Prozenten sowie die Anzahl der Einrichtungen nach den §§ 9 bis 12 anzugeben. [2] Soweit erforderlich, ist die Lage dieser Einrichtungen zu erläutern.

§ 17 Betriebsvorschriften

(1) Während des Betriebs des Campingplatzes muß der Platzwart ständig erreichbar sein.

(2) [1] Der Betreiber des Campingplatzes hat dafür zu sorgen, daß nach Maßgabe der Baugenehmigung touristisch zu nutzende Standplätze nicht längerfristig genutzt werden. [2] Eine längerfristige Nutzung liegt auch dann vor, wenn das Zelt oder der Wohnwagen zwar auf verschiedenen Standplätzen, aber auf demselben Campingplatz länger als acht Wochen aufgestellt ist; eine nur kurze Abwesenheit bleibt dabei außer Betracht.

(3) [1] Über die Belegung der Standplätze hat der Betreiber einen schriftlichen Nachweis (Belegungsnachweis) zu führen und zusammen mit einem Übersichtsplan auf dem Campingplatz bereitzuhalten. [2] Der Übersichtsplan muß die Lage, die Numerierung und die Nutzungsart (§ 1 Abs. 2 Satz 2) der Standplätze nach Maßgabe der Baugenehmigung aufzeigen. [3] Im Belegungsnachweis sind die Standplätze einzeln nach ihrer Nummer mit Angabe der Nutzungsart aufzuführen. [4] Bei jeder Belegung sind Name und Ankunftstag des Benutzers auf dem Campingplatz, der Tag der Aufstellung des Zeltes oder Wohnwagens auf dem Standplatz sowie der Tag des Endes der Belegung einzutragen.

(4) [1] Der Betreiber hat dafür zu sorgen, daß die Brandgassen und die Brandschutzstreifen von baulichen Anlagen, von Gegenständen, die Brand übertragen oder Löschmaßnahmen behindern können, und von Unterholz ständig freigehalten werden. [2] Graswuchs muß kurz gehalten werden.

(5) Der Betreiber hat ferner dafür zu sorgen, daß
1. die in den §§ 9 bis 13 genannten Einrichtungen in brauchbarem und sauberem Zustand gehalten werden,
2. die Abfälle und die Abwässer in die dafür vorgesehenen Einrichtungen verbracht werden,
3. die festen Abfallstoffe mindestens einmal wöchentlich abgefahren werden.

(6) Die Feuerlöscher sind in Abständen von höchstens einem Jahr durch einen fachkundigen Wartungsdienst prüfen zu lassen.

§ 18 Ausnahmen und Zwischenwerte

(1) Für Campingplätze mit bis zu 50 Standplätzen und für Jugendzeltplätze können Ausnahmen von den Vorschriften der § 3 Abs. 2, §§ 4, 8 Abs. 3 Satz 4, §§ 11, 14 Abs. 1, § 15 Abs. 1 Satz 1 und Abs. 4 sowie § 17 Abs. 1 gestattet werden, wenn wegen der öffentlichen Sicherheit oder Ordnung keine Bedenken bestehen.

(2) Unter der gleichen Voraussetzung können darüber hinaus für Campingplätze mit bis zu zehn Standplätzen Ausnahmen von den Vorschriften der § 5 Abs. 1 Satz 2, § 12 Abs. 2, § 13 Abs. 1, § 15 Abs. 2 und 5 sowie § 17 Abs. 3 gestattet werden.

(3) [1] Eine geringere Anzahl der in den §§ 10, 11 und 12 geforderten Einrichtungen kann ausnahmsweise gestattet werden, wenn die geforderte Anzahl in einem offensichtlichen Mißverhältnis zu dem zu erwartenden Bedarf steht. [2] Eine größere Anzahl kann verlangt werden, wenn die öffentliche Sicherheit oder Ordnung oder die Hygiene es erfordern.

(4) [1] Bei der Berechnung der in § 8 Abs. 3 und §§ 9 bis 12 genannten Anlagen und Einrichtungen sind Zwischenwerte zu bilden. [2] Zwischenwerte unter 1.0 sind aufzurunden, im übrigen sind sie auf die näherliegende volle Zahl auf- bzw. abzurunden.

§ 19 Anwendung der Betriebsvorschriften auf bestehende Campingplätze

Die Betriebsvorschriften (§ 17) sind auch auf die zum Zeitpunkt des Inkrafttretens der Verordnung bestehenden Campingplätze anzuwenden.

§ 20 Ordnungswidrigkeiten

(1) Nach Art. 25 Abs. 3 LStVG kann mit Geldbuße belegt werden, wer vorsätzlich oder fahrlässig
1. entgegen § 17 Abs. 2 als Betreiber des Campingplatzes die Standplätze in unzulässiger Weise nutzen läßt,

Campingplatzverordnung § 21 CPlV 18

2. entgegen § 17 Abs. 3 als Betreiber den Belegungsnachweis nicht oder unrichtig führt,
3. entgegen § 17 Abs. 5 als Betreiber des Campingplatzes nicht dafür sorgt, daß
   a) die sanitären Einrichtungen in brauchbarem und sauberem Zustand gehalten,
   b) die Abfälle und die Abwässer in die dafür vorgesehenen Einrichtungen verbracht,
   c) die festen Abfallstoffe mindestens einmal wöchentlich abgefahren werden.

(2) Nach Art. 38 Abs. 4 LStVG kann mit Geldbuße belegt werden, wer vorsätzlich oder fahrlässig

1. entgegen § 17 Abs. 4 Satz 1 als Betreiber des Campingplatzes nicht für die Freihaltung der Brandgassen und Brandschutzstreifen sorgt,
2. entgegen § 17 Abs. 6 die Feuerlöscher nicht vorschriftsmäßig prüfen läßt.

§ 21 Inkrafttreten

Diese Verordnung tritt am 1. Oktober 1975 in Kraft;* sie tritt mit Ablauf des 30. September 1995 außer Kraft.

---

* Betrifft die ursprüngliche Fassung vom 21. 7. 1975 (GVBl. S. 305).

19. Verordnung über die erweiterte Anwendung der Dampfkesselverordnung, der Druckbehälterverordnung und der Aufzugsverordnung

Vom 18. November 1982 (BayRS 2132-1-17-I)

Auf Grund von Art. 90 Abs. 2 und 5 der Bayerischen Bauordnung (BayBO) erläßt das Bayerische Staatsministerium des Innern folgende Verordnung:

§ 1

[1] Die §§ 2 bis 8, 10 bis 28 und 31 der Dampfkesselverordnung (DampfkV) vom 27. Februar 1980 (BGBl. I S. 173) sind auch auf Dampfkesselanlagen anzuwenden, die weder gewerblichen noch wirtschaftlichen Zwecken dienen und in deren Gefahrenbereich auch keine Arbeitnehmer beschäftigt werden (§ 1 Abs. 2 DampfkV). [2] Das gilt nicht für Dampfkesselanlagen nach § 1 Abs. 3 bis 5 DampfkV.

§ 2

[1] Die §§ 3 bis 6, 8 bis 34 und 37 bis 39 der Druckbehälterverordnung (DruckbehV) vom 27. Februar 1980 (BGBl. I S. 184) sind auch auf Druckbehälter, Druckgasbehälter und Füllanlagen anzuwenden, die weder gewerblichen noch wirtschaftlichen Zwecken dienen und in deren Gefahrenbereich auch keine Arbeitnehmer beschäftigt werden (§ 1 Abs. 2 DruckbehV). [2] Das gilt nicht für Behälter und Anlagen nach § 1 Abs. 3 bis 5 und § 2 DruckbehV.

§ 3

[1] Die §§ 2 bis 5, 7 bis 22, 25 und 26 der Aufzugsverordnung (AufzV) vom 27. Februar 1980 (BGBl. I S. 205) sind auch auf Aufzugsanlagen anzuwenden, die weder gewerblichen noch wirtschaftlichen Zwecken dienen und in deren Gefahrenbereich auch keine Arbeitnehmer beschäftigt werden (§ 1 Abs. 2 AufzV). [2] Das gilt nicht für Aufzugsanlagen nach § 1 Abs. 3 bis 5 AufzV.

§ 4

[1] Für die Zuständigkeit gelten die Vorschriften des Gewerberechts entsprechend. [2] Soweit die Gewerbeaufsichtsämter für den Vollzug dieser Verordnung zuständig sind, haben sie auch die Rechte und Pflichten der Bauaufsichtsbehörden.

§ 5

Keiner Baugenehmigung oder Zustimmung bedürfen Anlagen, die auf Grund dieser Verordnung einer Genehmigung oder Erlaubnis nach den in den §§ 1 bis 3 genannten Verordnungen bedürfen.

§ 6

Nach Art. 89 Abs. 1 Nr. 10 BayBO kann mit Geldbuße bis zu einhunderttausend Deutsche Mark belegt werden, wer vorsätzlich oder fahrlässig in den Fällen der erweiterten Anwendung der Dampfkesselverordnung, der Druckbehälterverordnung und der Aufzugsverordnung nach den §§ 1 bis 3 Pflichtverletzungen begeht, die nach § 32 DampfkV, § 40 DruckbehV oder § 27 AufzV mit Geldbuße bedroht sind.

§ 7

Diese Verordnung tritt am 1. Januar 1983 in Kraft.[*]

---

[*] Betrifft die ursprüngliche Fassung vom 18. 11. 1982 (GVBl. S. 1025).

20. Zuständigkeitsverordnung zum Baugesetzbuch (ZustVBauGB)*

Vom 7. Juli 1987 (GVBl. S. 209, BayRS 2130–3–I)

Auf Grund von

§ 203 Abs. 3 des Baugesetzbuchs (BauGB) in der Fassung der Bekanntmachung vom 8. Dezember 1986 (BGBl. I S. 2253),

§ 245 Abs. 11 BauGB in Verbindung mit § 40 Abs. 2 Satz 2 des Städtebauförderungsgesetzes (StBauFG) in der Fassung der Bekanntmachung vom 18. August 1976 (BGBl. I S. 2318, ber. S. 3617), zuletzt geändert durch Gesetz vom 5. November 1984 (BGBl. I S. 1321),

Art. 92 der Bayerischen Bauordnung – BayBO – (BayRS 2132–1–I), zuletzt geändert durch Gesetz vom 6. August 1986 (GVBl. S. 214),

erläßt die Bayerische Staatsregierung folgende Verordnung:

§ 1

(1) Die Regierung ist zuständige Stelle für die Zustimmung zum vorzeitigen Einsatz von Fördermitteln nach § 40 Abs. 2 Satz 2 und § 58 Satz 2 StBauFG.

(2) Die Regierung ist zuständige Behörde

1. für die Zustimmung zur Verlängerung von Veränderungssperren nach § 17 Abs. 2 BauGB, soweit § 2 Abs. 5 nichts anderes bestimmt,
2. für die Zustimmung zur Beschränkung der Kostenübersicht nach § 149 Abs. 4 BauGB,
3. für die Bestätigung als Sanierungsträger für den einzelnen Fall nach § 158 Abs. 3 Halbsatz 1 BauGB,
4. für die Zustimmung zur Abschlußerklärung nach § 171 Abs. 3 BauGB.

---

* Zum Vollzug des Baugesetzbuchs (früher des Bundesbaugesetzes) sind ergangen: Erstes Kapitel. Allgemeines Städtebaurecht
Zum Ersten Teil. Bauleitplanung:
Verordnung über die Ausarbeitung der Bauleitpläne und die Darstellung des Planinhalts (Planzeichenverordnung 1981 – PlanzV 81) vom 30. 7. 1981 (BGBl. I S. 833). Bek. über den Vollzug der §§ 1 bis 13a und 155a ff. BBauG; Hinweise für die Ausarbeitung und Aufstellung der Bauleitpläne (Planungshilfen – PLH) vom 30. 7. 1982 (MABl. S. 517). Bek. über den Vollzug des BauGB und der BayBO; Träger öffentlicher Belange vom 26. 6. 1987 (MABl. S. 446). Gem. Bek. über die Erschließung und Sicherung von Bauland im ländlichen Raum vom 16. 3. 1982 (StAnz. Nr. 12). Gem. Bek. über die Beachtung der Erfordernisse der Landesplanung und der Bauleitplanung im Alpen- und Voralpengebiet vom 8. 8. 1985 (MABl. S. 507, LUMBl. S. 59). Bek. über den Vollzug des Bayerischen Naturschutzgesetzes und des Bundesbaugesetzes; Landschaftsplanung und Bauleitplanung vom 18. 12. 1985 (MABl. 1986 S. 49, ber. S. 197, LUMBl. 1986 S. 1). Bek. über die Mitwirkung von

ZuständigkeitsVO zum BauGB § 1 **ZustVBauGB 20**

(3) Die Regierung ist Bewilligungsstelle nach § 39 Abs. 1 Satz 1 und § 58 Satz 1 StBauFG.

(4) Die Regierung ist zuständige Landesbehörde zur Bestimmung einer anderen Bewilligungsstelle statt der Gemeinde nach § 39 Abs. 2 Satz 2 StBauFG.

gesetzes und des Bundesbaugesetzes; Landschaftsplanung und Bauleitplanung vom 18. 12. 1985 (MABl. 1986 S. 49, ber. S. 197, LUMBl. 1986 S. 1). Bek. über die Mitwirkung von Naturschutzverbänden bei der Bauleitplanung und in Planfeststellungsverfahren vom 31. 1. 1983 (MABl. S. 149). Verordnung über die bauliche Nutzung der Grundstücke (Baunutzungsverordnung – BauNVO) i. d. F. der Bek. vom 15. 9. 1977 (BGBl. I S. 1763), geändert durch Verordnung vom 19. 12. 1986 (BGBl. I S. 2665). Bek. über Berücksichtigung des Schallschutzes im Städtebau vom 3. 8. 1988 (AllMBl. S. 670). Bek. über ,,Bauland und Baugenehmigung"; Hinweise zur Beschleunigung und Erleichterung baurechtlicher Verfahren vom 21. 6. 1983 (MABl. S. 559). Gem. Bek. über Flurbereinigung und Bauleitplanung sowie sonstige städtebauliche Maßnahmen vom 1. 10. 1984 (MABl. S. 586, LMBl. S. 107). Gem. Bek. über die Planung und Errichtung von Feriensiedlungen und Ferienappartementhäusern vom 12. 10. 1976 (MABl. S. 925, WVMBl. S. 178, LUMBl. S. 207). Gem. Bek. über die Beachtung der Erfordernisse der Bauleitplanung und der Landesplanung bei der Errichtung von Campingplätzen vom 8. 7. 1976 (MABl. S. 649, LUMBl. S. 125). Bek. über Hinweise für die städtebauliche Planung von Parkbauten für Kernbereiche der Gemeinden vom 22. 3. 1973 (MABl. S. 301, StAnz. Nr. 14). Gem. Bek. über die Beurteilung von Einzelhandelsgroßprojekten in der Landesplanung und der Bauleitplanung vom 30. 9. 1980 (MABl. S. 559, WVMBl. S. 138, LUMBl. S. 119, StAnz. Nr. 42).

Zum Zweiten Teil. Zweiter Abschnitt. Teilungsgenehmigung:
Verordnung über die Gebiete ohne Genehmigungspflicht für den Bodenverkehr vom 24. 9. 1970 (BayRS 2130–6–I). Bek. über Überwachung des Bodenverkehrs nach den §§ 19 ff. BBauG vom 6. 4. 1978 (MABl. S. 330, LMBl. S. 232). Verordnung über die überwiegend durch den Fremdenverkehr geprägten Gemeinden vom 7. 7. 1988 (GVBl. S. 194, BayRS 2130–4–I).

Zum Dritten Teil. Erster Abschnitt. Zulässigkeit von Vorhaben:
ME über Zulässigkeit von Vorhaben im Außenbereich (§ 35 BBauG) vom 20. 1. 1964 (MABl. S. 113).

Zum Vierten Teil. Erster Abschnitt. Umlegung:
Verordnung über die Umlegungsausschüsse und das Vorverfahren in Umlegungs- und Grenzregelungsangelegenheiten vom 18. 1. 1961 (BayRS 2130–1–I), geändert durch Verordnung vom 11. 1. 1983 (GVBl. S. 3). Verordnung über die Entschädigung der Mitglieder der Umlegungsausschüsse nach dem Bundesbaugesetz vom 30. 9. 1974 (BayRS 2130–7–I). ME über Richtlinien zum Umlegungsverfahren nach dem BBauG vom 9. 12. 1966 (MABl. 1967 S. 27), geändert durch Bek. vom 3. 6. 1977 (MABl. S. 565, FMBl. S. 327). ME über Eignung des Umlegungsplanes und des Beschlusses über die Grenzregelung zur Übernahme in das Liegenschaftskataster vom 30. 4. 1963 (MABl. S. 186). Gem. Bek. vom 17. 2. 1988 (AllMBl. S. 298, FMBl. S. 86).

Zum Sechsten Teil. Erschließung:
Bek. über Empfehlungen für die Anlage von Erschließungsstraßen (EAE 85) vom 2. 6. 1986 (MABl. S. 259).

Zweites Kapitel. Besonderes Städtebaurecht
Zum Zweiten Teil. Städtebauliche Entwicklungsmaßnahmen:
Bek. über Richtlinien zur Förderung von Sanierungs- und Entwicklungsmaßnahmen nach dem Städtebauförderungsgesetz und von städtebaulichen Maßnahmen im Bayerischen Städtebauförderungsprogramm (Städtebauförderungsrichtlinien – StBauFR) vom 29. 11. 1981 (MABl. S. 763, ber. 1982 S. 75), geändert durch Bek. vom 12. 2. 1985 (MABl. S. 69) und vom 22. 1. 1987 (MABl. S. 40).

Drittes Kapitel. Sonstige Vorschriften
Zum Ersten Teil. Wertermittlung:
Verordnung über Grundsätze für die Ermittlung der Verkehrswerte von Grundstücken (Wertermittlungsverordnung – WertV) vom 6. 12. 1988 (BGBl. I S. 2209). Richtlinien für

(Fortsetzung der Anm. auf S. 296)

§ 2

(1) Die Genehmigung von Bebauungsplänen (§ 11 Abs. 1 Halbsatz 1 BauGB) kreisangehöriger Gemeinden erteilen die Landratsämter.

(2) Andere Bebauungspläne (§ 11 Abs. 1 Halbsatz 2 BauGB), Satzungen zur Sicherung von Gebieten mit Fremdenverkehrsfunktion (§ 22 Abs. 3 BauGB) und Innenbereichssatzungen (§ 34 Abs. 5 BauGB) kreisangehöriger Gemeinden sind den Landratsämtern anzuzeigen.

(3) Die Absätze 1 und 2 gelten nicht für Bebauungspläne und Satzungen

1. Großer Kreisstädte,
2. kreisangehöriger Gemeinden, denen auf Grund des Art. 62 Abs. 2 BayBO die Aufgaben der unteren Bauaufsichtsbehörde übertragen sind,
3. kreisangehöriger Gemeinden, die allein oder zusammen mit anderen Gemeinden nach der Verordnung über das Landesentwicklungsprogramm Bayern (BayRS 230–1–5–U)* in der jeweils geltenden Fassung als Oberzentren, mögliche Oberzentren, Mittelzentren

---

die Ermittlung des Verkehrswertes von Grundstücken (Wertermittlungs-Richtlinien 1976 – WertR 76) i. d. F. der Bek. vom 31. 5. 1976 (Beilage Nr. 21/76 zum BAnz. Nr. 146), geändert durch Bek. vom 8. 4. 1981 (BAnz. Nr. 81) und vom 3. 2. 1986 (BAnz. Nr. 45 S. 2670). Verordnung über die Gutachterausschüsse, die Kaufpreissammlungen und die Bodenrichtwerte nach dem Bundesbaugesetz (GutachterausschußV) vom 5. 3. 1980 (BayRS 2130–2–I).

Zum Zweiten Teil. Allgemeine Vorschriften; Zuständigkeiten; Verwaltungsverfahren; Wirksamkeitsvoraussetzungen:
Zuständigkeitsverordnung zum Baugesetzbuch (ZustVBauGB) vom 7. 7. 1987 (GVBl. S. 209, BayRS 2130–3–I) – vorstehend abgedruckt –. Verordnung zur Übertragung von Aufgaben nach dem Bundesbaugesetz auf die Gemeinde Eching vom 2. 1. 1979 (GVBl. S. 5, BayRS 2130–10–I). Verordnung zur Übertragung von Aufgaben nach dem Bundesbaugesetz auf die Gemeinde Lenting vom 29. 7. 1982 (GVBl. S. 697, BayRS 2130–12–I). Verordnung zur Übertragung von Aufgaben nach dem Bundesbaugesetz auf den Zweckverband zur Errichtung und zum Betrieb des Hafens Kelheim vom 14. 3. 1977 (GVBl. S. 109, BayRS 2130–8–I). Verordnung zur Übertragung von Aufgaben nach dem Bundesbaugesetz auf den Zweckverband Donau-Hafen Deggendorf vom 21. 6. 1982 (GVBl. S. 393, BayRS 2130–11–I), geändert durch Verordnung vom 20. 8. 1985 (GVBl. S. 496). Verordnung zur Übertragung von Aufgaben nach dem Baugesetzbuch auf die Stadt Sulzbach-Rosenberg vom 22. 9. 1987 (GVBl. S. 368, BayRS 2130–13–I).

Zum Dritten Teil. Verfahren vor den Kammern (Senaten) für Baulandsachen:
§ 26 Gerichtliche Zuständigkeitsverordnung Justiz vom 2. 2. 1988 (GVBl. S. 6).

Viertes Kapitel. Übergangs- und Schlußvorschriften:
ME über Hinweise zu den Überleitungsvorschriften der §§ 173, 174 Abs. 1 und zu § 183 BBauG vom 9. 6. 1961 (MABl. S. 402). ME über Überleitung des Erschließungsbeitragsrechts in Bayern vom 7. 10. 1966 (MABl. S. 561).
Verordnung über die förmliche Festlegung des städtebaulichen Entwicklungsbereichs „Straubing-Sand" im Verbandsgebiet des Zweckverbands „Industriegebiet mit Donau-Hafen Straubing-Sand" vom 25. 6. 1987 (GVBl. S. 192, BayRS 2131–3–8–I).

* Verordnung über das Landesentwicklungsprogramm Bayern (LEP) vom 3. 5. 1984 (GVBl. S. 121, ber. S. 337, BayRS 230–1–5–U), geändert durch Verordnung vom 17. 5. 1988 (GVBl. S. 114).

zum Baugesetzbuch §§ 3, 4 ZustVBauGB 20

oder Siedlungsschwerpunkte in großen Verdichtungsräumen bestimmt sind und keinen Flächennutzungsplan besitzen,
4. kreisangehöriger Gemeinden in Sanierungsgebieten und städtebaulichen Entwicklungsbereichen.

(4) Die Zustimmung zur vorzeitigen Herstellung von Erschließungsanlagen (§ 125 Abs. 2 Satz 1 BauGB) und das Verlangen, daß bestimmte Verfahrensabschnitte wiederholt werden (§ 204 Abs. 3 Satz 3 BauGB), obliegt für kreisangehörige Gemeinden mit Ausnahme der in Absatz 3 genannten Gemeinden den Landratsämtern.

(5) Die Zustimmung zur Verlängerung von Veränderungssperren (§ 17 Abs. 2 BauGB) und zur erneuten Inkraftsetzung von Veränderungssperren (§ 17 Abs. 3 BauGB) obliegt für kreisangehörige Gemeinden mit Ausnahme der in Absatz 3 Nrn. 1 und 2 genannten Gemeinden den Landratsämtern.

§ 3

(1) [1] Die Kreisverwaltungsbehörden erteilen die Zustimmung zur Teilung von Außenbereichsgrundstücken (§ 19 Abs. 3 Satz 2 BauGB) sowie die Zustimmung zur Genehmigung von Innenbereichsvorhaben (§ 36 Abs. 1 Satz 3 in Verbindung mit § 34 Abs. 3 BauGB) und von Außenbereichsvorhaben (§ 36 Abs. 1 Satz 3 in Verbindung mit § 35 Abs. 2 und 4 BauGB). [2] Das gilt nicht für mitwirkungspflichtige Vorgänge in den in § 2 Abs. 3 Nrn. 1 und 2 genannten Gemeinden.

(2) Die Landratsämter erteilen die Zustimmung zu Vorhaben während der Planaufstellung (§ 36 Abs. 1 Satz 3 in Verbindung mit § 33 BauGB), wenn sie den Bebauungsplan genehmigen (§ 2 Abs. 1) oder ihnen der Bebauungsplan anzuzeigen ist (§ 2 Abs. 2).

§ 4

(1) Enteignungen nach dem Baugesetzbuch und Verfahren, in denen die Enteignungsbehörde in entsprechender Anwendung der Vorschriften des Fünften Teils des Ersten Kapitels des Baugesetzbuchs zu entscheiden hat, führen die Kreisverwaltungsbehörden durch (Enteignungsbehörden).

(2) Ist in von Absatz 1 Satz 1 nicht erfaßten Fällen eine Entschädigung in Geld, durch Übernahme eines Grundstücks oder Begründung eines Rechts zu leisten, werden die Aufgaben der höheren Verwaltungsbehörde, die darüber mangels Einigung des Entschädigungsberechtigten und des Entschädigungsverpflichteten zu entscheiden hat, den Kreisverwaltungsbehörden übertragen (§ 18 Abs. 2 Satz 4, § 28 Abs. 6 Satz 3, § 43 Abs. 2 Satz 1, § 126 Abs. 2 Satz 2, § 150 Abs. 2, § 185 Abs. 2 Satz 2 und Abs. 3 Satz 3, § 209 Abs. 2 Satz 1 Halbsatz 2 BauGB).

(3) Die Absätze 1 und 2 gelten nicht, wenn eine kreisfreie Gemeinde Begünstigte oder Betroffene der dort aufgeführten Verfahren und Entscheidungen ist.

(4) Die Zustimmung zum Antrag auf Durchführung einer Unternehmensflurbereinigung (§ 190 Abs. 1 Satz 1 BauGB) erteilt die Kreisverwaltungsbehörde.

§ 5

Die allgemeine Bestätigung für die Übernahme der Aufgaben als Sanierungsträger (§ 158 Abs. 3 Halbsatz 1 BauGB) und die Bestätigung als Entwicklungsträger (§ 167 Abs. 2 BauGB) spricht das Staatsministerium des Innern aus.

§ 6

Die untere Bauaufsichtsbehörde ist zuständige Behörde für die Freistellung nach § 46 Abs. 3 Satz 1 StBauFG.

§ 7

(1) Diese Verordnung tritt mit Wirkung vom 1. Juli 1987 in Kraft.

(2) Gleichzeitig tritt die Verordnung über die Zuständigkeiten nach dem Bundesbaugesetz und dem Städtebauförderungsgesetz – Zuständigkeitsverordnung zum Bundesbaugesetz und Städtebauförderungsgesetz – ZuStVBBauG/StBauFG – (BayRS 2130–3–I), zuletzt geändert durch Verordnung vom 4. November 1986 (GVBl. S. 334), außer Kraft.

(3) In den Fällen des § 233 Abs. 4, des § 234 Abs. 2, des § 235 Abs. 3 Satz 1, des § 236 Abs. 2 und des § 237 Abs. 3 BauGB richtet sich die Zuständigkeit nach den bisher geltenden Zuständigkeitsvorschriften.

21.–24. *(nicht belegt)*

B. Strafrecht

25. Strafgesetzbuch (StGB)

In der Fassung der Bekanntmachung vom 10. März 1987
(BGBl. I S. 945, ber. S. 1160)

(Auszug)

§ 323 Baugefährdung

(1) Wer bei der Planung, Leitung oder Ausführung eines Baues oder des Abbruchs eines Bauwerks gegen die allgemein anerkannten Regeln der Technik verstößt und dadurch Leib oder Leben eines anderen gefährdet, wird mit Freiheitsstrafe bis zu fünf Jahren oder mit Geldstrafe bestraft.

(2) Ebenso wird bestraft, wer in Ausübung eines Berufs oder Gewerbes bei der Planung, Leitung oder Ausführung eines Vorhabens, technische Einrichtungen in ein Bauwerk einzubauen oder eingebaute Einrichtungen dieser Art zu ändern, gegen die allgemein anerkannten Regeln der Technik verstößt und dadurch Leib oder Leben eines anderen gefährdet.

(3) Wer die Gefahr fahrlässig verursacht, wird mit Freiheitsstrafe bis zu drei Jahren oder mit Geldstrafe bestraft.

(4) Wer in den Fällen der Absätze 1 und 2 fahrlässig handelt und die Gefahr fahrlässig verursacht, wird mit Freiheitsstrafe bis zu zwei Jahren oder mit Geldstrafe bestraft.

(5) [1] Das Gericht kann von Strafe nach den Absätzen 1 bis 3 absehen, wenn der Täter freiwillig die Gefahr abwendet, bevor ein erheblicher Schaden entsteht. [2] Unter denselben Voraussetzungen wird der Täter nicht nach Absatz 4 bestraft.

26. Gesetz über das Landesstrafrecht und das Verordnungsrecht auf dem Gebiet der öffentlichen Sicherheit und Ordnung (Landesstraf- und Verordnungsgesetz – LStVG)

In der Fassung der Bekanntmachung vom 13. Dezember 1982
(BayRS 2011-2-I)

(Auszug)

Erster Teil. Allgemeine Vorschriften über Straftaten und Ordnungswidrigkeiten

Art. 1 Einteilung der Tatbestände

(1) Die im Landesrecht mit Freiheitsstrafe oder mit Geldstrafe bedrohten Handlungen sind Straftaten.

(2) Die im Landesrecht mit Geldbuße bedrohten Handlungen sind Ordnungswidrigkeiten.

Art. 2 Straftaten

Auf die Straftaten des Landesrechts sind die im Allgemeinen Teil des Strafgesetzbuchs enthaltenen Vorschriften sowie die Vorschriften des Jugendgerichtsgesetzes, der Strafprozeßordnung und des Gerichtsverfassungsgesetzes anzuwenden, soweit gesetzlich nichts anderes bestimmt ist.

Art. 3 Ordnungswidrigkeiten

Für die Ordnungswidrigkeiten des Landesrechts gilt das Gesetz über Ordnungswidrigkeiten (OWiG), soweit gesetzlich nichts anderes bestimmt ist.

Art. 4 Zuwiderhandlungen gegen Rechtsvorschriften oder Anordnungen für den Einzelfall

(1) Zuwiderhandlungen gegen Rechtsvorschriften im Rang unter dem Gesetz können auf Grund eines Landesgesetzes mit Strafe oder Geldbuße nur geahndet werden, wenn die Rechtsvorschrift für einen bestimmten Tatbestand auf die zugrundeliegende gesetzliche Straf- oder Bußgeldvorschrift verweist.

(2) Zuwiderhandlungen gegen Anordnungen der Verwaltungsbehörden für den Einzelfall können nach Landesrecht mit Strafe oder Geldbuße nur geahndet werden, wenn die Anordnung nicht mehr mit ordentlichen Rechtsbehelfen angefochten werden kann oder ihre Vollziehung angeordnet ist.

Landesstraf- und Verordnungsgesetz   Art. 5, 25, 28   LStVG **26**

Art. 5 Vollstreckung des Bußgeldbescheids

Der Bußgeldbescheid wird nach den Vorschriften des Bayerischen Verwaltungszustellungs- und Vollstreckungsgesetzes* vollstreckt, soweit nicht das Gesetz über Ordnungswidrigkeiten etwas anderes bestimmt.

Dritter Teil. Einzelne Ermächtigungen und Ordnungswidrigkeiten

3. Abschnitt. Weitere Vorschriften zum Schutz der öffentlichen Sicherheit und Ordnung

Art. 25 Zelten, Aufstellen von Wohnwagen

(1) Zur Sicherung der Erholung in der freien Natur, zum Schutz der Natur und Landschaft, zur Verhütung von Gefahren für Leben, Gesundheit, Eigentum oder Besitz, zum Schutz der Jagdausübung und zur Aufrechterhaltung der öffentlichen Ruhe können die Gemeinden, Landkreise und das Staatsministerium des Innern durch Verordnung** den Betrieb und die Benutzung von Plätzen, die zum Aufstellen und Bewohnen von mehr als drei Zelten oder Wohnwagen bestimmt sind (Campingplätze), regeln.

(2) ¹ Wer einen Campingplatz errichten und betreiben will, bedarf der Erlaubnis der Gemeinde. ² Die Erlaubnis darf nur erteilt werden, wenn Rechtsgüter im Sinn des Absatzes 1 nicht gefährdet werden. ³ Versagungsgründe, die sich aus anderen Rechtsvorschriften, insbesondere des Naturschutzrechts, ergeben, bleiben unberührt. ⁴ Die Sätze 1 bis 3 gelten nicht für Campingplätze, die einer Genehmigung nach der Bayerischen Bauordnung (BayBO) bedürfen.

(3) Mit Geldbuße kann belegt werden, wer

1. einer auf Grund des Absatzes 1 erlassenen Verordnung zuwiderhandelt oder
2. ohne die nach Absatz 2 erforderliche Erlaubnis einen Campingplatz errichtet oder betreibt oder einer mit einer solchen Erlaubnis verbundenen vollziehbaren Auflage zuwiderhandelt.

Art. 28 Öffentliche Anschläge

(1) ¹ Zum Schutz des Orts- und Landschaftsbilds oder eines Natur-, Kunst- oder Kulturdenkmals können die Gemeinden durch Verord-

---

* Bayerisches Verwaltungszustellungs- und Vollstreckungsgesetz (VwZVG) i. d. F. der Bek. vom 11. 11. 1970 (BayRS 2010-2-I).
** Verordnung über Zeltlagerplätze und Lagerplätze für Wohnwagen (Campingplatzverordnung – CPlV) vom 21. 7. 1975 (BayRS 2132-1-7-I); abgedruckt unter Nr. **18**.

nung Anschläge, insbesondere Plakate, und Darstellungen durch Bildwerfer in der Öffentlichkeit auf bestimmte Flächen beschränken. ² Dies gilt nicht für Werbeanlagen, die von der Bayerischen Bauordnung erfaßt werden.

(2) Wer vorsätzlich oder fahrlässig einer auf Grund des Absatzes 1 erlassenen Verordnung zuwiderhandelt, kann mit Geldbuße belegt werden.

(3) Die Gemeinde kann die Beseitigung von Anschlägen, insbesondere Plakaten, und von Darstellungen durch Bildwerfer in der Öffentlichkeit anordnen, wenn sie Rechtsgüter im Sinn des Absatzes 1 beeinträchtigen.

Art. 29 Fliegende Verkaufsanlagen

(1) ¹ Zum Schutz des Orts- und Landschaftsbilds, eines Natur-, Kunst- oder Kulturdenkmals sowie zur Aufrechterhaltung der öffentlichen Reinlichkeit können die Gemeinden durch Verordnung oder Anordnung für den Einzelfall das Aufstellen fliegender Verkaufsanlagen an bestimmten Orten außerhalb der öffentlichen Wege, Straßen und Plätze verbieten oder davon abhängig machen, daß Störungen durch geeignete Vorkehrungen verhütet werden. ² Fliegende Verkaufsanlagen sind vorübergehend aufgestellte, dem Vertrieb von Waren dienende Stände oder ähnliche Verkaufsstellen. ³ Art. 85 BayBO bleibt unberührt.

(2) Wer vorsätzlich oder fahrlässig einer auf Grund des Absatzes 1 erlassenen Verordnung oder vollziehbaren Anordnung zuwiderhandelt, kann mit Geldbuße belegt werden.

Art. 38 Verhütung von Bränden

(1) Zur Verhütung von Gefahren für Leben, Gesundheit, Eigentum oder Besitz durch Brand kann, soweit nicht bundesrechtliche oder besondere landesrechtliche Vorschriften bestehen, das Staatsministerium des Innern Verordnungen erlassen über

1. die der Feuerbeschau unterliegenden Gebäude, Feuerungsanlagen und sonstigen Anlagen und Gegenstände, von denen Brandgefahren ausgehen können, die Ausübung der Feuerbeschau und die Beseitigung der bei der Feuerbeschau festgestellten Mängel,
2. Lichtspielvorführungen und die Einrichtung von Lichtspieltheatern, insbesondere der Zuschauer- und Bildwerferräume, sowie die Ausbildungs- und Bedienungsvorschriften für Filmvorführer,
3. Theateraufführungen und sonstige Schaustellungen, die Einrichtung von Theatern und sonstigen Versammlungsstätten, insbesondere die Zuschauer- und Bühnenräume, ferner über die Ausbildung und Prüfung der technischen Bühnenvorstände,

Verordnungsgesetz　　　　　　　　　　　　Art. 60　LStVG **26**

4. die Errichtung, die Einrichtung und den Betrieb elektrischer Anlagen.

(2) In den Verordnungen nach Absatz 1 kann zugelassen werden, daß bestimmte Gemeinden abweichende Vorschriften erlassen.

(3) Zur Verhütung von Gefahren für Leben, Gesundheit, Eigentum oder Besitz durch Brand können ferner, soweit nicht bundesrechtliche oder besondere landesrechtliche Vorschriften bestehen, die Gemeinden und das Staatsministerium des Innern Verordnungen erlassen über

1. die Verwendung von Feuer und offenem Licht in Gebäuden oder in der Nähe von Gebäuden oder brandgefährlichen Stoffen,
2. Herstellung, Abgabe, Lagerung und Verwendung von Brennstoffen und brandgefährlichen Stoffen,
3. Auflagen und Schutzmaßnahmen für die Errichtung, die Einrichtung und den Betrieb brandgefährlicher Anlagen, die nicht unter Absatz 1 fallen,
4. Blitzableiter, Feuerlöscheinrichtungen und andere Schutzmaßnahmen zur Verhütung oder Beseitigung feuergefährlicher Zustände sowie zur Bekämpfung von Bränden.

(4) Mit Geldbuße kann belegt werden, wer einer auf Grund der Absätze 1 bis 3 erlassenen Verordnung oder einer vollziehbaren Anordnung, die auf Grund einer solchen Verordnung getroffen wurde, vorsätzlich oder fahrlässig zuwiderhandelt.

(5) [1] Die Eigentümer und Besitzer von Gebäuden, Anlagen oder Gegenständen, auf die sich Verordnungen nach den Absätzen 1 bis 3 beziehen, haben gegenüber den Beauftragten der Gemeinden und Landratsämter die in Art. 33 Abs. 1 Satz 1 genannten Pflichten, wenn das zur Prüfung der Brandgefährlichkeit erforderlich ist. [2] Art. 33 Abs. 1 Satz 2 gilt entsprechend.

(6) Wer den Pflichten nach Absatz 5 zuwiderhandelt, kann mit Geldbuße belegt werden.

Fünfter Teil. Übergangs- und Schlußvorschriften

Art. 60　Fortbestand alten Verordnungsrechts

(1) [1] Die auf Grund des bisherigen Rechts erlassenen orts-, distrikts-, bezirks-, kreis- und oberpolizeilichen Vorschriften sowie die anderen auf gesetzlicher Ermächtigung beruhenden Vorschriften des Landesrechts, deren Übertretung mit Strafe oder als Ordnungswidrigkeit mit Geldbuße bedroht ist, treten ohne Rücksicht auf ihre Bezeichnung 20 Jahre nach dem Tag ihres Inkrafttretens, frühestens jedoch am 31. Dezember 1960, außer Kraft, wenn sie nicht aus einem anderen

Grund ihre Geltung vorher verlieren. ² Bis zu ihrem Außerkrafttreten gilt Art. 49.

(2) Absatz 1 gilt nicht
1. für Vorschriften, die auf einer fortgeltenden Ermächtigung des Bundesrechts beruhen,
2. für Satzungen der Gemeinden, Landkreise und Bezirke,
3. für Anordnungen durch amtliche Verkehrszeichen,
4. für Rechtsvorschriften, die auf dem *Naturschutzgesetz* beruhen.

Art. 61 Einstweilige Vorschriften über die Stillegung und Beseitigung von Anlagen und Geräten

(1) ¹ Werden Anlagen oder Geräte unter Zuwiderhandlung gegen ein Gesetz, eine Verordnung oder eine Anordnung für den Einzelfall errichtet, aufgestellt, verändert, betrieben oder in einem ordnungswidrigen Zustand erhalten und verwirklicht die rechtswidrige Tat den Tatbestand eines Strafgesetzes oder einer Ordnungswidrigkeit, so können die kreisfreien Gemeinden und die Landratsämter die Vornahme notwendiger Sicherungs- oder Ausbesserungsarbeiten oder die Stillegung anordnen. ² Sie können auch die teilweise oder gänzliche Beseitigung der Anlage oder des Geräts anordnen, wenn Gefahr im Verzug oder ein dringendes öffentliches Interesse an einem sofortigen Vollzug besteht oder ein Straf- oder Bußgeldverfahren nicht durchgeführt werden kann. ³ Liegen diese Voraussetzungen nicht vor, so kann die Beseitigung der Anlage oder des Geräts nur angeordnet werden, wenn die Zuwiderhandlung rechtskräftig festgestellt ist. ⁴ Im Fall einer Genehmigungspflicht für die Anlage oder das Gerät darf die Beseitigung nach Satz 2 oder Satz 3 nur angeordnet werden, wenn die nachträgliche Genehmigung nach den Vorschriften des geltenden Rechts nicht erteilt werden kann.

(2) Absatz 1 gilt nicht, soweit Rechtsvorschriften außerhalb dieses Gesetzes besondere Bestimmungen über die Stillegung und Beseitigung von Anlagen oder Geräten enthalten.

C. Bürgerliches Recht

27. Bürgerliches Gesetzbuch

Vom 18. August 1896 (RGBl. S. 195)

mit allen späteren Änderungen

(Auszug)

§ 93 [Wesentliche Bestandteile]

Bestandteile einer Sache, die voneinander nicht getrennt werden können, ohne daß der eine oder der andere zerstört oder in seinem Wesen verändert wird (wesentliche Bestandteile), können nicht Gegenstand besonderer Rechte sein.

§ 94 [Wesentliche Bestandteile eines Grundstücks oder Gebäudes]

(1) [1] Zu den wesentlichen Bestandteilen eines Grundstücks gehören die mit dem Grund und Boden fest verbundenen Sachen, insbesondere Gebäude, sowie die Erzeugnisse des Grundstücks, solange sie mit dem Boden zusammenhängen. [2] Samen wird mit dem Aussäen, eine Pflanze wird mit dem Einpflanzen wesentlicher Bestandteil des Grundstücks.

(2) Zu den wesentlichen Bestandteilen eines Gebäudes gehören die zur Herstellung des Gebäudes eingefügten Sachen.

§ 95 [Scheinbestandteile]

(1) [1] Zu den Bestandteilen eines Grundstücks gehören solche Sachen nicht, die nur zu einem vorübergehenden Zwecke mit dem Grund und Boden verbunden sind. [2] Das gleiche gilt von einem Gebäude oder anderen Werke, das in Ausübung eines Rechtes an einem fremden Grundstücke* von dem Berechtigten mit dem Grundstücke verbunden worden ist.

(2) Sachen, die nur zu einem vorübergehenden Zwecke in ein Gebäude eingefügt sind, gehören nicht zu den Bestandteilen des Gebäudes.

---

*Siehe Verordnung über das Erbbaurecht vom 15. 1. 1919 (RGBl. S. 72, ber. S. 122) mit späteren Änderungen; Heimstättenrecht nach Reichsheimstättengesetz in der Fassung der Bek. vom 25. 11. 1937 (RGBl. I S. 1291), geändert durch Gesetz vom 3. 8. 1953 (BGBl. I S. 720), vom 10. 3. 1975 (BGBl. I S. 685) und Art. 21 Steuerreformgesetz 1990 vom 25. 7. 1988 (BGBl. I S. 1093) sowie AusfVerordnung vom 19. 7. 1940 (RGBl. I S. 1027), geändert durch Gesetz vom 3. 8. 1953 (BGBl. I S. 720) und Verordnung vom 18. 4. 1975 (BGBl. I S. 967); ferner Gesetz über das Wohnungseigentum und das Dauerwohnrecht (Wohnungseigentumsgesetz) vom 15. 3. 1951 (BGBl. I S. 175, ber. S. 209), geändert durch Gesetz vom 7. 8. 1952 (BGBl. I S. 401), vom 26. 7. 1957 (BGBl. I S. 861), vom 30. 5. 1973 (BGBl. I S. 501), vom 30. 7. 1973 (BGBl. I S. 910), vom 8. 12. 1982 (BGBl. I S. 1615) und vom 14. 12. 1984 (BGBl. I S. 1493).

§ 226 [Schikaneverbot]

Die Ausübung eines Rechtes ist unzulässig, wenn sie nur den Zweck haben kann, einem anderen Schaden zuzufügen.

§ 823 [Schadensersatzpflicht]

(1) Wer vorsätzlich oder fahrlässig das Leben, den Körper, die Gesundheit, die Freiheit, das Eigentum oder ein sonstiges Recht eines anderen widerrechtlich verletzt, ist dem anderen zum Ersatze des daraus entstehenden Schadens verpflichtet.

(2) ^{1} Die gleiche Verpflichtung trifft denjenigen, welcher gegen ein den Schutz eines anderen bezweckendes Gesetz verstößt. ^{2} Ist nach dem Inhalte des Gesetzes ein Verstoß gegen dieses auch ohne Verschulden möglich, so tritt die Ersatzpflicht nur im Falle des Verschuldens ein.

§ 836 [Haftung bei Einsturz eines Bauwerkes]

(1) ^{1} Wird durch den Einsturz eines Gebäudes oder eines anderen mit einem Grundstücke verbundenen Werkes oder durch die Ablösung von Teilen des Gebäudes oder des Werkes ein Mensch getötet, der Körper oder die Gesundheit eines Menschen verletzt oder eine Sache beschädigt, so ist der Besitzer des Grundstücks, sofern der Einsturz oder die Ablösung die Folge fehlerhafter Errichtung oder mangelhafter Unterhaltung ist, verpflichtet, dem Verletzten den daraus entstehenden Schaden zu ersetzen. ^{2} Die Ersatzpflicht tritt nicht ein, wenn der Besitzer zum Zwecke der Abwendung der Gefahr die im Verkehr erforderliche Sorgfalt beobachtet hat.

(2) Ein früherer Besitzer des Grundstücks ist für den Schaden verantwortlich, wenn der Einsturz oder die Ablösung innerhalb eines Jahres nach der Beendigung seines Besitzes eintritt, es sei denn, daß er während seines Besitzes die im Verkehr erforderliche Sorgfalt beobachtet hat oder ein späterer Besitzer durch Beobachtung dieser Sorgfalt die Gefahr hätte abwenden können.

(3) Besitzer im Sinne dieser Vorschriften ist der Eigenbesitzer.

§ 837 [Haftung des Gebäudebesitzers]

Besitzt jemand auf einem fremden Grundstück in Ausübung eines Rechtes ein Gebäude oder ein anderes Werk, so trifft ihn an Stelle des Besitzers des Grundstücks die im § 836 bestimmte Verantwortlichkeit.

§ 838 [Haftung des Gebäudeunterhaltungspflichtigen]

Wer die Unterhaltung eines Gebäudes oder eines mit einem Grundstücke verbundenen Werkes für den Besitzer übernimmt oder das Gebäude oder das Werk vermöge eines ihm zustehenden Nutzungsrechts

Bürgerliches Gesetzbuch §§ 903–906 **BGB 27**

zu unterhalten hat, ist für den durch den Einsturz oder die Ablösung von Teilen verursachten Schaden in gleicher Weise verantwortlich wie der Besitzer.

§ 903 [Befugnisse des Eigentümers]

Der Eigentümer einer Sache kann, soweit nicht das Gesetz oder Rechte Dritter entgegenstehen, mit der Sache nach Belieben verfahren und andere von jeder Einwirkung ausschließen.

§ 904 [Notstand]

¹ Der Eigentümer einer Sache ist nicht berechtigt, die Einwirkung eines anderen auf die Sache zu verbieten, wenn die Einwirkung zur Abwendung einer gegenwärtigen Gefahr notwendig und der drohende Schaden gegenüber dem aus der Einwirkung dem Eigentümer entstehenden Schaden unverhältnismäßig groß ist. ² Der Eigentümer kann Ersatz des ihm entstehenden Schadens verlangen.

§ 905 [Begrenzung des Eigentums]

¹ Das Recht des Eigentümers eines Grundstücks erstreckt sich auf den Raum über der Oberfläche und auf den Erdkörper unter der Oberfläche. ² Der Eigentümer kann jedoch Einwirkungen nicht verbieten, die in solcher Höhe oder Tiefe vorgenommen werden, daß er an der Ausschließung kein Interesse hat.

§ 906*·** [Zuführung unwägbarer Stoffe]

(1) Der Eigentümer eines Grundstücks kann die Zuführung von Gasen, Dämpfen, Gerüchen, Rauch, Ruß, Wärme, Geräusch, Erschütterungen und ähnliche von einem anderen Grundstück ausgehende Einwirkungen insoweit nicht verbieten, als die Einwirkung die Benutzung seines Grundstücks nicht oder nur unwesentlich beeinträchtigt.

(2) ¹ Das gleiche gilt insoweit, als eine wesentliche Beeinträchtigung durch eine ortsübliche Benutzung des anderen Grundstücks herbeigeführt wird und nicht durch Maßnahmen verhindert werden kann, die Benutzern dieser Art wirtschaftlich zumutbar sind. ² Hat der Eigentümer hiernach eine Einwirkung zu dulden, so kann er von dem Benutzer des anderen Grundstücks einen angemessenen Aus-

---

* § 906 neu gefaßt durch Gesetz vom 22. 12. 1959 (BGBl. I S. 781).

** Vgl. ferner § 14 Bundes-Immissionsschutzgesetz vom 15. 3. 1974 (BGBl. I S. 721):

„**§ 14. Ausschluß von privatrechtlichen Abwehransprüchen.** ¹ Auf Grund privatrechtlicher, nicht auf besonderen Titeln beruhender Ansprüche zur Abwehr benachteiligender Einwirkungen von einem Grundstück auf ein benachbartes Grundstück kann nicht die Einstellung des Betriebs einer Anlage verlangt werden, deren Genehmigung unanfechtbar ist; es können nur Vorkehrungen verlangt werden, die die benachteiligenden Wirkungen ausschließen. ² Soweit solche Vorkehrungen nach dem Stand der Technik nicht durchführbar oder wirtschaftlich nicht vertretbar sind, kann lediglich Schadensersatz verlangt werden."

gleich in Geld verlangen, wenn die Einwirkung eine ortsübliche Benutzung seines Grundstücks oder dessen Ertrag über das zumutbare Maß hinaus beeinträchtigt.

(3) Die Zuführung durch eine besondere Leitung ist unzulässig.

§ 907 [Gefahrdrohende Anlagen]

(1) [1] Der Eigentümer eines Grundstücks kann verlangen, daß auf den Nachbargrundstücken nicht Anlagen hergestellt oder gehalten werden, von denen mit Sicherheit vorauszusehen ist, daß ihr Bestand oder ihre Benutzung eine unzulässige Einwirkung auf sein Grundstück zur Folge hat. [2] Genügt eine Anlage den landesgesetzlichen Vorschriften, die einen bestimmten Abstand von der Grenze oder sonstige Schutzmaßregeln vorschreiben, so kann die Beseitigung der Anlage erst verlangt werden, wenn die unzulässige Einwirkung tatsächlich hervortritt.

(2) Bäume und Sträucher gehören nicht zu den Anlagen im Sinne dieser Vorschriften.

§ 908 [Drohender Gebäudeeinsturz]

Droht einem Grundstücke die Gefahr, daß es durch den Einsturz eines Gebäudes oder eines anderen Werkes, das mit einem Nachbargrundstücke verbunden ist, oder durch die Ablösung von Teilen des Gebäudes oder des Werkes beschädigt wird, so kann der Eigentümer von demjenigen, welcher nach dem § 836 Abs. 1 oder den §§ 837, 838 für den eintretenden Schaden verantwortlich sein würde, verlangen, daß er die zur Abwendung der Gefahr erforderliche Vorkehrung trifft.

§ 909 [Vertiefung]

Ein Grundstück darf nicht in der Weise vertieft werden, daß der Boden des Nachbargrundstücks die erforderliche Stütze verliert, es sei denn, daß für eine genügende anderweitige Befestigung gesorgt ist.

§ 912 [Überbau; Duldungspflicht]

(1) Hat der Eigentümer eines Grundstücks bei der Errichtung eines Gebäudes über die Grenze gebaut, ohne daß ihm Vorsatz oder grobe Fahrlässigkeit zur Last fällt, so hat der Nachbar den Überbau zu dulden, es sei denn, daß er vor oder sofort nach der Grenzüberschreitung Widerspruch erhoben hat.

(2) [1] Der Nachbar ist durch eine Geldrente zu entschädigen. [2] Für die Höhe der Rente ist die Zeit der Grenzüberschreitung maßgebend.

Bürgerliches Gesetzbuch §§ 913–917 BGB **27**

§ 913 [Zahlung der Überbaurente]

(1) Die Rente für den Überbau ist dem jeweiligen Eigentümer des Nachbargrundstücks von dem jeweiligen Eigentümer des anderen Grundstücks zu entrichten.

(2) Die Rente ist jährlich im voraus zu entrichten.

§ 914 [Rang, Eintragung und Erlöschen der Rente]

(1) ^{1} Das Recht auf die Rente geht allen Rechten an dem belasteten Grundstück, auch den älteren, vor. ^{2} Es erlischt mit der Beseitigung des Überbaues.

(2) ^{1} Das Recht wird nicht in das Grundbuch eingetragen. ^{2} Zum Verzicht auf das Recht sowie zur Feststellung der Höhe der Rente durch Vertrag ist die Eintragung erforderlich.

(3) Im übrigen finden die Vorschriften Anwendung, die für eine zugunsten des jeweiligen Eigentümers eines Grundstücks bestehende Reallast gelten.

§ 915 [Abkauf]

(1) ^{1} Der Rentenberechtigte kann jederzeit verlangen, daß der Rentenpflichtige ihm gegen Übertragung des Eigentums an dem überbauten Teile des Grundstücks den Wert ersetzt, den dieser Teil zur Zeit der Grenzüberschreitung gehabt hat. ^{2} Macht er von dieser Befugnis Gebrauch, so bestimmen sich die Rechte und Verpflichtungen beider Teile nach den Vorschriften über den Kauf.

(2) Für die Zeit bis zur Übertragung des Eigentums ist die Rente fortzuentrichten.

§ 916 [Beeinträchtigung von Erbbaurecht oder Dienstbarkeit]

Wird durch den Überbau ein Erbbaurecht oder eine Dienstbarkeit an dem Nachbargrundstücke beeinträchtigt, so finden zugunsten des Berechtigten die Vorschriften der §§ 912 bis 914 entsprechende Anwendung.

§ 917 [Notweg]

(1) ^{1} Fehlt einem Grundstücke die zur ordnungsmäßigen Benutzung notwendige Verbindung mit einem öffentlichen Wege, so kann der Eigentümer von den Nachbarn verlangen, daß sie bis zur Hebung des Mangels die Benutzung ihrer Grundstücke zur Herstellung der erforderlichen Verbindung dulden. ^{2} Die Richtung des Notwegs und der Umfang des Benutzungsrechts werden erforderlichen Falles durch Urteil bestimmt.

(2) ^{1} Die Nachbarn, über deren Grundstücke der Notweg führt, sind durch eine Geldrente zu entschädigen. ^{2} Die Vorschriften des

§ 912 Abs. 2 Satz 2 und der §§ 913, 914, 916 finden entsprechende Anwendung.

§ 918 [Ausschluß des Notwegrechts]

(1) Die Verpflichtung zur Duldung des Notwegs tritt nicht ein, wenn die bisherige Verbindung des Grundstücks mit dem öffentlichen Wege durch eine willkürliche Handlung des Eigentümers aufgehoben wird.

(2) [1] Wird infolge der Veräußerung eines Teiles des Grundstücks der veräußerte oder der zurückbehaltene Teil von der Verbindung mit dem öffentlichen Wege abgeschnitten, so hat der Eigentümer desjenigen Teiles, über welchen die Verbindung bisher stattgefunden hat, den Notweg zu dulden. [2] Der Veräußerung eines Teiles steht die Veräußerung eines von mehreren demselben Eigentümer gehörenden Grundstücken gleich.

§ 921 [Gemeinschaftliche Benutzung von Grenzanlagen]

Werden zwei Grundstücke durch einen Zwischenraum, Rain, Winkel, einen Graben, eine Mauer, Hecke, Planke oder eine andere Einrichtung, die zum Vorteile beider Grundstücke dient, voneinander geschieden, so wird vermutet, daß die Eigentümer der Grundstücke zur Benutzung der Einrichtung gemeinschaftlich berechtigt seien, sofern nicht äußere Merkmale darauf hinweisen, daß die Einrichtung einem der Nachbarn allein gehört.

§ 922 [Art der Benutzung und Unterhaltung]

[1] Sind die Nachbarn zur Benutzung einer der im § 921 bezeichneten Einrichtungen gemeinschaftlich berechtigt, so kann jeder sie zu dem Zwecke, der sich aus ihrer Beschaffenheit ergibt, insoweit benutzen, als nicht die Mitbenutzung des anderen beeinträchtigt wird. [2] Die Unterhaltungskosten sind von den Nachbarn zu gleichen Teilen zu tragen. [3] Solange einer der Nachbarn an dem Fortbestande der Einrichtung ein Interesse hat, darf sie nicht ohne seine Zustimmung beseitigt oder geändert werden. [4] Im übrigen bestimmt sich das Rechtsverhältnis zwischen den Nachbarn nach den Vorschriften über die Gemeinschaft.

§ 946 [Verbindung mit einem Grundstück]

Wird eine bewegliche Sache mit einem Grundstücke dergestalt verbunden, daß sie wesentlicher Bestandteil des Grundstücks wird, so erstreckt sich das Eigentum an dem Grundstück auf diese Sache.

Bürgerliches Gesetzbuch §§ 951, 1004, 1018–1020 BGB **27**

§ 951 [Entschädigung für Rechtsverlust]

(1) ¹ Wer infolge der Vorschriften der §§ 946 bis 950 einen Rechtsverlust erleidet, kann von demjenigen, zu dessen Gunsten die Rechtsänderung eintritt, Vergütung in Geld nach den Vorschriften über die Herausgabe einer ungerechtfertigten Bereicherung fordern. ² Die Wiederherstellung des früheren Zustandes kann nicht verlangt werden.

(2) ¹ Die Vorschriften über die Verpflichtung zum Schadensersatze wegen unerlaubter Handlungen sowie die Vorschriften über den Ersatz von Verwendungen und über das Recht zur Wegnahme einer Einrichtung bleiben unberührt. ² In den Fällen der §§ 946, 947 ist die Wegnahme nach den für das Wegnahmerecht des Besitzers gegenüber dem Eigentümer geltenden Vorschriften auch dann zulässig, wenn die Verbindung nicht von dem Besitzer der Hauptsache bewirkt worden ist.

§ 1004 [Beseitigungs- und Unterlassungsanspruch]

(1) ¹ Wird das Eigentum in anderer Weise als durch Entziehung oder Vorenthaltung des Besitzes beeinträchtigt, so kann der Eigentümer von dem Störer die Beseitigung der Beeinträchtigung verlangen. ² Sind weitere Beeinträchtigungen zu besorgen, so kann der Eigentümer auf Unterlassung klagen.

(2) Der Anspruch ist ausgeschlossen, wenn der Eigentümer zur Duldung verpflichtet ist.

§ 1018 [Begriff]

Ein Grundstück kann zugunsten des jeweiligen Eigentümers eines anderen Grundstücks in der Weise belastet werden, daß dieser das Grundstück in einzelnen Beziehungen benutzen darf oder daß auf dem Grundstücke gewisse Handlungen nicht vorgenommen werden dürfen oder daß die Ausübung eines Rechtes ausgeschlossen ist, das sich aus dem Eigentum an dem belasteten Grundstücke dem anderen Grundstücke gegenüber ergibt (Grunddienstbarkeit).

§ 1019 [Vorteil für herrschendes Grundstück]

¹ Eine Grunddienstbarkeit kann nur in einer Belastung bestehen, die für die Benutzung des Grundstücks des Berechtigten Vorteil bietet. ² Über das sich hieraus ergebende Maß hinaus kann der Inhalt der Dienstbarkeit nicht erstreckt werden.

§ 1020 [Schonende Ausübung]

¹ Bei der Ausübung einer Grunddienstbarkeit hat der Berechtigte das Interesse des Eigentümers des belasteten Grundstücks tunlichst zu

schonen. ²Hält er zur Ausübung der Dienstbarkeit auf dem belasteten Grundstück eine Anlage, so hat er sie in ordnungsmäßigem Zustande zu erhalten, soweit das Interesse des Eigentümers es erfordert.

§ 1021 [Vereinbarte Unterhaltungspflicht]

(1) ¹Gehört zur Ausübung einer Grunddienstbarkeit eine Anlage auf dem belasteten Grundstücke, so kann bestimmt werden, daß der Eigentümer dieses Grundstücks die Anlage zu unterhalten hat, soweit das Interesse des Berechtigten es erfordert. ²Steht dem Eigentümer das Recht zur Mitbenutzung der Anlage zu, so kann bestimmt werden, daß der Berechtigte die Anlage zu unterhalten hat, soweit es für das Benutzungsrecht des Eigentümers erforderlich ist.

(2) Auf eine solche Unterhaltungspflicht finden die Vorschriften über die Reallasten entsprechende Anwendung.

§ 1022 [Anlagen auf baulichen Anlagen]

¹Besteht die Grunddienstbarkeit in dem Rechte, auf einer baulichen Anlage des belasteten Grundstücks eine bauliche Anlage zu halten, so hat, wenn nicht ein anderes bestimmt ist, der Eigentümer des belasteten Grundstücks seine Anlage zu unterhalten, soweit das Interesse des Berechtigten es erfordert. ²Die Vorschrift des § 1021 Abs. 2 gilt auch für diese Unterhaltungspflicht.

§ 1030 [Begriff]

(1) Eine Sache kann in der Weise belastet werden, daß derjenige, zu dessen Gunsten die Belastung erfolgt, berechtigt ist, die Nutzungen der Sache zu ziehen (Nießbrauch).

(2) Der Nießbrauch kann durch den Ausschluß einzelner Nutzungen beschränkt werden.

§ 1090 [Begriff]

(1) Ein Grundstück kann in der Weise belastet werden, daß derjenige, zu dessen Gunsten die Belastung erfolgt, berechtigt ist, das Grundstück in einzelnen Beziehungen zu benutzen, oder daß ihm eine sonstige Befugnis zusteht, die den Inhalt einer Grunddienstbarkeit bilden kann (beschränkte persönliche Dienstbarkeit).

(2) Die Vorschriften der §§ 1020 bis 1024, 1026 bis 1029, 1061 finden entsprechende Anwendung.

28. Einführungsgesetz zum Bürgerlichen Gesetzbuche

Vom 18. August 1896 (RGBl. S. 604)

mit allen späteren Änderungen

(Auszug)

Art. 109* [Enteignung]

¹ Unberührt bleiben die landesgesetzlichen Vorschriften über die im öffentlichen Interesse erfolgende Entziehung, Beschädigung oder Benutzung einer Sache, Beschränkung des Eigentums und Entziehung oder Beschränkung von Rechten. ² Auf die nach landesgesetzlicher Vorschrift wegen eines solchen Eingriffs zu gewährende Entschädigung finden die Vorschriften der Artikel 52, 53 Anwendung, soweit nicht die Landesgesetze ein anderes bestimmen.** ³ Die landesgesetzlichen Vorschriften können nicht bestimmen, daß für ein Rechtsgeschäft, für das notarielle Beurkundung vorgeschrieben ist, eine andere Form genügt.

Art. 111 [Öffentlich-rechtliche Eigentumsbeschränkungen]

Unberührt bleiben die landesgesetzlichen Vorschriften, welche im öffentlichen Interesse das Eigentum in Ansehung tatsächlicher Verfügungen beschränken.

Art. 113 [Flurbereinigung]

¹ Unberührt bleiben die landesgesetzlichen Vorschriften über die Zusammenlegung von Grundstücken, über die Gemeinheitsteilung, die Regulierung der Wege, die Ordnung der gutsherrlich-bäuerlichen Verhältnisse sowie über die Ablösung, Umwandlung oder Einschränkung von Dienstbarkeiten und Reallasten.*** ² Dies gilt insbesondere auch von den Vorschriften, welche die durch ein Verfahren dieser Art begründeten gemeinschaftlichen Angelegenheiten zum Gegenstande haben oder welche sich auf den Erwerb des Eigentums, auf die Begründung, Änderung und Aufhebung von anderen Rechten an Grundstücken und auf die Berichtigung des Grundbuchs beziehen.

---

* Art. 109 Satz 3 angefügt durch Beurkundungsgesetz vom 28. 8. 1969 (BGBl. I S. 1513).
** Siehe hierzu Art. 14 Abs. 3 Grundgesetz und Bayerisches Gesetz über die entschädigungspflichtige Enteignung (BayEG) i. d. F. der Bek. vom 25. 7. 1978 (BayRS 2141-1-I).
*** Siehe Flurbereinigungsgesetz i. d. F. der Bek. vom 16. 3. 1976 (BGBl. I S. 546), geändert durch Gesetz vom 1. 6. 1980 (BGBl. I S. 649), Gesetz vom 17. 12. 1982 (BGBl. I S. 1777) und Gesetz vom 8. 12. 1986 (BGBl. I S. 2191) sowie Gesetz zur Ausführung des Flurbereinigungsgesetzes (AGFlurbG) i. d. F. der Bek. vom 25. 3. 1977 (BayRS 7815-1-E).

Art. 124 [Nachbarrecht; Eigentumsbeschränkungen]

[1] Unberührt bleiben die landesgesetzlichen Vorschriften, welche das Eigentum an Grundstücken zugunsten der Nachbarn noch anderen als den im Bürgerlichen Gesetzbuche bestimmten Beschränkungen unterwerfen. [2] Dies gilt insbesondere auch von den Vorschriften, nach welchen Anlagen sowie Bäume und Sträucher nur in einem bestimmten Abstande von der Grenze gehalten werden dürfen.

29. Gesetz zur Ausführung des Bürgerlichen Gesetzbuchs und anderer Gesetze (AGBGB)

Vom 20. September 1982 (BayRS 400-1-J)

(Auszug)

Siebter Abschnitt. Nachbarrecht

Art. 43 Fensterrecht

(1) [1] Sind Fenster weniger als 0,60 m von der Grenze eines Nachbargrundstücks entfernt, auf dem Gebäude errichtet sind oder das als Hofraum oder Hausgarten dient, so müssen sie auf Verlangen des Eigentümers dieses Grundstücks so eingerichtet werden, daß bis zur Höhe von 1,80 m über dem hinter ihnen befindlichen Boden weder das Öffnen noch das Durchblicken möglich ist. [2] Die Entfernung wird von dem Fuß der Wand, in der sich das Fenster befindet, unterhalb der zunächst an der Grenze befindlichen Außenkante der Fensteröffnung ab gemessen.

(2) Den Fenstern stehen Lichtöffnungen jeder Art gleich.

Art. 44 Balkone und ähnliche Anlagen

[1] Balkone, Erker, Galerien und ähnliche Anlagen, die weniger als 0,60 m von der Grenze eines Nachbargrundstücks abstehen, auf dem Gebäude errichtet sind oder das als Hofraum oder Hausgarten dient, müssen auf der dem Nachbargrundstück zugekehrten Seite auf Verlangen des Nachbarn mit einem der Vorschrift des Art. 43 entsprechenden Abschluß versehen werden. [2] Der Abstand wird bei vorspringenden Anlagen von dem zunächst an der Grenze befindlichen Vorsprung ab, bei anderen Anlagen nach Art. 43 Abs. 1 Satz 2 gemessen.

Art. 45 Besondere Vorschriften für Fenster, Balkone und ähnliche Anlagen

(1) [1] Art. 43 und 44 gelten auch zugunsten von Grundstücken, die einer öffentlichen Eisenbahnanlage dienen. [2] Die Fenster und andere Lichtöffnungen sowie der Abschluß der in Art. 44 bezeichneten Anlagen dürfen jedoch so eingerichtet werden, daß sie das Durchblicken gestatten.

(2) Für die zur Zeit des Inkrafttretens dieses Gesetzes bestehenden, begonnenen oder baurechtlich genehmigten Anlagen der in Art. 43 und 44 bezeichneten Art sind die vor diesem Zeitpunkt geltenden Vorschriften weiterhin anzuwenden, soweit sie eine geringere Beschränkung festgelegt haben als die Art. 43 und 44 sowie Absatz 1.

Art. 46 Erhöhung einer Kommunmauer

(1) Werden zwei Grundstücke durch eine Mauer geschieden, zu deren Benutzung die Eigentümer der Grundstücke gemeinschaftlich berechtigt sind, so kann der Eigentümer des einen Grundstücks dem Eigentümer des anderen Grundstücks nicht verbieten, die Mauer ihrer ganzen Dicke nach zu erhöhen, wenn ihm nachgewiesen wird, daß durch die Erhöhung die Mauer nicht gefährdet wird.

(2) [1] Der Eigentümer des Grundstücks, von dem aus die Erhöhung erfolgt ist, kann dem Eigentümer des anderen Grundstücks die Benutzung des Aufbaus verbieten, bis ihm für die Hälfte oder, wenn nur ein Teil des Aufbaus benutzt werden soll, für den entsprechenden Teil der Baukosten Ersatz geleistet wird. [2] Ist der Bauwert geringer als der Betrag der Baukosten, so bestimmt sich der zu ersetzende Betrag nach dem Bauwert. [3] Die Ersatzleistung kann auch durch Hinterlegung oder durch Aufrechnung erfolgen. [4] Solange die Befugnis nach Satz 1 besteht, hat der Berechtigte den Mehraufwand zu tragen, den die Unterhaltung der Mauer infolge der Erhöhung verursacht.

(3) [1] Wird die Mauer zum Zweck der Erhöhung verstärkt, so ist die Verstärkung auf dem Grundstück anzubringen, dessen Eigentümer die Erhöhung unternimmt. [2] Der nach Absatz 2 von dem Eigentümer des anderen Grundstücks zu ersetzende Betrag erhöht sich um den entsprechenden Teil des Werts der zu der Verstärkung verwendeten Grundfläche. [3] Verlangt der Eigentümer des Grundstücks, auf dem die Verstärkung angebracht worden ist, die Ersatzleistung, so ist er verpflichtet, dem Eigentümer des anderen Grundstücks das Eigentum an der zu der Mauer verwendeten Grundfläche seines Grundstücks soweit zu übertragen, daß die neue Grenzlinie durch die Mitte der verstärkten Mauer geht; die Vorschriften über den Kauf sind anzuwenden.

(4) [1] Die Befugnis nach Absatz 2 Satz 1 erlischt durch Verzicht des Berechtigten. [2] Der Verzicht ist gegenüber dem Eigentümer des Nachbargrundstücks zu erklären. [3] Ist das Grundstück des Berechtigten mit dem Recht eines Dritten belastet, so gilt § 876 des Bürgerlichen Gesetzbuchs entsprechend. [4] Im Fall der Belastung mit einer Reallast, einer Hypothek, einer Grundschuld oder einer Rentenschuld ist der Verzicht dem Dritten gegenüber wirksam, wenn er erklärt wurde, bevor das Grundstück zugunsten des Dritten in Beschlag genommen worden ist.

Art. 47 Grenzabstand von Pflanzen

(1) Der Eigentümer eines Grundstücks kann verlangen, daß auf einem Nachbargrundstück nicht Bäume, Sträucher oder Hecken, Weinstöcke oder Hopfenstöcke in einer geringeren Entfernung als 0,50 m oder, falls sie über 2 m hoch sind, in einer geringeren Entfernung als 2 m von der Grenze seines Grundstücks gehalten werden.

(2) [1] Zugunsten eines Waldgrundstücks kann nur die Einhaltung eines Abstands von 0,50 m verlangt werden. [2] Das gleiche gilt, wenn Wein oder Hopfen auf einem Grundstück angebaut wird, in dessen Lage dieser Anbau nach den örtlichen Verhältnissen üblich ist.

Art. 48 Grenzabstand bei landwirtschaftlichen Grundstücken

(1) Gegenüber einem landwirtschaftlich genutzten Grundstück, dessen wirtschaftliche Bestimmung durch Schmälerung des Sonnenlichts erheblich beeinträchtigt werden würde, ist mit Bäumen von mehr als 2 m Höhe ein Abstand von 4 m einzuhalten.

(2) Die Einhaltung des in Absatz 1 bestimmten Abstands kann nur verlangt werden, wenn das Grundstück die bezeichnete wirtschaftliche Bestimmung schon zu der Zeit gehabt hat, zu der die Bäume die Höhe von 2 m überschritten haben.

Art. 49 Messung des Grenzabstands

Der Abstand nach Art. 47 und 48 wird von der Mitte des Stammes an der Stelle, an der dieser aus dem Boden hervortritt, bei Sträuchern und Hecken von der Mitte der zunächst an der Grenze befindlichen Triebe, bei Hopfenstöcken von der Hopfenstange oder dem Steigdraht ab gemessen.

Art. 50 Ausnahmen vom Grenzabstand

(1) [1] Art. 47 und 48 sind nicht auf Gewächse anzuwenden, die sich hinter einer Mauer oder einer sonstigen dichten Einfriedung befinden und diese nicht oder nicht erheblich überragen. [2] Sie gelten ferner nicht für Bepflanzungen, die längs einer öffentlichen Straße oder auf einem öffentlichen Platz gehalten werden, sowie für Bepflanzungen, die zum Uferschutz, zum Schutz von Abhängen oder Böschungen oder zum Schutz einer Eisenbahn dienen.*

(2) Art. 48 Abs. 1 gilt auch nicht für Stein- und Kernobstbäume sowie Bäume, die sich in einem Hofraum oder einem Hausgarten befinden.

---

* ME über Bäume an öffentlichen Straßen vom 7. 3. 1960 (MABl. S. 294). LME über Verkehrssicherungspflicht; Haftung der Grundstückseigentümer für Schäden durch stürzende Bäume vom 15. 2. 1960 (LMBl. S. 18).

29 AGBGB   Art. 51, 52   Gesetz zur Ausführung

(3) ¹ Im Fall einer Aufforstung kann die Einhaltung des in Art. 48 Abs. 1 bestimmten Abstands nicht verlangt werden, wenn die Aufforstung nach der Lage des aufzuforstenden Grundstücks der wirtschaftlichen Zweckmäßigkeit entspricht. ² Im übrigen bleiben die besonderen Vorschriften über den Grenzabstand bei der Erstaufforstung unberührt.

Art. 51 Ältere Gewächse und Waldungen

(1) Für die bereits zur Zeit des Inkrafttretens des Bürgerlichen Gesetzbuchs vorhandenen Bäume, Sträucher und Hecken sind die vor diesem Zeitpunkt geltenden Vorschriften weiterhin anzuwenden, soweit sie das Halten der Gewächse in einer geringeren als der nach Art. 47 bis 50 einzuhaltenden Entfernung von der Grenze des Nachbargrundstücks gestatten.

(2) ¹ Bei einem Grundstück, das bereits zur Zeit des Inkrafttretens des Bürgerlichen Gesetzbuchs mit Wald bestanden war, gilt bis zur ersten Verjüngung des Waldes nach Inkrafttreten des Bürgerlichen Gesetzbuchs das gleiche auch für neue Bäume und Sträucher. ² Auch nach der Verjüngung ist Art. 48 nicht anzuwenden.

(3) Der Eigentümer eines Waldgrundstücks ist verpflichtet, die Wurzeln eines Baums oder Strauchs, die von einem Nachbargrundstück eingedrungen sind, das bereits zur Zeit des Inkrafttretens des Bürgerlichen Gesetzbuchs mit Wald bestanden war, sowie die von einem solchen Grundstück herüberragenden Zweige bis zur ersten Verjüngung des Waldes auf dem Nachbargrundstück nach Inkrafttreten des Bürgerlichen Gesetzbuchs zu dulden.

(4) ¹ Dem Eigentümer eines anderen Grundstücks obliegt die Duldungspflicht nach Absatz 3 nur gegenüber den herüberragenden Zweigen, soweit diese mindestens 5 m vom Boden entfernt sind; die Entfernung wird bis zu den unteren Spitzen der Zweige gemessen. ² Herüberragende Zweige, die weniger als 5 m vom Boden entfernt sind, müssen auf der westlichen, nordwestlichen, südwestlichen und südlichen Seite des mit Wald bestandenen Grundstücks geduldet werden, wenn durch ihre Beseitigung der Fortbestand eines zum Schutz des Waldes erforderlichen Baums oder Strauchs gefährdet oder die Ertragsfähigkeit des Waldbodens infolge des Eindringens von Wind und Sonne beeinträchtigt werden würde.

Art. 52 Verjährung der nachbarrechtlichen Ansprüche

(1) ¹ Die sich aus Art. 43 bis 45 und 46 Abs. 1 ergebenden Ansprüche unterliegen nicht der Verjährung. ² Der Anspruch auf Beseitigung eines die Art. 47 bis 50 und 51 Abs. 1 und 2 verletzenden Zustands verjährt in fünf Jahren. ³ Die Verjährung beginnt mit dem Ablauf des Kalenderjahres, in dem die Verletzung erkennbar wird.

des Bürgerlichen Gesetzbuchs Art. 53, 54 **AGBGB 29**

(2) Sind Ansprüche nach Absatz 1 Sätze 2 und 3 verjährt und werden die Gewächse durch neue ersetzt, so kann hinsichtlich der neuen Gewächse die Einhaltung des in Art. 47 bis 50 und 51 Abs. 1 und 2 vorgeschriebenen Abstands verlangt werden.

Art. 53 Erlöschen von Anwenderechten

(1) Eine im Zeitpunkt des Inkrafttretens des Bürgerlichen Gesetzbuchs nach örtlichem Herkommen bestehende Befugnis, bei der Bestellung landwirtschaftlicher Grundstücke die Grenze eines Nachbargrundstücks zu überschreiten (Anwenderecht), erlischt mit dem Ablauf von zehn Jahren nach der letzten Ausübung oder durch Verzicht.

(2) [1] Die für die Verjährung geltenden Vorschriften der §§ 202 bis 207, 209 bis 212, 216, 217, 219 und 220 des Bürgerlichen Gesetzbuchs sind entsprechend anzuwenden. [2] Ein Verzicht muß in öffentlich beglaubigter Form abgegeben werden; im übrigen gelten Art. 46 Abs. 4 Sätze 2 und 3 entsprechend.

Art. 54 Ausschluß von privatrechtlichen Ansprüchen bei Verkehrsunternehmen

§ 14 des Bundes-Immissionsschutzgesetzes gilt für Eisenbahn-, Dampfschiffahrts- und ähnliche Unternehmen, die dem öffentlichen Verkehr dienen, entsprechend.

D. Straßen- und Wegerecht; Luftrecht

30. Bundesfernstraßengesetz (FStrG)

In der Fassung der Bekanntmachung vom 1. Oktober 1974
(BGBl. I S. 2413, ber. S. 2908)

Geändert durch Gesetz vom 10. 3. 1975 (BGBl. I S. 685), Gesetz vom 25. 5. 1976 (BGBl. I S. 1253), Gesetz vom 18. 8. 1976 (BGBl. I S. 2221), Gesetz vom 1. 6. 1980 (BGBl. I S. 649), Gesetz vom 8. 12. 1986 (BGBl. I S. 2191), Gesetz vom 16. 12. 1986 (BGBl. I S. 2441) und Gesetz vom 19. 12. 1986 (BGBl. I S. 2669)

(Auszug)

§ 9* Bauliche Anlagen an Bundesfernstraßen

(1) ¹ Längs der Bundesfernstraßen dürfen nicht errichtet werden

1. Hochbauten jeder Art in einer Entfernung bis zu 40 m bei Bundesautobahnen und bis zu 20 m bei Bundesstraßen außerhalb der zur Erschließung der anliegenden Grundstücke bestimmten Teile der Ortsdurchfahrten, jeweils gemessen vom äußeren Rand der befestigten Fahrbahn,
2. bauliche Anlagen, die außerhalb der zur Erschließung der anliegenden Grundstücke bestimmten Teile der Ortsdurchfahrten über Zufahrten oder Zugänge an Bundesstraßen unmittelbar oder mittelbar angeschlossen werden sollen.

² Satz 1 Nr. 1 gilt entsprechend für Aufschüttungen oder Abgrabungen größeren Umfangs. ³ Weitergehende bundes- oder landesrechtliche Vorschriften bleiben unberührt.

(2) ¹ Im übrigen bedürfen Baugenehmigungen oder nach anderen Vorschriften notwendige Genehmigungen der Zustimmung der obersten Landesstraßenbaubehörde, wenn

1. bauliche Anlagen längs der Bundesautobahnen in einer Entfernung bis zu 100 m und längs der Bundesstraßen außerhalb der zur Erschließung der anliegenden Grundstücke bestimmten Teile der Ortsdurchfahrten bis zu 40 m, gemessen vom äußeren Rand der befestigten Fahrbahn, errichtet, erheblich geändert oder anders genutzt werden sollen,
2. bauliche Anlagen auf Grundstücken, die außerhalb der zur Erschließung der anliegenden Grundstücke bestimmten Teile der Ortsdurchfahrten über Zufahrten oder Zugänge an Bundesstraßen un-

---

* § 9 Abs. 1 Satz 1 neu gefaßt, Abs. 2 Satz 1 Nr. 1, Abs. 5 und Abs. 7 geändert, Abs. 3a eingefügt sowie Abs. 4 Satz 2 aufgehoben durch Gesetz vom 16. 12. 1986 (BGBl. I S. 2441), Abs. 7 geändert durch Gesetz vom 8. 12. 1986 (BGBl. I S. 2191).

Bundesfernstraßengesetz § 9 FStrG 30

mittelbar oder mittelbar angeschlossen sind, erheblich geändert oder anders genutzt werden sollen. ² Die Zustimmungsbedürftigkeit nach Satz 1 gilt entsprechend für bauliche Anlagen, die nach Landesrecht anzeigepflichtig sind. ³ Weitergehende bundes- oder landesrechtliche Vorschriften bleiben unberührt.

(3) Die Zustimmung nach Absatz 2 darf nur versagt oder mit Bedingungen und Auflagen erteilt werden, soweit dies wegen der Sicherheit oder Leichtigkeit des Verkehrs, der Ausbauabsichten oder der Straßenbaugestaltung nötig ist.

(3a) Die Belange nach Absatz 3 sind auch bei Erteilung von Baugenehmigungen innerhalb der zur Erschließung der anliegenden Grundstücke bestimmten Teile der Ortsdurchfahrten von Bundesstraßen zu beachten.

(4) Bei geplanten Bundesfernstraßen gelten die Beschränkungen der Absätze 1 und 2 vom Beginn der Auslegung der Pläne im Planfeststellungsverfahren oder von dem Zeitpunkt an, zu dem den Betroffenen Gelegenheit gegeben wird, den Plan einzusehen (§ 18 Abs. 7).

(5) Bedürfen die baulichen Anlagen im Sinne des Absatzes 2 außerhalb der zur Erschließung der anliegenden Grundstücke bestimmten Teile der Ortsdurchfahrten keiner Baugenehmigung oder keiner Genehmigung nach anderen Vorschriften, so tritt an die Stelle der Zustimmung die Genehmigung der obersten Landesstraßenbaubehörde.

(5a) Als bauliche Anlagen im Sinne dieses Gesetzes gelten auch die im Landesbaurecht den baulichen Anlagen gleichgestellten Anlagen.

(6) ¹ Anlagen der Außenwerbung stehen außerhalb der zur Erschließung der anliegenden Grundstücke bestimmten Teile der Ortsdurchfahrten den Hochbauten des Absatzes 1 und den baulichen Anlagen des Absatzes 2 gleich. ² An Brücken über Bundesfernstraßen außerhalb dieser Teile der Ortsdurchfahrten dürfen Anlagen der Außenwerbung nicht angebracht werden. ³ Weitergehende bundes- oder landesrechtliche Vorschriften bleiben unberührt.

(7) Die Absätze 1 bis 5 gelten nicht, soweit das Bauvorhaben den Festsetzungen eines Bebauungsplanes entspricht (§ 9 des Baugesetzbuchs), der mindestens die Begrenzung der Verkehrsflächen sowie an diesen gelegene überbaubare Grundstücksflächen enthält und unter Mitwirkung des Trägers der Straßenbaulast zustande gekommen ist.

(8) ¹ Die oberste Landesstraßenbaubehörde kann im Einzelfall Ausnahmen von den Verboten der Absätze 1, 4 und 6 zulassen, wenn die Durchführung der Vorschriften im Einzelfalle zu einer offenbar nicht beabsichtigten Härte führen würde und die Abweichung mit den öffentlichen Belangen vereinbar ist oder wenn Gründe des Wohls der Allgemeinheit die Abweichungen erfordern. ² Ausnahmen können mit Bedingungen und Auflagen versehen werden.

(9) ¹ Wird infolge der Anwendung der Absätze 1, 2, 4 und 5 die bauliche Nutzung eines Grundstücks, auf deren Zulassung bisher ein Rechtsanspruch bestand, ganz oder teilweise aufgehoben, so kann der Eigentümer insoweit eine angemessene Entschädigung in Geld verlangen, als seine Vorbereitungen zur baulichen Nutzung des Grundstücks in dem bisher zulässigen Umfang für ihn an Wert verlieren oder eine wesentliche Wertminderung des Grundstücks eintritt. ² Zur Entschädigung ist der Träger der Straßenbaulast verpflichtet.

(10) Im Falle des Absatzes 4 entsteht der Anspruch nach Absatz 9 erst, wenn der Plan rechtskräftig festgestellt oder mit der Ausführung begonnen worden ist, spätestens jedoch nach Ablauf von vier Jahren, nachdem die Beschränkungen der Absätze 1 und 2 in Kraft getreten sind.

31. Verordnung zur Übertragung der Befugnisse der obersten Landesstraßenbaubehörde nach dem Bundesfernstraßengesetz

Vom 18. November 1974 (BayRS 91-2-2-I)

Auf Grund von *Art. 5 des Gesetzes zum Vollzug des Bundesfernstraßengesetzes vom 25. Juli 1969 (GVBl. S. 182)** in Verbindung mit § 22 Abs. 4 des Bundesfernstraßengesetzes (FStrG) erläßt das Bayerische Staatsministerium des Innern folgende Verordnung:

§ 1 (Zu § 5 FStrG)

Die Befugnisse der obersten Landesstraßenbaubehörde nach § 5 Abs. 3a Satz 2 und Abs. 4 Satz 4 FStrG werden auf die Regierungen übertragen.

§ 2 (Zu § 8 FStrG)

Die Befugnisse der obersten Landesstraßenbaubehörde nach § 8 Abs. 1 Satz 5 FStrG werden auf die Rechtsaufsichtsbehörden der Gemeinden (Art. 110 der Gemeindeordnung) übertragen.

§ 3 (Zu § 9 FStrG)

(1) Die Befugnisse der obersten Landesstraßenbaubehörde nach § 9 Abs. 2, 5 und 8 FStrG werden übertragen

1. für die Bundesautobahnen den Autobahndirektionen,
2. für die Bundesstraßen

  a) den Regierungen, wenn ein Verfahren nach Art. 86 der Bayerischen Bauordnung (BayBO) durchgeführt wird,
  b) im übrigen den unteren Bauaufsichtsbehörden (Art. 62 BayBO), die im Einvernehmen mit den Straßenbauämtern (Straßen- und Wasserbauämtern) entscheiden.

(2) Abweichend von Absatz 1 Nr. 2 ist zuständig

a) die Autobahndirektion Südbayern für die Bundesstraße 13 (neu) von der südlichen Grenze der Ortsdurchfahrt München bis zur Anschlußstelle Sauerlach,
b) die Autobahndirektion Nordbayern für die Bundesstraße 8 von der südlichen Grenze der Ortsdurchfahrt Nürnberg bis zur Anschlußstelle Nürnberg-Zollhaus der Autobahn A 73.

---

* Nunmehr Art. 62a Bayerisches Straßen- und Wegegesetz (BayStrWG) i. d. F. der Bek. vom 5. 10. 1981 (BayRS 91-1-I).

31 VO z. FStrG §§ 4–7

§ 4 (Zu § 9a FStrG)

Die Befugnisse der obersten Landesstraßenbaubehörde nach § 9a Abs. 5 FStrG werden auf die Regierungen übertragen.

§ 5* (Zu § 15 FStrG)

Die Befugnisse der obersten Landesstraßenbaubehörde nach § 15 Abs. 3 und 4 FStrG werden auf die Autobahndirektionen übertragen.

§ 6 (Zu § 17 FStrG)

Die Befugnisse der obersten Landesstraßenbaubehörde nach § 17 Abs. 2 Satz 3 FStrG werden auf die Regierungen übertragen.

§ 7

Diese Verordnung tritt am 1. Januar 1975 in Kraft.**

---

* § 5 gegenstandslos infolge Aufhebung des § 15 Abs. 3 bis 6 FStrG durch Art. 4 Nr. 2 Buchst. b Gesetz vom 16. 12. 1986 (BGBl. I S. 2441).
** Betrifft die ursprüngliche Fassung vom 18. 11. 1974 (GVBl. S. 791).

32. Bayerisches Straßen- und Wegegesetz (BayStrWG)

In der Fassung der Bekanntmachung vom 5. Oktober 1981
(BayRS 91-1-I)

Geändert durch § 8 Gesetz vom 16. 7. 1986 (GVBl. S. 135)

(Auszug)

Erster Teil. Allgemeine Vorschriften

Abschnitt 4. Anbau an Straßen und Schutzmaßnahmen

Art. 23 Errichtung baulicher Anlagen

(1) [1] Außerhalb der zur Erschließung der anliegenden Grundstücke bestimmten Teile der Ortsdurchfahrten dürfen bauliche Anlagen
1. an Staatsstraßen in einer Entfernung bis zu 20 m,
2. an Kreisstraßen in einer Entfernung bis zu 15 m,

jeweils gemessen vom äußeren Rand der Fahrbahndecke, nicht errichtet werden. [2] Dies gilt nicht für Aufschüttungen und Abgrabungen geringeren Umfangs. [3] Sind besondere Fahrbahnen, wie Radwege, getrennt von der Hauptfahrbahn angelegt, dann werden die Entfernungen vom Rand der Decke der Hauptfahrbahn ab gerechnet.

(2) [1] Ausnahmen von den Anbauverboten nach Absatz 1 können zugelassen werden, wenn dies die Sicherheit und Leichtigkeit des Verkehrs, besonders wegen der Sichtverhältnisse, Verkehrsgefährdung, Bebauungsabsichten und Straßenbaugestaltung gestattet. [2] Die Entscheidung wird im Baugenehmigungsverfahren durch die untere Bauaufsichtsbehörde im Einvernehmen mit der Straßenbaubehörde oder, wenn kein Baugenehmigungsverfahren durchgeführt wird, in einem eigenen Verfahren durch die Straßenbaubehörde getroffen. [3] Soweit nach Art. 86 der Bayerischen Bauordnung (BayBO) die Regierung zuständig ist, trifft diese die Entscheidung.

(3) Absatz 1 gilt nicht, wenn das Bauvorhaben den Festsetzungen eines Bebauungsplans im Sinn des Bundesbaugesetzes entspricht, der mindestens die Begrenzung der Verkehrsflächen und die an diesen gelegenen überbaubaren Grundstücksflächen enthält und unter Mitwirkung der Straßenbaubehörde zustande gekommen ist.

(4) [1] Die Gemeinden können durch Satzung vorschreiben, daß bestimmte Gemeindeverbindungsstraßen vom Anbau nach Absatz 1 freizuhalten sind, soweit dies für die Sicherheit oder Leichtigkeit des Ver-

kehrs, besonders im Hinblick auf Sichtverhältnisse, Verkehrsgefährdung, Bebauungsabsichten und Straßenbaugestaltung erforderlich ist. ² Das Anbauverbot darf sich nur auf eine Entfernung bis zu 10 m, gemessen vom Rand der Fahrbahndecke, erstrecken.

Art. 24 Errichtung oder Änderung baulicher Anlagen

(1) ¹ Unbeschadet der Vorschrift des Art. 23 dürfen baurechtliche oder nach anderen Vorschriften erforderliche Genehmigungen nur im Einvernehmen mit der Straßenbaubehörde erteilt werden, wenn bauliche Anlagen längs

1. von Staatsstraßen in einer Entfernung bis zu 40 m und
2. von Kreisstraßen in einer Entfernung bis zu 30 m,

jeweils gemessen vom Rand der Fahrbahndecke, errichtet, erheblich geändert oder so anders genutzt werden sollen, daß Auswirkungen auf die Sicherheit und Leichtigkeit des Verkehrs zu erwarten sind. ² Das Einvernehmen darf nur verweigert oder von Auflagen abhängig gemacht werden, soweit dies für die Sicherheit oder Leichtigkeit des Verkehrs, besonders wegen der Sichtverhältnisse, Verkehrsgefährdung, Bebauungsabsichten und Straßenbaugestaltung erforderlich ist.

(2) Das Einvernehmen ist auch erforderlich, wenn infolge der Errichtung, Änderung oder anderen Nutzung von baulichen Anlagen außerhalb der zur Erschließung der anliegenden Grundstücke bestimmten Teile der Ortsdurchfahrten

1. Grundstücke eine Zufahrt (Art. 19 Abs. 1) zu einer Staatsstraße oder Kreisstraße erhalten sollen oder
2. die Änderung einer bestehenden Zufahrt zu einer Staats- oder Kreisstraße erforderlich würde.

(3) ¹ Ist in den Fällen der Absätze 1 und 2 eine baurechtliche oder anderweitige Genehmigung nicht erforderlich, so entscheidet die Straßenbaubehörde. ² Soweit nach Art. 86 BayBO die Regierung zuständig ist, trifft diese die Entscheidung.

(4) Art. 23 Abs. 3 gilt entsprechend.

Art. 25 *(aufgehoben)*

Art. 26 Freihaltung von Sichtdreiecken

¹ Bauliche Anlagen dürfen nicht errichtet oder geändert werden, wenn die Sichtverhältnisse bei höhengleichen Kreuzungen von Straßen mit dem öffentlichen Verkehr dienenden Eisenbahnen dadurch beeinträchtigt werden.* ² Das gleiche gilt für höhengleiche Kreuzungen

---

* Bek. über Zulässigkeit, Bemessung, Herstellung und Erhaltung der Sichtflächen an höhengleichen Kreuzungen von Eisenbahnen und Straßen (Bahnübergänge) vom 25. 6. 1974 (MABl. S. 444).

und Einmündungen von Straßen außerhalb der geschlossenen Ortslage.

Art. 27 Baubeschränkungen für geplante Straßen

¹ Für geplante Straßen gelten die Beschränkungen der Art. 23 bis 26 vom Beginn der Auslegung der Pläne im Planfeststellungsverfahren an. ² Wird auf die Auslegung verzichtet, so gelten sie von dem Zeitpunkt an, zu dem den Betroffenen Gelegenheit gegeben wird, den Plan einzusehen.

Art. 27a Entschädigung wegen Baubeschränkungen

(1) ¹ Wird nach den Art. 23 bis 26 die bauliche Nutzung eines Grundstücks, auf deren Zulassung bisher ein Rechtsanspruch bestand, ganz oder teilweise aufgehoben, so kann der Eigentümer und ein sonst zur Nutzung Berechtigter insoweit nach den Vorschriften des Bayerischen Gesetzes über die entschädigungspflichtige Enteignung Entschädigung in Geld verlangen, als seine Vorbereitungen zur baulichen Nutzung des Grundstücks in dem bisher zulässigen Umfang für ihn an Wert verlieren oder eine wesentliche Wertminderung des Grundstücks eintritt. ² Zur Entschädigung ist der Träger der Straßenbaulast verpflichtet, im Fall des Art. 26 Satz 1 unbeschadet seiner Ausgleichsansprüche nach dem Eisenbahnkreuzungsgesetz.

(2) Im Fall des Art. 27 entsteht der Anspruch nach Absatz 1 erst, wenn der Plan unanfechtbar festgestellt oder mit der Ausführung begonnen worden ist, spätestens jedoch vier Jahre nach Auslegung der Pläne.

Art. 27b Veränderungssperre

(1) ¹ Vom Beginn der Auslegung der Pläne im Planfeststellungsverfahren oder von dem Zeitpunkt an, zu dem den Betroffenen Gelegenheit gegeben wird, den Plan einzusehen, dürfen auf den vom Plan betroffenen Flächen bis zu ihrer Übernahme durch den Träger der Straßenbaulast wesentlich wertsteigernde oder das Straßenbauvorhaben erheblich erschwerende Veränderungen nicht vorgenommen werden. ² Veränderungen, die in rechtlich zulässiger Weise vorher begonnen worden sind, Unterhaltungsarbeiten und die Fortführung einer bisher ausgeübten Nutzung sind hiervon ausgenommen.

(2) ¹ Dauern diese Beschränkungen länger als vier Jahre, so können die Eigentümer und die sonst zur Nutzung Berechtigten für danach eintretende Vermögensnachteile vom Träger der Straßenbaulast nach den Vorschriften des Bayerischen Gesetzes über die entschädigungspflichtige Enteignung Entschädigung in Geld verlangen. ² Der Eigentümer einer vom Plan betroffenen Fläche kann vom Träger der Stra-

ßenbaulast ferner verlangen, daß er die Fläche zu Eigentum übernimmt, wenn es dem Eigentümer wegen dieser Beschränkungen wirtschaftlich nicht mehr zuzumuten ist, die Fläche in der bisherigen oder einer anderen zulässigen Art zu nutzen. ³ Kommt eine Einigung über die Übernahme nicht zustande, kann der Eigentümer das Enteignungsverfahren beantragen; im übrigen gelten die Vorschriften des Bayerischen Gesetzes über die entschädigungspflichtige Enteignung sinngemäß.

(3) ¹ Zur Sicherung der Planung neuer Staatsstraßen und Kreisstraßen können die Regierungen nach Anhörung der Gemeinden, deren Gebiet betroffen wird, Planungsgebiete festlegen. ² Für diese gilt Absatz 1 entsprechend. ³ Die Festlegung ist auf höchstens zwei Jahre zu befristen. ⁴ Die Frist kann, wenn besondere Umstände es erfordern, auf höchstens vier Jahre verlängert werden. ⁵ Sie tritt mit Beginn der Auslegung der Pläne im Planfeststellungsverfahren oder von dem Zeitpunkt an, zu dem den Betroffenen Gelegenheit gegeben wird, den Plan einzusehen, außer Kraft. ⁶ Ihre Dauer ist auf die Vierjahresfrist nach Absatz 2 anzurechnen.

(4) ¹ Die Festlegung eines Planungsgebiets ist in den Gemeinden, deren Gebiet betroffen wird, auf ortsübliche Weise bekanntzumachen. ² Planungsgebiete sind außerdem in Karten einzutragen, die in den Gemeinden während der Geltungsdauer der Festlegung zur Einsicht auszulegen sind.

(5) Die Regierungen können im Einzelfall Ausnahmen von den Absätzen 1 und 3 zulassen, wenn keine überwiegenden öffentlichen Belange entgegenstehen.

33. Luftverkehrsgesetz (LuftVG)

In der Fassung der Bekanntmachung vom 14. Januar 1981
(BGBl. I S. 61)

(Auszug)

Erster Abschnitt. Luftverkehr

2. Unterabschnitt. Flugplätze

§ 6 [Genehmigung zur Anlage und zum Betrieb von Flugplätzen]

(1) [1] Flugplätze (Flughäfen, Landeplätze und Segelfluggelände) dürfen nur mit Genehmigung angelegt oder betrieben werden. [2] Die Genehmigung kann mit Auflagen verbunden und befristet werden.

(2) [1] Vor Erteilung der Genehmigung ist besonders zu prüfen, ob die geplante Maßnahme den Erfordernissen der Raumordnung und Landesplanung entspricht und ob die Erfordernisse des Naturschutzes und der Landschaftspflege sowie des Städtebaus und der Schutz vor Fluglärm angemessen berücksichtigt sind. [2] Ist das in Aussicht genommene Gelände ungeeignet oder rechtfertigen Tatsachen die Annahme, daß die öffentliche Sicherheit oder Ordnung gefährdet wird, ist die Genehmigung zu versagen. [3] Ergeben sich später solche Tatsachen, so kann die Genehmigung widerrufen werden.

(3) Die Genehmigung eines Flughafens, der dem allgemeinen Verkehr dienen soll, ist außerdem zu versagen, wenn durch die Anlegung und den Betrieb des beantragten Flughafens die öffentlichen Interessen in unangemessener Weise beeinträchtigt werden.

(4) [1] Die Genehmigung ist zu ergänzen oder zu ändern, wenn dies nach dem Ergebnis des Planfeststellungsverfahrens (§§ 8 bis 10) notwendig ist. [2] Eine Änderung der Genehmigung ist auch erforderlich, wenn die Anlage oder der Betrieb des Flugplatzes wesentlich erweitert oder geändert werden soll.

§ 7 [Vorbereitung der Genehmigung]

(1) Die Genehmigungsbehörde kann dem Antragsteller die zur Vorbereitung seines Antrags (§ 6) erforderlichen Vorarbeiten gestatten, wenn eine Prüfung ergeben hat, daß die Voraussetzungen für die Erteilung der Genehmigung voraussichtlich vorliegen.

(2) [1] Die Dauer der Erlaubnis soll zwei Jahre nicht überschreiten. [2] Diese Erlaubnis gibt keinen Anspruch auf Erteilung der Genehmigung nach § 6.

(3) ¹ Die Beauftragten der Genehmigungsbehörde können Grundstücke, die für die Genehmigung in Betracht kommen, auch ohne Zustimmung des Berechtigten betreten, diese Grundstücke vermessen und sonstige Vorarbeiten vornehmen, die für die endgültige Entscheidung über die Eignung des Geländes notwendig sind. ² Zum Betreten von Wohnungen sind sie nicht berechtigt.

(4) ¹ Die Genehmigungsbehörde kann die Vorarbeiten von Auflagen abhängig machen. ² Ist durch die Vorarbeiten ein erheblicher Schaden zu erwarten, hat die Genehmigungsbehörde Sicherheitsleistung durch den Antragsteller anzuordnen.

(5) ¹ Wenn durch die Vorarbeiten Schäden verursacht werden, hat der Antragsteller unverzüglich nach Eintritt des jeweiligen Schadens volle Entschädigung in Geld zu leisten oder auf Verlangen des Geschädigten den früheren Zustand wiederherzustellen. ² Über Art und Höhe der Entschädigung entscheiden im Streitfalle die ordentlichen Gerichte.

§ 8 [Planfeststellung für Flughäfen]

(1) Flughäfen sowie Landeplätze mit beschränktem Bauschutzbereich nach § 17 dürfen nur angelegt, bestehende nur geändert werden, wenn der Plan nach § 10 vorher festgestellt ist.

(2) ¹ Bei Änderungen oder Erweiterungen von unwesentlicher Bedeutung kann eine Planfeststellung unterbleiben. ² Fälle von unwesentlicher Bedeutung liegen insbesondere vor, wenn Rechte anderer nicht beeinflußt werden oder wenn der Kreis der Beteiligten bekannt ist oder ohne ein förmliches Auslegungsverfahren ermittelt werden kann und mit den Beteiligten entsprechende Vereinbarungen getroffen werden.

§ 9 [Inhalt der Planfeststellung]

(1) ¹ Die Planfeststellung ersetzt alle nach anderen Rechtsvorschriften notwendigen öffentlich-rechtlichen Genehmigungen, Verleihungen, Erlaubnisse und Zustimmungen. ² Durch sie werden alle öffentlich-rechtlichen Beziehungen zwischen dem Unternehmer und den durch den Plan Betroffenen rechtsgestaltend geregelt. ³ Unberührt bleiben die Zuständigkeit des Bundesministers für Verkehr nach § 9 Abs. 4 des Gesetzes über die Bundesanstalt für Flugsicherung und die Zuständigkeit der für die Baugenehmigungen zuständigen Behörden.

(2) Im Planfeststellungsbeschluß sind dem Unternehmer die Errichtung und Unterhaltung der Anlagen aufzuerlegen, die für das öffentliche Wohl oder zur Sicherung der Benutzung der benachbarten Grundstücke gegen Gefahren oder Nachteile notwendig sind.

Plan rechtskräftig festgestellt, so sind Beseitigungs- und

Luftverkehrsgesetz **§ 10 LuftVG 33**

Änderungsansprüche gegenüber festgestellten Anlagen ausgeschlossen.

(4) ¹ Wird der Plan nicht innerhalb von fünf Jahren nach Rechtskraft durchgeführt, so können die vom Plan betroffenen Grundstückseigentümer verlangen, daß der Unternehmer ihre Grundstücke und Rechte insoweit erwirbt, als nach § 28 die Enteignung zulässig ist. ² Kommt keine Einigung zustande, so können sie die Durchführung des Enteignungsverfahrens bei der Enteignungsbehörde beantragen. ³ Im übrigen gilt § 28.

§ 10 [Planfeststellungsbehörde; Verfahren]

(1) ¹ Planfeststellungsbehörde ist die von der Landesregierung bestimmte Behörde.* ² Sie stellt den Plan fest und trifft die Entscheidung nach § 8 Abs. 2.

(2) ¹ Die Pläne sind der von der Landesregierung bestimmten Behörde zur Stellungnahme vorzulegen. ² Diese hat alle beteiligten Behörden des Bundes, der Länder, der Gemeinden und die übrigen Beteiligten zu hören und ihre Stellungnahme der Planfeststellungsbehörde zuzuleiten.

(3) Die Pläne mit Beilagen sind in den Gemeinden, die durch das Bauvorhaben betroffen werden, zwei Wochen zur Einsicht auszulegen; Zeit und Ort der Auslegung sind ortsüblich bekanntzumachen, um jedermann, dessen Belange durch den Bau und den Betrieb des Flugplatzes berührt werden, Gelegenheit zur Äußerung zu geben.

(4) Einwendungen gegen den Plan sind bei der von der Landesregierung bestimmten Behörde oder bei der von ihr bezeichneten Stelle spätestens innerhalb von zwei Wochen nach Beendigung der Auslegung schriftlich zu erheben.

(5) ¹ Nach Ablauf der Frist des Absatzes 4 sind die Einwendungen gegen den Plan von der durch die Landesregierung bestimmten Behörde mit allen Beteiligten zu erörtern. ² Soweit eine Einigung nicht zustande kommt, wird über die Einwendungen in der Planfeststellung entschieden.

(6) Werden öffentliche Interessen berührt, für die die Zuständigkeit von Bundesbehörden oder von Behörden, die im Auftrag des Bundes tätig werden, gegeben ist, und kommt eine Verständigung zwischen der Planfeststellungsbehörde und den genannten Behörden nicht zustande, so hat die Planfeststellungsbehörde im Benehmen mit dem Bundesminister für Verkehr zu entscheiden.

(7) Die Feststellung des Plans und die Entscheidungen über die Einwendungen sind zu begründen und den am Verfahren Beteiligten mit Rechtsmittelbelehrung zuzustellen.

---
* Verordnung über die Zuständigkeiten im Planfeststellungsverfahren nach dem Luftverkehrsgesetz vom 22. 12. 1959 (BayRS 960-1-2-W): Zuständigkeit der Regierung.

§ 11 [Einwirkungen auf Nachbarschaftsgrundstücke]

[1] Die Vorschrift des § 14 des Bundes-Immissionsschutzgesetzes* gilt für Flugplätze entsprechend. [2] Dies gilt auch dann, wenn der Flugplatz öffentlichen Zwecken dient.

§ 12 [Baubeschränkungen im Bauschutzbereich]

(1) [1] Bei Genehmigung eines Flughafens ist für den Ausbau ein Plan festzulegen. [2] Dieser ist maßgebend für den Bereich, in dem die in den Absätzen 2 und 3 bezeichneten Baubeschränkungen gelten (Bauschutzbereich). [3] Der Plan muß enthalten

1. die Start- und Landebahnen einschließlich der sie umgebenden Schutzstreifen (Start- und Landeflächen),
2. die Sicherheitsflächen, die an den Enden der Start- und Landeflächen nicht länger als je 1000 Meter und seitlich der Start- und Landeflächen bis zum Beginn der Anflugsektoren je 350 Meter breit sein sollen,
3. den Flughafenbezugspunkt, der in der Mitte des Systems der Start- und Landeflächen liegen soll,
4. die Startbahnbezugspunkte, die je in der Mitte der Start- und Landeflächen liegen sollen,
5. die Anflugsektoren, die sich beiderseits der Außenkanten der Sicherheitsflächen an deren Enden mit einem Öffnungswinkel von je 15 Grad anschließen; sie enden bei Hauptstart- und Hauptlandeflächen in einer Entfernung von 15 Kilometern, bei Nebenstart- und Nebenlandeflächen in einer Entfernung von 8,5 Kilometern vom Startbahnbezugspunkt.

(2) [1] Nach Genehmigung eines Flughafens darf die für die Erteilung einer Baugenehmigung zuständige Behörde die Errichtung von Bauwerken im Umkreis von 1,5 Kilometer Halbmesser um den Flughafenbezugspunkt sowie auf den Start- und Landeflächen und den Sicherheitsflächen nur mit Zustimmung der Luftfahrtbehörden genehmigen. [2] Die Zustimmung der Luftfahrtbehörden gilt als erteilt, wenn sie nicht binnen zwei Monaten nach Eingang des Ersuchens der für die Erteilung einer Baugenehmigung zuständigen Behörde verweigert wird. [3] Ist die fachliche Beurteilung innerhalb dieser Frist wegen des Ausmaßes der erforderlichen Prüfungen nicht möglich, kann sie von der für die Baugenehmigung zuständigen Behörde im Benehmen mit der Bundesanstalt für Flugsicherung verlängert werden.

(3) [1] In der weiteren Umgebung eines Flughafens ist die Zustimmung der Luftfahrtbehörden erforderlich, wenn die Bauwerke folgende Begrenzung überschreiten sollen:

---

* Abgedruckt in Anm. zu § 906 BGB (Nr. 27).

Luftverkehrsgesetz §§ 13, 14 **LuftVG 33**

1. außerhalb der Anflugsektoren
   a) im Umkreis von 4 Kilometer Halbmesser um den Flughafenbezugspunkt eine Höhe von 25 Metern; für Flughäfen, die den Klassen A bis D des Anhangs 14 des Abkommens über die Internationale Zivilluftfahrt entsprechen, beträgt die Höhe 15 Meter (Höhen bezogen auf den Flughafenbezugspunkt),
   b) im Umkreis von 4 Kilometer bis 6 Kilometer Halbmesser um den Flughafenbezugspunkt die Verbindungslinie, die von 45 Meter Höhe bis 100 Meter Höhe (Höhen bezogen auf den Flughafenbezugspunkt) ansteigt;
2. innerhalb der Anflugsektoren
   a) von dem Ende der Sicherheitsflächen bis zu einem Umkreis um den Startbahnbezugspunkt von 10 Kilometer Halbmesser bei Hauptstart- und Hauptlandeflächen und von 8,5 Kilometer bei Nebenstart- und Nebenlandeflächen die Verbindungslinie, die von 0 Meter Höhe an diesem Ende bis 100 Meter Höhe (Höhen bezogen auf den Startbahnbezugspunkt der betreffenden Start- und Landefläche) ansteigt,
   b) im Umkreis von 10 Kilometer bis 15 Kilometer Halbmesser um den Startbahnbezugspunkt bei Hauptstart- und Hauptlandeflächen die Höhe von 100 Metern (Höhe bezogen auf den Startbahnbezugspunkt der betreffenden Start- und Landeflächen).

² Absatz 2 Satz 2 und 3 gilt entsprechend.

(4) Zur Wahrung der Sicherheit der Luftfahrt und zum Schutz der Allgemeinheit können die Luftfahrtbehörden ihre Zustimmung nach den Absätzen 2 und 3 davon abhängig machen, daß die Baugenehmigung unter Auflagen erteilt wird.

§ 13 [Bauhöhen]

Sofern Baubeschränkungen im Bauschutzbereich infolge besonderer örtlicher Verhältnisse oder des Verwendungszwecks des Flughafens in bestimmten Geländeteilen für die Sicherheit der Luftfahrt nicht in dem nach § 12 festgelegten Umfang notwendig sind, können die Luftfahrtbehörden für diese Geländeteile Bauhöhen festlegen, bis zu welchen Bauwerke ohne ihre Zustimmung genehmigt werden können.

§ 14 [Bauwerke außerhalb des Bauschutzbereichs]

(1) Außerhalb des Bauschutzbereichs darf die für die Erteilung einer Baugenehmigung zuständige Behörde die Errichtung von Bauwerken, die eine Höhe von 100 Metern über der Erdoberfläche überschreiten, nur mit Zustimmung der Luftfahrtbehörden genehmigen; § 12 Abs. 2 Satz 2 und 3 und Abs. 4 gilt entsprechend.

(2) Das gleiche gilt für Anlagen von mehr als 30 Meter Höhe auf natürlichen oder künstlichen Bodenerhebungen, sofern die Bodenerhebungen mehr als 100 Meter aus der umgebenden Landschaft herausragen; in einem Umkreis von 10 Kilometern um den Flughafenbezugspunkt gilt dabei als Höhe der umgebenden Landschaft die Höhe des Flughafenbezugspunkts.

§ 15 [Andere Luftfahrthindernisse]

(1) [1] Die §§ 12 bis 14 gelten sinngemäß für Bäume, Freileitungen, Masten, Dämme sowie für andere Anlagen und Geräte. [2] § 12 Abs. 2 ist auf Gruben, Anlagen der Kanalisation und ähnliche Bodenvertiefungen sinngemäß anzuwenden.

(2) [1] Die Errichtung der in Absatz 1 genannten Luftfahrthindernisse bedarf der Genehmigung. [2] Falls die Genehmigung von einer anderen als der Baugenehmigungsbehörde erteilt wird, bedarf diese der Zustimmung der Luftfahrtbehörde. [3] Ist eine andere Genehmigungsbehörde nicht vorgesehen, so ist die Genehmigung der Luftfahrtbehörde erforderlich.

§ 16 [Beseitigung von Luftfahrthindernissen]

(1) [1] Die Eigentümer und anderen Berechtigten haben auf Verlangen der Luftfahrtbehörden zu dulden, daß Bauwerke und andere Luftfahrthindernisse (§ 15), welche die nach den §§ 12 bis 15 zulässige Höhe überragen, auf diese Höhe abgetragen werden. [2] Im Falle des § 15 Abs. 1 Satz 2 erstreckt sich die Verpflichtung zur Duldung auf die Beseitigung der Vertiefungen. [3] Ist die Abtragung oder Beseitigung der Luftfahrthindernisse im Einzelfall nicht durchführbar, so sind die erforderlichen Sicherungsmaßnahmen für die Luftfahrt zu dulden.

(2) Das Recht des Eigentümers oder eines anderen Berechtigten und eine nach anderen Vorschriften bestehende Verpflichtung, diese Maßnahmen auf eigene Kosten selbst durchzuführen, bleiben unberührt.

§ 16a [Kennzeichnung von Bauwerken; Anzeigepflichten]

(1) [1] Die Eigentümer und anderen Berechtigten von Bauwerken und von Gegenständen im Sinne des § 15 Abs. 1 Satz 1, die die nach § 14 zulässige Höhe nicht überschreiten, haben auf Verlangen der Bundesanstalt für Flugsicherung zu dulden, daß die Bauwerke und Gegenstände in geeigneter Weise gekennzeichnet werden, wenn und insoweit dies zur Sicherung des Luftverkehrs erforderlich ist. [2] Das Bestehen sowie der Beginn des Errichtens oder Abbauens von Freileitungen, Seilbahnen und ähnlichen Anlagen, die in einer Länge von mehr als 75 m Täler oder Schluchten überspannen oder Steilabhängen folgen und dabei die Höhe von 20 m über der Erdoberfläche überschreiten,

sind der Bundesanstalt für Flugsicherung von den Eigentümern und anderen Berechtigten unverzüglich anzuzeigen.

(2) § 16 Abs. 2 gilt entsprechend.

§ 17 [Beschränkter Bauschutzbereich]

[1] Bei der Genehmigung von Landeplätzen und Segelfluggeländen können die Luftfahrtbehörden bestimmen, daß die zur Erteilung einer Baugenehmigung zuständige Behörde die Errichtung von Bauwerken im Umkreis von 1,5 Kilometer Halbmesser um den dem Flughafenbezugspunkt entsprechenden Punkt nur mit Zustimmung der Luftfahrtbehörden genehmigen darf (beschränkter Bauschutzbereich). [2] Auf den beschränkten Bauschutzbereich sind § 12 Abs. 2 Satz 2 und 3 und Abs. 4 sowie die §§ 13, 15 und 16 sinngemäß anzuwenden.

§ 18 [Bekanntmachung des Bauschutzbereichs]

Der Umfang des Bauschutzbereichs ist den Eigentümern von Grundstücken im Bauschutzbereich und den anderen zum Gebrauch oder zur Nutzung dieser Grundstücke Berechtigten sowie den dinglich Berechtigten, soweit sie der zuständigen Behörde bekannt oder aus dem Grundbuch ersichtlich sind, bekanntzugeben oder in ortsüblicher Weise öffentlich bekanntzumachen.

§ 18a [Verbot der Errichtung von Bauwerken]

(1) [1] Bauwerke dürfen nicht errichtet werden, wenn die Bundesanstalt für Flugsicherung der obersten Luftfahrtbehörde des Landes gegenüber anzeigt, daß durch die Errichtung der Bauwerke Flugsicherungseinrichtungen gestört werden. [2] Die Bundesanstalt für Flugsicherung unterrichtet die oberste Luftfahrtbehörde des Landes über die Standorte aller Flugsicherungseinrichtungen und Bereiche um diese Anlagen, in denen Störungen durch Bauwerke zu erwarten sind. [3] Die obersten Luftfahrtbehörden der Länder unterrichten die Bundesanstalt für Flugsicherung, wenn sie von der Planung derartiger Bauwerke Kenntnis erhalten.

(2) Die Eigentümer und anderen Berechtigten haben auf Verlangen der Bundesanstalt für Flugsicherung zu dulden, daß Bauwerke, die den Betrieb von Flugsicherungseinrichtungen stören, in einer Weise verändert werden, daß Störungen unterbleiben, es sei denn, die Störungen können durch die Bundesanstalt für Flugsicherung mit einem Kostenaufwand verhindert werden, der nicht über dem Geldwert der beabsichtigten Veränderung liegt.

(3) Die Absätze 1 und 2 gelten sinngemäß für die nach § 15 Abs. 1 Satz 1 genannten Gegenstände.

§ 19 [Entschädigung]

(1) ¹ Entstehen durch Maßnahmen auf Grund der Vorschriften der §§ 12, 14 bis 17 und 18a dem Eigentümer oder einem anderen Berechtigten Vermögensnachteile, so ist hierfür eine angemessene Entschädigung in Geld zu leisten. ² Hierbei ist die entzogene Nutzung, die Beschädigung oder Zerstörung einer Sache unter gerechter Abwägung der Interessen der Allgemeinheit und der Beteiligten zu berücksichtigen. ³ Für Vermögensnachteile, die nicht im unmittelbaren Zusammenhang mit der Beeinträchtigung stehen, ist den in Satz 1 bezeichneten Personen eine Entschädigung zu zahlen, wenn und soweit dies zur Abwendung oder zum Ausgleich unbilliger Härten geboten erscheint.

(2) Unterläßt der Berechtigte eine Änderung der Nutzung, die ihm zuzumuten ist, so mindert sich seine Entschädigung um den Wert der Vermögensvorteile, die ihm bei Ausübung der geänderten Nutzung erwachsen wären.

(3) ¹ Werden Bauwerke und sonstige Luftfahrthindernisse (§ 15), deren entschädigungslose Entfernung oder Umgestaltung nach dem jeweils geltenden Recht gefordert werden kann, auf Grund von Maßnahmen nach § 16 ganz oder teilweise entfernt oder umgestaltet, so ist eine Entschädigung nur zu leisten, wenn es aus Gründen der Billigkeit geboten ist. ² Sind sie befristet zugelassen und ist die Frist noch nicht abgelaufen, so ist eine Entschädigung nach dem Verhältnis der restlichen Frist zu der gesamten Frist zu leisten.

(4) Dinglich Berechtigte, die nicht zum Gebrauch oder zur Nutzung der Sache berechtigt sind, sind nach den Artikeln 52 und 53 des Einführungsgesetzes zum Bürgerlichen Gesetzbuch auf die Entschädigung des Eigentümers angewiesen.

(5) ¹ Die Entschädigung ist in den Fällen des § 12 von dem Flughafenunternehmer, in den Fällen des § 17 von dem Unternehmer des Flugplatzes zu zahlen. ² Soweit die bezeichneten Maßnahmen Grundstücke oder andere Sachen außerhalb der Bauschutzbereiche der §§ 12 und 17 betreffen, ist die Entschädigung, wenn es sich um Maßnahmen der Flugsicherung handelt, vom Bund zu zahlen, im übrigen von den Ländern. ³ In den Fällen der §§ 16a und 18a ist die Entschädigung vom Bund zu zahlen.

(6) Im übrigen sind die Vorschriften des § 13 Abs. 2, der §§ 14, 15, 17 bis 25, 31 und 32 des Schutzbereichsgesetzes sinngemäß anzuwenden.

§ 19a [Anlagen zur Messung des Fluglärms]

¹ Der Unternehmer eines Verkehrsflughafens, der dem Fluglinienverkehr angeschlossen ist, hat innerhalb einer von der Genehmigungsbehörde festzusetzenden Frist auf dem Flughafen und in dessen Umge-

bung Anlagen zur fortlaufend registrierenden Messung der durch die an- und abfliegenden Luftfahrzeuge entstehenden Geräusche einzurichten und zu betreiben. ²Die Meß- und Auswertungsergebnisse sind der Genehmigungsbehörde und der Kommission nach § 32b sowie auf Verlangen der Genehmigungsbehörde anderen Behörden mitzuteilen. ³Sofern ein Bedürfnis für die Beschaffung und den Betrieb von Anlagen nach Satz 1 nicht besteht, kann die Genehmigungsbehörde Ausnahmen zulassen.

6. Unterabschnitt. Gemeinsame Vorschriften

§ 30 [Ausnahmen für Bundeswehr, Bundesgrenzschutz und Polizei]

(1) ¹Die Bundeswehr, der Bundesgrenzschutz, die Polizei sowie die auf Grund völkerrechtlicher Verträge in der Bundesrepublik Deutschland stationierten Truppen dürfen von den Vorschriften des Ersten Abschnitts dieses Gesetzes – ausgenommen die §§ 12, 13 und 15 bis 19 – und den zu seiner Durchführung erlassenen Vorschriften abweichen; soweit dies zur Erfüllung ihrer besonderen Aufgaben unter Berücksichtigung der öffentlichen Sicherheit oder Ordnung erforderlich ist. ²Das in § 8 vorgesehene Planfeststellungsverfahren entfällt, wenn militärische Flugplätze angelegt oder geändert werden sollen. ³Von den Vorschriften über das Verhalten im Luftraum darf nur abgewichen werden, soweit dies zur Erfüllung hoheitlicher Aufgaben zwingend notwendig ist. ⁴Hinsichtlich der Ausnahmebefugnisse der Polizei bleiben auch die §§ 6 bis 10 unberührt.

(2) ¹Die Verwaltungszuständigkeiten auf Grund dieses Gesetzes werden für den Dienstbereich der Bundeswehr und, soweit völkerrechtliche Verträge nicht entgegenstehen, der stationierten Truppen durch Dienststellen der Bundeswehr nach Bestimmungen des Bundesministers der Verteidigung wahrgenommen. ²Der Bundesminister der Verteidigung erteilt im Einvernehmen mit dem Bundesminister für Verkehr die Erlaubnisse nach § 2 Abs. 7 und § 27 Abs. 1 und 2 auch für andere militärische Luftfahrzeuge. ³Bei militärischen Flugplätzen treten an die Stelle der in den §§ 12, 13 und 15 bis 19 genannten Luftfahrtbehörden die Behörden der Bundeswehrverwaltung.

(3) ¹Bei der Anlegung und wesentlichen Änderung militärischer Flugplätze auf Gelände, das nicht durch Maßnahmen auf Grund des Landbeschaffungsgesetzes beschafft zu werden braucht, sind die Erfordernisse der Raumordnung, insbesondere des zivilen Luftverkehrs, nach Anhörung der Regierungen der Länder, die von der Anlegung oder Änderung betroffen werden, angemessen zu berücksichtigen. ²Der Bundesminister der Verteidigung kann von der Stellungnahme dieser Länder nur im Einvernehmen mit dem Bundesminister für Ver-

kehr abweichen; er unterrichtet die Regierungen der betroffenen Länder von seiner Entscheidung. ³ Wird Gelände für die Anlegung und wesentliche Änderung militärischer Flugplätze nach den Vorschriften des Landbeschaffungsgesetzes beschafft, findet allein das Anhörungsverfahren nach § 1 Abs. 2 des Landbeschaffungsgesetzes statt; hierbei sind insbesondere die Erfordernisse des zivilen Luftverkehrs angemessen zu berücksichtigen.

E. Wasserrecht

34. Gesetz zur Ordnung des Wasserhaushalts (Wasserhaushaltsgesetz – WHG)

In der Fassung der Bekanntmachung vom 23. September 1986 (BGBl. I S. 1529)

(Auszug)

§ 34 Reinhaltung

(1) Eine Erlaubnis für das Einleiten von Stoffen in das Grundwasser darf nur erteilt werden, wenn eine schädliche Verunreinigung des Grundwassers oder eine sonstige nachteilige Veränderung seiner Eigenschaften nicht zu besorgen ist.

(2) [1] Stoffe dürfen nur so gelagert oder abgelagert werden, daß eine schädliche Verunreinigung des Grundwassers oder eine sonstige nachteilige Veränderung seiner Eigenschaften nicht zu besorgen ist. [2] Das gleiche gilt für die Beförderung von Flüssigkeiten und Gasen durch Rohrleitungen.

35. Bayerisches Wassergesetz (BayWG)

In der Fassung der Bekanntmachung vom 3. Februar 1988
(GVBl. S. 33, BayRS 753-1-I)

(Auszug)

Art. 34 Erdaufschlüsse (Zu § 35 WHG)

(1) [1] Sollen Sand- oder Kiesgruben oder Schächte ausgehoben, Ein- oder Anschnitte im Gelände angebracht oder ähnliche Arbeiten vorgenommen werden, die in den Boden eindringen und eine Freilegung von Grundwasser oder eine Einwirkung auf die Höhe, Bewegung oder Beschaffenheit des Grundwassers nach vorhandenen amtlichen Unterlagen erwarten lassen, so hat das der Unternehmer vorher der Kreisverwaltungsbehörde anzuzeigen. [2] Bei genehmigungspflichtigen baulichen Anlagen gilt das Baugenehmigungsgesuch als Anzeige.

(2) Ergibt sich, daß auf das Grundwasser eingewirkt wird, so hat die Kreisverwaltungsbehörde die Arbeiten so lange zu untersagen, bis die erforderliche Erlaubnis oder Bewilligung erteilt oder der Plan festgestellt oder genehmigt ist.

(3) Ist seit der Anzeige ein Monat vergangen, ohne daß die Arbeiten untersagt wurden, so kann sie der Unternehmer beginnen und so lange durchführen, bis er auf Grundwasser einwirkt.

(4) Die Absätze 1 bis 3 gelten nicht für Arbeiten, die von Staatsbaubehörden oder unter deren Aufsicht ausgeführt werden oder die der bergbehördlichen Aufsicht unterliegen.

(5) Wird durch Arbeiten, die der bergbehördlichen Aufsicht unterliegen, unbefugt oder unbeabsichtigt Grundwasser erschlossen, so ist das Bergamt für Anordnungen nach § 35 Abs. 2 WHG zuständig.

Art. 37 Anzeigepflicht, Rechtsverordnungen

(1) [1] Wer
1. Anlagen zum Umgang mit wassergefährdenden Stoffen im Sinn des § 19g WHG betreiben will,
2. Anlagen zum Befördern solcher Stoffe betreiben will oder
3. solche Stoffe ohne Anlagen lagern, abfüllen oder umschlagen will,

Bayerisches Wassergesetz   Art. 37 **BayWG 35**

hat das rechtzeitig der Kreisverwaltungsbehörde* anzuzeigen.** Anzeigepflichtig ist auch die wesentliche Änderung des Betriebs. ² Die Anzeigepflicht besteht nicht bei oberirdischen Lagerbehältern für Benzin, Heizöl und Dieselkraftstoff mit einem Fassungsvermögen von nicht mehr als einem Kubikmeter außerhalb von Wasser- und Heilquellenschutzgebieten. ³ Das Staatsministerium des Innern kann darüber hinaus durch Rechtsverordnung festlegen, daß eine Anzeigepflicht für bestimmte Stoffe, Stoffmengen, Anlagen oder Handlungen entfällt, wenn eine nachteilige Veränderung der Gewässer nicht zu besorgen ist.

(2) Der Anzeige sind die erforderlichen Pläne und sonstigen Unterlagen beizufügen.

(3) ¹ Bedarf das Unternehmen nach anderen Vorschriften einer vorherigen Anzeige, Genehmigung oder Zulassung, so ist eine Anzeige im Sinn des Absatzes 1 nicht erforderlich. ² Vor Entscheidungen sind die zuständigen Behörden der Staatsbauverwaltung zu hören.

(4) ¹ Das Staatsministerium des Innern wird ermächtigt, zur Reinhaltung der Gewässer durch Rechtsverordnung*** zu bestimmen, wie Anlagen im Sinn des Absatzes 1 beschaffen sein, hergestellt, errichtet, eingebaut, aufgestellt, geändert, unterhalten und betrieben werden oder wie wassergefährdende Stoffe ohne solche Anlagen gelagert, abgefüllt oder umgeschlagen werden müssen. ² Das Staatsministerium des Innern kann insbesondere Vorschriften erlassen über

1. technische Anforderungen an Anlagen im Sinn des Absatzes 1. Dabei kann gefordert werden, daß mindestens die allgemein anerkannten Regeln der Technik einzuhalten sind. Als allgemein anerkannte Regeln der Technik gelten insbesondere die vom Staatsministerium des Innern durch öffentliche Bekanntmachung eingeführten technischen Vorschriften,

2. die Zulässigkeit von Anlagen im Sinn des Absatzes 1 in Wasserschutzgebieten nach § 19 Abs. 1 Nrn. 1 und 2 WHG, in Quellenschutzgebieten nach Art. 40 dieses Gesetzes und in Planungsgebieten nach § 36a WHG für Vorhaben der Wassergewinnung oder Wasseranreicherung,

---

* Nach § 1 Nr. 2 Buchst. b Verordnung über Aufgaben der Großen Kreisstädte vom 15. 6. 1972 (BayRS 2020-1-1-3-I) erfüllen die Großen Kreisstädte im übertragenen Wirkungskreis die Aufgaben der Kreisverwaltungsbehörde gemäß Art. 37 BayWG.
** Gem. Bek. über Rohrleitungen zum Befördern gefährlicher und wassergefährdender Stoffe; Vollzug der Wassergesetze, der Verordnungen nach § 24 der Gewerbeordnung und des Bundesberggesetzes vom 25. 5. 1982 (MABl. S. 321, AMBl. S. A 120).
*** Verordnung über Anlagen zum Lagern, Abfüllen und Umschlagen wassergefährdender Stoffe und die Zulassung von Fachbetrieben (Anlagen- und Fachbetriebsverordnung – VAwSF) vom 13. 2. 1984 (GVBl. S. 66, BayRS 753-1-4-I); abgedruckt unter Nr. **36.** Bek. über die Richtlinie des Rates (EG) über den Schutz des Grundwassers gegen Verschmutzung durch bestimmte gefährliche Stoffe vom 28. 10. 1981 (MABl. S. 716).

3. die Überwachung von Anlagen im Sinn des Absatzes 1 durch den Betreiber und ihre Überprüfung durch amtlich anerkannte Sachverständige,
4. das Verhalten beim Betrieb von Anlagen sowie die Pflichten nach Unfällen, durch die eine nachteilige Veränderung der Gewässer zu besorgen ist,
5. die zuständigen Behörden zum Vollzug der §§ 19h und 19l WHG. Die Erteilung der Bauartzulassung nach § 19h Abs. 1 WHG kann dem Institut für Bautechnik in Berlin übertragen werden,
6. die zuständigen Behörden zum Vollzug der Rechtsverordnungen, die auf Grund dieser Ermächtigung erlassen werden,
7. die Zulassung, Überwachung und Überprüfung von amtlich anerkannten Sachverständigen nach § 19i WHG,
8. die Überwachung und Überprüfung von Fachbetrieben sowie die Bestimmung von Tätigkeiten, die nicht von Fachbetrieben ausgeführt werden müssen, nach § 19l WHG,
9. die Gebühren und Auslagen, die für vorgeschriebene oder behördlich angeordnete Überwachungen und Prüfungen von dem Betreiber einer Anlage im Sinn des Absatzes 1 an einen Überwachungsbetrieb oder amtlich anerkannten Sachverständigen zu entrichten sind. Die Gebühren werden nur zur Deckung des mit den Überwachungen und Prüfungen verbundenen Personal- und Sachaufwands erhoben. Es kann bestimmt werden, daß eine Gebühr auch für eine Prüfung erhoben werden kann, die nicht begonnen oder nicht zu Ende geführt worden ist, wenn die Gründe vom Betreiber zu vertreten sind. Die Höhe der Gebührensätze richtet sich nach der Zahl der Stunden, die ein Überwachungsbetrieb oder amtlich anerkannter Sachverständiger durchschnittlich benötigt. In der Rechtsverordnung können auch nur Gebührenhöchstsätze festgelegt werden.

[3] Rechtsverordnungen sind im Einvernehmen mit den Staatsministerien für Wirtschaft und Verkehr und für Arbeit und Sozialordnung zu erlassen, soweit deren Geschäftsbereich berührt wird.

Art. 69 Bauabnahme

(1) [1] Baumaßnahmen, die einer Erlaubnis, Bewilligung, Genehmigung oder Planfeststellung nach dem Wasserhaushaltsgesetz oder nach diesem Gesetz bedürfen, sind nach Fertigstellung von der Kreisverwaltungsbehörde zu überprüfen, ob sie dem Bescheid entsprechend ausgeführt worden sind (Bauabnahme). [2] Die Kreisverwaltungsbehörde kann für die Abnahme Sachverständige heranziehen. [3] Der Bauherr ist zu verständigen. [4] Den Baubeginn und die Fertigstellung muß der Bauherr der Kreisverwaltungsbehörde anzeigen.

(2) [1] Die Kreisverwaltungsbehörde kann im Einzelfall auf die Bauabnahme verzichten, wenn nach Größe und Art der baulichen Anlage nicht zu erwarten ist, daß durch sie erhebliche Gefahren oder Nachteile herbeigeführt werden können, oder eine Bauabnahme nach anderen Vorschriften durchgeführt wird. [2] Bauliche Anlagen des Bundes, der Länder und der Bezirke bedürfen keiner Bauabnahme, wenn der öffentliche Bauherr die Bauoberleitung einem Beamten des höheren bautechnischen Verwaltungsdienstes übertragen hat.

(3) [1] Über die beanstandungsfreie Abnahme ist eine Bescheinigung (Abnahmeschein) auszustellen. [2] Geringfügige Abweichungen von der zugelassenen Bauausführung können im Abnahmeschein genehmigt werden. [3] Die Genehmigung kann unter Auflagen erteilt werden, soweit der zugrunde liegende Bescheid mit Auflagen verbunden werden kann. [4] Werden durch die Abweichungen Ansprüche Beteiligter berührt, über die im vorausgegangenen Verfahren zu entscheiden war, so können nach Anhörung der Beteiligten auch Ausgleichsmaßnahmen oder Entschädigungen festgesetzt werden.

36. Verordnung über Anlagen zum Lagern, Abfüllen und Umschlagen wassergefährdender Stoffe und die Zulassung von Fachbetrieben (Anlagen- und Fachbetriebsverordnung – VAwSF)

Vom 13. Februar 1984 (GVBl. S. 66, BayRS 753-1-4-I)

Bek. über Verwaltungsvorschriften zum Vollzug der Verordnung – VVAwSF – vom 25. 3. 1982 (MABl. S. 278), geändert durch Bek. vom 16. 2. 1984 (MABl. S. 40).

Auf Grund von Art. 37 Abs. 4 des Bayerischen Wassergesetzes (BayWG) in Verbindung mit Art. 90 Abs. 1 Nr. 2 der Bayerischen Bauordnung und Art. 38 Abs. 3 des Landesstraf- und Verordnungsgesetzes erläßt das Bayerische Staatsministerium des Innern im Einvernehmen mit den Bayerischen Staatsministerien für Wirtschaft und Verkehr und für Arbeit und Sozialordnung folgende Verordnung:

Inhaltsübersicht

Erster Teil. Anlagen zum Lagern, Abfüllen und Umschlagen wassergefährdender Stoffe

Erster Abschnitt. Allgemeine Vorschriften

§ 1 Anwendungsbereich
§ 2 Lagerbehälter und Rohrleitungen
§ 3 Allgemein anerkannte Regeln der Technik
§ 4 Anforderungen an Rohrleitungen
§ 5 Antrag für Eignungsfeststellung und Bauartzulassung
§ 6 Umfang von Eignungsfeststellung und Bauartzulassung
§ 7 Voraussetzungen für Eignungsfeststellung und Bauartzulassung
§ 8 Weitergehende Anforderungen
§ 9 Einbau und Aufstellung von Anlagen ohne Eignungsfeststellung oder Bauartzulassung
§ 10 Allgemeine Betriebs- und Verhaltensvorschriften
§ 11 Sachverständige
§ 12 Sachverständigengebühren

Zweiter Abschnitt. Lagern und Abfüllen flüssiger Stoffe

§ 13 Anlagen einfacher oder herkömmlicher Art zum Lagern flüssiger Stoffe
§ 14 Besondere Anforderungen an Abfüllplätze
§ 15 Anlagen in Schutzgebieten
§ 16 Kennzeichnungspflicht; Merkblatt
§ 17 Befüllen und Entleeren
§ 18 Überprüfung von Anlagen für flüssige Stoffe
§ 19 Erweiterte Anwendung der Verordnung über brennbare Flüssigkeiten
§ 20 Anforderungen an Lagerräume in Gebäuden für Heizöl oder Dieselkraftstoff
§ 21 Anforderungen für das Lagern von Heizöl oder Dieselkraftstoff in Gebäuden außerhalb eigener Lagerräume
§ 22 Lagern von Heizöl oder Dieselkraftstoff im Freien

Anlagen- und FachbetriebsVO §§ 1, 2 VAwSF **36**

Dritter Abschnitt. Lagern fester Stoffe; Umschlagen fester und flüssiger Stoffe
§ 23 Anlagen einfacher oder herkömmlicher Art zum Lagern fester Stoffe
§ 24 Anlagen einfacher oder herkömmlicher Art zum Umschlagen fester und flüssiger Stoffe

Vierter Abschnitt. Verhältnis zu anderen Regelungen
§ 25 Eignungsfeststellungen und andere behördliche Entscheidungen

Zweiter Teil. Zulassung von Fachbetrieben
§ 26 Anwendungsbereich
§ 27 Anlagenarten und Tätigkeitsgruppen
§ 28 Voraussetzungen für die Zulassung
§ 29 Fachliche Eignung und ausreichende betriebliche Ausstattung
§ 30 Nachweis der fachlichen Eignung und der ausreichenden betrieblichen Ausstattung
§ 31 Anzeigepflichten der Fachbetriebe
§ 32 Wiederkehrende Prüfungen

Dritter Teil. Bußgeldvorschrift
§ 33 Ordnungswidrigkeiten

Vierter Teil. Übergangs- und Schlußvorschriften
§ 34 Bestehende Anlagen; frühere Eignungsfeststellungen
§ 35 Vorläufig zugelassene Fachbetriebe
§ 36 Inkrafttreten

Erster Teil. Anlagen zum Lagern, Abfüllen und Umschlagen wassergefährdender Stoffe
Erster Abschnitt. Allgemeine Vorschriften

§ 1 Anwendungsbereich

(1) [1] Der Erste Teil dieser Verordnung gilt für Anlagen nach § 19g Abs. 1 und 2 des Wasserhaushaltsgesetzes (WHG) zum Lagern, Abfüllen und Umschlagen wassergefährdender Stoffe. [2] Er gilt nicht, soweit die Anlagen für die Zwecke nach § 19h Abs. 2 WHG verwendet werden.

(2) Sofern nichts anderes bestimmt ist, gelten die nachfolgenden Vorschriften für Anlagen auch für einzelne Anlagenteile, insbesondere Lagerbehälter, Rohrleitungen, Sicherheitseinrichtungen und sonstige technische Schutzvorkehrungen.

§ 2 Lagerbehälter und Rohrleitungen

(1) [1] Lagerbehälter sind ortsfeste oder zum Lagern aufgestellte ortsbewegliche Behälter. [2] Kommunizierende Behälter gelten als ein Behälter.

(2) [1] Unterirdische Lagerbehälter sind Behälter, die vollständig im Erdreich eingebettet sind. [2] Behälter, die nur teilweise im Erdreich eingebettet sind, sowie Behälter, die so aufgestellt sind, daß Undichtheiten nicht zuverlässig und schnell erkennbar sind, werden unterirdi-

schen Behältern gleichgestellt. ³ Alle übrigen Lagerbehälter gelten als oberirdische Lagerbehälter.

(3) Unterirdische Rohrleitungen sind Rohrleitungen, die vollständig oder teilweise im Erdreich oder in unmittelbar auf dem Erdboden verlegten Bauteilen, insbesondere Kellerböden, verlegt sind.

§ 3 Allgemein anerkannte Regeln der Technik
(Zu § 19 g WHG)

(1) Anlagen nach § 1 müssen über die Anforderungen des § 19g Abs. 3 WHG hinaus in ihrer Beschaffenheit, insbesondere technischem Aufbau, Werkstoff und Korrosionsschutz, mindestens den allgemein anerkannten Regeln der Technik entsprechen.

(2) Als allgemein anerkannte Regeln der Technik im Sinn des Absatzes 1 und des § 19g Abs. 3 WHG gelten insbesondere die technischen Vorschriften und Baubestimmungen, die das Staatsministerium des Innern durch öffentliche Bekanntmachung einführt; bei der Bekanntmachung kann hinsichtlich des Inhalts der technischen Vorschriften und Baubestimmungen auf ihre Fundstelle verwiesen werden.

§ 4 Anforderungen an Rohrleitungen
(Zu § 19g WHG)

¹ Undichtheiten von Rohrleitungen müssen leicht und zuverlässig feststellbar sein. ² Die Wirksamkeit von Sicherheitseinrichtungen muß leicht überprüfbar sein. ³ Alle Rohrleitungen sind so anzuordnen, daß sie gegen nicht beabsichtigte Beschädigung geschützt sind.

§ 5 Antrag auf Eignungsfeststellung und Bauartzulassung
(Zu § 19h Abs. 1 Sätze 1 und 2 WHG)

(1) Eine Eignungsfeststellung nach § 19h Abs. 1 Satz 1 WHG wird auf Antrag des Betreibers für eine einzelne Anlage, eine Bauartzulassung nach § 19h Abs. 1 Satz 2 WHG auf Antrag des Herstellers oder Einfuhrunternehmers für serienmäßig hergestellte Anlagen erteilt.

(2) Über die wasserrechtlichen Bauartzulassungen entscheidet das Staatsministerium des Innern.

§ 6 Umfang von Eignungsfeststellung und Bauartzulassung

¹ Sind nur Teile einer Anlage nicht einfacher oder herkömmlicher Art, so bedürfen nur sie einer Eignungsfeststellung oder Bauartzulassung. ² Soweit eine Bauartzulassung vorliegt, ist eine Eignungsfeststellung nicht erforderlich.

Anlagen- und FachbetriebsVO §§ 7–10 VAwSF **36**

§ 7 Voraussetzungen für Eignungsfeststellung und Bauartzulassung
(Zu § 19h Abs. 1 Sätze 1 und 2 WHG)

¹ Eine Eignungsfeststellung oder Bauartzulassung darf nur erteilt werden, wenn der Antragsteller den Nachweis führt, daß die Voraussetzungen des § 19g Abs. 1 oder Abs. 2 WHG erfüllt sind. ² Diese Voraussetzungen sind dann erfüllt, wenn die Anlagen zumindest ebenso sicher sind, wie die in §§ 13, 23 und 24 beschriebenen Anlagen einfacher oder herkömmlicher Art. ³ Eine Eignungsfeststellung kann ausnahmsweise auch dann erteilt werden, wenn auf Grund der örtlichen Verhältnisse, insbesondere im Zusammenhang mit der Art der gelagerten Stoffe, feststeht, daß der in § 19g Abs. 1 oder Abs. 2 WHG geforderte Schutz der Gewässer gewährleistet ist.

§ 8 Weitergehende Anforderungen

¹ Die Kreisverwaltungsbehörde kann an die Verwendung von Anlagen, die einfacher oder herkömmlicher Art sind oder für die eine Bauartzulassung erteilt ist, weitergehende Anforderungen stellen, wenn andernfalls auf Grund der besonderen Umstände des Einzelfalles die Voraussetzungen des § 19g Abs. 1 oder Abs. 2 WHG nicht erfüllt sind. ² Sie kann bei diesen Anlagen sowie bei Anlagen, die der Eignung nach festgestellt sind, wegen der Besorgnis einer Gewässergefährdung (§ 19i Satz 3 Nr. 4 WHG) Prüfungen anordnen.

§ 9 Einbau und Aufstellung von Anlagen ohne Eignungsfeststellung oder Bauartzulassung

Anlagen, deren Verwendung nach § 19h WHG nur nach Eignungsfeststellung oder Bauartzulassung zulässig ist, dürfen vor deren Erteilung nicht eingebaut oder aufgestellt werden.

§ 10 Allgemeine Betriebs- und Verhaltensvorschriften

(1) Sofern bei Schadensfällen und Betriebsstörungen eine Gefährdung oder Schädigung der Gewässer nicht auf andere Weise verhindert oder unterbunden werden kann, sind Anlagen unverzüglich außer Betrieb zu nehmen und zu entleeren.

(2) ¹ Wer eine Anlage betreibt, befüllt oder entleert, instandhält, instandsetzt, reinigt, überwacht oder prüft, hat das Austreten eines wassergefährdenden Stoffes von einer nicht nur unbedeutenden Menge unverzüglich der Kreisverwaltungsbehörde oder der nächsten Polizeidienststelle anzuzeigen, sofern die Stoffe in ein oberirdisches Gewässer, eine Abwasseranlage oder in den Boden eingedrungen sind oder aus sonstigen Gründen eine Verunreinigung oder Gefährdung eines Gewässers nicht auszuschließen ist. ² Die Verpflichtung besteht

auch bei Verdacht, daß wassergefährdende Stoffe bereits aus einer Anlage ausgetreten sind und eine solche Gefährdung entstanden ist.

(3) Anzeigepflichtig nach Absatz 2 ist auch, wer das Austreten wassergefährdender Stoffe aus einer Anlage verursacht hat.

§ 11 Sachverständige
(Zu § 19i Satz 3 WHG)

Sachverständige im Sinn des § 19i Satz 3 WHG und dieser Verordnung sind

1. Sachverständige im Sinn des § 16 Abs. 1 der Verordnung über brennbare Flüssigkeiten (VbF) vom 27. Februar 1980 (BGBl. I S. 229) in der jeweils geltenden Fassung,
2. die vom Staatsministerium des Innern im Einvernehmen mit dem Staatsministerium für Arbeit und Sozialordnung anerkannten Personen oder Stellen.*

§ 12 Sachverständigengebühren

(1) Die Sachverständigen nach § 11 erheben für die nach oder auf Grund des Ersten Teils dieser Verordnung vorgeschriebenen oder angeordneten Prüfungen Gebühren in entsprechender Anwendung von Anhang V (Gebühren für die Prüfung von Anlagen zur Lagerung, Abfüllung und Beförderung brennbarer Flüssigkeiten) der Kostenverordnung für die Prüfung überwachungsbedürftiger Anlagen vom 31. Juli 1970 (BGBl. I S. 1162) in der jeweils geltenden Fassung.

(2) [1] Bei der Überprüfung von Behältern werden abweichend von den Gebühren nach Anhang V Nr. 1 der Kostenverordnung für Behälter mit einem Rauminhalt bis 3000 Liter nur 50 v.H., für Behälter mit einem Rauminhalt über 3000 Liter bis 6000 Liter nur 75 v.H. der Gebühren für Behälter mit einem Rauminhalt bis 10000 Liter erhoben. [2] Für mehrere gleichzeitig oder unmittelbar nacheinander durchgeführte Prüfungen an einem oberirdischen Behälter wird nur eine Gebühr erhoben.

Zweiter Abschnitt. Lagern und Abfüllen flüssiger Stoffe

§ 13** Anlagen einfacher oder herkömmlicher Art zum Lagern flüssiger Stoffe
(Zu § 19h Abs. 1 Satz 1 WHG)

(1) Anlagen mit oberirdischen Lagerbehältern für flüssige Stoffe, bei denen der Rauminhalt aller Behälter mehr als 300 Liter in Gebäuden

---

* Bek. über Sachverständige nach § 11 Nr. 2 VAwSF vom 15. 1. 1987 (StAnz. Nr. 5).
** Gem. Bek. über Anlagen zum Lagern und Abfüllen brennbarer Flüssigkeiten und wassergefährdender Flüssigkeiten; Vollzug der Verordnung über brennbare Flüssigkeiten und der Wassergesetze vom 14. 6. 1983 (MABl. S. 546, AMBl. S. A 166).

Anlagen- und FachbetriebsVO § 13 VAwSF **36**

oder 1000 Liter im Freien beträgt, sowie Anlagen mit unterirdischen Lagerbehältern für flüssige Stoffe sind einfacher oder herkömmlicher Art:
1. hinsichtlich ihres technischen Aufbaus, wenn
    a) die Lagerbehälter doppelwandig sind oder als einwandige Behälter in einem flüssigkeitsdichten Auffangraum stehen und
    b) Undichtheiten der Behälterwände durch ein Leckanzeigegerät selbsttätig angezeigt werden, ausgenommen bei oberirdischen Behältern im Auffangraum, und
    c) Auffangräume nach Buchstabe a so bemessen sind, daß die dem Rauminhalt aller Behälter entsprechende Lagermenge zurückgehalten werden kann. Dient ein Auffangraum für mehrere oberirdische Lagerbehälter, so ist für seine Bemessung nur der Rauminhalt des größten Behälters maßgebend. Abläufe des Auffangraumes sind nur bei oberirdischen Lagerbehältern zulässig; sie müssen absperrbar und gegen unbefugtes Öffnen gesichert sein;
2. hinsichtlich ihrer Einzelteile, wenn insbesondere zu deren Werkstoff und Bauart technische Vorschriften oder Baubestimmungen eingeführt sind (§ 3 Abs. 2) und die Einzelteile diesen entsprechen oder für Schutzvorkehrungen eine wasserrechtliche oder gewerberechtliche Bauartzulassung oder ein baurechtliches Prüfzeichen erteilt ist (§ 19h Abs. 1 Sätze 2 und 5 WHG).

(2) Rohrleitungen sind einfacher oder herkömmlicher Art nur, wenn sie
1. doppelwandig sind und Undichtheiten der Rohrwände durch ein Leckanzeigegerät, das wasserrechtlich oder gewerberechtlich der Bauart nach zugelassen oder mit einem baurechtlichen Prüfzeichen beurteilt ist, selbsttätig angezeigt werden, oder
2. als Saugleitungen ausgebildet sind, in denen die Flüssigkeitssäule bei Undichtheiten abreißt, oder
3. aus Metall bestehen, das gegen Korrosion so beständig ist, daß Undichtheiten nicht zu besorgen sind; unterirdische Stahlleitungen müssen kathodisch gegen Außenkorrosion geschützt sein, oder
4. mit einem flüssigkeitsdichten Schutzrohr versehen oder in einem dichten Kanal verlegt sind und die auslaufende Flüssigkeit in einer Kontrolleinrichtung sichtbar wird; in diesem Fall dürfen die Rohrleitungen keine brennbaren Flüssigkeiten im Sinn der Verordnung über brennbare Flüssigkeiten mit einem Flammpunkt unter 55° C führen.

(3) Anlagen zum Lagern flüssiger Stoffe, die nur in erwärmtem Zustand pumpfähig sind, sind einfacher oder herkömmlicher Art.

(4) Kleinere als die in Absatz 1 genannten oberirdischen Anlagen sind einfacher oder herkömmlicher Art, sofern für sie technische Vor-

schriften und Baubestimmungen eingeführt sind (§ 3 Abs. 2) und sie diesen entsprechen.

§ 14 Besondere Anforderungen an Abfüllplätze
(Zu § 19g WHG)

Werden wassergefährdende flüssige Stoffe in Betriebsstätten regelmäßig abgefüllt, so muß der Abfüllplatz so beschaffen sein, daß auslaufende Stoffe nicht in ein oberirdisches Gewässer, eine Abwasseranlage oder in den Boden gelangen können.

§ 15 Anlagen in Schutzgebieten

(1) ¹ Im Fassungsbereich und in der engeren Zone von Schutzgebieten ist das Lagern wassergefährdender flüssiger Stoffe unzulässig. ² Die Kreisverwaltungsbehörde kann für standortgebundene Anlagen mit oberirdischen Behältern und oberirdischen Rohrleitungen Ausnahmen zulassen, wenn dies überwiegende Gründe des Wohls der Allgemeinheit erfordern. ³ Sie kann die Erteilung der Ausnahme von besonderen Schutzvorkehrungen und Maßnahmen abhängig machen.

(2) ¹ In der weiteren Zone von Schutzgebieten dürfen Anlagen nur verwendet werden, wenn sie in ihrem technischen Aufbau den Anlagen nach § 13 Abs. 1 Nr. 1 entsprechen; Rohrleitungen dürfen nur verwendet werden, wenn sie § 13 Abs. 2 entsprechen. ² Der Rauminhalt einer Anlage mit unterirdischen Lagerbehältern darf 40 000 Liter, mit oberirdischen Lagerbehältern 100 000 Liter nicht übersteigen. ³ Auf die Bemessung des Auffangraumes findet § 13 Abs. 1 Nr. 1 Buchst. c vorletzter Satz keine Anwendung. ⁴ Abläufe des Auffangraumes sind auch bei oberirdischen Behältern nicht zulässig.

(3) Weitergehende Anforderungen oder Beschränkungen und Ausnahmen für das Lagern wassergefährdender Stoffe in Schutzgebieten durch Anordnungen oder Verordnungen nach § 19 WHG, Art. 35, 40 BayWG bleiben unberührt.

(4) ¹ Schutzgebiete im Sinn dieser Vorschrift sind
1. Wasserschutzgebiete nach § 19 Abs. 1 Nrn. 1 und 2 WHG,
2. Heilquellenschutzgebiete nach Art. 40 BayWG,
3. Gebiete, für die eine Veränderungssperre zur Sicherung von Planungen für Vorhaben der Wassergewinnung nach § 36a Abs. 1 WHG erlassen ist.

² Ist die weitere Zone eines Schutzgebiets unterteilt, so gilt als Schutzgebiet nur deren innerer Bereich.

§ 16 Kennzeichnungspflicht; Merkblatt

(1) Serienmäßig hergestellte Anlagen oder Anlagenteile sind vom Hersteller mit einer deutlich lesbaren Kennzeichnung zu versehen, aus

Anlagen- und FachbetriebsVO §§ 17, 18 VAwSF **36**

der sich ergibt, welche flüssigen Stoffe in der Anlage gelagert oder abgefüllt werden dürfen.

(2) Der Betreiber von Anlagen zum Lagern wassergefährdender flüssiger Stoffe hat das Merkblatt ,,Betriebs- und Verhaltensvorschriften für das Lagern wassergefährdender flüssiger Stoffe" **(Anlage)** an gut sichtbarer Stelle in der Nähe der Anlage dauerhaft anzubringen und das Bedienungspersonal über dessen Inhalt zu unterrichten.

§ 17 Befüllen und Entleeren
(Zu § 19k WHG)

(1) Zum Befüllen und Entleeren müssen die Rohre und Schläuche dicht und tropfsicher verbunden sein; bewegliche Leitungen müssen in ihrer gesamten Länge dauernd einsehbar und bei Dunkelheit ausreichend beleuchtet sein.

(2) [1] Behälter in Anlagen zum Lagern von Heizöl EL, Dieselkraftstoff, Ottokraftstoffen und anderen flüssigen Stoffen dürfen nur mit festen Leitungsanschlüssen und unter Verwendung einer Überfüllsicherung, die rechtzeitig vor Erreichen des zulässigen Flüssigkeitsstandes den Füllvorgang unterbricht oder akustischen Alarm auslöst, befüllt werden, wenn dafür technische Vorschriften (§ 3 Abs. 2) eingeführt sind. [2] Behälter in Anlagen zum Lagern von Heizöl EL, Dieselkraftstoff und Ottokraftstoffen dürfen aus Straßentankwagen und Aufsetztanks nur unter Verwendung einer selbsttätig schließenden Abfüll- oder Überfüllsicherung befüllt werden. [3] Die Sätze 1 und 2 gelten nicht für einzeln benutzte oberirdische Behälter mit einem Rauminhalt von nicht mehr als 1000 Liter zum Lagern von Heizöl EL und Dieselkraftstoffen.

(3) Auf Lagerbehältern, die mit festen Leitungsanschlüssen befüllt oder entleert werden können, muß der zulässige Betriebsüberdruck angegeben sein.

§ 18 Überprüfung von Anlagen für flüssige Stoffe
(Zu § 19i Satz 3 WHG)

(1) [1] Der Betreiber hat nach Maßgabe des § 19i Satz 3 Nrn. 1, 2 und 3 WHG durch Sachverständige (§ 11) überprüfen zu lassen:
1. Anlagen mit unterirdischen Lagerbehältern,
2. Anlagen mit oberirdischen Lagerbehältern mit einem Gesamtrauminhalt über 40 000 Liter,
3. unterirdische Rohrleitungen, auch wenn sie nicht Teile einer prüfpflichtigen Anlage sind,
4. Anlagen, für welche Prüfungen in einer Eignungsfeststellung oder Bauartzulassung nach § 19h Abs. 1 Satz 1 oder Satz 2 WHG, in einer gewerberechtlichen Bauartzulassung oder in einem Bescheid

über ein baurechtliches Prüfzeichen vorgeschrieben sind; sind darin kürzere Prüffristen festgelegt, gelten diese. ² Satz 1 gilt nicht für Anlagen zum Lagern flüssiger Stoffe, die nur in erwärmtem Zustand pumpfähig sind.

(2) ¹ In Schutzgebieten (§ 15) sind Anlagen mit oberirdischen Lagerbehältern mit einem Gesamtrauminhalt über 1000 Liter nach Maßgabe des § 19i Satz 3 Nrn. 1, 2 und 3 WHG überprüfen zu lassen. ² Anlagen mit oberirdischen Lagerbehältern zum Lagern von Heizöl EL und Dieselkraftstoff mit einem Gesamtrauminhalt von mehr als 1000 bis 5000 Liter sind in Schutzgebieten (§ 15) nach Maßgabe des § 19i Satz 3 Nrn. 1 und 3 WHG überprüfen zu lassen.

(3) ¹ Die Kreisverwaltungsbehörde kann wegen der Besorgnis einer Wassergefährdung (§ 19i Satz 3 Nr. 4 WHG) kürzere Prüffristen bestimmen. ² Sie kann im Einzelfall Anlagen nach Absatz 1 von der Prüfpflicht befreien, wenn auf Grund der örtlichen Verhältnisse und der Art der gelagerten Stoffe gewährleistet ist, daß eine von der Anlage ausgehende Wassergefährdung ebenso rechtzeitig erkannt wird wie bei Bestehen der allgemeinen Prüfpflicht.

(4) Die Prüfungen nach den Absätzen 1, 2 und 3 entfallen, soweit die Anlage zu denselben Zeitpunkten oder innerhalb gleicher oder kürzerer Zeiträume nach anderen Rechtsvorschriften zu prüfen ist und der Kreisverwaltungsbehörde ein Prüfbericht vorgelegt wird, aus dem sich der ordnungsgemäße Zustand der Anlage im Sinn dieser Verordnung und der §§ 19g und 19h WHG ergibt.

(5) ¹ Der Betreiber hat dem Sachverständigen vor der Prüfung die für die Anlage erteilten behördlichen Bescheide sowie die vom Hersteller ausgehändigten Bescheinigungen vorzulegen. ² Der Sachverständige hat über jede durchgeführte Prüfung der Kreisverwaltungsbehörde und dem Betreiber unverzüglich einen Prüfbericht vorzulegen.

(6) ¹ Die wiederkehrenden Prüfungen nach den Absätzen 1 und 2 entfallen, wenn der Betreiber der Kreisverwaltungsbehörde die Stillegung der Anlage schriftlich anzeigt und eine Bescheinigung eines Fachbetriebs (§ 19l WHG) über die ordnungsgemäße Entleerung und Reinigung vorlegt. ² Maßgeblich ist der Zeitpunkt des Eingangs der Anzeige bei der Kreisverwaltungsbehörde.

§ 19 Erweiterte Anwendung der Verordnung über brennbare Flüssigkeiten

¹ Die §§ 2 bis 24, 26 und 28 VbF sind in ihrer jeweils geltenden Fassung auf Anlagen zum Lagern und Abfüllen brennbarer Flüssigkeiten im Sinn der Verordnung über brennbare Flüssigkeiten auch dann anzuwenden, wenn diese Anlagen nicht in den Geltungsbereich der Verordnung über brennbare Flüssigkeiten fallen. ² Dies gilt nicht für

die in § 1 Abs. 3 und 4 VbF bezeichneten Anlagen. [3] Für die Zuständigkeit gelten die Vorschriften des Gewerberechts entsprechend.

§ 20 Anforderungen an Lagerräume in Gebäuden für Heizöl oder Dieselkraftstoff

(1) [1] Werden mehr als 5000 Liter Heizöl oder Dieselkraftstoff in Gebäuden gelagert, so ist ein besonderer Lagerraum erforderlich, der nicht anderweitig genutzt werden darf. [2] Die Lagermenge darf 100 000 Liter je Lagerraum nicht überschreiten.

(2) [1] Wände und Stützen der Lagerräume sowie Decken über und unter den Lagerräumen müssen feuerbeständig sein und aus nichtbrennbaren Baustoffen bestehen. [2] Zugänge in diesen Wänden müssen mit mindestens feuerhemmenden und selbstschließenden Türen oder entsprechenden Klappen versehen sein; dies gilt nicht für Zugänge vom Freien. [3] Fußböden müssen ölundurchlässig sein; sie, sowie Einbauten und Unterteilungen, müssen aus nichtbrennbaren Baustoffen bestehen. [4] Die Räume müssen gelüftet und von der Feuerwehr vom Freien beschäumt werden können. [5] Ausnahmen können gestattet werden, wenn keine Bedenken wegen des Brandschutzes bestehen.

(3) An den Zugängen zu den Lagerräumen muß ein gut sichtbarer, dauerhafter Anschlag mit der Aufschrift „Heizöllagerung" oder „Dieselkraftstofflagerung" vorhanden sein.

(4) Die Lagerräume müssen eine Anlage zur elektrischen Beleuchtung haben.

(5) Lüftungsleitungen, die der Lüftung anderer Räume dienen, müssen, soweit sie durch die Lagerräume führen, eine Feuerwiderstandsdauer von mindestens 90 Minuten haben.

§ 21 Anforderungen für das Lagern von Heizöl oder Dieselkraftstoff in Gebäuden außerhalb eigener Lagerräume

(1) In Wohnungen darf Heizöl oder Dieselkraftstoff
1. in ortsfesten Behältern bis zu 100 Liter und
2. in Kanistern bis zu 40 Liter

gelagert werden.

(2) [1] Außerhalb von Wohnungen dürfen Heizöl oder Dieselkraftstoff bis zu 5000 Liter je Gebäude, bei Unterteilung in Brandabschnitte je Abschnitt, in Räumen ohne Feuerstätten gelagert werden, wenn bei Lagerung von mehr als 1000 Liter Heizöl oder Dieselkraftstoff die Räume mindestens feuerhemmende Wände und Decken haben; die Räume müssen gelüftet werden können. [2] In Gebäuden mit mehr als zwei Vollgeschossen müssen die Räume mit mindestens feuerhemmenden und selbstschließenden Türen gegen den Treppenraum versehen sein.

36 VAwSF § 22 Anlagen- und FachbetriebsVO

(3) Außerhalb von Wohnungen darf Heizöl in ortsfesten Behältern bis zu 5000 Liter in Räumen mit Feuerstätten gelagert werden, wenn

1. der Raum die Anforderungen des § 20 Abs. 2 Sätze 3 bis 5, Abs. 4 und 5 erfüllt und nicht anderweitig genutzt wird,
2. die Feuerstätten außerhalb eines Auffangraumes für auslaufendes Heizöl stehen und
3. die Behälter von der Feuerungsanlage einen Abstand von mindestens 1 m haben; ein geringerer Abstand kann gestattet werden, wenn ein Strahlungsschutz vorhanden ist.

(4) In Einfamilienhäusern darf Heizöl bis zu 5000 Liter in Räumen mit Feuerstätten gelagert werden, wenn

1. die Feuerstätten außerhalb eines Auffangraumes für auslaufendes Heizöl stehen und
2. die Behälter von der Feuerungsanlage einen Abstand von mindestens 1 m haben; ein geringerer Abstand kann gestattet werden, wenn ein Strahlungsschutz vorhanden ist.

(5) In Nebengebäuden darf Heizöl oder Dieselkraftstoff bis zu 5000 Liter in Räumen ohne Feuerstätten gelagert werden, wenn

1. in diesen Gebäuden zusätzlich keine leicht entflammbaren Stoffe gelagert werden und
2. bei Lagerung von mehr als 1000 Liter Heizöl oder Dieselkraftstoff der Raum die Anforderungen nach Absatz 2 erfüllt oder die Gebäude von einem Hauptgebäude einen Abstand von mindestens 10 m haben oder von diesem durch feuerhemmende Wände mit feuerhemmenden und selbstschließenden Türen oder Klappen getrennt sind.

(6) Werden mehr als 1000 Liter Heizöl oder Dieselkraftstoff im Gebäude außerhalb von Wohnungen oder in Nebengebäuden gelagert, so müssen für die Brandklassen A, B und C geeignete Feuerlöscher mit mindestens 6 kg Löschmittelinhalt in der Nähe der Lagerbehälter griffbereit vorhanden sein.

§ 22 Lagern von Heizöl oder Dieselkraftstoff im Freien

[1] Wird Heizöl oder Dieselkraftstoff im Freien oberirdisch gelagert, so müssen die Anlagen von Bauteilen aus brennbaren Baustoffen mindestens 10 m und von den Grenzen der Nachbargrundstücke mindestens 2,50 m entfernt sein.   [2] Die Anlagen dürfen mit Ausnahme von Tankstellen nicht dem allgemeinen Verkehr zugänglich sein.

Dritter Abschnitt. Lagern fester Stoffe; Umschlagen fester und flüssiger Stoffe

§ 23 Anlagen einfacher oder herkömmlicher Art zum Lagern fester Stoffe
(Zu § 19h Abs. 1 WHG)

[1] Anlagen zum Lagern fester Stoffe sind einfacher oder herkömmlicher Art, wenn die Anlagen eine gegen die gelagerten Stoffe unter allen Betriebs- und Witterungsbedingungen beständige und undurchlässige Bodenfläche haben und die Stoffe

1. in dauernd dicht verschlossenen, gegen nicht beabsichtigte Beschädigung geschützten und gegen Witterungseinflüsse und das Lagergut beständigen Behältern oder Verpackungen oder
2. in geschlossenen Lagerräumen

gelagert werden. [2] Geschlossenen Lagerräumen stehen überdachte Lagerplätze gleich, die gegen Witterungseinflüsse durch Überdachung und seitlichen Abschluß so geschützt sind, daß das Lagergut nicht austreten kann.

§ 24 Anlagen einfacher oder herkömmlicher Art zum Umschlagen fester und flüssiger Stoffe
(Zu § 19h Abs. 1 Satz 1 WHG)

Anlagen zum Umschlagen fester und flüssiger Stoffe sind einfacher oder herkömmlicher Art, wenn

1. der Platz, auf dem umgeschlagen wird, eine gegen die Stoffe unter allen Betriebs- und Witterungsbedingungen beständige und undurchlässige Bodenfläche hat,
2. die Bodenfläche durch ein Gefälle, Bordschwellen oder andere technische Schutzvorkehrungen zu einem Auffangraum ausgebildet ist, der über ein dichtes Ableitungssystem an eine Sammel-, Abscheide- oder Aufbereitungsanlage angeschlossen ist, und
3. beim Umschlag von flüssigen Stoffen und Schüttgut die Anlage zusätzlich mit Einrichtungen ausgestattet ist oder Vorkehrungen getroffen sind, durch die ein Austreten der festen oder flüssigen Stoffe vermieden wird, und wenn für die Einrichtungen oder Vorkehrungen eine wasserrechtliche oder gewerberechtliche Bauartzulassung oder ein baurechtliches Prüfzeichen erteilt ist (§ 19h Abs. 1 Sätze 2 und 5 WHG).

Vierter Abschnitt. Verhältnis zu anderen Regelungen

§ 25 Eignungsfeststellungen und andere behördliche Entscheidungen

(1) Wird für ein Vorhaben, mit dem die Verwendung einer Anlage zum Lagern, Abfüllen oder Umschlagen wassergefährdender Stoffe verbunden ist, ein Verfahren zur Erteilung einer anderen behördlichen Entscheidung nach gewerbe-, berg- oder baurechtlichen Vorschriften durchgeführt, so entscheidet die hierfür zuständige Behörde über die Erteilung einer Eignungsfeststellung im Einvernehmen mit der Kreisverwaltungsbehörde.

(2) Wären nach Absatz 1 mehrere Behörden zuständig, so entscheidet über die Eignungsfeststellung die für den Vollzug des Gewerberechts zuständige Behörde im Einvernehmen mit der Kreisverwaltungsbehörde.

Zweiter Teil. Zulassung von Fachbetrieben

§ 26 Anwendungsbereich
(Zu § 191 Abs. 1 Satz 1 WHG)

(1) ¹ Der Zweite Teil dieser Verordnung gilt für die Zulassung von Betrieben, die gewerbsmäßig Anlagen zum Lagern, Abfüllen und Umschlagen wassergefährdender flüssiger Stoffe einbauen, aufstellen, instandhalten, instandsetzen oder reinigen (Fachbetrieb). ² Er gilt nicht für Fachbetriebe, die ausschließlich an Anlagen tätig sind, die für Zwecke nach § 19h Abs. 2 WHG verwendet werden.

(2) Hat ein Unternehmen mehrere Betriebsstätten oder Nebenbetriebe, so bedürfen diese jeweils einer gesonderten Zulassung als Fachbetrieb.

§ 27 Anlagenarten und Tätigkeitsgruppen

(1) ¹ Die Zulassung wird für folgende Anlagenarten in Verbindung mit einer oder mehreren Tätigkeitsgruppen erteilt:

Anlagenart 1:
Heizölverbraucheranlagen,

Anlagenart 2:
sonstige Anlagen zum Lagern, Abfüllen und Umschlagen brennbarer flüssiger Stoffe mit Behältern
  2.1 bis 100 m³
  2.2 bis 1000 m³
  2.3 über 1000 m³
Rauminhalt je Behälter,

Anlagenart 3:
Anlagen zum Lagern, Abfüllen und Umschlagen nicht brennbarer flüssiger Stoffe mit Behältern
3.1 bis 100 m^3
3.2 über 100 m^3
Rauminhalt je Behälter.

^{2} Die Tätigkeitsgruppen umfassen folgende Arbeiten an Behältern, Sicherheitseinrichtungen und sonstigen technischen Schutzvorkehrungen, Rohrleitungen und Fördereinrichtungen:

Tätigkeitsgruppe A:
Einbauen, Aufstellen,

Tätigkeitsgruppe B:
Instandhalten,

Tätigkeitsgruppe C:
Instandsetzen,

Tätigkeitsgruppe D:
Reinigen.

(2) Die Zulassung kann auf Antrag für einzelne Anlagenteile, insbesondere Lagerbehälter, Rohrleitungen, Sicherheitseinrichtungen und sonstige technische Schutzvorkehrungen erteilt werden.

(3) Die Zulassung nach Absatz 1 Tätigkeitsgruppen B und C und Absatz 2 schließt die Zulassung nach § 19i Satz 2 WHG zur Überwachung entsprechender Anlagen oder Anlagenteile ein.

§ 28 Voraussetzungen für die Zulassung

(1) Fachbetriebe werden auf Antrag zugelassen, wenn

1. keine Tatsachen vorliegen, aus denen sich Bedenken gegen die Zuverlässigkeit des Betriebsinhabers und der zur Leitung des Betriebs bestellten Personen ergeben,

2. die für die technische Leitung des Betriebs verantwortlichen Personen fachlich geeignet sind und

3. eine für die ordnungsgemäße Ausführung der Arbeiten ausreichende betriebliche Ausstattung vorhanden ist.

(2) Ist der Betriebsinhaber keine natürliche Person, so müssen die zur Vertretung des Unternehmens befugten Personen zuverlässig sein.

(3) Wird ein Betrieb ohne die erforderliche Zulassung unterhalten, so kann die Kreisverwaltungsbehörde auch verlangen, daß ein entsprechender Antrag auf Zulassung gestellt wird.

§ 29 Fachliche Eignung und ausreichende betriebliche Ausstattung

(1) ^{1} Die fachliche Eignung muß für die Anlagenarten und Tätigkeitsgruppen vorliegen, für die die Zulassung beantragt worden ist.
^{2} Sie setzt die notwendigen Kenntnisse und Fertigkeiten voraus.

§§ 30, 31 Anlagen- und FachbetriebsVO

(2) Als fachlich geeignet gelten Personen, die

1. in einem Handwerk nach den Nummern 16, 18, 19, 21, 24a, 31, 32, 33 oder 34 der Anlage A zur Handwerksordnung die Meisterprüfung oder
2. eine nach § 7 Abs. 2 der Handwerksordnung und den hierzu ergangenen Ausführungsbestimmungen gleichwertige Prüfung abgelegt oder
3. für die genannten Handwerke eine Ausnahmebewilligung nach § 8 Abs. 1 der Handwerksordnung erhalten haben; die Ausnahmebewilligung kann auf die in § 27 genannten Anlagenarten und Tätigkeitsgruppen beschränkt sein; oder
4. als Sachverständige nach § 11 Nr. 2 dieser Verordnung anerkannt worden sind oder
5. vergleichbare Kenntnisse und Fertigkeiten nachweisen.

(3) Die ausreichende betriebliche Ausstattung setzt Werkzeuge, Maschinen und Geräte in solcher Zahl und Beschaffenheit voraus, daß die technisch einwandfreie Ausführung der Arbeiten gewährleistet ist.

§ 30 Nachweis der fachlichen Eignung und der ausreichenden betrieblichen Ausstattung

(1) Die fachliche Eignung und die ausreichende betriebliche Ausstattung sind vom Antragsteller der Kreisverwaltungsbehörde durch eine Bescheinigung der Handwerkskammer oder der Industrie- und Handelskammer nachzuweisen.

(2) [1] Die Bescheinigung wird nach Vorlage oder Nachweis der für die Beurteilung der Voraussetzungen nach § 29 erforderlichen Unterlagen erteilt. [2] Vorzulegen oder nachzuweisen sind einschlägige Prüfungsurkunden oder Bescheide, im Fall des § 29 Abs. 2 Nr. 5 andere geeignete Unterlagen, aus denen sich ergibt, daß der Antragsteller über die gleichen Kenntnisse und Fertigkeiten wie die in § 29 Abs. 2 Nrn. 1 bis 4 genannten Personen verfügt. [3] Zum Nachweis der ausreichenden betrieblichen Ausstattung ist eine schriftliche Erklärung über die Maschinen-, Geräte- und Werkzeugausstattung des Betriebs, gegliedert nach den beantragten Anlagenarten und Tätigkeitsgruppen, vorzulegen.

§ 31 Anzeigepflichten der Fachbetriebe

[1] Der Betriebsinhaber hat der Kreisverwaltungsbehörde den Übergang des Betriebs auf einen anderen Inhaber sowie das Ausscheiden der für die technische Leitung des Betriebs bestellten Personen unverzüglich schriftlich anzuzeigen. [2] Im Fall des Todes des Inhabers trifft die Verpflichtung denjenigen, der den Betrieb verantwortlich weiterführt.

§ 32 Wiederkehrende Prüfungen
(Zu § 191 Abs. 2 WHG)

Der Betriebsinhaber hat die Fortdauer der Zulassungsvoraussetzungen auf Verlangen der Kreisverwaltungsbehörde durch Vorlage einer Bescheinigung der in § 30 Abs. 1 genannten Stellen oder des Sachverständigen nach § 16 Abs. 1 Nr. 1 VbF oder einer anderen vom Staatsministerium des Innern durch öffentliche Bekanntmachung benannten Stelle nachzuweisen.

Dritter Teil. Bußgeldvorschrift

§ 33 Ordnungswidrigkeiten

(1) Nach Art. 95 Abs. 2 Nr. 1 Buchst. b BayWG kann mit Geldbuße bis zu einhunderttausend Deutsche Mark belegt werden, wer vorsätzlich oder fahrlässig

1. entgegen § 3 Abs. 1 hinsichtlich der Beschaffenheit von Anlagen, insbesondere technischem Aufbau, Werkstoff oder Korrosionsschutz, die allgemein anerkannten Regeln der Technik nicht einhält,
2. eine Auflage nicht erfüllt, die in einer Bauartzulassung nach § 5 festgesetzt ist,
3. entgegen § 9 eine Anlage, Teile einer Anlage oder technische Schutzvorkehrungen einbaut oder aufstellt, deren Eignung nicht festgestellt ist,
4. entgegen § 10 Abs. 1 bei Schadensfällen oder Betriebsstörungen eine Anlage nicht unverzüglich außer Betrieb nimmt oder entleert,
5. entgegen § 10 Abs. 2 oder Abs. 3 das Austreten oder den Verdacht des Austretens wassergefährdender Stoffe nicht unverzüglich anzeigt,
6. entgegen § 15 Abs. 1 und 2 in Schutzgebieten eine Anlage, Anlagenteile oder Schutzvorkehrungen einbaut, aufstellt oder verwendet,
7. entgegen § 16 Abs. 1 die Kennzeichnung nicht oder nicht richtig anbringt,
8. entgegen § 17 Abs. 1 Rohre und Schläuche verwendet, die nicht dicht und tropfsicher verbunden sind,
9. entgegen § 17 Abs. 2 Lagerbehälter ohne selbsttätig schließende Abfüll- oder Überfüllsicherungen befüllt oder befüllen läßt,
10. entgegen § 31 den Übergang des Betriebs auf einen anderen Inhaber oder das Ausscheiden der für die technische Leitung des Betriebs bestellten Personen nicht unverzüglich anzeigt.

36 VAwSF § 34 Anlagen- und FachbetriebsVO

(2) Nach Art. 38 Abs. 4 des Landesstraf- und Verordnungsgesetzes* kann mit Geldbuße belegt werden, wer vorsätzlich oder fahrlässig in den Fällen der erweiterten Anwendung der Verordnung über brennbare Flüssigkeiten gemäß § 19

1. eine Anlage ohne Erlaubnis nach § 9 Abs. 3 VbF errichtet oder betreibt oder entgegen § 10 VbF wesentlich ändert oder nach einer wesentlichen Änderung betreibt,
2. entgegen § 4 Abs. 1 VbF in Verbindung mit Nummer 320 des Anhangs II VbF eine erfahrene und fachkundige Person für die Erprobung nicht bestellt,
3. entgegen § 11 VbF brennbare Flüssigkeiten lagert,
4. entgegen § 12 Abs. 2 VbF eine nicht zugelassene Einrichtung verwendet,
5. entgegen § 17 VbF eine nach der Verordnung über brennbare Flüssigkeiten vorgeschriebene Prüfung nicht oder nicht rechtzeitig veranlaßt,
6. entgegen § 18 Abs. 2 VbF eine Bescheinigung oder deren Zweitschrift nicht bei der Anlage aufbewahrt,
7. entgegen § 19 Abs. 1 VbF eine Anlage vor Erteilung der Bescheinigung in Betrieb nimmt oder wieder in Betrieb nimmt,
8. entgegen § 20 Abs. 2 Satz 1 VbF eine Anlage nicht unverzüglich entleert,
9. entgegen § 21 Abs. 2 Satz 1 VbF eine Anlage betreibt,
10. eine Anzeige nach § 8 Abs. 4 Satz 1, § 22 oder § 23 Abs. 1 Satz 1 VbF nicht richtig, nicht vollständig oder nicht rechtzeitig erstattet.

Vierter Teil. Übergangs- und Schlußvorschriften

§ 34 Bestehende Anlagen; frühere Eignungsfeststellungen

(1) Die Vorschriften dieser Verordnung gelten mit Ausnahme der §§ 20 bis 22 auch für Anlagen, die bei Inkrafttreten dieser Vorschriften bereits eingebaut oder aufgestellt waren (bestehende Anlagen).

(2) [1] Für bestehende Anlagen gilt die Eignungsfeststellung als erteilt, wenn die Verwendung am 1. Oktober 1976 nach bisherigem Recht zulässig war. [2] Die Kreisverwaltungsbehörde kann an die Anlage zusätzliche Anforderungen stellen, wenn das zur Erfüllung des § 19g Abs. 1 oder Abs. 2 WHG erforderlich ist.

---

* Abgedruckt unter Nr. **26**.

Anlagen- und FachbetriebsVO §§ 35, 36 VAwSF **36**

(3) Die Feststellung der Eignung mit allgemeiner Wirkung nach den §§ 4 und 10 der Verordnung über das Lagern wassergefährdender und brennbarer Flüssigkeiten (Lagerverordnung – VLwF) in der Fassung der Bekanntmachung vom 11. Juni 1975 (GVBl. S. 161)* gilt als für den Geltungsbereich dieser Verordnung wirksame allgemeine Eignungsfeststellung bis zum Ablauf ihrer Geltungsdauer fort.

§ 35 Vorläufig zugelassene Fachbetriebe

[1] Vorläufig zugelassene Fachbetriebe haben die für die Entscheidung über die endgültige Zulassung erforderlichen Unterlagen bis zum 31. Dezember 1984 der Kreisverwaltungsbehörde vorzulegen. [2] Werden die Unterlagen bis zu diesem Zeitpunkt nicht vorgelegt, erlischt die vorläufige Zulassung.

§ 36 Inkrafttreten

[1] Diese Verordnung tritt am 1. April 1984 in Kraft. [2] Gleichzeitig tritt die Verordnung über Anlagen zum Lagern, Abfüllen und Umschlagen wassergefährdender Stoffe (Anlagenverordnung – VAwS) vom 1. Dezember 1981 (GVBl. S. 514, BayRS 753–1–4–I), geändert durch Verordnung vom 7. März 1983 (GVBl. S. 105), außer Kraft.

---

* Die Lagerverordnung in der Fassung der Bekanntmachung vom 11. Juni 1975 (GVBl. S. 161) trat nach § 28 Satz 2 der Anlagenverordnung vom 1. Dezember 1981 (GVBl. S. 514) am 1. Januar 1982 außer Kraft.

36 VAwSF Anlage

Anlagen- und FachbetriebsVO

Anlage

Dieses Merkblatt bitte gut sichtbar und dauerhaft in der Nähe der Lagerungsanlage anbringen

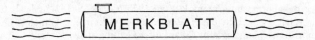

Betriebs- und Verhaltensvorschriften für das Lagern wassergefährdender flüssiger Stoffe

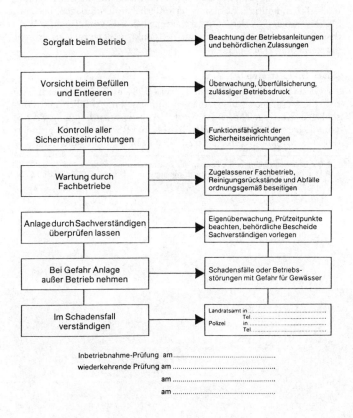

Anlagen- und FachbetriebsVO Anlage VAwSF 36

(Rückseite)

Das **Bedienungspersonal** über den Inhalt bitte **unterrichten.**
Ihre Lagerungsanlage kann Grundwasser, Bäche, Flüsse und Seen gefährden; deshalb

Sorgfalt beim Betrieb

Für jeden Behälter und für Sicherheitseinrichtungen werden Betriebsanleitungen und behördliche Zulassungen mitgeliefert. Sie enthalten für den Betrieb wichtige Hinweise und sind zu beachten.

Vorsicht beim Befüllen und Entleeren

Das Befüllen und Entleeren ist ununterbrochen zu überwachen.

Behälter in Anlagen zum Lagern von Heizöl EL, Dieselkraftstoff, Ottokraftstoffen und anderen flüssigen Stoffen dürfen nur mit festen Leitungsanschlüssen und unter Verwendung einer Überfüllsicherung befüllt werden, wenn dafür technische Vorschriften durch Bekanntmachung des Staatsministeriums des Innern eingeführt sind.

Behälter für Heizöl EL, Dieselkraftstoff und Ottokraftstoffe dürfen aus Straßentankwagen und Aufsetztanks stets nur unter Verwendung einer selbsttätig schließenden Abfüll- oder Überfüllsicherung befüllt werden. Behälter für Heizöl EL und Dieselkraftstoff bis zu einem Rauminhalt von 1000 l dürfen dagegen mit einer selbsttätig schließenden Zapfpistole befüllt werden.

Vor dem Befüllen ist zu prüfen, wieviel Lagerflüssigkeit der Behälter aufnehmen kann und ob die Sicherheitseinrichtungen, insbesondere der Grenzwertgeber, in ordnungsgemäßem Zustand sind. Beim Befüllen ist unbedingt darauf zu achten, daß der zulässige Betriebsdruck nicht überschritten wird, um ein Bersten des Behälters und der Rohrleitungen zu vermeiden.

Es dürfen nur Rohre und Schläuche mit dichten tropfsicheren Verbindungen verwendet werden. Sie müssen in ihrer gesamten Länge einfach einsehbar und bei Dunkelheit ausreichend beleuchtet sein.

Kontrolle aller Sicherheitseinrichtungen

Sicherheitseinrichtungen und Schutzvorkehrungen müssen ununterbrochen wirksam sein. Wer selbst den Zustand der Anlage nicht beurteilen und Störungen nicht beheben kann, muß sich von einem Sachverständigen beraten lassen oder einen Wartungsvertrag mit einem zugelassenen Fachbetrieb abschließen.

Wartung nur durch Fachbetriebe

Reinigungs-, Instandsetzungs- oder Instandhaltungsarbeiten dürfen nur durch zugelassene Fachbetriebe ausgeführt werden. Beim Reinigen von Behältern verbleibende Rückstände und mit Lagerflüssigkeit gemischte Abfälle müssen gesammelt oder aufgefangen und so beseitigt werden, daß Gewässer nicht verunreinigt oder sonst in ihren Eigenschaften nachteilig verändert werden.

Anlage von Sachverständigen überprüfen lassen

Der Betreiber einer Lagerungsanlage hat ihre Dichtheit und die Funktionsfähigkeit der Sicherheitseinrichtungen ständig zu überwachen. Er hat prüfpflichtige Anlagen zu den vorgeschriebenen Prüfungszeitpunkten unaufgefordert und auf eigene Kosten durch Sachverständige überprüfen zu lassen. Dem Sachverständigen sind vor der Prüfung alle für die Anlage erteilten behördlichen Bescheide (z. B. Eignungsfeststellung, Bauartzulassung) sowie die vom Hersteller ausgehändigten Bescheinigungen (z. B. Einbaubescheinigung, Gutachten über die Aggre-

sivität des Bodens/Grundwassers, Bescheinigung der Fertigungsprüfungen) vorzulegen. Der Betreiber ist für die Vollständigkeit der Unterlagen verantwortlich.

Prüfpflichtige Anlagen sind:

1. Anlagen mit unterirdischen Lagerbehältern,

2. Anlagen mit oberirdischen Lagerbehältern von einem Gesamtrauminhalt über 40 000 l,

3. Anlagen, für welche eine Prüfung in einer Eignungsfeststellung oder Bauartzulassung oder einem baurechtlichen Prüfzeichen vorgeschrieben ist,

4. unterirdische Rohrleitungen.

Zeitpunkt der Prüfung:

1. Vor der ersten Inbetriebnahme, nach einer wesentlichen Änderung, vor Wiederinbetriebnahme einer länger als ein Jahr dauernden Stillegung,

2. wiederkehrend in Zeitabständen von höchstens fünf Jahren.

Anlagen mit oberirdischen Lagerbehältern über 1000 l Rauminhalt und Lagerbehältern in Wasserschutzgebieten sind prüfpflichtig:

1. Vor Inbetriebnahme, nach einer wesentlichen Änderung, vor Wiederinbetriebnahme einer länger als ein Jahr dauernden Stillegung,

2. wiederkehrend
   – Anlagen mit unterirdischen Lagerbehältern in Zeitabständen von $2^{1}/_{2}$ Jahren
   – Anlagen mit oberirdischen Lagerbehältern ab einem Gesamtrauminhalt über 1000 l, bei Lagerung von Heizöl EL und Dieselkraftstoff über 5000 l in Zeitabständen von fünf Jahren.

Bei Gefahr Anlage außer Betrieb nehmen

Sofern bei Schadensfällen und Betriebsstörungen eine Gefährdung oder Schädigung des Gewässers nicht auf andere Weise verhindert oder unterbunden werden kann, sind die Lagerungsanlagen unverzüglich außer Betrieb zu nehmen und zu entleeren. Eine Gefährdung eines Gewässers ist insbesondere dann gegeben, wenn eine nicht nur unbedeutende Menge eines wassergefährdenden flüssigen Stoffes ausgetreten und in ein oberirdisches Gewässer, eine Abwasseranlage (Kanalisation, Kläranlage) oder in den Boden eingedrungen ist.

Im Schadensfall sofort die Kreisverwaltungsbehörde (Landratsamt)

in . . . . Telefon . . . .

oder die nächste Polizeidienststelle in . . . .

. . . . Telefon . . . . **verständigen**

Ist aus einer Anlage oder beim Füllen und Entleeren einer Anlage eine nicht nur unbedeutende Menge von Lagerflüssigkeit in ein oberirdisches Gewässer, bestimmungswidrig in eine Abwasseranlage (Kanalisation, Kläranlage) oder in den Boden gelangt oder werden Undichtheiten vermutet, so hat der Betreiber der Lagerungsanlage, das Bedienungspersonal und diejenigen Personen, die beauftragt sind, die Lagerungsanlage zu befüllen oder zu entleeren, instand zu halten, instand zu setzen, zu reinigen, zu überwachen und zu überprüfen, sowie derjenige, der das Austreten wassergefährdender Stoffe aus der Anlage verursacht hat, dies der Kreisverwaltungsbehörde oder der nächsten Polizeidienststelle unverzüglich anzuzeigen.

F. Behördliche Organisation des Bauwesens; Kostenrecht

37. Gesetz Nr. 112
über die behördliche Organisation des Bauwesens und des Wohnungswesens

Vom 9. April 1948 (BayRS 200–25–I)

Art. 1 [Geschäftsbereich des Staatsministeriums des Innern]

(1) Das Bauwesen und das Wohnungswesen gehören zum Geschäftsbereich des Staatsministeriums des Innern.*

(2) *(entfallen)*

Art. 2 [Oberste Baubehörde; Mittel- und Unterstufe der Staatsbaubehörden]

(1) ¹ Zur Erfüllung der staatlichen Aufgaben des Bauwesens wird die Oberste Baubehörde im Staatsministerium des Innern errichtet. ² Sie ist eine Abteilung dieses Ministeriums mit eigenem Personal- und Sachhaushalt.

(2) In der Mittelstufe werden die staatlichen Aufgaben des Bauwesens von den Regierungen wahrgenommen.**

(3) In der Unterstufe werden die staatlichen Aufgaben des Bauwesens von den nach besonderen Bestimmungen zuständigen Behörden wahrgenommen.***

(4) Die Zuständigkeit der der Obersten Baubehörde unmittelbar unterstellten zentralen Dienststellen bleibt unberührt.

(5) Das verfassungsmäßige Selbstverwaltungsrecht der Gemeinden (Art. 83 der Verfassung) wird durch dieses Gesetz nicht berührt.

---

* Siehe auch Bek. vom 12. 5. 1952 (BayBSVI I S. 280) und Bek. vom 23. 9. 1953 (BayBSVI II S. 41), geändert durch Bek. vom 28. 7. 1967 (MABl. S. 438). Bek. über den Vollzug der BayBO; Einschaltung des Bayerischen Landesbaukunstausschusses vom 22. 6. 1977 (MABl. S. 553). Bek. betreffend das Abkommen über die Errichtung und Finanzierung des Instituts für Bautechnik vom 22. 8. 1968 (BayRS 2132–1–15–I).
** Verordnung über die Regelung des kulturtechnischen Dienstes vom 21. 12. 1908 (BayRS 753–9–2–I). Verordnung zur Durchführung des Schutzbaugesetzes vom 3. 5. 1966 (BayRS 215–1–2–I).
*** Erstes Gesetz zur Vereinfachung der staatlichen Bauverwaltung vom 27. 7. 1953 (BayRS 200–26–I). Verordnung über die Einrichtung und Organisation der staatlichen Behörden für das Bauwesen in der Unterstufe i. d. F. der Bek. vom 5. 7. 1979 (BayRS 200–25–1–I), geändert durch Verordnung vom 6. 12. 1983 (GVBl. S. 1044), vom 25. 6. 1985 (GVBl. S. 181) und vom 28. 7. 1987 (GVBl. S. 257).

OrganisationsG des Bauwesens   Art. 3   **Gesetz Nr. 112 37**

Art. 3 [Aufgaben der Staatsbaubehörden]

(1) ¹Die Staatsministerien haben sich in allen Bauangelegenheiten der Staatsbaubehörden zu bedienen.* ²Über die ihnen zur Bestrei-

---

* Bek. über die Vergabe von Aufträgen im kommunalen Bereich vom 4. 6. 1987 (MABl. S. 380), geändert durch Bek. vom 12. 4. 1988 (AllMBl. S. 347). Bek. über öffentliches Auftragswesen in der EWG; Richtlinien für die Vergabe öffentlicher Bauaufträge vom 15. 2. 1974 (MABl. S. 182), geändert durch Bek. vom 9. 2. 1979 (MABl. S. 61), vom 16. 1. 1980 (MABl. S. 70), vom 15. 1. 1982 (MABl. S. 30), vom 14. 1. 1986 (MABl. S. 83) und vom 18. 1. 1988 (AllMBl. S. 164). FMBek. zur Vergabe öffentlicher Bauaufträge nach Maßgabe der EWG-Richtlinien vom 18. 7. 1986 (FMBl. S. 247). Bek. über Kosten von Leistungen der Staatsbauverwaltung (Leistungskostenvorschrift – LKV –) vom 15. 3. 1983 (MABl. S. 434), geändert durch Bek. vom 27. 3. 1985 (MABl. S. 188) und vom 30. 4. 1986 (MABl. S. 248). Bek. über Kosten der Entwurfsbearbeitung und Bauaufsicht im Bereich der Bayer. Staatsbauverwaltung vom 8. 5. 1980 (MABl. S. 221), geändert durch Bek. vom 8. 9. 1981 (MABl. S. 508). Bek. über den Vollzug der Richtlinien für die Beteiligung bildender Künstler bei der Durchführung von staatlichen Hochbauten – RLBau K 7 – vom 28. 3. 1983 (MABl. S. 352).

Bek. über Grundsätze und Richtlinien für Wettbewerbe auf den Gebieten der Raumplanung, des Städtebaus und des Bauwesens – GRW 1977 – vom 20. 8. 1979 (MABl. S. 512, ber. S. 533).

Bek. über das Vergabehandbuch für die Durchführung von Bauaufgaben im Bereich der Bayerischen Staatsbauverwaltung (VHB Bayern) vom 4. 11. 1976 (MABl. S. 961) mit zahlreichen späteren Änderungen. Bek. über Verdingungsordnung für Bauleistungen (VOB); Einführung der Ausgabe 1988 vom 17. 11. 1988 (AllMBl. S. 905). Bek. über die Einführung des Ergänzungsbandes 1985 zur VOB-Ausgabe 1979 vom 16. 12. 1985 (MABl. 1986 S. 48, FMBl. 1986 S. 44). Bek. über Leitfaden für die Berechnung der Vergütung bei Nachtragsvereinbarungen nach § 2 VOB/B vom 26. 11. 1987 (MABl. S. 754). Bek. über Richtlinien zur kontinuierlichen Durchführung von Bauaufgaben des Freistaates Bayern im Zuständigkeitsbereich der Staatsbauverwaltung vom 22. 10. 1975 (MABl. S. 1046). Bek. über die Bescheinigung der sachlichen und rechnerischen Richtigkeit bei der Durchführung von Bauaufgaben vom 30. 9. 1981 (FMBl. S. 329, MABl. S. 727). Bek. über einheitliche Bauvertragsunterlagen; Preisvorbehalte (Lohngleitklausel, Stoffpreisgleitklausel, Umsatzsteuergleitklausel) vom 8. 8. 1973 (MABl. S. 695), geändert durch Bek. vom 29. 10. 1976 (MABl. 1977 S. 209) und vom 14. 11. 1980 (MABl. S. 631). Bek. über einheitliche Bauvertragsunterlagen für die Ausführung von Bauleistungen im Hochbau vom 22. 12. 1975 (MABl. 1976 S. 117), geändert durch Bek. vom 3. 12. 1980 (MABl. S. 657), vom 24. 9. 1982 (MABl. S. 624), vom 22. 11. 1983 (MABl. S. 987), von 23. 9. 1985 (MABl. S. 539) und vom 15. 7. 1987 (MABl. S. 511). Bek. über Richtlinien für die Durchführung von Hochbauaufgaben des Freistaates Bayern im Zuständigkeitsbereich der Staatsbauverwaltung – RLBau – Neufassung 1988 vom 7. 12. 1987 (AllMBl. 1988 S. 13). Bek. über die Anwendung technischer Regelwerke vom 22. 2. 1983 (MABl. S. 161). Bek. über die Planung, Ausführung und Instandhaltung von Aufzugsanlagen in staatlichen Gebäuden und Anlagen vom 7. 3. 1983 (MABl. S. 225), geändert durch Bek. vom 24. 5. 1983 (MABl. S. 433). Bek. über die Einführung überarbeiteter Vertragsmuster im Anhang der RLBau und des neugefaßten Abschnitts K 4 vom 28. 7. 1983 (MABl. S. 571). Bek. über staatliche Hochbauten – Leitsätze zum energiesparenden Bauen und zur Betriebsüberwachung – vom 23. 1. 1975 (MABl. S. 210), geändert durch Bek. vom 22. 11. 1983 (MABl. 1984 S. 32). Verordnung PR Nr. 1/72 über die Preise für Bauleistungen bei öffentlichen oder mit öffentlichen Mitteln finanzierten Aufträgen vom 6. 3. 1972 (BGBl. I S. 293), geändert durch Art. 31 Gesetz vom 18. 3. 1975 (BGBl. I S. 705), Verordnung vom 23. 2. 1984 (BGBl. I S. 375) und vom 15. 4. 1986 (BGBl. I S. 435).

Bek. über Richtlinien für die Zusammenarbeit der Deutschen Bundespost mit den Straßenbauverwaltungen vom 2. 8. 1984 (MABl. S. 491).

Bek. über einheitliche Bauvertragsunterlagen für die Ausführung von Bauleistungen in der Wasserwirtschaft; Zusätzliche Vertragsbedingungen und Besondere Vertragsbedingungen (ZVWa und BVWa, Ausgabe 1986); Verdingungsformblätter vom 18. 8. 1986 (MABl. S. 389, ber. S. 520).

(Fortsetzung der Anm. auf S. 366)

tung ihres Bauaufwands zugewiesenen Haushaltsmittel verfügen sie selbständig.

(2) Die Staatsregierung bestimmt, von welchem Zeitpunkt an Absatz 1 Satz 1 auch auf die Bauangelegenheiten der Oberfinanzdirektionen München und Nürnberg sowie der Verwaltung der staatlichen Schlösser, Gärten und Seen Anwendung findet.*

Art. 4 *(entfallen)*

Art. 5 [Einrichtung und Organisation der Behörden]

Die Einrichtung und Organisation der Behörden für das Bauwesen und das Wohnungswesen regelt die Staatsregierung.**

Art. 6 [Durchführungsvorschriften]

Die zur Durchführung dieses Gesetzes erforderlichen Bestimmungen erläßt das Staatsministerium des Innern im Benehmen mit den beteiligten Staatsministerien.

Art. 7 [Inkrafttreten]

Dieses Gesetz tritt am 1. April 1948 in Kraft.***

Bek. über Richtlinien für die Bauabrechnung mit DV-Anlagen (DV-Abrechnungs-Richtlinien) vom 8. 1. 1981 (MABl. S. 51), geändert durch Bek. vom 6. 8. 1981 (MABl. S. 479).
LME über den Gebäudebesitz der Bayer. Staatsforstverwaltung vom 24. 9. 1957 (LMBl. S. 41), geändert durch ME vom 28. 2. 1961 (LMBl. S. 40). Gem. ME über den Bau von Brücken und Ingenieurbauwerken im Staatswald vom 5. 11. 1963 (MABl. S. 589, LMBl. 1964 S. 26). ME über die Verwendung von Holz im staatlichen Bauwesen vom 14. 4. 1967 (MABl. S. 239).
* Verordnung über die Organisation der Finanzbauverwaltung (Zuständigkeitsbereich der Finanzbauämter) vom 19. 1. 1978 (BayRS 606–1–F). Bek. über die Neufassung der Geschäftsordnung für die Finanzbauämter vom 26. 8. 1981 (FMBl. S. 324).
** Siehe Anm. zu Art. 2 Abs. 2 und 3. – Beachte ferner Bek. über Referat für landwirtschaftliche Abwasserverwertung vom 26. 7. 1951 (BayBSVI I S. 183). Bek. über landwirtschaftliche Abwasserverwertung vom 13. 8. 1951 (BayBSVI I S. 188). ME über die Verwendung von verlorenen Zuschüssen zur Förderung der Abwasserbeseitigung vom 17. 4. 1963 (MABl. S. 186).
Bek. über Zuständigkeit und Aufgaben der Autobahndirektionen; Gerätedienst für die Staatsbaubehörden vom 28. 9. 1982 (MABl. S. 620, StAnz. Nr. 40).
*** Betrifft die ursprüngliche Fassung vom 9. 4. 1948 (GVBl. S. 56).

38. Verordnung über den Erlaß des Kostenverzeichnisses zum Kostengesetz (Kostenverzeichnis – KVz)

Vom 18. Mai 1983 (GVBl. S. 293, ber. 1984 S. 4, BayRS 2013–1–2–F)

Geändert durch Verordnung vom 4. 10. 1985 (GVBl. S. 643, ber. S. 703)

(Auszug)

Auf Grund von Art. 6, 7 und 13 des Kostengesetzes (KG) erläßt das Bayerische Staatsministerium der Finanzen folgende Verordnung:

§ 1

Lfd. Nr.	Tarif-Nr. Tarif-Stelle	Gegenstand	Gebühr DM
1.		**Allgemeine Amtshandlungen:**	
		Die Vorschriften der Lfd. Nummern 2 ff. gehen den Vorschriften der Lfd. Nummer 1 (Allgemeine Amtshandlungen) vor.	
	1	Beglaubigungen:	
	1.1	Beglaubigung von Unterschriften oder Handzeichen	4 bis 100
	1.2	Beglaubigung von Abschriften, Fotokopien und dergleichen	1 je angefangene Seite, höchstens die für die Erteilung des Originals vorgesehene Gebühr, mindestens 4 DM. Ist die Erteilung des Originals gebührenfrei, beträgt die Gebühr 1 DM je angefangene Seite, mindestens 4 DM.
		Bei Schriftstücken, die nicht in deutscher Sprache abgefaßt sind,	2 je angefangene Seite, mindestens 6 DM
		Für die Beglaubigung von Abschriften, Fotokopien und dergleichen, die die Behörde selbst hergestellt hat, beträgt die Gebühr ohne Rücksicht auf die Zahl der angefangenen Seiten 4 DM. Ist die Erteilung des Originals gebührenfrei, beträgt die Gebühr ohne Rücksicht auf die Zahl der angefangenen Seiten 4 DM.	

38 Kostenverzeichnis

Tarif-Nr.		Gegenstand	Gebühr DM
Lfd. Nr.	Tarif-Stelle		
noch 1.	1.3	Werden mehrere gleiche Unterschriften oder Handzeichen oder mehrere gleichlautende Abschriften, Fotokopien und dergleichen gleichzeitig beglaubigt, kann die für die zweite und jede weitere Beglaubigung nach den Tarif-Stellen 1.1 oder 1.2 zu erhebende Gebühr bis auf die Hälfte, jedoch auf nicht weniger als 4 DM ermäßigt werden.	
	2	Bescheinigungen: Erteilung einer Bescheinigung	4 bis 100
	3	Einsichtgewährung in Akten und amtliche Bücher: Einsichtgewährung in Akten und amtliche Bücher, soweit die Einsicht nicht in einem gebührenpflichtigen Verfahren gewährt wird	1 je Akte oder Buch, mindestens 3 DM
	4	Fristverlängerungen:	
	4.1	Verlängerung einer Frist, deren Ablauf einen neuen Antrag auf Erteilung einer gebührenpflichtigen Genehmigung, Erlaubnis, Zulassung, Verleihung oder Bewilligung erforderlich machen würde	$\frac{1}{10}$ bis $\frac{1}{4}$ der für die Genehmigung, Erlaubnis, Zulassung, Verleihung oder Bewilligung vorgesehenen Gebühr, mindestens 4 DM
	4.2	Verlängerung einer Frist in anderen Fällen	4 bis 50
	5	Zweitschriften: Erteilung einer Zweitschrift	$\frac{1}{10}$ bis $\frac{1}{2}$ der für die Erstschrift vorgesehenen Gebühr, mindestens 4 DM. Ist für die Erstschrift eine Gebühr von 1 bis 4 DM vorgesehen, wird diese Gebühr erhoben. Ist die Erteilung der Erstschrift gebührenfrei, beträgt die Gebühr 1 DM je angefangene Seite, mindestens 4 DM
	6	Niederschriften: Aufnahme einer Niederschrift	5 bis 50 je angefangene Stunde
	7	Anmahnung rückständiger Beträge	3 bis 20

zum Kostengesetz **Kostenverzeichnis 38**

Lfd. Nr.	Tarif-Stelle	Gegenstand	Gebühr DM
	8	Amtshandlungen im Vollstreckungsverfahren:	
noch 1.	8.1	Androhung von Zwangsmitteln nach Art. 36 Bayerisches Verwaltungszustellungs- und Vollstreckungsgesetz (VwZVG), soweit sie nicht mit dem Verwaltungsakt verbunden ist, durch den die Handlung, Duldung oder Unterlassung aufgegeben wird	20 bis 100
	8.2	Anwendung der Zwangsmittel Ersatzvornahme (Art. 32, 35 VwZVG) oder unmittelbarer Zwang (Art. 34, 35 VwZVG)	40 bis 2000
	8.3	Entscheidung über unzulässige oder unbegründete Einwendungen gegen die Vollstreckung, die den zu vollstreckenden Anspruch betreffen (Art. 21 VwZVG)	
	8.3.1	bei Geldansprüchen	½ Pfändungsgebühr nach § 339 Abs. 4 Abgabenordnung (AO 1977), mindestens 10 DM
	8.3.2	sonst	10 bis 200
21.		**Städtebauförderungsgesetz:**	
		Amtshandlungen zur Vorbereitung oder Durchführung von Sanierungs- oder Entwicklungsmaßnahmen im Sinn des § 76 Abs. 1 Nr. 1, zur Durchführung von Erwerbsvorgängen nach § 77, zur Gründung oder Auflösung eines Unternehmens im Sinn des § 76 Abs. 1 Nr. 3 und zur Gründung oder Auflösung von Zusammenschlüssen im Sinn des § 76 Abs. 1 Nr. 4 Städtebauförderungsgesetz	kostenfrei
22.		**Bausachen:***	
	1	**Grundgebühren:**	
	1.1	Entscheidung über einen Antrag, Planungsträger zu einem Planungsverband zusammenzuschließen (§ 4 Abs. 2 Bundesbaugesetz – BBauG) oder einen Planungsverband aufzulösen (§ 4 Abs. 6 BBauG)	kostenfrei
	1.2	Aufstellung und Festsetzung einer Satzung oder eines Plans nach § 4 Abs. 3 BBauG	kostenfrei
	1.3	Zulassung einer Ausnahme nach § 14 Abs. 2 BBauG außerhalb eines bauaufsichtlichen Verfahrens	20 bis 500
	1.4	Entscheidung nach § 18 Abs. 2, § 21 Abs. 3, § 28 oder § 44b Abs. 2 BBauG	3 v. T. der Entschädigung, mindestens 20 DM

* Bek. über den Vollzug des Kostengesetzes (KG); Kosten (Gebühren und Auslagen) in Bausachen vom 14. 10. 1985 (MABl. S. 630); abgedruckt unter Nr. **39.**

38 Kostenverzeichnis

Lfd. Nr.	Tarif-Stelle	Gegenstand	Gebühr DM
noch 22.	1.5	Erteilung einer bauplanungsrechtlichen Teilungsgenehmigung (§ 19 BBauG)	2 v. T. des auf volle 1000 DM aufzurundenden Verkehrswerts des Grundstücks, mindestens 20 DM
		Es ist der Verkehrswert des Teils des Grundstücks zugrundezulegen, der im Grundbuch abgeschrieben und als selbständiges Grundstück oder als ein Grundstück zusammen mit anderen Grundstücken oder mit Teilen anderer Grundstücke eingetragen werden soll. Bei bebauten Grundstücken ist der Verkehrswert des unbebauten Grundstücks zugrundezulegen. Ist der abgeschriebene Grundstücksteil nicht bestimmbar, beträgt die Gebühr	20 bis 10 000
		Genehmigungen, die anläßlich der Aufhebung von Grundstücksvereinigungen oder Bestandteilzuschreibungen im Zuge der Umschreibung von Grundbuchblättern nach der Grundbuchverfügung erforderlich werden	kostenfrei
	1.6	Erteilung eines Zeugnisses nach § 23 Abs. 2 BBauG	20 bis 200
		Erfolgt die Erteilung ausschließlich im Interesse einer Umschreibung von Grundbuchblättern nach der Grundbuchverfügung	kostenfrei
	1.7	Einsichtgewährung in die Kaufpreissammlung nach § 11a Abs. 1 der Verordnung über die Gutachterausschüsse, die Kaufpreissammlungen und die Bodenrichtwerte nach dem Bundesbaugesetz (Gutachterausschuß V), Erteilung einer Auskunft aus der Kaufpreissammlung nach § 11a Abs. 2 Gutachterausschuß V oder Erteilung einer Auskunft nach § 143b Abs. 5 BBauG	5 bis 200
	1.8	a) Erteilung einer bauordnungsrechtlichen Teilungsgenehmigung (Art. 11 Abs. 1 Bayerische Bauordnung – BayBO) oder eines Zeugnisses nach Art. 11 Abs. 2 BayBO in Verbindung mit § 23 BBauG	20 v. H. der Gebühr nach Tarif-Stelle 1.5 oder Tarif-Stelle 1.6
		b) Anordnung nach Art. 11 Abs. 3 BayBO	20 bis 200
	1.9	Zustimmung nach Art. 22 Abs. 2 BayBO und Ausnahmen von der Prüfzeichenpflicht nach § 2 Abs. 4 der Verordnung über prüfzeichenpflichtige Baustoffe, Bauteile und Einrichtungen (Prüfzeichenverordnung – PrüfzV)	50 bis 5000
	1.10	Anerkennung von Prüfstellen oder technischen Sachverständigen nach Art. 25 Abs. 2 Satz 3 BayBO	50 bis 1000

zum Kostengesetz **Kostenverzeichnis 38**

Lfd. Nr.	Tarif-Nr. Tarif-Stelle	Gegenstand	Gebühr DM
noch 22.	1.11	Zustimmung zu einem Überwachungsvertrag (Art. 25 Abs. 2 Satz 5 BayBO)	50 bis 500
	1.12	Anforderung nach Art. 52 Abs. 1 BayBO	50 bis 2000
	1.13	Anordnung oder Untersagung nach Art. 52 Abs. 2 BayBO	50 bis 2000
	1.14	Anordnung nach Art. 53 Abs. 2 BayBO	10 bis 30 je Beteiligter
	1.15	a) Fristsetzung nach Art. 54 Abs. 2 BayBO	10 bis 20
		b) Erklärung über die Übernahme der Herstellung, Unterhaltung oder Verwaltung einer Gemeinschaftsanlage nach Art. 54 Abs. 3 BayBO	20 bis 200
		c) Zustimmung nach Art. 54 Abs. 4 BayBO	20 bis 100
		d) Übertragung nach Art. 54 Abs. 5 BayBO	20 bis 100
	1.16	Anordnungen nach	
		a) Art. 63 Abs. 3 BayBO	40 bis 2000
		b) Art. 63 Abs. 5 BayBO	40 bis 2000
		c) Art. 63 Abs. 6 BayBO	20 bis 1000
	1.17	Erteilung einer Genehmigung zur Errichtung oder Änderung baulicher Anlagen (Art. 65 BayBO) einschließlich der Erteilung von Ausnahmen nach Art. 72 Abs. 2 bis 4 und Abs. 6 BayBO und der einmaligen Abnahme von Absteckung und Höhenlage nach Art. 74 Abs. 9 BayBO:	
	1.17.1	Allgemein	
		a) wenn die Genehmigungsbehörde die Leistungen nach § 4 der Gebührenordnung der Prüfingenieure (GebOPI) selbst erbringt	4 v. T. der Baukosten zuzüglich der Vergütung, die sich nach der Gebührenordnung der Prüfingenieure (GebOPI) für die Leistungen nach § 4 GebOPI ergeben würde. Die Gebühr beträgt mindestens 40 DM
		b) wenn die Genehmigungsbehörde die Leistungen nach § 4 GebOPI nicht selbst erbringt	4 v. T. der Baukosten, mindestens 30 DM
	1.17.2	Können der Gebührenberechnung Baukosten nicht zugrunde gelegt werden, beträgt die Gebühr	30 bis 5000
	1.17.3	Abgrabungen	
		a) Bei Sand- und Kiesgruben, Steinbrüchen und ähnlichen Abgrabungen zur Gewinnung	

38 Kostenverzeichnis

Lfd. Nr.	Tarif-Stelle	Gegenstand	Gebühr DM
noch 22.		von Abbaugut beträgt die Gebühr bei Vorhaben	
		bis zu 50000 m³ verwertbaren Abbauguts je angefangene 1000 m³	20
		je weitere angefangene 10000 m³ bis zu 500000 m³	55
		je weitere angefangene 50000 m³	110
		Abraum und Mutterboden sind kein verwertbares Abbaugut.	
		b) Bei anderen selbständigen Abgrabungen beträgt die Gebühr	50 bis 1000
	1.17.4	Bei Aufschüttungen beträgt die Gebühr	50 bis 3000
	1.18	Erteilung einer Genehmigung zur Änderung von baulichen Anlagen in Abweichung von bereits genehmigten Bauvorlagen:	
	1.18.1	Wenn das genehmigte Bauvorhaben wesentlich geändert wird (z.B. hinsichtlich der Konstruktion oder des Erscheinungsbildes)	wie zu Tarif-Stelle 1.17 abzüglich 50 v.H. der Gebühr für die Erstgenehmigung. Enthielt die Gebühr für die Erstgenehmigung einen anteiligen Betrag in Höhe der Vergütung nach der GebOPI (Tarif-Stelle 1.17.1 Buchst. a), wird dieser Betrag nicht mit abgezogen. Die Gebühr beträgt mindestens 30 DM
		Die Gebühr wird aus den Baukosten berechnet, die zur Ausführung des gesamten Bauvorhabens erforderlich sind.	
	1.18.2	Wenn das genehmigte Bauvorhaben nicht wesentlich geändert, insbesondere in seinen Grundzügen nicht berührt wird	30 bis 3000
	1.19	Erteilung einer Genehmigung für die Nutzungsänderung baulicher Anlagen (Art. 65 BayBO)	30 bis 5000
	1.20	Erteilung einer Genehmigung zum Abbruch oder zur Beseitigung baulicher Anlagen (Art. 65 BayBO)	30 bis 5000
	1.21	Erteilung einer Genehmigung zur Errichtung, Aufstellung, Anbringung oder Änderung von Werbeanlagen (Art. 68 Abs. 1 BayBO)	30 bis 2000
	1.22	Gewährung einer Ausnahme von baurechtlichen Vorschriften außerhalb eines Genehmigungsverfahrens (Art. 72 Abs. 2 bis 4 und Abs. 6 in Verbindung mit Abs. 7 BayBO)	20 bis 2000

zum Kostengesetz   **Kostenverzeichnis 38**

Tarif-Nr.		Gegenstand	Gebühr DM
Lfd. Nr.	Tarif-Stelle		
noch 22.	1.23	Zulassung einer Ausnahme nach §9 Abs. 8 Bundesfernstraßengesetz (FStrG) oder Art. 23 Abs. 2 Bayerisches Straßen- und Wegegesetz (BayStrWG)	20 bis 5000
	1.24	Befreiung von baurechtlichen Vorschriften oder Festsetzungen des Bebauungsplans (Art. 72 Abs. 5 und Abs. 6 BayBO oder § 31 Abs. 2 BBauG)	5 v. H. des Werts des Nutzens, der durch die Befreiung in Aussicht steht, mindestens 20 DM, höchstens die Gebühren nach Tarif-Stelle 1.17
	1.25	Benachrichtigung durch die Gemeinde nach Art. 73 Abs. 1 Satz 4 BayBO	10 bis 20
	1.26	Erteilung eines Vorbescheides nach Art. 75 BayBO	40 bis 4000
	1.27	Erteilung einer Teilbaugenehmigung (Art. 76 BayBO)	wie zu Tarif-Stelle 1.17
	1.28	a) Erteilung einer Typengenehmigung nach Art. 77 Abs. 1 BayBO	300 bis 5000
		b) Änderung oder Ergänzung einer Typengenehmigung (Art. 77 Abs. 1 BayBO)	100 bis 3000
		c) Verlängerung der Geltungsdauer einer Typengenehmigung (Art. 77 Abs. 2 Satz 3 BayBO)	100 bis 3000
	1.29	Verlängerung der Baugenehmigung (Art. 78 Abs. 2 BayBO), eines Vorbescheides oder sonstiger baurechtlicher Genehmigungen mit Ausnahme der Typengenehmigung	30 bis 2500
	1.30	Bauüberwachung im Rahmen des Art. 79 BayBO:	
	1.30.1	Ohne Beanstandung	kostenfrei
	1.30.2	Sonst	20 bis 2000
	1.31	Anordnung nach Art. 80 Abs. 2 BayBO	kostenfrei
	1.32	Fliegende Bauten	
	1.32.1	Gebrauchsabnahme oder Nachabnahme fliegender Bauten (Art. 85 Abs. 8, Art. 85 Abs. 10 BayBO) einschließlich einer nachfolgenden Gebrauchsuntersagung nach Art. 85 Abs. 9 BayBO	20 bis 500
	1.32.2	Gebrauchsuntersagung nach Art. 85 Abs. 9 BayBO, die nicht auf Grund einer Gebrauchs- oder Nachabnahme ergeht	20 bis 100
	1.33	Erteilung einer Zustimmung nach Art. 86 Abs. 1 BayBO:	
	1.33.1	Allgemein	2 v. T. der Baukosten, mindestens 30 DM

38 Kostenverzeichnis

Lfd. Nr.	Tarif-Stelle	Gegenstand	Gebühr DM
noch 22.	1.33.2	Bei einer Nutzungsänderung	30 bis 5000
	1.34	Erteilung einer Zustimmung zur Änderung von Bauvorhaben in Abweichung von Bauvorlagen, denen bereits zugestimmt worden ist:	
	1.34.1	Wenn das Bauvorhaben wesentlich geändert wird (z. B. hinsichtlich der Konstruktion oder des Erscheinungsbildes)	wie zu Tarif-Stelle 1.33.1 abzüglich 50 v. H. der Gebühr für die Erstzustimmung. Die Gebühr beträgt mindestens 20 DM
		Die Gebühr wird aus den Baukosten berechnet, die zur Ausführung des gesamten Bauvorhabens erforderlich sind.	
	1.34.2	Wenn das Bauvorhaben nicht wesentlich geändert, insbesondere in seinen Grundzügen nicht berührt wird	20 bis 1000
	1.35	Nachprüfungen auf Grund einer nach Art. 90 Abs. 1 Nr. 5 BayBO erlassenen Rechtsverordnung	20 bis 500
	1.36	a) Anerkennung von Sachverständigen oder sachverständigen Stellen, insbesondere Prüfämtern und Prüfingenieuren (vgl. Art. 90 Abs. 5 Satz 4 BayBO in Verbindung mit der Verordnung über die bautechnische Prüfung baulicher Anlagen – Bautechnische Prüfungsverordnung – BauPrüfV)	200 bis 2000
		b) Verlängerung der Anerkennung	200 bis 1000
	1.37	Verfügungen oder Maßnahmen, die durch Verstöße gegen öffentlich-rechtliche Vorschriften veranlaßt werden (z. B. Baueinstellung, Baubeseitigung oder Anordnungen nach Art. 63 Abs. 2 Satz 2 BayBO)	20 bis 2000
	1.38	Erteilung einer Genehmigung nach § 9 Abs. 5 oder § 15 Abs. 4 FStrG oder einer Genehmigung nach Art. 24 Abs. 3 BayStrWG	10 bis 5000
	1.39	Bekanntgabe von Bauvorhaben an Dritte zum Zweck der Veröffentlichung nach Art. 84 BayBO	0,50 je Bauvorhaben, mindestens 5 DM
	2	**Berechnung der Gebühren:** Soweit die Gebühren nach den Baukosten berechnet werden, ist von den Kosten auszugehen, die am Ort der Bauausführung im Zeitpunkt der Erteilung der Genehmigung zur Vollendung des zu genehmigenden Vorhabens erforderlich sind. Einsparungen durch Eigenleistungen (Material und Arbeitsleistungen) sind dabei nicht zu berücksichtigen. Der Betrag wird auf volle 1000 DM aufgerundet. Der Nutzen im Sinn der Tarif-Stelle 1.24 ist unter Berücksichti-	

zum Kostengesetz **Kostenverzeichnis 38**

Lfd. Nr.	Tarif-Nr. Tarif-Stelle	Gegenstand	Gebühr DM
noch 22.		gung aller Umstände des Einzelfalles nach pflichtgemäßem Ermessen zu schätzen. Dabei können der Verkaufsmehrwert, die Einsparungen bei der Bauausführung und ähnliches als Schätzungsgrundlage verwendet werden.	
	3	**Ermäßigungen:**	
	3.1	Für den Bau öffentlich geförderter oder steuerbegünstigter Wohnungen oder Wohnräume einschließlich unselbständiger Nebengebäude (z. B. Garagen, Holzlegen) wird die Gebühr nach Tarif-Stelle 1.17.1, Tarif-Stelle 1.18.1 und Tarif-Stelle 1.27 bei Nachweis der entsprechenden Voraussetzungen ermäßigt.	
	3.1.1	Die Gebühr beträgt im Fall der Tarif-Stelle 1.17.1	
		a) wenn die Genehmigungsbehörde die Leistungen nach § 4 der Gebührenordnung der Prüfingenieure (GebOPI) selbst erbringt	2 v. T. der Baukosten zuzüglich der Vergütung, die sich nach der Gebührenordnung der Prüfingenieure (GebOPI) für die Leistungen nach § 4 GebOPI ergeben würde. Die Gebühr beträgt mindestens 30 DM
		b) wenn die Genehmigungsbehörde die Leistungen nach § 4 GebOPI nicht selbst erbringt	2 v. T. der Baukosten, mindestens 30 DM
	3.1.2	Die Gebühr beträgt im Fall der Tarif-Stelle 1.18.1	
		a) wenn die Genehmigungsbehörde die Leistungen nach § 4 der Gebührenordnung der Prüfingenieure (GebOPI) selbst erbringt	2 v. T. der Baukosten, zuzüglich der Vergütung, die sich nach der Gebührenordnung der Prüfingenieure (GebOPI) für die Leistungen nach § 4 GebOPI ergeben würde, abzüglich 50 v. H. der Gebühr für die Erstgenehmigung. Die Gebühr beträgt mindestens 30 DM
		b) wenn die Genehmigungsbehörde die Leistungen nach § 4 GebOPI nicht selbst erbringt	2 v. T. der Baukosten

38 Kostenverzeichnis

Lfd. Nr.	Tarif-Stelle	Gegenstand	Gebühr DM
noch 22.			abzüglich 50 v. H. der Gebühr für die Erstgenehmigung. Enthielt die Gebühr für die Erstgenehmigung einen anteiligen Betrag in Höhe der Vergütung nach der GebOPI (Tarif-Stelle 1.17.1 Buchst. a), ist die um diesen Anteil verminderte Gebühr Berechnungsgrundlage für den Abzugsbetrag. Die Gebühr beträgt mindestens 20 DM
	3.1.3	Die Gebühr beträgt im Fall der Tarif-Stelle 1.27 a) wenn die Genehmigungsbehörde die Leistungen nach § 4 der Gebührenordnung der Prüfingenieure (GebOPI) selbst erbringt	2 v. T. der Baukosten zuzüglich der Vergütung, die sich nach der Gebührenordnung der Prüfingenieure (GebOPI) für die Leistungen nach § 4 GebOPI ergeben würde. Die Gebühr beträgt mindestens 30 DM
		b) wenn die Genehmigungsbehörde die Leistungen nach § 4 GebOPI nicht selbst erbringt	2 v. T. der Baukosten, mindestens 30 DM
	3.1.4	Die Gebührenermäßigung wird vorläufig gewährt, wenn die Anerkennung des begünstigten Zweckes bei Erteilung der Baugenehmigung noch nicht vorliegt, jedoch in Aussicht steht. Dient ein Vorhaben teilweise anderen als den vorgenannten begünstigten Zwecken, werden die anteilig auf diese Gebäudeteile entfallenden Gebühren nicht ermäßigt.	
	3.2	Wird die Genehmigung im beschleunigten Verfahren nach der Verordnung zu Art. 90 BayBO erteilt, wird die Gebühr ermäßigt.	
	3.2.1	Die Gebühr beträgt im Fall der Tarif-Stelle 1.17.1	3,5 v. T. der Baukosten, mindestens 30 DM
	3.2.2	Die Gebühr beträgt im Fall der Tarif-Stelle 1.18.1	3,5 v. T. der Baukosten abzüglich 50

zum Kostengesetz **Kostenverzeichnis 38**

Lfd. Nr.	Tarif-Nr. Tarif-Stelle	Gegenstand	Gebühr DM
noch 22.			v. H. der Gebühr für die Erstgenehmigung, mindestens 30 DM
	3.2.3	Die Gebühr beträgt im Fall der Tarif-Stelle 1.27	3,5 v. T. der Baukosten, mindestens 30 DM
	3.2.4	Die Gebühr beträgt im Fall der Tarif-Stelle 3.1.1 Buchst. b	1,5 v. T. der Baukosten, mindestens 30 DM
	3.2.5	Die Gebühr beträgt im Fall der Tarif-Stelle 3.1.2 Buchst. b	1,5 v. T. der Baukosten abzüglich 50 v. H. der Gebühr für die Erstgenehmigung. Die Gebühr beträgt mindestens 20 DM
	3.2.6	Die Gebühr beträgt im Fall der Tarif-Stelle 3.1.3 Buchst. b	1,5 v. T. der Baukosten, mindestens 30 DM
	3.3	Entfällt nach Art. 86 Abs. 9 BayBO die bautechnische Prüfung, ermäßigt sich die jeweilige Gebühr auf die Hälfte.	
	3.4	Die Gebühren nach den Tarif-Stellen 1.17, 1.18 und 1.27 werden auf ¼, jedoch höchstens auf 20 DM ermäßigt bei baulichen Anlagen:	
	3.4.1	Einer inländischen Körperschaft, Personenvereinigung, Stiftung oder Vermögensmasse, die nach der Satzung oder sonstigen Verfassung und nach ihrer tatsächlichen Geschäftsführung ausschließlich und unmittelbar gemeinnützigen oder mildtätigen Zwecken im Sinn des Abschnitts ,,Steuerbegünstigte Zwecke" der Abgabenordnung dient, wenn die bauliche Anlage unmittelbar für gemeinnützige oder mildtätige Zwecke im Sinn des Abschnitts ,,Steuerbegünstigte Zwecke" der Abgabenordnung benutzt wird.	
	3.4.2	Eines öffentlich-rechtlichen Sozialversicherungsträgers, wenn die bauliche Anlage von diesem unmittelbar für die besonderen Zwecke der Sozialversicherung benutzt wird.	
	3.4.3	Die dem Gottesdienst einer Religionsgesellschaft, die Körperschaft des öffentlichen Rechts ist, oder einer jüdischen Kultusgemeinde gewidmet sind.	
	3.4.4	Die von einer Religionsgesellschaft, die Körperschaft des öffentlichen Rechts ist, von einem ihrer Orden, von einer ihrer religiösen Genossenschaften oder von einem ihrer Verbände unmit-	

38 Kostenverzeichnis

Tarif-Nr.			
Lfd. Nr.	Tarif-Stelle	Gegenstand	Gebühr DM
noch 22.		telbar für Zwecke der religiösen Unterweisung, der Wissenschaft, des Unterrichts, der Erziehung oder unmittelbar für Zwecke der eigenen Verwaltung benutzt werden und entweder im Eigentum der benutzenden Körperschaft (Personenvereinigung) oder im Eigentum einer Körperschaft des öffentlichen Rechts stehen. Den Religionsgesellschaften stehen die jüdischen Kultusgemeinden gleich, die nicht Körperschaften des öffentlichen Rechts sind.	
	3.4.5	Dienen die in den Tarif-Stellen 3.4.1 bis 3.4.4 aufgeführten baulichen Anlagen nicht nur unmittelbar begünstigten Zwecken, sondern auch nichtbegünstigten Zwecken (z. B. Wohnzwecken) oder nur mittelbar begünstigten Zwecken und wird jeweils ein räumlich abgrenzbarer Teil der baulichen Anlage für die einzelnen Zwecke benutzt, wird nur die anteilig auf die unmittelbar für begünstigte Zwecke benutzten Gebäudeteile entfallende Gebühr ermäßigt. Ist eine räumliche Abgrenzung nicht möglich, wird die Gebührenermäßigung nur gewährt, wenn die bauliche Anlage überwiegend unmittelbar den begünstigten Zwecken dient. § 5 Grundsteuergesetz (GrStG) gilt jedoch sinngemäß.	
	3.5	Bei der gleichzeitigen Behandlung einer Mehrzahl von baulichen Anlagen desselben Bauherrn nach dem gleichen Typ auf einem zusammenhängenden Baugelände in einem oder mehreren baurechtlichen Verfahren werden die Gebühren nach den Tarif-Stellen 1.17, 1.18 und 1.27 für die zweite und jede weitere bauliche Anlage auf die Hälfte ermäßigt.	
	3.6	Für bauliche Anlagen, für die eine Typengenehmigung nach Art. 94 BayBO erteilt ist, werden die Gebühren nach den Tarif-Stellen 1.17, 1.18 und 1.27 auf die Hälfte ermäßigt.	
	3.7	Die für einen Vorbescheid oder eine Teilbaugenehmigung festgesetzten Gebühren können auf die Gebühren nach Tarif-Stelle 1.17 bis zur Hälfte angerechnet werden. Tarif-Stelle 4 ist vor der Anrechnung anzuwenden.	
	3.8	Wird die genehmigte bauliche Anlage oder eine bauliche Anlage, der bereits zugestimmt wurde, endgültig nicht ausgeführt, wird die festgesetzte Gebühr in den Fällen der Tarif-Stellen 1.17, 1.18, 1.27, 1.33 und 1.34 auf Antrag bis auf die Hälfte, jedoch höchstens auf 20 DM herabgesetzt, wenn der Baugenehmigungs- bzw. Zustimmungsbescheid und die Bauvorlage der Bauaufsichtsbehörde ausgehändigt werden. Enthielt die Gebühr einen anteiligen Betrag in Höhe der Vergütung nach der GebOPI, wird dieser Betrag nicht in die Herabsetzung mit ein-	

zum Kostengesetz **Kostenverzeichnis 38**

Lfd. Nr.	Tarif-Stelle	Gegenstand	Gebühr DM
noch 22.		bezogen. Der Antrag muß während der Gültigkeit des Bescheides gestellt werden.	
	3.9	Die Ermäßigungen nach den Tarif-Stellen 3.1 oder 3.2 und 3.3, 3.4, 3.5, 3.6 und 3.7 werden nebeneinander gewährt in der Weise, daß bei der Ermäßigung jeweils vom Betrag der ermäßigten Gebühr auszugehen ist. Abweichend davon wird im Fall der Tarif-Stelle 3.3 die Ermäßigung nach Tarif-Stelle 3.1 oder 3.2 nicht gewährt. Die Ermäßigungen nach den Tarif-Stellen 3.5 und 3.6 schließen sich gegenseitig aus.	
	4	**Erhöhungen:**	
	4.1	Entfällt auf Grund einer baurechtlichen Genehmigung die wasserrechtliche Genehmigung (Art. 59 Abs. 7 Satz 1 oder Art. 61 Abs. 2 Satz 3 Bayerisches Wassergesetz – BayWG), erhöht sich die – gegebenenfalls nach den Tarif-Stellen 3.1 bis 3.6 ermäßigte – Gebühr um ein Viertel.	
	4.2	Entfällt nach Art. 6 Abs. 3 des Gesetzes zum Schutz und zur Pflege der Denkmäler (Denkmalschutzgesetz – DSchG) die Erlaubnis nach Art. 6 Abs. 1 DSchG und dient die Baumaßnahme nicht der Erhaltung, Renovierung oder Sanierung von Baudenkmälern, erhöht sich die Gebühr:	
	4.2.1	Im Fall einer oder mehrerer Gebührenermäßigungen nach Tarif-Stelle 3 um	10 bis 2000
	4.2.2	Sonst um	20 bis 4000
	5	**Auslagen:**	
		Neben den Gebühren werden nur die Auslagen im Sinn des Art. 13 Abs. 1 Nrn. 1 und 5 KG erhoben. Bei Gebührenfreiheit werden alle Auslagen nach Art. 13 KG erhoben.	

§ 2

(1) Diese Verordnung tritt am 1. Juli 1983 in Kraft.

(2) *(Aufhebungsvorschriften)*

39. Vollzug des Kostengesetzes (KG); Kosten (Gebühren und Auslagen) in Bausachen

Bekanntmachung des Bayerischen Staatsministeriums des Innern
Nr. I Z 6 – 1052–20/12

Vom 14. Oktober 1985 (MABl. S. 630)

Geändert durch Bek. vom 1. 10. 1986 (MABl. S. 492)

Zur Kostenerhebung in baurechtlichen Angelegenheiten werden im Einvernehmen mit dem Staatsministerium der Finanzen folgende Hinweise gegeben:

1. **Innerdienstliche Mitwirkung von Behörden bei der Aufstellung von Bauleitplänen und bei der Behandlung von Bauanträgen**

1.1 Wirken Behörden als Träger öffentlicher Belange gemäß § 2 Abs. 5 des Bundesbaugesetzes (BBauG) oder Art. 71 Abs. 1 der Bayer. Bauordnung (BayBO) in baurechtlichen Verfahren mit (vgl. Bek vom 2. 2. 1976, MABl S. 66), so ist diese Tätigkeit keine Amtshandlung, Sachverständigentätigkeit, benutzungsgebührenpflichtige Tätigkeit oder Amtshilfe. Die **mitwirkende** Behörde hat deshalb hierfür keinen Anspruch auf Kosten (Gebühren und Auslagen), Sachverständigenentschädigung, Benutzungsgebühren oder besondere Aufwendungen gemäß Art. 8 Abs. 1 des Bayer. Verwaltungsverfahrensgesetzes (BayVwVfG). Auch ein sonstiger Anspruch auf Erstattung von Aufwendungen (z. B. anteiliger Personalaufwand, Fernsprechgebühren, Reisekostenvergütungen) besteht nicht.

Gleiches gilt z. B. für die
- Behandlung des Bauantrags durch die Gemeinden gemäß Art. 69 Abs. 1 Satz 2 BayBO,
- Erteilung oder Versagung des gemeindlichen Einvernehmens nach dem BBauG (z. B. § 31 Abs. 1 BBauG),
- Erteilung oder Versagung der Zustimmung oder des Einvernehmens der Straßenbaubehörde (z. B. gemäß § 9 Abs. 2 des Bundesfernstraßengesetzes – FStrG – oder Art. 23 Abs. 2, Art. 24 Abs. 1 des Bayer. Straßen- und Wegegesetzes – BayStrWG –).

1.2 Bei der Erhebung von Kosten (Gebühren und Auslagen) für Verwaltungsakte, an denen andere Behörden im Sinn der Nummer 1.1 mitgewirkt haben (z. B. Baugenehmigung), ist der durch diese Mitwirkung entstandene Verwaltungsaufwand wie folgt zu berücksichtigen:

Vollzug des Kostengesetzes in Bausachen **KostenG 39**

1.2.1 Für den Verwaltungsakt ist eine **Festgebühr** vorgeschrieben (z. B. die Baugenehmigungsgebühr nach Tarif-Nr. 22.1.17.1 des Kostenverzeichnisses – KVz).
Der **allgemeine Verwaltungsaufwand** (= Personalaufwand und allgemeiner Sachaufwand, der über die nach Art. 13 Abs. 1 KG abzugeltenden Auslagen hinausgeht), der durch die Tätigkeit der mitwirkenden Behörde entsteht, ist bereits in diese Gebühr eingerechnet.
Die bei der mitwirkenden Behörde in diesem Verfahren angefallenen **Auslagen** im Sinn des Art. 13 Abs. 1 KG sind von der Behörde, die den Verwaltungsakt erläßt (z. B. Baugenehmigungsbehörde), unter Berücksichtigung der Tarif-Nr. 22.5 KVz zu erheben (Art. 13 Abs. 1 Halbsatz 1 KG).

1.2.2 Für den Verwaltungsakt ist eine **Rahmengebühr** zu erheben (z. B. Gebühr für die Zulassung einer Ausnahme nach Tarif-Nr. 22.1.23 KVz).
Der allgemeine Verwaltungsaufwand und die nicht gesondert erhebungsfähigen Auslagen der mitwirkenden Behörde sind in dieser Gebühr gemäß Art. 8 KG zu berücksichtigen.
Für die sonstigen **Auslagen,** die der mitwirkenden Behörde entstehen, gilt Nummer 1.2.1 letzter Satz entsprechend.

1.3 Die mitwirkende Behörde teilt der Behörde, die den Verwaltungsakt erläßt, nur ihre **Auslagen** gemäß Art. 13 Abs. 1 Nrn. 1 **und** 5 KG mit (vgl. Tarif-Nr. 22.5 Satz 1 KVz). Kann die den Verwaltungsakt erlassende Behörde auch die Auslagen nach Art. 13 Abs. 1 Nrn. 2, 3 und 4 KG bei der Kostenerhebung berücksichtigen (gemäß Tarif-Nr. 22.5 Satz 2 KVz oder im Fall einer Rahmengebühr über Art. 8 KG als Verwaltungsaufwand), so hat sie die mitwirkende Behörde aufzufordern, ihr **alle Auslagen** mitzuteilen.
Die Mitteilung des **allgemeinen Aufwands** durch die mitwirkende Behörde unterbleibt, es sei denn, die mitwirkende Behörde wird hierzu in den Fällen gemäß Nummer 1.2.2 aufgefordert.

1.4 Die Nummern 1.1 bis 1.3 gelten nicht für die Zustimmung der Luftfahrtbehörden (Luftämter) nach §§ 12, 14, 15 des Luftverkehrsgesetzes (LuftVG). In diesen Fällen erheben die Luftfahrtbehörden Kosten nach der Kostenordnung der Luftfahrtverwaltung (LuftKostV) vom 14. Februar 1984 (BGBl. I S. 346) – vgl. Nummer V.11 des Gebührenverzeichnisses zur LuftKostV –.

2. **Sachverständigentätigkeit von Behörden**

2.1 Wird die Behörde als Sachverständiger herangezogen (z. B. nach Art. 63 Abs. 4 BayBO), so steht ihr – ebenso wie einem privaten Gutachter – für ihre Tätigkeit grundsätzlich eine Sachverständigenentschädigung nach Maßgabe der Verordnung über die Entschädigung von Zeugen und Sachverständigen in Verwaltungssachen – ZuSEVO – (BayRS 2013–3–1–F) zu (vgl. § 1 Abs. 1, § 2 ZuSEVO). Die Vergütung der Prüfämter für Baustatik nach § 15 der Bautechnischen Prüfungsverordnung (BayRS 2132–1–11–I) in Verbindung mit der Gebührenordnung der Prüfingenieure – GebOPI – (BayRS 2132–1–12–I) bleibt unberührt.

2.1.1 Soweit Staatsbehörden als Sachverständige herangezogen werden, ist in Verfahren der unteren Bauaufsichtsbehörden Art. 25 Abs. 2 KG, in Verfahren der Regierungen Nummer 2.2 der Verwaltungsvorschriften zu Art. 61 der Bayer. Haushaltsordnung (VV-BayHO) zu beachten.

2.1.2 Holt die Bauaufsichtsbehörde ein Gutachten des Landbauamts zu baukünstlerischen Fragen ein, so entsteht dadurch zwar ein Anspruch des Landbauamts auf Entschädigung nach der ZuSEVO. Wegen des öffentlichen Interesses an der baukünstlerischen Beratung der Bauaufsichtsbehörden sehen die Landbauämter aber in diesen Fällen davon ab, der Bauaufsichtsbehörde die Sachverständigenentschädigung in Rechnung zu stellen.

2.2 Die Heranziehung einer Behörde als Sachverständiger gemäß Art. 63 Abs. 4 BayBO ist von der Anhörung einer Behörde als Träger öffentlicher Belange gemäß Art. 71 Abs. 1 BayBO (s. Nr. 1.1) zu unterscheiden.
Die Stellungnahme als Träger öffentlicher Belange erstreckt sich insbesondere darauf, ob das Vorhaben den öffentlich-rechtlichen Vorschriften entspricht, die den Aufgabenbereich der Behörde berühren. Sachverständigentätigkeit ist dagegen eine darüber hinausgehende Beurteilung des Vorhabens aufgrund von Erfahrungssätzen, besonderer Sachkunde oder technischer Möglichkeiten, die auch ein privater Gutachter erbringen könnte.
Ob eine Behörde als Träger öffentlicher Belange gemäß Art. 71 Abs. 1 BayBO oder als Sachverständiger gemäß Art. 63 Abs. 4 BayBO herangezogen wird, hat die Bauaufsichtsbehörde im Einzelfall selbst zu entscheiden (vgl. hierzu Nr. 3.1 der Bek vom 7. 8. 1982, MABl S. 485). **Zur Vermeidung von Unklarheiten muß sie gegenüber der anderen Behörde eindeutig angeben, ob eine Stellungnahme nach Art. 71 Abs. 1 BayBO oder zu welchem Problem eine sachverständige Beurteilung (Gutachten) gefordert wird.** Hierbei ist es möglich, daß eine Behörde gleichzeitig in beiden Funktionen beteiligt wird.

in Bausachen **KostenG 39**

2.3 Sachverständigenentschädigungen gehören zu den Auslagen des jeweiligen Verfahrens, die (neben den Gebühren) vom Veranlasser zu erheben sind (Art. 13 Abs. 1 KG, Tarif-Nr. 22.5 KVz). Dies gilt auch, wenn die Bauaufsichtsbehörde gemäß Art. 25 Abs. 2 KG oder VV Nr. 2.2 zu Art. 61 BayHO (s. Nr. 2.1.1) eine Sachverständigenentschädigung nicht zu zahlen hat (Art. 13 Abs. 2 KG).

3. **Auskünfte über die Bebaubarkeit von Grundstücken**
Derartige Auskünfte sind, auch wenn sie schriftlich ergehen, gemäß Art. 3 Abs. 1 Nr. 3 KG kostenfrei, wenn sie, wie in der Regel üblich, aufgrund der Aktenlage oder spezieller Kenntnisse **ohne besonderen Aufwand** erteilt werden können. Sofern dies ausnahmsweise nicht der Fall ist, sind hierfür Kosten zu erheben (Gebühr gemäß Art. 6 Abs. 1 Satz 2, Art. 8 KG) – vgl. IMS vom 25. Juli 1983 Nr. I Z 6 – 1052–55/14.
Allerdings sollten die Bauaufsichtsbehörden in diesen besonders aufwendigen Fällen dem Anfragenden nahelegen, die zu entscheidende Frage in einem Vorbescheidverfahren (Art. 75 BayBO) klären zu lassen. Der Vorbescheid ist kostenpflichtig (Gebühr gemäß Tarif-Nr. 22.1.26 KVz).

4. **Teilungsgenehmigungen und Zeugnisse nach § 19 BBauG und Art. 11 Abs. 1 BayBO (Tarif-Nrn. 22.1.5, 22.1.6 und 22.1.8 KVz)**

4.1 Verkehrswert im Sinn der Tarif-Nr. 22.1.5 KVz ist der Wert, der im gewöhnlichen Geschäftsverkehr nach der Beschaffenheit und der Lage des Grundstücks bei einer Veräußerung zu erzielen wäre.

4.2 Bei der Versagung von Teilungsgenehmigungen ist von der Möglichkeit des Art. 10 Abs. 1 Satz 1 KG, die Gebühr nach Tarif-Nr. 22.1.5 bzw. 22.1.8 KVz bis auf ein Zehntel zu ermäßigen, grundsätzlich Gebrauch zu machen.

4.3 Bei Erteilung (Versagung) der bauplanungs- **und** bauordnungsrechtlichen Teilungsgenehmigung **in einem Bescheid** liegen zwei Gebührentatbestände vor. Es ist somit eine Gebühr nach Tarif-Nr. 22.1.5 **und** nach Tarif-Nr. 22.1.8 KVz zu erheben, bei der Versagung unter Berücksichtigung der Nummer 4.2 (Art. 9 Abs. 1 KG). Für ein entsprechendes Zeugnis (§ 23 Abs. 2 BBauG und Art. 11 Abs. 2 BayBO) fallen die Gebühren nach den Tarif-Nrn. 22.1.6 **und** 22.1.8 KVz an.

5. **Auskunft nach § 11a Abs. 2 der Gutachterausschußverordnung (BayRS 2130–2–I) oder § 143b Abs. 5 BBauG (Tarif-Nr. 22.1.7 KVz)**

39 KostenG Vollzug des Kostengesetzes

5.1 Wird die Auskunft dadurch erteilt, daß Ablichtungen aus der Kaufpreissammlung oder aus den Bodenrichtwertübersichten übersandt werden, so ist auch hier die Gebühr aus dem Rahmen der Tarif-Nr. 22.1.7 KVz nach Art. 8 KG festzusetzen. Schreibauslagen (Art. 12 KG) fallen daneben nicht an.

5.2 Für entsprechende Auskünfte an Behörden oder Gerichte im Rahmen der Amtshilfe (Art. 4 BayVwVfG) dürfen Kosten nicht erhoben werden (Art. 1 Abs. 1 KG, Art. 8 Abs. 1 BayVwVfG).

6. **Genehmigung zur Errichtung oder Änderung baulicher Anlagen (Tarif-Nr. 22.1.17 KVz)**

6.1 Entscheidungen über Nachbareinwendungen nach Art. 73 BayBO sind kostenrechtlich Bestandteil des Genehmigungsverfahrens und damit durch die Baugenehmigungsgebühr abgegolten (Tarif-Nr. 22.1.17 KVz). Entstehen bei der Behandlung von Nachbareinwendungen Auslagen im Sinn des Art. 13 Abs. 1 KG, Tarif-Nr. 22.5 KVz, so hat diese grundsätzlich der Bauwerber zu tragen. Art. 2 Abs. 3 KG bleibt unberührt.

6.2 Auch die Entscheidung über die Zurückstellung von Bauanträgen nach § 15 BBauG ist durch die Baugenehmigungsgebühr nach Tarif-Nr. 22.1.17 KVz abgegolten. Hierdurch entstehende Auslagen nach Art. 13 Abs. 1 KG, Tarif-Nr. 22.5 KVz hat der Bauwerber zu tragen, soweit sie nicht nach Art. 2 Abs. 3 KG der Gemeinde aufzuerlegen sind.

7. **Genehmigung für die Nutzungsänderung baulicher Anlagen (Tarif-Nr. 22.1.19 KVz)**

7.1 Tarif-Nr. 22.1.19 KVz ist nur anzuwenden, wenn Gegenstand eines Bauantrags
 – ausschließlich die Nutzungsänderung einer baulichen Anlage ist;
 – die Nutzungsänderung mit gleichzeitiger Änderung der baulichen Anlage ist und das Schwergewicht des Vorhabens bei der Nutzungsänderung liegt oder die Änderung der baulichen Anlage genehmigungsfrei ist.
Eine Gebühr nach Tarif-Nr. 22.1.17 KVz fällt hier nicht an (vgl. Art. 9 Abs. 1 KG).

7.2 Im übrigen ist im Genehmigungsverfahren zur Änderung baulicher Anlagen die sich aus den Bauvorlagen ergebende (geänderte) Nutzung Gegenstand dieses Verfahrens. Die Gebühr für die dieses Verfahren abschließende Genehmigung richtet sich deshalb nur nach Tarif-Nr. 22.1.17 KVz (vgl. Art. 9 Abs. 1 KG).

in Bausachen **KostenG 39**

8. **Befreiung von baurechtlichen Vorschriften oder von Festsetzungen des Bebauungsplans (Tarif-Nr. 22.1.24 KVz)**

8.1 Werden in einem Verfahren mehrere Befreiungen gewährt, so ist für jede dieser Befreiungen eine Gebühr nach Tarif-Nr. 22.1.24 KVz zu erheben (Art. 9 Abs. 1 KG).

8.2 Der durch die Befreiung in Aussicht stehende Nutzen, dessen Wert der Gebührenberechnung zugrunde zu legen ist, ist nach pflichtgemäßem Ermessen unter Berücksichtigung aller Umstände des Einzelfalls und der Tarif-Nr. 22.2 letzter Satz KVz **zu schätzen.**

8.2.1 Wird durch die Befreiung zusätzliche Nutzfläche geschaffen, so kann der Nutzen mit Hilfe folgender Berechnungsmethode geschätzt werden:
Nutzfläche, die durch die Befreiung gewonnen wird
× ortsüblichen Mietpreis/m^2
× 12 Monate
= Jahresbruttomiete;
./. geschätzter Jahresbetrag für den Nutzen mindernde Ausgaben und für die Abschreibung
= Jahresnettomiete;
× Kapitalisierungsfaktor für Massivbauwerke, der im Regelfall 20 (bei zu vermietenden Nutzflächen) bzw. 10 (bei eigengenutzten Flächen) beträgt.

8.2.2 Die vorstehende Berechnungsmethode kann jedoch nicht angewendet werden, wenn die zusätzliche Nutzfläche durch eine Baugrenzenüberschreitung entsteht, die zu keiner Überschreitung der insgesamt zulässigen Nutzfläche führt, weil an anderer Stelle zum Ausgleich dafür die Baugrenzen unterschritten werden.

8.3 Die Befreiungsgebühr darf nach Tarif-Nr. 22.1.24 KVz höchstens so hoch sein wie die Baugenehmigungsgebühr nach Tarif-Nr. 22.1.17 KVz.

8.3.1 Bemißt sich die Baugenehmigungsgebühr nach Tarif-Nr. 22.1.17.1 KVz, so ist auch dann von der Gebühr nach Tarif-Nr. 22.1.17.1 **Buchst. b** KVz als zulässigen Befreiungs-Höchstbetrag auszugehen, wenn die Genehmigungsbehörde die Leistungen nach § 4 GebOPI selbst erbringt. Die Gebühr nach Tarif-Nr. 22.1.17.1a KVz kann hierfür nicht herangezogen werden. Sie beinhaltet die Vergütung nach § 4 GebOPI, die Auslagencharakter hat und daher zu einer nicht äquivalenten Befreiungsgebühr führen würde.

8.3.2 Die Befreiungs-Höchstgebühr richtet sich auch in den Fällen

39 KostenG Vollzug des Kostengesetzes

nach Tarif-Nr. 22.1.17.1b KVz, in denen die Baugenehmigungsgebühr nach Tarif-Nr. 22.3 KVz ermäßigt oder nach Tarif-Nr. 22.4 KVz erhöht wird.
Gleiches gilt für Befreiungen, die zu Änderungsgenehmigungen im Sinn der Tarif-Nr. 22.1.18 KVz erteilt werden.

9. **Vorbescheid (Tarif-Nr. 22.1.26 KVz)**
Auch für einen Vorbescheid, der eine der gestellten Fragen mit einem für den Bauwerber negativen Ergebnis beantwortet, ist eine Gebühr nach Tarif-Nr. 22.1.26 KVz zu erheben. Art. 10 Abs. 1 KG ist nicht anwendbar. Der negative Inhalt des Bescheids ist jedoch bei der Beurteilung der Bedeutung der Angelegenheit gemäß Art. 8 KG (gebührenmindernd) zu berücksichtigen.

10. **Bauüberwachung (Tarif-Nr. 22.1.30 KVz)**

10.1 Von Tarif-Nr. 22.1.30 KVz werden alle in Art. 79 Abs. 1 und 2 BayBO genannten außenwirksamen Maßnahmen der Bauaufsichtsbehörde erfaßt, mit denen die Ausführung genehmigungspflichtiger Bauvorhaben überwacht wird (z. B. Prüfung, ob eine bauliche Anlage hinsichtlich Standort, Größe und Nutzung äußerlich erkennbar nach den genehmigten Plänen errichtet wird; Entnahme, Prüfung von Proben – vgl. Art. 79 Abs. 1 Satz 3 BayBO –; Bauzustandsbesichtigungen).

10.1.1 Eine kostenfreie Bauüberwachungsmaßnahme ohne Beanstandung (Tarif-Nr. 22.1.30.1 KVz), liegt vor, wenn kein Verstoß gegen öffentlich-rechtliche Vorschriften (das sind auch Planabweichungen) festgestellt wird. Gleiches gilt, wenn der Baukontrolleur nur Hinweise an die am Bau Beteiligten gibt, daß Mängel oder Abweichungen vorhanden sind, die noch zu beseitigen sind.
Wird im Rahmen der Bauüberwachung festgestellt, daß vorgeschriebene Anzeigen (z. B. nach Art. 79 Abs. 2 Satz 1 BayBO) oder Bescheinigungen (z. B. nach § 13 der Bauaufsichtlichen Verfahrensverordnung – BauVerfV) der Behörde nicht vorgelegt wurden, so liegt gleichfalls keine Beanstandung im Sinn der Tarif-Nr. 22.1.30 KVz vor (s. hierzu auch Nr. 11.3).

10.1.2 Wird jedoch bei der Bauüberwachungsmaßnahme ein Verstoß festgestellt, dessen Behebung unter Fristsetzung mündlich oder schriftlich gefordert wird, oder ergehen daraufhin Anordnungen oder sonstige Maßnahmen nach der BayBO, so sind für die Bauüberwachungsmaßnahme Kosten (Gebühr nach Tarif-Nr. 22.1.30.2 KVz; Auslagen nach Art. 13 Abs. 1 KG, Tarif-Nr. 22.5 KVz) zu erheben.

in Bausachen **KostenG 39**

Die Bauüberwachung mit Beanstandung wird von der Kostenfreiheit nach Tarif-Nr. 21 KVz nicht erfaßt.

10.2 Ergehen als Folge der Bauüberwachung Schreiben mit der Aufforderung zur Mängelbeseitigung, Anordnungen nach Art. 81 oder Art. 82 Satz 1 BayBO und dgl., so sollten hierbei auch die Kostenentscheidung hinsichtlich der Bauüberwachung getroffen und die Kosten angefordert werden.
Die selbständige Kostenpflicht der auf die Bauüberwachung folgenden Maßnahme (z. B. Anordnung) bleibt unberührt (s. hierzu auch Nrn. 11.1 und 11.2).

11. **Verfügungen oder Maßnahmen, die durch Verstöße gegen öffentlich-rechtliche Vorschriften veranlaßt werden (Tarif-Nr. 22.1.37 KVz)**

11.1 Außer den in Tarif-Nr. 22.1.37 KVz beispielhaft erwähnten Anordnungen nach Art. 63 Abs. 2 Satz 2 BayBO, der Baueinstellung (Art. 81 Abs. 1 BayBO) und der Baubeseitigung (Art. 82 Satz 1 BayBO) sind insbesondere noch folgende Amtshandlungen grundsätzlich kostenpflichtig (Art. 1 Abs. 1, Art. 2 Abs. 1, Art. 3 Abs. 1 Nr. 2 KG):
– Anordnung zur Beseitigung von Werbeanlagen nach Art. 68 Abs. 4 BayBO
– Versiegelung, Überwachung, Ingewahrsamnahme nach Art. 81 Abs. 2 BayBO
– Benutzungsuntersagung nach Art. 82 Satz 2 BayBO
– Anordnung, einen Bauantrag zu stellen (Art. 82 Satz 4 BayBO)
Die Gebühr bemißt sich in diesen Fällen nach Tarif-Nr. 22.1.37 KVz in Verbindung mit Art. 8 KG.
Diese Amtshandlungen werden von der Kostenfreiheit nach Tarif-Nr. 21 KVz nicht erfaßt.

11.2 Stellt die Bauaufsichtsbehörde Verstöße gegen öffentlich-rechtliche Vorschriften fest und wendet sie sich im Einzelfall aus Gründen der Verhältnismäßigkeit zunächst nur mit Hinweisen, Belehrungen oder Anregungen an die am Bau Beteiligten, so sind hierfür grundsätzlich keine Kosten (Gebühren und Auslagen) zu erheben (Art. 3 Abs. 1 Nrn. 2, 3 KG). Das gilt auch dann, wenn hierbei eine Frist zur Beseitigung der Mängel usw. gesetzt wird, nach deren Ablauf eine Anordnung ergehen wird.

11.3 Die baurechtlichen Vorschriften enthalten Regelungen, nach denen die am Bau Beteiligten verpflichtet sind, der Bauaufsichtsbehörde Anzeigen, Bescheinigungen und dgl. vorzulegen (z. B. nach Art. 74 Abs. 10, Art. 79 Abs. 2 Satz 1 oder § 13

BauVerfV). Wird diese Verpflichtung nicht erfüllt und fordert die Bauaufsichtsbehörde den Verpflichteten **erstmals** auf, dies bis zu einem bestimmten Zeitpunkt nachzuholen, so ist diese Amtshandlung im Regelfall aus Billigkeitsgründen kostenfrei (Art. 3 Abs. 1 Nr. 2 KG). Für jede weitere Aufforderung sind jedoch Kosten (Gebühren und Auslagen) zu erheben. Die Gebühr bemißt sich nach Tarif-Nr. 22.1.37 KVz in Verbindung mit Art. 8 KG.

12. **Berechnung der Gebühren**

12.1 Soweit die Gebühren nach den Baukosten berechnet werden, richtet sich deren Ermittlung nach Tarif-Nr. 22.2 Satz 1–3 KVz.

12.1.1 Die nach dieser Tarif-Nr. zugrunde zu legenden Baukosten ergeben sich aus der Baubeschreibung (§ 4 Abs. 3 BauVerfV). Ergibt eine vergleichende Berechnung der Bauaufsichtsbehörde, daß diese Angaben unrichtig sind oder fehlen entsprechende Angaben in der Baubeschreibung, so ist von der Baukostenberechnung der Bauaufsichtsbehörde auszugehen. Das Recht der Bauaufsichtsbehörde, gemäß Art. 71 Abs. 2 BayBO die Baubeschreibung zur Berichtigung zurückzugeben, bleibt unberührt.

12.1.2 Bei ihrer Baukostenberechnung hat die Bauaufsichtsbehörde auf die aus der Baubeschreibung und den Bauzeichnungen hervorgehenden Daten (insbesondere Maße, umbauter Raum, wesentliche Konstruktions- und Ausstattungsmerkmale) und auf allgemein gültige ortsübliche Erfahrungssätze (Preis pro m^3 umbauter Raum) abzustellen. Hierbei ist jedoch vom umbauten Raum im genehmigten Umfang auszugehen. Liegen für ein Bauvorhaben keine derartigen Erfahrungssätze vor (z. B. bei gewerblichen Objekten), so kann auf die Baupreisindices des Bayer. Landesamts für Statistik und Datenverarbeitung zurückgegriffen werden (vgl. Urt. des BayVGH vom 20. 6. 1983, BayVBl 1984 S. 50).

12.1.3* Zu den Baukosten im vorstehenden Sinn gehören alle Kosten, die mit dem Bauvorhaben, soweit es genehmigungspflichtig ist, ursächlich verbunden und zu seiner Vollendung erforderlich sind.

Das sind insbesondere:
– Kosten des Bauwerks im Sinn der DIN 276, Teil 2 Nummer 3, jedoch ohne den Wert wiederverwendeter Bauteile,
– Kosten der von der Baugenehmigung erfaßten Außenanlagen im Sinn der DIN 276, Teil 2 Nummer 5,

---

* Nr. 12.1.3 neu gefaßt durch Bek. vom 1. 10. 1986 (MABl. S. 492).

in Bausachen **KostenG 39**

- Baunebenkosten im Sinn der DIN 276, Teil 2 Nummer 7 (Kosten, die bei der Planung und Durchführung auf der Grundlage von Honorarordnungen, Gebührenordnungen, Preisvorschriften oder nach besonderer vertraglicher Vereinbarung entstehen),
- als Teil der Kosten des Bauwerks, Kosten für betriebliche Einbauten im Sinn der DIN 276, Teil 2 Nummer 3.4

jeweils einschließlich gezahlter Umsatzsteuer.

Dagegen gehören nicht zu den Baukosten im Sinn der genannten Tarif-Nummer:
- Kosten des Grundstücks im Sinn der DIN 276, Teil 2 Nummer 1,
- Kosten für Außenanlagen, die nicht von der Baugnehmigung erfaßt werden im Sinn der DIN 276, Teil 2 Nummer 5,
- Kosten des Geräts im Sinn der DIN 276, Teil 2 Nummer 4.

12.1.4 Stellt sich nach Vollendung des Bauvorhabens heraus, daß die der Gebührenberechnung zugrunde gelegten Baukosten höher oder niedriger als die tatsächlichen Baukosten waren, so ist die Kostenentscheidung aus diesem Grund nicht mehr zu ändern (vgl. Art. 16 Abs. 2 KG). Tarif-Nr. 22.2 Satz 1 KVz stellt ausdrücklich auf die Baukosten ab, die im Zeitpunkt der Genehmigung erforderlich sind. Die tatsächlichen Baukosten entstehen aber in einem späteren Zeitpunkt (vgl. BayVGH a. a. O.).

12.2 Soweit Rahmengebühren vorgesehen sind, ist die Gebühr im Einzelfall nach Art. 8 KG festzusetzen. Der Verwaltungsaufwand kann mit Hilfe von Personaldurchschnitts- bzw. Vollkostensätzen geschätzt werden, die mit IMS vom 21. März 1985 Nr. I Z 6 – 1008-0/17 mitgeteilt wurden.

Es ist zu beachten, daß die für einen **Durchschnittsfall** dem Gebührenrahmen zu entnehmende Gebühr regelmäßig im unteren Drittel des Gebührenrahmens liegt (vgl. Ministerratsbeschluß vom 13. 3. 1984; IMS vom 30. 4. 1984 Nr. I Z 6 – 1052-55/4).

13. **Ermäßigung nach Tarif-Nr. 22.3.1 KVz**

Obwohl die Anerkennung des begünstigten Zwecks bei der Erteilung der Baugenehmigung in der Regel noch nicht vorliegt, **ist** die Gebührenermäßigung zu diesem Zeitpunkt vorläufig zu gewähren, wenn die Anerkennung in Aussicht steht (Tarif-Nr. 22.3.1.4 Satz 1 KVz). Dies ist schon dann der Fall, wenn die objektiven Voraussetzungen für die Anerkennung gegeben sind. Ein entsprechender Antrag muß hierzu nicht vorliegen.

Die vorläufige Gebührenermäßigung wird in der Weise gewährt, daß in der Kostenentscheidung

39 KostenG Vollzug des Kostengesetzes

- vorläufig die ermäßigte Gebühr,
- für den Fall, daß der Anerkennungsbescheid bis zu einem von der Bauaufsichtsbehörde zu bestimmenden Zeitpunkt nicht vorgelegt wird, die volle Gebühr

festgesetzt wird.

Bei der Festlegung des Zeitpunkts und einer darauffolgenden Anforderung des Differenzbetrags ist zu beachten, daß der Anspruch auf den Differenzbetrag gemäß Art. 71 des Gesetzes zur Ausführung des Bürgerlichen Gesetzbuchs und anderer Gesetze (BayRS 400–1–J) in drei Jahren erlischt.

13.2 Die Ermäßigung nach Tarif-Nr. 22.3.1 KVz ist auch für bauliche Anlagen zu gewähren, die nachträglich zu einem Bauvorhaben errichtet werden, wenn
- dieses Bauvorhaben den Tatbestand für die Gebührenermäßigung im Genehmigungszeitpunkt noch erfüllt und
- die nachträglich errichtete Anlage bei gleichzeitiger Erstellung mit dem zuerst genehmigten Bauwerk in die Gebührenermäßigung mit einbezogen worden wäre (das gilt z. B. für unselbständige Nebengebäude wie Garagen).

13.3 Wird die Genehmigung für ein Bauvorhaben versagt, das objektiv die Voraussetzungen für die Gebührenermäßigung erfüllt hätte (vgl. Nr. 13.1), so ist auch bei der Anwendung des Art. 10 Abs. 1 KG von der ermäßigten Gebühr auszugehen. Entsprechendes gilt für Art. 10 Abs. 2 KG.

14. **Ermäßigung nach Tarif-Nr. 22.3.5 KVz**

14.1 Häuser gleichen Typs in Reihenhauszeilen und spiegelbildliche Eckhäuser oder Doppelhaushälften sind als eine Mehrzahl von baulichen Anlagen im Sinn dieser Tarif-Nummer anzusehen, wenn sie von der Bauaufsichtsbehörde selbständig geprüft werden können. Ob hierfür ein Bauantrag gestellt wird, oder ob mehrere Anträge vorliegen, ist dabei ohne Belang.
Der Ermäßigung steht nicht entgegen, wenn Doppelhäuser im zusammenhängenden Baugelände verschieden situiert sind und deshalb z. B. die Abstandsflächenproblematik differenziert betrachtet werden muß. Auch unterschiedliche Baukosten sind unerheblich, es sei denn, daß sie Folge typverändernder Bauausführung sind.

14.2 Soweit sich für eine Genehmigung nach den Tarif-Nrn. 22.1.17, 22.1.18 und 22.1.27 die Mindestgebühr ergibt, wird auch diese nach Tarif-Nr. 22.3.5 KVz ermäßigt (z. B. bei typengleichen Garagen).

14.3 Obwohl in Tarif-Nr. 22.3.5 KVz nur die Ermäßigung der Gebühren nach den Tarif-Nrn. 22.1.17, 22.1.18 und 22.1.27 KVz

in Bausachen **KostenG 39**

bestimmt ist, wird Tarif-Nr. 22.3.5 KVz auch auf Gebühren nach diesen Tarif-Stellen angewendet, die gemäß Tarif-Nrn. 22.3.1, 22.3.2, 22.3.3 oder 22.3.4 KVz ermäßigt werden (Tarif-Nr. 22.3.9 KVz).

15. **Herabsetzung nach Tarif-Nr. 22.3.8 KVz**
Diese Tarif-Nummer ist nicht anzuwenden, wenn die Genehmigungsgebühr nach Tarif-Nrn. 22.1.17, 22.1.18 oder 22.1.27 KVz bzw. die Zustimmungsgebühren nach Tarif-Nrn. 22.1.33 oder 22.1.34 KVz bereits nach den Tarif-Nrn. 22.3.1 bis 22.3.7 KVz ermäßigt wurden (Tarif-Nr. 22.3.9 KVz).

16. **Erhöhung nach Tarif-Nr. 22.4.2 KVz**
Nach dieser Tarif-Nummer wird die Gebühr nur dann erhöht, wenn die Erlaubnis nach Art. 6 Abs. 1 des Denkmalschutzgesetzes (DSchG) aufgrund Art. 6 Abs. 3 DSchG entfällt **und** die Baumaßnahme nicht der Einhaltung, Renovierung oder Sanierung von Baudenkmälern dient. Art. 17 DSchG steht dem nicht entgegen.

17. **Erlaß von Baugenehmigungsgebühren bei Brandschäden und Teilerlaß von Baugenehmigungsgebühren für Almen, Alpen und sonstige landwirtschaftliche Gebäude in benachteiligten Gebieten**

17.1 Gebühren für Baugenehmigungen, die aufgrund eines Brandschadens erteilt werden, können in besonders gelagerten Ausnahmefällen aufgrund des Art. 59 Abs. 1 Nr. 3 BayHO und den VV hierzu (bei den Gemeinden gemäß Art. 13 Abs. 1 Nr. 5 des Kommunalabgabengesetzes, § 32 Abs. 1 der Kommunalhaushaltsverordnung in Verbindung mit § 227 der Abgabenordnung) erlassen werden. Voraussetzung hierfür ist, daß die Einziehung der Gebühren nach Lage des einzelnen Falls für den Schuldner eine besondere Härte bedeuten würde. Dies ist jedoch nicht schon dann anzunehmen, wenn die Entschädigungsleistungen der Bayer. Landesbrandversicherungsanstalt hinter den Wiederaufbaukosten des abgebrannten Gebäudes zurückgeblieben sind. Denn diese Entschädigungsleistungen berücksichtigen nur Ausgaben, die anfallen, wenn das abgebrannte Gebäude in seinem ursprünglichen Zustand wieder aufgebaut würde (Wiederherstellungskosten, Brandschaden).

17.2 Werden Baugenehmigungen für
– Almen, Alpen oder
– sonstige landwirtschaftliche Gebäude im Berggebiet oder in den übrigen benachteiligten Gebieten nach den Richtlinien des Rates vom 18. April 1975 über die Landwirtschaft im

39 KostenG Vollzug des Kostengesetzes in Bausachen

  Berggebiet und in bestimmten benachteiligten Gebieten Nr. 75/268/EWG (EG-Abl L 128 vom 19. Mai 1975) erteilt, sind die Baukosten und damit die Genehmigungsgebühren in der Regel höher als für Bauten außerhalb dieser Gebiete. Die Gebührenmehrbelastung ist in der Regel als besondere Härte anzusehen, die einen Erlaß der Genehmigungsgebühr bis auf den Betrag, der für ein vergleichbares Bauwerk im Flachland zu erheben wäre, rechtfertigt (vgl. dazu die unter Nr. 17.1 genannten Erlaßvorschriften). Kein Erlaßgrund liegt allerdings vor, wenn der Bauwerber in besonders günstigen wirtschaftlichen Verhältnissen lebt. Zur Beurteilung können die Kriterien des einzelbetrieblichen Förderungsprogramms für die Land- und Forstwirtschaft herangezogen werden.

18. **Aufhebung von Regelungen**

18.1 Die Bekanntmachungen vom 7. Dezember 1957 (MABl. S. 863), vom 20. November 1958 (MABl. S. 774) und vom 23. Januar 1961 (MABl. S. 111) werden aufgehoben.

18.2 Folgende Schreiben, die zwar durch Zeitablauf außer Kraft getreten sind, jedoch vielfach noch angewendet werden, sind überholt:

IMS vom 3. September 1969	Nr. I A 5 – 1052–20/18,
IMS vom 1. Juli 1971	Nr. I A 5 – 1052–20/7,
IMS vom 27. August 1971	Nr. I A 5/IV R 2 – 1052–1 a/1,
IMS vom 21. Februar 1973	Nr. I Z 6 – 1052–20/2,
IMS vom 8. April 1975	Nr. I Z 6 – 1052–20/1,
IMS vom 19. Oktober 1979	Nr. I Z 6 – 1052–20/13,
IMS vom 18. August 1980	Nr. I Z 6 – 1052–20/9.

G. Berufsrecht

40. Bayerisches Architektengesetz (BayArchG)

In der Fassung der Bekanntmachung vom 26. Februar 1982
(BayRS 2133-1-I)

Inhaltsübersicht

Erster Teil. Berufsaufgaben und Berufsbezeichnung
Art. 1 Berufsaufgaben
Art. 2 Berufsbezeichnung
Art. 3 Architektenliste
Art. 4 Voraussetzungen der Eintragung
Art. 5 Versagung der Eintragung
Art. 6 Löschung der Eintragung
Art. 7 Auswärtige Architekten

Zweiter Teil. Architektenkammer
Art. 8 Errichtung der Architektenkammer
Art. 9 Mitgliedschaft
Art. 10 Aufgaben der Architektenkammer
Art. 11 Organe der Architektenkammer
Art. 12 Vertreterversammlung
Art. 13 Aufgaben der Vertreterversammlung
Art. 14 Vorstand
Art. 15 Rügerecht des Vorstands
Art. 16 Satzung
Art. 17 Schlichtungsausschuß
Art. 18 Finanzwesen der Architektenkammer
Art. 19 Schweigepflicht
Art. 20 *(aufgehoben)*
Art. 21 Aufsicht
Art. 22 Durchführung der Aufsicht

Dritter Teil. Eintragungsausschuß
Art. 23 Errichtung und Zusammensetzung
Art. 24 Bestellung
Art. 25 Grundsätze für die Tätigkeit
Art. 26 Verfahren

Vierter Teil. Berufsgerichtsbarkeit
Art. 27 Anwendungsbereich; Verjährung
Art. 28 Berufsgerichtliche Maßnahmen
Art. 29 Berufsgerichte und Landesberufsgericht
Art. 30 Bestellung der Richter
Art. 31 Einleitung des Verfahrens
Art. 32 Anwendung des Kammergesetzes

Fünfter Teil. Architektenversorgung
Art. 33 Errichtung, Name, Zweck und Mitglieder der Anstalt
Art. 34 Landesausschuß
Art. 35 Anstaltssatzung
Art. 36 Anwendung des Versicherungsgesetzes
Art. 37 Erlaß der ersten Satzung

Sechster Teil. Ordnungswidrigkeiten; Übergangs- und Schlußbestimmungen
Art. 38 Ordnungswidrigkeiten
Art. 39 Fortführung der Berufsbezeichnung
Art. 40 *(gegenstandslos)*
Art. 41 *(gegenstandslos)*
Art. 42 Ausführungsvorschriften
Art. 43 *(gegenstandslos)*
Art. 44 Inkrafttreten

Erster Teil. Berufsaufgaben und Berufsbezeichnung

Art. 1 Berufsaufgaben

(1) Berufsaufgaben des Architekten sind die gestaltende, technische und wirtschaftliche Planung von Bauwerken oder im Städtebau.

(2) Berufsaufgaben des Innenarchitekten sind die gestaltende, technische und wirtschaftliche Planung von Innenräumen.

(3) Berufsaufgaben des Landschaftsarchitekten sind die gestaltende, technische, wirtschaftliche und ökologische Planung von Freianlagen, die Landschaftsplanung sowie die Planung im Städtebau innerhalb seiner Fachrichtung.

(4) Zu den Berufsaufgaben des Architekten, Innenarchitekten und Landschaftsarchitekten gehören auch die Beratung, Betreuung und Vertretung des Bauherrn in den mit der Planung und Durchführung eines Vorhabens zusammenhängenden Fragen sowie die Überwachung der Ausführung.

(5) Zu den Berufsaufgaben des Architekten und des Landschaftsarchitekten gehört auch die Mitwirkung bei der Landesplanung und Regionalplanung.

Art. 2 Berufsbezeichnung

(1) Die Berufsbezeichnung „Architekt", „Innenarchitekt" oder „Landschaftsarchitekt" darf nur führen, wer unter dieser Bezeichnung in die Architektenliste (Art. 3) eingetragen ist oder wem die Berechtigung zur Führung dieser Berufsbezeichnung nach Art. 7 zusteht.

(2) Wortverbindungen mit den Berufsbezeichnungen nach Absatz 1 oder ähnliche Bezeichnungen dürfen nur Personen verwenden, welche die entsprechende Berufsbezeichnung zu führen befugt sind.

(3) Das Recht zur Führung akademischer Grade wird durch diese Regelung nicht berührt.

Art. 3 Architektenliste

(1) [1] Die Architektenliste wird von der Architektenkammer (Art. 8) geführt. [2] Aus der Architektenliste muß neben der Fachrichtung des Eingetragenen die Beschäftigungsart ersichtlich sein.

Bayerisches Architektengesetz Art. 4 **BayArchG 40**

(2) ¹ Über die Eintragung in die Architektenliste entscheidet der Eintragungsausschuß (Art. 23 bis 26). ² Der Vorsitzende stellt dem Betroffenen die Entscheidung zu und übermittelt sie nach Unanfechtbarkeit der Architektenkammer.

(3) ¹ Ein Vorverfahren nach den §§ 68 ff. der Verwaltungsgerichtsordnung (VwGO) findet nicht statt. ² Der Eintragungsausschuß bei der Architektenkammer ist fähig, am verwaltungsgerichtlichen Verfahren beteiligt zu sein (§ 61 Nr. 3 VwGO); er wird durch den Vorsitzenden vertreten.

(4) ¹ Aus der Architektenliste dürfen Auskünfte über Vornamen, Namen, akademische Grade, Anschriften, Fachrichtung und Tätigkeit der Architekten erteilt werden. ² Diese Angaben dürfen auch veröffentlicht werden. ³ Art. 17 des Bayerischen Datenschutzgesetzes bleibt unberührt.

Art. 4 Voraussetzungen der Eintragung

(1) In die Architektenliste (Art. 3) ist ein Bewerber auf Antrag einzutragen, wenn er seinen Wohnsitz, seine Niederlassung oder seine überwiegende Beschäftigung in Bayern hat und

1. eine erfolgreiche Abschlußprüfung für die in Art. 1 Abs. 1 bis 3 genannten Aufgaben der Fachrichtungen Hochbau, Architektur, Innenarchitektur oder Garten- und Landschaftsgestaltung an einer deutschen Hochschule, an einer deutschen öffentlichen oder staatlich anerkannten Ingenieurschule (Akademie) oder an einer dieser gleichrangigen deutschen Lehreinrichtung abgelegt hat und

2. eine nachfolgende praktische Tätigkeit nach Art. 1 von mindestens drei Jahren ausgeübt hat; diese Voraussetzung gilt als erbracht, wenn der Bewerber in die Architektenliste eines anderen Bundeslandes eingetragen ist oder dort nur gelöscht wurde, weil er den Wohnsitz, die Niederlassung oder die überwiegende Beschäftigung verlegt hat.

(2) Die Voraussetzung nach Absatz 1 Nr. 1 erfüllt auch, wer eine gleichwertige Abschlußprüfung an einer ausländischen Hochschule oder an einer sonstigen ausländischen Lehreinrichtung mit Erfolg abgelegt hat.

(3) ¹ Ein Bewerber, der die Voraussetzungen der Absätze 1 und 2 nicht erfüllt, ist auf Antrag in die Architektenliste einzutragen, wenn er seinen Wohnsitz, seine Niederlassung oder seine überwiegende Beschäftigung in Bayern hat und

1. mindestens zehn Jahre eine praktische Tätigkeit in einer der Fachrichtungen nach Art. 1 Abs. 1 bis 3 bei einem in der Architektenliste eingetragenen Architekten oder eine gleichwertige Tätigkeit ausgeübt hat und

2. an Hand eigener Arbeiten die einer Ausbildung nach Absatz 1 entsprechenden Kenntnisse nachweist.

²Auf die Zeit der praktischen Tätigkeit im Sinn des Satzes 1 Nr. 1 ist die Zeit des durch Abschlußprüfung nachgewiesenen erfolgreichen Besuchs einer öffentlichen oder staatlich anerkannten Berufsfachschule für Innenarchitektur anzurechnen, soweit sie die vorgeschriebene Mindestdauer nicht übersteigt.

(4) ¹Die Eintragung kann bei Bewerbern, die nicht Deutsche im Sinn des Art. 116 des Grundgesetzes sind, versagt werden, wenn die Gegenseitigkeit nicht gewährleistet ist. ²Das gilt nicht für Staatsangehörige der Mitgliedstaaten der Europäischen Gemeinschaften.

Art. 5 Versagung der Eintragung

(1) Die Eintragung in die Architektenliste ist einem Bewerber zu versagen,

1. solange er nach § 45 des Strafgesetzbuchs (StGB) die Fähigkeit, öffentliche Ämter zu bekleiden oder Rechte aus öffentlichen Wahlen zu erlangen, verloren hat oder solange ihm das Recht, in öffentlichen Angelegenheiten zu wählen oder zu stimmen, aberkannt ist,
2. solange ihm nach § 70 StGB die Ausübung eines Berufs untersagt oder nach § 132a der Strafprozeßordnung die Ausübung des Berufs vorläufig verboten ist, der eine der in Art. 1 bezeichneten Tätigkeiten zum Gegenstand hat,
3. solange ihm nach § 35 Abs. 1 der Gewerbeordnung die Berufsausübung untersagt ist,
4. wenn er wegen eines Verbrechens oder Vergehens rechtskräftig zu einer Strafe verurteilt worden ist und sich aus dem der Verurteilung zugrunde liegenden Sachverhalt ergibt, daß er zur Erfüllung der Berufsaufgaben nach Art. 1 nicht geeignet ist oder
5. solange er entmündigt oder unter vorläufige Vormundschaft gestellt oder ihm zur Besorgung seiner Vermögensangelegenheiten ein Pfleger bestellt ist.

(2) Die Eintragung in die Architektenliste kann einem Bewerber versagt werden, wenn er

1. innerhalb der letzten fünf Jahre vor Stellung des Eintragungsantrags eine eidesstattliche Versicherung nach § 807 der Zivilprozeßordnung abgegeben hat oder wenn das Konkursverfahren über sein Vermögen eröffnet oder die Eröffnung mangels Masse abgelehnt worden ist oder
2. sich innerhalb der letzten fünf Jahre gröblich oder wiederholt berufsunwürdig verhalten hat.

Bayerisches Architektengesetz Art. 6–8 BayArchG 40

Art. 6 Löschung der Eintragung

Die Eintragung ist zu löschen, wenn

1. der Eingetragene verstorben ist,
2. der Eingetragene auf die Eintragung verzichtet,
3. in einem berufsgerichtlichen Verfahren rechtskräftig auf Löschung der Eintragung in der Architektenliste erkannt worden ist (Art. 28) oder
4. die Entscheidung über die Eintragung unanfechtbar zurückgenommen oder widerrufen ist.

Art. 7 Auswärtige Architekten

(1) Die Berufsbezeichnung nach Art. 2 Abs. 1 oder eine Wortverbindung mit den Berufsbezeichnungen oder eine ähnliche Bezeichnung nach Art. 2 Abs. 2 dürfen ohne Eintragung in die Architektenliste auch Personen führen, die in Bayern weder einen Wohnsitz, eine Niederlassung noch eine überwiegende Beschäftigung haben, wenn sie

1. die Bezeichnung auf Grund einer gesetzlichen Regelung des Landes oder des auswärtigen Staates, in dem sie ihren Wohnsitz, ihre Niederlassung oder ihre überwiegende Beschäftigung haben, führen dürfen oder
2. die Voraussetzungen des Art. 4 erfüllen und in dem Land oder dem auswärtigen Staat, in dem sie ihren Wohnsitz, ihre Niederlassung oder ihre überwiegende Beschäftigung haben, eine vergleichbare gesetzliche Regelung nicht besteht.

(2) Ist die Person nicht Deutscher im Sinn des Art. 116 des Grundgesetzes, kann der Eintragungsausschuß die Führung der Berufsbezeichnung untersagen, wenn

1. die Gegenseitigkeit nicht gewährleistet ist; das gilt nicht für Staatsangehörige der Mitgliedstaaten der Europäischen Gemeinschaften,
2. dem Art. 4 dieses Gesetzes vergleichbare Voraussetzungen nicht vorliegen oder
3. Tatsachen eingetreten oder bekanntgeworden sind, die eine Versagung nach Art. 5 rechtfertigen würden.

Zweiter Teil. Architektenkammer

Art. 8 Errichtung der Architektenkammer

(1) [1] In Bayern wird eine Architektenkammer errichtet. [2] Sie führt die Bezeichnung „Bayerische Architektenkammer".

(2) [1] Die Architektenkammer ist eine Körperschaft des öffentlichen Rechts. [2] Sie führt ein Dienstsiegel.

(3) Sitz der Architektenkammer ist München.

(4) Die Architektenkammer kann örtliche Untergliederungen bilden.

Art. 9 Mitgliedschaft

(1) Der Architektenkammer gehören alle in die Architektenliste eingetragenen Architekten an.

(2) Die Mitgliedschaft endet, wenn die Eintragung in der Architektenliste gelöscht wird.

Art. 10 Aufgaben der Architektenkammer

(1) Aufgabe der Architektenkammer ist es,

1. die beruflichen Belange der Gesamtheit der Mitglieder zu wahren und die Erfüllung der beruflichen Pflichten zu überwachen,

2. die Architektenliste zu führen,

3. für die berufliche Fortbildung zu sorgen,*

4. das Bauwesen zu fördern,

5. bei der Regelung des Wettbewerbswesens mitzuwirken,

6. die Behörden und Gerichte durch Gutachten, Stellungnahmen und Vorschläge oder in sonstiger Weise zu unterstützen; vor der Regelung wichtiger einschlägiger Fragen ist die Kammer zu hören,

7. auf die Beilegung von Streitigkeiten, die sich aus der Berufsausübung zwischen Mitgliedern oder zwischen diesen und Dritten ergeben, hinzuwirken.

(2) ¹ Die Architektenkammer kann Fürsorgeeinrichtungen für die Mitglieder und deren Familien schaffen. ² Für die Mitglieder, deren Versorgung gesetzlich geregelt ist, darf die Teilnahme nicht zwingend sein.

(3) ¹ Zur Wahrung der die deutsche Architektenschaft berührenden gemeinsamen Berufs- und Standesfragen ist die Architektenkammer berechtigt, sich an Arbeitsgemeinschaften mit entsprechenden außerbayerischen Landesorganisationen zu beteiligen. ² Der Arbeitsgemeinschaft können jedoch nicht Aufsichtsbefugnisse oder andere Aufgaben übertragen werden, für die gesetzlich die Zuständigkeit der Architektenkammer begründet ist. ³ Die in Art. 19 bezeichneten Personen verstoßen nicht gegen ihre Pflicht zur Verschwiegenheit, wenn sie der Arbeitsgemeinschaft Angelegenheiten mitteilen, die zum Aufgabengebiet der Arbeitsgemeinschaft gehören.

---

* Satzung der Akademie für Fort- und Weiterbildung der Bayerischen Architektenkammer vom 4. 11. 1980 (StAnz. Nr. 47), geändert durch Bek. vom 15. 12. 1981 (StAnz. 1982 Nr. 2).

Bayerisches Architektengesetz Art. 11–13 **BayArchG 40**

Art. 11 Organe der Architektenkammer

(1) Organe der Architektenkammer sind
1. die Vertreterversammlung,
2. der Vorstand.

(2) Die in die Organe berufenen Mitglieder sind zur Annahme und Ausübung ihres Amts verpflichtet, soweit nicht ein wichtiger Grund entgegensteht.

(3) ^{1} Die Mitglieder der Organe sind ehrenamtlich tätig. ^{2} Sie haben für Auslagen und Zeitversäumnis Anspruch auf Entschädigung, deren Höhe die Vertreterversammlung festsetzt.

Art. 12 Vertreterversammlung

(1) ^{1} Die Mitglieder der Vertreterversammlung werden auf die Dauer von vier Jahren in geheimer Wahl nach den Vorschriften einer Wahlordnung von den Kammermitgliedern gewählt. ^{2} Die Kammermitglieder wählen 125 Vertreter und die gleiche Zahl von Ersatzleuten; das Wahlrecht ist persönlich auszuüben; jede Fachrichtung (Art. 1 Abs. 1 bis 3) muß mindestens durch zwei Mitglieder vertreten sein. ^{3} Die Ersatzleute rücken nach näherer Bestimmung der Wahlordnung als Mitglieder in die Vertreterversammlung nach.

(2) Die Wahlordnung regelt das Nähere über die Ausübung des Wahlrechts.

(3) Die Amtszeit der Mitglieder der Vertreterversammlung dauert bis zum Amtsantritt der neuen Mitglieder.

(4) Ein Mitglied scheidet aus der Vertreterversammlung aus, wenn es die Wahl zum Mitglied des Vorstands angenommen hat.

Art. 13 Aufgaben der Vertreterversammlung

(1) Die Vertreterversammlung ist insbesondere zuständig für
1. den Erlaß der Satzung,
2. den Erlaß der Wahlordnung,*
3. den Erlaß der Berufsordnung (Bestimmung der Berufspflichten),**
4. den Erlaß der Beitrags- und Gebührenordnung,***

---

* Bek. über die Wahlordnung für die Wahlen zur Vertreterversammlung der Bayerischen Architektenkammer vom 5. 2. 1975 (StAnz. Nr. 8, ber. Nr. 9), geändert durch Bek. vom 4. 1. 1983 (StAnz. Nr. 3). Bek. über die Wahlordnung für die Wahlen zum Vorstand der Bayerischen Architektenkammer vom 5. 2. 1975 (StAnz. Nr. 8, ber. Nr. 9), geändert durch Bek. vom 4. 1. 1983 (StAnz. Nr. 3).
** Berufsordnung der Bayerischen Architektenkammer vom 20. 6. 1973 (StAnz. Nr. 27), geändert durch Bek. vom 8. 2. 1980 (StAnz. Nr. 7), vom 9. 7. 1980 (StAnz. Nr. 30) und vom 8. 12. 1983 (StAnz. Nr. 50).
*** Bek. der Bayerischen Architektenkammer über die Neufassung der vorläufigen Beitragsordnung vom 14. 7. 1972 (StAnz. Nr. 29), geändert durch Bek. vom 29. 6. 1973 (StAnz. Nr. 27), vom 27. 4. 1976 (StAnz. Nr. 22), vom 27. 6. 1977 (StAnz. Nr. 28), vom

5. die Verabschiedung des Haushaltsplans,
6. die Abnahme der Jahresrechnung und die Wahl der Rechnungsprüfer,
7. die Wahl, die Entlastung und die Abberufung des Vorstands,
8. die Festsetzung der Entschädigung für Mitglieder der Organe und des Eintragungsausschusses,
9. die Bildung von Fürsorgeeinrichtungen.*

(2) ¹ Die Vertreterversammlung ist beschlußfähig, wenn mehr als die Hälfte der Mitglieder anwesend ist. ² Ist eine Angelegenheit wegen Beschlußunfähigkeit der Vertreterversammlung zurückgestellt worden und tritt die Vertreterversammlung zur Verhandlung über denselben Gegenstand zum zweiten Mal zusammen, so ist sie ohne Rücksicht auf die Zahl der Erschienenen beschlußfähig. ³ In der Ladung zu dieser Sitzung ist auf diese Bestimmung ausdrücklich hinzuweisen.

(3) ¹ Bei Beschlüssen und Wahlen entscheidet unbeschadet des Absatzes 4 die Mehrheit der abgegebenen Stimmen. ² Bei Stimmengleichheit ist ein Antrag abgelehnt. ³ Stimmübertragungen sind ausgeschlossen.

(4) ¹ Beschlüsse zum Erlaß und zur Änderung der Satzung, der Wahlordnung, der Berufsordnung, der Beitrags- und Gebührenordnung und zur vorzeitigen Abberufung von Mitgliedern des Vorstands bedürfen einer Mehrheit von zwei Dritteln der Mitglieder der Vertreterversammlung. ² Absatz 2 Sätze 2 und 3 gelten entsprechend mit der Maßgabe, daß Beschlüsse in dieser Sitzung einer Mehrheit von zwei Dritteln der anwesenden Mitglieder bedürfen.

(5) ¹ Beschlüsse der Vertreterversammlung zu Absatz 1 Nrn. 1 bis 4 und 9 bedürfen der Genehmigung durch die Aufsichtsbehörde. ² Sie sind im Staatsanzeiger bekanntzumachen.

Art. 14 Vorstand

(1) ¹ Der Vorstand besteht aus dem Präsidenten, zwei Stellvertretern (Vizepräsidenten) und mindestens vier weiteren Mitgliedern. ² Seine Amtsdauer beträgt vier Jahre. ³ Die Amtszeit der Mitglieder des Vorstands dauert bis zum Amtsantritt der neuen Mitglieder.

(2) Der Vorstand führt die Geschäfte der Architektenkammer.

---

15. 12. 1981 (StAnz. 1982 Nr. 2) und vom 12. 1. 1987 (StAnz. Nr. 5). Bek. der Bayerischen Architektenkammer über die Gebührenordnung vom 9. 12. 1971 (StAnz. 1972 Nr. 3), geändert durch Bek. vom 27. 4. 1976 (StAnz. Nr. 22), vom 27. 6. 1977 (StAnz. Nr. 28), vom 4. 11. 1980 (StAnz. Nr. 47), vom 3. 8. 1982 (StAnz. Nr. 32), vom 20. 9. 1984 (StAnz. Nr. 39) und vom 25. 11. 1988 (StAnz. Nr. 52).

* Bek. über die Satzung des Fürsorgewerkes der Bayerischen Architektenkammer vom 30. 1. 1976 (StAnz. Nr. 6).

Bayerisches Architektengesetz   Art. 15, 16 **BayArchG 40**

(3) Der Präsident vertritt die Architektenkammer gerichtlich und außergerichtlich.

(4) ¹ Erklärungen, durch welche die Architektenkammer verpflichtet werden soll, bedürfen der Schriftform. ² Sie sind vom Präsidenten zu unterzeichnen, soweit die Satzung nichts anderes bestimmt.

Art. 15 Rügerecht des Vorstands

(1) ¹ Der Vorstand kann das Verhalten eines Kammermitglieds, durch das dieses ihm obliegende Berufspflichten verletzt hat, rügen, wenn die Schuld gering ist und ein Antrag auf Einleitung eines berufsgerichtlichen Verfahrens nicht erforderlich erscheint. ² Architekten im öffentlichen Dienst unterliegen hinsichtlich ihrer dienstlichen Tätigkeit nicht dem Rügerecht.

(2) Das Rügerecht erlischt, sobald das berufsgerichtliche Verfahren gegen das Mitglied eingeleitet ist.

(3) Bevor die Rüge erteilt wird, ist das Mitglied zu hören.

(4) ¹ Der Bescheid, durch den das Verhalten des Mitglieds gerügt wird, ist zu begründen. ² Er ist dem Mitglied mit Rechtsmittelbelehrung zuzustellen. ³ Eine Zweitschrift des Bescheids ist der Aufsichtsbehörde zu übersenden.

(5) ¹ Gegen den Bescheid kann das Mitglied binnen zwei Wochen nach der Zustellung bei dem Vorstand Einspruch erheben. ² Über den Einspruch entscheidet der Vorstand. ³ Absatz 4 ist entsprechend anzuwenden. ⁴ Wird der Einspruch zurückgewiesen, so kann das Mitglied binnen eines Monats nach der Zustellung beim zuständigen Berufsgericht die Einleitung eines berufsgerichtlichen Verfahrens beantragen.

(6) Im übrigen sind Art. 33 Abs. 2 und 5 Sätze 2 und 3, Abs. 6 bis 8, Art. 34 und 89 Abs. 5 des Kammergesetzes sinngemäß anzuwenden; dabei tritt jeweils die Aufsichtsbehörde an die Stelle der Regierung.

Art. 16* Satzung

(1) Die Satzung muß Bestimmungen enthalten über
1. die Rechte und Pflichten der Mitglieder,
2. die Geschäftsführung der Architektenkammer,
3. die Wahl und die Zusammensetzung des Vorstands,
4. die Einberufung und die Geschäftsordnung der Vertreterversammlung,
5. den Schlichtungsausschuß (Art. 17),
6. die Bildung örtlicher Untergliederungen (Art. 8 Abs. 4).

---

* Satzung der Bayerischen Architektenkammer vom 4. 12. 1972 (StAnz. 1973 Nr. 9), geändert durch Bek. vom 13. 8. 1974 (StAnz. Nr. 34), vom 27. 4. 1976 (StAnz. Nr. 22), vom 23. 2. 1978 (StAnz. Nr. 14), vom 14. 2. 1979 (StAnz. Nr. 9), vom 9. 7. 1980 (StAnz. Nr. 30), vom 15. 12. 1981 (StAnz. 1982 Nr. 2), vom 12. 1. 1987 (StAnz. Nr. 4) und vom 25. 11. 1988 (StAnz. Nr. 52).

(2) Die Satzung ist so auszugestalten, daß die Wahrung der Belange aller Fachrichtungen und Tätigkeitsarten gesichert ist.

Art. 17 Schlichtungsausschuß

(1) ¹ Zur gütlichen Beilegung von Streitigkeiten, die sich aus der Berufsausübung zwischen Kammermitgliedern oder zwischen diesen und Dritten ergeben, ist bei der Kammer ein ständiger Schlichtungsausschuß zu bilden. ² Die Einzelheiten regelt die Satzung. ³ Die Mitglieder des Schlichtungsausschusses werden vom Vorstand für dessen Amtsdauer bestellt. ⁴ Der Schlichtungsausschuß wird in einer Besetzung mit drei Mitgliedern tätig.

(2) ¹ Bei Streitigkeiten zwischen Kammermitgliedern hat der Schlichtungsausschuß auf Anrufung durch einen der Beteiligten oder auf Anordnung des Vorstands einen Schlichtungsversuch zu unternehmen. ² Ist ein Dritter beteiligt, so kann der Schlichtungsausschuß nur mit dessen Einverständnis tätig werden.

Art. 18 Finanzwesen der Architektenkammer

(1) ¹ Der Vorstand stellt den Haushaltsplan auf und legt ihn der Vertreterversammlung zur Beschlußfassung vor. ² Der Haushaltsplan und sein Vollzug müssen den Grundsätzen einer sparsamen und wirtschaftlichen Finanzgebarung entsprechen.

(2) ¹ Die Kosten der Errichtung und der Tätigkeit der Architektenkammer werden, soweit sie nicht anderweitig gedeckt sind, durch Beiträge der Mitglieder gemäß der Beitrags- und Gebührenordnung aufgebracht. ² In ihr ist ein angemessener Beitragsrahmen festzusetzen. ³ Die Beiträge können für einzelne Mitgliedergruppen unterschiedlich bemessen werden. ⁴ Dabei können sie auch nach der Höhe des Einkommens aus der Berufstätigkeit als Architekt gestaffelt werden.

(3) ¹ Für die Inanspruchnahme von Kammereinrichtungen und für das Verfahren vor dem Eintragungs- und dem Schlichtungsausschuß können Gebühren erhoben werden. ² Das Nähere bestimmt die Beitrags- und Gebührenordnung.*

(4) ¹ Die Architektenkammer ist befugt, für die Vollstreckung von Beitrags-, Gebühren- und Kostenforderungen Vollstreckungsanordnungen zu erteilen und zu diesem Zweck die Vollstreckungsklausel auf eine Ausfertigung des Leistungsbescheids oder des Ausstandsverzeichnisses zu setzen. ² Die Vollstreckung richtet sich nach dem Bayerischen Verwaltungszustellungs- und Vollstreckungsgesetz in seiner jeweils geltenden Fassung; für die Vollstreckung sind ausschließlich die ordentlichen Gerichte und die Gerichtsvollzieher zuständig.

---

* Vgl. Anm. zu Art. 13 Abs. 1 Nr. 4.

Art. 19 Schweigepflicht

¹ Die Mitglieder der Organe und des Schlichtungsausschusses, deren Hilfskräfte und die etwa hinzugezogenen Sachverständigen sind zur Verschwiegenheit über alle Angelegenheiten verpflichtet, die ihrer Natur nach geheimhaltungsbedürftig sind, insbesondere über die persönlichen und wirtschaftlichen Verhältnisse von Kammermitgliedern. ² Die Pflicht zur Verschwiegenheit besteht nach der Beendigung der Tätigkeit des Verpflichteten fort.

Art. 20 *(aufgehoben)*

Art. 21 Aufsicht

¹ Die Aufsicht über die Architektenkammer führt das Staatsministerium des Innern (Aufsichtsbehörde). ² Sie ist Rechtsaufsicht.

Art. 22 Durchführung der Aufsicht

(1) ¹ Die Aufsichtsbehörde ist zu den Sitzungen der Vertreterversammlung einzuladen. ² Eine Vertreterversammlung ist auf ihr Verlangen unverzüglich einzuberufen.

(2) ¹ Die Aufsichtsbehörde kann zur Erfüllung ihrer Aufgaben Auskünfte, Berichte und die Vorlage von Akten und sonstigen Unterlagen fordern. ² Sie kann die Geschäfts- und Kassenführung prüfen.

(3) ¹ Die Aufsichtsbehörde kann Beschlüsse und andere Maßnahmen beanstanden, wenn diese gegen Gesetze, Verordnungen, die Satzung oder die Kammerordnungen verstoßen. ² Hilft die Architektenkammer der Beanstandung nicht ab, so kann die Aufsichtsbehörde den Beschluß oder die Maßnahme aufheben.

(4) ¹ Erfüllt die Architektenkammer die ihr obliegenden Pflichten oder Aufgaben nicht, so kann die Aufsichtsbehörde verlangen, daß die Architektenkammer innerhalb einer bestimmten Frist das Erforderliche veranlaßt. ² Kommt diese dem Verlangen nicht nach, so kann die Aufsichtsbehörde an ihrer Stelle tätig werden.

Dritter Teil. Eintragungsausschuß

Art. 23 Errichtung und Zusammensetzung

(1) ¹ Bei der Architektenkammer wird ein Eintragungsausschuß gebildet. ² Seine Kosten trägt die Architektenkammer.

(2) Der Eintragungsausschuß bedient sich zur Erledigung seiner Aufgaben der Dienstkräfte und Einrichtungen der Architektenkammer.

(3) ¹ Der Eintragungsausschuß besteht aus dem Vorsitzenden und der erforderlichen Zahl von Beisitzern. ² Für den Vorsitzenden sind Vertreter zu bestellen. ³ Der Eintragungsausschuß entscheidet in der Besetzung mit dem Vorsitzenden und sechs Beisitzern.

(4) ¹ Der Vorsitzende und seine Vertreter müssen die Befähigung zum Richteramt nach dem Deutschen Richtergesetz haben oder die Voraussetzungen des § 110 Satz 1 des Deutschen Richtergesetzes erfüllen. ² Die Beisitzer müssen in der Architektenliste eingetragen sein. ³ Die Mitglieder des Eintragungsausschusses dürfen weder dem Vorstand der Architektenkammer noch dem Schlichtungsausschuß angehören noch Bedienstete der Kammer oder der Aufsichtsbehörde sein.

Art. 24 Bestellung

¹ Die Mitglieder des Eintragungsausschusses und ihre Vertreter werden für die Dauer von vier Jahren auf Vorschlag der Architektenkammer von der Aufsichtsbehörde (Art. 21) bestellt. ² Wiederbestellung ist zulässig.

Art. 25 Grundsätze für die Tätigkeit

¹ Der Eintragungsausschuß ist unabhängig und an Weisungen nicht gebunden. ² Er entscheidet nach seiner freien, aus dem Gang des gesamten Verfahrens gewonnenen Überzeugung. ³ Seine Mitglieder sind ehrenamtlich tätig.

Art. 26* Verfahren

(1) Die Sitzungen des Eintragungsausschusses sind nicht öffentlich.

(2) ¹ Bei der Entscheidung des Eintragungsausschusses sollen mindestens drei Beisitzer der Fachrichtung des Betroffenen angehören. ² Unbeschadet dieser Bestimmung sollen zwei Beisitzer dieselbe Tätigkeitsart wie der Betroffene ausüben.

(3) Der Eintragungsausschuß kann von Antragstellern, die nicht die Voraussetzung des Art. 4 Abs. 1 erfüllen, die Ablegung von Leistungsproben vor dem Ausschuß verlangen.

(4) Für die Aufsicht über den Eintragungsausschuß gelten Art. 21 und 22 entsprechend.

Vierter Teil. Berufsgerichtsbarkeit

Art. 27 Anwendungsbereich; Verjährung

(1) Ein Mitglied der Architektenkammer, das sich berufsunwürdig verhält, hat sich im berufsgerichtlichen Verfahren zu verantworten.

---

* Verordnung zum Bayerischen Architektengesetz über das Verfahren vor dem Eintragungsausschuß (EintrVBayArchG) vom 14. 12. 1970 (BayRS 2133-1-1-I).

(2) ¹ Berufsunwürdig verhält sich ein Architekt, der schuldhaft gegen Pflichten verstößt, die ihm zur Wahrung des Ansehens seines Berufs obliegen. ² Politische, religiöse, wissenschaftliche oder künstlerische Ansichten oder Handlungen können nicht Gegenstand eines berufsgerichtlichen Verfahrens sein. ³ Architekten im öffentlichen Dienst unterliegen hinsichtlich ihrer dienstlichen Tätigkeit nicht der Berufsgerichtsbarkeit.

(3) ¹ Die Verfolgung einer Verletzung der Berufspflichten, die nicht die Löschung der Eintragung in der Architektenliste rechtfertigt, verjährt in drei Jahren. ² Für den Beginn, die Unterbrechung und das Ruhen der Verjährung gelten die §§ 78a bis 78c StGB entsprechend. ³ Verstößt die Tat auch gegen ein Strafgesetz, so verjährt die Verfolgung nicht, bevor die Strafverfolgung verjährt, jedoch auch nicht später als diese.

Art. 28 Berufsgerichtliche Maßnahmen

(1) Im berufsgerichtlichen Verfahren kann erkannt werden auf
1. Verweis,
2. Geldbuße bis zu zwanzigtausend Deutsche Mark,
3. Entziehung der Mitgliedschaft in Organen der Architektenkammer,
4. Entziehung der Wählbarkeit zu Organen der Architektenkammer bis zur Dauer von fünf Jahren,
5. Löschung der Eintragung in der Architektenliste.

(2) Die in Absatz 1 Nrn. 2 bis 4 genannten Maßnahmen können nebeneinander verhängt werden.

(3) Ist von einem Gericht oder einer Behörde wegen desselben Verhaltens bereits eine Strafe, eine Geldbuße oder eine Ordnungsmaßnahme verhängt worden, so ist von einer Maßnahme nach Absatz 1 Nrn. 1 und 2 abzusehen.

Art. 29 Berufsgerichte und Landesberufsgericht

(1) Das berufsgerichtliche Verfahren wird von den Berufsgerichten für Architekten (Berufsgerichten) als erster Instanz und von dem Landesberufsgericht für Architekten (Landesberufsgericht) als Rechtsmittelinstanz durchgeführt.

(2) ¹ Die Berufsgerichte verhandeln und entscheiden in der Besetzung mit einem Berufsrichter als Vorsitzendem und zwei Kammermitgliedern als ehrenamtlichen Richtern. ² Das Landesberufsgericht verhandelt und entscheidet in der Besetzung mit drei Berufsrichtern einschließlich des Vorsitzenden und zwei Kammermitgliedern als ehrenamtlichen Richtern. ³ Bei Beschlüssen außerhalb der mündlichen Verhandlung wirken die ehrenamtlichen Richter nicht mit.

(3) ¹ Ehrenamtlicher Richter kann nicht sein, wer Mitglied eines Organs der Architektenkammer oder Bediensteter der Architektenkammer ist oder der Aufsichtsbehörde angehört. ² Ein ehrenamtlicher Richter soll der Fachrichtung (Art. 1 Abs. 1 bis 3) des Beschuldigten angehören. ³ Unbeschadet dieser Vorschrift soll ein ehrenamtlicher Richter dieselbe Tätigkeitsart wie der Beschuldigte ausüben.

(4) ¹ Das Berufsgericht für die Regierungsbezirke Oberbayern, Niederbayern und Schwaben wird beim Oberlandesgericht München, das Berufsgericht für die Regierungsbezirke Oberfranken, Mittelfranken, Unterfranken und Oberpfalz beim Oberlandesgericht Nürnberg errichtet. ² Das Landesberufsgericht wird beim Obersten Landesgericht errichtet.

(5) Die Aufgaben der Geschäftsstelle werden von der Geschäftsstelle des Gerichts wahrgenommen, bei dem das Berufsgericht errichtet ist.

Art. 30 Bestellung der Richter

(1) Das Staatsministerium der Justiz bestellt für die Dauer von fünf Jahren die Mitglieder der Berufsgerichte und des Landesberufsgerichts und ihre Vertreter sowie für jedes Berufsgericht einen Untersuchungsführer und seinen Vertreter.

(2) ¹ Die ehrenamtlichen Richter werden von dem Vorstand der Architektenkammer vorgeschlagen. ² Der Vorschlag muß mindestens doppelt so viele Namen enthalten wie ehrenamtliche Richter zu bestellen sind.

(3) ¹ Bei jedem Gericht sind für jede Fachrichtung (Art. 1 Abs. 1 bis 3) und Tätigkeitsart eine genügende Zahl von ehrenamtlichen Richtern zu bestellen. ² Die Vorsitzenden der Berufsgerichte und des Landesberufsgerichts bestimmen vor Beginn jedes Geschäftsjahres, nach welchen Grundsätzen und in welcher Reihenfolge die ehrenamtlichen Richter heranzuziehen sind und einander im Verhinderungsfall vertreten. ³ Im übrigen gelten die Vorschriften des Kammergesetzes in der jeweils geltenden Fassung darüber, welche Personen nicht zu Richtern ernannt werden dürfen, in welchen Fällen das Richteramt erlischt, ruht oder abgelehnt werden kann, in welchen Fällen die Richter vom Richteramt ausgeschlossen sind und ihre Bestellung zu widerrufen ist, ferner die Regelung über die Bestellung eines Nachfolgers vor Ablauf der Amtszeit als Richter, über den Rechtsweg bei Widerruf der Richterbestellung oder bei Erlöschen des Richteramts und über die Entschädigung der ehrenamtlichen Richter entsprechend.

Art. 31 Einleitung des Verfahrens

Einen Antrag auf Einleitung eines berufsgerichtlichen Verfahrens kann stellen

Bayerisches Architektengesetz   Art. 32, 33 **BayArchG 40**

1. ein Kammermitglied gegen sich selbst,
2. der Vorstand der Architektenkammer,
3. die Aufsichtsbehörde.

Art. 32 Anwendung des Kammergesetzes

(1) Für die Berufsgerichtsbarkeit der Architekten gelten im übrigen die Vorschriften des Kammergesetzes sinngemäß mit Ausnahme von Art. 77 Abs. 2 und 3.

(2) Ist zu erwarten, daß in einem eröffneten berufsgerichtlichen Verfahren auf Löschung in der Architektenliste erkannt wird, so kann das Berufsgericht auf Grund mündlicher Verhandlung die Führung der Berufsbezeichnung bis zur rechtskräftigen Entscheidung des berufsgerichtlichen Verfahrens vorläufig untersagen.

Fünfter Teil. Architektenversorgung

Art. 33 Errichtung, Name, Zweck und Mitglieder der Anstalt

(1) [1] Als rechtsfähige, der Rechtsaufsicht des Staatsministeriums des Innern unterstehende Pflichtversorgungsanstalt des öffentlichen Rechts besteht die gemeinnützige ,,Bayerische Architektenversorgung". [2] Aufgabe der Anstalt ist es, ihren Mitgliedern und deren Hinterbliebenen Versorgung zu gewähren. [3] Die Anstalt hat ihren Sitz in München und wird von der Bayerischen Versicherungskammer gesetzlich vertreten und verwaltet. [4] Die Angelegenheiten der Anstalt werden durch Satzung* geregelt.

(2) [1] Mitglieder der Anstalt sind die Mitglieder der Architektenkammer. [2] Mitglieder sind auch diejenigen Personen, die die Voraussetzungen nach Art. 4 Abs. 1 Nr. 1 oder Abs. 2 erfüllen und zur Eintragung in die Architektenliste eine nachfolgende praktische Tätigkeit nach Art. 1 ausüben.

---

* Satzung der Bayerischen Architektenversorgung vom 9. 6. 1971 (GVBl. S. 222, ber. S. 265), geändert durch Satzung vom 6. 4. 1972 (GVBl. S. 168), vom 29. 1. 1974 (GVBl. S. 73), vom 19. 9. 1975 (GVBl. S. 345), vom 11. 4. 1978 (GVBl. S. 160), vom 23. 7. 1979 (GVBl. S. 209), vom 14. 11. 1979 (GVBl. 1980 S. 41), vom 29. 10. 1980 (GVBl. S. 711), vom 15. 1. 1982 (GVBl. S. 74), vom 10. 12. 1982 (GVBl. S. 1133), vom 17. 11. 1983 (StAnz. 1984 Nr. 19), vom 20. 11. 1984 (StAnz. 1985 Nr. 26) und vom 14. 10. 1987 (StAnz. 1988 Nr. 4).
Bekanntmachung des Staatsvertrags zwischen dem Freistaat Bayern und dem Land Niedersachsen über die Zugehörigkeit der freischaffenden (freiberuflich tätigen) und beamteten Architekten des Landes Niedersachsen zur Bayerischen Architektenversorgung vom 20. 4. 1979 (GVBl. S. 89, BayRS 763-10-I). Bekanntmachung des Staatsvertrags zwischen dem Freistaat Bayern und dem Land Niedersachsen über die Einbeziehung der angestellten und baugewerblich tätigen Architekten des Landes Niedersachsen an die Bayerische Architektenversorgung vom 1. 8. 1986 (GVBl. S. 234, BayRS 763-10A-I) mit Bek. über das Inkrafttreten vom 22. 10. 1986 (GVBl. S. 335). Bekanntmachung des Staatsvertrags zwischen dem Freistaat Bayern und dem Land Rheinland-Pfalz über die Zugehörigkeit der Architekten des Landes Rheinland-Pfalz zur Bayerischen Architektenversorgung vom 17. 8. 1981 (GVBl. S. 363, BayRS 763-11-I) mit Bek. über das Inkrafttreten vom 11. 11. 1981 (GVBl. S. 485).

40 BayArchG Art. 34–37   Bayerisches Architektengesetz

(3) Beamte und in der gesetzlichen Rentenversicherung pflichtversicherte Angestellte und Handwerker sind auf Antrag von der Mitgliedschaft in der Anstalt zu befreien.

Art. 34 Landesausschuß

[1] Der Bayerischen Versicherungskammer steht bei der Verwaltung der Anstalt ein Landesausschuß zur Seite. [2] Er beschließt die Satzung; sie bedarf der Genehmigung der Aufsichtsbehörde. [3] Die Mitglieder des Landesausschusses und deren Vertreter beruft das Staatsministerium des Innern aus den Reihen der Mitglieder der Anstalt auf Vorschlag der Architektenkammer.

Art. 35 Anstaltssatzung

Die Anstaltssatzung hat insbesondere Bestimmungen zu enthalten über

1. die Zusammensetzung, die Befugnisse und den Geschäftsgang des Landesausschusses,
2. die Mitgliedschaft sowie über Ausnahmen und Befreiungen von dieser,
3. die Beiträge; eine anderweitige, auf Gesetz beruhende Versorgung von Mitgliedern ist bei der Beitragsbemessung angemessen zu berücksichtigen,
4. das Geschäftsjahr und die Rechnungslegung.

Art. 36 Anwendung des Versicherungsgesetzes

[1] Die Art. 11, 15 und 16 Abs. 2 des Gesetzes über das öffentliche Versicherungswesen in seiner jeweiligen Fassung gelten entsprechend. [2] Auf den Landesausschuß sind die Vorschriften des Siebten Teils des Bayerischen Verwaltungsverfahrensgesetzes in der jeweils geltenden Fassung entsprechend anwendbar.

Art. 37 Erlaß der ersten Satzung

[1] Die erste Satzung der Architektenversorgung erläßt ein auf die Dauer eines Jahres vom Staatsministerium des Innern auf Vorschlag des Gründungsausschusses oder der Vertreterversammlung der Architektenkammer zu bestellender zwölfköpfiger Ausschuß. [2] Sie bedarf der Genehmigung der Aufsichtsbehörde.

Sechster Teil. Ordnungswidrigkeiten; Übergangs- und Schlußbestimmungen

Art. 38 Ordnungswidrigkeiten

Mit Geldbuße bis zu zehntausend Deutsche Mark kann belegt werden, wer

1. unbefugt eine der in Art. 2 Abs. 1 genannten Berufsbezeichnungen oder
2. entgegen Art. 2 Abs. 2 eine Wortverbindung mit den Berufsbezeichnungen nach Art. 2 Abs. 1 oder eine ähnliche Bezeichnung

führt.

Art. 39 Fortführung der Berufsbezeichnung

(1) Personen, die bei Inkrafttreten dieses Gesetzes in der Architektenliste eingetragen sind, dürfen ihre Berufsbezeichnung weiterführen.

(2) *(gegenstandslos)*

Art. 40, 41 *(gegenstandslos)*

Art. 42 Ausführungsvorschriften

(1) Das Staatsministerium des Innern wird ermächtigt, durch Rechtsverordnung Vorschriften über das Verfahren vor dem Eintragungsausschuß zu erlassen.

(2) Das Staatsministerium des Innern erläßt nach Anhörung der Architektenkammer die zur Durchführung dieses Gesetzes erforderlichen Verwaltungsvorschriften.

Art. 43 *(gegenstandslos)*

Art. 44 Inkrafttreten

[1] Dieses Gesetz tritt am 1. Januar 1971 in Kraft.* [2] Die Art. 40 bis 42 treten am 1. September 1970 in Kraft.

---

* Betrifft die ursprüngliche Fassung vom 31. 7. 1970 (GVBl. S. 363).

H. Anhang

41. Technische Baubestimmungen; Verzeichnis der nach Art. 3 Abs. 3 BayBO eingeführten technischen Baubestimmungen – Stand Dezember 1987 –

Bekanntmachung des Bayerischen Staatsministeriums des Innern
Nr. II B 11 – 4132 – 12.2

Vom 7. Januar 1988 (AllMBl. S. 164)

Geändert durch Bek. vom 26. 2. 1988 (AllMBl. S. 293), vom 10. 8. 1988 (AllMBl. S. 696), vom 10. 8. 1988 (AllMBl. S. 706), vom 10. 8. 1988 (AllMBl. S. 721), vom 10. 2. 1989 (AllMBl. S. 166) und vom 10. 2. 1989 (AllMBl. S. 252)

1 Verzeichnis der nach Art. 3 Abs. 3 BayBO eingeführten technischen Baubestimmungen

1.1 Nach § 12 Abs. 1 der Bauaufsichtlichen Verfahrensverordnung – BauVerfV – BayRS 2132 – 1 – 2 – I haben die Bauaufsichtsbehörden die Einhaltung der allgemein anerkannten Regeln der Technik im Rahmen der nach Art. 3 Abs. 3 BayBO eingeführten technischen Baubestimmungen zu überprüfen und zu überwachen.

1.2 Zur Erleichterung der Arbeit der Bauaufsichtsbehörden und um einen einheitlichen Vollzug zu gewährleisten, hat das Staatsministerium des Innern das Verzeichnis der nach Art. 3 Abs. 3 BayBO eingeführten technischen Baubestimmungen überarbeitet; es ist in der **Anlage** nach dem Stand Dezember 1987 abgedruckt. Änderungen zu diesem Verzeichnis werden bei der Einführung neuer technischer Baubestimmungen in der jeweiligen Einführungsbekanntmachung bekanntgegeben.

1.3 Normen für Baustoffe und Bauteile, die nach Art. 25 BayBO in Verbindung mit § 1 der Überwachungsverordnung (BayRS 2132 – 1 – 11 – I), geändert durch 1. Verordnung vom 16. 12. 1985 (GVBl S. 847), nur verwendet werden dürfen, wenn ihre Herstellung einer Überwachung unterliegt, sind in dem Verzeichnis nicht enthalten. Nach der Bekanntmachung vom 8. August 1979 (MABl S. 509) gelten diese Normen als eingeführt, wenn sie in die beim Institut für Bautechnik geführte „Liste von Baustoffnormen und anderen technischen Richtlinien für die Überwachung (Güteüberwachung)" aufgenommen sind. Die Liste ist derzeit in der Fassung September 1987 gültig (siehe Mitteilungen Institut für Bautechnik, Heft 6/1987).

1.4 Die Bekanntmachung vom 29. 1. 1985 (MABl S. 17) wird aufgehoben.

Technische Baubestimmungen 41

2 Aufhebung der bauaufsichtlichen Einführung der Normen DIN 4119 Teile 1 und 2

(Aufhebungsvorschrift; vom Abdruck wurde abgesehen)

Verzeichnis der nach Art. 3 Abs. 3 BayBO eingeführten technischen Baubestimmungen

– Stand Dezember 1987 –

Teil 1: **Übersicht mit Fundstelle im Sachteil**

1 Baunormen

DIN	siehe Teil 2 Abschnitt	DIN	siehe Teil 2 Abschnitt
274	3.7	4133	3.6
277	1	4134	3.8
1045	3.3	4141	3.7
1052	3.5	4149	6.1
1053	3.2	4212	3.3
1054	3.1	4219	3.3
1055	2	4223	3.3
1056	3.6	4227	3.3
1986	7.1	4232	3.3
3397	7.3	4242	3.2
4014	3.1	4261	7.1
4026	3.1	11535	3.8
4028	3.3	11622	3.8
4093	3.1	18005	1
4099	3.3	18017	7.2
4102	4	18034	1
4108	5.1	18056	3.7
4109	5.2	18069	3.7
4112	3.8	18093	4
4113	3.4	18159	5.1
4114	3.4	18515	3.7
4121	3.7	18551	3.3
4123	3.1	18800	3.4
4125	3.1	18801	3.4
4126	3.1	18806	3.4
4128	3.1	18808	3.4
4131	3.8	18914	3.8
4132	3.4	68800	6.2

41 Technische Baubestimmungen

2 Sonstige Bestimmungen

Kurztitel	siehe Teil 2 Abschnitt
Aluminium – Schweißen	3.4
Ankerschienen	3.7
Dachschalungen	3.5
Elastomer-Lager	3.7
Fassadenbekleidungen	3.7
Flachstürze	3.2
Fliegende Bauten – Richtlinien	3.8
Formaldehyd in Spanplatten	3.5
Güllebehälter	3.8
Harnstoff-Formaldehydharz-Ortschaum	5.1
Holzhausrichtlinien	3.5
Kamine – Querschnittsveränderungen	3.6
Spannbeton – Maste	3.3
Stahlbeton – Maste	3.3
Stahlverbundträger	3.4

Teil 2: **Technische Baubestimmungen nach Sachgruppen**

Sachgruppengliederung

1 Planungsgrundlagen

2 Lastannahmen

3 Bemessung und Ausführung
3.1 Baugrund
3.2 Mauerwerk
3.3 Beton und Stahlbeton
3.4 Stahl- und Metallbau
3.5 Holzbau
3.6 Kamine (Schornsteine)
3.7 Bauteile
3.8 Sonderbauten

4 Brandschutz

5 Wärme- und Schallschutz
5.1 Wärmeschutz
5.2 Schallschutz

6 Bautenschutz
6.1 Erschütterungsschutz
6.2 Holzschutz

Technische Baubestimmungen 41

7 Haustechnische Anlagen
7.1 Abwasserbeseitigung
7.2 Lüftungsanlagen
7.3 Brennstoffbehälter

DIN	Ausgabe	Titel	eingeführt mit Bek. vom	MABl. S.
1	2	3	4	5

1 Planungsgrundlagen

DIN	Ausgabe	Titel	eingeführt mit Bek. vom	MABl. S.
277 Teil 1	Mai 1973	Grundflächen und Rauminhalte von Hochbauten; Begriffe, Berechnungsgrundlagen	7. 2. 75	293
18005 Teil 1	Vornorm Mai 1971	Schallschutz im Städtebau; Hinweise für die Planung; Berechnungs- und Bewertungsgrundlagen	19. 5. 72	295
18034	November 1971	Spielplätze für Wohnanlagen; Flächen und Ausstattung für Spiele im Freien; Planungsgrundlagen	11. 6. 76 19. 8. 76 27. 6. 84	554 767 402

2 Lastannahmen

DIN	Ausgabe	Titel	eingeführt mit Bek. vom	MABl. S.
1055		Lastannahmen für Bauten		
Teil 1	Juli 1978	Lagerstoffe, Baustoffe und Bauteile; Eigenlasten und Reibungswinkel	24. 4. 79	192
Teil 2	Februar 1976	Bodenkenngrößen; Wichte, Reibungswinkel; Kohäsion, Wandreibungswinkel	13. 1. 77	49
Teil 3	Juni 1971	Verkehrslasten	2. 3. 72	143
		Ergänzung zu Abschnitt 6.3.1	15. 4. 83	362
Teil 4	August 1986	Verkehrslasten; Windlasten bei nicht schwingungsanfälligen Bauwerken	20. 2. 87	162
Teil 5	Juni 1975	Verkehrslasten; Schneelast und Eislast	19. 7. 76	659
		Änderung Schneelastzone I	24. 4. 79	207
Teil 6	November 1964	Lasten in Silozellen	12. 3. 65	163
	Mai 1977	Ergänzende Bestimmungen	6. 2. 78	178

3 Bemessung und Ausführung

3.1 Baugrund

DIN	Ausgabe	Titel	eingeführt mit Bek. vom	MABl. S.
1054	November 1976	Baugrund; zulässige Belastung des Baugrunds	16. 1. 78	27
4014 Teil 1	August 1975	Bohrpfähle herkömmlicher Bauart; Herstellung, Bemessung und zulässige Belastung	16. 1. 78	59
4026	August 1975	Rammpfähle; Herstellung, Bemessung und zulässige Belastung	16. 1. 78	76
4093	September 1987	Baugrund; Einpressen in den Untergrund; Planung, Ausführung, Prüfung	10. 8. 88	706
4123	Mai 1972	Gebäudesicherung im Bereich von Ausschachtungen, Gründungen und Unterfangungen	7. 3. 73	196
4125		Erd- und Felsanker		
Teil 1	Juni 1972	Verpreßanker für vorübergehende Zwecke im Lockergestein; Bemessung, Ausführung und Prüfung	7. 3. 73	215

41 Technische Baubestimmungen

DIN	Ausgabe	Titel	eingeführt mit Bek. vom	MABl. S.
1	2	3	4	5
Teil 2	Februar 1976	Verpreßanker für dauernde Verankerungen (Daueranker) im Lockergestein; Bemessung, Ausführung und Prüfung	5. 10. 76	801
4126	August 1986	Ortbetonschlitzwände; Konstruktion und Ausführung	10. 6. 87	627
4128	April 1983	Verpreßpfähle (Ortbeton- und Verbundpfähle) mit kleinem Durchmesser; Herstellung, Bemessung und zulässige Belastung	18. 3. 85	118

3.2 Mauerwerk

DIN	Ausgabe	Titel	eingeführt mit Bek. vom	MABl. S.
1053		Mauerwerk		
Teil 1	November 1974	Berechnung und Ausführung	7. 3. 77	141
Teil 2	Juli 1984	Mauerwerk nach Eignungsprüfung; Berechnung und Ausführung	29. 8. 85	374
Teil 4	September 1978	Bauten aus Ziegelfertigbauteilen	13. 8. 79	460
4242	Januar 1979	Glasbaustein-Wände, Ausführung und Bemessung	10. 7. 80	382
–	August 1977	Richtlinien für die Bemessung und Ausführung von Flachstürzen	28. 4. 78	379

3.3 Beton und Stahlbeton

DIN	Ausgabe	Titel	eingeführt mit Bek. vom	MABl. S.
1045	Juli 1988	Beton und Stahlbeton; Bemessung und Ausführung	10. 2. 89	166
–	Mai 1974	Richtlinien für die Bemessung und Ausführung von Stahlbeton-Masten	14. 5. 76	486
4028	Januar 1982	Stahlbetondielen aus Leichtbeton mit haufwerksporigem Gefüge; Anforderungen, Prüfung, Bemessung, Ausführung, Einbau	29. 9. 83	783
4099	November 1985	Schweißen von Betonstahl; Ausführung und Prüfung	29. 1. 87	50
4212	Januar 1986	Kranbahnen aus Stahlbeton und Spannbeton; Berechnung und Ausführung	22. 7. 87	579
4219		Leichtbeton und Stahlleichtbeton mit geschlossenem Gefüge		
Teil 1	Dezember 1979	Anforderungen an den Beton, Herstellung und Überwachung	24. 7. 80	450
Teil 2	Dezember 1979	Bemessung und Ausführung	24. 7. 80	450
4223	Juli 1958 x	Bewehrte Dach- und Deckenplatten aus Gas- und Schaumbeton; Richtlinien für Bemessung, Herstellung, Verwendung und Prüfung	5. 1. 60	25
4227		Spannbeton		
Teil 1	Juli 1988	Bauteile aus Normalbeton mit beschränkter oder voller Vorspannung	10. 2. 89	252
Teil 4	Februar 1986	Bauteile aus Spannleichtbeton	29. 1. 87	105
Teil 5	Dezember 1979	Einpressen von Zementmörtel in Spannkanäle	24. 7. 80	488
–	Mai 1974	Richtlinien für die Bemessung und Ausführung von Spannbeton-Masten	14. 5. 76	487

Technische Baubestimmungen 41

DIN	Ausgabe	Titel	eingeführt mit Bek. vom	MABl. S.
1	2	3	4	5
4232	September 1987	Wände aus Leichtbeton mit haufwerksporigem Gefüge; Bemessung und Ausführung	10. 8. 88	696
18551	Juli 1979	Spritzbeton; Herstellung und Prüfung	22. 2. 80	81

3.4 Stahl- und Metallbau

DIN	Ausgabe	Titel	eingeführt mit Bek. vom	MABl. S.
4113				
Teil 1	Mai 1980	Aluminiumkonstruktionen unter vorwiegend ruhender Belastung; Berechnung und bauliche Durchbildung	10. 6. 87	595
–	Oktober 1986	Richtlinie zum Schweißen von tragenden Bauteilen aus Aluminium	10. 6. 87	620
4114		Stahlbau; Stabilitätsfälle (Knickung, Kippung, Beulung)		
Teil 1	Juli 1952	Berechnungsgrundlagen, Vorschriften	22. 8. 52	DIN 5*
Teil 2	Februar 1953 x	Berechnungsgrundlagen, Richtlinien	7. 3. 56	DIN 28*
–	–	Ergänzende Bestimmungen zu DIN 4114 Teil 1 und Teil 2	31. 7. 73	611
4132	Februar 1981	Kranbahnen; Stahltragwerke; Grundsätze für Berechnung, bauliche Durchbildung und Ausführung	22. 7. 87	546
18800		Stahlbauten		
Teil 1	März 1981	Bemessung und Konstruktion	18. 6. 84	287
Teil 7	Mai 1983	Herstellen, Eignungsnachweise zum Schweißen	18. 6. 84	321
18801	September 1983	Stahlhochbau; Bemessung, Konstruktion, Herstellung	18. 6. 84	335
18806 Teil 1	März 1984	Verbundkonstruktionen; Verbundstützen	18. 3. 85	127
–	März 1981	Richtlinien für die Bemessung und Ausführung von Stahlverbundträgern	16. 2. 82	78
–	März 1984	Ergänzende Bestimmungen zu den Stahlverbundträger-Richtlinien	11. 10. 84	611
18808	Oktober 1984	Stahlbauten; Tragwerke aus Hohlprofilen unter vorwiegend ruhender Belastung	29. 8. 85	419

3.5 Holzbau

DIN	Ausgabe	Titel	eingeführt mit Bek. vom	MABl. S.
1052		Holzbauwerke		
Teil 1	Oktober 1969	Berechnung und Ausführung	25. 3. 70	159
Teil 2	Oktober 1969	Bestimmungen für Dübelverbindungen besonderer Bauart	25. 3. 70	159
–	Mai 1967	Dachschalungen aus Holzspanplatten oder Baufurnierplatten	7. 6. 67	379
–	Februar 1979	Richtlinien für die Bemessung und Ausführung von Holzhäusern in Tafelbauart (Holzhausrichtlinien)	22. 2. 80	87
–	April 1980	Richtlinie über die Verwendung von Spanplatten hinsichtlich der Vermeidung unzumutbarer Formaldehydkonzentration in der Raumluft	29. 4. 81	182

* BayBSVI-DIN

41 Technische Baubestimmungen

DIN	Ausgabe	Titel	eingeführt mit Bek. vom	MABl. S.
1	2	3	4	5

3.6 Kamine (Schornsteine)

DIN	Ausgabe	Titel	eingeführt mit Bek. vom	MABl. S.
1056	Oktober 1984	Freistehende Schornsteine in Massivbauart; Berechnung und Ausführung	30. 8. 85	389
4133	August 1973	Schornsteine aus Stahl; statische Berechnung und Ausführung	28. 4. 75	421
–	April 1971	Richtlinien für Querschnittsveränderungen und Innenabdichtungen von Schornsteinen (Kaminen)	4. 11. 71	1017, 1024

3.7 Bauteile

DIN	Ausgabe	Titel	eingeführt mit Bek. vom	MABl. S.
274 Teil 2	April 1972	Asbestzement-Wellplatten; Anwendung bei Dachdeckungen	5. 7. 72	691
4121	September 1968	Hängende Drahtputzdecken; Putzdecken mit Metallputzträgern, Rabitzdecken; Anforderungen für die Ausführung	2. 4. 69	173
4141		Lager im Bauwesen		
Teil 1	September 1984	Allgemeine Regelungen	22. 3. 85	139
Teil 3	September 1984	Lagerung für Hochbauten	22. 3. 85	139
Teil 14	September 1985	Bewehrte Elastomerlager; bauliche Durchbildung und Bemessung	29. 1. 87	91
18056	Juni 1966 x	Fensterwände; Bemessung und Ausführung	25. 7. 68	327
18069	November 1985	Tragbolzentreppen für Wohngebäude; Bemessung und Ausführung	29. 1. 87	111
18515	Juli 1970	Fassadenbekleidungen aus Naturwerkstein, Betonwerkstein und keramischen Baustoffen; Richtlinien für die Ausführung	13. 11. 74	867
–	August 1975	Richtlinien für Fassadenbekleidungen mit und ohne Unterkonstruktion	16. 9. 75	971
–	Dezember 1972	Richtlinien zur Herstellung und Verwendung von unbewehrten Elastomer-Lagern	17. 1. 73	64
–	März 1975	Richtlinien für die Verwendung von Ankerschienen für kleine Lasten ohne besonderen Nachweis	1. 10. 75 ber.	1010 1070

3.8 Sonderbauten

DIN	Ausgabe	Titel	eingeführt mit Bek. vom	MABl. S.
4112	Februar 1983	Fliegende Bauten; Richtlinien für Bemessung und Ausführung	18. 6. 84	345
–	April 1977	Richtlinien für den Bau und Betrieb fliegender Bauten	25. 8. 77	621
4131	März 1969	Antennentragwerke aus Stahl; Berechnung und Ausführung	12. 5. 70	269
4134	Februar 1983	Tragluftbauten; Berechnung, Ausführung, Betrieb	2. 10. 84	537
11535 Teil 1	Juli 1974	Gewächshäuser; Grundsätze für Berechnung und Ausführung	19. 7. 76	666
11622 Teil 1	August 1973	Gärfutterbehälter Bemessung, Ausführung, Beschaffenheit; allgem. Richtlinien für Hoch- und Tiefbehälter	8. 11. 74	850

Technische Baubestimmungen 41

DIN	Ausgabe	Titel	eingeführt mit Bek. vom	MABl. S.
1	2	3	4	5
Teil 2	August 1973	Gärfutterbehälter aus Formsteinen, Stahlbetonfertigteilen und Stahlbeton	8. 11. 74	850
Teil 3	August 1973	Gärfutterhochbehälter aus Holz	8. 11. 74	850
Teil 4	August 1973	Gärfutterbehälter aus Stahl	8. 11. 74	850
	Oktober 1987	Bemessungsgrundlagen für Güllebehälter aus Stahlbeton (Ortbeton)	26. 2. 88	293
18914	September 1985	Dünnwandige Rundsilos aus Stahl	29. 1. 87	119

4 Brandschutz

4102		Brandverhalten von Baustoffen und Bauteilen		
Teil 1	Mai 1981	Baustoffe; Begriffe, Anforderungen und Prüfungen	12. 11. 82	710
Teil 2	September 1977	Bauteile; Begriffe, Anforderungen und Prüfungen	2. 2. 78	133
Teil 3	September 1977	Brandwände und nichttragende Außenwände; Begriffe, Anforderungen und Prüfungen	2. 2. 78	133
Teil 4	März 1981	Zusammenstellung und Anwendung klassifizierter Baustoffe, Bauteile und Sonderbauteile	7. 7. 81 30. 5. 83	287 433
Teil 5	September 1977	Feuerschutzabschlüsse, Abschlüsse in Fahrschachtwänden und gegen Feuer widerstandsfähige Verglasungen	2. 2. 78	133
Teil 6	September 1977	Lüftungsleitungen; Begriffe, Anforderungen und Prüfungen	2. 2. 78	133
Teil 7	September 1977	Bedachungen; Begriffe, Anforderungen und Prüfungen	2. 2. 78	133
18093	Juni 1987	Feuerschutzabschlüsse; Einbau von Feuerschutztüren in massive Wände aus Mauerwerk oder Beton; Ankerlagen, Ankerformen, Einbau	10. 8. 88	721

5 Wärme- und Schallschutz

5.1 Wärmeschutz

4108		Wärmeschutz im Hochbau		
Teil 2	August 1981	Wärmedämmung und Wärmespeicherung; Anforderungen und Hinweise für Planung und Ausführung	19. 11. 82	727
Teil 3	August 1981	Klimabedingter Feuchteschutz; Anforderungen und Hinweise für Planung und Ausführung	19. 11. 82	727
Teil 4	Dezember 1985	Wärme- und feuchteschutztechnische Kennwerte	29. 1. 87	71
18159		Schaumkunststoffe als Ortschäume im Bauwesen		
Teil 1	Juni 1978	Polyurethan-Ortschaum für die Wärme- und Kältedämmung; Anwendung, Eigenschaften, Ausführung, Prüfung	13. 8. 79	492
Teil 2	Juni 1978	Harnstoff-Formaldehydharz-Ortschaum für die Wärmedämmung; Anwendung, Eigenschaften, Ausführung, Prüfung	13. 8. 79	492

41 Technische Baubestimmungen

DIN	Ausgabe	Titel	eingeführt mit Bek. vom	MABl. S.
1	2	3	4	5
–	April 1985	ETB-Richtlinie zur Begrenzung der Formaldehydemission in die Raumluft bei Verwendung von Harnstoff-Formaldehydharz-Ortschaum	13. 1. 86	74

5.2 Schallschutz

4109		Schallschutz im Hochbau		
Teil 2	September 1962	Anforderungen	22. 11. 63	609
Teil 3	September 1962	Ausführungsbeispiele	22. 11. 63	609
–	–	Schallschutz bei Wasserinstallationen	7. 7. 70	476
			25. 2. 71	266

6 Bautenschutz

6.1 Erschütterungsschutz

4149				
Teil 1	April 1981	Bauten in deutschen Erdbebengebieten	19. 3. 82	245

6.2 Holzschutz

68800		Holzschutz im Hochbau		
Teil 2	Januar 1984	Vorbeugende bauliche Maßnahmen	18. 6. 84	379
Teil 3	Mai 1981	Vorbeugender chemischer Schutz von Vollholz	18. 6. 84	379
			29. 1. 87	127

7 Haustechnische Anlagen

7.1 Abwasserbeseitigung

1986		Entwässerungsanlagen für Gebäude und Grundstücke		
Teil 1	September 1978	Technische Bestimmungen für den Bau	4. 12. 79	779
			20. 9. 82	562
Teil 2	September 1978	Bestimmungen für die Ermittlung der lichten Weiten und Nennweiten der Rohrleitungen	4. 12. 79	779
Teil 4	September 1978	Verwendungsbereiche von Abwasserrohren und -formstücken verschiedener Werkstoffe	4. 12. 79	779
4261 Teil 1	Oktober 1983	Kleinkläranlagen; Anlagen ohne Abwasserbelüftung; Anwendung, Bemessung und Ausführung	14. 11. 84	617

7.2 Lüftungsanlagen

18017 Teil 3	August 1970	Lüftung von Bädern und Spülaborten ohne Außenfenster mit Ventilatoren	1. 7. 83	532

7.3 Brennstoffbehälter

3397	Dezember 1969	Niederdruck-Gasbehälter; Berechnungsgrundlagen	12. 7. 71	751

Sachverzeichnis

Die fetten Zahlen bedeuten die Ordnungsnummern
der Gesetze und Verordnungen in dieser Ausgabe, die mageren Zahlen
die Paragraphen bzw. Artikel

Abbruch von baulichen Anlagen, allgemeine Anforderungen **1** 3, Bauvorlagen **3** 7, Genehmigungspflicht **1** 65 ff.

Abfallbehälter, Aufstellung **1** 44; **2** 13; Plätze für A. **1** 53, 54

Abfallbeseitigungsanlagen, baurechtliche Sondervorschriften **1** 87

Abfallschächte, Anforderungen **1** 43

Abfallstoffe, Anlagen zur Beseitigung **1** 43, 44

Abgrabungen als bauliche Anlagen **1** 2; Einfriedung **1** 9

Abgrenzung von Baugrundstücken **1** 9

Ablösung der Stellplatz- und Garagenbaupflicht **1** 56

Abmarkungszeichen, Schutz zur Bauausführung **1** 14

Abnahme einer baulichen Anlage **35** 69

Abnahmeschein bei Bauabnahme **35** 69

Aborträume, Anforderungen **1** 49

Abstandsflächen bei Gebäuden **1** 6, 7, 91

Abstellen von Kraftfahrzeugen **1** 55, 56; **6**

Abstellplätze als bauliche Anlagen **1** 2; Einfriedung **1** 9

Abstellräume in Wohnungen **1** 46; **2** 14

Abwasserbeseitigung bei baulichen Anlagen **1** 41, 42; und Höhenlage der Grundstücke **1** 10

Abwasserbeseitigungsanlagen, baurechtliche Sondervorschriften **1** 87; Benutzbarkeit **1** 4; Schutz zur Bauausführung **1** 14

Abweichung von den Abstandsflächen **1** 7

Allgemeine bauaufsichtliche Zulassung neuer Baustoffe, Bauteile und Bauarten **1** 23

Altenheime, besondere bauliche Anforderungen **1** 51, 52

Altenpflegeheime, besondere bauliche Anforderungen **1** 51, 52

Altenwohnheime, besondere bauliche Anforderungen **1** 51

Änderung baulicher Anlagen, allgemeine Anforderungen **1** 3, Genehmigungspflicht **1** 65 ff.; der Benutzung baulicher Anlagen **1** 3

Anlagen für Abwässer, Niederschlagswasser und feste Abfallstoffe **1** 41, 42

Anlagen der Außenwerbung s. Werbeanlagen

Anlagenverordnung, Verordnung über Anlagen zum Lagern, Abfüllen und Umschlagen wassergefährdender Stoffe **33**

Anordnung von baulichen Anlagen **1** 3; der Baueinstellung **1** 81

Anschluß an Wasserleitung **1** 40

Anwendung von Bauarten **1** 21 ff.

Anzeige des Bauherrn an die Bauaufsichtsbehörde **1** 59; der Fertigstellung des Rohbaues **1** 79

Architekt, Bauvorlageberechtigung **1** 70; Führung der Berufsbezeichnung **40** 2

Architektengesetz, Bayerisches **40**

Arzträume im Kellergeschoß **1** 47

Aufenthaltsräume, Anforderungen **1** 45 ff.; **2** 14

Aufgaben der Bauaufsichtsbehörden **1** 63

Auflagen in Baugenehmigung **1** 74

Aufschüttungen als bauliche Anlagen **1** 2; Einfriedung **1** 9

Sachverzeichnis

Fette Zahlen = Gesetzesnummer

Aufstellung von Werbeanlagen **1** 68
Aufwendungsersatz für Gemeinschaftsanlagen der Gemeinde **1** 54
Aufzüge, besondere Anforderungen **1** 52; in Gebäuden **1** 37; **2** 11
Ausführungsgesetz zum BGB (Auszug) **29**
Ausgänge von Gebäuden, Anforderungen **1** 34
Ausnahmen von baurechtlichen Vorschriften **1** 72
Außenwände von Gebäuden **1** 27, Abstandsflächen **1** 6
Aussteifende Wände, Anforderungen **1** 26
Ausstellungsbauten, besondere bauliche Anforderungen **1** 51
Ausstellungsgelände, Werbeanlagen **1** 13
Ausstellungsplätze als bauliche Anlagen **1** 2
Automaten, Aufstellung **1** 68; als Werbeanlagen **1** 13

Bad in Wohnungen **1** 50
Bahnsteige, bauliche Anforderungen **1** 51
Balkone, Vorschriften **1** 32
Bauabnahme nach dem BayWG **35** 69
Bauanlagen, Anwendung der BayBO **1** 1
Bauantrag, Behandlung **1** 71; Entscheidung **3** 17; Form **1** 69; Prüfung **3** 16
Bauarbeiten, Anordnung der Einstellung **1** 81
Bauarten, Anwendung **1** 21 ff.
Bauaufsichtliche Verfahrensverordnung, Verordnung über das bauaufsichtliche Verfahren **3**
Bauaufsichtliche Zulassung neuer Baustoffe, Bauteile und Bauarten **1** 23 ff.
Bauaufsichtsbehörde 1 62; Anordnung der Baubeseitigung **1** 82, der Baueinstellung **1** 81; Aufgaben **1** 63; Ausnahmen von baurechtlichen Vorschriften **1** 72; Bauüberwachung **1** 79; Bekanntgabe von Bauvorhaben **1** 84; sachliche Zuständigkeit **1** 64
Bauausführung, allgemeine Anforderungen **1** 14–20
Baubeginn 1 74
Baubeschränkungen bei Flughäfen **33** 12 ff.; bei geplanten Straßen **32** 27
Baubeschreibung bei Bauanträgen **3** 4
Baubeseitigung 1 82
Baubeteiligte 1 58–61
Baudenkmal, Beseitigung **1** 89
Baueinstellung, Anordnung **1** 81
Baugenehmigung, Bauvorhaben des Bundes, der Länder und der Bezirke **1** 86; beschleunigtes Verfahren **3** 14–17; **5**; Erteilung **1** 74; fliegende Bauten **1** 85; Gebühren **38**; Geltungsdauer **1** 78; Teilbaugenehmigung **1** 76, 78; Typengenehmigung **1** 77; Vorbescheid **1** 75
Baugesetzbuch, ZuständigkeitsVO **20**; Träger öffentlicher Belange **13**
Baugestaltung 1 12
Baugrundstücke, allgemeine Anforderungen **1** 3; Anwendung der BayBO **1** 1; Bäume **1** 5; Einfriedung **1** 9; Errichtung von Gebäuden **1** 4; Höhenlage **1** 10; Teilung **1** 11
Bauherr, Anzeige der Fertigstellung des Rohbaues **1** 79; Nennung auf der Bautafel **1** 14; Pflichten **1** 59; Unterschrift auf Bauantrag und Bauvorlagen **1** 69
Baukunst, Beachtung der Regeln **1** 3, 12, 72
Bauliche Anlagen, Abwässerbeseitigung **1** 41, 42; allgemeine Anforderungen **1** 3; besonderer Art oder Nutzung **1** 52; Begriff **1** 2; Benutzung **1** 80; Brandschutz **1** 17; **2** 3; an Bundesfernstraßen **30** 9; Dächer **1** 31; **2** 8; Dauerhaftigkeit **1** 15; Dekken und Böden **1** 30; fliegende Bauten **1** 85; Genehmigungspflichten **1** 65 ff.; Gestaltung **1** 12; Höhenlage **1** 10; Schutz gegen nachteilige Einwirkungen **1** 16; an Staats-

Magere Zahlen = §§ bzw. Artikel

Sachverzeichnis

und Kreisstraßen 32 23 ff.; Standsicherheit **1** 15; Trennwände **1** 28; Typengenehmigung **1** 77; Verkehrssicherheit **1** 19; Wärme-, Schall- und Erschütterungsschutz **1** 18; Werbeanlagen als b. A. **1** 13
Bäume, Schutz des Bestandes in Orten **1** 5
Bauordnung 1; Bauaufsichtliche Verfahrensverordnung **3;** Träger öffentlicher Belange **13;** Verordnung zur Durchführung **2**
Bausachen, Kosten **38; 39**
Bauschutzbereich von Flughäfen **33** 12 ff.
Baustellen, Bauzaun **2** 2; Einrichtung **1** 14
Baustoffe, Auswahl **1** 16; Verwendung **1** 21 ff.
Bautafel, Anbringung **1** 14
Bautechnische Prüfung baulicher Anlagen **3** 12, 13; **9**
Bautechnisches Personal bei den Bauaufsichtsbehörden **1** 62
Bauteile, Verwendung **1** 21 ff.
Bauüberwachung 1 79, 86
Bauvorhaben des Bundes, der Länder und der Bezirke **1** 86; Genehmigungspflicht **1** 65 ff.
Bauvorlageberechtigte, Berufshaftpflichtversicherung **1** 70; **3** 18
Bauvorlageberechtigung 1 70
Bauvorlagen 3 1 bis 11; Einreichung **1** 69, 70; für Gaststätten **16** 26; für Waren- und Geschäftshäuser **14** 18
Bauwesen, Kosten **38; 39**
Bauzeichnungen bei Bauanträgen **3** 3
Bayerische Bauordnung 1; Bauaufsichtliche Verfahrensverordnung **3;** Verordnung zur Durchführung **2**
Bayerisches Straßen- und Wegegesetz (Auszug) **32**
Bebauung der Grundstücke mit Gebäuden **1** 4
Bedachung, Anforderungen **1** 31; **2** 8
Bedingungen in Baugenehmigung **1** 74
Befreiung von Bauvorschriften **1** 72
Behandlung des Bauantrages **1** 71

Beheizung von Räumen **1** 20
Behelfsbauten, Ausnahmen von baurechtlichen Vorschriften **1** 72
Behinderte, Baumaßnahmen **2** 15
Behindertenaufzüge in Gebäuden **1** 37
Behördenorganisation des Bauwesens **37** 1 ff.
Beleuchtung von Räumen **1** 20
Belichtung von Räumen **1** 20
Bemalungen als Werbeanlagen **1** 13
Benachrichtigung der Nachbarn bei Einreichung eines Baugesuchs **1** 73
Benutzung von baulichen Anlagen **1** 80
Bergbauanlagen, keine Anwendung der BayBO **1** 1
Berufsbezeichnung ,,Architekt'' **40** 2
Berufshaftpflichtversicherung der Bauvorlageberechtigten **1** 70; **3** 18
Beschleunigtes Baugenehmigungsverfahren 3 14 bis 17; **5**
Beschränkter Bauschutzbereich bei Flugplätzen **33** 17
Beschriftungen als Werbeanlagen **1** 13
Beseitigung von baulichen Anlagen **1** 82, Bauvorlagen **3** 7; von Bäumen auf Baugrundstücken **1** 5; von Luftfahrthindernissen **33** 16
Bestellung des Entwurfsverfassers und der Unternehmer bei Bauvorhaben **1** 59
Beteiligung der Nachbarn bei Baugesuchen **1** 73
Betreten der Grundstücke und der baulichen Anlagen durch Baubeamte **1** 83
Betriebsräume, VO über den Bau von – für elektrische Anlagen **12**
Bezirke, Bauvorhaben **1** 86
Blitzableiter, Errichtung **1** 66
Blitzschutzanlagen in baulichen Anlagen **1** 17
Böden in Bauanlagen **1** 30
Bodenschätze, Anlagen zur Gewinnung als bauliche Anlagen **1** 2

421

Sachverzeichnis

Fette Zahlen = Gesetzesnummer

Brandschutz und Abstandsflächen **1** 7; von baulichen Anlagen **1** 17; bei Feuerungsanlagen **1** 39
Brandwände, Anforderungen **1** 29; **2** 7; Öffnungen **1** 29; **2** 6
Brennstoffe 7 1; Feuerstätten **1** 39; Lagerung **1** 39
Brennstofflager, Anforderungen **7** 8
Bürgerliches Gesetzbuch (Auszug) **27**; Ausführungsgesetz (Auszug) **29**; Einführungsgesetz (Auszug) **28**
Bürogebäude, besondere bauliche Anforderungen **1** 51
Bund, Bauvorhaben **1** 86
Bundesautobahnen, Bauanlagen **30** 9
Bundesbaugesetz, Zuständigkeitsverordnung **1** 92
Bundesfernstraßengesetz (Auszug) **30**; VO zur Übertragung von Befugnissen **31**
Bundesstraßen, Bauanlagen **30** 9

Campingplätze als bauliche Anlagen **1** 2; besondere bauliche Anforderungen **1** 52; Beseitigung **1** 67; Einfriedung **1** 9
Campingplatzverordnung, VO über Zeltlagerplätze und Lagerplätze für Wohnwagen **18**

Dachaufbauten, Anordnung **1** 31; **2** 8
Dächer, Anforderungen **1** 31; **2** 8
Dachräume, Aufenthaltsräume oder Wohnungen in – **1** 48
Dämmschichten in Gebäuden, Zulässigkeit **1** 26; **2** 5
Darren, Anforderungen **7** 3
Dauerhaftigkeit von baulichen Anlagen **1** 15
Decken in Bauanlagen **1** 30
Deckenverkleidungen, Zulässigkeit **1** 30
Denkmäler, Änderung oder Abbruch **1** 66, 67
Denkmalschutz, Bauaufsichtsbehörden **1** 62
DIN-Normen für das Bauwesen **41**

Dungstätten, Anlegung **1** 42; für Stalldung **2** 13
Dusche in Wohnungen **1** 50

Eigentümer, Herstellung, Unterhaltung und Verwaltung von Gemeinschaftsanlagen **1** 53
Einfriedung der Baugrundstücke **1** 9
Einführungsgesetz zum BGB (Auszug) **28**
Einliegerwohnungen, Anforderungen **1** 46
Einmündungen von Straßen, Freihaltung von Sichtdreiecken **32** 26
Einraumwohnungen, Anforderungen **1** 46
Einrichtung von Baustellen **1** 14; **2** 2
Einschiebtreppen 1 33
Einschränkung von Grundrechten **1** 88
Einschubleitern in Wohngebäuden **1** 30
Einstellung des Baues, Anordnung **1** 81
Elektrische Anlagen, VO über den Bau von Betriebsräumen für – **12**
Elektrizitätsversorgungsanlagen, baurechtliche Sondervorschriften **1** 87
Entbindungsheime, besondere bauliche Anforderungen **1** 52
Enteignungsbehörde, Kreisverwaltungsbehörde **20** 4
Entscheidung über den Bauantrag **3** 17
Entwurfsverfasser, Bauvorlageberechtigung **1** 70; Berufshaftpflichtversicherung **1** 70; **3** 18; Bestellung **1** 59; Nennung auf der Bautafel **1** 14; Verantwortung **1** 60
Erden, Anlagen zur Gewinnung als bauliche Anlagen **1** 2
Erker, Vorschriften **1** 32
Errichtung baulicher Anlagen **1** 3, Genehmigungspflicht **1** 65 ff.; von Brandwänden **1** 29; **2** 7; von Gebäuden, Abstandsflächen **1** 6, 7, Voraussetzungen **1** 4; von Werbeanlagen **1** 68

Magere Zahlen = §§ bzw. Artikel

Sachverzeichnis

Ersatz von Aufwendungen der Gemeinde für Gemeinschaftsanlagen **1** 54
Erschütterungsschutz für bauliche Anlagen **1** 18
Erteilung der Baugenehmigung **1** 74

Fachkräfte der Bauaufsichtsbehörden **1** 62
Fachunternehmer, Verantwortung **1** 61
Fahrstühle in Gebäuden **1** 37; **2** 11
Fassaden, Änderungen **1** 66
Fenster, Änderungen **1** 66; Anforderungen **1** 36; **2** 10
Fensterrecht 29 43 ff.
Fernmeldeanlagen, baurechtliche Sondervorschriften **1** 87
Fertigstellung des Rohbaues, Anzeige **1** 79
Feuerbeständigkeit von Brandwänden **1** 29; **2** 7
Feuerlöschgeräte in Hochhäusern **1** 17; in Warenhäusern **14** 17
Feuerstätten für feste und flüssige Brennstoffe **1** 39
Feuerungsanlagen, 5; Anforderungen **1** 39; besondere Anforderungen **1** 52
Feuerwehr, Zugänge und Zufahrten **2** 3
Fliegende Bauten, besondere Anforderungen **1** 52; Bauvorlagen **3** 10; Genehmigung **1** 85
Flughäfen, Bauschutzbereich **33** 12 ff.
Flugplätze, Werbeanlagen **1** 13
Flugsteige, bauliche Anforderungen **1** 51
Flure, Anforderungen **14** 8; in Gebäuden **1** 35
Flüssigkeiten, Lagern wassergefährdender Stoffe **36** 13 ff.
Freihaltung von Sichtdreiecken an Straßenkreuzungen und -einmündungen **32** 26

Garagen 6; Abstandsflächen **1** 7; Baupflicht **1** 55, 56; besondere bauliche Anforderungen an Großgaragen **1** 51; Herstellung, Unterhaltung und Verwaltung **1** 53, 54
Gärten, Einfriedung von Baugrundstücken **1** 9
Gasfeuerungsanlagen, Anforderungen **7** 6
Gaststätten, Anforderungen an Räume **16** 17 bis 20; besondere Bauvorschriften **16** 5 bis 12; Betriebsvorschriften **16** 21 bis 25; haustechnische Anlagen **16** 13 bis 16; im Kellergeschoß **1** 47
GaststättenbauVO, Verordnung über den Bau von Gast- und Beherbergungsstätten **16**
Gasversorgungsanlagen, baurechtliche Sondervorschriften **1** 87
Gebäude, Aborträume **1** 49; Abstandsflächen **1** 6, 7, 91; Außenwände **1** 27; Begriff **1** 2; Brandschutz **1** 17; Fenster **2** 10; Fenster, Türen und Kellerlichtschächte **1** 36; allgemein zugängliche Flure **1** 35; Wasserversorgungsanlagen **1** 40
Gebühren im Bauwesen **38; 39**
Gebührenordnung für Prüfämter und Prüfingenieure **17**
Gefährdung der öffentlichen Sicherheit und Ordnung durch bauliche Anlagen **1** 3
Gefahrenabwehr durch Bauaufsichtsbehörden **1** 63
Geltungsdauer der Baugenehmigung **1** 78
Gemeinde, Aufgaben der Bauaufsichtsbehörde als übertragende Aufgaben **1** 63; örtliche Bauvorschriften **1** 91; Bekanntgabe von Bauvorhaben **1** 84; Einreichung des Bauantrages **1** 69; Herstellung, Unterhaltung und Verwaltung von Gemeinschaftsanlagen **1** 54
Gemeinschaftsanlagen, Herstellung, Unterhaltung und Verwaltung **1** 53, 54
Genehmigung der Teilung von Grundstücken **1** 11
Genehmigungsfreie Bauvorhaben 1 67
Genehmigungsgebühren 31

423

Sachverzeichnis

Fette Zahlen = Gesetzesnummer

Genehmigungspflichtige Bauvorhaben 1 65, 66
Gerichte, besondere bauliche Anforderungen 1 51
Gerüste, Betriebssicherheit 2 2; keine Anwendung der BayBO 1 1
Geschäftshäuser, Bauvorschriften 14 2ff.; Betriebsvorschriften 14 19ff.; Warenhausverordnung 14
Gestaltung von baulichen Anlagen 1 3, 12
Gesundheit, keine Gefährdung durch bauliche Anlagen 1 3
Glasdächer, Anforderungen 1 31
Grenzabstand von Bäumen, Sträuchern und Hecken 29 71 ff.
Grenzbebauung durch Garagen 1 7
Grenzmauern 29 46, 52
Grenzzeichen, Schutz zur Bauausführung 1 14
Großgaragen, besondere bauliche Anforderungen 1 51
Gruben für Abwässer, Anlegung 1 42
Grundrechte, Einschränkungen 1 88
Grünflächen, Anlegung und Unterhaltung auf bebauten Grundstükken 1 5
Grundstücke, Anlegung und Unterhaltung von Grünflächen 1 5; Betreten durch Baubeamte 1 83; Errichtung von Gebäuden 1 4; Teilung 1 11
Grundstücksentwässerung Angaben in Bauanträgen 3 6
Grundwasser, Anzeige von Einwirkungen 35 34; Reinhaltung 34 34
Grundwassermeßstellen, Schutz zur Bauausführung 1 14

Haftpflichtversicherung der Bauvorlageberechtigten 1 70; 3 18
Handlauf bei Treppen 1 33
Handwerksmeister des Bau- und Zimmererfaches, Bauvorlageberechtigung 1 70
Häufung von Werbeanlagen 1 13
Hausbock in Gebäuden, Anzeigepflicht 1 16

Hausschwamm in Gebäuden, Anzeigepflicht 1 16
Heizölbehälter 36 13
Heizräume 7 7; Anforderungen 1 39; besondere Anforderungen 1 52; Trennwände 1 28
Herstellung von Garagen oder Stellplätzen für Kraftfahrzeuge 1 55, 56; von Gemeinschaftsanlagen 1 53, 54
Hinweisschilder vor Ortsdurchfahrten 1 13
Hinweiszeichen, Werbeanlagen 1 13
Hochhäuser, Aufzüge 1 37; besondere bauliche Anforderungen 1 52; Begriff 1 2; Brandschutz 1 17
Höhenlage des Grundstückes und der baulichen Anlagen 1 10
Höhere Bauaufsichtsbehörde, Regierung 1 62

Ingenieur des Bauingenieurwesens, Bauvorlageberechtigung 1 70
Installationsschächte und -kanäle, Anforderungen 1 38
Instandsetzungsarbeiten an baulichen Anlagen 1 66

Kamine, Anforderungen 1 39
Kellergeschosse, Decken 1 30; Trennwände 1 26; als Vollgeschosse 1 2; Zulässigkeit von Wohnungen und Aufenthaltsräumen 1 47
Kellerlichtschächte 2 4; Anforderungen 1 36
Kinderspielplätze, Errichtung 1 8; 2 1; Herstellung, Unterhaltung und Verwaltung 1 53, 54
Kioske, Werbung für Zeitungen und Zeitschriften 1 13
Kleinkläranlagen, Anlegung 1 42
Klimaanlagen, Schächte und Kanäle 1 38; 2 12
Kochnische in Wohnungen 1 46
Kommunmauern 29 46, 52
Kosten im Bauwesen 38; 39
Kostenverzeichnis zum Kostengesetz (Auszug) 38
Kraftfahrzeuge, Garagen oder Stellplätze 1 55, 56; Stellplätze als bauliche Anlagen 1 2

Magere Zahlen = §§ bzw. Artikel

Sachverzeichnis

Krananlagen, keine Anwendung der BayBO 1 1
Krankenanstalten, besondere bauliche Anforderungen 1 51, 52
Kreisstraßen, Errichtung und Änderung von Hochbauten 32 23 ff.
Kreisverwaltungsbehörde, Anordnung der Baueinstellung 1 81; Ausnahmen von baurechtlichen Vorschriften 1 72; untere Bauaufsichtsbehörde 1 62; Baugesetzbuch 20 2 bis 4; Bauüberwachung 1 79; Enteignungsbehörde 20 4; Zuständigkeit 1 64
Küche in Wohnungen 1 46

Länder, Bauvorhaben 1 86
Lärmschutz, Anlagen 1 53, 54; bei baulichen Anlagen 1 18
Lärmschutzmauern bei Bauanlagen 1 18
Lageplan bei Bauanträgen 3 2
Lagerbehälter für flüssige Stoffe 33 2
Lagerplätze als bauliche Anlagen 1 2; Einfriedung 1 9; VO über Zeltlagerplätze und Lagerplätze für Wohnwagen 18
Lagerung von Brennstoffen 1 39
Landesstraf- und Verordnungsgesetz (Auszug) 26
Landesstraßenbaubehörde 31 1
Landratsamt, bautechnisches Personal 1 62
Landschaftsbild, Erhaltung 1 10; Schutz vor Verunstaltung 1 63; keine Verunstaltung durch Werbeanlagen 1 13
Landwirtschaftliche Bauten 1 57
Leben, keine Gefährdung durch bauliche Anlagen 1 3
Leitern in Wohngebäuden 1 30, 33
Leitungen, Anwendung der BayBO 1 1
Lichtschächte 2 4
Lichtwerbung, Werbeanlagen 1 13
Lift in Gebäuden 1 37; 2 11
Löscharbeiten, Ermöglichung durch Anordnung von baulichen Anlagen 1 17; 2 3

Löscheinrichtungen in Warenhäusern 14 17
Loggien, Vorschriften 1 32
Lüftung von Dachräumen 1 31; von Räumen 1 20; von Wohnungen 1 46
Lüftungsanlagen, Anforderungen 1 38; 2 12
Lüftungsleitungen in Gebäuden 1 38
Luftschachtheizung, Anlagen 1 39
Luftverkehrsgesetz (Auszug) 33

Mauern, Errichtung und Abbruch 1 66, 67
Meldeanlagen, Schutz zur Bauausführung 1 14
Messebauten, besondere bauliche Anforderungen 1 51
Messegelände, Werbeanlagen 1 13
Mindestversicherungssumme für Bauvorlageberechtigte 1 70; 3 18
Mitteilungspflicht des Bauherrn 1 59
Modernisierungsvorhaben, Ausnahmen von baurechtlichen Vorschriften 1 72
Müllabwurfschächte, Anforderungen 1 43

Nachbargrundstücke, Abstandsflächen von Gebäuden 1 6, 7; Höhenlage 1 10
Nachbarn, Unterschrift auf Bauvorlagen 1 73
Nachbarrecht 28 124; 29 43 ff.
Nachweis der Brauchbarkeit von Baustoffen, Bauteilen und Bauarten 1 21 ff.
Neuanpflanzung von Bäumen auf Baugrundstücken 1 5
Neue Baustoffe, Bauteile und Bauarten 1 22 ff.
Niederschlagswasser, Beseitigung 1 41, 42
Normen für das Bauwesen 41

Oberlichte, Anordnung 1 31; 2 8
Oberste Bauaufsichtsbehörde, Staatsministerium des Innern 1 62

425

Sachverzeichnis

Fette Zahlen = Gesetzesnummer

Oberste Baubehörde, Errichtung und Zuständigkeit **37** 2
Oberste Landesstraßenbaubehörde 31 1
Öffentliche Verkehrsflächen s. Verkehrsflächen
Öffnungen in Brandwänden **1** 29; **2** 6; in Decken **1** 30
Öltank, Anforderungen **1** 39
Ordnungswidrigkeiten nach der Bauordnung **1** 89
Organisation des Bauwesens, Gesetz über die behördliche O. **37**
Örtliche Bauvorschriften 1 91
Ortsbild, Erhaltung **1** 10; Schutz vor Verunstaltung **1** 63; keine Verunstaltung durch Werbeanlagen **1** 13
Ortsdurchfahrten, Hinweisschilder vor O. **1** 13
Ortsränder, Werbeanlagen **1** 13

Pfeiler in Gebäuden **1** 26
Pflicht zur Herstellung von Garagen oder Stellplätzen für Kraftfahrzeuge **1** 55, 56; **6**
Plakatsäulen als Werbeanlagen **1** 13
Plätze, Einfriedung von Baugrundstücken **1** 9
Prüfämter, Gebührenordnung **17**
Prüfausschuß für Baustoffe und Bauteile **10**
Prüfingenieure, Gebührenordnung **17**
Prüfung des Bauantrages **3** 16; bautechnische **9**
Prüfzeichen für Baustoffe und Bauteile **1** 24, 25; **10**
Prüfzeichenverordnung, VO über prüfzeichenpflichtige Baustoffe, Bauteile und Einrichtungen **10**

Räucheranlagen, Anforderungen **7** 2
Rauchkamine, Herstellung und Anordnung **1** 39; **7** 5
Rauchrohre, Anforderungen **1** 39
Räume besonderer Art oder Nutzung **1** 52; Aufenthaltsräume **1** 45 ff; **2** 14; Beheizung, Beleuchtung und Lüftung **1** 20

Rechtsverordnungen nach der Bauordnung **1** 90
Regeln der Baukunst, Abweichungen **1** 72; Beachtung **1** 3, 12; **41**
Regierung, höhere Bauaufsichtsbehörde **1** 62; Straßenaufsichtsbehörde **31** 1; Zuständigkeit im Bauwesen **37** 2; Zustimmung für Bauvorhaben des Bundes, der Länder und der Bezirke **1** 86
Reinhaltung des Grundwassers **34** 34
Rettungsgeräte in Hochhäusern **1** 17
Rettungswege in Warenhäusern **14** 7
Rohrleitungen in Brandwänden **1** 29; **2** 6
Rolltreppen 1 33

Satzung der Gemeinden, örtliche Bauvorschriften **1** 91
Säuglingsheime, besondere bauliche Anforderungen **1** 52
Schallschutz für Außenwände **1** 27; für bauliche Anlagen **1** 18, 31; bei Feuerungsanlagen **1** 39; für Trennwände **1** 28
Schalterräume, besondere bauliche Anforderungen **1** 52
Schaukästen als Werbeanlagen **1** 13
Schilder als Werbeanlagen **1** 13
Schnee, Schutzgitter an Dächern **1** 31; **3** 7
Schneefanggitter an Dächern **1** 31; **2** 8
Schriftform der Baugenehmigung **1** 74; der Typengenehmigung **1** 77
Schulen, besondere bauliche Anforderungen **1** 51, 52
Schutzgebiete, Lagern von wassergefährdenden Flüssigkeiten **36** 15
Schutzgitter gegen Schnee, Eis und Dachteile **1** 31; **2** 8
Schutzvorrichtungen an Gerüsten **2** 2
Schwamm in Gebäuden, Anzeigepflicht **1** 16
Schwerbehinderte, Baumaßnahmen **2** 15
Schwimmbäder, bauliche Anforderungen **1** 51

Magere Zahlen = §§ bzw. Artikel

Sachverzeichnis

Schwimmbecken, Errichtung oder Beseitigung 1 66, 67
Sicherheitsleistung bei Baugenehmigung 1 74; zur Erfüllung der Stellplatz- und Garagenbaupflicht 1 56
Sicherung der Wasserversorgung in Gebäuden 1 40
Sichtdreiecke bei Straßenkreuzungen und -einmündungen 32 26
Sickeranlagen für Abwässer, Anlegung 1 42, Verwendung 2 13
Sollvorschriften, Ausnahmen im Baurecht 1 72
Sonnenkollektoren, Errichtung oder Änderung 1 66
Spielplätze, bauliche Anforderungen 1 51; Einfriedung 1 9; Einrichtung 2 1; Errichtung 1 8
Sportanlagen, Werbeanlagen 1 13
Sportplätze, Einfriedung 1 9
Sportstätten, bauliche Anforderungen 1 51
Sprengstofflager, baurechtliche Sondervorschriften 1 87
Sprungschanzen, Genehmigungspflichten 1 66, 67
Staatsaufgaben, Aufgaben der Bauaufsichtsbehörden 1 63
Staatsbaubehörden, Aufgaben 37 3
Staatsministerium des Innern, oberste Bauaufsichtsbehörde 1 62; Rechtsverordnungen nach der Bauordnung 1 90; Zulassung neuer Baustoffe, Bauteile und Bauarten 1 23 ff.; Zuständigkeit im Bauwesen 37 1, 2
Staatsministerium für Unterricht und Kultus, Denkmalschutz 1 62
Staatsstraßen, Errichtung und Änderung von Hochbauten 32 23 ff.
Städtebauförderungsgesetz, Zuständigkeiten 1 92
Stalldung, Dungstätten 1 42
Ställe, Anforderungen 1 57
Standsicherheit von baulichen Anlagen 1 15, Nachweis 3 5
Steine, Anlagen zur Gewinnung als bauliche Anlagen 1 2

Stellplätze für Kraftfahrzeuge als bauliche Anlagen 1 2; für Kraftfahrzeuge, Baupflicht 1 55, 56, Beseitigung 1 67, Herstellung, Unterhaltung und Verwaltung 1 53, 54
Straßen, Einfriedung von Baugrundstücken 1 9; Errichtung von Hochbauten 31 23 ff.
Straßenbaubehörden 31 1
Straßenbild, Erhaltung 1 10; Schutz vor Verunstaltung 1 63; keine Verunstaltung durch Werbeanlagen 1 13
Straßenkreuzungen, Freihaltung von Sichtdreiecken 32 26
Straßen- und Wegegesetz (Auszug) 32
Stützen in Gebäuden 1 26

Tafel mit der Bezeichnung des Bauvorhabens 1 14
Tagesstätten für Behinderte, bauliche Anforderungen 1 51
Technische Baubestimmungen als allgemein anerkannte Regeln der Technik 1 3
Teilbaugenehmigung 1 76, 78
Teilung von Grundstücken 1 11
Termiten in Gebäuden, Anzeigepflicht 1 16
Tiefe der Abstandsflächen 1 6
Tragende Wände, Anforderungen 1 26
Trennwände, Anforderungen 1 28
Treppen, Anforderungen 1 33; 2 9; 14 9; besondere Anforderungen 1 52
Treppenräume, Anforderungen 1 34; 14 10
Trockenräume in Gebäuden mit Wohnungen 1 46
Trocknungsanlagen, Anforderungen 7 2
Türen, Änderungen 1 66; Anforderungen 1 36
Typengenehmigung für bauliche Anlagen 1 77; 3 9

Übertragene Aufgaben, Aufgaben der Bauaufsichtsbehörden als ü. A. 1 63

Sachverzeichnis

Fette Zahlen = Gesetzesnummer

Überwachung von Baustoffen, Bauteilen und Bauarten **1** 25; von Baustoffen und Bauteilen **11**; von Bauvorhaben **3** 12, 13; genehmigungspflichtiger Bauvorhaben **1** 79, 86

Überwachungspflichten der Bauaufsichtsbehörden **1** 63

Umgebung, keine Verunstaltung durch bauliche Anlagen **1** 3, 12

Umwehrungen 1 30, 31, 33; **2** 4

Ungeeignetheit von Beauftragten des Bauherrn **1** 59

Untere Bauaufsichtsbehörde, Kreisverwaltungsbehörde **1** 62

Unterhaltung von baulichen Anlagen **1** 3; von Gemeinschaftsanlagen **1** 53, 54

Unterhaltungsarbeiten an baulichen Anlagen **1** 66

Unternehmer, Bestellung **1** 59; Verantwortung **1** 61

Unterschrift auf Bauantrag und Bauvorlagen **1** 69, 70; des Nachbarn bei Baugesuchen **1** 73

Veränderung der Höhenlage von Grundstücken **1** 10

Verbrennungsmotoren, Aufstellung in Räumen **1** 39

Verfahren in Bausachen **1** 65-88

Verkaufsräume im Kellergeschoß **1** 47; in Warenhäusern, Bauvorschriften **14** 2 ff.

Verkehr, keine Gefährdung der Sicherheit und Leichtigkeit durch Werbeanlagen **1** 13

Verkehrsanlagen, keine Anwendung der BayBO **1** 1

Verkehrsflächen, Höhenlage **1** 10; Schutz zur Bauausführung **1** 14

Verkehrssicherheit von baulichen Anlagen **1** 19

Verkleidungen in Gebäuden, Zulässigkeit **1** 26; Zulässigkeit **2** 5

Vermessungszeichen, Schutz zur Bauausführung **1** 14

Versagung der Baugenehmigung **1** 74

Versammlungsstätten, besondere bauliche Anforderungen **1** 51, 52; Landesverordnung über den Bau und Betrieb **15**; Werbeanlagen **1** 13

VersammlungsstättenVO, Landes-VO über den Bau und Betrieb von Versammlungsstätten **15**

Versicherungsschutz für Bauvorlageberechtigte **1** 70; **3** 18

Versorgungsanlagen, Schutz zur Bauausführung **1** 14

Verunreinigung des Grundwassers **34** 34

Verunstaltung, Schutz des Straßen-, Orts- und Landschaftsbildes **1** 63; keine V. durch bauliche Anlagen **1** 3, 12; keine V. durch Werbeanlagen **1** 13

Verwaltung von Gemeinschaftsanlagen **1** 53, 54

Verwaltungsgebäude, besondere bauliche Anforderungen **1** 51

Verwendung von Baustoffen und Bauteilen **1** 21 ff.

Verzeichnis der DIN-Normen **41**

Vollgeschosse, Begriff **1** 2

Vorbauten, Vorschriften **1** 32

Vorbescheid vor Einreichung des Bauantrages **1** 75; **3** 8

Vorgärten, Errichtung von Einfriedungen **1** 9

Wände, Anforderungen **2** 5; in Gebäuden **1** 26

Wandhöhe von Gebäuden, Abstandsflächen **1** 6

Wandoberflächen von Gebäuden, Zulässigkeit **1** 26

Warenautomaten, Aufstellung **1** 68; als Werbeanlagen **1** 13

Warenhäuser, besondere bauliche Anforderungen **1** 51, 52; Bauvorschriften **14** 2 ff.; Betriebsvorschriften **14** 19 ff.; Warenhausverordnung **14**

Wärmeschutz, Außenwände von Gebäuden **1** 27; für bauliche Anlagen **1** 18, 31; Trennwände **1** 28

Warmluftheizung, Anlagen **1** 39; Schächte und Kanäle **1** 38

Warmwasserversorgungsanlagen, Anforderungen **1** 39

Magere Zahlen = §§ bzw. Artikel

Sachverzeichnis

Waschmaschine in Wohnungen 1 46
Wasserbauten, baurechtliche Sondervorschriften 1 87
Wasserhaushaltsgesetz (Auszug) 34
Wasserversorgung, Angaben in Bauanträgen 3 6
Wasserversorgungsanlagen, Benutzbarkeit 1 4; Beseitigung 1 67; in Gebäuden 1 40; baurechtliche Sondervorschriften 1 87
Wege, Einfriedung von Baugrundstücken 1 9
Werbeanlagen, Bauvorlagen 3 11; Begriff und Anforderungen 1 13; Genehmigungspflicht 1 68
Werkstätten für Behinderte, besondere bauliche Anforderungen 1 51
Wochenendplätze, besondere bauliche Anforderungen 1 52; als bauliche Anlagen 1 2; Einfriedung 1 9
Wohngebäude, tragende und aussteifende Wände 1 26
Wohnungen, Aborträume 1 49; Anforderungen 1 46; 2 14; Anschluß an einen Rauchkamin 1 39; Bad oder Dusche 1 50; Betreten durch Baubeamte 1 83; Trennwände 1 28; Wasseranschluß 1 40
Wohnwagen, VO über Lagerplätze für W. 18
Wohnwege, Errichtung von Gebäuden an W. 1 4

Zeltlagerplätze, Beseitigung 1 67; VO über Z., Campingplatzverordnung 18
Zufahrten zu Gebäuden für Feuerwehr 2 3
Zufahrtswege, Errichtung von Gebäuden an Z. 1 4
Zulassung neuer Baustoffe, Bauteile und Bauarten 1 23 ff.
Zuständigkeit der Bauaufsichtsbehörden 1 64; nach dem Bundesbaugesetz 1 92; nach dem Städtebauförderungsgesetz 1 92
Zustellung der Baugenehmigung an Nachbarn 1 73
Zustimmungsverfahren bei Bauvorhaben des Bundes, der Länder und der Bezirke 1 86

Simon
Bayerische Bauordnung

mit ausführlichen Erläuterungen, Übersichten und grafischen Darstellungen, den Durchführungsbestimmungen sowie dem Baugesetzbuch und weiteren bundes- und landesrechtlichen Vorschriften

Loseblatt-Kommentar
Von Dr. Alfons Simon, Abteilungsdirektor bei der Regierung von Oberbayern

**9., völlig neubearbeitete Auflage.
Stand November 1988**
Rund 5370 Seiten. In 2 Plastikordnern DM 168,–
ISBN 3-406-30961-5

Dieser große Kommentar wurde auf Grund der **Novellierung des bayerischen Baurechts** in den letzten Jahren vollständig neu bearbeitet. Jeder, der sich mit dem bayerischen Baurecht zu befassen hat, findet hier die vollständige Auskunft auf nahezu alle Fragen.

Die Bayerische Bauordnung selbst wird umfassend kommentiert. Abgedruckt und teilweise erläutert werden daneben u. a. Vorschriften des **Bauplanungsrechts**, über **Energieeinsparung** und Wärmeschutz, zur **Abfallbeseitigung** sowie zur **Raumordnung und Landesplanung**. Ferner enthält die Sammlung das einschlägige **Berufsrecht**, das **Kostengesetz** und auszugsweise das **Kostenverzeichnis** sowie ergänzende kostenrechtliche Vorschriften.

Das Werk richtet sich an **Bauaufsichtsbehörden, Gerichte, Anwälte,** aber auch **Unternehmer, Bauherren, Verbände** sowie **Bau-** und **Wohnungsbaugesellschaften.**

Wichtig ist der Kommentar insbesondere auch für **Architekten.** Der BGH hat mit Urteil vom 25. Oktober 1984 entschieden: Auch Architekten müssen ausreichende Kenntnisse im Bauplanungs- und Bauordnungsrecht haben, anderenfalls können sie sich gegebenenfalls schadensersatzpflichtig machen (AZ III ZR 80/83).

Verlag C. H. Beck München